金融学综合(431)高分指南

社科赛斯教育集团

清华大学出版社
北京

内 容 简 介

本书严格按照教育部考试中心考试大纲编写,并结合历年考研真题的命题规律,适当地调整框架体系,从应试提分角度对核心考点进行详细的梳理,帮助考生在有限的复习备考时间内全面系统掌握金融学综合的专业理论知识,建立符合自身实际情况的学习方法,有效提高应试水平,最终迈入广大院校金融硕士的学术殿堂。

本书封面贴有清华大学出版社防伪标签,无标签者不得销售。
版权所有,侵权必究。举报:010-62782989,beiqinquan@tup.tsinghua.edu.cn。

图书在版编目(CIP)数据

金融学综合(431)高分指南 / 社科赛斯教育集团主编 . —北京:清华大学出版社,2021.1
ISBN 978-7-302-56832-2

Ⅰ. ①金… Ⅱ. ①社… Ⅲ. ①金融学-研究生-入学考试-自学参考资料 Ⅳ. ① F830

中国版本图书馆 CIP 数据核字 (2020) 第 225177 号

责任编辑:陈 莉 高 屾
封面设计:周晓亮
版式设计:方加青
责任校对:马遥遥
责任印制:宋 林

出版发行:清华大学出版社
网　　址:http://www.tup.com.cn,http://www.wqbook.com
地　　址:北京清华大学学研大厦 A 座　　邮　编:100084
社 总 机:010-62770175　　邮　购:010-62786544
投稿与读者服务:010-62776969,c-service@tup.tsinghua.edu.cn
质 量 反 馈:010-62772015,zhiliang@tup.tsinghua.edu.cn

印 装 者:北京鑫丰华彩印有限公司
经　　销:全国新华书店
开　　本:185mm×260mm　　印 张:23.25　　字 数:720 千字
版　　次:2021 年 1 月第 1 版　　印 次:2021 年 1 月第 1 次印刷
定　　价:75.00 元

————————————————————————————————————

产品编号:081138-01

编委会

甄　诚　赵　羽　李发进　王金门　郭炎宏　刘春茶
郑玉超　贺　慧　林　萍　侯姝琦

本书赠送价值 **3000元** 的备考课程

请扫描右方二维码，按提示获取视频课程

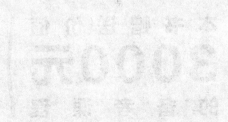

前言

金融硕士专业课考试(金融学综合)以其考试的严谨性、公正性,吸引了越来越多的来自不同专业的学子参加,帮助各高校选拔高水平的金融专业人才。

金融是现代经济的核心。随着我国金融市场的不断成熟发展和与国际金融市场的逐步接轨,培养一批高素质、能够适应现代经济发展需要的金融专业人才已成为我国高等院校所面临的一项刻不容缓的重要任务。我们很高兴地看到,近年来越来越多的来自不同专业的莘莘学子选择报考金融专业研究生,立志从事金融领域的实务工作或研究工作。可以预见,随着我国金融业的蓬勃发展,这些学子必将成为我国未来金融业的栋梁,为我国整个国民经济的发展做出巨大贡献。

为满足广大考生对金融硕士(MF)考试用书的迫切需要,使考生能够在较短时间内全面掌握金融硕士考试大纲所要求掌握的知识,把握金融硕士的命题方向,达到金融硕士专业课(金融学综合)的考试要求,我们特组织有关专家编写了本书。本书编委会成员均具有丰富的教学和考试辅导经验。

本书在编写过程中充分考虑了考生的实际需要,编写体例经过编委会的审慎考虑,对每一个知识点或题目的阐述、分析均经过编委成员的反复推敲、论证。同时,考虑到金融硕士的招生对象并不仅局限于金融专业背景的考生,而是面向具有不同专业背景的考生,我们在编写过程中将一些对于非金融专业毕业生来说比较深奥的知识点加以详细阐述,使不具备金融专业背景的考生在备考时也可以较为轻松地掌握考试要求的相关知识,达到金融硕士专业课的考试要求。全书内容详尽,叙述准确,是金融硕士考生复习备考的核心用书。

本书具有以下几个特点。

(1) 注重考试的针对性,从命题的角度出发,对每个知识点的讲解都力图详尽、准确,充分体现了金融硕士的最新命题要求。

(2) 每个考点均注明了考试要求,并且标明了主要的命题形式,从而极大程度提高了考生的复习效率,有效提高了应试水平。(标有"※"的知识点表示要求熟练掌握,标有"▲"的知识点表示要求掌握,未标明的知识点表示只要求一般了解)

(3) 突出知识点讲解的实用性,对关键性的考试内容进行深入讲解,确保考生获得理想的考试成绩。

(4) "金融学综合"是自主命题的科目,所以在每个章节后面,都精选了重点院校的近年真题(可扫描封底二维码获取答案解析),供考生学以致用,以应试为导向,了解院校命题的特点和风格。

本书在付梓之前,初稿曾在一些院校的金融系内部传阅,受到各院校金融系师生的一致好评。同时,很多看过本书初稿的金融系师生也对本书提出了很多宝贵的意见,我们根据这些意见对本书一一进行了修改和补充,这无疑对本书编写质量的提高起到了重要作用。在此,我们对那些曾阅读过本书初稿并提出宝贵意见的各校金融系师生表示由衷的感谢!

本书的出版凝结了编委会全体成员的辛勤汗水，是集体智慧的结晶。本书的编写工作是一项新的尝试，需要在认真听取意见的基础上不断加以改进和完善，欢迎广大读者和金融学界的专家、学者提出宝贵的修改意见。

　　相信本书的出版将使金融硕士考生从繁重的学习负担中解脱出来，在较短的时间内全面掌握金融硕士所要求的知识内容，获得理想的考试成绩。如果你想把握自己的人生，成为金融行业的高水平专业人才，在蓬勃发展的金融市场有所作为，那么，就从这里开始吧！

本书编委会
2020年10月

目录

第一部分　金融学

- 第一章　货币与货币制度 ·············· 2
  - 第一节　货币的演变与职能 ·············· 2
  - 第二节　货币的层次和计量 ·············· 4
  - 第三节　货币制度及其演变 ·············· 6
  - 第四节　国际货币体系 ·············· 7
  - 真题精选精析 ·············· 14
- 第二章　利息和利率 ·············· 15
  - 第一节　利率 ·············· 15
  - 第二节　利率与回报率及其计算 ·············· 19
  - 第三节　利率行为与利率决定理论 ·············· 21
  - 第四节　利率的风险 ·············· 24
  - 第五节　利率的期限结构理论 ·············· 26
  - 真题精选精析 ·············· 29
- 第三章　金融体系与金融市场 ·············· 31
  - 第一节　资金融通方式与金融体系 ·············· 31
  - 第二节　金融市场的功能和结构 ·············· 34
  - 第三节　金融市场工具 ·············· 37
  - 第四节　金融中介机构 ·············· 38
  - 真题精选精析 ·············· 40
- 第四章　银行经营与管理 ·············· 41
  - 第一节　银行的负债业务 ·············· 41
  - 第二节　银行的资产业务 ·············· 42
  - 第三节　银行的中间业务和表外业务 ·············· 44
  - 第四节　银行的风险特征与风险管理 ·············· 46
  - 第五节　商业银行的经营管理理论 ·············· 48
  - 真题精选精析 ·············· 50
- 第五章　现代货币供给机制 ·············· 52
  - 第一节　存款货币的多倍创造机制 ·············· 52
  - 第二节　货币供给的决定因素 ·············· 55
  - 第三节　中央银行体制下的货币供给过程 ·············· 56
  - 第四节　基础货币的控制与货币供给模型 ·············· 57
  - 真题精选精析 ·············· 62
- 第六章　货币需求理论与货币均衡 ·············· 64
  - 第一节　货币需求理论 ·············· 64
  - 第二节　凯恩斯理论与弗里德曼理论的比较 ·············· 70
  - 第三节　货币供给与需求的均衡 ·············· 71
  - 第四节　货币与通货膨胀和通货紧缩 ·············· 72
  - 真题精选精析 ·············· 73
- 第七章　中央银行与货币政策 ·············· 75
  - 第一节　中央银行的产生、类型、性质和职能 ·············· 75
  - 第二节　中央银行的主要业务 ·············· 78
  - 第三节　中央银行的独立性 ·············· 79
  - 第四节　货币政策工具 ·············· 81
  - 第五节　货币政策目标与实施策略 ·············· 84
  - 第六节　货币政策的传导机制 ·············· 91
  - 第七节　货币政策与财政政策 ·············· 94
  - 真题精选精析 ·············· 96
- 第八章　金融监管 ·············· 97
  - 第一节　金融监管的经济学分析 ·············· 97
  - 第二节　金融机构与金融市场的监管 ·············· 98
  - 第三节　金融监管的国际合作——《巴塞尔协议》 ·············· 100
  - 真题精选精析 ·············· 105

第二部分　公司金融

第九章　公司金融概述……………108
　第一节　什么是公司金融……………108
　第二节　公司的目标……………109
　第三节　代理人问题……………110
　第四节　金融市场……………116
　真题精选精析……………122

第十章　财务报表分析……………123
　第一节　资产负债表……………123
　第二节　损益表……………128
　第三节　现金流量表……………142
　第四节　比率分析与杜邦分析法……………152
　真题精选精析……………160

第十一章　长期财务计划……………163
　※第一节　销售百分比法……………163
　第二节　普通股融资……………164
　第三节　长期负债融资……………169
　第四节　其他长期融资方式……………172
　真题精选精析……………177

第十二章　折现与价值……………179
　第一节　货币的时间价值……………179
　第二节　年金与永续年金……………180
　第三节　贷款种类与分期偿还贷款……………181
　第四节　债券的估值……………183
　第五节　股票的估值……………187
　真题精选精析……………194

第十三章　资本预算……………197
　第一节　投资决策方法……………197
　第二节　增量现金流……………199
　第三节　净现值……………200
　第四节　回收期法……………202
　第五节　平均会计回报率……………203
　第六节　NPV估计值……………204
　真题精选精析……………208

第十四章　风险与收益……………210
　第一节　风险与收益的度量……………210
　第二节　投资组合……………215
　第三节　风险：系统的和非系统的……………218
　※第四节　证券市场线……………220
　第五节　资本资产定价模型……………221
　第六节　套利定价模型(APT)……………226
　第七节　无套利定价原理……………231
　真题精选精析……………232

第十五章　资本成本……………234
　第一节　资本成本概述……………234
　第二节　权益成本……………237
　第三节　债务成本……………238
　※第四节　加权平均资本成本……………240
　第五节　资本成本的调整……………241
　真题精选精析……………244

第十六章　筹集资本与有效市场假说……………246
　第一节　证券的承销方式……………246
　第二节　证券市场中介……………247
　第三节　证券投资与证券投机……………248
　第四节　首次公开招股(IPO)……………248
　第五节　有效市场理论……………251
　真题精选精析……………252

第十七章　资本结构……………254
　第一节　财务杠杆效应……………254
　▲第二节　公司价值最大化与股东利益最大化……………259
　▲第三节　最优资本结构的决定……………260
　第四节　MM定理：命题I……………262
　第五节　MM定理：命题II……………263
　第六节　考虑税的因素后的MM定理……………265
　第七节　破产成本……………267
　※第八节　公司如何建立最优资本结构……………269
　第九节　杠杆项目或杠杆公司的评估……………269
　真题精选精析……………272

第十八章　股利与股利政策……………274
　第一节　利润分配概述……………274
　第二节　股利的种类与发放程序……………275
　第三节　股利政策的基本理论……………277
　第四节　股利政策的种类……………280

第五节　影响股利政策的因素 …………………282
第六节　股票回购 ………………………………283
第七节　股票股利、拆股与反向拆股 …………285
真题精选精析 ……………………………………288

第三部分　国际金融

第十九章　外汇与汇率 …………………………292
第一节　外汇 ……………………………………292
第二节　汇率 ……………………………………293
第三节　汇率制度 ………………………………296
▲第四节　影响汇率变化的主要因素 ……………301
第五节　汇率决定理论 …………………………302
真题精选精析 ……………………………………315

第二十章　国际收支与国际资本流动 …………317
第一节　国际收支 ………………………………317
第二节　国际储备 ………………………………326
第三节　国际资本流动 …………………………331

真题精选精析 ……………………………………337

第二十一章　国际收支内外部均衡 ……………339
第一节　开放经济条件下的政策目标、工具和调控原理 …………………………………339
第二节　开放经济条件下的财政、货币政策：蒙代尔-弗莱明模型分析 …………………347
第三节　开放经济条件下的汇率政策 …………351
第四节　宏观经济政策国际协调方案 …………355
真题精选精析 ……………………………………358

参考文献 …………………………………………359

第一部分
金融学

第一章 货币与货币制度

第一节 货币的演变与职能

一、货币的演变

1. 充当货币的条件

能够充当货币的一般等价物是需要一定的条件的。只有在理想的货币短缺时,其他东西才会替代它,一般来讲,理想的货币的条件是:①具备普遍可接受性;②易于标准化,且价值稳定;③易于分合,方便"找零"和大额支付;④易于保存,不易变质;⑤体小价大,便于携带。

明白了理想货币的条件,就会理解历史上出现的实物货币、金属货币、信用货币、电子货币等不同的形态。

2. 货币形态的演变

(1) 实物货币。实物货币是最早的货币,只要在一定范围内大家都愿意接受这种实物,并且用于实际交换,这种实物就成为实物货币。在历史上,龟壳、海贝、蚌珠、皮革、齿角、米粟、布帛、农具等都曾作为实物货币被使用过。

实物货币之所以随着商品经济的发展逐渐退出货币历史舞台,根本原因在于实物货币具有难以消除的缺陷。它们或体积笨重、不便携带;或质地不匀、难以分割;或容易腐烂、不易储存;或大小不一,难于比较。随着商品交换和贸易的发展,实物货币被金属货币所替代也就成为必然。

(2) 金属货币。中国是最早使用金属货币的国家之一,早在殷商时代,金属货币就已成为货币的主要形式。中国金属货币曾有这样两种形式:①称量货币——以金属条块发挥货币作用的货币,通过检验成色、称重量来确定其价值,每次鉴定不方便,限制商品流通;②铸币——铸成一定形状,并有国家印记(形状、花纹、文字)证明其重量和成色的金属货币,如铜币、银币、金币。

金属作为币材是从贱金属开始的,后来随着商品经济的发展,社会财富的增加,为适应商品生产和商品交换价值的提高、数量的扩大,币材由贱金属(铁、铜)逐步向贵金属(银、金)过渡,并最终固定在金银上。金属货币所具有的价值稳定、易于分割、便于储藏等优点,确非实物货币所能比拟。金属冶炼技术的出现与发展自然是金属货币广泛使用的物质前提。

(3) 信用货币。信用货币是凭国家信用发行并强制流通的价值符号,不需要贵金属作为发行准备,也不能与贵金属相兑换。现代社会使用的纸币是典型的信用货币。早在金属货币流通时期,信用货币就产生了,早期的商业票据、纸币、银行券都是信用货币。不过,信用货币最初是可以兑现为金属货币的,以后才逐渐过渡到部分兑现和不能兑现。

信用货币有这样几个特点:①信用货币是货币的价值符号,本身无价值;②信用货币是一种债务货币,信用货币主要是由现金和存款组成的,是银行债务的凭证;③靠发行人信用流通。

有了信用货币,就有了货币符号论。信用货币在发展过程中,由于政府滥发而多次发生通货膨胀,在破坏兑现性的同时也促进了信用货币制度的发展与完善。到了20世纪30年代,世界各国纷纷放弃金属货币制度。第二次世界大战后,全球在布雷顿森林体系的基础上曾经恢复可兑现的信用货币制度,但1973年布雷顿森林体系瓦解后,不兑现的信用货币制度独占了货币历史舞台。

(4) 电子货币。电子货币作为现代经济高度发展和金融业技术创新的结果,是以电子和通信技术飞速发展为基础的,也是货币支付手段职能不断演化的表现,从而在某种意义上代表了货币发展的未来。

电子货币(也称e货币)是指在零售支付机制中,通过销售终端、在不同的电子设备之间以及在公开网络(如Internet)上执行支付的"储值"或"预付支付机制"。这里的"储值",是指保存在物理介质(硬件或卡介质)中用来支付的价值。"预付支付机制"则是指存在于电子计算机转账系统、用于支付的电子数据,通常被称为"数字现金"。

▲二、货币的职能[①]

1. 流通手段(交换媒介)

货币充当商品交换媒介的职能。在商品交换过程中,商品出卖者把商品转化为货币,然后再用货币去购买商品。在这里,货币发挥交换媒介的作用,执行流通手段的职能。货币充当价值尺度的职能是它作为流通手段职能的前提,而货币的流通手段职能是价值尺度职能的进一步发展。

货币作为流通手段,需要有同商品量相适应的一定的数量。在一定时期内,商品流通所需要的货币量由待售的商品价格总额和货币流通的平均速度二者决定。商品流通所需要的货币量同商品价格总额成正比;流通中所需要的货币量同货币流通速度成反比。在一定时期内,商品流通所需要的货币量,等于全部商品价格总额除以同一单位货币流通的平均速度。流通手段职能是指货币在商品流通中充当交换媒介的职能。商品生产者先要将自己的商品换成货币,再用货币去换回自己所需的商品,形成"商品—货币—商品"的循环过程。这里,货币仅充当商品交换的媒介,由此产生了货币流通手段。

2. 价值尺度

价值尺度是用来衡量和表现商品价值的一种职能,是货币的最基本、最重要的职能。正如衡量长度的尺子本身有长度,称东西的砝码本身有重量一样,衡量商品价值的货币本身也是商品,具有价值;没有价值的东西,不能充当价值尺度。

货币作为价值尺度衡量其他商品的价值,把各种商品的价值都表现在一定量的货币上,货币就充当商品的外在价值尺度。而货币之所以能够执行价值尺度的职能,是因为货币本身也是商品,也是人类劳动的凝结。可见货币作为价值尺度,是商品内在的价值尺度,即劳动时间的表现形式。

货币在执行价值尺度的职能时,并不需要有现实的货币,只需要观念上的货币。例如,1辆自行车值1克黄金,只要贴上个标签就可以了。用来衡量商品价值的货币虽然只是观念上的货币,但是这种观念上的货币仍然要以实在的金属为基础。人们不能任意给商品定价,因为,在金的价值同其他商品之间存在着客观的比例,这一比例的现实基础就是生产两者所耗费的社会必要劳动量。

3. 支付手段

支付手段是指货币作为独立的价值形式进行单方面运动(如清偿债务、缴纳税款、支付工资和租金等)时所执行的职能。

货币作为支付手段的职能是适应商品生产和商品交换发展的需要而产生的。因为商品交易最初是用现金支付的。但是,由于各种商品的生产时间是不同的,有的长些,有的短些,有的还带有季节性。同时,各种商品的销售时间也是不同的,有些商品就地销售,销售时间短,有些商品需要运销外地,销售时间长。生产和销售时间上的差别,使某些商品生产者在自己的商品没有生产出来或尚未销售之前,就需要向其他商品生产者赊购一部分商品。商品的让渡同价格的实现在时间上分离开来,即出现赊购的现象。赊购以后到约定的日期清偿债务时,货币便执行支付手段的职能。货币作为支付手段,开始是由商品的赊购、预付引起的,后来才慢慢扩展到商品流通领域之外,在商品交换和信用事业发达的资本主义社会里,就日益成为普遍的交易方式。

在货币当作支付手段的条件下,买者和卖者的关系已经不是简单的买卖关系,而是一种债权债务关

[①] 本书章节标题前标注"※"符号的内容为重要考点,考生需熟练掌握;标题前标注"▲"符号的内容为比较重要的考点,考生应准确理解;未标记符号的内容为普通考点,考生能基本了解即可。

系。等价的商品和货币,就不再在售卖过程的两极同时出现了。这时,货币首先是当作价值尺度,计量所卖商品的价格。货币是作为观念上的购买手段,使商品从卖者手中转移到买者手中时,没有货币同时从买者手中转移到卖者手中。当货币作为支付手段发挥职能作用时,商品转化为货币的目的就会发生变化,一般商品所有者出卖商品,是为了把商品换成货币,再把货币换成自己所需要的商品;货币贮藏者把商品变为货币,是为了保存价值;而债务者把商品变为货币,则是为了还债。货币作为支付手段时,商品形态变化的过程也会发生变化。从卖者方面来看,商品变换了位置,可是他并未取得货币,延迟了自己的第一形态变化。从买者方面来看,在自己的商品转化为货币之前,完成了第二形态变化。在货币执行流通手段的职能时,出卖自己的商品先于购买别人的商品。当货币执行支付手段的职能时,购买别人的商品先于出卖自己的商品。作为流通手段的货币是商品交换中转瞬即逝的媒介,而作为支付手段的货币则是交换过程的最终结果。货币执行价值尺度职能时是观念上的货币,货币执行流通手段职能时可以是不足值的货币或价值符号,但作为支付手段的货币必须是现实的货币。

4. 贮藏手段

货币作为贮藏手段,可以自发地调节货币流通量,起到蓄水池的作用。当市场上商品流通缩小,流通中货币过多时,一部分货币就会退出流通界而被贮藏起来;当市场上商品流通扩大,对货币的需要量增加时,有一部分处于贮藏状态的货币又会重新进入流通。

关于纸币能否充当贮藏手段的问题,存在着不同的看法。传统的观点是:只有实在的、足值的金属货币,人们才愿意保存它,才能充当贮藏手段。但也有人认为,如果纸币的发行数量不超过商品流通中所需要的金属货币量,纸币就能代表相应的金属量,保持稳定的社会购买力。在这种条件下,纸币也能执行贮藏手段的职能。当然,纸币如果发行量过多,就无法保持它原有的购买力,人们就不愿意保存它。可见,即使纸币能执行贮藏手段的职能,也是有条件的,并且是不稳定的。

5. 世界货币

货币在世界市场上执行一般等价物的职能。由于国际贸易的发生和发展,货币流通超出一国的范围,在世界市场上发挥作用,于是货币便有世界货币的职能。作为世界货币,必须是足值的金和银,而且必须脱去铸币的地域性外衣,以金块、银块的形状出现。原来在各国国内发挥作用的铸币以及纸币等在世界市场上都失去作用。

在国内流通中,一般只能由一种货币商品充当价值尺度。在国际上,由于有的国家用金作为价值尺度,有的国家用银作为价值尺度,所以在世界市场上金和银可以同时充当价值尺度的职能。后来,在世界市场上,金取得了支配地位,主要由金执行价值尺度的职能。

世界货币除了具有价值尺度的职能以外,还有以下职能:①充当一般购买手段,一个国家直接以金、银向另一个国家购买商品;②作为一般支付手段,用以平衡国际贸易的差额,如偿付国际债务,支付利息和其他非生产性支付等;③充当国际间财富转移的手段,货币作为社会财富的代表,可由一国转移到另一国,例如,支付战争赔款、输出货币资本或由于其他原因把金银转移到外国去。在当代,世界货币的主要职能是作为国际支付手段,用以平衡国际收支的差额。

第二节 货币的层次和计量

※一、西方通行的货币层次划分和计量方法

目前多数经济学家都认为应从货币基本职能的角度出发给货币下定义,主张货币供应量包括所有那些执行货币主要职能的工具。因此,在理论界,西方国家的经济学家们一般都认为,货币应包括那些在商品和劳务买卖及债务支付中被作为交易媒介和支付手段而被普遍接受的一般等价物。他们把货币定义为通货(即流通中的现金)和活期存款(或支票存款)。这便是狭义的货币供应量M_1,即

$$M_1 = 通货(M_0) + 活期存款 \tag{1-1}$$

显然，通货(包括纸币和硬辅币)在流通中为人们所普遍接受，并直接充当交换媒介。但在发达国家，往往只有20%左右的交易用通货支付，大量的支付都是以支票的形式，通过转移存款人在银行的活期存款债权给收款人的办法来实现的。而且，活期存款能随时兑换成现金，在流动性和货币性上与现金几乎没有差异，所以，活期存款也可视为货币。

有些经济学家不满足于上述狭义的货币概念，他们认为货币是一种资产，强调货币的价值贮藏手段职能，认为各种金融机构的定期存款、储蓄存款以及其他一些短期流动资产，具有潜在的购买力，而且也很容易变为现金，具有不同程度的流动性，因而主张以流动性为标准，划分为更为广义的货币概念和层次，从而形成广义的货币供应量指标M_2、M_3和M_4等。由于各国金融工具和金融法规的差异，广义的货币供应量指标也不尽相同。综合各国情况来看，广义的货币供应量指标，大致划分为

$$M_2 = M_1 + 商业银行的定期存款和储蓄存款 \tag{1-2}$$

$$M_3 = M_2 + 其他金融机构的定期存款和储蓄存款 \tag{1-3}$$

$$M_4 = M_3 + 其他短期流动资产(如国库券、商业票据、银行承兑汇票等) \tag{1-4}$$

以上是以流动性从大到小依次划分货币供应量层次M_2、M_3和M_4的。显然，通货和活期存款具有完全的流动性，M_2的流动性大于M_3，M_3的流动性大于M_4。

各国公布的货币供应量指标虽各不相同，但有一点是各学派和各国货币当局都承认的，即只有M_1(通货和活期存款)是为人们所普遍接受的交易媒介，能算作真正的货币，M_1以外的短期金融资产只能称为准货币。它们本身并非真正的货币，不能充当直接的交易中介。但是，这些广义货币具有潜在的购买力，在一定条件下可以转换为现实的货币，对现金货币的流通以及整个经济都有影响，有必要作为单独的货币层次加以考虑。

随着经济的发展，货币与经济的关系日益密切。货币供求的变动对商品市场、劳动力市场及资本市场都产生着重大的影响，这客观上要求一国的货币当局对现金(纸币)发行和银行信用发行加以控制，使货币供应量适应经济发展的需要。因此，对货币供应量层次的划分具有重要的现实意义，一方面，便于经济分析，通过观察各层次货币供应量的变动，可以分析资金流动的走向，以及国民经济的波动；另一方面，它有利于中央银行控制货币供应，观察货币政策的执行效果。

> **关键考点**
> 货币层次的划分是现代宏观经济分析和货币政策制定的重要基础，具有较高的理论价值和实践价值，在考试中通常以选择题、简述题和计算题的形式加以考查。

▲二、我国的货币层次划分和计量方法

中国人民银行于1994年第三季度开始，正式确定并按季公布货币供应量指标，根据当时的实际情况，货币层次的划分具体为

$$M_0 = 流通中的现金 \tag{1-5}$$

$$M_1 = M_0 + 企业活期存款 + 机关、团体、部队存款 + 农村存款 + 个人持有的信用卡存款 \tag{1-6}$$

$$M_2 = M_1 + 城乡居民储蓄存款 + 企业存款中具有定期性质的存款 + 信托类存款 + 其他存款 \tag{1-7}$$

$$M_3 = M_2 + 金融债券 + 商业票据 + 大额可转让定期存单等 \tag{1-8}$$

在我国，M_1是通常所说的狭义货币供应量，M_2是广义货币供应量，M_3是为金融创新而增设的。

回到流动性这个划分标准，不难看出，我国货币层次划分的流动性标准是以该金融资产的国内流动性为基础的。关于中美之间货币分层的一些区别：中美两国的M系统，若M_1数值相同，则美国的有实际经济意义的现钞就是M_1，而中国有实际经济意义的现钞则要远远小于M_1。这个差别使中国经济单位没有足够的流通货币，而美国相对于中国则有充裕的货币。造成这个差别的原因在于，中国的支票不能直接

兑换成现钞，尽管它是货币。

再比如在M_2项目下，若M_2相同，则中国的储蓄额很大，但流通的、有实际经济意义的货币却很少，因为中国的M_2被高额储蓄占掉了，而美国却几乎全部是M_1(美国储蓄率很低)，实际上全是M_0，即绝大部分是现钞，市场有经济意义的货币充足，而中国却严重缺少有实际经济意义的货币。这就是美国一直倾向于使用M_2来调控货币的原因。

因此，同样的M_2、M_1、M_0水准，美国的体系有大量的具有实际经济学意义的货币，而中国则严重货币短缺。

此外，我国把流通中的现金单独列为一个层次的原因是：与西方国家相比，我国的信用制度还不够发达，现金在狭义货币供应量M_1中占30%以上，流通中现金的数量对我国消费品市场和零售物价的影响很大，现金的过度发行会造成物价上涨。

第三节 货币制度及其演变

一、货币制度的构成要素

现代各国的货币制度主要包括以下几个方面的要素：①货币种类；②货币材料；③货币单位；④货币发行与流通；⑤货币支付能力。无限法偿是指无限的法定支付能力，不管使用本位币偿还债务或其他支付，也不管每次支付的本位币的数额大小，债权人和收款人都不得拒绝支付，否则视为违法。

▲二、货币制度的演变

1. 银本位制

银本位制是指以白银作为本位货币的一种货币制度，是最早期的货币制度。在银本位制下，银本位币可以自由铸造、自由熔毁、自由输出/入国境，本位币无限法偿，银行券可以自由兑换银圆或白银。

银本位制从16世纪开始盛行，但实行的时间并不长，实行的范围也不是很广，主要原因在于：①19世纪以后，白银产量激增，国际市场银价不稳定，并且由于供大于求，其不断下跌，不符合货币价值应保持相对稳定的要求；②白银与黄金相比体积大而价值小，不利于发挥流通手段等货币职能。

2. 金银复本位制

金银复本位制是指以金和银同时作为本位货币的一种货币制度。在这种制度下，金银两种铸币都是本位币，均可自由铸造，两种货币可以自由兑换(跛行本位制除外)，并且两种货币都是无限法偿货币。金银复本位制按金银两种货币的不同关系又可分为平行本位制、双本位制和跛行本位制。

(1) 平行本位制。平行本位制是金银两种货币均各按其所含金属的实际价值任意流通的货币制度。与当时占主导地位的国家不干预经济的经济政策相联系，国家对金银两种货币之间的兑换比例不加固定，而由市场上自发形成的金银比价自行确定金币与银币的比价。但由于市场机制形成的金银比价因各种原因而变动频繁，造成交易混乱，使得平行本位制极不稳定，不能适应经济发展对货币价值稳定的要求。

(2) 双本位制。双本位制是金银两种货币按国家规定的法定比价流通的货币制度。双本位制以法定形式固定金币与银币的比价，其本意是克服平行本位制下金币与银币比价频繁波动的缺陷；但事与愿违，这样反倒形成了官方金银比价与市场自发形成的金银比价平行存在的局面，显然，官方比价较市场自发比价缺乏弹性，不能快速按照金银比价的实际市场行情及时进行调整。因此，金币与银币的实际价值往往与名义价值相背离，从而使实际价值高于名义价值的货币(即良币)被收藏、熔化而退出流通，实际价值低于名义价值的货币(即劣币)则充斥市场，即所谓的"劣币驱逐良币"，这一规律又称为"格雷欣法则"。因此，在某一特定时期，市场上实际只有一种货币在流通，很难有两种货币同时流通。这也成为双本位制向金本位制转变的主要动因。"格雷欣法则"体现了货币币材的"排他性",即市场上一般只允许有一种币材的货币流通,两种币材的货币同时流通必然产生"劣币驱逐良币"的现象,不利于市场运行。

(3) 跛行本位制。跛行本位制是指国家规定金币可以自由铸造而银币不允许自由铸造,并且金币与银币可以按固定的比例兑换的货币制度。在跛行本位制下,银币已降到了金币的附属地位,因为银币的价值通过固定的比例与金币挂钩;而金币是可以自由铸造的,其价值与本身的金属价值是一致的。因此,从严格意义上讲,跛行本位制只不过是由金银复本位制向单一的金本位制过渡的一种中间形式。

金银复本位制是一种不稳定的货币制度,因为它与货币作为一般等价物而具有的排他性、独占性的本质特征相冲突,所以随着经济的进一步发展,金银复本位制让位于金本位制是历史的必然。

3. 金本位制

(1) 金币本位制。金币本位制是以黄金为币材,铸造金本位币流通的货币制度。金币本位制的主要特征有:①铸造金币,有金币流通,金铸币无限法偿;②金铸币可以自由铸造、自由熔化为金块(条);③银行券和辅币作为价值符号,可以自由兑换金铸币或黄金;④黄金可以自由输出/入国境;⑤建立金准备制度,保证价值符号(表征货币)的可兑换性。

(2) 金块本位制。金块本位制是指没有金币的铸造和流通,而由中央银行发行以金块为准备的纸币流通的货币制度。它与金币本位制的主要区别是:①金块本位制以纸币或银行券等代用货币作为流通货币,不再铸造、流通金币,但代用货币仍是金单位,规定含金量;②金块本位制不再像金币本位制那样实行辅币和价值符号同黄金的自由兑换,规定黄金由政府集中储存,居民按本位币的含金量在达到一定数额后方可兑换黄金。实际上,金块本位制已经对黄金的自由兑换施加了一定程度的限制,但在金块本位制下,黄金仍可以自由输出/入国境。

(3) 金汇兑本位制。金汇兑本位制是指以银行券作为流通货币,通过外汇间接兑换黄金的货币制度。它与金块本位制有相同点:货币单位规定含金量,国内流通银行券,没有铸币流通。它规定银行券不能兑换黄金,但可兑换外汇。本国中央银行将黄金与外汇存于另一个实行金本位制的国家,允许以外汇间接兑换黄金,并规定本国货币与该国货币的法定比率,通过固定价买卖外汇以稳定币值和汇率。

4. 信用货币制度

信用货币制度是指由中央银行代表国家发行以纸币为代表的国家信用货币,由政府赋予无限法偿能力并强制流通的货币制度。信用货币制度的主要特点是:①纸币本位币是以国家信用为基础的信用货币,无论是现金还是存款,都是国家对货币持有者的一种债务关系;②纸币本位币不规定含金量,不能兑换黄金,不建立金准备制度,它只是流通中商品价值的符号;③纸币本位币通过银行信贷程序发放和回笼;④纸币本位币是没有内在价值的价值符号,不能自发适应经济运行的需要,这使得国家获得干预经济的手段的同时,也使通货膨胀成为可能;⑤从世界范围看,信用货币制度下的存款货币、电子货币流通广泛发展,而现金货币流通则呈日趋缩小的趋势。

> **关键考点**
> 考生应该深入理解不同货币制度的基本特征、主要优势和缺陷(包括"格雷欣法则"),同时对不同货币制度的运行机制有深刻的了解。

第四节 国际货币体系

一、国际货币体系的概念

国际货币体系是指各国政府为了适应国际贸易和国际支付的需要,对货币在国际范围内发挥世界货币职能所作的一系列安排,包括为此所确定的原则、采取的措施和建立的组织机构。它的主要目的是为了协调各个独立国家的经济活动，促进国际贸易和国际支付活动的顺利进行。

国际货币体系一般包括以下三方面的内容：①必须确定某种形式的国际储备货币，以便国家之间能够用于清算相互的债务余额、维持国际支付原则和满足收支调整的需要，以及用于在必要的情况下干预外汇市场以稳定本国货币的汇率；②必须有相应的汇率制度安排，以便一国货币与其他各国货币之间的汇率按照相应的规则确定和维持；③必须有国际收支的调节方式。这需要参加国际货币体系的各国在银行制度、金融市场等方面有适当的制度性安排，还需要各国政策当局遵守一定的运行规则，以便国际储备货币可以在各国之间顺利循环周转、平衡国际收支并实现国际储备货币在各国之间的分配。

二、国际货币体系的历史回顾

1. 国际金本位制度

(1) 国际金本位制的基本特征。国际金本位制一般具有以下三个基本特征。①所有参加国的货币均以一定数量的黄金定值，同时本国货币当局承担随时以本国货币固定的价格买卖黄金的义务，即本国货币与黄金以固定的价格自由兑换。②黄金能够不受任何限制地自由进出口。③本国的货币供应量受本国黄金储备的制约，黄金流入，则本国货币供应量增加，黄金外流，则本国货币供应量下降。

(2) 对国际金本位制的评价。从理论上说，国际金本位制是完美的，这主要取决于在国际金本位制下国际收支的自动调节机制。形成于19世纪的国际金本位制为当时的主要国家提供了至今为止最为稳定的、有效的国际货币制度，有力地支持了当时的国际贸易活动和各国经济的发展。其主要原因在于：首先，其运行的外部国际经济环境十分有利。国际金本位制度的稳定，实际上也是大的国际经济环境稳定的不可分割的组成部分。其次，这一时期的国际金本位制度为国际收支提供了满意的调节机制。金本位制度的固定汇率机制要求各参加国必须把对外平衡(国际收支平衡和汇率稳定)的目标放在首位，国内的经济福利必须服从于金本位制的运行规则。在这一时期，对国际金本位制度最为有利的是国家政府的规模都相对较小，干预经济的能力也都很弱，而个别中央银行在这一时期不断加强干预活动，也基本上是把对外均衡的目标放在首位，从而没有严重干扰金本位制度的国际收支自动调节机制。

国际金本位制度虽然完善，但完美是相对于当时的世界经济外部条件而言的。随着世界经济的发展，国际金本位制度必然逐渐显示出局限性：首先，在金本位制度条件下，本位货币是黄金，货币的供应量取决于货币黄金的供应量，进而价格水平在长期也与黄金供应量相联系。但黄金的供应量取决于采金技术和黄金矿藏，它在长期难以与普通商品的增长永远保持适当、稳定的比率。其次，金本位制度平稳的国际收支调节机制是以各国政府对经济的自由放任为前提的，或者干预目标是以维持对外均衡为前提的。在国际金本位时期，各国政府基本上不具备全面干预宏观经济的能力。但是当主要西方国家政府的职能发展到一定阶段后，必然要对经济实行政策干预，于是金本位的纪律约束最终会被冲破。再次，由于世界黄金存量主要集中在极少数发达国家手中，其他国家的金本位制很难维持，不得不采取对黄金输出的限制措施，黄金分布的相对不均造成国际金本位制面临危机。

(3) 国际金本位制度的崩溃。由于国际金本位制不能适应战争时期增加通货的需要，1914年第一次世界大战爆发后，西方各国纷纷放弃金本位制，为各国中央银行开动印钞机大量发行通货以弥补巨额军费开支带来的财政赤字铺平了道路，国际金本位制正中断运行。第一次世界大战后的20世纪20年代，西方世界的经济发展还处于相对稳定时期，各国又相继恢复了金本位制。但所恢复的不是原来的金本位制，而是金块本位制或金汇兑本位制。国际金本位制在此基础上恢复运转，但已经是被削弱了的国际金本位制。即使如此，这种削弱了的国际金本位制也只是昙花一现，由于它的基础不稳，一出现就遭到1929—1933年世界性经济大危机的猛烈冲击，于是，各国又都先后放弃了金本位制，自此宣告国际金本位制彻底崩溃，并且再也没有恢复。

※ 2. 布雷顿森林体系

(1) 布雷顿森林体系的主要特征。第二次世界大战后，西方世界为保持各国货币汇率稳定，促进西方各国之间的贸易发展，建立了一个以美元为中心的国际货币体系，即布雷顿森林体系。布雷顿森林体系具有以下特征。

① 建立了一个永久性的国际金融机构——国际货币基金组织(IMF)，旨在促进国际货币合作。国际货币基金组织是战后国际货币制度的核心，它的各项规定构成了国际金融领域的基本秩序，它为成员国融通资金，在一定程度上维持着国际金融形势的稳定。

② 以美元作为最主要的国际储备货币，实行美元-黄金本位制。在布雷顿森林体系中，黄金是基础，而美元则是最重要的储备资产。黄金起着两方面的重要作用：一方面，它是官方储备资产的重要构成部分，并且是国际收支结算的最后工具；另一方面，各国货币的价格以美元或黄金来表示，而美元的价格也以黄金来表示，因此各种货币的平价事实上都同黄金相联系。在这一体系中，美元起着十分重要的作用，因为这时美元与黄金挂钩，各国官方都按35美元1盎司的金平价向美国兑换黄金，其他国家的货币则与美元挂钩。各种可兑换货币要兑换成美元，然后才能兑换成黄金，实行美元-黄金本位制。在这里，各国确认1934年美国规定的35美元兑换1盎司黄金的官价，各国政府或中央银行随时可用美元向美国政府按官价兑换黄金。其他国家的货币与美元直接挂钩，以美元的含金量作为各国规定货币平价的标准，各国货币与美元的汇率则按各国货币的含金量确定，或不确定含金量而只规定与美元的比价，间接与美元挂钩，这就是布雷顿森林体系下著名的"双挂钩"制度，如图1-1所示。这样，其他国家的货币就钉住美元，美元等同于黄金。美元在这个货币制度中处于中心地位，起着世界货币的作用，其他国家的货币则处于依附于美元的地位。这种国际货币制度，实际是以美元为中心的金汇兑本位制。

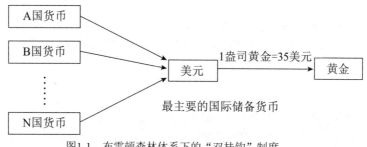

图1-1　布雷顿森林体系下的"双挂钩"制度

③ 实行可调整的固定汇率制。布雷顿森林会议通过的《国际货币基金协定》规定，各国货币的平价，必须以黄金或美元来表示，以各国所规定的货币的含金量为标准计算。一国货币的含金量一经确定，不得轻易改变。国际货币基金组织规定，各会员国政府有义务在必要的时候对本国外汇市场进行干预，以避免实际汇率背离官方汇率过远，金平价也是如此。如上所述，黄金官价规定1盎司黄金兑换35美元，市场价格的变动幅度不得超过官价上下各1%。一国只有在国际收支发生"根本性不平衡"时，才允许其货币贬值或升值，且平价的任何变动都要经过IMF的批准。布雷顿森林体系的基本特征就是实行可调整的固定汇率制。所谓可调整的固定汇率制，就是说各国货币汇率应在已宣布的平价上下维持稳定，如果当事国要通过调整汇率来平衡国际收支，那么汇率也可以重新固定在不同的价格上。换句话说，汇率是稳定的，但不是不变的固定，而是可以在一定的特殊条件下进行调整。

④ IMF向国际收支逆差国提供短期资金融通，以协助其解决国际收支困难。为了可调整的固定汇率制的顺利运转，各国需要大量储备，因此货币储备需求增加。国际货币基金组织通过预先安排的短期资金融通措施，保证提供辅助性的储备供应来源。《国际货币基金协定(IMF)》第三条规定：会员国份额的25%以黄金或可兑换成黄金的货币缴纳，其余部分则以本国货币缴纳。会员国在需要国际储备时，可用本国货币向基金组织按规定程序购买(借贷)一定数额的外汇，并在规定的期限内，以购回本国货币的形式偿还所借用的款项。

⑤ 废除外汇管制。《国际货币基金协定(IMF)》第八条规定：成员国不得限制经常账户的支付，不得采取歧视性的货币措施，要在兑换性的基础上实行多边支付。

综上所述，布雷顿森林体系是一个以美元为中心的金汇兑本位制。在布雷顿森林体系下，美元可以直接兑换黄金和实行可调整的固定汇率制，是构成这一货币体系的两大支柱，IMF则是维持这一体系正常运转的中心机构。

(2) 布雷顿森林体系崩溃的内在原因——"特里芬难题"。"特里芬难题"的基本理论内涵可以概括为：随着世界经济的增长，各国中央银行对美元储备的需求也必然随之增长。美元储备的供应是有保障的，它可以通过美国的国际收支逆差来满足，但是没有同样可靠的机制保障黄金的供应，因为黄金的供应由采金技术和黄金矿藏等外生变量决定。这将使美国政府面临两难困境：如果它满足美元储备需求的持续增长，其美元对外负债必然增加，而黄金储备却增长不了，从而美元负债对黄金的比率必然提高。这会逐渐导致对美国保证兑换黄金的信心的丧失，最终布雷顿森林体系不可避免地要崩溃；反之，如果要避免这种崩溃趋势，美国拒绝满足不断增长的美元需求，即美国不承担国际收支逆差的义务，那么世界经济将会因为缺少美元储备而陷入通货紧缩，同时美国政府也违反了其在布雷顿森林体系中所做出的各国货币自由兑换美元的承诺。因此，布雷顿森林体系自身存在着无法克服的致命缺陷。

(3) 对布雷顿森林体系的评价。布雷顿森林体系是国际货币合作的产物，它消除了战前主要工业国家之间混乱的国际货币秩序，为当时西方世界的经济复苏提供了有利的条件，布雷顿森林体系的固定汇率制为国际贸易和国际投资提供了极大的便利。但是，从国际货币制度本身来考察，布雷顿森林体系是一个不稳定制度，在国际清偿力的提供方面，它本身存在着特里芬难题所阐述的固有的不稳定性。在国际收支调节方面，虽然从理论上比较完善，但由于运行规则在实践中往往得不到必要的遵守，所以国际间始终没有形成正常的国际收支调节和资本流动的秩序。布雷顿森林体系的崩溃，完全是体制内部的原因促成的。其崩溃的过程进一步说明，将任何国家的法偿货币作为国际货币制度的基准货币，都是行不通的。今后再建立以任何国家货币为中心的固定汇率制度，也绝不会取得成功。

> **关键考点**
>
> 布雷顿森林体系一直是金融学综合考试的一个重点，尤其是有关"特里芬难题"的相关内容。布雷顿森林体系曾经在世界金融史发挥着举足轻重的作用，对现代国际货币体系也有重要的影响，因而考生应当重点加以学习，理解其中的理论精髓。

▲三、当前的国际货币制度

1.《牙买加协议》的主要内容

布雷顿森林体系崩溃后，各国于1976年1月达成《牙买加协议》，其主要内容如下。

(1) 浮动汇率合法化。取消货币平价和各国货币与美元的中心汇率，正式确定浮动汇率的合法性，允许成员国自由地选择汇率制度。

(2) 黄金非货币化。取消黄金官价，各会员国中央银行可按市价自由交易黄金，取消会员国相互之间以及会员国与IMF之间必须用黄金清算债权债务的义务，IMF所持有的黄金将逐步加以处理。

(3) 提高特别提款权SDR的国际储备地位。修订SDR的有关条款，以使SDR逐步取代黄金和美元成为国际货币制度的主要储备资产。协议规定各会员国之间可以自由进行SDR交易，而不必征得IMF的同意。IMF与各会员国之间的交易以SDR代替黄金，IMF一般账户中所持有的资产一律以SDR表示。

(4) 扩大对发展中国家的资金融通。以出售黄金所得收益设立"信托基金"，以优惠条件向最贫穷的发展中国家提供贷款或援助，以解决它们的国际收支的困难。扩大IMF的信贷部分贷款的额度，由占会员国份额的100%增加到145%，并放宽"出口波动补偿贷款"的额度，由占会员国份额的50%提高到75%。

(5) 增加会员国的基金份额。由原来的299亿SDR增至390亿SDR，主要增加的是石油输出国组织的基金份额。

2.《牙买加协议》后国际货币制度的运行特征

(1) 多元化的国际储备体系。自1973年布雷顿森林体系终结，美元与黄金脱钩以来，国际储备资产的构成就出现了分散化的趋势，逐步形成了目前多元化的局面。其中，美元在各国的国际储备中仍是主导货币，欧元、SDR和黄金也均占有一席之地。

(2) 多种形式的货币制度。根据1976年4月IMF的修正案，IMF成员国可以自行安排其汇率制度。对发达国家来说，一般实行的是有管制的浮动汇率制度和自由单独浮动汇率制，而大多数发展中国家则选择钉住汇率制。

(3) 多样化的国际收支调节方式。各国调节国际收支失衡的方式主要有三类：管理总需求或收入水平、调整汇率水平、实行直接控制。

3. 对当前国际货币体系的评价

当前的国际货币制度是多元国际储备条件下的有管理的浮动汇率制度。其特点是多元化和分散化，以及各国有相对灵活的国内宏观经济政策选择，这是布雷顿森林体系崩溃以后经济规律的客观要求。在当前的国际货币制度中，市场机制的调节作用在国际储备的创造和国际收支的调节过程中起到了重要的稳定性作用，因而这个制度与布雷顿森林体系相比，明显有较大的灵活性，能够适应20世纪70年代以来的世界经济动荡和危机。在市场机制的约束方面，其主要体现在对储备货币国家(主要针对美国和德、英、法等欧洲国家)国际收支和汇率稳定的制约上。

当前的国际货币制度从长期看，也存在很多缺陷：首先，实际汇率的波动会对各国经济产生重大影响，而且用一般的宏观经济政策有时难以有效控制。其次，在当前的制度中，各国尤其是储备货币国家操纵汇率的主要目标是服务于本国政策目标，往往忽视对其他国家，尤其是以其货币为主要国际储备货币国家的影响。再次，目前的国际货币制度中，美国等储备货币国家的国际收支状态仍然对国际货币的供给和需求产生极为重要的影响，而由美国的国际货币政策变化形成的国际清偿力的收缩和扩张不一定符合其余国家或国际整体范围的利益。

> **关键考点**
> 当前国际货币体系的基本特征，以及存在的主要优势和弊端是考试中经常涉及的内容，一般以论述题的形式加以考查。

▲四、关于国际货币体系改革的探讨

随着以美元为中心的国际货币体系的瓦解，改革国际货币制度成为举世瞩目的重大问题。1972年7月26日，国际货币基金组织通过决议，成立一个由发达国家和发展中国家共同参加的国际货币制度和有关问题委员会(即二十国委员会，在十国集团外增加了澳大利亚、印度、巴西、摩洛哥、埃塞俄比亚、阿根廷、墨西哥、扎伊尔、印度尼西亚和伊拉克)，讨论国际货币制度的改革问题。但在如何制止由于美元泛滥而造成的国际货币动荡局势，以及如何取代美元的国际储备货币地位等问题上，美国和西欧国家之间矛盾重重。西欧国家要求美国恢复美元兑换黄金，以清偿美元债务；而美国则坚持要等其国际收支状况改善后再解决，主张创立一种由国际机构管理的固定的国际货币，使国际货币基金组织具有世界中央银行的地位和作用。西欧国家尤其是法国主张用黄金取代美元作为国际储备货币，认为现阶段黄金仍是政府间办理清算的重要手段，而美国则主张减少黄金的货币作用，实现黄金非货币化，使之成为一种金属商品。由于各方意见分歧，使二十国委员会成立时原定在两年内提出货币改革方案的计划无法实现。1974年6月委员会提出了一个原则性的"改革大纲"后便结束了工作，同时成立了一个临时委员会代替二十国委员会继续就国际货币制度改革问题进行研究，并于1976年1月就取消固定汇率制、肯定浮动汇率制、各成员国可自行选择汇率制度、废除黄金官价、取消有关基金份额中的25%须以黄金缴付的规定，以及扩大特别提款权的使用范围等问题达成协议，即《牙买加协定》。但这些改革与发展中国家要求根本改革国际货币制度的愿望相差甚远。1968—1987年，亚洲、非洲、拉丁美洲和欧洲的南斯拉夫等77个发展中国家(即七十七国集团)先后举行过6次部长级会议，提出了改革国际货币制度的行动纲领，通过了《哈瓦那宣言》。其主要内容是：制定一个解决发展中国家债务问题的新战略，把债务的偿还额同实际偿债力挂钩；增加多边金融机构的资金来源；免除较穷发展中国家所欠官方发展援助项下的债务；通过各种渠道如官方发展援助、出口信贷和直接投资等增加发展中国家的资金流入量；稳定货币汇率；增加特别提款权的分配，大幅度提高发展中国家在国际货币基金组织中的份额；设立一个发达国家和发展中国家共同参加的部长代表委员会，审议国际货币制度的改革等问题。这为发展中国家参与国际货币多边谈判提供了一个较为统一且完整的指导方针。但这些建议由于遭到发达国家反对，一直未能实现。

2008年世界金融危机的爆发与蔓延使我们再次面对一个古老且悬而未决的问题，那就是什么样的国际储备货币才能保持全球金融稳定、促进世界经济发展。历史上的银本位、金本位、金汇兑本位、布雷顿森林体系都是解决该问题的不同制度安排，这也是IMF成立的宗旨之一。但此次金融危机表明，这一问题不仅远未解决，由于现行国际货币体系的内在缺陷，反而愈演愈烈。

理论上讲，国际储备货币的币值首先应有一个稳定的基准和明确的发行规则以保证供给的有序；其次，其供给总量还可及时、灵活地根据需求的变化进行增减调节；第三，这种调节必须超脱于任何一国的经济状况和利益。当前以主权信用货币作为主要国际储备货币是历史上少有的特例。此次危机再次警示我们，必须创造性地改革和完善现行国际货币体系，推动国际储备货币向着币值稳定、供应有序、总量可调的方向完善，才能从根本上维护全球经济金融稳定。

1. 2008年世界金融危机的爆发并在全球范围内迅速蔓延，反映出当前国际货币体系的内在缺陷和系统性风险

对于储备货币发行国而言，国内货币政策目标与各国对储备货币的要求经常产生矛盾。货币当局既不能忽视本国货币的国际职能而单纯考虑国内目标，又无法同时兼顾国内外的不同目标。既可能因抑制本国通胀的需要而无法充分满足全球经济不断增长的需求，也可能因过分刺激国内需求而导致全球流动性泛滥。理论上特里芬难题仍然存在，即储备货币发行国无法在为世界提供流动性的同时确保币值的稳定。

当一国货币成为全世界初级产品定价货币、贸易结算货币和储备货币后，该国对经济失衡的汇率调整是无效的，因为多数国家货币都以该国货币为参照。经济全球化既受益于一种被普遍接受的储备货币，又为发行这种货币的制度缺陷所害。从布雷顿森林体系解体后金融危机屡屡发生且愈演愈烈来看，全世界为现行货币体系付出的代价可能会超出从中的收益。不仅储备货币的使用国要付出沉重的代价，发行国也在付出日益增大的代价。危机未必是储备货币发行当局故意为之，但却是制度性缺陷的必然。

2. 创造一种与主权国家脱钩、并能保持币值长期稳定的国际储备货币，从而避免主权信用货币作为储备货币的内在缺陷，是国际货币体系改革的理想目标

超主权储备货币的主张虽然由来以久，但至今没有实质性进展。20世纪40年代凯恩斯就曾提出采用30种有代表性的商品作为定值基础建立国际货币单位"Bancor"的设想，遗憾的是未能实施，而其后以怀特方案为基础的布雷顿森林体系的崩溃显示凯恩斯的方案可能更有远见。早在布雷顿森林体系的缺陷暴露之初，IMF就于1969年创设了特别提款权(SDR)，以缓解主权货币作为储备货币的内在风险。遗憾的是，由于分配机制和使用范围上的限制，SDR的作用至今没有得到充分发挥。但SDR的存在为国际货币体系改革提供了一线希望。

超主权储备货币不仅克服了主权信用货币的内在风险，也为调节全球流动性提供了可能。由一个全球性机构管理的国际储备货币将使全球流动性的创造和调控成为可能，当一国主权货币不再作为全球贸易的尺度和参照基准时，该国汇率政策对失衡的调节效果会大大增强。这些能极大地降低未来危机发生的风险、增强危机处理的能力。

3. 改革应从大处着眼，小处着手，循序渐进，寻求共赢

重建具有稳定的定值基准并为各国所接受的新储备货币可能是一个长期目标。建立凯恩斯设想的国际货币单位更是人类的大胆设想，并需要各国政治家拿出超凡的远见和勇气。而在短期内，国际社会，特别是基金组织，至少应当承认并正视现行体制所造成的风险，对其不断监测、评估并及时预警。

同时还应特别考虑充分发挥SDR的作用。SDR具有超主权储备货币的特征和潜力。同时，它的扩大发行有利于IMF克服在经费、话语权和代表权改革方面所面临的困难。因此，应当着力推动SDR的分配。这需要各成员国政治上的积极配合，特别是应尽快通过1997年第四次章程修订及相应的SDR分配决议，以使1981年后加入的成员国也能享受到SDR的好处，并在此基础上考虑进一步扩大SDR的发行。

SDR的使用范围需要拓宽，从而能真正满足各国对储备货币的要求，具体做法如下。

① 建立起SDR与其他货币之间的清算关系。改变当前SDR只能用于政府或国际组织之间国际结算的现状，使其能成为国际贸易和金融交易公认的支付手段。

② 积极推动在国际贸易、大宗商品定价、投资和企业记账中使用SDR计价。这不仅有利于加强SDR的作用，也能有效减少因使用主权储备货币计价而造成的资产价格波动和相关风险。

③ 积极推动创立SDR计值的资产，增强其吸引力。基金组织正在研究SDR计值的有价证券，如果推行，这将是一个好的开端。

④ 进一步完善SDR的定值和发行方式。SDR定值的篮子货币范围应扩大到世界主要经济大国，也可将GDP作为权重考虑因素之一。此外，为进一步提升市场对其币值的信心，SDR的发行也可从人为计算币值向有以实际资产支持的方式转变，可以考虑吸收各国现有的储备货币以作为其发行准备。

4. 由IMF集中管理成员国的部分储备，不仅有利于增强国际社会应对危机、维护国际货币金融体系稳定的能力，更是加强SDR作用的有力手段

由一个值得信任的国际机构将全球储备资金的一部分集中起来管理，并提供合理的回报率吸引各国参与，将比各国的分散使用、各自为战更能有效地发挥储备资金的作用，对投机和市场恐慌起到更强的威慑与稳定效果。对于参与各国而言，也有利于减少所需的储备，节省资金，以用于发展和增长。IMF成员众多，同时IMF是全球唯一以维护货币和金融稳定为职责，并能对成员国宏观经济政策实施监督的国际机构，具备相应的专业特长，承担为各国管理储备的职责，"有天然的优势"。

IMF集中管理成员国储备，这将是推动SDR作为储备货币发挥更大作用的有力手段。IMF可考虑按市场化模式形成开放式基金，将成员国以现有储备货币积累的储备集中管理，设定以SDR计值的基金单位，允许各投资者使用现有储备货币自由认购，需要时再赎回所需的储备货币，既推动了SDR计值资产的发展，也部分实现了对现有储备货币全球流动性的调控，甚至可以作为增加SDR发行、逐步替换现有储备货币的基础。

国际货币体系即将发生变革。美元作为主要储备货币的地位面临多重挑战，然而，各方面仍在激烈讨论国际货币体系的未来格局。

一些经济学家认为，世界在一定程度上正朝着由美元、欧元和人民币组成的稳定的多储备货币体系的方向发展。美元依然处于主导地位，但将与更多的其他货币分享它的角色。

在世界主要经济体中，美国经济依然最具弹性。虽然其仍存在一些不平衡，特别是在财政方面，但是美国总体上在恢复平衡方面做的比竞争对手更加成功。结果之一是，在对未来国际货币体系的大部分设想中，美元均是走强的。这将减少外汇储备的累积。如果美元强势，那么其他国家就不必为了获得竞争优势而让自己的货币贬值。

第一章 货币与货币制度

真题精选精析

一、选择题

1.【上海财经大学 2018】在现代货币制度下，纸币的职能来自于( )。
   A. 纸币可以和任何商品兑换　　　　　B. 信用货币的代表
   C. 经济主体对发行货币的信任　　　　D. 货币的无限法偿

2.【上海财经大学 2019】纽约金融服务部(NYDFS)在2018年9月10日同时批准了两种基于以太坊发行的稳定币，分别是Gemini公司发行的稳定币GeminiDollar与Paxos公司发行的稳定币PaxosStandard，每个代币有1美元支撑，旨在提供法币的稳定性，以及加密货币的速度和无国界性质。以下表述不正确的是( )。
   A. 数字美元由私营企业发行，具有较高的信用风险
   B. 与美元挂钩，避免数字货币币值剧烈波动
   C. 通过监管美元流动性，对数字货币间接监控
   D. 即使与主权货币挂钩，也不能行使主权货币的功能

3.【中央财经大学 2015】金银复本位制的不稳定性源于( )。
   A. 金银的稀缺　　B. 生产力的提高　　C. 货币发行管理混乱　　D. 金银同为本位币

4.【湖南大学 2015】最早的货币制度是( )。
   A. 金币本位制　　B. 金块本位制　　C. 银本位制　　D. 金银复本位制

5.【中国人民大学 2015】自由铸造、自由兑换及黄金自由输出是( )制度的三大特点。
   A. 金块本位　　B. 金币本位　　C. 金条本位　　D. 金汇兑本位

6.【中山大学 2015】金本位制下决定汇率的基础是( )。
   A. 金平价　　B. 铸币平价　　C. 法定平价　　D. 黄金输出/入点

7.【清华大学 2018】下面哪个组织致力于通过避免类似2010年希腊主权债务危机的发生，而使得全球系统风险可控?( )
   A. 世界银行　　B. 世界贸易组织　　C. 亚洲开发银行　　D. 国际货币基金组织

8.【中央财经大学 2017】关于国际货币制度描述正确的是( )。
   A. 国际金本位制和布雷顿森林体系都属于黄金货币化
   B. 国际金本位制和布雷顿森林体系都是以金平价为基础、具有自动调节机制的固定汇率制
   C. 布雷顿森林体系和牙买加体系都是黄金非货币化
   D. 布雷顿森林体系和牙买加体系下的固定汇率都由金平价决定

9.【江西财经大学 2017】麦金农主张用( )作为确定最适度货币区的标准。
   A. 政策一体化　　B. 生产要素的流动性　　C. 经济开放程度　　D. 通货膨胀相似性

二、名词解释

1.【西安交通大学 2015，对外经济贸易大学 2012】格雷欣法则
2.【厦门大学 2017】金汇兑本位制
3.【中南财经政法大学 2018】平行本位制

三、简答题

1.【华东师范大学 2015，湖南大学 2015，南开大学 2017】我国广义货币M_2是怎样划分的?
2.【山东大学 2018】简述信用货币制度的特点。
3.【中南大学 2015】比特币(Bitcoin)是否能成为货币，为什么?
4.【江西财经大学 2018】简述现行国际货币体系的主要特征及缺陷。

第二章 利息和利率

第一节 利 率

一、利率的概念

利率(interest rate),就表现形式来说,是指一定时期内利息额同借贷资本总额的比率。利率是单位货币在单位时间内的利息水平,表明利息的多少。利率通常由国家的中央银行控制,在美国由联邦储备委员会管理。现在,所有国家都把利率作为宏观经济调控的重要工具之一。当经济过热、通货膨胀上升时,便提高利率、收紧信贷;当经济过热、通货膨胀得到控制时,便适当地调低利率。因此,利率是重要的基本经济因素之一。

二、利息本质的理论

1. 古典经济学的利息本质理论

(1) 利息报酬说。该理论认为利息是贷款人因承担了风险而得到的报酬,因此,利率的高低应与所承担风险的大小相适应。

(2) 资本租金论。该理论把贷出货币所收取的利息看作地主收取的租金。具体来讲,资金的余缺产生了利息,有的人拥有资本但不愿或不能从事贸易,而愿意从事贸易的人手中又缺乏资本,所以资本所有者常常出借他们的资金,像出租土地一样。

(3) 利息源于利润说。该理论认为贷款人贷出的是货币或资本的使用价值,即产生利润的能力。因此,贷款人得到的利息直接来源于利润,并且是利润的一部分。

(4) 利息剩余价值说。该理论认为利息具有双重来源:其一,当借贷的资本用于生产时,利息来源于利润;其二,当借贷的资本用于消费时,利息来源于别的收入,如地租等。

2. 近代西方经济学的利息本质理论

(1) 节欲论。根据该理论的逻辑体系,借贷资本只是总资本的一部分,利息也只是总利润的一部分,所以利息是对资本家所放弃的部分个人消费的补偿。

(2) 边际生产力说。该理论认为当劳动量不变而资本不断增加时,每增加一单位的资本所带来的产量增加量逐渐递减,从而最后一单位资本所增加的产量就是决定利息高低的"资本边际生产力"。因此,利息取决于资本边际生产力的大小。

(3) 人性不耐说。该理论认为人们普遍具有偏好于现在就可提供收入的资本财富,而不耐心等待将来提供收入的资产财富的心理,因此,利息本质上是反映人们上述不耐心理的指标。

(4) 流动性偏好说。该理论由凯恩斯提出,他认为流动性偏好的大小决定了货币需求量,而货币需求量与货币供应量共同决定利率水平。

3. 马克思关于利息本质的理论

马克思指出,利息不是产生于货币的自行增值,而是产生于它作为资本的使用。马克思关于利息本质的理论的基本内容是:

(1) 利息以货币转化为货币资本为前提;

(2) 利息和利润一样,都是剩余价值的转化形式;

(3) 利息是职能资本家让渡给借贷资本家的那一部分剩余价值，体现的是全体资本家共同剥削雇佣工人的关系。

三、利率的分类

1. 市场利率与官定利率

市场利率与官定利率是根据利率是否按市场规律自由变动的标准来划分的。随市场规律而自由变动的利率就是市场利率。由政府金融管理部门或中央银行确定的利率，通常称为官定利率，又称法定利率，是宏观经济政策当局实现宏观调节目标的一种政策手段。我国目前以官定利率为主，绝大多数利率仍由中国人民银行制定、报国务院批准执行。市场利率范围有限，主要是在同业拆借等领域。

2. 公定利率与官定利率

由非政府部门的民间金融组织，如银行公会等确定的利率是行业公定利率。这种利率对其会员银行也有约束性。官定利率和行业公定利率都在不同程度上反映了非市场的强制力量对利率形成的干预。

▲3. 固定利率与浮动利率

固定利率与浮动利率是按资金借贷关系存续期内利率水平是否变动来划分的。

固定利率是指在借贷期内不做调整的利率。实行固定利率，对于借贷双方准确计算成本与收益十分方便，是传统采用的方式。但是，由于近几十年来，通货膨胀的现象日益普遍而且越来越严重，实行固定利率，会给债权人，尤其会给进行长期放贷的债权人带来较大的潜在风险。因此，越来越多的中长期借贷开始采用浮动利率。

浮动利率是一种在借贷期内可定期调整的利率。根据借贷双方的协定，由一方在规定的时间内依据某种市场利率进行调整。在国际金融市场上，多数浮动利率都以LIBOR(伦敦银行间同业拆借利率)为参照指标而规定其上下浮动的幅度。这种浮动幅度是按若干个基点来计算的，通常每隔3个月或6个月调整一次。实行浮动利率对借贷双方来说，其计算成本、收益的难度要大一些，并且对借贷双方利率管理的技术要求也比较高。但是，实行浮动利率的借贷双方所承担的利率风险比较小。浮动利率适合于在市场变动较大，而借贷期限较长的融资活动中实行。

▲4. 名义利率与实际利率

名义利率与实际利率是按利率水平是否剔除通货膨胀因素来划分的。名义利率是指没有剔除通货膨胀因素的利率，实际利率则是指剔除通货膨胀因素的利率。其计算公式为

$$r = \frac{1+i}{1+\pi} - 1 \tag{2-1}$$

式中，r表示实际利率，i表示名义利率，π表示通货膨胀率。

5. 一般利率与优惠利率

一般利率与优惠利率的划分以利率是否带有优惠性质为标准。银行优惠利率一般是指略低于一般贷款利率的利率。优惠利率一般提供给信誉好、经营状况良好且有良好发展前景的借款人。在我国，优惠利率的授予对象同国家的产业政策相联系，一般为国家认为有必要重点扶植的行业、部门及企业，本质上是一种政策性贴息利率。

▲四、利率的主要影响因素

一般来讲，利率水平主要受以下几个方面因素的影响。

1. 利润率的平均水平

社会主义市场经济中，利息仍作为平均利润的一部分，因而利息率也是由平均利润率决定的。根据中国经济发展现状与改革实践，这种制约作用可以概括为：利率的总水平要适应大多数企业的负担能

力。也就是说,利率总水平不能太高,太高了,大多数企业承受不了;相反,利率总水平也不能太低,太低了,不能发挥利率的杠杆作用。

2. 资金的供求状况

在平均利润率既定时,利息率的变动则取决于平均利润分割为利息与企业利润的比例。而这个比例是由借贷资本的供求双方通过竞争确定的。一般地,当借贷资本供不应求时,借贷双方的竞争结果将促进利率上升;相反,当借贷资本供过于求时,竞争的结果必然导致利率下降。在中国市场经济条件下,由于作为金融市场上的商品的"价格"——利率,与其他商品的价格一样受供求规律的制约,因而资金的供求状况对利率水平的高低仍然有决定性作用。

3. 物价变动的幅度

由于价格具有刚性,变动的趋势一般是上涨,因而怎样使自己持有的货币不贬值,或遭受贬值后如何取得补偿,是人们普遍关心的问题。这种关心使得从事经营货币资金的银行必须使吸收存款的名义利率适应物价上涨的幅度,否则难以吸收存款;同时也必须使贷款的名义利率适应物价上涨的幅度,否则难以获得投资收益。所以,名义利率水平与物价水平具有同步发展的趋势,物价变动的幅度制约着名义利率水平的高低。

4. 国际经济的环境

改革开放以后,中国与其他国家的经济联系日益密切。在这种情况下,中国的利率水平也不可避免地受国际经济因素的影响,表现在以下几个方面:①国际间资金的流动,通过改变中国的资金供给量影响中国的利率水平;②国际间商品竞争的影响;③国家的外汇储备量;④利用外资的政策。

5. 政策性因素

自1949年以来,中国的利率基本上属于管制利率类型,利率由国务院统一制定,由中国人民银行统一管理,在利率水平的制定与执行中,要受到政策性因素的影响。例如,1949年以来,中国长期实行低利率政策,以稳定物价、稳定市场。1978年以来,对一些部门、企业实行差别利率,体现出政策性的引导或政策性的限制。可见,在中国社会主义市场经济中,利率不是完全随着信贷资金的供求状况自由波动,它还取决于国家调节经济的需要,并受国家的控制和调节。

▲ 五、利率的作用

1. 利率的经济效应

(1) 成本效应。对于资金盈余者来说,利率的提高意味着持有资金的机会成本上升,从而刺激资金供给的增长;反之,利率的降低意味着持有资金的机会成本下降,从而使资金供给减少。对于资金短缺者来说,利率增长意味着借款成本上升,从而使资金需求减少;反之,利率下降意味着借款成本下降,从而使资金需求增加。

(2) 资产组合调整效应。利率的上升将促使人们将更多的资产用于储蓄或认购债券,以获得利息收入,同时减少股票资产在资产组合中的比例;利率的下降则会促使人们增加股票投资的比例,减少储蓄或债券资产的比例。

(3) 财富效应。利率的上升意味着债券市场价格的降低,从而导致以这种形式持有资产的人们的财富净值减少;反之,利率的下降意味着债券市场价格的上涨,从而使以这种形式持有资产的人们的财富净值增加。

(4) 利率的预期效应。市场主体对加息的预期将促使他们提前申请贷款,以获得较低的融资成本,从而使资金需求增加;同时,加息的预期还会促使浮动利率贷款的借款者选择提前还款,从而使资金供给增加。反之,市场主体对降息的预期则会促使资金需求和供给同时减少。

利率的预期效应还体现在债券市场上。当人们普遍预期未来利率将要上升时,人们将会增加对短期债券的持有量,同时减少对长期债券的持有量,以期在利率增长以后,通过用短期债券到期时所获得的资金购买利率上涨的债券以获得更多的利息收入。受市场供求的影响,债券市场上的短期债券利率就会下降,而长期债券的利率则会上升。反之,当人们普遍预期未来利率将要下降时,人们就会持有更多的长期债券,同时减少持有的短期债券,由于长期债券的利率水平不受持有期间利率变动的影响,因而可以保证投资者按照未下降的利率水平获得稳定的利息收入。债券市场上的短期债券利率就会上升,而长期债券的利率则会下降。

(5) 利率的汇率效应。本国利率水平的提高,将吸引外国资本流入,使国际收支出现顺差,从而使本国货币升值;反之,本国利率水平的下降,将限制外国资本流入,使国际收支出现逆差,从而使本国货币贬值。

2. 利率对宏观经济和微观经济的杠杆作用分析

从宏观的角度看,利率的经济杠杆功能主要表现在以下几个方面。

(1) 有效配置资金的功能。利率本质上是资金的价格,资金短缺者通过向资金盈余者支付利息,获得用于生产或投资的资金,同时使社会的闲散资金得到有效利用,在市场机制的作用下,社会资金将获得有效配置。

(2) 调整信贷规模的功能。中央银行提高再贷款利率和再贴现率将使商业银行相应缩小其信贷规模,反之,中央银行下调利率的货币政策行为将促使商业银行扩大信贷规模。

(3) 调节国民经济结构的功能。利率对于国民经济结构的调节,主要通过采取差别利率和优惠利率,从而实现资源的倾斜配置。对于国家亟需发展的产业、企业和项目,采取低利率支持;而对于国家限制的产业、企业或项目,则采取高利率加以限制。

(4) 抑制通货膨胀的功能。当通货膨胀发生或预期通货膨胀将要发生时,如果通货膨胀是由货币需求量的激增所引起的,则通过提高贷款利率使货币需求量下降,信贷规模收缩,将使物价趋于稳定。如果通货膨胀是由商品供求结构失衡引起的,则通过对短缺性商品的行业提供低息贷款,促其企业扩大产量,增加短缺商品的有效供给,将有效遏制通货膨胀。

(5) 平衡国际收支的功能。当国际收支逆差时,可提高本国利率,在套利利润的驱使下,调高利率的货币政策行为一方面可以阻止本国资金流向国外,另一方面可以吸引大量国外短期资本流入本国金融市场。如果国际收支逆差伴随着国内经济衰退,则不能简单地使用调高利率的货币政策,因为利率的增长将不利于企业通过增加投资扩大生产规模,不利于经济复苏。在这种情况下,应采取调整利率结构的宏观经济政策措施。因为投资主要受长期利率的影响,而国际间的资本流动主要受短期利率的影响,因此在国内经济衰退与国际收支逆差并存时,应一方面降低长期利率,鼓励投资,刺激经济复苏;另一方面提高短期利率,组织国内资金外流并吸引外资流入,从而达到内外同时均衡的目标。

从微观的角度看,利率杠杆的主要功能表现在以下几个方面。

(1) 激励企业提高资金使用效率的功能。对于市场经济主体来说,利息始终是利润的递减因素。因此,为了保证自身利润,企业(包括商业银行等)必须加强经营管理,加速资金周转,减少借款额,通过提高资金的使用效率来减少利息的支付。

(2) 影响家庭和个人金融资产的功能。人们将货币转化为金融资产,主要考虑金融资产的安全性、流动性和收益性三个方面,而各种金融资产的收益与利率有着密切的联系。在安全性和流动性一定的情况下,通过调整利率,可以引导人们选择不同的金融资产。

(3) 其具有作为租金计算基础的功能。

3. 利率充分发挥作用的条件

利率充分发挥作用的基本条件是市场经济的微观决策主体以利润最大化、效益最大化为基本准则,也就是市场经济主体符合理性人假定。在这一条件下,利率的高低直接关系到他们的利益,在利益约束的机制下,利率可以发挥广泛而突出的作用。

第二节 利率与回报率及其计算

一、与利率相关的几个基本概念

必要回报率(required rate of return)是指投资者和储蓄者将其资金贷出所要求获得的利率,即特定投资的均衡利率。在对资金的折算过程中,利率有时也被称为贴现率(discount rate)。机会成本(opportunity cost)是指投资者选择进行特定投资的价值,即投资者选择进行其他投资所能获得的最大收益。我们还可以将利率视为当期消费的机会成本。

※ 二、单利与复利

单利计算利息的基本特征是对利息不再付息,其计算公式为

$$I = A \times r \times n \tag{2-2}$$

$$S = A(1 + r \times n) \tag{2-3}$$

式中,I为利息额,A为本金,r为利率,n为借贷期限,S为本金和利息之和(本利和)。

复利是一种将上期利息转为本金并且一并计息的方法。如按年计息,第一年按本金计息;第一年末所得利息并入本金,第二年则按第一年末的本利和计息;第二年末的利息并入本金,第三年则按第二年末的本利和计息;如此类推,直至信用契约期满。其计算公式为

$$S = A(1 + r)^n \tag{2-4}$$

$$I = S - A \tag{2-5}$$

假设本金数额为A,以年利率r连续投资了n年。如果利息按每一年计一次复利,根据式(2-4),可知上述投资在n年后的终值为$A(1+r)^n$。如果每年计m次复利,则终值为

$$A\left(1 + \frac{r}{m}\right)^{mn} \tag{2-6}$$

当式(2-6)中的m趋于无穷大时,也就是计息的次数趋于无穷多时,就称为连续复利,此时的终值为

$$\lim_{m \to \infty} \left[A\left(1 + \frac{r}{m}\right)^{mn}\right] = Ae^{nr} \tag{2-7}$$

通过表2-1,可以更为直观地理解连续复利与一般意义上的复利之间的关系。显然,计息的次数越多,则复利的终值越趋近于连续复利的终值。

表2-1 计息频率与连续复利的终值   单位:元

计息频率	100元本金在一年末的终值(年利率为10%)
每一年($m = 1$)	110.00
每半年($m = 2$)	110.25
每季度($m = 4$)	110.38
每月($m = 12$)	110.47
每周($m = 52$)	110.51
每天($m = 365$)	110.52
连续复利	110.52

> **关键考点**
>
> 式(2-7)是一个非常重要的计算公式。根据该式，只要我们知道了某笔按照连续复利计息的贷款的本金、利率和期限数，就可以进一步计算出该笔贷款到期时应偿还的本利和，也就是该笔贷款的终值。

三、有效年利率的计算

通过复利的方法，投资者实际获得的利率称为有效年利率(effective annual rate，EAR)。EAR的计算公式为

$$EAR = (1 + 期间利率)^m - 1 \tag{2-8}$$

式中，m为各年复合期间的个数，期间利率 = 名义利率 / m。

显然，对于相同的法定利率而言，不同计息频率所对应的EAR值是不同的。以6%的法定利率为例，如果每半年计一次息，计算公式为

$$EAR = (1 + 6\%/2)^2 - 1 = 6.09\%$$

如果每季度计一次息，计算公式为

$$EAR = (1 + 6\%/4)^4 - 1 = 6.14\%$$

显然，只有当每年计一次息时，法定(名义)利率才等于实际(有效)利率。

四、持有期回报率的计算

持有期回报率(holding period return，HPR)指某项投资在持有期间的增值与其成本(购入价格)的比率，其计算公式为

$$HPR = \frac{P_t - P_{t-1} + D_t}{P_{t-1}} = \frac{P_t + D_t}{P_{t-1}} - 1 \tag{2-9}$$

式中，P_{t-1}和P_t表示在持有期期初和期末每份投资的价格，D_t表示在持有期内获得的现金流(利息或股利)。

例如，某股票在第一年年初时的市场价格为46美元，当年支付红利1.5美元，在年末时股票市价涨至50美元。下一年度又支付红利2美元，第二年年末时该股票的市场价格上涨到56美元，则该股票的持有期回报率为

$$HPR = \frac{56-46+(1.5+2)}{46} \times 100\% = 29.35\%$$

值得注意的是，上述持有期回报率并不一定是年回报率；另外，这一指标并未考虑先前收到的股息用于再投资所应获得的收益，即基于单利的计算方法。

▲五、金额加权回报率与时间加权回报率

1. 金额加权回报率

金额加权回报率本质上是将内部回报率(IRR)的概念应用在投资组合分析中。具体来讲，投资组合的金额加权回报率是指一项投资组合的内部回报率，该回报率考虑到了所有现金流入和现金流出。账户的初始金额是所有现金流入，所有从该账户取出的款项都视为现金流出，从而得到期末的账户金额。我们通过下面的例题来说明金额加权回报率的具体计算方法。

例如，某投资者在第一年年初以100美元的市场价格购买了一股某种股票，在年末又以120美元的市场价格购买了一股该股票。在第二年年末，该投资者以130美元的市场价格将所持有的两股股票全部

售出。在持有期间的每年年末，每股股票将向投资者支付2美元的红利。

首先，确定各期的现金流金额(见表2-2)。

表2-2　各期现金流

年份	现金流
0	−$100
1	−$120+$2=−$118
2	+$4+$260=+$264

然后，确定使净现金流为零的贴现率，即

$$-100-\frac{118}{1+\text{IRR}}+\frac{264}{(1+\text{IRR})^2}=0$$

从而通过财务计算器可以求得该投资项目的IRR即金额加权回报率为14%。

2. 时间加权回报率

这一平均回报率指标引入了复利的概念，即通过对时间进行加权来衡量最初投资价值的复合增值率，其计算公式为

$$\overline{Y}=\sqrt[n]{(1+\text{HPR}_1)(1+\text{HPR}_2)\cdots(1+\text{HPR}_n)}-1=\left[\prod_{i=1}^{n}(1+\text{HPR}_i)\right]^{\frac{1}{n}}-1 \tag{2-10}$$

式中，$\overline{Y}$表示时间加权回报率，HPR_i表示第i期间的持有期回报率，n表示总期数。

时间加权回报率有一个假定，即投资期间所获得的所有现金收益(如以现金形式派发的股息或红利等)都用于再投资。

例如，某投资者在第一年年初以50美元的市场价格购买了一股某种股票，在年末又以55美元的市场价格购买了一股该种股票。在第二年年末，该投资者以65美元的市场价格将所持有的两股股票全部售出。在持有期间的每年年末，每股股票将向投资者支付1美元的股息。

$$\text{第一年的持有期回报率} \text{HPR}_1=\frac{55+1}{50}-1=12\%$$

$$\text{第二年的持有期回报率} \text{HPR}_2=\frac{65\times2+1\times2}{55\times2}-1=20\%$$

根据式(2-10)，可得时间加权回报率$\overline{Y}=\sqrt{(1+\text{HPR}_1)(1+\text{HPR}_2)}-1=\sqrt{1.12\times1.2}-1=15.9\%$。

由式(2-10)可知，时间加权回报率是一种几何平均值。在投资行业中，时间加权回报率是衡量投资业绩的理想方法。这是因为，这一计算方法不受现金流出和现金流入的影响。

在上例中，投资组合的时间加权回报率为15.9%，而金额加权回报率为16.6%，其计算过程如下：

$$-50+\frac{-55+1}{1+r}+\frac{65\times2+1}{(1+r)^2}=0 \Rightarrow r=16.6\%$$

显然，上述两种回报率的计算结果是不同的，这是因为，金额加权回报率对第二年的HPR赋予了更高的权重。

第三节　利率行为与利率决定理论

一、古典学派的储蓄—投资理论

1. 庞巴维克的时差论

该理论认为利息的产生和利率的高低，都取决于人们对于等量的同一商品在现在和将来的两个不同

时间内主观评价的差异。由于人们心理上的时间偏好，使人们对"现在财货"的评价总是高于对等量的"将来财货"的评价。因此，等量的同一商品由于不同时间内人们的评价不同而产生了价值上的差异，即所谓商品价值的"时差"。价值时差的存在，要求"现在财货"在同"将来财货"进行交换时，或者说债权人现在贷出的"现在财货"在同"将来财货"进行交换时，债务人必须付给债权人等于这个差价的"补偿"。庞巴维克认为，这种"补偿"就是利息。庞巴维克实际上是从供给的角度提出，利息是人们延期消费而提供资本所获得的报酬。

2. 马歇尔的等待说与资本收益说

马歇尔运用"供求均衡原理"来解释利率，认为利率是资本需求与资本供给达到均衡时的价格。资本的需求取决于资本的边际生产力，资本的供给则取决于抑制现在消费而对未来享受的"等待"。利率就由资本的供求双方共同决定。

3. 维克塞尔的自然利率学说

维克塞尔根据宏观经济学的相关理论指出，资本供给和需求相等，也就是储蓄和投资相等时的利率就是"自然利率"。也就是说，自然利率相当于资本(或投资)的预期收益率，也就是保持适度投资规模的利率。

4. 费雪的时间偏好与投资机会说

费雪从供求方面分析利率的决定，认为利率的高低取决于两类因素：一是心理的因素，即人们心理上或主观感受上认为"现在财货"优于"将来财货"的时间偏好，人们自愿放弃消费的倾向决定了资本的供应；二是客观因素，即"投资机会"。费雪认为，人们可以在一系列的"投资机会"中为其资本选择最佳的用法，这就决定了对资本的需求。这两个因素的交互作用决定了利率水平。

※ 二、凯恩斯的流动性偏好理论

凯恩斯认为，利率是由人们的"流动性偏好"即货币需求与货币供给共同决定的。由于中央银行的货币供给是相对确定的，所以，人们的流动性偏好就成为决定利率高低的主要因素。在凯恩斯看来，利息是人们放弃流动性偏好所获得的补偿。根据该理论，人们需要货币、偏爱流动性主要是基于三个动机，即交易动机、预防动机和投机动机。其中，交易动机和预防动机的货币需求主要取决于收入，是收入的增函数，与利率不存在直接关系；而投机动机则主要取决于利率，是利率的减函数。人们的货币需求动机多样化，将导致货币需求不稳定。这是因为，在货币供给相对确定的情况下，利率在很大程度上受货币需求的影响，而当利率下降到一定水平(通常为人们根据以往经验所认定的利率底线)时，货币需求弹性将会变得无限大，即形成"流动性陷阱"。

> **关键考点**
> 凯恩斯的"流动性偏好理论"是现代宏观经济学的基石，也是很多金融模型的重要参考依据，考生应该熟练掌握这一理论。

▲ 三、可贷资金理论

可贷资金理论认为，利率是由可贷资金的供给与可贷资金的需求来决定的。可贷资金的供给既来自于中央银行，也来自于人们的储蓄以及人们的货币反窖藏，还有商业银行的信用创造。可贷资金的需求则来自投资和人们的货币窖藏。

如图2-1所示，以$S(r)$代表储蓄是利率的增函数，$\Delta M(r)$代表信用创造或货币发行是利率的增函数，$DH(r)$代表货币反窖藏是利率的增函数，$I(r)$代表投资是利率的减函数，$\Delta H(r)$代表货币窖藏是利率的减函数，L_S代表可贷资金供给，L_D代表可贷资金需求，则关系式为

$$L_S = S(r) + \Delta M(r) + DH(r) \tag{2-11}$$

$$L_D = I(r) + \Delta H(r) \tag{2-12}$$

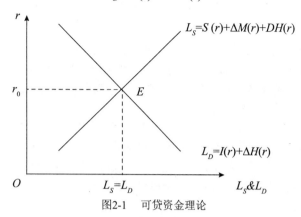

图2-1　可贷资金理论

可贷资金理论认为，利率取决于可贷资金的供给与需求的均衡点。如图2-1所示，当可贷资金供给与可贷资金需求达到均衡时，有

$$S(r) + \Delta M(r) + DH(r) = I(r) + \Delta H(r) \tag{2-13}$$

可贷资金理论存在一个明显的缺陷，那就是没有考虑收入因素对利率的作用。而在实际生活中，收入状况对利率的决定起着重要的作用，这种作用是通过储蓄和货币需求的影响而实现的。而IS-LM模型则充分考虑了收入在利率决定中的作用。

四、IS-LM模型

IS-LM模型认为，只有在储蓄与投资、货币供应与货币需求同时相等，即在商品市场和货币市场同时达到均衡的条件下，收入与利率同时被决定时，才能得到完整的理论。

IS曲线和LM曲线分别代表商品市场和货币市场的均衡，如图2-2所示，IS曲线和LM曲线的交点E所决定的利率r_0和收入Y_0就是使整个经济处于一般均衡状态的唯一利率和收入水平。由于E同时是IS曲线和LM曲线上的点，因此E点所决定的利率r和收入Y能同时维持商品市场和货币市场的均衡，为均衡利率和均衡收入。E点为一般均衡点，处于该点以外的任何利率和收入的组合，都会通过商品市场和货币市场的调整而达到均衡。

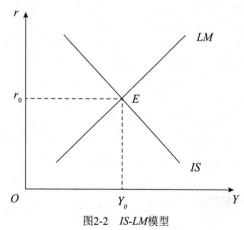

图2-2　IS-LM模型

第四节 利率的风险

一、利率风险概述

利率风险是指市场利率变动的不确定性给商业银行造成损失的可能性。巴塞尔委员会在1997年发布的《利率风险管理原则》中将利率风险定义为：利率变化使商业银行的实际收益与预期收益或实际成本与预期成本发生背离，使其实际收益低于预期收益，或实际成本高于预期成本，从而使商业银行可能遭受损失。原本投资于固定利率的金融工具，当市场利率上升时，可能导致其价格下跌。

利率风险是银行的主要金融风险之一，由于影响利率变动的因素很多，利率变动更加难以预测，银行日常管理的重点之一就是怎样控制利率风险。利率风险的管理在很大程度上依赖于银行对自身的存款结构进行管理，以及运用一些新的金融工具来规避风险或设法从风险中受益。规避利率风险的金融工具有浮动利率存单、期货、利率选择权、利率交换、利率上限。

▲二、利率风险的分类

巴塞尔银行监管委员会将利率风险分为重新定价风险、基差风险、收益率曲线风险和期权风险4类。

1. 重新定价风险

重新定价风险是最主要的利率风险，它产生于银行资产、负债和表外项目头寸重新定价时间(对浮动利率而言)和到期日(对固定利率而言)的不匹配。通常把某一时间段内对利率敏感的资产和对利率敏感的负债之间的差额称为"重新定价缺口"。只要该缺口不为零，则利率变动时，会使银行面临利率风险。20世纪70年代末和80年代初，美国储贷协会危机主要就是由于利率大幅上升而带来重新定价风险。该风险是普遍存在的，我国商业银行目前也面临着重新定价风险。

2. 基差风险

当一般利率水平的变化引起不同种类的金融工具的利率发生程度不等的变动时，银行就会面临基差风险。即使银行资产和负债的重新定价时间相同，但是只要存款利率与贷款利率的调整幅度不完全一致，银行就会面临风险。我国商业银行目前贷款所依据的基准利率一般都是中央银行所公布的利率，因此，基差风险比较小，但随着利率市场化的推进，特别是与国际接轨后，我国商业银行因业务需要，可能会以LIBOR为参考，到时产生的基差风险也将相应增加。

3. 收益率曲线风险

收益率曲线是将各种期限债券的收益率连接起来而得到的一条曲线，当银行的存贷款利率都以国库券收益率为基准来制定时，由于收益率曲线的意外位移或斜率的突然变化而对银行净利差收入和资产内在价值造成的不利影响就是收益率曲线风险。收益率曲线的斜率会随着经济周期的不同阶段而发生变化，使收益率曲线呈现出不同的形状。正收益率曲线一般表示长期债券的收益率高于短期债券的收益率，这时没有收益率曲线风险；而负收益率曲线则表示长期债券的收益率低于短期债券的收益率，这时有收益率曲线风险。

4. 期权风险

期权风险是指利率变化时，银行客户行使隐含在银行资产负债表内业务中的期权给银行造成损失的可能性，即在客户提前归还贷款本息和提前支取存款的潜在选择中产生的利率风险。

三、影响市场利率变动的主要因素

1. 宏观经济环境

当经济发展处于增长阶段时，投资的机会增多，对可贷资金的需求增大，利率上升；反之，当经济发展低迷，社会处于萧条时期时，投资意愿减少，可贷资金的需求量减小，市场利率一般较低。

2. 央行的政策

一般来说，当央行扩大货币供给量时，可贷资金供给总量将增加，供大于求，自然利率会随之下降；反之，央行实行紧缩式的货币政策，减少货币供给，可贷资金供不应求，利率会随之上升。

3. 价格水平

市场利率为实际利率与通货膨胀率之和。当价格水平上升时，市场利率也相应提高，否则实际利率可能为负值。同时，由于价格上升，公众的存款意愿将下降，而工商企业的贷款需求上升，贷款需求大于贷款供给所导致的存贷不平衡必然导致利率上升。

4. 股票和债券市场

如果证券市场处于上升时期，则市场利率将上升；反之，利率相对而言也降低。

5. 国际经济形势

一国经济参数的变动，特别是汇率、利率的变动也会影响其他国家利率的波动。自然，国际证券市场的涨跌也会对国际银行业务所面对的利率产生风险。

四、西方商业银行利率风险管理的主要方法

目前西方商业银行有多种衡量和管理利率风险的工具和方法，主要包括利率敏感性缺口管理、久期缺口管理和利用利率衍生工具套期保值。

1. 利率敏感性缺口管理

利率敏感性缺口指的是一定时期内利率敏感性资产与利率敏感性负债的差额。而利率敏感性资产和利率敏感性负债是指那些在某一时期内到期的或需要重新确定利率的资产和负债。利率敏感性资产主要包括浮动利率贷款、即将到期的或短期的贷款、短期投资、同业拆出以及买进的可回购协议等。利率敏感性负债主要包括活期和短期存款、同业拆入、出售的回购协议等。利率敏感性缺口用公式可表示为

$$利率敏感性缺口 = 利率敏感性资产 - 利率敏感性负债 \tag{2-14}$$

当利率敏感性资产大于利率敏感性负债时，称为正缺口；当利率敏感性资产小于利率敏感性负债时，称为负缺口；当利率敏感性资产等于利率敏感性负债时，称为零缺口。存在正缺口的银行称为资产敏感型银行，存在负缺口的银行称为负债敏感型银行，存在零缺口的银行称为敏感平衡型银行。

如果一家银行的利率敏感性缺口为正值，说明它的利率敏感性资产大于利率敏感性负债。当市场利率上升时，该银行一方面需要对利率敏感性负债支付更高的利息，另一方面又可以从利率敏感性资产中获取更多收益。由于利率敏感性资产大于利率敏感性负债，当所有利率同时以等幅上升时，利息收入的增长快于利息支出的增长，净利差收入就会增加。同理，当利率下降时，银行的净利差收入就会下降。如果银行的利率敏感性资产小于利率敏感性负债，利率敏感性缺口为负，那么当利率上升时，利息收入的增长慢于利息支出的增长，银行的净利差收入会下降；反之，若利率下降，银行的净利差收入就会增加。

2. 久期缺口管理

久期(duration)是由美国经济学家弗雷得里·麦克莱于1936年提出的。久期最初是用来衡量固定收益的债券实际偿还期的概念，可以用来计算市场利率变化时债券价格的变化程度。20世纪70年代以后，随着西方商业银行面临的利率风险加大，久期概念被逐渐推广应用于所有固定收入金融工具市场价格的计算上，也应用于商业银行资产负债管理之中。

久期是指某项资产或负债的所有预期现金流量的加权平均时间，也就是指某种资产或负债的平均有效期限。 一般来说，当久期缺口为正，银行净值价格随着利率上升而下降，随利率下降而上升；当持续期缺口为负，银行净值价值随市场利率升降而反方向变动；当久期缺口等于0时，银行净值价值免遭利率波动的影响。

五、我国商业银行利率风险衡量方法

1. 我国银行利率风险衡量方法选择

当前我国银行在选择利率风险衡量方法时，首先必须适应较低的收益与较高的成本的对比状况，选择能达到一定衡量要求但成本不高的方法。其次，在选择具体方法时还需考虑方法的适用性，选择我国已经具备实践条件的方法。综合我国利率风险衡量的收益-成本分析和方法的适用性分析，我国银行适宜选择久期缺口法衡量银行总体利率风险，对久期缺口法无法充分反映的重要资产、负债的利率风险，尤其内含期权风险等，则采用其他方法加以补充。这包括用持续期法衡量债券资产价值的利率风险，探索建立内含期权行为模型等。此外，我们还引进了管理市场风险的VaR方法。其中内含期权风险衡量是利率风险衡量的难点，我国商业银行具有的内含期权风险，主要指银行活期存款随时提前支取和银行个人住房贷款提前偿付而带来的利率风险。我们可以分别运用持续期方法和计量建模方法对活期存款提前支取和贷款提前偿付带来的利率风险进行衡量。

2. 久期缺口法衡量银行的总体利率风险

运用久期缺口法衡量银行的总体利率风险，首先是编制准确的久期缺口报告，以便进一步进行利率风险分析。假如以一家银行2003年6月的数据为例，实证分析久期缺口报告编制：从分段缺口来看，除0～1天期的缺口头寸为负，其他时间段缺口都为正，因此该行只在0～1天期内为负债敏感型，其他时间段都属于资产敏感型；如果0～1天内重新定价的贷款余额是存款相应余额(包括同业存放)的3%，可以推知，假设其他利率不变，如果未来一天内存贷利率同时上升，且存款利率变动幅度小于贷款利率变动幅度的3%，则银行的净利息收入将增加，若未来一天内，存贷款利率同时下降，则当存款利率变动幅度超过贷款利率变动幅度的3%时，银行的净利息收入会增加，表明2个月以后利率上升对该行该时间段的净利息收入更有利；如果未来一年内总的利率累计变动是上升，则银行净利息收入将会下降；累计缺口/生息资产比率越大，银行承受的利率风险越大。

3. VaR技术及其在商业银行利率风险管理中应用

VaR技术可以对市场各种风险逐步定量化，通过资产收益的概率统计方法对市场风险进行识别和度量。在商业银行风险管理中，VaR技术主要在信息披露、资源配置与绩效评价三个方面发挥重要作用，同时它也不可避免地在数据要求、使用范围及前提假设的现实性等方面具有一定的局限性。

第五节 利率的期限结构理论

影响债券利率水平的另一个重要因素是它的期限，具有相同风险及流动性的债券，其利率随离到期日的时间长短而可能不同，这就是利率的期限结构。与前面介绍的利率风险结构相比，利率的期限结构更为复杂，同时也更加重要。

利率的期限结构理论主要包括预期理论、市场分割理论和偏好理论等，在介绍这些理论之前，有必要先引入收益率曲线，说明长短期利率的相互关系和变动趋势。一般来说，收益率是指实际收益与实际投资之间的比率，在利率期限结构理论中，收益率指某特定时刻某一期限债券的市场利率。如图2-3所示，把期限不同，但风险、流动性都相同的债券(如国债)在同一时间的收益率连成一条曲线，称为收益率曲线。通过收益率曲线可以描绘出某种债券的期限结构。收益率曲线可以划分为向上倾斜、水平以及向下倾斜三种类型。如果收益率曲线向上倾斜，表明该时刻债券的长期利率(如5年期国库券的当天利率)高于短期利率(如3个月期国库券的当天利率)。如果收益率曲线呈水平状态，表明长期利率和短期利率相等。如果收益率曲线向下倾斜，则表明该时刻债券的长期利率低于短期利率。理论上，收益率曲线也可以具有更复杂的形状，可以先向上倾斜后向下倾斜或相反，这是决定债券市场供求的各种情况变化所造成的。

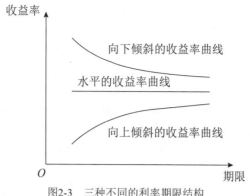

图2-3 三种不同的利率期限结构

利率期限结构理论除了解释收益率曲线在不同的时间里具有不同形状外，还必须解释以下三个重要的经验事实。

(1) 不同期限的债券，其收益率随时间一起波动。相关统计资料表明，不同期限的债券随着时间的延续呈现出共同波动的趋势，即在同一时刻，不同期限的债券具有相同的变化趋势。

(2) 如果短期利率较低，收益率曲线更趋于向上倾斜；如果短期利率高，则收益率曲线更趋于向下倾斜。即当短期利率处于较低水平时，长期利率往往会高于短期利率；而当短期利率处于较高水平时，长期利率往往会低于短期利率。

(3) 收益率曲线几乎总是向上倾斜。相关统计资料及实证研究表明，一般情况下，债券的长期利率总是高于短期利率。

预期理论虽然能够很好地解释上述三个事实中的前两个，但是不能说明第三个事实；市场分割理论可以解释第三个事实，却无法很好地解释前两个事实，所以，正确理解利率期限结构的方法是将两种理论的特点结合起来，从而得到能够解释上述三个事实的偏好理论。

※一、预期理论

期限结构的预期理论认为，长期债券的利率等于长期债券到期之前市场对短期利率预期的平均值。这样，收益曲线可以分解为一个预期的将来的利率数列，投资者将获得相应的持有期收益。

该理论表明预期未来短期利率高于当前短期利率时，收益率曲线向上倾斜(长期利率高于短期利率)；而预期未来短期利率低于当前市场短期利率时，收益率曲线向下倾斜(长期利率低于短期利率)；而当预期未来短期利率不变时，收益率曲线则相应为水平(长期利率等于短期利率)。

如上所述，预期理论是利率期限结构理论中最重要的理论，它认为任何证券的利率都与对短期利率的预期有关。预期理论有以下假设条件：①持有债券和从事债券交易时没有税收和成本的影响；②没有违约风险；③具有完善的货币市场，资金的借贷双方能够正确合理地预期短期利率的未来值；④所有投资者都是利润最大化的追求者；⑤不同期限的债券可以完全替代，即不同期限的债券在一定时期内的预期收益率必须相等。

预期理论对上述第一个事实——不同期限债券的收益率随时间一起波动的原因做了解释。从历史数据来看，短期利率具有今天上升，明天进一步上升的特点，因此，短期利率的上升将提高人们对未来短期利率的预期。根据预期理论，长期利率由人们对未来短期利率预期的平均值决定，所以短期利率的上升也使长期利率提高，从而使短期利率和长期利率同方向波动。

预期理论还解释了第二个事实——如果短期利率较低，收益率曲线更趋于向上倾斜；如果短期利率较高，则收益率曲线更趋于向下倾斜。这是因为，如果短期利率较低，人们一般会预期它未来将上升至某个正常水平，这就导致未来短期利率预期的平均值的上升，长期利率将高出当期的短期利率，从而收益率曲线表现为向上倾斜。相反，如果现在的短期利率较高，人们预期它将回落，未来短期利率的平均值将低于当期利率，因此长期利率将降至短期利率以下，故此时收益率曲线向下倾斜。

预期理论无疑是一种颇具说服力的理论，因为它能够对利率期限结构状况做出比较简明的解释。但是，它也存在着一个严重的缺陷，即无法对第三个事实——收益率曲线通常向上倾斜的原因做出合理解释。也就是说，由预期理论无法推导出收益率曲线一般向上倾斜的结论。根据预期理论，向上倾斜的收益率曲线意味着预期未来短期利率上升。但实际上，在资本市场中，人们有预期未来短期利率上升的情况，同时也有预期未来短期利率下降的情况。在预期理论的理论框架中，向上倾斜的收益率曲线只是债券市场的一种可能情况，而不是一般情况。因此，预期理论还不是一个完整的利率期限结构理论。

※二、市场分割理论

期限结构的市场分割理论认为，不同期限债券的利率水平是由各自的供求状况决定的，彼此之间互不影响，是完全分割开来的，不同期限的债券之间不能相互替代，所有投资者都偏好于使其资产期限与债务期限相匹配的投资。

市场是由具有不同投资要求的各种投资者所组成的，不同投资者具有明显的区别，每种投资者都偏好于收益曲线的特定部分，即专注于某一类或期限在某一范围内的债券。造成市场分割的原因主要有：①法律上的限制，政府限制某种资金进入特定的市场，如我国政府曾严格限制信贷资金进入股市。②缺乏能够进行未来债券交易的市场，且该种债券的未来价格能够与现期价格连接起来。如我国就只有即期，而没有远期的资本市场。③缺乏在国内市场上销售的统一的债务工具。④债券风险的不确定性。⑤不同期限的债券完全不能替代，以致一种期限债券的预期回报率对另一种期限债券的需求没有影响。这种说法正好是预期理论的另一个极端，因为后者假定不同期限的债券可以完全替代。

根据市场分割理论，收益率曲线的不同形状由不同期限债券的供求差异所决定。一般来说，多数投资者更偏好期限较短、利率风险较小的债券，从而在一般情况下，对长期债券的需求比对短期债券少，所以长期债券价格较低，利率较高，收益率曲线呈现向上倾斜的特征。因此，市场分割理论可以解释第三个事实，即典型的收益率曲线向上倾斜的事实。

分割市场理论可以解释收益率曲线向上倾斜的原因，却无法解释第一个和第二个事实。因为它将不同期限的债券市场看作完全分割的市场，从而一种期限债券利率的变化不会影响其他期限债券的利率，而第一个事实恰恰是不同期限债券的利率一起波动。同时，该理论不能确定长期债券利率能否随短期债券的供求而变化，而第二个事实恰恰是短期利率较低时收益率曲线向上倾斜、短期利率较高时收益率曲线向下倾斜。

鉴于期限结构的预期理论和市场分割理论都只能解释经验事实的一部分，却不能解释全部经验事实，所以要完整地解释全部事实，就只能将这两者结合起来，这就推导出期限选择理论及与之密切相关的偏好理论。

※三、偏好理论

偏好理论是预期理论和市场分割理论的折中，它接受了前者关于市场对未来收益的预期会影响收益曲线的论点，但同时也认为，投资者对短期债券的偏好，将使长期利率包含期限溢价的因素，即长期利率一般应高于短期利率。因此，长期债券的利率应等于该种债券到期之前的短期利率预期的平均值加上该种债券由市场对短期债券的偏好所决定的期限溢价。

偏好理论假设，不同期限的债券在一定程度上可以互相替代，这就决定了一种债券的预期收益率可以影响不同期限债券的预期收益率。同时，该理论也承认投资者对短期债券的偏好。换句话说，投资者对短期债券的偏好大于长期债券，所以他更倾向于投资于短期债券市场，但是，投资者仍然关心那些长期债券的预期收益率，所以只有当长期债券的预期收益率高于其偏好的短期债券的预期收益率，并到一定程度时，也就是满足投资者的期限溢价要求后，他们才愿意购买非偏好的长期债券。

运用偏好理论不难对第一个事实做出解释，即由于短期利率的上升，导致未来短期利率平均值更高，从而长期利率随之上升。

该理论还可以对第二个事实做出解释。当短期利率偏低时，投资者通常会预期它将升至某个正常水平，从而长期利率将大大高出当期短期利率，收益率曲线随之向上倾斜。相反，如果短期利率偏高，人们通常预期其将下降，因而长期利率将低于短期利率，对应的收益率曲线向下倾斜。

该理论还能对第三个事实，即收益率曲线总是向上倾斜做出解释：因为投资者更偏好短期债券，故债券的短期利率要低于长期利率，即长期利率中包含了期限溢价的因素，从而收益率曲线一般呈现向上倾斜的特征。

对于债券收益率曲线偶尔向下倾斜的状况，偏好理论的解释为，有时人们预期未来短期利率将大幅下降，以至于短期利率预期的平均值大大低于当前短期利率，即便加上正值的期限溢价，长期利率仍然低于短期利率，从而收益率曲线呈现向下倾斜的特征。

由于期限结构的偏好理论综合了预期假设和分割市场理论，能够比较完善地解释主要的利率期限结构的事实，所以这个理论为人们所普遍接受。

> **关键考点**
>
> 对于利率的期限结构理论，考生不应局限于对相关理论的复述，还应该能够运用相关理论模型解答相关的计算题。

第二章 利息和利率

真题精选精析

一、选择题

1. 【浙江财经大学 2017】信用的基本特征是( )。
   A. 无条件的价值单方面让渡　　　　B. 以偿还为条件的价值单方面转移
   C. 无偿的赠予或援助　　　　　　　D. 平等的价值交换

2. 【中央财经大学 2017】关于商业信用以下描述正确的是( )。
   A. 商业票据可以发挥价值尺度的职能
   B. 商业信用属于间接融资形式
   C. 商业信用规模大，是长期融资形式
   D. 商业信用一般由卖方企业向买方企业提供

3. 【重庆大学 2016】在现代信用的多种形式中，与交易相伴而生的最基本的信用形式是( )。
   A. 银行信用　　　B. 商业信用　　　C. 消费信用　　　D. 国家信用

4. 【东华大学 2017】由政府或政府金融机构确定并强令执行的利率是( )。
   A. 公定利率　　　B. 一般利率　　　C. 官定利率　　　D. 固定利率

5. 【重庆大学 2018】我们通常所说的负利率是指( )。
   A. 名义利率为负　　　　　　　　　B. 名义利率低于实际利率
   C. 实际利率为负　　　　　　　　　D. 存款利率低于贷款利率

6. 【南京大学 2015】收益率曲线有多种状态，( )。
   A. 为下倾或水平状态时，一般预示经济将进入衰退期

B. 为下倾或水平状态时，一般预示经济将进入扩张期
C. 其变化完全由债券的市场风险决定
D. 其变化反映了市场信用风险的变化

7.【中山大学 2015】下列观点，哪个属于流动性偏好理论(　　)。
A. 远期利率是未来的预期，即期利率的无偏估计
B. 远期利率不是未来的预期，即期利率的无偏估计
C. 流动性溢价的存在，使得收益率曲线为向上的情况要少于为向下的情况
D. 预期利率上升，利率期限结构并不一定是向上的

8.【复旦大学 2020】如果债券到期收益率随时间增加而下降，那么利率期限的形状是(　　)。
A. 向上倾斜　　　　B. 向下倾斜　　　　C. 平行　　　　D. 驼峰

9.【华东师范大学 2015】利率的变动只能影响社会总需求，要调整总供给的结构和趋向，需要(　　)。
A. 市场化的利率决定机制　　　　　　B. 灵活的利率联动机制
C. 适当的利率水平　　　　　　　　　D. 合理的利率结构

二、简答题

【中国人民大学 2015】比较分析两到三种利率期限结构理论，并说明它们之间的关系。

三、计算题

1.【对外经济贸易大学 2019】某公司债券面值为100元，票面利率为5%，4年到期，当前价格为96元。请回答以下问题：(保留一位小数)
(1) 当期收益率为多少？
(2) 假设你持有该债券2年后以106元卖出，则实际收益率是多少？
(3) 假设你持有该债券到期，则到期收益率为多少？(单利计算)

2.【上海财经大学 2016】设1年期、2年期、3年期、4年期、5年期，各期限的即期利率为2%、3%、3.7%、4.2%和4.8%。
(1) 计算第2年、第3年、第4年、第5年开始计算的1年期远期利率。
(2) 如果无偏预期理论成立了，根据这里的利率期限结构，应该选择怎样的投资策略？

第三章 金融体系与金融市场

第一节 资金融通方式与金融体系

一、资金融通方式

资金的融通是指资金在盈余单位和赤字单位之间实现有偿的调动(或让渡)的行为,即"金融"。在经济生活中,盈余单位有多余的资金,而它们又并不想在当前做进一步的开支;而赤字单位想做更多的开支,但又缺少资金,计划不能实现。这些矛盾的不断出现在客观上推动了资金融通活动的产生和发展。

1. 内部融资和外部融资

内部融资指来源于公司内部的融资,即公司将自己的资金(未分配利润和折旧等)转化为投资的融资方式。内部融资企业不必向外支付借款成本,因而风险很小。外部融资指来源于公司外部的融资,即公司吸收其他经济主体的资本,使之转化为自己的投资的融资方式,包括发行股票、发行债券、向银行借款,公司获得的商业信用、融资租赁也属于外部融资的范围。外部融资具有速度快、弹性大、资金量大的优点。外部融资的缺点是企业需要负担高额成本,因此产生较高的风险。

2. 股权融资和债权融资

股权融资是指公司以出让股份的方式向股东筹集资金,包括配股、增发新股等方式。债权融资是指公司以发行债券、银行借贷方式向债权人筹集资金。股权融资与债权融资的最根本区别在于所有权的区别,即股权融资是股份制企业有偿发放给投资人企业所有权的过程,而债权融资只是企业有偿发放给投资人企业债权的过程。

3. 直接融资和间接融资

直接融资是指资金盈余者与短缺者相互之间直接进行协商或者在金融市场上由前者购买后者发行的有价证券,从而资金盈余者将资金的使用权让渡给资金短缺者的资金融通活动。直接融资包括股票融资、公司债券融资、国债融资、不通过银行等金融机构的货币借贷等。直接融资能最大可能地吸收社会游资,直接投资于企业的生产经营之中。间接融资是指拥有暂时闲置货币资金的单位通过存款的形式,或者购买银行、信托、保险等金融机构发行的有价证券,将其暂时闲置的资金先行提供给这些金融中介机构,再由这些金融机构以贷款、贴现等形式,或通过购买需要资金的单位发行的有价证券,把资金提供给这些单位使用,从而实现资金融通的过程。

二、金融体系

1. 金融体系的概念

在现实中,世界各国具有不同的金融体系,很难用一个相对统一的模式进行概括。从直观上看,发达国家金融制度之间一个较为显著的区别体现在不同的国家中金融市场与金融中介的重要性上。这里有两个极端,一个是德国,几家大银行起支配作用,金融市场很不重要;另一个极端是美国,金融市场作用很大,而银行的集中程度很小。在这两个极端之间是其他一些国家,例如日本、法国,传统上是以银行为主的体制,但是近年来金融市场发展很快,而且作用越来越大;加拿大与英国的金融市场比德国发达,但是银行部门的集中程度高于美国。

从一般性意义上看,金融体系是一个经济体中资金流动的基本框架,它是资金流动的工具(金融资产)、市场参与者(中介机构)和交易方式(市场)等各金融要素构成的综合体。同时，由于金融活动具有很强的外部性，在一定程度上可以视为准公共产品，因此，政府的管制框架也是金融体系中一个密不可分的组成部分。

一个金融体系包括几个相互关联的组成部分：

(1) 金融部门(Financial Sector)，即各种金融机构、市场，它们为经济中的非金融部门提供金融服务；

(2) 融资模式与公司治理(Financing Patten and Corporate Governance)，居民、企业、政府的融资行为以及基本融资工具，以及协调公司参与者各方利益的组织框架；

(3) 监管体制(Regulation System)。

金融体系不是这些部分的简单相加，而是相互适应与协调。因此，不同金融体系之间的区别，不仅是其构成部分之间的差别，而且是它们相互协调关系的不同。

2. 金融体系的功能

1) 金融体系的清算和支付功能

在经济货币化日益加深的情况下，建立一个有效的、适应性强的交易和支付系统乃基本需要。可靠的交易和支付系统应是金融系统的基础设施，缺乏这一系统，高昂的交易成本必然与经济低效率相伴。一个有效的支付系统是社会交易的必要条件。发达的交换系统有助于降低社会交易成本，可以促进社会专业化的发展，这是社会化大生产发展的必要条件，可以大大提高生产效率和技术进步。所以说，现代支付系统与现代经济增长是相伴而生的。

2) 金融体系的融资功能

金融体系的融通资金功能包含两层含义：动员储蓄和提供流动性手段。金融市场和银行中介可以有效地动员全社会的储蓄资源或改进金融资源的配置。这就使初始投入的有效技术得以迅速地转化为生产力。在促进更有效地利用投资机会的同时，金融中介也可以向社会储蓄者提供相对高的回报。金融中介动员储蓄的最主要的优势在于，一是它可以分散个别投资项目的风险；二是可以为投资者提供相对较高的回报(相对于耐用消费品等实物资产)。金融系统动员储蓄可以为分散的社会资源提供一种聚集功能，从而发挥资源的规模效应。金融系统提供的流动性服务，有效地解决了长期投资的资本来源问题，为长期项目投资和企业股权融资提供了可能，同时为技术进步和风险投资创造出资金供给的渠道。

3) 金融体系的股权细化功能

将无法分割的大型投资项目划分为小额股份，以便中小投资者能够参与这些大型项目，并进行投资。通过股权细化功能，金融体系实现了对经理的监视和对公司的控制。在现代市场经济中，公司组织发生了深刻的变化，就是股权高度分散化和公司经营职业化。这样的组织安排最大的困难在于非对称信息的存在，使投资者难以对资本运用进行有效的监督。金融系统的功能在于提供一种新的机制，就是通过外部放款人的作用对公司进行严格的监督，从而使内部投资人的利益得以保护。

4) 金融体系资源配置功能

为投资筹集充足的资源是经济起飞的必要条件。但投资效率即资源的配置效率对增长同样重要。对投资的配置有其自身的困难，即生产率风险高、项目回报的信息不完全、对经营者实际能力不可知等。这些内在的困难要求建立一个金融中介机构。在现代不确定的社会，单个的投资者是很难对公司、对经理、对市场条件进行评估的。金融系统的优势在于为投资者提供中介服务，并且提供一种与投资者共担风险的机制，使社会资本的投资配置更有效率。中介性金融机构提供的投资服务可以表现在：一是分散风险；二是流动性风险管理；三是进行项目评估。

5) 金融体系风险管理功能

金融体系的风险管理功能要求金融体系为中长期资本投资的不确定性即风险进行交易和定价，形成风险共担的机制。由于存在信息不对称和交易成本，金融系统和金融机构的作用就是对风险进行交易、分散和转移。如果社会风险不能找到一种交易、转移和抵补的机制，社会经济的运行不可能顺利进行。

6) 金融体系的激励功能

在经济运行中激励问题之所以存在，不仅是因为相互交往的经济个体的目标或利益不一致，而且是因为各经济个体的目标或利益的实现受到其他个体行为或其所掌握的信息的影响，即影响某经济个体的利益的因素并不全部在该主体的控制之下，比如现代企业中所有权和控制权的分离就产生了激励问题。解决激励问题的方法很多，具体方法要受到经济体制和经济环境的影响。金融体系所提供的解决激励问题的方法是股票或者股票期权。通过让企业的管理者以及员工持有股票或者股票期权，企业的效益也会影响管理者以及员工的利益，从而使管理者和员工尽力提高企业的绩效，他们的行为不再与所有者的利益相悖，这样就解决了委托代理问题。

7) 金融体系信息提供功能

金融体系的信息提供功能意味着在金融市场上，不仅投资者可以获取各种投资品种的价格以及影响这些价格的因素的信息，而且筹资者也能获取不同的融资方式的成本的信息，管理部门能够获取金融交易是否正常进行、各种规则是否得到遵守的信息，从而使金融体系的不同参与者都能做出各自的决策。

▲3. 我国金融机构体系框架

按我国金融机构的地位和功能进行划分，主要体系如下。

1) 中央银行

中国人民银行是我国的中央银行，1948年12月1日成立，在国务院领导下，制定和执行货币政策，防范和化解金融风险，维护金融稳定，提供金融服务，加强外汇管理，支持地方经济发展。

2) 金融监管机构

我国金融监管机构主要有：①中国银行业监督管理委员会，简称中国银监会，2003年4月成立，主要承担由中国人民银行划转出来的银行业的监管职能等，统一监督管理银行业金融机构及信托投资公司等其他金融机构；②中国证券监督管理委员会，简称中国证监会，1992年10月成立，依法对证券、期货业实施监督管理；③中国保险监督管理委员会，简称中国保监会，1998年11月设立，负责全国商业保险市场的监督管理。按照我国现有法律和有关制度规定，中国人民银行保留部分金融监管职能。

3) 国家外汇管理局

国家外汇管理局成立于1979年3月13日，当时由中国人民银行代管；1993年4月，根据八届人大一次会议批准的国务院机构改革方案和《国务院关于部委管理的国家局设置及其有关问题的通知》，国家外汇管理局为中国人民银行管理的国家局，是依法进行外汇管理的行政机构。

4) 国有重点金融机构监事会

监事会由国务院派出，对国务院负责，代表国家对国有重点金融机构的资产质量及国有资产的保值增值状况实施监督。

5) 政策性金融机构

政策性金融机构由政府发起并出资成立，为贯彻和配合政府特定的经济政策和意图而进行融资和信用活动。我国的政策性金融机构包括三家政策性银行：国家开发银行、中国进出口银行和中国农业发展银行。政策性银行不以盈利为目的，其业务的开展受国家经济政策的约束并接受中国人民银行的业务指导。

6) 商业性金融机构

我国的商业性金融机构包括银行业金融机构、证券机构和保险机构三大类。

银行业金融机构包括商业银行、信用合作机构和非银行金融机构。商业银行是指以吸收存款、发放贷款和从事中间业务为主的营利性机构，主要包括国有商业银行(中国工商银行、中国农业银行、中国银行、中国建设银行)、股份制商业银行(交通银行、中信实业银行、中国光大银行、华夏银行、中国民生银行、广东发展银行、深圳发展银行、招商银行、兴业银行、上海浦东发展银行、恒丰银行等)、城市商业银行、农村商业银行以及住房储蓄银行、外资银行和中外合资银行。信用合作机构包括城市信用社及农村信用社。非银行金融机构主要包括金融资产管理公司、信托投资公司、财务公司、租赁公司等。

证券机构是指为证券市场参与者(如融资者、投资者)提供中介服务的机构,包括证券公司、证券交易所、证券登记结算公司、证券投资咨询公司、基金管理公司等。这里所说的证券主要是指经政府有关部门批准发行和流通的股票、债券、投资基金、存托凭证等有价凭证,通过证券这种载体形式进行直接融资可以达到投资和融资的有机结合,也可以有效节约融资费用。

保险机构是指专门经营保险业务的机构,包括国有保险公司、股份制保险公司和在华从事保险业务的外资保险分公司及中外合资保险公司。

第二节 金融市场的功能和结构

一、金融市场的功能

金融市场具有资本积累、资源配置、经济调节和经济反映等重要功能。

1. 资本积累

金融市场的积累功能是指金融市场引导众多分散的小额资金汇聚成可以投入社会再生产的资金集合的功能。在这里,金融市场起着资金"蓄水池"的作用,可以调剂余缺、裨补缺漏。金融市场之所以具有资金的积聚功能:一是由于金融市场创造了金融资产的流动性;二是由于金融市场上多样化的融资工具为资金供应者的资金寻求合适的投资手段找到了出路。

2. 资源配置

金融市场的配置功能表现在三个方面:一是资源的配置,二是财富的再分配,三是风险的再分配。

在经济的运行过程中,拥有多余资产的盈余部门并不一定是最有能力和机会做最有利投资的部门,现有的资产在这些盈余部门得不到有效的利用,金融市场通过将资源从低效率利用的部门转移到高效率的部门,从而使一个社会的经济资源能最有效地配置在效率最高或效用最大的用途上,实现稀缺资源的合理配置和有效利用。在金融市场中,证券价格的波动,实际上体现以证券背后所反映出的信息来判断整体经济运行情况以及相关企业、行业的发展前景,从而决定资金的投向。一般地说,资金总是流向最有发展潜力、能够为投资者带来最大利益的部门和企业,这样,通过金融市场的作用,有限的资源就能够得到合理的利用。

财富是各经济单位持有的全部资产的总价值。政府、企业及个人通过持有金融资产的方式来持有的财富,在金融市场上的金融资产价格发生波动时,其财富的持有数量也会发生变化,一部分人的财富量随金融资产价格的升高而增加,而另一部分人则由于其持有的金融资产价格下跌,所拥有的财富量也相应减少。这样,社会财富就通过金融市场价格的波动实现了财富的再分配。

金融市场同时是风险再分配的场所。在现代经济活动中,风险无时不在,无处不在。而不同的主体对风险的厌恶程度是不同的。利用各种金融工具,厌恶金融风险的人可以把风险转嫁给风险厌恶程度较低的人,从而实现风险的再分配。

3. 调节经济

调节功能是指金融市场对宏观经济的调节作用。金融市场一边连着储蓄者,另一边连着投资者,金融市场的运行机制通过对储蓄者和投资者的影响而发挥着调节宏观经济的作用。

在金融市场大量的直接融资活动中,投资者为了自身利益,一般会谨慎、科学地选择投资的国家、地区、行业、企业、项目及产品。只有符合市场需要、效益高的投资对象,才能获得投资者的青睐。而且,投资对象在获得资本后,只有保持较高的经济交易和较好的发展势头,才能继续生存并进一步扩张。否则,它的证券价格就会下跌,继续在金融市场上筹资就会面临困难,发展就会受到后续资本供应的抑制。这实际上是金融市场通过其特有的引导资本形成及合理配置的机制首先对微观经济部门产生影响,进而影响宏观经济活动的一种有效的自发调节机制。

金融市场的存在及发展,为政府实施对宏观经济活动的间接调控创造了条件。货币政策属于调节宏观经济活动的重要宏观经济政策，其具体的调控工具有存款准备金政策、再贴现政策、公开市场操作等。这些政策的实施都以金融市场的存在、金融部门及企业成为金融市场的主体为前提。金融市场既提供货币政策操作的场所，也提供实施货币政策的决策信息。首先，因为金融市场的波动是对有关宏微观经济信息的反映，所以，政府有关部门可以通过收集及分析金融市场的运行情况来为政策的制定提供依据。其次，中央银行在实施货币政策时，通过金融市场可以调节货币供应量、传递政策信息，最终影响各经济主体的经济活动，从而达到调节整个宏观经济运行的目的。此外，财政政策的实施也越来越离不开金融市场，政府通过国债的发行及运用等方式对各经济主体的行为加以引导和调节，并提供中央银行进行公开市场操作的手段，也对宏观经济活动产生着巨大的影响。

4. 反映经济

金融市场历来被称为国民经济的"晴雨表"和"气象台"，是公认的国民经济信号系统。这实际上就是金融市场反映功能的写照。

金融市场的反映功能表现在如下几个方面。①由于证券买卖大部分都在证券交易所进行，人们可以随时通过这个有形的市场了解到各种上市证券的交易行情，并据以判断投资机会。证券价格的涨跌在一个有效市场中实际上是反映着其背后企业的经营管理情况及发展前景。此外，一个有组织的市场，一般也要求上市公司定期或不定期公布其经营信息和财务报表，这也有助于人们了解及判断上市公司及相关企业、行业的发展前景。所以，金融市场首先是反映微观经济运行状况的指示器。②金融市场交易直接或间接地反映国家货币供应量的变动。货币的紧缩和放松均是通过金融市场进行的，货币政策实施时，金融市场会出现波动，表示紧缩和放松的程度。因此，金融市场所反馈的宏观经济运行方面的信息，有利于政府部门及时制定和调整宏观经济政策。③由于证券交易的需要，金融市场有大量专门人员长期从事商情研究和分析，并且他们每日与各类工商业直接接触，能了解企业的发展动态。④金融市场有着广泛而及时地收集和传播信息的通信网络，整个世界金融市场已连成一体，四通八达，从而使人们可以及时了解世界经济发展变化的情况。

二、金融市场的结构

同任何一种市场一样，金融市场也是由5个要素组成的，即：参与者、交易对象、设施、社会条件和市场管理机构。具体来说，金融市场的参与者是资金的供应者(即"盈余部门")和资金的需求者(即"赤字部门")；交易对象是资金；金融市场的设施包括有形市场上的(如证券交易所内的种种设施)和无形市场上的(如各种通信设备等)这两个方面；社会条件是指一定社会的文化习俗、道德标准，以及有关的法律法规和具体规章制度；最后一个要素是负责规定规则并监督执行的金融市场管理机构。

▲三、常见的金融市场类型

1. 同业拆借市场

同业拆借市场是指金融机构(除中央银行外)之间相互借贷短期资金的市场，它主要表现为银行同业之间买卖在中央银行存款账户上的准备金余额，用以调剂准备金头寸的余缺。一般而言，商业银行在中央银行准备金存款账户上的余额不能低于法定准备金比例要求的数额。然而，实际上，银行在经营活动中，资金流入和流出是经常化和不确定的，所以要求银行时时刻刻保持在中央银行准备金存款账户上的余额恰好等于法定准备金余额是不可能的。如果准备金账户上的余额大于法定准备金余额(即拥有超额准备金)，那么就意味着银行有资金闲置，以及有相应的利息收入损失；反之，如果银行在准备金账户上的余额小于法定准备金余额，在出现有利的投资机会，而银行又无法筹集到所需的资金时，银行就不得不放弃投资机会。为了解决这一矛盾，在这些"盈余的"和"赤字的"银行之间就出现了存款准备金的借贷，这种准备金余额的买卖就构成了银行间的同业拆借市场。同业拆借市场对资金供求状况十分敏感，利率变动频繁,能够较为准确及时地反映银行信贷、市场银根和整个经济的状况。因此,银行间同业拆借利率被中央银行当作反映货币市场行情的重要指标之一。

同业拆借市场具有以下5个方面的特征:①只允许经批准的金融机构进入市场;②融资期限较短,最常见的是隔夜拆借,目前甚至出现日内拆借,一般最长不超过1年;③交易金额较大,而且不需要担保或抵押,完全是凭信用交易;④交易手续简便,一般通过电话洽谈,由全国性资金清算网络完成交割;⑤利率由双方协商决定,随行就市。

2. 回购协议市场

回购协议是指交易者在货币市场上出售证券以融通资金时,交易双方同时签订协议,以使出售证券的一方在约定的时间按协定价格购回原证券。回购协议的期限通常只有几个营业日(有的也长达6个月)。回购协议交易实质上是一种以有价证券作为抵押品拆借资金的信用行为:债券的持有方(资金需求方、卖出回购方)以其持有的有价证券作抵押,获得一定期限内的资金使用权,期满时归还所借用的资金,并支付一定的利息;资金供给方(买入回购方)则暂时放弃资金的使用权,从而获得卖出回购方的有价证券的抵押权,并于期满后收回资金和利息,并归还对方抵押的有价证券。回购交易一般在证券交易所内进行。回购报价一般用拆借资金的年利息表示。

回购协议市场的特征主要体现在以下两个方面:一是回购协议本质上是一种有担保品的短期资金融通方式——作为担保品的就是协议项下的有价证券,而这些证券通常以政府债券为主(因为它们的风险小),证券收益仍归原持有人所有。二是回购协议的主要出售者是交易商和银行。对他们来说,回购协议是一种较优的短期资金来源的选择,因为这种资金来源比较稳定,期限也有弹性。而对投资者来说,回购协议可以使他们将暂时闲置的资金贷放出去,从而获得相应的收益,并能保证在极短的时间内取回。

3. 商业票据市场

根据《中华人民共和国票据法》(以下简称《票据法》),我国境内的票据包括汇票、本票和支票。与商业票据相关的业务主要有票据发行、票据转让、票据承兑、票据保证、票据清偿和票据贴现等。

商业票据的发行分为直接发行和金融机构承销两种方式,发行条件主要包括贴现率、发行价格、发行期限、兑付和手续费。为了保证商业票据的顺利发行,通常发行企业要通过一定的评级程序。商业票据的信用等级不同,发行的难易程度及发行利率水平也各不相同。

商业票据通常可以通过背书方式进行转让。背书是指在票据背面或者粘单上记载有关事项并签章的票据行为,出票人可以将汇票权利转让给他人或者将一定的汇票权利授予他人行使。

票据贴现是指持票人为了资金融通的需要而在票据到期前以一定利息的方式向银行出售票据。对于银行来说,就是收购没有到期的票据。票据贴现的贴现期限一般较短,不会超过6个月,而且可以办理贴现的票据也仅限于已经承兑并且尚未到期的商业汇票。一般而言,票据贴现可以分为贴现、转贴现和再贴现。贴现是指客户(持票人)将没有到期的票据卖给贴现银行,以便提前取得现款。一般地,工商企业向银行办理的票据贴现就属于这一种。转贴现是指银行以贴现购得的没有到期的票据向其他商业银行所作的票据转让。转贴现一般是商业银行间相互拆借资金的一种方式。再贴现是指贴现银行将未到期的贴现汇票向中央银行进行贴现,通过转让汇票取得中央银行再贷款的行为。再贴现是中央银行的一种信用业务,是中央银行为执行货币政策而运用的一种货币政策工具。

4. 银行承兑汇票市场

银行承兑汇票即一种定期汇票,源于国际贸易,是出口商开出,经进口商银行承兑的定期商业汇票。这种汇票在未到期之前可以作为一种担保由进口商持有,也可以作为有价证券出售给一般投资者。银行承兑汇票市场的主要市场特征在于,虽然银行承兑汇票作为一种货币市场工具具有较低的风险,其次级市场也比较发达,但是,由于银行承兑汇票的面额和期限是以融资的商品的数量和交货时间为基础的,所以它对投资者来讲并不方便,很难形成统一的规范化证券。20世纪70年代以来,随着国际贸易的增长,银行承兑汇票市场也在日趋扩大。

5. 大额可转让存单市场

大额可转让定期存单(CDs)是一种银行定期存款凭证，与普通定期存款不同，它由银行以大面值金额发行，并可以在次级市场上自由转让，因而构成一种货币市场工具。大额可转让定期存单的发行一般通过银行柜台方式进行，也可以通过承销商代理发行。大额可转让定期存单的认购者绝大多数是非金融性公司，还包括政府机构、外国政府和外国企业，也有部分金融机构和富裕的个人投资者。大额可转让定期存单市场是买卖已发行的大额可转让定期存单所形成的市场，通常通过柜台交易方式进行。在二级市场上买卖存单的主要是一些证券经营机构和大银行，它们为自己买卖，也充当中介人，是大额可转让定期存单市场的主要交易商。我国一些商业银行也曾发行过大额可转让定期存单，但未能形成相应的市场规模。

大额可转让定期存单市场的主要特征在于：①大额可转让定期存单没有规定的面额，它的面额一般很大，在美国为10万美元以上；②大额可转让定期存单可随时在二级市场上转让，有很高的流动性；③大额可转让定期存单没有利率上限，其利率通常高于同期限的定期存款利率，从而可以获得接近于金融市场的利息收益；④通常只有较大规模的货币中心银行才有发行大额可转让定期存单的资格。

6. 短期政府债券市场

短期政府债券主要指国库券，即中央政府发行的期限在一年以内的短期债券。短期政府债券市场就是由国库券的发行和流通所形成的市场，或者说是国库券的发行市场和流通市场。由于国库券在各种有价证券中信誉最高，风险最小，还本付息可靠，因此，短期政府债券市场的主要市场特征体现为它有非常活跃的流通市场。商业银行将这一市场作为无风险收益的资金运用场所，同时还将其作为二级储备、灵活变现的资产转换场所；企业和个人投资者在这一市场上得到能够获得无风险的稳定性收益的投资机会；中央银行则将这一市场作为其实施公开市场操作的最佳领域，达到调节信用总量的目的。由此可见，国库券市场除了为政府财政融通资金以外，还为商业银行的安全性投资和流动性安排提供了方便，为企业和个人投资者创造了投资机会，为中央银行的金融宏观调控提供了市场基础。

第三节 金融市场工具

金融市场工具是确立和完成资金交易的信用凭证，它是实现资金交易的载体，金融市场中的资金交易是通过金融工具的买卖来实现的。从资产的性质角度，我们可以将金融工具划分为债务证券、资本证券和衍生证券。

一、债务证券

债务证券是由借款人或债务人(如公司、政府和家庭等)发行的信用工具，如公司债券、政府债券、住房抵押债券、商业贷款以及消费贷款等。因为债务证券承诺未来固定数额的利息，所以又称为固定收益证券。

二、资本证券

资本证券是公司发给所有者对其资产的请求权。资本证券的未来收益具有不确定性，普通股是一种典型的资本证券，普通股的股利取决于公司的盈利状况及股利政策。股票的资本请求权体现为每股有权获得相同数量的收益、对公司的管理事务具有投票权和对公司剩余资产的索取权等。

三、衍生证券

衍生证券是指其价值和收益取决于其基础资产(如外汇、存款单、债券、股票及商品等)预期价格变化的金融产品。它们的主要功能是管理与基础资产相关的价格波动风险。最常见的衍生证券有远期合约、期货合约以及互换合约等。

第四节 金融中介机构

一、金融中介概述

金融中介是指在金融市场上资金融通过程中,在资金供求者之间起媒介或桥梁作用的人或机构。金融中介一般由银行金融中介及非银行金融中介构成,具体包括商业银行、证券公司、保险公司以及信息咨询服务机构等中介机构,金融是现代经济的核心。

在现代市场经济中,金融活动与经济运行关系密切,金融活动的范围、质量直接影响到经济活动的绩效,几乎所有金融活动都是以金融中介机构为中心展开的,因此,金融中介在经济活动中占据着十分重要的位置。随着经济金融化程度的不断加深和经济全球化的迅速推进,金融中介本身成为一个十分复杂的体系,并且这个体系的运作状况对于经济和社会的健康发展具有极为重要的作用。

二、金融中介机构的作用

1. 金融中介实现了资金流与物流、信息流的高效整合与匹配

众所周知,工业技术的诞生带来了生产规模的扩大和生产能力的提高,由此要求产品突破狭小的地域范围,获得更广阔的市场空间,交通运输业应运而生。交通运输业的产生和发展使物流范围扩大,效率提高。

人类在构筑铁路和航线这一庞大的有形网络时,首先遇到的问题是资金不足;交通运输业的发展使产品的批量生产和销售成为现实,反过来促进生产规模的进一步扩大,也促使企业对资金的需求大增,金融市场形成,银行等金融中介组织和信贷等金融中介工具产生。募集资金和规避风险的需要导致一种新的企业组织形式——股份制诞生,与之匹配的证券市场出现。资本市场和货币市场的出现使企业规模迅速扩张、收缩和转移成为可能,货币市场和资本市场作为资金流动的载体,使资本得以在较大的范围内流动和配置。生产规模的扩大和市场范围的拓展产生了信息沟通的需要,提高物资流动和资金流动的效率并减少盲目性,信息服务业应运而生。同属于服务行业的交通运输业、金融业和信息业发挥各自的功能,实现了资金、信息与物资流动的匹配,保证了实体和虚拟经济的运行。

信息革命引发的信息技术创新与扩散、发展与融合,不仅为人类社会提供了经济发展的新途径和新的技术范式,破解信息传递和商品交易过程中的种种难题,而且促进了从金融中介市场、金融中介机构到金融中介介质等的全面创新。金融创新的结果是金融中介对整个社会经济的渗透能力更强,整个社会经济的金融化程度大大提高。各种资产的证券化大大提高了实物资产的流动性。衍生金融工具的发展满足了实体和虚拟经济投资和规避风险的多种需要,并使资金流自动化成为现实。金融中介的发展使得资金流动不仅高度符合了物流、信息流的要求,还推动和强化了实体经济的发展需要。正是"三流"的高效整合与匹配,社会资源得以以最有效、最快捷的方式进行整合和配置,并由此使社会经济进入一个新的发展形态。

2. 金融中介使资源配置效率化

首先,正是各种金融介质的存在,导致了资本创造机制的产生,才使货币资本顺利导入到产业资本循环当中,满足经济增长对资金的需求。金融中介通过自身的活动对整个国民经济起着增量增加和存量

调整的作用。金融中介在构造和活化金融市场的同时,进而活化整个社会经济。

其次,金融中介把财富的价值形态和权利从各种实物形态中剥离出来,券化为虚拟的金融资产,从而使社会财富以符号的形式方便地流动,使资源配置范围获得了无限扩大的可能性,配置的效率得到极大提高,整个社会的资源配置真正进入了效率化时代。

3. 金融中介的交易费用节约功能

制度的演进是一个不断节约交易费用的过程,中介介质的存在是交易费用节约的关键环节。

人类经济发展史是一部不断进行技术和制度创新以不断降低生产费用和交易费用,从而提高经济运行效率的历史。首先是定期集市的出现,拓宽了交易的选择面,提高了在既定交易费用条件下的成交率。它不仅降低了花费在路上的时间成本,而且在一定程度上降低了交易的偶然性和等待的时间成本,从而大大地降低了单位商品的交易费用。紧接着是货币的诞生缩短了交易的中间环节,使交换变得更为顺畅,节约了交换所需要的搜寻和等待成本。

商人的出现仅仅是交易专业化活动的开始,随着生产力的发展,交易技术的创新,商人之间出现了分工,如批发商、中间商、零售商等。每次专业化都带来了交易费用的降低和交易范围的扩大,同时使得市场制度覆盖的范围越来越大,交易的专门组织——商业企业出现了,结果是交易费用进一步降低,交易范围进一步拓展。交易范围的扩展,刺激了企业规模的扩大和企业生产能力的提高,企业对资本的需求增加,带来了资本要素市场的出现。

企业规模的扩大,货币是一个关键角色。货币市场中介组织——银行诞生,带来了货币市场交易效率的提高和交易费用的降低。但银行间接融资规模有限、期限短等特点使单纯货币市场的运作难以满足企业发展的需要。募集资金和规避风险的需要导致一种新的企业组织形式——股份制诞生,与之匹配的证券市场出现。资本市场和货币市场的出现使企业规模迅速扩张、收缩和转移成为可能,货币市场和资本市场作为资金流动的载体,使资本得以在较大的范围内流动和配置,大大提高了资本市场交易的效率,降低了资本市场的交易费用。

当今国民经济的虚拟化水平之所以越来越高,与金融中介发展带来的交易成本降低有很大关系。

4. 金融中介推动了企业组织的合理发展

首先,各种金融介质的存在为资源存量调整提供了条件,使得企业间的兼并,包括纵向一体化、横向兼并和混合兼并,并能够因成本下降而可行。重组不仅能实现生产要素存量的重新配置,而且可实现企业经济规模的迅速扩大和促进企业规模结构的合理化。此外,金融中介还推动了与社会生产力相适应的企业组织结构的形成和发展,如控股公司的多级控股导致企业集团的出现。

其次,金融中介使筛选企业经营者的机制社会化。在小商品经济即高利贷时代,企业经营者一般是企业的直接所有者,在这种情况下,社会对企业经营者的筛选功能微乎其微。货币银行金融机制产生后,社会对企业经营者的筛选功能开始加强,即缺乏专门知识和管理经验的人一般难以取得银行贷款。证券、证券市场、投资银行等新型金融中介的活动,把对企业经营者的监督机制从单一银行体系扩展到社会的方方面面,使企业的经营机制获得了极大改善,使企业的行为和决策更加合理化。

三、我国金融机构体系的现状

1994年我国对金融体制进行了改革,建立了在中央银行宏观调控下的政策性金融与商业性金融分离、以国有商业银行为主体的多种金融机构并存的金融机构体系。目前,这一新的金融机构体系仍在完善过程中。我国现行金融机构体系的特点是:由中国人民银行、中国银行保险监督管理委员会、中国证券监督管理委员会、国务院金融稳定发展委员会作为最高金融管理机构,对各类金融机构实行分业经营与分业监管。

第三章 金融体系与金融市场

真题精选精析

一、选择题

1. 【浙江财经大学 2017】下列不属于直接金融工具的是( )。
   A. 可转让大额定期存单   B. 公司债券
   C. 股票   D. 政府债券

2. 【复旦大学 2015】货币市场的主要功能是( )。
   A. 短期资金融通   B. 长期资金融通   C. 套期保值   D. 投机

3. 【上海财经大学 2016】在国际货币市场上经常交易的短期金融工具是( )。
   A. 股票   B. 银行贷款   C. 点心债券   D. 国库券

4. 【对外经济贸易大学 2019】从2018年6月开始，中国A股被纳入( )，资本市场国际化迎来里程碑。
   A. 伦敦金融时报指数   B. MSCI指数   C. 道琼斯指数   D. 香港恒生指数

5. 【上海理工大学 2017】在我国出借资金供其买入上市证券或出借上市证券供其卖出并收取担保物的经营活动为( )。
   A. 融资融券业务   B. 证券经纪业务   C. 公司自营业务   D. 资产管理业务

6. 【华东师范大学 2018】亚投行的全称是( )。
   A. 亚洲投资发展银行   B. 亚洲投资银行
   C. 亚洲基础设施投资银行   D. 亚洲基础设施投资发展银行

7. 【四川大学 2016】关于我国政策性银行的说法，正确的是( )。
   A. 我国有三家政策性银行
   B. 盈利性是政策性银行的经营管理目标
   C. 我国的政策性银行是中国人民银行
   D. 政策性银行资金来源主要是储户的存款

8. 【湖南大学 2017】(多选题)《新帕尔格雷夫经济学大辞典》里，"金融"一词被定义为"资本市场的运营，资本资产的供给与定价"，以下属于"金融"基本内容的有( )。
   A. 有效率的市场   B. 风险与收益   C. 替代物与套利   D. 期权定价

二、名词解释

1. 【中国人民大学 2020】离岸金融市场
2. 【中央财经大学 2016】累计优先股
3. 【中国社会科学院 2015】对冲基金

三、简答题

1. 【江西财经大学 2016】简述直接融资与间接融资的差异。
2. 【中央财经大学 2016】优先股的股权特性和债券特性体现在哪些方面，哪些企业适合采用优先股融资？

第四章 银行经营与管理

第一节 银行的负债业务

商业银行的负债业务是商业银行在经营活动中尚未偿还的业务,该业务是商业银行借以形成资金来源的业务。由于各国金融体制的差异和金融市场发达程度不同,各国商业银行的负债结构也不尽相同,一般由存款和其他负债组成。下面以美国商业银行体系为例,介绍商业银行的负债业务。

一、支票存款

1. 不付息的活期存款

美国法律规定,商业银行不能向这类存款支付利息,因此,商业银行主要通过提供免费服务来吸引存款者,如银行可以为持有活期存款的企业代发工资、代缴水电费等。

2. 付息的可转让提款单存款(NOWs)

该账户以支付命令书取代了支票,实际上是一种不使用支票的支票账户。开立这种账户的储户,可以随时开出支付命令书,或直接向第三方支付,对其存款余额可以取得利息收入。例如,美国于1984年规定,对不满2500美元的可转让支付凭证账户,可以支付的最高利率限额为5.5%。通过这一账户,商业银行既可提供支付上的便利,又能支付利息;存款客户既得到了支付上的便利,也满足了收益上的要求。

3. 超级可转让支付凭证账户(super NOWs)

该账户的法定最低开户金额和平均余额为2500美元,签发支票可以不加限制。对保持2500美元或更大的余额账户,利率不受管制;但是,如果账户余额降到最低限额以下,则只能按储蓄账户的利率支付。由于该账户作为转账账户要缴纳存款准备金,银行为吸引客户通常还提供一定的补偿和奖励,因此,该账户对于银行来讲成本较高,其利率要低于货币市场存款利率,而且客户通常要按月支付服务费。

4. 货币市场存款账户(MMDAs)

该账户的主要特点是:设有2500美元的最低限额;存款利率没有上限限制,并可以浮动,一般按市场规定的每日利率为基础随时计算;存款额在10万美元以上的存款可以得到联邦存款保险公司的保险;存款者每月可办理6次自动转账或电话转账,其中3次以下可以使用支票,对个人提款则没有限制。与可转让支付凭证账户不同,商业性机构及个人均可开立货币市场存款账户。

二、非交易存款

非交易存款是指不能直接签发支票的存款。非交易存款的利率较支票存款高,但不可签发支票,因而不能直接充当交易媒介。但是,属于非交易存款的大面额可转让定期存单,可以在二级市场上转让和流通。在美国,非交易存款主要有储蓄存款和定期存款两大类,其中定期存款又分为小额定期存款和大额可转让定期存单。

1. 储蓄存款

关于储蓄存款的概念,国内外存在着明显的差异。美国把储蓄存款定义为:"存款者不必按照存款契约的要求,而是按照存款机构所要求的任何时间,在实际提取日前7天以上的时间,提出书面申请提款的一种账户。"在美国,居民个人、政府和企业都可以合法地持有储蓄存款。我国的储蓄存款则专指居民个人在银行的存款，政府机关、企业单位的所有存款都不能称为储蓄存款，公款私存在我国一般被视为违法行为。

2. 定期存款

定期存款是客户和银行预先约定存款期限的存款。存款期限在美国最短为7天，在我国通常为3个月、6个月和1年不等，期限长的则可达5年甚至10年。定期存款的利率视期限长短而高低不等。目前，各国的定期存款有多种形式，包括可转让或不可转让存单。在美国，定期存款主要有小额定期存款和大额可转让定期存单两大类。

小额定期存款(10万美元以下)有固定的期限，提前支取虽然并非不可以，但要损失一定的利息，因此，它的流动性较低，从而给银行带来较为稳定的资金来源。小额定期存款的利率比储蓄存款的利率要高。

大额可转让定期存单(CDs)于20世纪60年代初由美国花旗银行创办，它是按某一固定期限和一定利率存入银行的资金可在市场上买卖的凭证。美国国内的可转让定期存单由美国的银行机构发行；美国境外银行发行的美元存单叫作欧洲美元定期存单；外国银行在美国分行发行的可转让定期存单叫作扬基定期存单。储蓄存单主要由储蓄贷款社发行。可转让定期存单的面额较大，10美元至100万美元不等，利率一般高于同期储蓄存款的利率，并且可随时在二级市场上出售转让，因此，对储户颇具吸引力。

三、其他负债

如果商业银行吸收的各项存款在规模或期限结构等方面不能满足资金运用(即资产)的需要，商业银行还可以通过其他负债途径借取资金。其他负债途径包括：向中央银行借款(称为再贴现贷款)，在同业拆借市场上(在美国称为联邦基金市场)向其他金融机构拆入资金，向母公司(银行控股公司)借款，以出售回购协议的方式融入资金，在国际金融市场上借入欧洲美元，等等。随着金融市场的发展，其他负债(即借款)逐渐成为银行的重要资金来源之一。

第二节 银行的资产业务

一、现金资产

商业银行的现金资产由库存现金、存放中央银行的款项、存放同业款项、应收款项等组成。

库存现金和存放中央银行的款项共同组成商业银行的准备金。库存现金是商业银行用于应付日常提存的现金资产。存放中央银行的款项分为法定存款准备金和一般存款两部分，后者主要用于清偿支付票据交换的差额。对于商业银行来说，准备金是收益最低的资产，因为多数国家(如美国)的中央银行(如美联储)都不为商业银行在中央银行的存款支付利息，至于银行的库存现金，更不会有利息收入。但是，准备金却是商业银行维持正常经营所必需的。如果商业银行把所有的资金都贷放出去，那么，当存款人要求提款时，它便会无力支付，从而陷入流动性危机。为了防止这种现象的发生，各国的银行法一般都要求商业银行保持一个最低的准备金率(准备金与存款的比率)，即法定存款准备金率。一般来说，流动性越高的的存款，法定准备金率也就越高。中央银行有权在一定范围内变动法定准备金率。但是，商业银行并不需要在所有时间内都符合法定准备金的要求，只需在一段时间内的平均数额达到规定标准即可。超过法定准备金的那部分准备金叫作超额准备金。超额准备金可用于拆放给其他金融机构，亦可用于贷款或购买证券。

存放同业贷款是指存放在其他金融机构的存款。在其他金融机构(主要是商业银行)保持存款的目的，是便于同业之间结算收付及开展代理业务。由于金融机构之间所开立的存款账户都属于活期性质，可随时支取使用，因而银行一般将存放同业的资金视同现金资产，作为其营运资金的一部分。

应收款项又称为托收中现金，它是指在支票清算过程中已记入商业银行的负债，实际上商业银行还未收到的那部分资金。

二、贷款

发达国家的商业银行一般将贷款分为工商业贷款、不动产贷款、消费者贷款、同业贷款和其他贷款。其中,工商业贷款是银行为工商企业的生产或销售需要而发放的贷款。发放这类贷款是商业银行的传统业务,所以,它在这方面具有较大的优势。不动产贷款是以企业或个人的住宅、土地、厂房、设备等不动产为抵押而发放的贷款,其期限一般较长。消费者贷款是发放给消费者个人的,主要用于购买汽车、活动房屋等耐用消费品以及教育等用途的贷款。消费者贷款一般以消费者所购买的耐用消费品为抵押,采取分期付款的方式偿还。信用卡贷款也是消费者贷款的一种形式,当持卡人的支出金额超过他在发卡银行的支票存款余额(即信用卡透支)时,其差额就自动成为银行发放给他的贷款。同业贷款即拆放同业,是指银行之间为调剂资金余缺而相互发放的贷款。

三、证券投资

证券投资是商业银行资产业务的重要组成部分。商业银行经营证券投资业务最初主要是为了保持资产的流动性。因为证券的二级市场较发达,当银行需要现金头寸时,可随时出售证券,以满足流动性管理的要求。尤其是政府债券,其安全性、流动性都很好,通常被作为商业银行的二级储备。证券投资除了能满足流动性管理的需求外,还能为银行增加投资收益,并能通过资产多元化和证券投资组合的多样化有效地分散投资风险。

具体来讲,商业银行证券投资的金融工具主要有以下几类。

(1) 货币市场投资工具。货币市场投资工具包括所有到期期限在1年以内的金融工具与证券。商业银行最普遍使用的货币市场投资工具包括银行间的同业拆借资金(在美国称为联邦基金),中央政府通过财政部发行的短期国库券,大工商机构的商业票据,金融机构发出的可转让存单、银行承兑汇票、回购协议等。货币市场投资工具具有很高的流动性,其市场风险很小。同时,由于货币市场投资工具的到期期限很短,这些工具的价格变动风险很小,但是,它们的再投资收益变化风险很大。商业银行是货币市场投资工具的主要投资者。

(2) 资本市场证券。这类金融资产包括所有到期期限在1年以上的证券。银行主要投资的债务类证券有中长期国库券、其他中央政府机构债券、地方政府债券以及高等级(如A级以上)公司债券等。这些债券具有期限长、收益高的特点。其中,国库券的流动性、安全性最好,政府机构和地方政府债券的流动性次之。工商企业的债券收益性较高,而流动性水平与地方政府债券类似,但其违约风险较高,因此,商业银行往往对持有公司债券持较为谨慎的态度。

(3) 创新的投资工具。20世纪80年代以来,商业银行大幅度减少了传统的证券投资,特别是地方政府的债券投资,而大量购入了创新的金融投资工具。这些新工具主要有以下几类。一是资产担保证券。资产担保证券是商业银行将某些传统的非流动性贷款经过技术性处理后重新组合为同质量并可分割的标准贷款组合,以此为本金与利息的现金收入保证来发行证券,即资产证券化。最常见的证券化的资产是住宅抵押贷款、汽车贷款以及信用卡应收款等。二是共同基金股份。20世纪90年代以来,随着基金自由化趋势的发展,一些商业银行也将共同基金作为证券投资的对象。商业银行一般选择风险较小、经营较稳健的共同基金进行投资。通过对共同基金份额的投资,银行可以达到提高收益、分散风险的目的。

四、其他资产

其他资产是指商业银行自己拥有的固定资产(设备、房地产)、在子公司的投资和预付费用(如保证费用)等。商业银行原来用于固定资产的资金都较少,随着银行电子化运营以及自助银行、网络银行的发展，银行用于设备的资金将不断增长，但与银行的贷款和证券投资相比，固定资产占总资产的比重仍较低。

第三节 银行的中间业务和表外业务

▲ 一、银行的中间业务

中间业务是商业银行接受客户委托，为客户提供各种服务，收取佣金、手续费、管理费等费用的一种业务。中间业务不占用或很少占用银行资产，除结算、租赁等极少数业务之外，也不直接涉及银行自身资产负债金额的变化，但能为银行增加收益。在国际结算中广泛使用的各种信用证以及信托、咨询等业务，都属于传统的中间业务。

1. 结算业务

结算业务是银行代客户清偿债权债务、收付款项的一种传统业务(清算则是指银行之间的货币收付)。企事业单位之间的货币收付，除少量以现金方式进行以外，大部分是通过其在银行开立的支票存款账户上的资金划拨来完成的。按照收款人和付款人所处的地点，可以将结算分为同城结算和异地结算两种类型。

2. 信托业务

信托即信任委托，是指委托人依照契约的规定为自己或第三者(即受益人)的利益，将财产转给受托人，由受托人依据谨慎的原则，代委托人管理、运用和处理所托管的财产，并为受托人谋利的活动。与信贷业务不同，商业银行对信托业务一般只收取有关的手续费，而营运中所获得的收入则归委托人或其指定的受益人所有。同时，信托业不同于简单的代理活动，因为在代理关系中，代理人只是以委托人的名义，在委托人指定的权限范围内办事，在法律上，委托人对委托财产的所有权并没有改变；而在信托关系中，信托财产的所有权从委托人处转移到了受托人(商业银行信托部门或信托公司)手中，受托人以自己的名义管理和处理信托财产。

3. 代理业务

代理业务是指商业银行接受政府、企事业单位、其他银行或金融机构以及居民个人的委托，以代理人的身份代表委托人一些双方约定的经济事务的业务。在代理业务中，委托人和银行一般必须用契约方式规定双方的权利、业务，包括代理的范围、内容、期限以及纠纷的处理等，并由此而形成一定的法律关系。代理业务是典型的中间业务，在代理过程中，客户的财产所有权不变，银行则能充分运用其自身的信誉、技能、信息等资源优势，代客户行使监督管理权，提供各项金融服务。在代理业务中，银行一般不动用自己的资产，不为客户垫款，不参与收益分配，只收取代理手续费，因此，代理业务属于低风险的中间业务。具体来讲，商业银行经营的代理业务主要包括：①代理收付款业务；②代理融通业务；③代理行业务；④现金管理业务；⑤代理保管业务。

4. 租赁业务

租赁是以收取现金为条件出让财产使用权的经济行为。它是由财产所有者(出租人)按契约规定，将财产租给承租人使用，承租人按期缴纳一定租金给出租人，在租赁期内，出租人对财产保有所有权，承租人享有使用权。租赁业务有两种基本类型，即经营性租赁和融资性租赁。

▲ 二、银行的表外业务

表外业务是指所有不在银行资产负债表内直接反映的业务。由于传统的中间业务大多也不在资产负债表内反映，因此，人们通常把中间业务视同表外业务。但是，严格来讲，表外业务和中间业务是有区别的。从会计处理的角度而言，所有的表外业务都属于中间业务，表外业务不在资产负债表内反映；而中间业务虽然大部分属于表外业务，但也有少部分(如信用证、租赁业务等)是在表内反映的。从银行开展业务的角色而言，银行在办理传统业务的中间业务(如信用证、信托、代理和咨询等业务)时，一般充当中介人的角色；而在办理衍生金融工具等表外业务时，银行既可以作为经纪人，也可以作为自营商，即作为交易的直接当事者。从与表内业务的关系和银行承担的风险角度而言，传统的中间业务一般不会发生由表外向表内业务的转化，承担的风险相对较小；而许多创新的表外业务，如票据发行便利、衍生金融工具等业务，都构成银行的"或有负债"，即在一定条件下(如银行履行贷款承诺时，或在衍生金融工具交易对手违约时)，相应的表外业务会成为表内业务，即成为商业银行现实的负债。因此，商业银行办理这类具有或有负债性质的表外业务时，承担的风险就较大。

表外业务大致可以分为担保业务(备用信用证)、承诺业务、贷款出售及资产证券化等资产转换业务，衍生金融工具的交易以及与证券的发行、承销等有关的投资银行业务。

1. 备用信用证

备用信用证是银行为其客户开立的保证书。这种业务涉及三方当事人，即开证行、客户和受益人。通常，客户与受益人之间已达成某种协议，根据该协议，客户对受益人负有偿付或其他义务。银行应客户的申请向受益人开立备用信用证，保证在客户未能按协议进行偿付或履行其他相关义务时，代替其客户向受益人进行偿付，银行为此支付的款项变为银行对其客户的贷款。通过向银行申请开立备用信用证，客户可以有效地提高自己的信誉，当然同时也要向银行支付手续费。

备用信用证和商业信用证的区别是：在商业信用证业务中，银行承担的是第一性的付款责任，只要收款人提供合格的单据，银行就必须按合同履行支付义务；在备用信用证业务中，银行承担的是连带责任，在正常情况下，银行与受益人并不发生支付关系，只有在客户未能履行其付款义务时，银行才代替客户履行付款责任。

2. 承诺业务

承诺业务是指银行向客户做出承诺，保证在未来一定时期内根据一定条件，随时应客户的要求提供贷款或融资支持的业务。承诺业务主要有信贷便利和票据发行便利(NIFs)两种形式。

信贷便利主要有以下两种形式。①信贷额度。信贷额度是一种非合同化的贷款限额，商业银行将随时根据企业的贷款需要进行放款。但是，信贷额度一般都是银行与其老客户之间的非正式协议，银行虽然在大多数情况下都会满足老客户的贷款需要，但并不承担提供贷款的法定义务，银行通常也不向客户收取承诺费，而只要求客户在本银行保留一定比例的支付性存款。②贷款承诺。贷款承诺是一种正式的、合同化的协议，银行与客户签订贷款承诺协议以后，要随时满足客户的贷款需要，在承诺期内，不论客户是否提出贷款申请，银行都要按承诺额的一定比率收取承诺费。贷款承诺主要有备用信贷承诺和循环信贷承诺两种形式。前者是银行与客户签约，在合约期内，客户有权要求银行在合约规定的额度内提供贷款；后者是指在一个较长的合约期内，借款人在满足合约规定的条件下，循环使用贷款额度，随借随还，还后能再借。

票据发行便利(NIFs)是一种融资方法，借款人通过循环发行短期票据，达到中期融资的效果。它是银行与借款人之间签订的在未来的一段时间内由银行以承购连续性短期票据的形式向借款人提供信贷资金的协议，协议具有法律效力。如果承购的短期票据不能以协议中约定的最高利率成本在二级市场上全部售出，则银行应承担购买这些未能出售的票据的义务，或向借款人提供等额银行贷款，银行为此每年收取一定费用。筹资人可以在一定的承诺期内(1~7年)循环使用票据发行便利筹措资金，在承诺期和约定的额度内，票据发行人每次未售完的票据都将由签约银行收购。银行在赚取承诺费的同时，也要承担信贷风险和流动性风险。

> **关键考点**
> 考生应该深入理解中间业务与表外业务的根本差异和两类业务所包含的主要业务。

第四节 银行的风险特征与风险管理

▲ 一、银行的风险特征

在现代市场经济体系中，商业银行主要面临以下几个方面的风险。

(1) 货币风险，指源于汇率变动而带来的风险。货币风险又可细分为交易风险和折算风险，前者是指因汇率的变动影响日常交易的收入，后者是指因汇率的变动影响资产负债表中资产的价值和负债的成本。

(2) 利率风险，指源于市场利率水平的变动而对证券资产的价值带来的风险。一般来说，利率的上升会导致证券价格水平的下降，利率的下降会导致证券价格水平的上升。在利率水平变动幅度相同的情况下，长期证券收到的影响比短期证券更大。

(3) 流动性风险，指源于金融资产变现的风险。证券的流动性主要取决于二级证券市场的发达程度和证券本身期限的长短。

(4) 信用风险，指证券发行者因倒闭或其他原因不能履约而给投资者带来的风险。

(5) 市场风险，指由于证券市场行情变动而引起投资实际收益率偏离预期收益率的可能性。当出现看涨行情时，多数证券价格通常下跌。

(6) 营运(操作)风险，指源于日常操作和工作流程失误而带来的风险，随着证券交易对电子技术的依赖程度的不断加深，营运风险变得越来越复杂。

※ 二、银行的经营原则

商业银行的经营面临着各种风险，如何在稳健经营的前提下保持适度的流动性，以实现银行利润最大化和银行市场价值最大化，是商业银行经营管理的最终目标。这就要求银行在经营管理中贯彻流动性、安全性和盈利性的"三性原则"。

1. 盈利性原则

盈利性原则是指商业银行在稳健经营的前提下，尽可能提高商业银行的盈利能力，力求获取最大利润，以实现银行的价值最大化目标。与任何股份企业一样，商业银行需要尽可能扩大它赚取利润的能力。银行盈利能力的大小，不仅会直接影响股东红利的分配，以及股票市场价值的变动，而且对银行的信誉和实力有着明显的影响。因此，盈利性是商业银行经营的基本原则。

2. 安全性原则

安全性原则是指银行具有控制风险、弥补损失、保证银行稳健经营的能力。商业银行的贷款业务和投资业务具有不同的风险，因此商业银行特别注意按期收回资产本息的可靠性和自身缓冲资产损失的能力。商业银行的安全性原则是通过在资产业务中实施严格的管理和控制适量自有资本比率来实现的。

3. 流动性原则

流动性原则是指银行具有随时以适当的价格取得可用资金，随时满足存款人提取存款和满足客户合理的贷款需求的能力。由于商业银行经营对象的特殊性，银行的经营原则还必须强调资产的流动性。银行不寻常的负债结构，使它们不可能将大量资金投放于高收益资产。与其他类型的工商企业相比，商业银行负债中有相当大部分是即期支付的活期存款和储蓄存款，如果不能及时满足客户的提款要求，就会对银行信誉产生致命影响。同时，商业银行之间的贷款竞争也很激烈，如果一家商业银行不能随时满足一家经营良好的工商企业的借款要求，它就可能永远丧失这个客户。因此，商业银行必须保持一定比率的流动性资产。

盈利性原则和安全性原则、流动性原则在一定意义上是统一的。只有在保持较高盈利水平的条件下，银行才有可能增加自有资本的积累，增强抵抗风险和履行付款责任的能力；同时也只有在安全性、流动性有保证的前提下，银行才可能实现较高的盈利水平。但是在实际的经营活动中，银行管理者碰到更多的却是盈利性原则和流动性原则、安全性原则之间相互冲突的情况。因为一般说来，一种资产的流动性、安全性越高，其盈利性往往就越低。例如，贷款的利率通常高于证券，长期贷款(或证券)的利率又高于短期贷款(或证券)，但是就其安全性、流动性而言，上述顺序又正好相反。更极端的例子是，库存现金具有充分的安全性和流动性，但其收益率却为零。因此，商业银行必须在安全性、流动性和盈利性这三者之间找到最佳的平衡。

三、银行风险管理

1. 银行风险管理的概念

银行风险管理，是指各类经济主体通过对各种银行风险的认识、衡量和分析，以最少的成本达到最大安全保障、获取最大收益的一种金融管理办法。这个定义有三点需要说明：①银行风险管理所涉及主题的范围非常广泛，各类经济主体除银行自身外，还包括个人、家庭、企业、公用事业单位、国家及其政府单位。②在银行风险管理中，以通过对银行风险的认识、衡量而最终选择的最佳的银行风险管理技术为中心。③银行风险管理，最终要以最大的安全保障、最大的收益为目标。没有安全保障，收益目标无从谈起；没有收益目标，经济主体无从发展，最终还是要在竞争中被淘汰。

2. 银行风险管理的意义

银行早期的"真实票据论"就是为回避风险而提出的，它反映了银行回避风险的稳健经营方针。作为特殊的企业，银行具有特殊的风险，必须加强风险管理；同时，银行也具有一般企业最显著的特征，即是以盈利为目的的组织。如果银行不顾一切追求盈利的极大化，往往带来本金的损失而得不偿失，甚至导致银行的破产和倒闭。因此，只有在强调风险管理前提下的资产运用，才能确保银行获取真正的收益。银行强调风险管理，不仅可以在公众中树立起良好的形象，还可以提高自身的信誉。信誉是银行立足于世的支柱，而信誉的提高和巩固主要来自于银行科学的风险管理。无论是在短期内依靠冒险投机而获取暴利的银行，还是那些承担过度风险而丧失承兑能力或无法收回债权的银行，其最终必将因失去客户而丧失信誉。唯有强调风险管理的银行，在确保安全的前提下去追求盈利极大化，才能在公众中树立起良好的形象和可靠的信誉。银行的风险管理，对维持公众的信心和稳定经济金融秩序也有着重大的意义。从宏观经济角度来看，根据货币学派的观点，货币供应量是决定整个宏观经济活动的重要变量。而凯恩斯的分析方法认为宏观经济传导机制的重要中间变量则是利率或银行信贷供应量。在当今的经济生活中，银行是货币的创造者，还是货币供应过程中最重要的组成部分，因此，为确保货币供应的相对稳定性，银行必须加强风险管理，通过限制其风险暴露，避免金融体系内产生银行倒闭的"多米诺效应"，进而诱发整个社会经济的大震荡。西方国家几次较大的经济危机大多是从金融恐慌开始的。因此，银行实行风险管理，可以防范控制风险，维护公众的信心，进而维护金融秩序和社会的稳定。

3. 银行风险管理的目标

从微观角度来看，银行风险管理的目标是通过处置和控制风险，防止和减少损失，最终保障银行正常经营活动的顺利进行。具体地讲，它包括两方面的内容：一是在风险损失产生以前，为了保障其自身经营的安全，银行通过有效的风险管理，以最低的损失控制费用来获取控制风险的最佳效果，总之，银行通过最合理、最经济的处置风险方式，防患于未然；二是在风险损失产生之后，为了尽快地弥补损失，银行通过采取各种"亡羊补牢"的措施，使银行不致因各种风险的产生而危及其生存，最终确保盈利目标的顺利实现。从宏观角度来看，银行风险管理的目标是通过单个银行的稳健经营，确保整个银行体系的正常运转，避免银行倒闭的"多米诺效应"的产生，最终维持金融秩序的稳定，以利于国民经济持续健康发展。

4. 银行风险管理的实施

银行风险管理的目标能否实现，不仅取决于银行风险管理人员的知识水平和管理技能，还取决于银行的组织设置和管理方式等。银行风险管理的实施必须注重以下4个方面的内容。

(1) 在经营上，必须采取稳健的原则，银行各部门的管理人员从经营决策到具体业务的操作，都必须考虑各种风险因素，在确保安全的前提下来寻求盈利的极大化。

(2) 在业务上，采取一系列风险分散或风险转嫁的自我保护措施，通过将风险管理数量化、具体化和制度化，确保风险在自身能够承受的范围之内。

(3) 在组织安排和部门设置上，要求银行设置专门的风险管理部门，并且强调与其他部门密切配合，定期对各业务部门制订的具体风险管理对策和目标进行检查和监督；并且将市场销售部和操作系统部分开设置，健全内部的制约机制。总之，银行在组织安排和部门设置上均必须体现防范风险的思想。

(4) 在财务上，采取稳健的会计原则，银行应在执行权责发生制的同时，按照稳健的会计原则，争取有关部门的支持，对呆账准备、应收未收款、盈余分配等方面做出适当的处理，以确保银行的资产质量，增强银行抵御风险的能力。

第五节　商业银行的经营管理理论

▲ 一、资产管理

资产管理理论的核心思想是：商业银行经营的侧重点在于使资产保持流动性，在负债一定的情况下，通过调整资产结构来满足流动性的要求。

1. 真实票据论

真实票据理论是指商业银行为了保持资产的流动性，必须将资金运用集中于发放短期的、与商业周转相联系或与生产物资储备相适应的自偿性贷款。在相当长的时期内，真实票据理论在商业银行的资产管理中占据统治地位，对于自由竞争条件下，保证银行资产的安全性起到了一定的积极作用。然而，随着经济的发展，这一理论显示出明显的局限性：首先，它未考虑到短期存款的沉淀部分和长期存款比重的上升，忽略了银行资金来源的潜力；其次，它对贷款多样化的否定不符合风险分散化原理；再次，有时长期贷款更可靠；最后，自偿性贷款随商业周期而波动，将影响金融体系的稳定。

2. 转换理论

转换理论认为商业银行保持流动性的关键并不在于贷款期限的长短，而在于商业银行所持有的资产的流动性，即变现能力；商业银行可以将资金的一部分投入具备二级市场条件的证券，而不必将资产业务局限于短期商业贷款。在转换理论的影响下，商业银行资产范围显著扩大，不再仅仅局限于短期贷款，业务经营更加灵活多样。但转换理论片面强调证券的变现，而忽略了证券和贷款资产的真正质量，忽略了物质保证，为信用膨胀创造了条件。同时，它没有考虑到在危机期间证券的大量抛售和价格暴跌而引发银行资产的巨额损失的可能性。

3. 预期收入理论

预期收入理论认为，商业银行保持流动性的关键不在于放款的用途(自偿性)，也不在于担保品(可转让性)，而在于借款人的预期收入。即使是长期贷款，如果借款人的未来收入有保证，也不至于影响银行的流动性。这一理论意味着银行资产可以不受期限和类型的影响，可以不考虑资产的自偿性和转换性，只要强调预期收入就可以了。预期理论有其合理性，但也存在着缺陷：首先，它把资产经营完全建立在银行预测的基础上，缺乏足够的现实可靠性；其次，在资产期限很长的情况下，不确定性增加，债务人的收入状况可能会恶化。

▲ 二、负债管理

1. 负债管理理论

负债管理理论的核心思想是：银行的流动性不仅可以通过对资产项目的安排和调整获得，还可以通过扩大负债去获得,即可以通过向外借款为自身提供流动性。

在负债管理理论的支配下,商业银行致力于开拓各种负债渠道以取得流动资金,主要包括:①发行大额可转让定期存单;②发行金融债券;③扩大非存款性资金来源,即所谓"买进"资金;④通过银行控股公司出售商业票据。

2. 负债管理方法

在西方国家对商业银行利率严格控制的年代,金融市场上较高利率的各种金融工具对银行资金来源造成了很大冲击,出现了所谓的"脱媒"现象。因此,商业银行已不可能再忽视资金来源的性质、成本和易变性来进行资金运用决策。负债管理的渊源可以追溯到20世纪50年代美国联邦基金市场的出现和发展,但一般来讲,负债管理被普遍认为开始于1961年美国花旗银行发行可转让大额定期存单(CDs)和由主要券商创立的CDs二级市场,以及随后其他银行的纷纷效仿。人们逐渐认识到,如果必需的资金总是能通过"购买"而得到,储备过多的资产无疑是一种浪费。

负债管理方法有两种类型,一类称为准备金头寸负债管理,另一类称为综合性负债管理。准备金头寸负债管理是指利用对资金的购买来满足短期流动性需要。这种方法通常依赖于购买短期资金来补充二线准备,以满足存款的提取。它的最大优点是使银行对流动性资产准备降到最低点,收益资产比例大大上升。综合性负债管理是指商业银行利用购买资金来不断适应资产规模的持续扩张。

商业银行运用负债管理策略是为了降低流动性资产储备、扩大收益资产和提高资产的盈利性,它的出现标志着商业银行在资金管理上更富有进取性、更为主动和灵活。然而,负债管理的缺陷是银行的风险由此增大。这是因为,第一,银行购买资金的能力和成本与它的经营规模有关,只有在有能力维持银行资金来源的边际成本与资金运用收益之间适当的正差额时,银行才负担得起购买资金不断增加的利率压力;第二,实行负债管理,要求存在一个有弹性的资金供应环境,即货币市场上有足够的参与者和资金,并且利率稳定,否则,资金来源的结构和渠道都易发生紊乱。

▲ 三、资产负债联合管理

资产负债联合管理理论的核心思想是:在融资计划和决策中,商业银行应策略性地利用对利率变化敏感的资金,协调资金来源和资金运用的相互关系,而无论这些项目在负债方还是在资产方。该理论认为商业银行的经营要实现流动性、安全性和盈利性的全面统一和协调,而资产管理和负债管理都过于偏重其中的某个方面,应该根据经济环境和银行业务经营状况的变化,同时管理资产和负债的项目结构、期限结构、利率结构、规模和风险结构。

1. 资金匹配法

资金匹配法强调根据各种资金来源的特点来确定资产的分配方向。例如活期存款的周转速度比较快,可以主要用作一级准备金和二级准备金这类高度流动性的资产;定期存款可以用作盈利性较高的资产;银行自有资本则可以用作长期投资。这种方法的好处在于,它通过周转速度和流动性这两个环节,把资产和负债有机地联系起来,使两者在规模上、期限上保持一致。与将对所有资金来源都等同对待的管理方法相比,资金匹配法是比较粗糙的。目前,各国商业银行普遍采用的是缺口管理法和资产负债比例管理法。

2. 缺口管理法

缺口管理法是指根据期限或利率等指标将资产和负债分成不同的类型,然后对同一类型的资产和负债之间的差额,即"缺口",进行分析和管理。

根据资产和负债之间的不同组合,可以有以下三种不同的缺口管理战略:零缺口,即浮动利率资产等于浮动利率负债;负缺口,即浮动利率资产小于浮动利率负债;正缺口,即浮动利率资产大于浮动利率负债。资金缺口管理方法认为,商业银行应根据对市场利率的预测,适时地对两者比例进行调节,以保持银行的盈利,同时降低风险。当预测利率处于上升阶段时,资金管理人员应为商业银行构造一个资金正缺口,如图4-1(a)所示。这样,大部分资产将按较高利率重新定价,而只有较小部分资金来源按高成本定价。当预期利率处于下降阶段时,资金管理者应为商业银行构造负缺口,如图4-1(b)所示,使更多的资产维持在较高的固定利率水平上,而资金来源中有更多的部分利用了利率不断下降的好处。

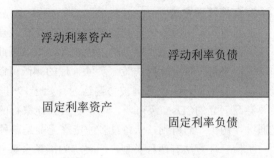

(a) 资金正缺口　　　　　　　　　　　(b) 资金负缺口

图4-1　资金缺口管理法

在利率波动频繁的环境中,资金缺口管理方法对商业银行增加收益、降低成本的效果是明显的,但这种方法对银行的利率预测能力要求非常高,银行必须精确地判断出利率变动趋势和利率周期变动的拐点,否则,商业银行很可能因资金缺口和时间的控制不当而导致更大的损失。

> **关键考点**
>
> 以选择题形式考查商业银行构造资金缺口的基本方法。考生应把握的基本原则是:当预期利率上涨时,应该增加资产中的浮动利率资产部分,减少负债中的浮动利率负债部分,即构造正缺口;当预期利率下降时,则应该增加资产中的固定利率资产部分,减少负债中的固定利率负债部分,即构造负缺口。

3. 资产负债比例管理

资产负债比例管理是指通过一系列资产负债指标来对商业银行的资产和负债进行监控和管理。它既可以作为商业银行自身的一种业务管理方式,也可以作为银行监管部门对商业银行实施监管的一种手段。这种资产负债联合管理方法也被我国银行监管部门所采纳,中国人民银行于1994年颁布了《信贷资金管理暂行办法》,决定从当年起,对商业银行实行资产负债比例管理,同时还颁布了《商业银行资产负债比例暂行监控指标》,确定了资本充足率、存贷款比例、中长期贷款比例,资产流动性比例、备付金比例、单个贷款比例、拆借资金比例、对股东贷款比例、贷款质量指标等9个监控指标。

第四章　银行经营与管理

真题精选精析

一、选择题

1.【中国人民大学 2015】商业银行的核心资本不包括(　　)。
　　A. 普通股　　　　B. 资本公积　　　　C. 一般准备　　　　D. 未分配利润

2.【清华大学 2015】通常,向商业银行申请贷款的企业会比银行掌握更多关于自身投资项目的信息,这种信息上的差异称为(　　),会产生(　　)问题。
　　A. 逆向选择 风险分担　　　　　　　B. 不对称信息 风险分担
　　C. 逆向选择 道德风险　　　　　　　D. 不对称信息 逆向选择

3. 【复旦大学 2019】下列不属于银行信用风险管理措施的是( )。
   A. 建立长期客户关系　B. 抵押品　　　　C. 补偿余额　　　　D. 购买利率衍生品
4. 【清华大学 2016】以下不属于商业银行资产业务的是( )。
   A. 贴现　　　　　　B. 贷款　　　　　C. 信用证　　　　　D. 证券投资
5. 【复旦大学 2018】在商业银行的业务中，可能会带来或有负债增加的是( )。
   A. 托收业务　　　　B. 基金产品销售　　C. 备用信用证　　　D. 并购咨询
6. 【重庆大学 2018】可转让支付命令账户(NOW)是指对( )签发的类似于支票的凭证。
   A. 活期存款　　　　　　　　　　　　　B. 储蓄存款
   C. 定期存款　　　　　　　　　　　　　D. 储蓄存款+活期存款+定期存款

二、名词解释
1. 【中国人民大学 2017，对外经济贸易大学 2017】贷款五级分类制度
2. 【中央财经大学 2017】表外业务
3. 【西南财经大学 2019】贷款承诺

三、简答题
【对外经济贸易大学 2016】面对国内经济步入"新常态"，以及利率市场化改革，汇率形成机制改革，人民币国际化，新资本管理方法实施和互联网金融的兴起，创新驱动已经成为商业银行面对市场竞争的常态。面对经济转型升级，商业银行要创新经营方式，从主要信贷资产迈向全资产经营，经营方式也将更加多样化。全资产经营强调各类资产的组合配置，注重发挥资产负债管理作为盈利性风险管理工具的作用。问题如下：

(1) 商业银行资产管理理论经历了哪些发展阶段，其主要观点是什么？
(2) 资产管理理论如何推进商业银行资产业务的多样化？

第五章 现代货币供给机制

第一节 存款货币的多倍创造机制

※ 一、存款创造的条件

一般来讲,商业银行创造存款应满足以下两个条件。

(1) 部分准备金制度。在这种制度下,商业银行在获得存款后,只需按照中央银行要求的存款准备金率将一定比例的存款存入中央银行,其余的存款均可以用于贷款或从事购买证券等投资用途。正是在商业银行将存款的一部分用于贷款和购买证券的过程中,新的存款才被创造出来。

(2) 部分现金提取。通过下面的分析,我们将看到,如果借款人在获得商业银行的贷款之后,立即以现金的形式将该笔贷款全部从银行提走,而且在贷款归还之前该笔贷款始终在公众手中流通,而不存入银行,则在这种情况下不会有存款创造。因此,存款创造的另一个条件是商业银行发放的贷款只有一部分以现金的形式被提走,并且始终游离在商业银行体系之外,其余的部分则以存款的形式存入银行系统。

> **关键考点**
>
> 以选择题的方式考查存款创造的条件。考生应牢记商业银行创造存款的两个基本条件:部分准备金制度和部分现金提取。

※ 二、多倍存款扩张的过程

1. 简单存款乘数

为了简化分析,我们首先做出以下假设:①整个银行体系由一个中央银行和至少两家商业银行构成;②中央银行规定的法定存款准备金率为20%;③商业银行只有活期存款,而没有定期存款。④商业银行并不保留超额准备金。⑤银行的客户并不持有现金,从而在他们取得银行的贷款,或从其他客户那里收到任何款项以后,他们将把全部货币收入都存入银行。

存款货币多倍扩张的过程,实际上就是商业银行通过贷款、贴现和投资等行为,引起成倍的派生存款的过程。就整个银行体系而言,一家银行发放贷款,将使另一家银行获得存款,而另一家银行也因此而可以发放贷款,从而使第三家银行也获得存款。这些因其他银行发放贷款而引起的存款,就是派生存款。于是,通过整个银行体系的连锁反应,一笔原始存款(或因其他途径获得的剩余准备金)将创造出成倍的派生存款。下面我们通过对商业银行账户的分析来说明多倍存款扩张的具体过程(见表5-1)。

表5-1 甲银行的资产负债表 单位:元

资产		负债	
准备金	+2 000	存款	+10 000
贷款	+8 000		
总额	+10 000	总额	+10 000

当甲银行贷出8 000元后，取得贷款的客户必将把这笔款项用于支付，而收款人又会将这笔款项全部存入其开户的另一家银行——乙银行。乙银行既然已经取得了存款，并且在不留超额准备金的假设下，它也必将根据中央银行规定的法定存款准备金率，提取准备金1 600元，然后，将剩下的6 400元用于贷款。于是，乙银行的资产负债表就发生了如表5-2所示的变化。

表5-2 乙银行的资产负债表　　　　　　　　　　　　　　单位：元

资产		负债	
准备金	+1 600	存款	+8 000
贷款	+6 400		
总额	+8 000	总额	+8 000

同样，乙银行提供的6400元贷款，也将被借款人用于支付给其他银行(如丙银行)的客户，从而使丙银行也取得存款6400元。丙银行也同样按照中央银行规定的法定存款准备金比率20%，提取准备金1280元，并将余下的5120元用于贷款。这样，丙银行的资产负债表就发生了如表5-3所示的变化。

表5-3 丙银行的资产负债表　　　　　　　　　　　　　　单位：元

资产		负债	
准备金	+1 280	存款	+6 400
贷款	+5 120		
总额	+6 400	总额	+6 400

至此，银行存款已由10 000元增加到24 400元。其中，甲银行的10 000元存款是原始存款，而乙银行的8 000元存款和丙银行的6 400元存款都是派生存款。乙银行的8 000元存款是由甲银行的贷款所引起的，而丙银行的6 400元存款又是由乙银行的贷款所引起的。存款货币的多倍扩张正是通过一家银行的贷款引起另一家银行获得存款所实现的。问题是，我们的分析尚未完成，因为存款货币的扩张还将继续进行。从理论上说，这种扩张将一直进行到全部原始存款已成为整个银行体系的存款准备金，从而任何一家银行都已没有任何剩余准备金可用于贷款为止。

如果以D表示存款总额，R表示商业银行的存款准备金(在本例中，这一准备金来源于原始存款)，r_d表示中央银行所规定的法定存款准备金率，则存款货币的多倍扩张的计算公式为

$$D = \frac{R}{r_d} \tag{5-1}$$

在上例中，$R=10\,000$元，$r_d=20\%$，所以存款总额$D = \frac{R}{r_d} = \frac{10\,000}{20\%} = 50\,000$元，其中，10 000元是原始存款，40 000元是派生存款。这就说明，这种多倍扩张将使存款总额增加到原始存款的5倍，这一倍数就是我们通常所说的(简单)存款乘数，即式(5-1)中的$\frac{1}{r_d}$，从而简单存款乘数d_0的计算公式可以表示为

$$d_0 = \frac{1}{r_d} \tag{5-2}$$

2. 考虑超额准备金和现金漏出后的存款乘数

在前面的内容中，我们假定商业银行不持有超额准备金，但事实上商业银行为避免因客户提款而出现的中央银行准备金不足，通常要持有一定比例的超额准备金。如果以e表示商业银行的超额准备金率，则考虑超额准备金后的存款乘数d_1的计算公式为

$$d_1 = \frac{1}{r_d + e} \tag{5-3}$$

显然，它小于简单存款乘数d_0。

此外，我们还曾假定银行的客户并不持有现金，即在存款创造过程中，没有现金从银行系统中漏出。但实际上随着支票存款规模的扩大，肯定有一部分新增的支票存款会以现金的形式被提取出来，并且继续在公众手中流通。若以c表示漏出现金与支票存款的比例（即漏现率），则相应的存款乘数d_2的计算公式为

$$d_2 = \frac{1}{r_d + e + c} \tag{5-4}$$

最后，在考虑定期存款（非交易存款）的情况下，存款乘数d_3的计算公式为

$$d_3 = \frac{1}{r_d + r_t \times t + e + c} \tag{5-5}$$

式中，r_t为定期存款（非交易存款）的法定准备金率，t为定期存款（非交易存款）与活期存款（支票存款）的比率。

> **关键考点**
>
> 存款乘数的计算是联考非常重要的一个考点，在联考中的命题概率极高，一般以计算题或选择题的形式加以考查。考生应熟练掌握存款乘数的各种计算公式，并深入理解存款乘数与货币乘数之间的内在联系以及二者的数量关系。

▲ 三、存款收缩过程

存款货币多倍收缩的过程与多倍扩张的过程恰好相反。如果存款货币的多倍扩张是由商业银行的准备金增加所引起的，那么存款货币的多倍收缩则是由商业银行的准备金减少所引起的。商业银行准备金减少的原因大致有以下两种：一是存款人从银行提走他们的存款，并以现金形式持有，也就是存款货币脱离商业银行系统；二是中央银行向商业银行出售有价证券，也就是中央银行对商业银行进行公开市场操作。

假设某存款人从甲银行以现金形式提取其存款10 000元，这就使甲银行的库存现金（即准备金）减少了10 000元。这就说明，在甲银行减少存款10 000元的同时，其准备金也减少了10 000元。但是，根据中央银行规定的法定存款准备金比率，甲银行因减少存款10 000元，只能减少准备金2 000元（即其存款总额的20%）。同时，由于我们已假定商业银行并不持有任何超额准备金，所以，在这种情况下，甲银行发生了准备金的短缺，其短缺金额为8 000元。为此，它必须通过收回贷款或出售其持有的债券来加以弥补。现假设甲银行通过收回贷款来弥补其短缺的准备金，则其资产负债表的变化如表5-4所示。

表5-4 甲银行的资产负债表   单位：元

资 产		负 债	
准备金	-2 000	存款	-10 000
贷款	-8 000		
总额	-10 000	总额	-10 000

甲银行收回其贷款必然使其他银行的准备金发生短缺，并同样通过收回贷款或出售债券来加以弥补。现假设因甲银行收回贷款而使乙银行减少了8 000元存款，并相应地减少了8 000元准备金。而根据中央银行规定的法定准备金率，乙银行因减少8 000元存款，只能减少1 600元准备金。于是，乙银行还短缺准备金6 400元，必须加以补足。如果乙银行也通过收回贷款来补足其所短缺的准备金，则其资产负债表的变化如表5-5所示。

表5-5　乙银行的资产负债表　　　　　　　　　　　　　　　　　　　　　　单位：元

资产		负债	
准备金	-1 600	存款	-8 000
贷款	-6 400		
总额	-8 000	总额	-8 000

显然，乙银行为补足准备金而收回贷款，必然引起其他银行减少存款。在部分准备金制度下，这种存款的减少又必然引起准备金的不足，从而必须收回贷款或出售证券。于是，经过整个商业银行体系的连锁反应，存款总额将成倍缩减，其缩减的倍数与存款扩张的倍数是一致的，即存款乘数 $\frac{1}{r_d}$。所以，存款货币的多倍收缩实际上是多倍扩张的反向过程。

第二节　货币供给的决定因素

一、货币供给的决定因素

一般来讲，货币供给主要受以下因素的影响。

(1) 货币需求对货币供给的决定。货币供给与货币需求密切相关。从两者的相关程度来看，货币需求决定货币供给，而一定时期的货币需求是通过货币供给得到满足的。

(2) 企业行为对货币供给的决定。企业是独立的商品生产者和经营者，它们的经济活动是货币需求与供给的基础和创造源泉，所以企业行为对货币供给有重要影响。即：①企业生产经营规模扩大，增加固定资产投资和补充流动资金，表现为扩大货币需求与供给，包括扩大自有资金积累和增加借款等；②企业经营效益对货币供给产生重要影响；③企业经营机制对货币供给起着决定性作用；④转换企业经营机制能促进货币供给的合理增长。

(3) 居民行为对货币供给的决定。从总体经济运行角度来看，居民既是货币收入者，又是消费支出者，也是储蓄者，因此居民的收支行为对货币供给与需求的影响不可忽视。从居民行为角度分析其对货币供应量的影响，则有居民可支配收入行为对货币供应量的影响和居民可支配收入使用对货币供给量的影响。

(4) 财政行为对货币供给的决定。这里所说的是财政行为对货币供给的决定，主要是指当财政发生收不抵支即财政赤字时，往往通过向银行借款或向银行透支的方式进行弥补。问题在于，财政通过透支、借支取得款项，又通过拨款或贷款方式流向机关团体和企业，而在银行向其他部门的贷款不能相应减少时，就会迫使银行超额供应货币量，从而引起供求失衡和物价波动。

二、货币供给的决定理论

1. 外生论与内生论的内涵

所谓"货币供给的外生性与内生性"，是指货币供给能否完全地被货币当局所决定。货币供给外生论者认为，货币供给将完全由货币当局(中央银行)的行为，特别是货币政策所决定，而与经济运行过程及经济内部的各种因素无关。货币供给内生论者则认为，在现实的经济条件下，经济运行中的各种因素，如收入、储蓄、投资、消费、利率等，都将决定或影响人们的经济行为和决策，从而决定或影响货币的供给，而这些因素都不是货币当局所能完全决定的，所以货币供给将取决于客观的经济运行过程本身，而不是取决于货币当局的主观意志。

2. 货币主义的货币供给外生论

弗里德曼认为，根据其提出的货币供给理论(弗里德曼-瓦茨货币供给模型)中的货币供给方程，决定货币供给的三个主要因素——高能货币H、存款与准备金比率$\frac{D}{R}$和存款与通货比率$\frac{D}{C}$，虽然分别取决于货币当局的行为、商业银行的行为和公众的行为，但其中，中央银行能够直接决定高能货币H，而H对于$\frac{D}{R}$和$\frac{D}{C}$有决定性的影响。也就是说，货币当局只要控制或变动高能货币H，就必然能影响$\frac{D}{R}$和$\frac{D}{C}$，从而决定货币供应量的变动。因此，货币供给无疑取决于货币当局的外生变量。

3. 托宾的"新观点"

托宾认为，弗里德曼对于货币供给方程式的解释是不能完全成立的。进一步地，他认为，对于货币供给与高能货币H、存款与准备金比率$\frac{D}{R}$和存款与通货比率$\frac{D}{C}$的关系不应简单化，这三个变量及其决定因素之间存在着交叉影响的关系，特别是后两个变量，即$\frac{D}{R}$和$\frac{D}{C}$，常常随经济环境的变化而变动，因而不应被当成货币供给方程式中的固定参数。托宾指出，从实际经济运行资料来看，存款与通货比率$\frac{D}{C}$并不是始终处于稳定的状态，而更多地呈现出周期性波动的现象。至于存款与准备金比率$\frac{D}{R}$的变动，他认为，商业银行行为的独立作用是很明显的。商业银行以安全、盈利和保持流动性为经营原则，因此，盈利率与风险偏好程度及与此相关的利率结构，是商业银行超额准备金率变动的重要因素。特别是在经济波动时期，存款与准备金比率和高能货币之间往往具有明显的反向变动的关系。当然，托宾也并不完全否认货币当局通过调节高能货币对货币供给的控制作用，但从总体上讲，货币供给在更大程度上是由商业银行的行为等内生因素决定的，货币当局对货币供给的决定作用是有限的。

> **关键考点**
>
> "货币供给的外生性与内生性"的争论，亦即货币供给能否完全由货币当局(中央银行)所控制，是当今理论学界争论的一个焦点。一般来讲，以弗里德曼为代表的货币学派主张中央银行能够控制货币供给，从而货币供给具有外生性；而托宾等经济学家则认为货币供给受商业银行自身决策的影响，导致中央银行不可能完全控制货币供给，从而货币供给具有内生性。

第三节 中央银行体制下的货币供给过程

由于货币供应量包括通货与存款货币，货币供给的过程也分解为通货供给和存款货币供给两个环节。

一、通货供给

通货供给通常包括三个步骤：①由一国货币当局下属的印制部门(隶属于中央银行或隶属于财政部)印刷和铸造通货；②商业银行因其业务经营活动而需要通货进行支付时，便按规定程序通知中央银行，由中央银行运出通货，并相应贷给商业银行账户；③商业银行通过存款兑现方式对客户进行支付，将通货注入流通，供给到非银行部门手中。

该环节具有以下特点：①通货虽然由中央银行供给，但中央银行并不直接把通货送到非银行部门手中，而是以商业银行为中介，借助于存款兑现途径间接将通货送到非银行部门手中。②由于通货供给在程序上是经由商业银行的客户兑现存款的途径实现的，因此通货的供给数量完全取决于非银行部门的通货持有意愿。非银行部门有权随时将所持存款兑现为通货，商业银行有义务随时满足非银行部门的存款兑现需求。如果非银行部门的通货持有意愿得不到满足,商业银行就会因其不能履行保证清偿的法定义务,而被迫停业或破产。

上述通货供给是就扩张过程而言的,从收缩过程说明通货供给,程序正好相反。

二、存款货币供给

在不兑现信用货币制度下,商业银行的活期存款与通货一样,充当完全的流通手段和支付手段,存款者可据以签发支票进行购买、支付和清偿债务。因此,客户在得到商业银行的贷款和投资以后,一般并不立即提现,而是把所得到的款项作为活期存款存入同自己有业务往来的商业银行之中,以便随时据以签发支票。这样,商业银行在对客户放款和投资时,就可以直接贷入客户的活期存款。所以,商业银行一旦获得相应的准备金,就可以通过账户的分录使自己的资产(放款与投资)和负债(活期存款)同时增加。从整个商业银行体系看,即使每家商业银行只能贷出它所收受的存款的一部分,全部商业银行却能把它们的贷款与投资扩大为其所收受的存款的许多倍。换言之,从整个商业银行体系看,一旦中央银行供给的基础货币被注入商业银行内,为某一商业银行收受为活期存款,在扣除相应的存款准备金之后,就会在各家商业银行之间辗转使用,从而最终被放大为多倍的活期存款。

第四节 基础货币的控制与货币供给模型

※ 一、基础货币

1. 基础货币的概念

在现代货币供给理论中,基础货币是一个十分重要的概念。对于这一概念,我们可分别从基础货币的来源和运用两个方面来加以理解。从基础货币的来源看,它是指货币当局的负债,即由货币当局投放并为货币当局所能直接控制的那部分货币,它只是整个货币供应量的一部分。从基础货币的运用来看,它由两部分构成:一是商业银行的存款准备金R(包括商业银行的库存现金以及商业银行在中央银行的准备金存款);二是流通于银行体系之外而为社会大众所持有的现金C,即通常所说的"通货"。基础货币B的数学表达式为

$$B = R + C \tag{5-6}$$

在现代经济中,每个国家的基础货币都来源于货币当局的投放。货币当局投放基础货币的渠道主要有以下三个:①直接发行通货;②变动黄金、外汇储备;③实行货币政策(其中以公开市场业务最为重要)。

2. 基础货币的决定因素

根据基础货币的投放渠道,我们可以看出,基础货币的决定因素主要有以下11个:

(1) 中央银行在公开市场上买进有价证券;
(2) 中央银行收购黄金、外汇;
(3) 中央银行对商业银行再贴现或再贷款;
(4) 财政部发行通货;
(5) 中央银行的应收未收账款;
(6) 中央银行的其他资产;
(7) 政府持有的通货;
(8) 政府存款;
(9) 外国存款;
(10) 中央银行在公开市场上卖出有价证券;
(11) 中央银行的其他负债。

在以上11个因素中，前6个为增加基础货币的因素，后5个为减少基础货币的因素，而且这些因素均集中反映在中央银行的资产负债表上。

一般认为，基础货币在相当大的程度上能为一国的中央银行所直接控制。

> **关键考点**
>
> 基础货币的11个决定因素是联考命题的重点，一般以选择题的形式加以考查。考生应熟练掌握基础货币决定因素与基础货币变动的关系。

3. 基础货币对货币供给的影响

在货币乘数一定时，基础货币的规模决定了整个货币供应量的规模。特别需要指出的是，基础货币的变动不仅引起整个货币供应量的同方向变化，还将引起整个货币供应量的成倍变动。具体而言，若基础货币增加，货币供应量将成倍地扩张；而若基础货币减少，则货币供应量将成倍地缩减。由于基础货币能为货币当局所直接控制，因此，在货币乘数不变的条件下，货币当局可通过控制基础货币来控制整个货币供应量。

※ 二、货币乘数

1. 货币乘数的概念

货币乘数是用于说明货币供给总量与基础货币的倍数关系的一种系数。在基础货币一定的条件下，货币乘数决定了货币供给的总量。所以，货币乘数是决定货币供应量的又一个重要的甚至更为关键的因素。但是，基础货币为外生变量。与基础货币不同，货币乘数并不是一个外生变量。这是因为，决定货币乘数的大部分因素都不取决于货币当局的行为，而是商业银行或社会大众的行为。可以说，货币供给的内生性主要表现在货币乘数的内生性上。也就是说，货币供给之所以是一个内生变量，主要是因为货币当局不能对货币乘数实施直接的或完全的控制。

2. 乔顿货币乘数模型——货币供给的一般模型

以下就是著名的乔顿货币乘数模型的基本公式，为

$$M = B \times \frac{1+c}{r_d + r_t \times t + e + c} \tag{5-7}$$

式中，M为货币供应量，B为基础货币，c为漏现率，r_d为活期存款的法定准备金率，r_t为定期存款(非交易存款)的法定准备金率，t为定期存款(非交易存款)与活期存款的比率，e为超额准备金率。显然，根据该模型，货币乘数m的计算公式为

$$m = \frac{1+c}{r_d + r_t \times t + e + c} \tag{5-8}$$

在不考虑定期存款(非交易存款)的情况下，货币乘数m的计算公式可以进一步简化为

$$m = \frac{1+c}{r_d + e + c} \tag{5-9}$$

通过与之前我们所讲的存款乘数的有关内容相比较，我们可以发现，货币乘数m与我们前面得出的存款乘数d的计算公式非常相似，不同的仅仅在于前者计算公式的分子上多了一个漏现率c。这一点不难理解，因为货币包括了流通中的现金，所以我们在推导货币乘数时，分子多了一项c。

> **关键考点**
>
> 考生应熟练掌握货币乘数的各种计算公式(乔顿货币乘数模型)，并深入理解货币乘数与存款乘数的内在联系。

3. 货币乘数的决定因素

由乔顿货币乘数模型可知，货币乘数的决定因素共有5个，它们分别是活期存款的法定准备金率(r_d)、定期存款的法定准备金率(r_t)、定期存款比率(t)、漏现率(c)及超额准备金率(e)。下面，我们依次对货币乘数的这些决定因素进行分析。

1) 法定存款准备金率(r_d和r_t)

在现代市场经济中，根据一国经济形势和由此而确定的货币政策目标调整法定存款准备金率，是中央银行最重要的货币政策工具之一。在其他条件不变的情况下，中央银行可以通过提高或降低法定存款准备金率而直接地改变货币乘数，从而达到控制货币供应量的目的。所以，在货币乘数的各个决定因素中，法定存款准备金率是一个可以由中央银行直接控制的外生变量。

由乔顿货币乘数模型可知，若r_d和r_t提高，则货币乘数缩小，货币供应量减少；反之，若r_d和r_t降低，则货币乘数增大，货币供应量增加。

2) 定期存款比率(t)

定期存款比率是指商业银行的定期存款对活期存款的比率，其变动主要取决于社会公众的资产选择行为。影响这种资产选择行为从而影响定期存款比率的因素主要有以下三个。

① 定期存款利率。定期存款利率决定着人们持有定期存款所能获得的收益。因此，在其他条件不变的情况下，若定期存款利率上升，则t也上升；而若定期存款利率下降，则t也下降。

② 其他金融资产的收益率。其他金融资产的收益是人们持有定期存款的机会成本。因此，若其他金融资产的收益率提高，则t下降；若其他金融资产的收益率下降，则t上升。

③ 收入或财富的变动。收入或财富的增加往往引起各种资产持有额的同时增加，但是，各种资产的增加幅度却未必相同。仅以定期存款和活期存款这两种资产而言，随着收入或财富的增加，定期存款的增加幅度一般要大于活期存款的增加幅度。所以，收入或财富的变动一般引起t的同方向变动。

在分析定期存款比率t的变动对整个货币供应量的影响时，我们必须考虑货币的定义：在货币定义为M_1的情况下，由于定期存款本身不是货币，因而t与货币供应量反方向变动；而在货币定义为M_2的情况下，由于定期存款本身也是货币，因而t与货币供应量同方向变动。

3) 漏现率(c)

漏现率是指社会公众持有的现金与商业银行活期存款(支票存款)的比率，其变动也主要取决于社会公众的资产选择行为。影响人们资产选择行为从而影响c的因素主要有以下5个。

① 社会公众的流动性偏好程度。通货是一种流动性最高的金融资产，人们持有通货的主要目的是满足自己的流动性偏好。因此，在其他条件不变时，若人们的流动性偏好增强，则c上升；若人们的流动性偏好减弱，则c下降。

② 其他金融资产的收益率。通货是人们持有的各种金融资产中的一种。但是，持有通货是没有任何收益的，而通货以外的其他各种金融资产一般都具有一定的收益。这就说明，通货以外的其他各种金融资产的收益就是人们持有通货的机会成本。所以，其他金融资产的收益率上升，人们将减少通货的持有量而相应增加其他金融资产的持有量，这就使c下降，即其他金融资产的收益率与通货比率反方向变化。

③ 银行体系活期存款的增减变化。通货比率是通货对活期存款的比率，因此，在社会公众持有的通货不变时，若银行体系的活期存款增加，则c下降，即银行体系活期存款与通货比率反方向变化。

④ 收入或财富的变动。这一因素对c的影响比较复杂，它可能有两种不同的情况：一是对k产生正的影响，二是对c产生负的影响。当收入增加使人们的流动性偏好增强时，c将上升；当收入增加使人们增加对高档消费品和生息资产的需求时，c将下降。后者是因为在购买高档消费品和生息资产时，由于支付金额较大，人们往往用活期存款支付，而不是用通货支付。在上述正、负两种影响中，负的影响往往是主要的，即收入或财富一般与通货比率k反方向变化。这种特点将随着一国经济的发展和金融制度的

完善而显得越来越明显。

⑤ 其他因素，如信用的发达程度、人们的心理预期、各种突发事件以及季节性因素等。这些因素也将对漏现率产生一定的影响，有时甚至会产生重大的影响。

漏现率的变动将对货币乘数及货币供应量产生负的影响，即c与货币乘数和货币供应量反方向变化。

4) 超额准备金率(e)

超额准备金率是指商业银行保有的超额准备金(即实际保有的准备金总额减去法定准备金所得的余额)对活期存款的比率。这一比率的变动主要取决于商业银行的经营决策行为。所以，任何足以影响商业银行经营决策行为的因素，便是决定或影响超额准备金率的因素。在这些因素中，比较重要的有以下4个。

① 市场利率。市场利率决定着商业银行贷款和投资的收益水平，从而也反映着商业银行持有超额准备金的机会成本。因此，若市场利率上升，则商业银行将减少超额准备金而相应地增加贷款和投资，以获得较多的收益，即市场利率与超额准备金率e反方向变化。

② 借入资金的难易程度及资金成本的高低。如果商业银行在急需资金时能够比较容易地从中央银行或其他机构借入资金，且资金成本(如中央银行的再贴现率)较低，则商业银行可减少超额准备金，从而使e下降，即借入资金的难易程度及资金成本的高低与超额准备金率e同方向变化。

③ 社会大众的资产偏好及资产组合的调整。如果社会大众比较偏好通货，纷纷将活期存款(支票存款)转化为通货，即c上升，则商业银行的库存现金及存在中央银行的准备金将减少，为防止清偿力不足，商业银行将增加超额准备金，从而使e上升。因此，社会大众对通货的偏好程度与超额准备金率e同方向变化。

④ 社会对资金的需求程度。如果社会对资金的需求较大，商业银行将增加贷款或投资，从而相应减少超额准备金，因此，社会对资金的需求程度与超额准备金率e反方向变化。

根据货币乘数公式，我们可以很直观地得出结论，超额准备金率e总是与货币乘数m反方向变化。

> **关键考点**
>
> 考生应熟练掌握各类因素(包括法定存款准备金率、定期存款比率、漏现率和超额准备金率)对货币乘数的影响。

4. 货币乘数对货币供给的影响

根据现代货币供给理论，货币乘数是货币供给的又一个重要因素，甚至是比基础货币更为重要的一个因素。在基础货币一定的条件下，货币乘数与货币供给成正比。也就是说，货币乘数越大，则一定的基础货币所引起的货币供应量就越多；反之，货币乘数越小，则同样的基础货币所引起的货币供应量就越少。基于前面的分析，我们可以看到，决定货币乘数的因素很多，也很复杂，特别是其中有些因素显然不是由中央银行所能决定和控制的。因此，货币乘数对货币供给的影响比基础货币对货币供给的影响更为重要，也更复杂。

综上所述，货币供应量是由中央银行、商业银行及社会公众这三类经济主体的行为共同决定的。如果不考虑各因素之间的相互影响，则基础货币B、活期存款的法定准备金率r_d和定期存款的法定准备金率r_t这三个因素基本上代表了中央银行的行为对货币供给的影响，超额准备金率e代表了商业银行行为对货币供给的影响，定期存款比率t和漏现率c则代表了社会公众的行为对货币供给的影响。这就说明，在现代经济中，货币供给并不完全由中央银行所决定和控制，它在一定程度上也要受到商业银行和社会公众行为的影响，而商业银行和社会公众行为又要受到经济运行的内在规律的影响。由此，我们可以得出这样一个基本结论：在现代经济中，货币供给在一定程度上是一个内生变量。

三、货币供给的其他模型

1. 弗里德曼-施瓦茨货币供给模型

根据弗里德曼和施瓦茨的分析,现代社会经济中的货币存量大致可以分为两部分:一部分是货币当局的负债,即社会公众所持有的通货;另一部分则是银行的负债,即银行存款,包括活期存款、定期存款和储蓄存款。可见,该模型将货币定义为较为广义的货币(M_2)。因此,根据弗里德曼-施瓦茨货币供给模型,货币存量(M)的计算公式为

$$M = C + D \tag{5-10}$$

式中,C表示社会公众所持有的通货,D表示商业银行的存款(包括活期存款、定期存款和储蓄存款)。

在货币存量中,只有一部分货币可以为中央银行所直接控制,弗里德曼和施瓦茨称之为"高能货币"。高能货币由两部分构成:一是社会公众所持有的通货,二是商业银行的准备金(包括库存现金和存在中央银行的准备金存款)。显然,弗里德曼和施瓦茨所定义的高能货币与前面我们所定义的基础货币是一致的。如果以H表示高能货币,以R表示商业银行的准备金,则有

$$H = C + R \tag{5-11}$$

以式(5-10)除以式(5-11),得

$$\frac{M}{H} = \frac{C+D}{C+R} = \frac{\frac{D}{R}(1+\frac{D}{C})}{\frac{D}{R}+\frac{D}{C}} \tag{5-12}$$

或

$$M = H \times \frac{\frac{D}{R}(1+\frac{D}{C})}{\frac{D}{R}+\frac{D}{C}} \tag{5-13}$$

显然,式(5-13)中的$\dfrac{\frac{D}{R}(1+\frac{D}{C})}{\frac{D}{R}+\frac{D}{C}}$就是上述高能货币$H$的货币乘数$m$,即

$$M = H \times m \tag{5-14}$$

2. 卡甘货币供给模型

美国经济学家菲利普·卡甘提出了一个货币供给方程式,为

$$M = \frac{H}{\frac{C}{M} + \frac{R}{D} - \frac{C}{M} \times \frac{R}{D}} \tag{5-15}$$

式中,M表示广义货币存量(M_2),H表示高能货币,$\dfrac{C}{M}$表示通货比率,$\dfrac{R}{D}$表示准备金比率。

通过对两个模型的比较分析,我们不难看到,卡甘货币供给模型与弗里德曼-施瓦茨货币供给模型有一些相似之处:首先,卡甘货币供给模型中的货币定义与弗里德曼-施瓦茨货币供给模型相同,均为广义货币存量(M_2);其次,两种货币供给模型中影响或决定货币存量的因素只是形式上的不同,而没有本质的不同,因为$\dfrac{R}{D}$只是$\dfrac{D}{R}$的倒数,而$\dfrac{C}{M}$也同$\dfrac{D}{C}$一样反映着C和D的相对变动对货币乘数的影响。

但是,与弗里德曼-施瓦茨货币供给模型相比,卡甘货币供给模型更为明显地反映了两项决定因素的变化对货币乘数的影响。根据卡甘货币供给模型的定义,$\frac{C}{M}$与$\frac{R}{D}$这两项的值均小于1,因此,两项之积$\frac{C}{M} \times \frac{R}{D}$的值也必然小于其中任一项的值。因此,$\frac{C}{M}$与$\frac{R}{D}$中任一项的上升必然使货币乘数缩小,从而引起货币供应量的减少;$\frac{C}{M}$与$\frac{R}{D}$中任一项的下降必然使货币乘数增大,从而引起货币供应量的扩张。

第五章 现代货币供给机制

真题精选精析

一、选择题

1.【重庆大学 2016】商业银行准备金通常是指( )。
   A. 商业银行的库存现金加上商业银行在中央银行的存款
   B. 发行在外的现金加上商业银行在中央银行的存款
   C. 公众持有的现金加上商业银行在中央银行的存款
   D. 银行的拨备

2.【上海财经大学 2018】下列哪项会使商业银行的准备金减少?( )
   A. 中央银行在国外的资产增加   B. 政府对中央银行债权增加
   C. 金融机构对中央银行的债务增加   D. 中央银行的政府存款减少

3.【重庆大学 2016】商业银行派生存款的能力一般( )。
   A. 与原始存款成正比,与法定存款准备金率成正比
   B. 与原始存款成正比,与法定存款准备金率成反比
   C. 与原始存款成反比,与法定存款准备金率成正比
   D. 与原始存款成反比,与法定存款准备金率成反比

4.【中央财经大学 2016】以下不属于现代货币供给条件的是( )。
   A. 信用货币流通   B. 部分存款准备金制度
   C. 非现金结算   D. 现金结算

5.【华东师范大学 2013】现金漏损率越高,则存款货币创造乘数( )。
   A. 不一定   B. 不变   C. 越大   D. 越小

6.【南京大学 2014】假定同一的100万元货币,在一定期限内经历了5次商品交易,其中每次交易卖家都将收入全部存入了银行,银行留下准备金后又将余额贷出(存款准备金率为10%),则下列说法正确的是( )。
   A. 这100万元现金总共创造了300万元的存款
   B. 这100万元现金总共创造了271万元的存款
   C. 这100万元现金总共创造了270万元的存款
   D. 这100万元现金总共创造了190万元的存款

二、计算题

1.【南京航空航天大学 2012】原始存款1000元,法定存款准备金率22%,提现率8%,超额存款准备金率5%,试计算整个银行的派生存款。

2.【上海财经大学 2018】某商业银行资产负债表如下表所示。

单位：百万元

资产		负债	
库存现金	500	活期存款	9 400
央行准备金	900		
贷款	8 000		

若活期存款法定准备金率为10%，求：

(1) 该商业银行的超额准备金率为多少？

(2) 若活期存款流失1 000百万元，则该银行是否存在准备金不足的情况？

(3) 若准备金不足，银行应采取什么措施？

三、简答题

【重庆大学2016】简述现代货币创造过程的两个基本条件及影响因素。

第六章 货币需求理论与货币均衡

第一节 货币需求理论

▲一、传统的货币数量论

1. 现金交易数量说——交易方程式

美国经济学家费雪于1911年创立了现金交易数量说,并提出了著名的交易方程式,为

$$MV = PQ \tag{6-1}$$

式中,M表示流通中的货币数量,V表示货币流通速度,P表示一般物价水平,Q表示商品和劳务的交易量。等式左边MV为货币总值,等式右边PQ为交易总值。

如果将交易方程式改写成货币需求方程式,则为

$$M = \frac{PQ}{V} \tag{6-2}$$

式(6-2)表明,人们之所以需要货币,是因为货币是一种交易媒介,因此人们需要货币的目的是便利商品或劳务的交易。正是由于该理论强调货币的交易功能,所以被称为"现金交易数量说"。

2. 现金余额数量说——剑桥方程式

传统货币数量论的另一种形式是现金余额数量说,该理论是以马歇尔和庇古为首的剑桥经济学派创立的。剑桥学派十分强调货币的需求,即人们持有货币量的多少和动机。他们认为,经济主体愿意持有的平均货币数量,(即人们对货币的需求M_d)是与国民收入Y成正比的,因此货币需求可以用公式表示为

$$M_d = kY \tag{6-3}$$

式中,k为需求M_d与国民收入Y的关系系数。

由于国民收入是实际产量或实际收入y与物价水平P的乘积,即$Y = Py$,因此式(6-3)又可以写为

$$M_d = kPy \tag{6-4}$$

这样,剑桥学派所建立的实际上是一种货币需求方程式。

由于包括传统货币数量论在内的古典经济学都认为经济可以自动趋于均衡,因此货币供求也应趋于均衡,即$M_d = M_s = M$,经替换可得

$$M = kPy \tag{6-5}$$

这就是著名的剑桥方程式,该方程式表示人们愿意持有的货币存量M与国民收入保持一个固定的或稳定的比例。

基于以上分析,剑桥学派得出结论:如果k、y均为常数,则物价水平P与货币存量M成正比。这就从另一个角度得出了与费雪相同的结论。

※ 二、凯恩斯的流动性偏好理论

1. 凯恩斯的流动性偏好理论

凯恩斯认为,货币具有完全的流动性,而人们在心理上具有对流动性的偏好,即人们总是偏好将一定量的货币保持在手中,以应付日常的、临时的和投机性的需求。因此,人们的货币需求就取决于人

们心理上的"流动性偏好"。凯恩斯进一步认为，人们心理上的"流动性偏好"或人们的货币需求是由三个动机所决定的：①交易动机，即由于收入和支出的时间不一致，人们必须持有一部分货币在手中，以满足日常交易活动的需要；②预防动机，即人们为应付意外的、临时的或紧急需要的支出而持有的货币；③投机动机，即由于未来利率的不确定性，人们根据对利率变化的预期，为了在有利的时机进行套利、债券买卖等活动获取利润而持有的货币。

其中，交易动机和预防动机的货币需求主要取决于收入，是收入的增函数，与利率不存在直接关系；而投机动机则主要取决于利率，是利率的减函数。基于以上三种动机的货币总需求为

$$M = L_1(Y) + L_2(r) \tag{6-6}$$

式中，M表示货币需求，L_1表示基于交易动机和预防动机的货币需求，L_2表示基于投机动机的货币需求，Y表示收入，r表示利率。

这就是凯恩斯通过对人们持有货币的动机进行分析而提出的货币需求函数，其图形如图6-1所示。在图6-1中，L_1与利率无关，故为一条垂线，即对利率完全无弹性；L_2为利率的增函数，故向右下方倾斜。将图中L_1与L_2两条曲线相叠加，便得出货币总需求曲线，如图6-2所示。

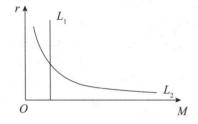

图6-1 凯恩斯的货币需求理论　　图6-2 凯恩斯理论的货币总需求曲线

凯恩斯的整个经济理论体系是将货币通过利率同投资、就业和国民收入等实际经济因素联系起来的。利率是由货币的供给与需求所共同决定的，其中，货币供给取决于中央银行，货币需求则取决于人们心理上的流动性偏好。在流动性偏好一定的条件下，中央银行增加货币供给会使利率下降。这是因为货币供给量增加以后，人们就会感到他们所持有的货币数量超过了他们愿意持有的数量，于是会将多余的货币用于购买债券，导致债券供不应求，债券的价格上涨，利率下跌；反之，中央银行减少货币供给会使利率上升。

在以上分析的基础上，凯恩斯得出结论：如果中央银行通过增加货币供给量、降低利率，使利率低于资本边际效率，就会将资金从存款吸引到投资上来，刺激投资的增长，并通过投资乘数的作用，提高有效需求，使就业量和国民收入成倍增长。这也就是凯恩斯所提出的解决失业问题的政策措施。

但是，凯恩斯同时指出，当货币供应量大量增加，使利率降到某一数额以后，货币需求变得无限大，即无论怎样增加货币供应量，都不会使利率再下降，所有增加的货币供给都会被吸收。这是因为当利率降到一定数额以后，人们一致预期利率已降到谷底，未来一定会出现反弹，无论央行增加多少货币供给，都会被人们以存款的形式吸收，以期通过利率的增长而带来收益，而不会用来进行投资，也就是由凯恩斯提出的著名的"流动性陷阱"的情况，如图6-3所示。从该图可以看出，随着货币供应量的增长，利率会随之降低。但当利率降至r_0的水平以后，增加的货币供给都会被吸收，不会再使利率下降。

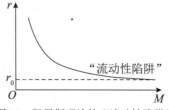

图6-3 凯恩斯理论的"流动性陷阱"

"流动性陷阱"的存在会导致货币政策失效,从而使货币政策不能成为实现充分就业的手段。因此,解决的办法就是采取积极的财政政策,即由政府扩大财政支出,直接进行投资,以拉动需求,从而使就业和国民收入增加,换言之,只有财政政策才能促进充分就业。基于以上分析,凯恩斯认为,为了医治失业和经济危机,国家必须以财政政策为手段对经济进行直接的调节和干预,这就是整个凯恩斯经济理论的基本政策主张。

> **关键考点**
>
> 凯恩斯的流动性偏好理论是宏观经济学的基础理论,应加以重点掌握。其中比较重要的考点是由凯恩斯所提出的"流动性陷阱",即当利率下降到极低的水平时,中央银行增加的货币供给将全部被市场吸收,不会使利率继续下降,从而货币政策无效,财政政策成为唯一有效的宏观经济政策。

2. 对凯恩斯理论的发展

1) 鲍莫尔模型

1952年,美国经济学家鲍莫尔深入分析了交易性货币需求同利率之间的关系,从而提出了著名的"平方根公式",这一公式也称为鲍莫尔模型。鲍莫尔认为,如果经济学上的理性人假定成立,即经济主体的经济行为都以收益最大化为目标,则在货币收入的获得和支出之间的时间间隔内,没有必要让所有用于交易的货币都以现金形式持有,因为现金不会给持有者带来收益。只要利息收入超过变现的费用,就有利可图,此时应将暂时不用的现金转化为生息资产的形式,到用时再变现。并且利率越高,收益越大,生息资产的吸引力也就越强,人们就会把现金持有额压到更低的限度。如果利率不够高,使变现成本大于利息收入,人们将全部持有现金。因此鲍莫尔认为,交易性货币需求与利率有关,这一结论与凯恩斯认为现金的交易需求与利率无关的结论正好相反。

鲍莫尔认为经济主体的现金余额是一种存货,即保存货币同保存一般货物一样存在成本。现金存货的成本有两项:①将债券变现时所必须支付的手续费,我们用b表示设每次变现额为k,而支出总额(交易量)为T,故在一个支出期间内,全部手续费为$b \times \dfrac{T}{k}$;②持有现金而牺牲的利息(机会成本),在支出期间的平均交易余额为$\dfrac{k}{2}$,设利率为r,从而利息成本为$r \times \dfrac{k}{2}$。

若保持较多的交易余额,则所需变现次数少,手续费降低,同时牺牲的利息增多。反之,持有较少的现金余额,利息成本降低,但手续费增加。所以必须选择适当的k,使得总成本最小。若以C代表现金存货的总成本,则有

$$C = b \times \dfrac{T}{k} + r \times \dfrac{k}{2}$$

根据相关数学原理,C的最小值在其一阶导数为0处取得(二阶导数为正),即

$$\dfrac{\mathrm{d}C}{\mathrm{d}k} = -\dfrac{bT}{k^2} + \dfrac{r}{2} = 0$$

由此得到

$$k = \sqrt{\dfrac{2bT}{r}}$$

即每次变现额为$\sqrt{\dfrac{2bT}{r}}$。

如上所述,由于人们平均持有的现金余额是每次变现额的一半,即$\dfrac{k}{2}$,从而名义现金余额为$\dfrac{1}{2}\sqrt{\dfrac{2bT}{r}}$。

若将物价因素考虑在内,则实际现金余额$\dfrac{M}{P} = \dfrac{1}{2}\sqrt{\dfrac{2bT}{r}}$,或改写为

$$M = 2^{-0.5} b^{0.5} T^{0.5} r^{-0.5} P \tag{6-7}$$

式(6-7)就是著名的"平方根公式"。它表明：当手续费或交易量增加时，最适度现金存货余额将增加；当利率上升时，这一余额将会下降，从而将利率与现金余额联系起来。从平方根公式中还可以看到，最适度现金存货与手续费、交易量以及利率的变化不是成正比例的关系，其弹性分别为0.5，0.5和-0.5。由于现金余额与交易量的平方根成比例，所以在最适度现金余额的决定中，存在着规模经济的作用。

2) 惠伦模型

1966年美国经济学家惠伦提出了预防性的货币需求同样受利率变化的影响。惠伦认为影响预防性货币需求的因素有三个：非流动性成本，持有预防性余额的机会成本，收入和支出的平均和变化情况。非流动性的成本是指因低估在某一支付期内的现金需要而造成的严重后果。当人们因缺乏现金而无法应付付款义务时，就有三种可能：①陷于经济困境甚至破产，此时，非流动性成本是非常高的；②如果能够及时得到银行贷款，则非流动性成本就是银行贷款成本；③如果人们持有易转换成现金的资产，则非流动性成本等于将非现金资产转换成现金的手续费。企业为免于破产，同时也不能保证随时得到贷款，因此第三种情况应作为理论分析的一般情况。持有预防性现金余额的机会成本则是指持有这些现金而放弃的利息收入。

在建模思想上，惠伦模型与鲍莫尔模型基本相同。如果人们为预防不测持有较多的货币，就减少了预期的非流动性成本，但同时增加了持有预防性现金余额的机会成本；反之，若持有较少的预防性现金余额，减少了机会成本，则提高了非流动性成本。因此，追求利润最大化的企业，必然选择适当的预防性现金余额，以使这两种成本之和下降到最低限度。

惠伦模型的假设如下：如果一定时期内净支出N大于预防性现金持有量M，公司就要将其他资产变现，费用为b，净支出的概率分布以零为中心，净支出大于预防性现金持有量($N>M$)的概率为p。那么持有预防性现金余额的机会成本为$r \times M$，预期的非流动性成本为$b \times p$。预期总成本为

$$C = r \times M + b \times p \tag{6-8}$$

惠伦假设企业和家庭都是风险回避者，所以在估计净支出超过预防性现金金额的可能性时，做保守的估计，取$p = \dfrac{\sigma^2}{M^2}$，其中$\sigma$为净支出的标准差，代入上式得

$$C = r \times M + b \times \dfrac{\sigma^2}{M^2} \tag{6-9}$$

根据相关数学原理，C的最小值在其一阶导数为零处取得

$$\dfrac{dC}{dM} = r - \dfrac{2b\sigma^2}{M^3} = 0$$

由此得到

$$M = \sqrt[3]{\dfrac{2b\sigma^2}{r}} \tag{6-10}$$

或写作

$$M = \alpha \sigma^{\frac{2}{3}} b^{\frac{1}{3}} r^{-\frac{1}{3}} \tag{6-11}$$

在式(6-11)中$\alpha = 2^{\frac{1}{3}}$。式(6-11)就是著名的"立方根公式"，该公式表明：最适度现金余额与净支出方差σ^2、非流动性成本b正相关，与利率r负相关。显然，该结论与鲍莫尔模型(平方根公式)基本一致；不同的是，惠伦模型中最适度现金余额对手续费用和利率的弹性分别为$\dfrac{1}{3}$和$-\dfrac{1}{3}$，而鲍莫尔模型中分别为$\dfrac{1}{2}$和$-\dfrac{1}{2}$。

> **关键考点**
>
> 以选择题的形式考查鲍莫尔模型和惠伦模型的基本公式("平方根公式"和"立方根公式"),一般侧重考查最适度现金余额与各影响因素的数量决定关系。

(3) 托宾模型

凯恩斯关于投机动机的货币需求,实际上隐含着一个假定:投资者对所谓"正常预期利润"有一个比较明确的定位,因此只在两种资产中,即货币和债券中任选一种,而不能两者兼有。而在实际情况中,投资者对自己的预期并不完全有把握,往往是既持有货币,又持有债券。为了弥补以上缺陷,美国经济学家托宾将前人的资产选择理论结合起来,用投资者避免风险的行为动机来解释对闲置货币余额的需求。

托宾模型中,资产的保存形式有两种:货币和债券。托宾模型假设不存在通货膨胀因素,则持有债券可以得到利息,但同时要承担由于债券价格下跌而受损失的风险;持有货币虽然没有收益,但也没有风险,所以可称作安全性资产。将资产按不同比例投资于债券和货币,其预期收益率μ_R(在数学上是收益率的期望值)与风险θ_R(在数学上以标准差表示)存在线性关系$\mu_R = k\theta_R$。其中k为债券预期收益率与其收益率标准差的比值。债券预期收益率越大,k值越大。

托宾认为典型的投资者都是风险回避者,当投资风险增加时,其相对的预期收益率必然相应增加,作为补偿,两者的关系可以用投资者的无差异曲线来表示。将收益与风险之间的线性关系与投资者的无差异曲线结合起来,就可以得出投资决策,即资产中债券和货币的组合比例。在图6-4中,图形横轴表示风险θ_R,θ_R的最大值为θ_g。上半部分纵轴表示预期收益率μ_R,下半部分左纵轴表示债券构成比例,右纵轴表示货币构成比例。根据定义有$a + b = 1$,I_1、I_2、I_3为投资者的无差异曲线。$C_1(r_1)$、$C_2(r_2)$、$C_3(r_3)$为对应于不同预期收益率的投资机会曲线$\mu_R = k \times \theta_R$,$OX$是风险和资产构成率的关系轨迹,$\theta_R = l \times a$,其中$l$为风险$\theta_R$与债券构成比例$a$之间的关系系数。

当债券收益率为r_1时,无差异曲线I_1与C_1相切于A,投资者资产中现金比率为b_1;当债券收益率上升,无差异曲线I_2与C_2相切于B时,投资者资产中现金比率相应降为b_2。这样,就得到了一个债券收益率与现金持有比率之间的对应关系,从而可以绘制出一个向右下方倾斜的曲线,即著名的"托宾曲线",如图6-5所示,该曲线证明利率(收益率)与货币投机需求之间反向变动的关系。

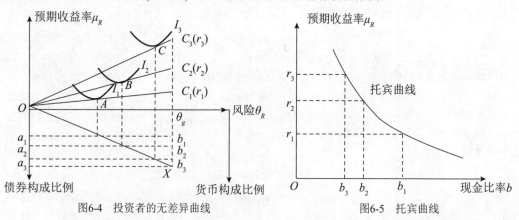

图6-4 投资者的无差异曲线　　图6-5 托宾曲线

与凯恩斯流动性偏好曲线不同的是,托宾曲线明确肯定了不确定性对货币需求的重要作用,还能解释现金与其他资产同时持有,即资产分散的现象。

※ 三、货币主义的现代货币数量论

1. 弗里德曼的货币需求函数

根据弗里德曼的货币需求理论,影响货币需求的因素主要有以下5个方面。

(1) 财富总量(持久性收入)。它相当于消费者理论中的预算约束。由于在实际生活中，财富很难加以估计，所以必须用收入来代替。但弗里德曼认为，利用一般的现期收入指标来作为衡量财富的指标是有缺陷的，因为它会受到经济波动的影响，必须用持久性收入来作为财富的代表。所谓持久性收入，是弗里德曼在他的消费理论中提出的一个概念。它是指消费者在较长一段时期内所能获得的平均收入。在实际计算中，可以用现在及过去年份实际收入的加权平均数来加以计算。利用这一变量可以排除一些暂时性的扰动因素。

(2) 财富在人力与非人力形式上的划分。由于货币是一种流动性最高的资产，所以人力财富在财富总额中占较大比例的所有者将试图通过持有较多的货币来增加其资产的流动性。弗里德曼据此认为，非人力财富占总财富的比率是影响货币需求的重要因素。

(3) 持有货币的预期报酬率。持有货币的预期收益包括两部分：一是银行为支票存款支付的少量利息，二是银行为支票存款提供的各种服务。

(4) 其他资产的预期报酬率，即持有货币的机会成本。它也包括两部分：一是任何当期支付的所得或所支，例如债券的利息和股票的股息等；二是这些资产项目价格的变动，例如债券和股票的资本利得，实物资产在通货膨胀时期的价格上涨。

(5) 其他因素，如财富所有者的特殊偏好，它们在短期内可以被视为是不变的。

通过以上的分析，弗里德曼得出了下面的货币需求函数，为

$$\frac{M_d}{P} = f\left(Y_p, w, r_m, r_b, r_e, \frac{1}{P} \times \frac{dP}{dt}, u\right) \tag{6-12}$$

式中，$\frac{M_d}{P}$ 表示实际货币需求；

Y_p 表示实际持久性收入，用来代表财富；

w 表示非人力财富占总财富的比率；

r_m 表示货币的预期名义报酬率；

r_b 表示债券的预期名义报酬率，包括债券的资本利得；

r_e 表示股票的预期名义报酬率，包括股票的资本利得；

$\frac{1}{p} \times \frac{dp}{dt}$ 表示商品价格的预期变化率，也就是实物资产的预期名义报酬率；

u 表示其他影响货币需求的因素。

在上述影响货币需求的因素中，Y_p、r_m 与货币需求同方向变动，w、r_b、r_e、$\frac{1}{p} \times \frac{dp}{dt}$ 与货币需求反方向变动。

虽然都是从资产选择的角度来讨论货币需求，但弗里德曼的货币需求理论和凯恩斯的理论却有着明显的不同。首先，凯恩斯考虑的仅仅是货币和生息资产之间的选择，而弗里德曼所考虑的资产选择范围则要广泛得多，它不仅包括货币、债券，还包括公平和实物资产。其次，弗里德曼没有像凯恩斯那样把货币的预期报酬率视为零，而是把它当作一个会随着其他资产预期报酬率的变化而变化的量。这两点不同不仅使他们对货币需求函数的看法截然不同，还使他们对货币对其他经济变量的影响过程有着不同的见解。

2. 现代货币数量论

弗里德曼的现代货币数量论包括以下两方面的内容。

首先，弗里德曼的货币需求函数暗含着这样的结论，那就是货币需求对利率并不敏感。这是因为，利率的变动往往是和货币的预期报酬率同方向变化的。当利率上升时，银行可以从贷款中获得较高的收益，所以就会希望吸收更多的存款来发放贷款。当存款利率不受限制时，银行将通过提高存款利率来做到这一点；当存款利率受到限制时，银行就会通过提供更完善的服务来吸收存款。无论采取何种方式，

都意味着货币的预期报酬率提高了。由于影响货币需求的是货币和其他资产之间相对报酬率的高低,所以当货币的预期报酬率与其他资产的预期报酬率同方向变动时,货币需求将相对保持不变。

弗里德曼认为,货币和其他资产的预期报酬率往往是同方向变动的,所以影响货币需求的主要因素实际上只是持久性收入。由于持久性收入的变化是缓慢的,而不像利率那样经常上下波动,这就意味着货币需求是稳定的,关系式为

$$\frac{M_d}{P}=f(Y_p) \qquad (6\text{-}13)$$

其次,弗里德曼认为,货币需求函数本身是相当稳定的,它不会发生大幅度的变动。这就意味着,货币需求与其影响因素之间的关系是稳定的。利用过去数据估计出来的货币需求函数经验公式可以被用来估计未来的货币需求。这一点与凯恩斯理论有很大的不同。在凯恩斯看来,货币需求函数(曲线)将因人们对安全利率看法的改变而发生位移。

由上面两点便可直接导出以下结论,即货币流通速度是稳定的、可预测的。这是因为,在货币市场均衡的条件下(即货币需求等于货币供给),由交易方程式就可知

$$V=\frac{Y}{M_d/P}=\frac{Y}{f(Y_p)} \qquad (6\text{-}14)$$

由式(6-14)可以看出,只要货币需求$f(Y_p)$是稳定的、可以预测的,那么货币流通速度V就是稳定的、可以预测的。进一步地,只要货币流通速度V是稳定的、可预测的,那么当货币供给发生变动时,我们把货币流通速度的预测值代入交易方程式,就可以估计出名义国民收入Y的变动。因此,货币供给量是决定名义收入的主要因素这一货币数量论观点仍然能够成立。弗里德曼正是这样来对货币数量论进行重新阐述的,他把该理论称为名义收入货币理论,也就是现代货币数量论。

现代货币数量论和传统的货币数量论有两点明显不同:①货币流通速度不再被假定为一个固定的常数,而被认为是一个稳定的、可以预测的变量。②它放弃了传统货币数量论所认为的经济持续处于充分就业水平,从而当货币供给变化时,实际国民收入保持不变,价格与货币供给同比例变化的观点,而认为在短期内实际国民收入也将随货币数量的变化而有所变化。

> **关键考点**
> 以选择题的形式考查弗里德曼的货币需求函数和现代货币数量论。现代货币数量论包括两方面的内容:①货币需求是稳定的;②货币需求函数也是稳定的。

第二节 凯恩斯理论与弗里德曼理论的比较

凯恩斯与弗里德曼的货币需求理论在假设中有三个相同点:第一,资本市场或金融市场极为发达和完善,其收益率可用市场利率表达,这个市场利率是有价证券的收益率;第二,无论在时段上还是时点上,货币与实物资产是替代品;第三,生产要素具有可分割性,各生产单位面临同一技术水平。资本的可分割性说的是,在理论上讲,某一经济单位的资本可以属于有限多的人,即生产单位可以发行有价证券募集资本,而不必靠自积攒延误时间。在理论上讲,任何时点上都有投资的可能,从而进一步锁定了货币和实际资产的替代关系。同时生产单位可以在第一时间使用最先进的技术,不会因为投资资金的不足而等待,所以各生产单位可以得到短期内不变的平均利润率。

在弗里德曼货币需求理论持有货币的收益中,间接收益是主要的。这与凯恩斯的"流动性偏好"有相同点。即货币持有者在持有货币的时候都期待着购买低价的证券,在高价的时候卖出,从中获取收益,也就是间接收益。

凯恩斯与弗里德曼的货币需求理论既存在着相同点,又存在不同点。两者在假设中存在以下4个方面的

差异。

1) 分析期间的差异

弗里德曼做了长期分析，认为价格起作用而且对未来的价格预期也起作用。凯恩斯的货币需求理论是短期的分析，即价格保持不变。随着欧洲经济的恢复，世界经济有了较大幅度的增长。如果仍然按照凯恩斯经济学指导下的财政政策和货币政策行事，则必然有总需求的进一步攀升，其结果只能是"滞胀"——只有价格上涨，没有经济增长。在长期中，价格变量是变动的，对国民收入是有影响的。在通货膨胀条件下，价格会或多或少地影响实际国民收入；在"滞胀"条件下，价格影响名义国民收入。由于凯恩斯当时所处的经济状况意在解决"有效需求不足"问题，所以凯恩斯的货币需求理论在一定程度上受到限制。

2) 货币定义的差异

弗里德曼扩大了货币的涵盖内容，将货币定义在广义货币层次上；而凯恩斯则将货币定义在狭义货币层次上——货币无收益，仍较注重货币的交易手段功能。弗里德曼和施瓦茨认为最适当的货币定义的标准是：①货币总量与国民收入的相关系数最大；②货币量与国民收入的相关系数要分别大于总量中各个组成部分与国民收入的相关系数。

3) 影响持有货币数量因素的差异

凯恩斯与弗里德曼两者间的货币需求理论在对影响持有货币数量的因素研究上有所不同。凯恩斯是从货币需求的动机开始分析的，可分为4类：①交易动机；②营业动机；③预防动机；④投机动机。弗里德曼认为货币是一种特殊的商品，甚至可以说是奢侈的商品，所以他认为，人们持有货币的数量主要受两类因素的影响。第一，持有货币的成本。该成本包括直接成本和间接成本两种。直接成本分为两方面：一是预期损失；二是贮藏费用。间接成本就是机会成本。由于受收入的影响，人们只能购买一部分商品，所以就存在机会成本。两个理论对此产生不同的理解是由于出发的角度有所不同而导致的。

4) 货币需求函数的差异

两个理论的函数也有很大的区别：首先，凯恩斯货币需求理论函数相对于弗里德曼的来说，涉及的自变量较少。凯恩斯的货币需求函数只是关于收入和市场利率对货币需求的影响，而弗里德曼的需求函数中涉及的因素有价格指数、债券的预期名义收益率、股票的预期名义收益率、预期价格变动率、人力财富在总财富中的比例、持久性收入、影响持有货币效用的其他随机因素。其次，弗里德曼的函数虽然更具体地说明影响货币需求的因素，但是函数里面有的因素还是没有得到学术界的认同，那就是人力财富在总财富中的比例。

第三节　货币供给与需求的均衡

货币均衡，是指社会的货币供应量与客观经济对货币需求量基本相适应，即货币需求等于货币供应。在现代商品经济条件下，一切经济活动都必须借助于货币的运动，社会需求都表现为拥有货币支付能力的需求，即需求必须通过货币来实现。货币把整个商品世界有机地联系在一起，使它们相互依存、相互对应。整个社会再生产过程，就其表象而言，就是由各种性质不同的货币收支运动构成的不断流动的长河，货币的运动反映了整个商品世界的运动。因此，货币供求的均衡，也可以说是这些货币收支运动与它们所反映的国民收入及社会产品运动之间的相互协调一致。

在研究货币供求关系问题上，货币需求的数量在现实中并不能直接地表现出来，也就是说，客观上需要多少货币，这是很难界定的。这是因为，其一，社会经济本身是一个不断发展变化的过程，客观经济过程对货币的需求受多种因素的制约，且这种需求也是随客观经济形势变化而不断变化的；其二，在纸币流通条件下，再多的货币都会被流通所吸收，因此，不管社会的货币需求状况如何，货币供给量与货币需求量始终都是相等的。也就是说，在货币供给量一定的条件下，不管社会的货币需求状况如何，全社会所持有的货币的名义数量既不可能超过现在的货币供应量，也不可能少于这个量，二者名义上始终是相等的。但是，这种名义上的货币供求均衡关系，并不一定就是实际的货币供求均衡的实现。因为从社会的角度看，名义货币总量并不一定就代表了社会经济过程所要求的货币需要量。名义货币量可以反映出三种动态趋势，具体如下。

(1) $M_s=M_d$，即价格稳定，预期的短缺趋于稳定，国民收入增加。

(2) $M_s<M_d$，即物价上涨，预期的短缺增加，名义国民收入增加，而实际国民收入增加受阻，或增幅下降。

(3) $M_s>M_d$，即物价下跌或趋于稳定，预期的短缺消失，企业库存增加，商品销售不畅，国民收入下降，经济处于停滞状态。

因此，分析货币供求均衡与否，仅从名义的货币供求状况是难以做出判断的，必须深入分析实际的经济过程，才能弄清问题的实质。

货币供给和货币需求之间是一种相互制约、相互影响的关系，一方的变动会引起另一方面的相应变动。当货币供给小于货币需求时，如果不增加货币供应，经济运行中的货币需求得不到满足，会致使社会的总需求减少，生产下滑，总供给减少。由于商品供给的减少，致使货币需求量减少，最终使货币供求在一个较低的国民收入水平上，从而达到均衡。如果中央银行采取放松即增加货币供应的方针，以满足经济运行对货币的需求，从而导致社会的投资需求和消费需求增加，促使生产持续发展，货币供求将在一个较高的水平上达到均衡。当货币供给大于货币需求时，典型的情况是通货膨胀，在这种情况下，存在着两种可能：一是有生产潜力可挖，需求增加和物价上涨，可以刺激生产的发展，即在物价上涨的同时，产出增加，从而导致实际的货币需求增加，使货币供求恢复均衡；二是随着生产的发展，生产潜力在现有条件下已挖尽，这时，中央银行应采取收缩银根的政策，控制货币供应量的增长，从而致使货币的供求趋于均衡。

总之，货币供求之间是相互联系、相互影响的，货币供给的变动可在一定条件下改变货币需求；而货币需求的变动，也可以在一定程度上改变货币的供给。联系货币供给与货币需求的桥梁和纽带就是国民收入和物价水平。

第四节 货币与通货膨胀和通货紧缩

一、货币与通货膨胀

通货膨胀(inflation)一般指物价水平在一定时期内持续的普遍上升的过程，或者说是货币价值在一定时期内持续的下降过程。可见，通货膨胀并不是指某种商品或劳务的价格的上升，而是泛指物价总水平的上升。物价总水平或一般物价水平是指所有商品和劳务交易价格总额的加权平均数。这个加权平均数就是价格指数。另外，物价上涨的形式可以是公开的，也可以是隐蔽的，如降低产品质量、采取凭证供应等价格管制措施，前者使商品的实际价值降低，后者表面上看物价并未上涨，但政府如果放松价格管制措施，被压制的物价水平就会迅速上涨，因此是一种隐蔽性的通货膨胀。

货币数量论在解释通货膨胀方面的基本思想是，每一次通货膨胀背后都有货币供给的迅速增长。这一理论的出发点是如下所示的交换方程：

$$MV = PY \tag{6-15}$$

式中，M为货币供应量；V为货币流动速度，它被定义为名义收入与货币量之比，即一定时期(一般为一年)平均1元钱用于购买最终产品和劳务的次数；P为价格水平；Y为实际收入水平。

方程(6-15)的左端MV反映的是经济中的总支出，而右端的PY为名义收入水平。由于经济中商品和劳务支出的货币额即为商品和劳务的总销售价值，因而方程的两边相等。由方程(6-15)，可以得到如下关系式：

$$\pi = \dot{M} - \dot{Y} + \dot{V} \tag{6-16}$$

式中，π 为通货膨胀率，$\dot{M}$ 为货币增长率，$\dot{Y}$ 为产量增长率，$\dot{V}$ 为流通速度变化率。

根据式(6-16)可知，通货膨胀来源于三个方面，即货币增长、产量增长和货币流通速度的变化。如果货币流通速度不变且收入处于其潜在的水平上，则显然可以得出结论，通货膨胀的产生主要是货币供给增加的结果。换句话说，货币供给的增加是通货膨胀的根本原因。类似地，我们也不难理解，货币供给的减少是通货紧缩的根本原因。

以弗里德曼为代表的货币学派更注重货币政策的作用，弗里德曼指出："正因为过多地增加货币供应量是通货膨胀的唯一原因，所以，降低货币增长率也是医治通货膨胀的唯一方法。"只有将货币供应的增长率下降到接近经济增长率的水平，物价才可能大体稳定下来，即中央银行应完全按照货币学派所提出的"单一规则"行事，以维护适宜的货币供应增长率为货币政策的唯一目标，从而消除通货膨胀。

二、货币与通货紧缩

通货紧缩(deflation)是指一般物价水平持续下降的一种货币现象。通货紧缩可以分为相对通货紧缩和绝对通货紧缩。相对通货紧缩是指物价水平在零值以上，在适合一国经济发展和充分就业的物价水平区间以下，在这种状态下，物价水平虽然还是正增长，但已经低于该国正常经济发展和充分就业所需要的物价水平，通货处于相对不足的状态。这种情形已经开始损害经济的正常发展，虽然是轻微的，但如果不加以重视，可能会由量变到质变，对经济发展的损害会加重。绝对通货紧缩是指物价水平在零值以下，即物价出现负增长，这种状态说明一国通货处于绝对不足状态。这种状态的出现，极易造成经济衰退和萧条。根据对经济的影响程度，又可以分为轻度通货紧缩、中度通货紧缩和严重通货紧缩。而这三者的划分标准主要是物价绝对下降的幅度和持续的时间长度。一般来说，物价出现负增长，但幅度不大(比如-5%)，时间不超过两年的称为轻度通货紧缩。物价下降幅度较大(比如在-5%~-10%)，时间超过两年的称为中度通货紧缩。物价下降幅度超过两位数，持续时间超过两年甚至更长的情况称为严重通货紧缩，20世纪30年代世界性的经济大萧条所对应的通货紧缩，就属此类。

以弗里德曼为代表的货币学派认为，"货币存量的大幅度变动是一般价格水平大幅度变动的必要且充分条件"，货币供给过低的增长率，更不用说货币供给的绝对减少，将不可避免地意味着通货紧缩；反之，若没有货币供给过低的或负的增长率，大规模的、持续的通货紧缩绝对不会发生。

第六章 货币需求理论与货币均衡

真题精选精析

一、选择题

1.【中央财经大学2017】凯恩斯的货币需求理论认为(   )。
   A. 商品价格取决于商品价值和黄金的价值
   B. 货币需求仅指作为交易媒介的流通中货币的需求
   C. 交易动机的货币需求与收入水平存在正相关关系
   D. 货币需求具有稳定性的特点

2.【中山大学2015】下列有关弗里德曼与凯恩斯的货币需求理论的表述哪一个是错误的？
   A. 在凯恩斯的货币需求函数中，利率仅限于债券利率。
   B. 在弗里德曼的货币需求函数中，收入指的是具有高度稳定性的持久性收入。
   C. 凯恩斯认为，货币需求的利率弹性较低，即对利率不敏感。
   D. 弗里德曼认为，货币流通速度高度稳定。

3. 【上海财经大学2015】把凯恩斯的货币需求公式改为 $M=L(y, r)+L(r)$ 的是( )。
   A. 托宾　　　　　　B. 弗里德曼　　　　C. 鲍莫尔　　　　　D. 卢卡斯

4. 【上海财经大学2016】货币中性是指货币数量变动只会影响( )。
   A. 实际工资　　　　B. 物价水平　　　　C. 就业水平　　　　D. 商品的相对价格

5. 【中山大学2015】根据凯恩斯主义的分析方法，总需求可以写成( )。
   A. $Y=C+I+G+NX$　B. $Y=C+I+G-NX$　C. $Y=C-I-G-NX$　D. $Y=C+I-G-NX$

6. 【浙江财经大学2017】对总需求和货币供给之间关系的正确理解是( )。
   A. 总需求决定货币供给　　　　　　　B. 总需求等于货币供给
   C. 货币供给是总需求的载体　　　　　D. 货币供给决定总需求

7. 【对外经济贸易大学2016】自然失业率是指( )。
   A. 长期内使得劳动力供给等于劳动力需求的失业率
   B. 当通货膨胀没有变化倾向时的失业率
   C. 商品市场处于均衡状态时的失业率
   D. 经济处于内外均衡时的失业率

8. 【中国科学技术大学2016】在通货膨胀预期的作用下，菲利普斯曲线发生整体向( )移动。
   A. 左上方　　　　　B. 右上方　　　　　C. 左下方　　　　　D. 右下方

二、名词解释

1. 【厦门大学2017】恒久性收入(永久性收入)
2. 【山东大学2018】需求拉动型通货膨胀
3. 【中央财经大学2016】通货膨胀的强制储蓄效应
4. 【华东师范大学2016】GDP平减指数

三、简答题

1. 【华东师范大学2016】简述费雪"债务通缩"效应。
2. 【复旦大学2015】当考虑了人们的预期因素之后，菲利普斯曲线将发生怎样的变化？这种变化有什么样的政策意义？
3. 【对外经济贸易大学2020】鲍莫尔模型(平方根法则)对凯恩斯需求理论的改进及意义。

第七章 中央银行与货币政策

第一节 中央银行的产生、类型、性质和职能

一、中央银行的产生

就中央银行这一组织机构而言,各国中央银行建立和发展的道路是不尽相同的,有的是从商业银行演化而来的,如英格兰银行;有的则是从它诞生的那一天起,就是中央银行,如美国联邦储备银行。究其原因,有如下几个方面。

1. 政府融资问题

银行是一个古老的行业,现代的银行业起源于文艺复兴时代的意大利。当时这些银行的贷款对象主要是商人和一些挥霍无度的王公贵族。国家机器的强化、自然灾害的发生和战争的频繁爆发。一方面减少了国家收入,另一方面则增加了开支。为弥补财政亏空,一国政府逐渐成为银行家的常客。17世纪末,英国国王威廉三世执政时,国家财政陷于困境,需要大量举债,由英格兰银行向政府贷款120万英镑。从此,英格兰银行成为政府的融资者和国库代理人,成为历史上第一家具有"政府的银行"职能的银行。

2. 银行券发行问题

在银行业发展初期,差不多每个银行都有发行银行券的权力,许多商业银行除了办理存放和汇兑等业务以外,都从事银行券的发行。银行券分散发行的弊病很大,一是在资本主义竞争加剧、危机四伏、银行林立的情况下,一些银行特别是小的商业银行,由于信用能力薄弱,经营不善或同业挤兑,无法保证自己所发银行券的兑现,从而无法保证银行券的信誉及其流通的稳定,由此还经常引起社会的混乱;二是一些银行限于实力、信用和分支机构等问题,其信用活动的领域受到限制,所发行的银行券只能在国内有限的地区流通,从而给生产和流通带来困难。由此,客观上要求有一个实力雄厚,并在全国范围内有权威的银行来统一发行银行券。

3. 票据交换问题

随着银行事业的发展,银行业务必然日趋扩大,银行每天收授票据的数量增多,各银行之间的债权债务关系复杂化,由各个银行自行轧差进行当日清算已发生困难。这种状况不仅表现为异地结算矛盾突出,即使同城结算也成问题。因此,客观上要求建立一个全国统一的、有权威的、公正的清算中心,而这个中心只能由中央银行承担。

4. 最后贷款人问题

随着商品生产和流通的扩大,对银行贷款的需求量也不断增加,并且要求贷款的期限延长。商业银行如果仅用自己吸收的存款来提供放款,就远远不能满足社会经济发展的需要。如将吸收的存款过多地提供贷款,又会削弱银行的清偿能力,从而常常出现因支付能力不足而发生挤兑或破产的可能。因支付手段不足而大量倒闭的现象,始终贯穿于20世纪30年代以前的银行史,对国民经济的稳定发展构成了极大的威胁。这就客观上要求有一个信用卓著、实力强大并具有提供有效支付手段能力的机构,适当集中各家商业银行的一部分现金准备,充当商业银行的最后支持者。

5. 金融监督与管理问题

同其他行业一样,银行业经营竞争也很激烈,而且它们在竞争中的破产、倒闭给经济造成的动荡要大得多。因此,客观上需要有一个代表政府意志的专门机构从事金融业管理、监督、协调的工作。

二、中央银行的类型

虽然目前世界各国基本上都实行中央银行制度,但并不存在一个统一的模式。归纳起来,大致有单一中央银行制度、复合中央银行制度、准中央银行制度和跨国中央银行制度4种类型。

1. 单一中央银行制度

单一中央银行制度是指国家建立单独的中央银行机构,使之全面行使中央银行职能。这种类型又分为两种情况。

1) 一元式中央银行制度

这是指一国只设立一家统一的中央银行行使中央银行的权力和履行中央银行的全部职责,中央银行机构自身上下是统一的,机构设置一般采取总分行制,逐级垂直隶属。这种组织形式下的中央银行是完整标准意义上的中央银行,目前世界上绝大多数国家的中央银行都实行这种体制,如英国、法国、日本等。中央银行的总行或总部通常都设在首都,根据客观经济需要和本国有关规定在全国范围内设立若干分支机构。一元式中央银行制度的特点是权力集中统一、职能完善、有较多的分支机构。中国的中央银行中国人民银行亦采用一元式组织形式。

2) 二元式中央银行制度

这是指中央银行体系由中央和地方两级相对独立的中央银行机构共同组成。中央级中央银行和地方级中央银行在货币政策方面是统一的,中央级中央银行是最高金融决策机构,地方级中央银行要接受中央级中央银行的监督和指导。但在货币政策的具体实施、金融监管和中央银行有关业务的具体操作方面,地方级中央银行在其辖区内有一定的独立性,与中央级中央银行也不是总分行的关系,而是按法律规定分别行使其职能。这种制度一般与联邦制的国家体制相适应,如目前的美国、德国即实行此种中央银行制度。

美国的中央银行称为联邦储备体系,在中央一级设立联邦储备理事会,并有专门为其服务的若干职能部门;在地方一级设立联邦储备银行。美国联邦储备理事会设在华盛顿,负责管理联邦储备体系和全国的金融决策,对外代表美国中央银行。

2. 复合中央银行制度

复合式中央银行制度是指国家不单独设立专司中央银行职能的中央银行机构,而是由一家集中央银行与商业银行职能于一身的国家大银行兼行中央银行职能的中央银行制度。这种中央银行制度往往与中央银行初级发展阶段和国家实行计划经济体制相对应,苏联和以前多数东欧国家即实行这种制度。中国在1983年前也实行这种制度。

3. 准中央银行制度

准中央银行制度是指国家不设通常完整意义上的中央银行,而设立类似中央银行的金融管理机构执行部分中央银行的职能,并授权若干商业银行也执行部分中央银行职能的中央银行制度。采取这种中央银行组织形式的国家有新加坡、马尔代夫、斐济、沙特阿拉伯、阿拉伯联合酋长国、塞舌尔等。中国香港在回归祖国之前,基本上也属于准中央银行制度类型。中国香港在很长的时期内,并无一个统一的金融管理机构。在货币制度方面,港币发行由渣打银行和汇丰银行负责,长期实行英镑汇兑本位,1972年改行港币与美元挂钩,1983年10月开始实行与美元挂钩的联系汇率制度。20世纪60年代以前,中国香港基本上没有金融监管,1964年《银行业条例》颁布后,金融监管的趋势才有所加强。1993年4月1日,中国香港成立了金融管理局,集中行使货币政策、金融监管和支付体系管理职能,但货币发行仍由渣打银行、汇丰银行负责。1994年5月1日起,中国银行香港分行成为中国香港的第三家发钞银行,票据结算仍然由汇丰银行负责。1997年,中国香港回归祖国后,按照"一国两制"的原则和《中华人民共和国香港特别行政区基本法》的规定,香港仍然实行独立的货币与金融制度,其货币发行与金融管理自成体系。

4. 跨国中央银行制度

跨国中央银行制度是指由若干国家联合组建一家中央银行,由这家中央银行在其成员国范围内行使全部或部分中央银行职能的中央银行制度。这种中央银行制度一般与区域性多国经济的相对一致性和货币联盟体制相对应。第二次世界大战后，一些地域相邻的欠发达国家建立了货币联盟，并在联盟内成立了由参加国共同拥有的中央银行。这种跨国的中央银行为成员国发行共同使用的货币和制定统一的货币金融政策，监督各成员国的金融机构及金融市场，对成员国的政府进行融资，办理成员国共同商定并授权的金融事项等。实行跨国中央银行制度的国家主要在非洲和东加勒比海地区，目前，西非货币联盟、中非货币联盟、东加勒比海货币区属于跨国中央银行的组织形式。

随着欧洲联盟成员国经济金融一体化进程的加快，一种具有新的性质和特点的区域性货币联盟已经诞生。1998年7月1日欧洲中央银行(European Central Bank)正式成立，1999年1月1日欧元正式启动。欧洲中央银行的成立和欧元的正式启动，标志着现代中央银行制度又有了新的内容，并进入了一个新的发展阶段。

三、中央银行的性质

中央银行是金融管理机构，它代表国家管理金融，制定和执行金融方针政策，主要采用经济手段对金融经济领域进行调节和控制。中央银行是一国最高的货币金融管理机构，在各国金融体系中居于主导地位。

当代各国的中央银行均居于本国金融体系的领导和核心地位，其主要任务是制定和实施国家金融政策，并代表国家监督和管理全国金融业。中央银行不能首先考虑自身的经济利益，而是要考虑国家的宏观经济问题；中央银行的业务目标不是实现盈利，而是实现国家的宏观经济目标；中央银行不是一个办理货币信用业务的经济实体，不是经营型银行，而是国家金融管理机关，是管理型银行。

▲四、中央银行的职能

1. 发行的银行

中央银行是发行的银行，是指中央银行垄断货币发行权，是一国或某一货币联盟唯一授权的货币发行机构。

中央银行集中与垄断货币发行权的必要性包括以下几个方面：①统一货币发行与流通是货币正常有序流通和币值稳定的保证。在实行金本位的条件下，货币的发行权主要是指银行券的发行权。要保证银行券的信誉和货币金融的稳定，银行券必须能够随时兑换为金币，存款货币能够顺利地转化为银行券。为此，中央银行须以黄金储备作为支撑银行券发行与流通的信用基础，黄金储备数量成为银行券发行数量的制约因素。银行券的发行量与黄金储备量之间的规定比例成为银行券发行保证制度的最主要内容。在进入20世纪之后，金本位制解体，各国的货币流通均转化为不兑现的纸币流通。不兑现的纸币成为纯粹意义上的国家信用货币。在信用货币流通情况下，中央银行凭借国家授权、以国家信用为基础，成为垄断货币发行的机构，中央银行按照经济发展的客观需要和货币流通及其管理的要求发行货币。②统一货币发行是中央银行根据一定时期的经济发展情况调节货币供应量，保持币值稳定的需要。币值稳定是社会经济健康运行的基本条件，若存在多家货币发行银行，则中央银行在调节货币供求总量时可能出现因难以协调各发行银行而无法适时调节银根的状况。③统一货币发行是中央银行实施货币政策的基础。统一货币发行使中央银行通过对发行货币量的控制来调节流通中的基础货币量，并以此调控商业银行创造信用的能力。独占货币发行权是中央银行实施金融宏观调控的必要条件。

统一货币的必要条件包括以下三个方面：①中央银行应根据国民经济发展的客观需要，适时发行货币，保持货币供给与货币需求基本一致，为国民经济稳定发展创造良好的金融环境。②中央银行应从宏观经济角度控制信用规模，调节货币供给量。中央银行应适当掌握货币供给增量，处理币值稳定与经济增长的关系。③中央银行应根据货币流通需要，适时印刷、销毁货币，调拨库款，调剂地区间货币分布、货币面额比例。

2. 银行的银行

银行的银行职能是指中央银行充当商业银行和其他金融机构的最后贷款人。银行的银行这一职能体现了中央银行是特殊金融机构的性质,是中央银行作为金融体系核心的基本条件。中央银行通过这一职能对商业银行和其他金融机构的活动施加影响,以达到调控宏观经济的目的。中央银行作为银行的银行需履行的职责如下。

(1) 集中商业银行的存款准备金。其必要性在于:①为保障存款人的资金安全,以法律的形式规定商业银行和其他存款机构必须按存款的一定比例向中央银行交存存款准备金,以保证商业银行和其他金融机构具备最低限度的支付能力。②有助于中央银行控制商业银行的信用创造能力,从而控制货币供应量。③强化中央银行的资金实力,存款准备金是中央银行的主要资金来源之一。④为商业银行之间进行非现金清算创造条件。

(2) 充当银行业的最后贷款人。最后贷款人指商业银行无法进行即期支付而面临倒闭时,中央银行及时向商业银行提供贷款支持以增强商业银行的流动性。

中央银行主要通过两种途径为商业银行充当最后贷款人:①票据再贴现,即商业银行将持有的票据转贴给中央银行以获取资金;②票据再抵押,即商业银行将持有的票据抵押给中央银行获取贷款。

(3) 创建全国银行间清算业务平台。商业银行按规定在中央银行开立存款账户交存存款准备金,各金融机构之间可利用在中央银行的存款账户进行资金清算,这加快了资金流转速度,节约了货币流通成本。于是,中央银行成为银行业的清算中心。

(4) 外汇头寸调节。中央银行根据外汇供求状况进行外汇买卖,调节商业银行外汇头寸,为商业银行提供外汇资金融通便利,并由此监控国际收支状况。

3. 政府的银行

政府的银行职能是指中央银行为政府提供服务,是政府管理国家金融的专门机构。其具体体现在以下几个方面。

(1) 代理国库。国家财政收支一般不另设机构经办具体业务,而是交由中央银行代理,主要包括按国家预算要求代收国库库款、拨付财政支出、向财政部门反映预算收支执行情况等。

(2) 代理政府债券发行。中央银行代理发行政府债券,办理债券到期还本付息。

(3) 为政府融通资金。在政府财政收支出现失衡、收不抵支时,中央银行具有为政府融通资金以解决政府临时资金需要的义务。中央银行对政府融资的方式主要有两种:①为弥补财政收支暂时不平衡或财政长期赤字,直接向政府提供贷款。为防止财政赤字过度扩大造成恶性通货膨胀,许多国家明确规定,应尽量避免发行货币来弥补财政赤字。②中央银行直接在一级市场上购买政府债券。

(4) 为国家持有和经营管理国际储备。国际储备包括外汇、黄金、在国际货币基金组织中的储备头寸、国际货币基金组织分配的尚未动用的特别提款权等。

(5) 代表政府参加国际金融活动,进行金融事务的协调与磋商,积极促进国际金融领域的合作与发展。参与国际金融重大决策,代表本国政府与外国中央银行进行两国金融、贸易事项的谈判、协调与磋商,代表政府签订国际金融协定,管理与本国有关的国际资本流动,办理政府间的金融事务往来及清算,办理外汇收支清算和拨付等国际金融事务。

(6) 为政府提供经济金融情报和决策建议,向社会公众发布经济金融信息。中央银行处于社会资金运动的核心,能够掌握全国经济金融活动的基本信息,为政府的经济决策提供支持。

> **关键考点**
> 以选择题的方式考查中央银行的职能。

第二节 中央银行的主要业务

一、中央银行的资产负债表

中央银行的资产和负债是中央银行在一定时点上所拥有的债券和债务。负债是他人对中央银行的债权,资本是中央银行的自有资金,两者之和是中央银行资产的价值。由于资产负债表采用的是复式记账

法，根据基本的会计等式，资产负债表中的资产、负债、资本项目之间的关系式为

$$资产 = 负债 + 资本项目 \tag{7-1}$$

$$负债 = 资产 - 资本项目 \tag{7-2}$$

$$资本项目 = 资产 - 负债 \tag{7-3}$$

这表明，在任何时点上，中央银行未清偿的负债总额与资本总额之和必然等于其资产的价值。如果中央银行的资产有净额增加，则其必然创造或增加对其自身的负债和资本金，使其有等额的增加。相反，如果中央银行持有的资产总额减少，则其必然收回或减少等额的自身的负债和资本金。

在中央银行的资产负债表中，资本项目占整个负债和资本项目之和的比例是很小的。中央银行增加资产主要依靠对社会负债的扩大。这些负债中的一部分是由商业银行的存款准备金构成的，另一部分则直接成为人们手中持有的钞票(通货)。因此，中央银行的资产负债表从总量上来看，其任何变动都反映了社会信用规模的变化。

▲二、中央银行的负债业务

中央银行的负债业务主要包括以下几项。

(1) 流通中的通货，指社会公众手中持有的和各金融机构库存的现钞和铸币。该项目在中央银行负债项目中所占的比重最大。

(2) 各项存款，包括商业银行和其他金融机构存款、财政部存款和外国存款及其他存款，其中前者所占的比重最大。

(3) 资本项目，指中央银行的自有资金。

(4) 其他负债，指除上述三项之外，未列入的负债项目。

▲三、中央银行的资产业务

中央银行的资产业务主要包括以下几项。

(1) 贴现及放款，包括中央银行对商业银行再贴现和放款的数额，对财政部以及国内外其他金融机构、经济单位的放款，其中对商业银行再贴现和放款占绝大部分。

(2) 各种证券，主要是指中央银行持有的本国政府债券、外国政府债券以及高质量的商业票据等。它来源于中央银行在公开市场的购进。该项目在资产项目中所占的比重最大。

(3) 黄金外汇储备，是指中央银行购买黄金、外汇、国际货币基金组织的特别提款权而形成的资产。中央银行担负着为国家管理外汇和黄金储备的责任，而黄金和外汇储备要占用中央银行资金，所以它构成中央银行资产项目。

(4) 其他资产，指除上述三项之外，未列入的资产项目，如待收款、房屋、设备等。

第三节 中央银行的独立性

中央银行是一国最重要的经济决策机构之一，其独立性体现在它能相对独立于政府去制定和执行货币政策，履行法定职责，实现货币政策的目标。

▲一、中央银行独立性的含义及其理论分析

1. 中央银行独立性的含义

中央银行独立性是指中央银行履行自身职责时法律赋予或实际拥有的权力、决策与行动的自主程

度。中央银行的独立性比较集中地反映在中央银行与政府的关系上，这一关系包括两层含义：其一是中央银行应对政府保持一定的独立性；其二是中央银行对政府的独立性是相对的。

2. 中央银行独立性的理论分析

学界对于中央银行是否有必要保持独立性的问题是有分歧的。反对者认为经济问题如此复杂，以至于没有任何机构或者个人能做出正确且及时的判断，如弗里德曼曾写道："在一个分散责任却把大权赋予少数人从而使重要政策行动在很大的程度上取决于带有偶然性的个人性格和作风的这一制度中，错误是不可避免的。这是反对'独立的'中央银行制度的技术性的论点。"但是大量的历史研究却表明：在降低通货膨胀方面，那些有独立性的中央银行的国家，往往比那些将中央银行置于选举出来的政府官员制约之下的国家要成功得多。因此，本书是赞同保持中央银行的独立性的，理由如下。

首先，中央银行独立的法律地位是实现货币政策目标的必要保障。一方面，中央银行和政府在追求经济目标时存在偏差，两者侧重点不同。这样就使中央银行和政府在宏观经济目标的选择上并不一定在任何条件下、任何时期都保持一致。基于对政府的职责以及政治因素影响的考虑，政府行为的出发基点往往是促进经济增长，追求短期经济成效，很难充分兼顾长远利益；注重经济发展速度与规模，忽视货币的稳定。这些极有可能诱发通货膨胀和经济过热的现象发生，并以牺牲货币的稳定为代价。两者目标的偏差决定了中央银行应当具备一定的独立性，不能完全隶属于政府。另一方面，货币政策关乎整个宏观经济的稳健运行，对于经济发展和公共利益非常重要，其操作非常复杂，讲究专业性和技术性，因此不能交给一群政治家或某些政治集团这样的"门外汉"去操纵或控制。

其次，中央银行的独立性是保证宏观经济平稳运行的客观要求。在西方国家，政府一般都是每隔几年要进行一次大选，执政党为了争取选票，往往要采取一些措施来保证其政治目标的实现。而高工资和高就业会给执政党带来更多的支持，于是执政党便往往把放松银根作为支持高工资和高就业的主要武器。因此，在大选之前，政府往往实行放松的货币与财政政策，刺激经济增长，以争取选票，结果必然导致通货膨胀。此时，如果中央银行绝对受控于政府，非但不能抵制来自政府过分强调经济发展速度所带来的通货膨胀的压力，甚至会成为政府推行通货膨胀的工具，从而导致货币的非经济发行。所以，只有通过中央银行稳定币值政策的有效实施，才能在一定程度上制约政府过热的经济决策行为，防止通货膨胀的发生，起到经济稳定器、制动器的作用。而这一切的实现，都以中央银行具有较高的相对于政府的独立性作为前提。

二、对国外中央银行独立性的考察

第二次世界大战后，各国总结经验教训，逐渐感悟到保持本国币值稳定以及经济的稳步发展，必须存在一个相对独立的中央银行，并形成以下三种模式。

(1) 中央银行直接对国会负责，具有较强独立性，以德国、美国为代表。该类型的中央银行直接对国会负责，可以独立地制定和执行货币政策。政府不能对它直接发号施令，不得直接干预货币政策的制定和执行。当中央银行的货币政策与政府发生矛盾时，则通过协商来解决。如《德意志联邦银行法》规定：德意志联邦银行是联邦直接法人，独立制定和执行货币政策，独立于政府，政府不能对联邦银行直接发布命令和指示。《美国联邦储备法》规定：联邦储备系统直接向国会负责，理事会每年向众议院议长呈交其业务的详细报告，由该议长将报告提供给国会；国会授权联邦理事会可以独立自主地选择合理的政策目标、政策工具和运作方式，无须经总统和联邦政府批准；如果政府和联邦政策相左，则通过有财政部国务秘书、经济顾问委员会主席和预算局长参加的会议进行磋商解决；除个别情况总统可对其发号施令外，其他任何机构或部门均无权干涉。

(2) 中央银行名义上隶属财政部，实际上具有相对独立性。该类型的中央银行，立法上虽规定隶属于政府财政部门，但实际业务操作却保持较大的独立性。英国、日本、加拿大、挪威、马来西亚等国中央银行属此类型。以英国为例，1946年英格兰银行国有化法案规定，财政部有权向英格兰银行发布命令，但在实践中,财政部一般尊重英格兰银行决定,英格兰银行也主动寻求财政部支持,互相配合,从未发生过"独立性"危机。1997年5月,《英格兰条例》的修改,又在法律上承认英格兰银行事实上的独立地位。

(3) 中央银行隶属政府,自主性较小。此类型的中央银行,不论在组织管理的隶属关系上,还是在货币政策的制定、执行上,都受政府的严格控制。货币政策的制定和执行须经政府批准,政府有权暂停、否决中央银行的决议。属于这一类型的国家有意大利等。如意大利银行法规定,中央银行隶属于财政部,财政部派代表出席意大利银行理事会,如认为董事会的决议违反政府意志或与中央银行的地位不相称时,有权暂停会议决议的执行。

通过对以上三种模式的对比,我们可以发现,不论是用哪种模式,中央银行的独立性基本上都是从以下三方面体现出来的。一是组织上的独立性,如中央银行是否从属于政府,其领导人任免程序与任期是否受到政府影响。《德意志联邦银行法》就规定,德意志联邦银行是联邦直接法人,独立制定和执行货币政策,独立于政府。二是职能上的独立性,如中央银行能否独立地制定和实施货币政策,能否抵制财政透支及其他不合理的融资要求。《美国联邦储备法》规定,国会授权联邦理事会可以独立自主地选择合理的政策目标、政策工具和运作方式,无须经总统和联邦政府批准。三是经济上的独立性,如中央银行是否依赖于财政拨款,有无可供独立支配的财源。如果中央银行在组织上、职能上与经济上均能独立,则具有较高的独立性,会更有利于其货币政策目标的实现;反之则独立性较低,其货币政策目标的实现易受到来自政府的干扰。

第四节 货币政策工具

※ 一、一般性货币政策工具

1. 法定准备金制度

法定准备金制度的基本内容主要包括以下几个方面:①对法定存款准备金率的规定,该比率规定一般根据不同存款的种类、金额及银行规模和经营环境而有所区别,也有部分国家的中央银行采用统一的法定存款准备金率;②对作为法定存款准备金的资产种类的限制,一般限定为商业银行在中央银行的存款,在有些国家,一些高度流动性资产,如库存现金和政府债券等也可以作为法定存款准备金;③法定存款准备金的计提,包括存款余额的确定及缴存基期等;④法定存款准备金率的调整幅度等。

虽然从理论上讲,法定存款准备金率可以成为中央银行调节货币供应量的强有力的手段之一,但在实际操作中却从未被作为一个主要的政策工具加以运用,主要原因有以下两点。①法定存款准备金影响巨大,不适于作为日常的货币政策操作工具。法定存款准备金率的微小变化就会造成货币供给的巨大波动,同时带有很强的宣示效应,即向社会公众表明或暗示中央银行的下一步货币政策操作趋向,使公众产生对央行货币政策的预期并采取相应风险或损失规避措施,从而进一步扩大上述货币政策操作对宏观经济的影响。②法定存款准备金是存款机构日常业务统计和报表中的一个重要财务指标,频繁地调整势必会扰乱存款机构正常的财务计划和管理,同时破坏准备金需求的稳定性和可测性,不利于中央银行的公开市场操作和对短期利率的控制。正是由于这些原因,目前作为一般性货币政策工具的法定存款准备金制度主要是作为公开市场操作的辅助手段存在的,它最重要的作用在于形成了一个稳定的、可预测的准备金需求量。

2. 公开市场操作

公开市场操作是指中央银行在公开市场上买进或卖出二级市场债券(主要是政府债券)用以增加或减少货币供应量的一种货币政策工具。当中央银行认为金融市场资金短缺,需要扩大货币供应量时就买进债券,投入基础货币;反之,则卖出债券,以回笼货币,收缩信贷规模,减少货币供应量。

需要强调的是,公开市场操作是通过改变商业银行系统的准备金总量而发挥作用的。举例来说,当中央银行通过公开市场从一家商业银行买进债券时,实际上是对自己开具了一张支票。该商业银行收到支票后要求中央银行解付,中央银行解付的方式并不是向该商业银行支付现金,而是将该笔付款贷记入这家商业银行在中央银行的存款准备金账户,即自动将商业银行的该笔付款转为在中央银行账上新的存款准备金,从而使存款机构的存款准备金总额增加;反之,如果中央银行向一家商业银行卖出一笔债券,则这家商业银行的付款将被借记入其在中央银行的存款准备金账户,从而使存款机构的存款准备金总额减少。

同法定准备金制度和再贴现率相比,公开市场操作的优势是显而易见的,具体如下。①中央银行通过公开市场操作可以直接调控商业银行准备金总量,使其符合政策目标的要求。通过临时性准备金的调节还能抵销各种意外因素对银行准备金的影响,使其稳定在预期的水平上,以保证货币供应量目标的实现。②中央银行通过公开市场操作可以"主动出击",避免贴现机制的"被动等待",以确保央行货币政策具有超前性。③通过公开市场操作,可以对货币供应量进行"微调",从而避免法定存款准备金政策的震动效应。④中央银行可以通过公开市场进行连续性、经常性及试探性的操作,也可以进行逆向操作,以灵活调节货币供应量。

但是,影响公开市场操作效果的因素也是存在的,如商业周期、货币流通速度的变化等。另外,公开市场操作对准备金的影响也存在着不确定性,例如中央银行在公开市场上从非银行公共机构买入债券,其对准备金的影响就取决于非银行公共机构以何种方式持有这笔款项,如果完全以现金形式持有,则银行准备金总额不会发生改变;如果以存款形式持有,则会导致银行准备金总额的相应增加,但基础货币的增加都是一样的。这就对中央银行的准备金预测技术和对相关信息的掌握程度提出了更高的要求。

3. 再贴现率

中央银行调高或调低对商业银行发放再贷款的利率,即再贴现率,以限制或鼓励商业银行向中央银行再贷款,从而影响商业银行系统的存款准备金,进而决定货币存量和利率水平,以达到宏观调控的目标。具体来讲,当中央银行提高再贴现率时,商业银行的再贷款总额就会减少,从而商业银行的信贷规模就会降低,进而按照法定准备金率向中央银行缴存的存款准备金减少,根据货币乘数理论,存款准备金的减少将导致货币供应量的成倍减少并使利率水平提高,利率水平的提高将抑制投资需求,减少总需求,消除通货膨胀,抑制经济过热增长;反之,中央银行降低再贴现率将最终导致货币供应量的增加和利率水平降低,利率水平的降低将刺激投资需求,扩大总需求,降低失业率,刺激宏观经济的增长。简言之,中央银行通过再贷款政策可以间接影响货币供应量和利率等宏观经济变量,以达到宏观调控的目标。

贴现窗口的职能主要体现在信贷职能方面,再贷款作为存款机构临时性资金需求的重要资金来源,是中央银行作为最后贷款人解决存款机构临时性资金短缺和流动性紧张问题的重要操作手段,是维护金融体系稳定、防止金融恐慌的一个基本保证。再贷款主要有三种形式,即调节性贷款、季节性贷款和延伸性贷款。①调节性贷款用于存款机构的临时性资金短缺,如法定存款准备金不足或其他形式的透支,利率即基础贴现率,该利率一般低于银行间同业拆借利率。②季节性贷款主要用于筹资能力有限的小银行的季节性资金需求,如农产品收购,这种再贷款的利率一般与市场利率挂钩,高于基础贴现率。③延伸性贷款则用于援救面临倒闭或经营不善的银行,属于应急性贷款,利率在30天后与市场利率挂钩,且高于基础贴现率。中央银行总的原则是不鼓励商业银行频繁地利用贴现窗口贷款。商业银行也认为,到贴现窗口借款是银行经营状况不佳、筹资能力低下的标志,因此在一般情况下也不使用贴现窗口贷款。这种行为准则为中央银行在公开市场操作中调控贴现窗口的贷款形成了一个十分重要的良性机制。

再贷款政策不是一个主动性的货币政策工具,因为中央银行只能被动等待商业银行向其申请再贷款,而无权要求商业银行这样做。如上所述,商业银行一般把向中央银行申请再贷款视为万不得已的筹款手段,而更倾向于通过其他手段获得资金。如果商业银行不向中央银行申请再贷款,则再贷款政策便无法执行。因此,在货币政策职能方面,再贷款政策不处于主要地位,属于辅助性货币政策工具,通常用于搭配公开市场操作。

> **关键考点**
> 考生应该深入理解货币政策三大工具各自的主要优点和缺点。

二、选择性的货币政策工具

除了以上三种主要货币政策工具外,还有一些选择性的货币政策工具。与上述三大一般性货币政策侧重于货币总量调节不同,选择性货币政策工具希望在不影响货币供应总量的前提下,对某些具体用途的信贷数量产生影响。选择性的货币政策工具的采用取决于特定的经济金融形势和条件,一般期限较短,居于补充工具的地位。

1. 消费信用控制

消费信用控制是指中央银行对不动产以外的各种耐用消费品的销售融资与控制。控制的主要内容包括:①规定以分期付款方式购买各种耐用消费品时第一次付款的最低金额;②规定分期付款的最长期限,即最长在什么时间内必须全部付清以分期付款方式购买的耐用消费品的全部价款;③规定以分期付款等消费信贷方式购买的耐用消费品的种类,并就不同的耐用品规定相应的信贷条件。

控制消费信用是控制社会总需求的重要措施之一。耐用消费品的需求往往随经济情况的变动而做周期性波动,而不加控制的消费信用又倾向于加剧这种波动,因此,为熨平经济周期,就有必要对消费信用加以控制。另外,适当的消费信用控制也有助于引导社会消费,改进资源配置。消费信用控制最早始于美国,以后逐渐为许多国家所采用。

2. 证券市场信用控制

证券市场信用控制通常是指对证券信用交易的法定保证金比率作出规定,是中央银行对以信用方式购买股票和债券所实施的一种控制措施。所谓法定保证金比率,即证券购买人首次支付占证券交易价款的最低比率,也即通常所说的保证金比率。中央银行根据金融市场状况调高或降低保证金比率,就可以间接控制证券市场的信贷资金流入量,从而控制住最高放款额度。

3. 不动产信用控制

不动产信用控制是指中央银行对商业银行及其他金融机构的房地产贷款所采取的限制措施。通常,不动产信用控制的内容包括:①对金融机构的不动产贷款规定最高限额,即对一笔不动产贷款的最高限额给予限制;②对金融机构的房地产贷款规定最长期限,例如有的国家规定最长期限为5年,有的国家规定为3年等;③规定首次付款的最低金额及分期还款的最低金额等。不动产信用控制的目的在于控制不动产市场的信贷规模,抑制过度投机,减轻经济波动。因为不动产需求特别是住房消费不同于一般耐用品消费,同后者相比,住房投资额度大、期限长,与宏观经济走势密切相关。因此,通过不动产信用控制调控不动产需求,有利于宏观经济的稳定。

4. 道义劝告

道义劝告是指中央银行利用其特殊的声望和地位,对商业银行和其他金融机构经常性地发出通告、指示或与各金融机构的负责人进行面谈,劝告其遵守和贯彻中央银行政策。例如,在国际收支出现严重赤字时劝告各金融机构减少海外贷款;在房地产或证券市场投机盛行时,中央银行要求商业银行缩减对这两个市场的信贷规模等。这一手段的优点在于对信贷的质和量同时进行控制,具有较大的伸缩性。尽管它对商业银行和其他金融机构没有法律强制性,但由于中央银行的特殊地位,通常道义劝告同样能产生一定的货币政策效力。

第五节 货币政策目标与实施策略

※一、货币政策的最终目标

货币政策的最终目标,指中央银行组织和调节货币流通的出发点和归宿,它反映了社会经济对货币政策的客观要求。货币政策的最终目标,一般有4个,即稳定物价、充分就业、经济增长和平衡国际收支。

1. 稳定物价

稳定物价是中央银行货币政策的首要目标,而物价稳定的实质是币值的稳定。所谓币值,原指单位货币的含金量,在现代信用货币流通条件下,衡量币值稳定与否,已经不再根据单位货币的含金量,而是根据单位货币的购买力,即在一定条件下单位货币购买商品的能力。它通常以一揽子商品的物价指数或综合物价指数来表示。目前各国政府和经济学家通常采用综合物价指数来衡量币值是否稳定。物价指数上升,表示货币贬值;物价指数下降,则表示货币升值。稳定物价是一个相对概念,就是要控制通货膨胀,使一般物价水平在短期内不发生急剧的波动。衡量物价稳定与否,从各国的情况看,通常使用的指标有三个:一是国民生产总值(GNP)平均指数,它以构成国民生产总值的最终产品和劳务为对象,反映最终产品和劳务的价格变化情况;二是消费物价指数(CPI),它以消费者日常生活支出为对象,能较准确地反映消费物价水平的变化情况;三是批发物价指数(WPI),它以批发交易为对象,能较准确地反映大宗批发交易的物价变动情况。需要注意的是,除了通货膨胀以外,还有一些属于正常范围内的因素,如季节性因素、消费者嗜好的改变、经济与工业结构的改变等,也会引起物价的变化。总之,在动态的经济社会里,要将物价冻结在一个绝对的水平上是不可能的,问题在于能否把物价控制在经济增长所允许的限度内。这个限度的确定,各个国家不尽相同,主要取决于各国经济发展情况。

2. 充分就业

所谓充分就业目标,就是要保持一个较高的、稳定的就业水平。在充分就业的情况下,凡是有能力并自愿参加工作者,都能在较合理的条件下随时找到适当的工作。

充分就业,是针对所有可利用资源的利用程度而言的。但是,要测定各种经济资源的利用程度是非常困难的,一般以劳动力的就业程度为基准,即以失业率指标来衡量劳动力的就业程度。所谓失业率,指社会的失业人数与愿意就业的劳动力之比,失业率的大小代表了社会的充分就业程度。失业,理论上讲,表示生产资源的一种浪费,失业率越高,对社会经济增长就越不利,因此,各国都力图把失业率降到最低的水平,以实现其经济增长的目标。造成失业的原因主要有以下几点。

(1) 总需求不足。由于社会总供给大于总需求,使经济社会的各种经济资源(包括劳动力资源)无法得到正常与充分的利用。其主要表现为:一是周期性的失业,这是在经济周期中的经济危机与萧条阶段,由于需求不足所造成的失业;二是持续的普遍性的失业,这是真正的失业,它是由一个长期的经济周期或一系列的周期所导致的劳动力需求长期不足的失业。

(2) 总需求分布不均衡。由于总需求在整个经济中分布不均衡,造成某些行业或地区缺乏需求。它是劳动的不流动性造成的结果。其主要表现为:一是摩擦性的失业,当一个国家某个地区的某一类职业的工人找不到工作,而在另外一些地区又缺乏这种类型的工人时,就产生了摩擦性失业;二是结构性的失业,在劳动力需求条件与供给条件的长期变化中,由于劳动的不流动性,致使劳动力供给与需求的种类不相符合。在某些崛起行业中可能出现劳动力不足,而在一些生产不景气的行业中又会出现劳动力过剩。此外,由于采用新技术也会引起劳动力需求的改变。

(3) 季节性的失业。有些行业的工作季节性很强,而各种季节性工作所需要的技术工作又不能相互替代,季节性失业可以设法减少,但无法完全避免。

(4) 正常的或过渡性的失业。在动态的经济社会中,平时总有一些人要变换他们的工作,或者换一个职业,或者换一个雇主,有的可能调到其他地区工作,当某项合同到期时也会出现劳动力多余。在这些情况下,未找到另一个工作之前,常常会有短暂的失业。

西方经济学认为,除需求不足造成的失业外,其他种种原因造成的失业是不可避免的现象。从经济效率的角度看,保持一定的失业水平是适当的,充分就业目标不意味着失业率等于零,美国多数学者认为4%的失业率即为充分就业,而一些较为保守的学者则认为应将失业率压低到2%~3%以下。

3. 经济增长

所谓经济增长,就是指国民生产总值的增长必须保持合理的、较高的速度。目前各国衡量经济增长的指标一般采用人均实际国民生产总值的年增长率,即用人均名义国民生产总值年增长率剔除物价上涨率后的人均实际国民生产总值年增长率来衡量。政府一般对计划期的实际GNP增长幅度制定指标,用百分比表示,中央银行即以此作为货币政策的目标。

当然,经济的合理增长需要多种因素的配合,最重要的是要增加各种经济资源,如人力、财力、物力,并且要求各种经济资源实现最佳配置。中央银行作为国民经济中的货币主管部门,直接影响其中的财力部分,对资本的供给与配置产生巨大作用。因此,中央银行以经济增长为目标,指的是中央银行在接受既定目标的前提下,通过其所能操纵的工具对资源的运用加以组合和协调。一般地说,中央银行可以用增加货币供给或降低实际利率水平的办法来促进投资增加;或者通过控制通货膨胀率,以消除其所产生的不确定性和溢出效应对投资的影响。

4. 平衡国际收支

根据国际货币基金组织的定义,国际收支是某一时期一国对外经济往来的统计表,它表明:①某一经济体同世界其他地方之间在商品、劳务和收入方面的交易;②该经济体的货币性黄金、特别提款权以及对世界其他地方的债权、债务的所有权等的变化;③从会计意义上讲,为平衡不能相互抵销的上述交易和变化的任何账目所需的无偿转让和对应项目。

就国际收支平衡表上经济交易的性质而言,其主要分为两种:一种是自主性交易,或叫作事前交易,它是出于经济上的目的、政治上的考虑以及道义上的动机而自动进行的经济交易,如贸易、援助、赠予、汇兑等;另一种是调节性交易,或叫作事后交易,它是为弥补自主性交易的差额而进行的,如获得国际金融机构的短期资金融通、动用本国黄金储备、外汇储备以弥补差额等。若一国国际收支中的自主性交易收支自动相等,说明该国国际收支平衡;若自主性交易收入大于支出,称之为顺差;若自主性交易支出大于收入,则称之为逆差。

判断一国的国际收支平衡与否,就是看自主性交易平衡与否,是否需要调节性交易来弥补。如果不需要调节性交易来弥补,则称之为国际收支平衡;反之,如果需要调节性交易来弥补,则称之为国际收支失衡。

所谓平衡国际收支目标,简言之,就是采取各种措施纠正国际收支差额,使其趋于平衡。因为一国国际收支出现失衡,无论是顺差或逆差,都会对本国经济造成不利影响,长时期的巨额逆差会使本国外汇储备急剧下降,并承受沉重的债务和利息负担;而长时期的巨额顺差,又会造成本国资源使用上的浪费,使一部分外汇闲置,特别是如果因大量购进外汇而增发本国货币,则可能引起或加剧国内通货膨胀。当然,相比之下,逆差的危害尤甚,因此各国调节国际收支失衡一般着力于减少以致消除逆差。

从各国平衡国际收支目标的建立来看,一般都与该国国际收支出现问题有关。美国开始并未将平衡国际收支列入政策目标,直到20世纪60年代初,美国国际收支出现长期逆差。1969—1971年,美国国际收支逆差累计达到400亿美元,黄金储备大量流失,这时平衡国际收支才成为货币政策的第四个目标。日本的情况与美国类似。20世纪50年代以后,日本对外贸易和国际收支经常出现逆差,严重影响国内经济的发展,因此才将平衡国际收支列为政策目标。1965年以前,日本银行在国际收支方面主要解决逆差问题,此后日本国际收支呈现出完全顺差的趋势。当时日本因致力于国内物价稳定而忽视了对顺差的关注,结果导致顺差的进一步扩大,并由此引起了1971年12月的日元升值,之后,日本银行转而解决国际收支顺差长期化问题。英国的情况有所不同,因其国内资源比较缺乏,对外经济在整个国民经济中占有较大的比重,所以国际收支状况对国内经济发展影响很大,特别是国际收支失衡会使国内经济和货币流通产生较大的波动,因此战后英国一直把国际收支平衡列为货币政策的重要目标。

▲二、货币政策目标间的关系

货币政策的最终目标一般有4个,但要同时实现,则是非常困难的事情。在具体实施中,以某项货币政策工具来实现某一货币政策目标,经常会干扰其他货币政策目标的实现,或者说,为了实现某一货币政策目标而采用的措施很可能与实现另一货币政策目标所应采取的措施相矛盾。因此,除了研究货币政策目标的一致性以外,还必须研究货币政策目标之间的矛盾性及其缓解矛盾的措施。

1. 稳定物价与充分就业

事实证明,稳定物价与充分就业两个目标之间经常发生冲突。若要降低失业率,增加就业人数,就必须增加货币工资。若货币工资增加过少,对充分就业目标就无明显促进作用;若货币工资增加过多,致使其上涨率超过劳动生产率的增长,这种成本推进型通货膨胀必然造成物价与就业两项目标的冲突。如西方国家在20世纪70年代以前推行的扩张政策,不仅无助于实现充分就业和刺激经济增长,反而造成"滞胀"局面。

物价稳定与充分就业之间的矛盾关系可用菲利普斯曲线来说明。1958年,英国经济学家菲利普斯根据英国1861—1957年失业率和货币工资变动率的经验统计资料,勾画出一条用以表示失业率和货币工资变动率之间交替关系的曲线(见图7-1)。这条曲线表明,当失业率较低时,货币工资增长率会较高;反之,当失业率较高时,货币工资增长率会较低。由于货币工资增长与通货膨胀之间的联系,这条曲线又被西方经济学家用来表示失业率与通货膨胀率此消彼长、相互交替的关系。

这条曲线表明,失业率与物价变动率之间存在着一种非此即彼的相互替换关系。也就是说,多一点失业,物价上涨率就低;相反,少一点失业,物价上涨率就高。

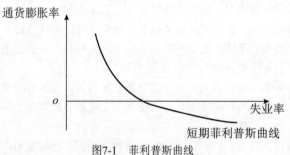

图7-1 菲利普斯曲线

2. 稳定物价与经济增长

稳定物价与促进经济增长之间是否存在着矛盾,理论界对此看法不一,主要有以下几种观点。

(1) 物价稳定才能维持经济增长。这种观点认为,只有物价稳定,才能维持经济的长期增长势头。一般而言,劳动力增加,资本形成增加,加上技术进步等因素促进生产的发展和产量的增加,随之而来的是货币总支出的增加。由于生产率是随时间的进程而不断发展的,货币工资和实际工资也是随生产率而增加的。只要物价稳定,整个经济就能正常运转,维持其长期增长的势头。这实际上是供给决定论的古典学派经济思想在现代经济中的反映。

(2) 轻微物价上涨刺激经济增长。这种观点认为,只有轻微的物价上涨,才能维持经济的长期稳定与发展。因为,通货膨胀是经济的刺激剂。这是凯恩斯学派的观点,凯恩斯学派认为,在没有达到充分就业之前增加货币供应,增加社会总需求主要是促进生产发展和经济增长,而物价上涨比较缓慢。其还认为,资本主义经济只能在非充分就业的均衡中运行,因此轻微的物价上涨会促进整个经济的发展。美国的凯恩斯学者也认为,价格的上涨,通常可以带来高度的就业,在轻微的通货膨胀之中,工业之轮开始得到良好的润滑油,产量接近于最高水平,私人投资活跃,就业机会增多。

(3) 经济增长能使物价稳定。这种观点认为,随着经济的增长,价格应趋于下降,或趋于稳定。经济的增长主要取决于劳动生产率的提高和新生产要素的投入,在劳动生产率提高的前提下,生产的增长一方面意味着产品的增加,另一方面则意味着单位产品生产成本的降低。因此,稳定物价目标与经济增长目标并不矛盾。这种观点实际上是马克思在100多年以前分析金本位制度下资本主义经济的情况时所论述的观点。

从西方货币政策实践的结果来看,要使稳定物价与经济增长齐头并进并不容易。其主要原因在于,政府往往较多地考虑经济发展,刻意追求经济增长的高速度。譬如采用扩张信用和增加投资的办法,其结果必然造成货币发行量增加和物价上涨,使物价稳定与经济增长之间出现矛盾。

3. 稳定物价与平衡国际收支

在一个开放型的经济中,国家为了促进本国经济发展,会遇到以下两个问题。

(1) 经济增长引起进口增加,随着国内经济的增长、国民收入的增加及支付能力的增加,通常会增加对进口商品的需要。如果该国的出口贸易不能随进口贸易的增加而相应增加,必然会使得贸易收支状况变坏。

(2) 引进外资可能形成资本项目逆差。要促进国内经济增长,就要增加投资,提高投资率。在国内储蓄不足的情况下,必须借助于外资,引进外国的先进技术,以此促进本国经济。这种外资的流入必然带来国际收支中资本项目的差额。尽管这种外资的流入可以在一定程度上弥补贸易逆差而造成的国际收支失衡,但并不一定就能确保经济增长与国际收支平衡的齐头并进,原因有以下两点。①任何一个国家,在特定的社会经济环境中,能够引进技术、设备、管理方法等,一方面取决于一国的吸收、掌握和创新能力,另一方面取决于国产商品的出口竞争能力和外汇还款能力。所以,在一定条件下,一国所能引进和利用的外资是有限的。如果把外资的引进完全置于平衡贸易收支上,那么外资对经济的增长就不能发挥应有的作用。此外,如果只是追求利用外资促进经济增长,而忽视国内资金的配置能力和外汇还款能力,那么必然会导致国际收支状况的严重恶化,最终会使经济失衡,不可能维持长久的经济增长。②在其他因素引起的国际收支失衡或国内经济衰退的条件下,用于矫正这种失衡经济形态的货币政策,通常是在平衡国际收支和促进经济增长两个目标之间做合理的选择。国际收支出现逆差,通常要压缩国内的总需求,随着总需求的下降,国际收支逆差可能被消除,但同时会带来经济的衰退。而国内经济衰退,通常采用扩张性的货币政策。随着货币供应量的增加,社会总需求增加,可能刺激经济的增长,但也可能由于输入的增加及通货膨胀而导致国际收支失衡。

4. 充分就业与经济增长

一般而言,经济增长能够创造更多的就业机会,但在某些情况下两者也会出现不一致,例如,以内涵型扩大再生产所实现的高经济增长,不可能实现高就业。再如,片面强调高就业,硬性分配劳动力到企业单位就业,会造成人浮于事,效益下降,产出减少,导致经济增长速度放慢,等等。

三、货币政策与中介目标

货币政策并不是直接作用于最终目标的,从操作货币政策工具到最终目标的实现是一个相当长的作用过程。货币政策的最终目标虽然能为中央银行制定货币政策提供指导思想,却不能随时提供准确的动态数量依据。因此,货币政策中介目标的正确选择是实现货币政策目标的前提条件。货币政策的中介目标是与货币政策最终目标相关联的、能有效测定货币政策效果的金融变量,是货币政策作用传导的桥梁。货币政策要对最终目标发生作用只能借助于货币政策工具,通过对一系列中间变量的设定、调节和影响来间接作用于最终目标,从而实现最终目标。中介目标是货币政策作用过程中一个十分重要的环节,也是判断货币政策力度和效果的重要指示变量;中介目标的选择恰当与否关系到货币政策的调节效果以及最终政策目标的实现,是十分重要的过程控制变量。

※四、货币政策中介目标的选择标准

根据相关理论及货币政策实践，货币政策中介目标的选择标准一般包括以下三个。

(1) 可测性，可测性有两方面的含义，一是中介目标应有比较明确的定义，如 M_0、M_1、M_2、长期利率、短期利率等，同时有关中介目标的准确数据应能为中央银行及时获取，以便于观察、分析和预测。

(2) 可控性，即中央银行通过运用各种货币政策工具，能够准确、及时地对中介目标变量进行控制和调节，以有效地贯彻其货币政策意图。

(3) 相关性，指在中央银行选定的中介目标与货币政策的最终目标之间必须存在密切、稳定的相关性，中介目标的变动能显著地影响最终目标，中央银行通过对中介目标的控制和调节能促使最终目标的实现。

※五、可供选择货币政策中介目标的变量

根据以上三个标准，可供选择货币政策中介目标的变量通常有两类：总量指标和利率指标。前者包括银行信贷规模、货币供应量等，后者主要指长期利率。

1. 银行信贷规模

银行信贷规模指银行体系对社会大众及各经济单位的存贷款总额度。就其量的构成而言，包括存、贷款总额两大部分。由于信贷规模与货币供应总量直接相关，改变信贷规模是改变货币供应量的重要途径，会对货币政策的最终目标产生直接的影响。因此，中央银行只要通过观测、调控银行信贷规模的变化就能促使和保证货币政策的实现。

就可测性而言，银行信贷规模由存、贷款总额两部分构成，中央银行通过统计银行和非银行金融机构的资产负债表上各个有关项目及其构成就能及时得到银行信贷总量和构成数据。

可控性方面，对银行信贷规模的控制可采取两种方式：一种是直接的信贷管制，另一种是间接调控。前一种方式的含义是显然的。对间接调控而言，根据银行系统的多倍存款创造原理，中央银行通过改变存款准备金率、贴现率及进行公开市场业务就可以扩大或缩小银行准备金，从而控制其信贷规模。另外，中央银行通过变动利率，改变存、贷款人的相对收益，也能间接控制银行信贷总量。所以，银行信贷规模满足可控性要求，是适合作为中介目标的。

银行信贷规模与最终目标间的相关性类似于货币供应量与最终目标之间的相关性。广义的货币供应量包括现金和存款，它是银行体系(包括中央银行)的负债；贷款是银行体系的资产。如果银行体系其他资产、负债项目的数量不变，则贷款增量等于现金增量加存款增量。所以，以货币供应量为中介目标与以贷款规模或其增量为目标，是同一事物的两个方面，它们两者是一致的。从实际情况看，银行信贷规模的收缩与扩张，会直接导致货币供应量的收缩与扩张，从而影响社会总需求的规模。因此，银行信贷规模与最终目标之间存有较强的相关性。

从世界各国的实际情况来看，英国、日本、法国及韩国的中央银行都曾将贷款规模作为中介目标加以管理。美国的中央银行——美联储在20世纪70年代以前也曾将银行信贷规模作为货币政策的中介目标。

2. 货币供应量

就可测性而言，根据货币的流动性差别及货币性的强弱，M_0、M_1、M_2、M_3等指标均具有明确的含义，分别反映在中央银行、商业银行及其他金融机构的资产负债表内，可以很方便地进行测算和分析，因而可测性较强。

再看可控性。货币供应量是基础货币与货币乘数之积，货币供应量的可控性实际上就是基础货币的可控性及货币乘数的可控性。从逻辑上讲，如果一国的货币体系能够确保中央银行对基础货币的控制，同时货币乘数相对稳定并且中央银行能够准确地加以预测，则中央银行就能够通过控制基础货币间接地控制住货币供应量，此时货币供应量就具有很好的可控性；反之，如果中央银行对基础货币的控制能力

较弱，货币乘数缺乏稳定性，则货币供给量控制起来就比较困难。由此可见，货币供应量的可控性在很大程度上取决于特定的货币制度、金融环境及经济发展的阶段。

第三是相关性。一定时期的货币供应量代表了当期的社会有效需求量和整个社会的购买力，对最终目标有着直接影响，因而与最终目标相关。然而问题在于指标口径的选择上，对于M_0、M_1、M_2、$M_3$4个货币供应量指标来说，到底哪一个指标更能代表一定时期的社会总需求和购买力，从而表现出与货币政策最终目标有着更强的相关性？以货币供应量作为中介目标的实践表明，指标口径的选择可能是货币供应量作为中介目标存在的主要问题，当大规模的金融创新和放松管制导致金融结构发生变化时，这一问题就会更加突出。

3. 长期利率

这里，长期利率主要指中长期债券利率。根据凯恩斯主义的利率传导机制理论，长期利率作为货币政策的中介目标与最终目标之间有着很强的相关性。中长期利率对投资有着显著的影响，对不动产及机器设备的投资尤其如此，因此与整个社会的收入水平有关。另外，货币市场与资本市场上的众多利率水平和利率结构易于为中央银行所获取。从可控性来看，在间接调控体系下，中央银行借助于公开市场操作就可以影响银行的准备金供求，从而改变短期利率，进而引导长期利率的变化，以实现对长期利率的控制。因此，长期利率作为货币政策的中介目标是适宜的。

但选择长期利率作为中介目标无论是在理论上还是在实践上仍存在一些问题。第一，利率数据虽然很容易获取，但如何从大量利率数据中得出一个代表利率并不容易。第二，名义利率与预期的实际利率之间往往存在着差别，这也是 IS-LM 模型存在的一个严重问题。在实际操作中，中央银行往往只能盯住名义利率而无法准确掌握社会公众的预期实际利率。第三，长期利率除受货币资金供求的影响外，还受社会公众对通货膨胀的心理预期等多种市场因素的影响。货币政策和市场因素对利率的作用效果是叠加的，当利率发生变动时，中央银行往往很难分辨出货币政策的作用效果。例如在通货膨胀的背景下，中央银行为抑制通货膨胀，决定提高利率，假定由现在的8%提高到10%，但与此同时，由于公众预期等因素的影响，市场利率上升到了11%，这样中央银行就无法准确判断货币政策的效果，对货币政策的松紧也就无从掌握。第四，中央银行对长期利率的影响是通过对短期利率的影响来传递的，而从短期利率到长期利率存在一个时滞，这也是长期利率作为中介目标的局限性。尽管如此，长期利率仍然是货币政策中介目标中一个可供选择的指标变量，并被很多国家的中央银行所采用。

> **关键考点**
>
> 考生应该能够用可测性、可控性和相关性三个标准来评价可供选择的货币政策中介目标，即银行信贷规模、货币供应量和长期利率。

※六、常见的货币政策目标

各国中央银行通常采用的操作目标主要有：短期利率、商业银行的存款准备金、基础货币等。

1. 短期利率

短期利率通常指市场利率，即能够反映市场资金供求状况、变动灵活的利率。它是影响社会的货币需求与货币供给、银行信贷总量的一个重要指标，也是中央银行用以控制货币供应量、调节市场货币供求、实现货币政策目标的一个重要的政策性指标，如西方国家中央银行的贴现率、伦敦同业拆放利率等。由于利率有不同的期限结构，而且同一期限的不同资产又有不同的利率，作为操作目标，中央银行通常只能选用其中一种利率。过去美联储主要采用国库券利率，近年来转为采用联邦基金利率。日本采用的是银行同业拆借利率，英国的情况较特殊，英格兰银行的长、短期利率均以一组利率为标准，其用作操作目标的短期利率有隔夜拆借利率、三个月期的银行拆借利率、三个月期的国库券利率；用作中间目标的长期利率有五年公债利率、十年公债利率、二十年公债利率。

2. 商业银行的存款准备金

中央银行以准备金作为货币政策的操作目标，其主要原因是，无论中央银行运用何种政策工具，都会先行改变商业银行的准备金，然后对中间目标和最终目标产生影响。因此，可以说变动准备金是货币政策传导的必经之路，商业银行准备金越多，银行贷款与投资的能力就越大，从而派生存款和货币供应量也就越多。因此，银行准备金增加被认为是货币市场银根放松，准备金减少则意味着市场银根紧缩。但准备金在准确性方面的缺点有如利率。作为内生变量，准备金与需求负值相关，借贷需求上升，银行体系便减少准备金以扩张信贷；反之则增加准备金而缩减信贷；作为政策变量，准备金与需求正值相关，中央银行要抑制需求，一定会设法减少商业银行的准备金，因而准备金作为金融指标也有误导中央银行这一缺点。

以准备金为指标还有一个选择何种准备金的问题，因为准备金有各种不同的计量口径。以美国为例，虽然货币主义者普遍认为，总准备金(会员银行的存款准备金总量包括联储存款、库存现金与美联储借款)是对货币供应量的最佳"控制器"，但美联储对此持怀疑态度。从1979年10月至1982年夏，美联储采用的指标一直是非借入准备金(准备金总量减去向美联储借入部分，也称自有准备金)。1982年夏末，美联储采取新的步骤，改以借入准备金为指标。

3. 基础货币

基础货币是中央银行经常使用的一个操作指标，也常被称为"强力货币"或"高能货币"。从基础货币的计量范围来看，它是商业银行准备金和流通中通货的总和，包括商业银行在中央银行的存款、银行库存现金、向中央银行借款、社会公众持有的现金等。通货与准备金之间的转换不改变基础货币总量，基础货币的变化来自那些提高或降低基础货币的因素。

中央银行有时还运用"已调整基础货币"这一指标，或者称为扩张的基础货币，它是针对法定准备金的变化调整后的基础货币。单凭基础货币总量的变化还无法说明和衡量货币政策，必须对基础货币的内部构成加以考虑，原因是：①在基础货币总量不变的条件下，如果法定准备金率下降，银行法定准备金减少而超额准备金增加，这时的货币政策仍呈扩张性；②若存款从准备金比率高的存款机构转到准备金比率较低的存款机构，即使中央银行没有降低准备金比率，平均准备金比率也会有某种程度的降低，这就必须对基础货币进行调整。具体做法是，假定法定准备金比率已下降，放出1亿元的法定准备金，这1亿元就要加到基础货币上，从而得到已调整的基础货币。

多数学者认为基础货币是较理想的操作目标。因为基础货币是中央银行的负债，中央银行对已发行的现金和它持有的存款准备金都掌握着相当及时的信息，因此中央银行对基础货币是能够直接控制的。基础货币比银行准备金更为有利，因为它考虑到社会公众的通货持有量，而准备金却忽略了这一重要因素。

由于货币供应量是基础货币与货币乘数(m)之积，如果m是常数，货币供应量的变动就不过是基础货币变动的反映，货币供应的增长率将等于基础货币的增长率。换言之，中央银行对基础货币的控制也就是对货币供应量的控制，中央银行就有能力使货币供应量稳定地按一定的百分比增长。

但国外的研究表明，m并不是一个常数。在不同的时期，货币乘数经常出现明显的波动，并且波动的幅度很不平稳，这就使中央银行难以预测和把握。即使中央银行能够预测，由于乘数的放大作用，一点小小的误差就足以使货币供应量远离中央银行预定的目标。

七、货币政策的实施策略

运用货币政策所采取的主要措施包括以下7个方面。

(1) 控制货币发行。这项措施的作用是，钞票可以整齐划一，防止币制混乱；中央银行可以掌握资金来源，作为控制商业银行信贷活动的基础；中央银行可以利用货币发行权调节和控制货币供应量。

(2) 控制和调节对政府的贷款。为了防止政府滥用贷款助长通货膨胀，资本主义国家一般都规定以短期贷款为限，当税款或债款收足时就要还清。

(3) 推行公开市场业务。中央银行通过它的公开市场业务，起到调节货币供应量，扩大或紧缩银行信贷，进而起到调节经济的作用。

(4) 改变存款准备金率。中央银行通过调整准备金率，据以控制商业银行贷款、影响商业银行的信贷活动。

(5) 调整再贴现率。再贴现率是商业银行和中央银行之间的贴现行为。调整再贴现率，可以控制和调节信贷规模，影响货币供应量。

(6) 选择性信用管制，即对特定的对象分别进行专项管理，包括证券交易信用管理、消费信用管理、不动产信用管理。

(7) 直接信用管制。它是中央银行采取对商业银行的信贷活动直接进行干预和控制的措施，以控制和引导商业银行的信贷活动。

▲ 八、货币政策执行规则的选择

1. 单一规则

"单一规则"的货币政策是指无论宏观经济形势发生怎样的变化，都维持一个稳定的货币供给增长速度的货币政策。弗里德曼从宏观经济运行具有内在的稳定性，以及货币至关重要的假定出发，认为社会存在一个"自然失业率"水平，扩张性的货币政策只能在短期使实际失业率低于"自然失业率"，而在长期则会使实际失业率回到"自然失业率"水平，扩张性货币政策不仅无效，而且一定会付出物价水平上涨的代价。此外，还有前面提到的货币政策的时滞问题等，决定了凯恩斯所提出的瞄准利率的"相机抉择"的货币政策只会造成经济的震荡和紊乱。避免这种情况的根本出路在于创造一个稳定的货币环境，保持物价的稳定，使失业和经济增长分别保持在"自然失业率"和适度增长率上。而实现这一目的的唯一方法是按照"单一规则"操作货币政策，即中央银行的货币政策职能仅局限于保持一个稳定的货币供给增长率。

2. 相机抉择

根据凯恩斯学派的理论，市场经济的运行很不稳定，长期增长速度与短期增长速度往往背离，这就导致经济的波动。若短期经济增长速度超过长期增长速度，社会的有效需求就会超过有效供给，这就会造成通货膨胀；反之，社会有效需求少于有效供给，这又会发生经济萧条和失业。因此，他们采取宏观经济政策干预宏观经济运行，熨平经济周期，因为这种调节是针对不同的经济形势采取的，所以称之为"相机抉择"的对策。"相机抉择"的货币政策是指，在经济萧条时，采取扩张性的货币政策，刺激有效需求，增加就业机会，推动经济增长；反之，在经济增长过快出现通货膨胀时，采取紧缩性的货币政策，抑制有效需求，限制投资和消费的增长。其据此调节货币供给，影响经济运行，熨平经济周期，实现国民经济的稳定增长。

第六节 货币政策的传导机制

经济学界认为货币政策传导机制存在一个比较复杂的结构，对货币政策传导机制的结构和程序有不同的理论解释。货币政策传导机制理论是分析和说明货币政策措施变动之后，货币供应量的变动如何诱发和影响微观经济主体的消费和投资行为，从而导致宏观经济总量发生变化的一套机制的理论。不同时期不同流派的经济学家，根据他们对货币与经济活动间关系的不同认识，形成了各自不同的货币政策传导机制的理论。

※ 一、凯恩斯主义理论中的货币政策传导机制

凯恩斯主义的货币政策传导机制理论，是由货币和债券(以长期政府债券为代表)两项资产组成的模

型。由货币供应量增减所触发的传导过程有两个传导途径,一是流动性偏好的途径,即货币需求的利率弹性所反映的货币与利率之间的关系的途径;二是投资利率弹性的途径,即利率与投资之间的关系。货币供应量增加后,首先发生的是货币与债券之间的替代效应,使债券价格上升,利率下降,刺激投资增加,进而通过乘数作用,使国民收入增加。在资源未被充分利用的情况下,货币供应量增加会使实际产出同比例增加,而物价不变;在接近充分就业的情况下,实际产量的增加较为困难,物价将随货币供应量的增加逐渐上涨,但涨幅仍小于货币供应量增加的幅度;在充分就业的条件下,货币量的增加只能引起物价的同比上涨,实际产量不再有任何增加,即货币中性,因此,凯恩斯主义理论中的货币政策传导机制可以描述为

准备金R增加(减少) $\xrightarrow{\text{货币乘数}}$ 货币供应量M_s增加(减少) $\xrightarrow{\text{货币与债券的替代效应}}$ 利率r下降(上升) $\xrightarrow{\text{项目评估与选择}}$ 投资I增加(减少) $\xrightarrow{\text{乘数效应}}$ 总收入Y增加(减少)

上述货币政策传导机制用字母表示即为

$$R\uparrow \to M_s\uparrow \to r\downarrow \to I\uparrow \to Y\uparrow \tag{7-4}$$

凯恩斯认为这一传导机制可能有两个障碍,一是货币市场上"流动性陷阱"的出现,即当利率下降到某一限度以后,任何货币量的增加都会被无限增大的货币投机需求所吸收,从而不可能发生资产结构的调整;二是商品上可能出现的投资对利率缺乏弹性的现象,即利率的降低对投资支出没有效应。因此,在上述情况下,利率下降不可能有效地刺激投资。

※ 二、货币主义理论中的货币政策传导机制

货币主义学者认为货币是一种具有独特性质的资产,它是包括实物资产和金融资产在内的所有资产的替代物,由此强调货币在资产结构调整中的重要地位,替代效应并不仅局限于金融资产,而是在所有的资产中同时发生。因此,货币政策传导机制同时在货币市场和商品市场发生。中央银行调整其货币政策影响商业银行准备金发生增减变化,商业银行为了增加(或减少)其放款与投资,必须改变其资金融通条件——降低(提高)利率,这种融资条件的改变从购买(出售)证券和投资增加(减少)两个方面对经济产生影响,其传导机制为:银行降低利率,增加贷款,会引致金融资产(债券、股票等)和实物资本(各种消费品和各种用于生产的资本品及存货、劳务等)的价格上升,从而导致消费支出和投资支出的增加,引起产量提高,直到物价的上涨将多余的货币量完全吸收为止。若以A表示金融资产和实物资本的价格,以B表示银行的放款和投资,以C表示消费,则货币主义理论中的货币政策传导机制为

$$R\uparrow \to M_s\uparrow \to B\uparrow \to r\downarrow \to A\uparrow \to C(I)\uparrow \to Y\uparrow \tag{7-5}$$

所以,货币主义的货币政策传导过程中涉及的不仅是单纯的投资活动,还涉及商品和劳务支出的变动。所以,货币主义者认为货币政策传导过程更为直接、迅速,资产调整的范围也更为广泛。

▲ 三、托宾的Q理论

根据托宾的Q理论,货币政策影响产出,并不是因为改变了利率就改变了投资的成本,从而改变了投资的需求,而是因为利率的变动会影响人们的资产组合,较低的利率会使投资者把更多的资金投向股票市场,从而股票价格会飙升。托宾认为,股票价格的上升会促使企业进行更多的投资,最终导致收入水平的变动。以P_s表示股票价格,则托宾Q理论的货币政策传导机制为

$$R\uparrow \to M_s\uparrow \to r\downarrow \to P_s\uparrow \to I\uparrow \to Y\uparrow \tag{7-6}$$

Q理论的主要特点是把对金融资产的需求同实物投资需求联系起来。

▲ 四、财富效应理论

一些经济学家在研究货币政策传导机制时发现货币政策的改变不仅影响人们持有资产的结构，也影响人们拥有的财富价值，并进而影响人们的消费支出。这种由货币政策改变导致的货币供应量增减而对人们拥有的财富发生影响，并进而影响人们消费支出变化的现象就是货币政策传导的财富效应。

货币金融理论认为，整个经济的总财富是由金融资产和实物资产构成的。至于整个社会中的资产负债抵销以后的净资产，就是人们财富的总和。因此，社会净财富包括实物资产、政府债券和货币存量三大部分，从而货币政策也是通过这三个方面诱发财富效应的。①价格诱发的财富效应。假定中央银行调整货币政策，增加货币供应量，这就会导致实物资产的价格提高，从而直接增加人们拥有的以货币表示的净财富(实物资产总价格)，这就会刺激人们消费需求的扩大。②利率诱发的财富效应。货币供应量增加将使市场利率下降，这意味着政府债券市场价格的提高，结果导致以这种形式持有资产的人们的净财富价值的上升，从而引致财富效应。③真实现金余额效应。某一时点的货币存量又称现金余额，货币量用价格折算以后得出的货币实际价值即货币的实际购买力，这就是真实现金余额。如果货币供应量增加，而一般物价水平不变，则真实现金余额增加，这等于货币持有者拥有的净财富的实际价值增加。这样，人们就会扩大消费支出并最终影响实际经济活动。总之，货币供求失衡会通过引起社会净财富价值的变动，从而导致消费支出发生变化，即通过财富效应影响总需求并最终影响到实际经济活动。

▲ 五、信用供给可能性理论

20世纪40年代初，受凯恩斯货币理论的影响，多数经济学家认为投资的利率弹性很低，利率变动对投资者的投资行为的影响有限。因此，货币政策的效应要弱于财政政策效应。但第二次世界大战以后，美国在金融结构上发生重大变化，即政府债券的巨额增加和绝大部分政府债券为金融机构所持有。其原因在于经过20世纪30年代的经济大危机后，西方国家普遍严格限制银行的资产业务范围，并且银行自身持谨慎态度，而政府债券价格的波动又给银行信用带来直接的影响。这说明利率的变动对金融机构的影响日益显著，在这种情况下，信用供给可能性理论的出现为强调货币政策的作用提供了理论基础。

信用供给可能性理论一反过去从资金需求者即借款人的角度进行分析，强调利率变动对投资支出的直接影响思路，而从资金供给者即贷款人的角度，对贷款人的利率弹性和贷款行为进行分析。该理论强调利率变化对信用供给可能量的影响，并特别强调制度因素和预期心理因素的重要性，认为即使投资的利率弹性很小，货币政策仍能通过影响贷款人即银行等金融机构的信用供给可能量而作用于经济活动。因此，货币政策仍是有效的。

信用供给可能性理论认为当中央银行调整货币政策时，除影响银行准备金之外，利率变动还会引起银行资产价格的变动，进而改变银行资金的流动性。这种流动性变化将迫使银行调整其信贷政策，并经由信用供给可能量大小的变化，影响实际经济活动。因此，该理论实际上将货币政策传导机制的重点置于"利率—流动性—信用量"这一连锁反应过程上。若以 L 表示流动性，K 表示信用量，则信用供给可能性理论的模型为

$$R\uparrow \to r\downarrow \to L\uparrow \to K\uparrow \to Y\uparrow \tag{7-7}$$

一般说来，信用供给可能性效应在中央银行紧缩货币供给的条件下效果最为显著。因为在缩紧银根时期，银行及资金贷出者"惜贷"倾向明显，即使借款者愿意按照更高利率支付利息，其也不愿提供贷款，即资金流动性显著下降，从而使信用供给可能量大为降低，最终导致国民收入水平的大幅下降。

> **关键考点**
> 考生应重点掌握凯恩斯主义和货币主义的货币政策传导机制。

第七节 货币政策与财政政策

▲一、货币政策与财政政策的区别

1. 政策效果显著性的区别

财政政策效果的显著性主要取决于乘数效应的大小。由于货币市场作用的挤出效应,财政政策的实际效果会比预期的小一些。在考虑了挤出效应之后,财政政策的有效性在很大程度上取决于该经济中货币市场的结构,即 LM 曲线的斜率。而货币政策效果的显著性则主要取决于 IS 曲线的斜率。

2. 政策作用机制的区别

虽然财政政策和货币政策都能通过影响总需求来达到刺激经济、使总产出向某一个预定的方向变动的作用,但二者在作用机制上却不相同。

对于财政政策来说,由于政府支出(G)本身就是总需求(Y)的一部分,所以变动政府支出(G)会立刻影响总需求所确定的总产出。因而财政政策具有见效快的特点。例如布什政府提出的减税政策很快收到了较好的效果,促进了美国经济的复苏。在经济衰退时,如果政府适当地增加政府支出(G),对整个经济的刺激作用很快地显示出来,但政府支出增加后(即 IS 曲线右移),马上就会迫使利率上升。利率上升会直接产生两方面的负作用:第一,影响国内的投资环境,由于投资成本的提高,许多企业,尤其是中小企业,不得不减少投资,而中小企业是提供就业机会的一个重要方面,所以用财政政策解决经济衰退问题时往往不能有效地改善失业问题;第二,利率上升会导致本国货币汇率上升,从而使本国产品在国际市场上的竞争力下降。财政政策的以上两种负作用就是"挤出效应"。

对于货币政策来说,货币政策通过利率的变动而对总产出产生影响。货币供应的增加使利率下降,这样就不会产生财政政策的"挤出效应"。因而,用货币政策去刺激经济会使整个经济环境改善,低利率和低汇率对投资和净出口有利,这也是美联储连续16次降息的理论依据。但是,由于货币政策是作用在货币市场上的,要通过投资和净出口的变化间接地影响总产出,因而其政策效果往往会受到时滞的影响。

3. 执行渠道和政策连续性的区别

财政政策的执行部门一般是一国政府的财政部。由于财政部是政府的职能部门,由政府首脑直接领导,因而在很大程度上不可避免地受到执政党利益的影响。为了获得选民支持,政治家往往通过各种财政政策手段来取得经济的短期增长,例如失业率的下降;同时,由于政府往往更迭较频繁,从而财政政策也时常根据各党派的新经济政策而变动。综上所述,财政政策的实施往往忽视其对宏观经济的长期影响并缺乏连续性。

货币政策的制定和执行是由一国的中央银行来完成的,由于中央银行一般具有相对的独立性,大多数国家的中央银行直接向国家的最高立法机关——国会负责,而不受国家最高行政首脑的领导。因此,中央银行可以根据长远利益制定货币政策,不受党派利益的约束,从而可以较好地保证货币政策的连续性。

▲二、财政政策与货币政策的各种搭配及其效果分析

关于财政政策与货币政策的各种搭配及其效果,我们利用 IS-LM 模型分4种情况来讨论。

1. 扩张性财政政策与紧缩性货币政策的搭配

如图7-1所示,通过对 IS-LM 模型的分析,我们可以得出结论:扩张性财政政策与紧缩性货币政策的搭配对产出的影响不能确定,会使利率上升。

2. 紧缩性财政政策与紧缩性货币政策的搭配

如图7-2所示,通过对 IS-LM 模型的分析,我们可以得出结论:紧缩性财政政策与紧缩性货币政策的

搭配将使产出减少,对利率的影响不能确定。

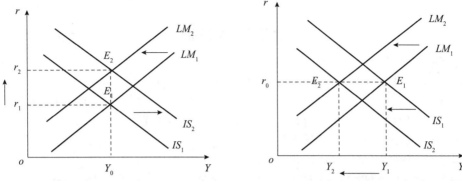

图7-1 扩张性财政政策与紧缩性货币政策的搭配　图7-2 紧缩性财政政策与紧缩性货币政策的搭配

3. 紧缩性财政政策与扩张性货币政策的搭配

如图7-3所示,通过对 *IS-LM* 模型的分析,我们可以得出结论:紧缩性财政政策与扩张性货币政策的搭配对产出的影响不能确定,会使利率下降。

4. 扩张性财政政策与扩张性货币政策的搭配

如图7-4所示,通过对 *IS-LM* 模型的分析,我们可以得出结论:扩张性财政政策与扩张性货币政策的搭配将使产出增加,对利率的影响不能确定。

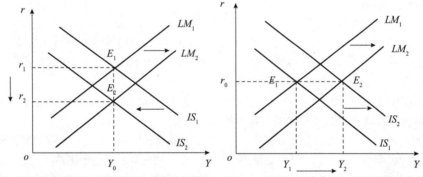

图7-3 紧缩性财政政策与扩张性货币政策的搭配　图7-4 扩张性财政政策与扩张性货币政策的搭配

货币政策的各种搭配及其效果,如表7-1所示。

表7-1 财政政策与货币政策的各种搭配及其效果

政策搭配	产出	利率
扩张性财政政策和紧缩性货币政策	不确定	上升
紧缩性财政政策和紧缩性货币政策	减少	不确定
紧缩性财政政策和扩张性货币政策	不确定	下降
扩张性财政政策和扩张性货币政策	增加	不确定

> **关键考点**
>
> 以选择题的形式考查宏观经济政策各种组合的效果。考生应掌握以下基本结论:如果财政政策和货币政策都是扩张性的,则会使产出上升;反之,如果财政政策和货币政策都是紧缩性的,则会使产出下降。这也就是说,如果财政政策和货币政策的方向是一致的,则会使产出发生方向相同的变动,但利率的变动方向则具有不确定性;如果财政政策和货币政策的方向不一致,则利率的变动方向与财政政策相一致,但产出的变动方向则具有不确定性。

第七章 中央银行与货币政策

真题精选精析

一、选择题

1. 【浙江财经大学2016】下列属中央银行负债业务的是(　　)。
   A. 货币发行　　B. 再贷款　　C. 再贴现　　D. 证券买卖
2. 【中央财经大学2016】体现中央银行"银行的银行"职能的是(　　)。
   A. 集中存款准备金和充当最后贷款人
   B. 充当最后贷款人和制定货币政策
   C. 监督管理金融业和垄断货币发行
   D. 组织管理清算业务和为政府提供融资
3. 【清华大学2016】中央银行的独立性集中反映在中央银行与(　　)的关系上。
   A. 财政　　B. 政府　　C. 商业银行　　D. 其他监管部门
4. 【对外经济贸易大学2017】货币政策四大目标之间存在矛盾,任何一个国家要想同时实现是很困难的,但其中(　　)是一致的。
   A. 充分就业与经济增长
   B. 经济增长与国际收支平衡
   C. 物价稳定与经济增长
   D. 充分就业与物价稳定
5. 【复旦大学2019】如果资金可以自由借贷,银行间市场利率的下限是(　　)。
   A. 存款准备金率　　B. 央行再贴现率　　C. 存款基准利率　　D. 存款准备金利率
6. 【清华大学2017】央行货币政策工具不包括(　　)。
   A. 中期借贷便利　　B. 抵押补充贷款　　C. 公开市场操作　　D. 银行票据承兑
7. 【暨南大学2017】传统的货币政策工具不包括(　　)。
   A. 再贴现政策　　B. 公开市场操作　　C. 量化宽松　　D. 存款准备金政策
8. 【上海财经大学2018】托宾Q理论是影响下列哪一个中间变量而作用于实体经济的(　　)。
   A. 股票价格　　B. 利率　　C. 货币供应　　D. 房地产价格
9. 【对外经济贸易大学2016】在下列货币政策工具之中,由于(　　)对经济具有巨大的冲击力,中央银行在使用时一般比较谨慎。
   A. 公开市场操作　　B. 窗口指导　　C. 再贴现率政策　　D. 法定存款准备金政策

二、简答题

1. 【华南理工大学2017】结合中国人民银行的发展历程,试论述中央银行的基本特征及其重要职能。
2. 【中央财经大学2018】中央银行的产生与商业银行有哪些联系?
3. 【中国人民大学2019】货币政策为什么治理通货膨胀有效,治理通货紧缩作用不明显?结合国内外实践阐述观点。
4. 【北京工商大学2020】简述中央银行履行"银行的银行"职能。

第八章 金融监管

第一节 金融监管的经济学分析

一、公共利益理论

这一理论源于20世纪30年代美国经济危机,并且一直到20世纪60年代都是被经济学家所接受的有关监管的正统理论。这一理论认为,监管是政府对公众要求纠正某些社会个体和社会组织的不公平、不公正和无效率或低效率的一种回应。正因为政府的参与才能够解决市场的缺陷,所以政府可以作为公共利益的代表来实施管制以克服市场缺陷,而由此带来的公共福利将大于管理成本。

二、保护债权论

这一理论的观点是,为了保护债权人的利益,需要金融监管。所谓债权人,就是存款人、证券持有人和投保人等。银行等金融机构存在严重的逆向选择和道德风险等问题,投资者必须实施各种监督措施,但是由投资者来进行监督的成本是昂贵的,而且每个投资者都来实施相同的监督也是重复多余的。更为重要的是,很多投资者,如存款人不了解银行的业务,没有实施监督的激励,由此形成了"自然垄断"性质,以上种种造成了搭便车的行为,使外部监督成为必要。存款保险制度就是这一理论的实践形式。

三、金融风险控制论

这一理论源于"金融不稳定假说",认为银行的利润最大化目标促使其系统内增加有风险的活动,导致系统内的内在不稳定性。这种不稳定性来源于银行的高负债经营、借短放长和部分准备金制度。银行经营的是金融资产,这使得各金融机构之间的联系非常密切,而各种金融资产的可流通性又使得银行体系有着系统风险和风险的传导性,"多米诺骨牌效应"容易在金融体系中出现,所以金融业比其他行业具有更大的脆弱性和不稳定性。因此,通过金融监管和控制金融体系系统风险显得异常重要。

四、金融监控理论

以上传统理论针对的都是国别金融监管,即从一个国家的角度,由本国金融监管部门掌握监管的决策权,对本国金融活动进行管理。20世纪30年代至20世纪70年代,世界各国金融监管侧重于稳健与安全,但是越来越强的金融全球化趋势使得这一模式受到挑战。20世纪70年代以来,金融监管更强调安全与效率并重,同时对跨国金融活动风险防范和国际监管协调更加重视。一国的金融管理部门的监管行为不再是单边的,而是多边基础上的合作。面对这些变化,监管理论需要改变,有人提出变金融监管为金融监控。金融监控是一种全方位的、整体上的对金融业的管理和控制,包括内部监管和外部监管,既有管理部门监督,也有市场施加的约束。

第二节 金融机构与金融市场的监管

一、金融监管的定义

金融监管是金融监督和金融管理的总称。金融监管是指政府通过特定的机构(如中央银行)对金融交易行为主体进行的某种限制或规定。金融监管本质上是一种具有特定内涵和特征的政府规制行为。综观世界各国,凡是实行市场经济体制的国家,无不客观地存在着政府对金融体系的管制。

金融监管有狭义和广义之分。狭义的金融监管是指中央银行或其他金融监管当局依据国家法律规定对整个金融业(包括金融机构和金融业务)实施的监督管理。广义的金融监管在上述含义之外,还包括了金融机构的内部控制和稽核、同业自律性组织的监管、社会中介组织的监管等内容。

二、金融监管的历史沿革

金融监管的发展历史大致可以划分为4个阶段。

1. 20世纪30年代以前——金融监管理论与实践的自然发展

这一阶段金融监管的特点具有自发性、初始性、单一性和滞后性,对金融监管的客观要求与主观认识不足,处于金融监管的初级阶段。其后果是,自由经营银行业务造成的投机之风盛行,多次金融危机给西方国家的经济发展带来了很大的负面影响。

2. 20世纪30年代至70年代——严格监管,安全优先

这一阶段金融监管的主要特点是全面而严格的限制性,主要表现在对金融机构具体业务活动的限制、对参与国内外金融市场的限制以及对利率的限制等方面。强有力的金融监管维护了金融业的稳健经营与健康发展,恢复了公众的投资信心,促进了经济的全面复苏与繁荣。并且,金融监管的领域也由国内扩展到国外,开始形成各自不同的金融监管组织体系。

3. 20世纪70年代至80年代末——金融自由化,效率优先

这一时期金融监管的主要特点是放松管制,效率优先。其客观背景是:布雷顿森林体系的崩溃加大了商业银行在开展国际业务过程中的汇率风险;世界经济增长速度放缓,国际资本出现了相对过剩,银行经营日益国际化,全球性的银行业竞争更加激烈;金融的全球化、自由化及其创新浪潮使建立于20世纪30年代的金融监管体系失灵。其理论背景是:货币学派、供给学派、理性预期学派等新自由主义学派从多个方面向凯恩斯主义提出了挑战,尊崇效率优先的金融自由化理论也对20世纪30年代以后的金融监管理论提出了挑战。

4. 20世纪90年代至今——安全与效率并重

20世纪90年代以来的金融监管最主要的特征是安全与效率并重。其背景是:经济全球化进程加快,金融创新与自由化带来的金融风险更加复杂,并具有国际传染性。有效的金融监管要求政府在安全与效率之间努力寻找一个平衡点。

▲三、金融监管的方式

1. 公告监管

公告监管是指政府对金融业的经营不做直接监督,只规定各金融企业必须依照政府规定的格式及内容定期将营业结果呈报政府的主管机关并予以公告,至于金融业的组织形式、金融企业的规范、金融资金的运用,都由金融企业自我管理,政府不对其多加干预。

在公告监管下,金融企业经营的好坏由其自身及一般大众自行判断,这种将政府和大众结合起来的监管方式,有利于金融机构在较为宽松的市场环境中自由发展。但是由于信息不对称,金融企业与公众

很难评判金融企业经营的优劣,对金融企业的不正当经营也无能为力。因此,公告监管是金融监管中最宽松的监管方式。

2. 规范监管

规范监管又称准则监管,是指国家对金融业的经营制定一定的准则,要求其遵守的一种监管方式。在规范监管下,政府对金融企业经营的若干重大事项,如金融企业最低资本金、资产负债表的审核、资本金的运用、违反法律的处罚等,都有明确的规范,但对金融企业的业务经营、财务管理、人事等方面不加干预。这种监管方式强调金融企业经营形式上的合法性,比公告监管方式具有较大的可操作性,但由于未触及金融企业经营的实体,仅一些基本准则,故难以起到严格有效的监管作用。

3. 实体监管

实体监管是指国家订立完善的金融监督管理规则,金融监管机构根据法律赋予的权力,对金融市场,尤其是金融企业进行全方位、全过程有效的监督和管理。

实体监管过程分为三个阶段:第一阶段是金融业设立时的监管,即金融许可证监管;第二阶段是金融业经营期间的监管,这是实体监管的核心;第三阶段是金融企业破产和清算的监管。

实体监管是国家在立法的基础上通过行政手段对金融企业进行强有力的管理,比公告监管和规范监管更为严格、具体和有效。

四、金融监管的对象与内容

1. 金融监管的主要对象

金融监管的传统对象是国内银行业和非银行金融机构,但随着金融工具的不断创新,金融监管的对象逐步扩大到那些业务性质与银行类似的准金融机构,如集体投资机构、贷款协会、银行附属公司或银行持股公司所开展的准银行业务等,甚至包括对金边债券市场业务有关的出票人、经纪人的监管等。目前,一国的整个金融体系都可视为金融监管的对象。

2. 金融监管的主要内容

金融监管主要包括:对金融机构设立的监管;对金融机构资产负债业务的监管;对金融市场的监管,如市场准入、市场融资、市场利率、市场规则等;对会计结算的监管;对外汇外债的监管;对黄金生产、进口、加工、销售活动的监管;对证券业的监管;对保险业的监管;对信托业的监管;对投资黄金、典当、融资租赁等活动的监管。其中,对商业银行的监管是监管的重点,主要内容包括市场准入与机构合并、银行业务范围、风险控制、流动性管理、资本充足率、存款保护以及危机处理等方面。

▲五、金融监管的手段

金融监管的手段即金融监管主体为实现金融监管目标而采用的各种方式、方法和措施。从世界各国的金融监管实践来看,金融监管主体主要是通过法律手段、行政手段和经济手段来对金融活动实施监管。

1. 法律手段

各国金融监管机构和风格虽然有所不同,但在依法管理这一点上是相同的。金融机构必须接受国家金融管理当局的监管,金融监管必须依法进行。这是金融监管的基本点。要保证金融监管的权威性、严肃性、强制性和一贯性,才能保证其有效性。要做到这一点,金融法规的完善和依法监管是绝对不可少的。

2. 金融稽核

金融稽核是指中央银行或金融监管当局根据国家规定的职责对金融业务活动进行的监督和检查。它是以管辖行的稽核机构派出人员,以超脱的公正的客观地位,对辖属行、处、所等运用专门的方法,就其真实性、合法性、正确性、完整性做出评价和建议,向派出机构及有关单位提出报告。它属于经济监督体系中的一个重要组成部分,与纪检、监察、审计工作有着密切的联系。金融稽核的主要内容包括业务经营的合法性、资本金的充足性、资产质量、负债的清偿能力、盈利情况、经营管理状况等。

3. "四结合"监管方法

该监管方法包括以下4个方面：①现场稽核与非现场稽核相结合；②定期检查与随机抽查相结合；③全面监管与重点监管相结合；④外部监管与内部自律相结合。

▲六、金融监管的原则

为了实现上述金融监管目标，中央银行在金融监管中坚持分类管理、公平对待、公开监管三条基本原则。所谓分类管理原则就是将银行等金融机构分门别类，突出重点，分别管理。所谓公平对待原则是指在进行金融监管过程中，不分监管对象，一视同仁适用统一监管标准。这一原则与分类管理原则并不矛盾，分类管理是为了突出重点，加强监测，但并不降低监管标准。公开监管原则是指加强金融监管的透明度。中央银行在实施金融监管时须明确适用的银行法规、政策和监管要求，并公布于众，使银行和金融机构在明确监管内容、目的和要求的前提下接受监管，同时也便于社会公众的监督。

▲七、金融监管的重要性

综合世界各国金融领域广泛存在的金融监管，我们认为，金融监管具有以下深层次的原因和意义。

(1) 金融市场失灵和缺陷。金融市场失灵主要是指金融市场对资源配置的无效率。其主要针对金融市场配置资源所导致的垄断或者寡头垄断、规模不经济及外部性等问题。金融监管试图以一种有效方式来纠正金融市场失灵，但实际上关于金融监管的讨论，更多地集中在监管的效果而不是必要性方面。

(2) 道德风险。道德风险是指由于制度性或其他的变化所引发的金融部门行为变化，及由此产生的有害作用。在市场经济体制下，存款人(个人或集体)必然会评价商业性金融机构的安全性。但在受监管的金融体系中，个人和企业通常认为政府会确保金融机构安全，或至少在发生违约时偿还存款，因而在存款时并不考虑银行的道德风险。一般而言，金融监管是为了降低金融市场的成本，维持正常合理的金融秩序，提升公众对金融的信心。因此，监管是一种公共物品，由政府公共部门提供的旨在提高公众金融信心的监管，是对金融市场缺陷的有效和必要补充。

(3) 现代货币制度演变。从实物商品、贵金属形态到信用形态，一方面使得金融市场交易与资源配置效率提高，一方面带来了现代纸币制度和部分储备金制度两种重要的金融制度创新。

(4) 信用创造。金融机构产品或服务创新的实质是一种信用创造，一方面可以节省货币，降低机会成本，另一方面使商业性结构面临更大的支付风险。金融系统是"多米诺"骨牌效应最为典型的经济系统之一。任何对金融机构无力兑现的怀疑都会引起连锁反应，骤然出现的挤兑狂潮会在很短的时间内使金融机构陷入支付危机，这又会导致公众金融信心的丧失，最终导致整个金融体系的崩溃。金融的全球化发展将使一国国内金融危机对整个世界金融市场的作用表现得更为直接迅速。

第三节 金融监管的国际合作——《巴塞尔协议》

※一、《巴塞尔协议》的发展和演变

1.《巴塞尔协议》风险管理思想的演变

从《巴塞尔协议》的发展来看，其风险管理思想的演化具有以下几个重要特征。

1) 聚焦资本：《巴塞尔协议》深化的重要内容

1975年9月，第一个《巴塞尔协议》出台。这个协议极为简单，核心内容就是针对国际性银行监管主体缺位的现实，突出强调了两点：①任何银行的国外机构都不能逃避监管；②母国和东道国应共同承担的职责。

《巴塞尔协议》的实质性进步体现在1988年7月通过的《关于统一国际银行的资本计算和资本标准的报告》(简称《巴塞尔协议》)。该报告主要包括4个内容：①资本的分类；②风险权重的计算标准；③1992年资本与资产的标准比例和过渡期的实施安排；④各国监管当局自由决定的范围。体现协议核心思想的是前两项，即：资本的分类，也就是将银行的资本划分为核心资本和附属资本两类，各类资本有明确的界限和各自不同的特点；还有就是风险权重的计算标准。报告根据资产类别、性质以及债务主体的不同，将银行资产负债表的表内和表外项目划分为0%、20%、50%和100%4个风险档次。风险权重的划分目的是衡量资本标准服务，有了风险权重，报告所确定的资本对风险资产8%(其中核心资本占风险资产的比重不低于4%)的目标标准比率才具有实实在在的意义。可见，《巴塞尔协议》的核心内容是资本的分类。

《巴塞尔协议》反映出报告制定者监管思想的根本转变。首先是监管视角从银行体外转向银行体内；其次，监管重心从母国与东道国监管责权的分配转移到对银行资本充足性的监控；第三，注重资本金监管机制的建设；第四，过渡期及各国当局自由度的安排表明，报告真正认识到国际银行体系健全和稳定的重要，各国银行的监管标准必须统一。

2) 从补充完善到推陈出新：协议的深化进程

1988年制定的《巴塞尔协议》难以解决银行实践中出现的诸多新情况、新问题。为了应对这些挑战，巴塞尔委员会对报告进行了长时期、大面积的修改与补充。

(1) 在认识到准备金对银行经营的重要性及其在不同条件下的性质差异后，1991年11月，其重新详细定义了可计入银行资本用以计算资本充足率的普通准备金与坏账准备金，以确保用于弥补未来不确定损失的准备金计入附属资本，而将那些用于弥补已确认损失的准备金排除在外。

(2) 其初步认识到除OECD(经济合作与发展组织，简称经合组织)成员国与非成员国之间存在国别风险之外，OECD成员国之间同样存在国别风险，因而一改《巴塞尔协议》中对所有OECD成员国均确定零主权风险权重这一极其简单化的衡量方法，于1994年6月重新规定对OECD成员国资产的风险权重，并调低了墨西哥、土耳其、韩国等国家的信用等级。

(3) 作为对金融快速国际化的反应，其开始提升对市场风险的认识。

2.《巴塞尔协议》监管思想的根本转变

《巴塞尔协议》反映出报告制定者监管思想的根本转变。

(1) 监管视角从银行体外转向银行体内。此前的协议都注重如何为银行的稳定经营创造良好的国内、国际环境，强调政府的督促作用以及政府间的分工协作，对银行体本身尤其是对作为银行防范风险屏障的资本没有做出任何有实际意义和可行标准的要求。而《巴塞尔协议》则直指主要矛盾和矛盾的主要方面，从资本标准及资产风险两个方面对银行提出明确要求，从而解脱了监管当局劳而无获或收获甚微的尴尬。

(2) 监管重心从母国与东道国监管责权的分配转移到对银行资本充足性的监控。《巴塞尔协议》规定银行必须同时满足总资本和核心资本两个比例要求，总资本和核心资本都必须按明确给定的标准计量和补充。这既是对以往经验教训的深刻总结，也表明报告真正抓住了事物的本质。报告出台以前，各国虽然也对资本金规定了规模要求，但并没有对资本的内涵和外延做出明确规定，这使银行可以轻易地通过会计处理增加银行账面资本金，并实际加大资产与负债的落差，进而加大银行的经营风险；此外，由于资本金的管理还处在原始的静态管理状态，无法形成根据资产和负债的性质及其变动相应调整的机制，因而使这种资本金管理形同虚设，发挥的作用也极其有限。这也从另一个侧面说明此前协议的监管重心只能简单地放在监管责权的分配之上。

(3) 注重资本金监管机制的建设。资本金监管的生命力在于它突破了单纯追求资本金数量规模的限制，建立了资本与风险两位一体的资本充足率监管机制。这表明报告的制定者真正认识到资本是防范风险、弥补风险损失的防线，因而必须将其与风险的载体(即资产)有机相连。而资产的风险程度又与资产的性质相关。报告以不同的风险权重将不同风险的资产加以区分，使得同样规模的资产可以对应不同的资本量，或者说同样的资本量可以保障不同规模的资产。资本的保障能力随资产风险权重的不同而异，体现出报告的动态监管思想。针对以往银行通常以金融创新方式扩大表外业务以逃避资本监管的现象，报告认识到监管表外资产的必要，因而首次将表外资产纳入监管。由于当时表外业务的种类、规模及其破坏力有限，报告只能简单地将期限种类差异的表外资产套用表内资产的风险权数来确定其风险权重，并相应提出了资本充足性的要求。

(4) 第四，过渡期及各国当局自由度的安排表明，报告真正认识到国际银行体系健全和稳定的重要，各国银行的监管标准必须统一。而这种安排则充分考虑到了银行的国别差异，以防止国际银行间的不公平竞争。

《巴塞尔协议》的推出意味着资产负债管理时代向风险管理时代过渡。由于监管思想的深刻、监管理念的新颖、考虑范围的全面以及制定手段和方法的科学合理，这个报告成了影响最大、最具代表性的监管准则。此后围绕银行监管产生的核心原则或补充规定等，都是在报告总体框架下对报告的补充和完善。尽管巴塞尔委员会并不是一个超越成员国政府的监管机构，发布的文件也不具备法律效力，但各国的监管当局都愿意以报告的原则来约束本国的商业银行。

※ 二、《新巴塞尔资本协议》的主要思想和三大支柱

1. 最低资本要求

从新协议的名称《新巴塞尔资本协议》可以看出，巴塞尔委员会继承了《巴塞尔协议》以资本充足率为核心的监管思路，将资本金要求视为最重要的支柱。当然，新协议的资本要求已经发生了极为重大的变化，具体体现在以下几个方面。

1) 风险范畴的拓展

在当前的金融格局下，尽管信用风险仍然是银行经营中面临的主要风险，但市场风险和操作风险的影响及其产生的破坏力却在进一步加大。因此，新协议在银行最低资本要求的公式中，分母由原来单纯反映信用风险的加权资本加上了反映市场风险和操作风险的内容。

2) 计量方法的改进与创新

巴塞尔委员会在新协议中根据银行业务错综复杂的现状，改造尤其是创新了一些计量风险和资本的方法，这些方法的推出在很大程度上解决了旧协议相关内容过于僵化、有失公允的遗留问题，而且使新协议更具指导意义和可操作性。

3) 资本约束范围的扩大

针对各界对旧协议的批评，新协议对诸如组织形式、交易工具等的变动提出了相应的资本约束对策。对于单笔超过银行资本规模经营15%的对非银行机构的投资，或者这类投资的总规模超过银行资本的，就要从银行资本中减除相同数额；对于以商业银行业务为主的金融控股公司以及证券化的资产，则重新制定了资本金要求，要求银行提全、提足各种类、各形式资产的最低资本金；此外，还充分考虑到了控股公司下不同机构的并表问题，并已着手推动与保险业监管机构的合作，拟制订新的相应规则来形成金融业联合监管的架构，以适应银行全能化发展的大趋势。

2. 监管部门的监督检查

从《新巴塞尔资本协议》可以看出，巴塞尔委员会强化了各国金融监管当局的职责，提出了较为详尽的配套措施。这反映出巴塞尔委员会仍然没有轻视银行作为利益主体利用信息的不对称做出违背监管规则的逆向选择，并由此产生道德风险的问题。可见，有具体目标又有行为规范和措施的监管当局尤为重要。

巴塞尔委员会希望监管当局担当起三大职责：一是全面监管银行资本充足状况；二是培育银行的内部信用评估体系(前面提到巴塞尔委员会鼓励银行使用基于内部信用评级的风险计量方法，这种方法分为低级和高级两个层次)；三是加快制度化进程。

3. 市场约束

新协议更多的是从公众公司的角度来看待银行，强调以市场的力量来约束银行，认为市场是一股强大的推动银行合理有效配置资源并全面控制经营风险的外在力量，具有内部改善经营、外部加强监管所发挥不了的作用。

新协议修改稿以推进信息披露来确保市场对银行的约束效果。巴塞尔委员会首先提出全面信息披露的理念，认为不仅要披露风险和资本充足状况的信息，还要披露风险评估和管理过程、资本结构以及风险与资本匹配状况的信息；不仅要披露定性的信息，还要披露定量的信息；不仅要披露核心信息，还要披露附加信息。其次，其对信息披露本身也要求监管机构加强监管，并对银行的信息披露体系进行评估。

※ 三、《巴塞尔协议Ⅲ》

1.《巴塞尔协议Ⅲ》的出台

《巴塞尔协议》一直都秉承稳健经营和公平竞争的理念，也正因为如此，《巴塞尔协议》对现代商业银行而言显得日益重要，已成为全球银行业最具有影响力的监管标准之一。

《新巴塞尔资本协议》也即《巴塞尔协议Ⅱ》经过近十年的修订和磨合于2007年在全球范围内实施，但正是在这一年，爆发了次贷危机，这次席卷全球的次贷危机真正考验了《新巴塞尔资本协议》。显然，巴塞尔新资本协议存在顺周期效应、对非正态分布复杂风险缺乏有效测量和监管、风险度量模型有内在局限性以及支持性数据可得性存在困难等固有问题，但我们不能将美国伞形监管模式的缺陷和不足致使次贷危机爆发统统归结于《新巴塞尔资本协议》。

其实，《巴塞尔协议》在危机中也得到了不断修订和完善。经过修订，《巴塞尔协议》已显得更加完善，对银行业的监管要求也明显提高，如为增强银行非预期损失的抵御能力，要求银行增提缓冲资本，并严格监管资本抵扣项目，提高资本规模和质量；为防范出现类似贝尔斯登的流动性危机，设置了流动性覆盖率监管指标；为防范"大而不能倒"的系统性风险，从资产规模、相互关联性和可替代性评估大型复杂银行的资本需求。

如上所述，自巴塞尔委员会2007年颁布和修订一系列监管规则后，2010年9月12日，由27个国家银行业监管部门和中央银行高级代表组成的巴塞尔银行监管委员会就《巴塞尔协议Ⅲ》的内容达成一致，全球银行业正式步入"巴塞尔协议Ⅲ时代"。

根据这项协议，商业银行的核心资本充足率将由目前的4%上调到6%，同时计提2.5%的防护缓冲资本和不高于2.5%的反周期准备资本，这样核心资本充足率的要求可达到8.5%～11%。总资本充足率要求仍维持8%不变。此外，其还将引入杠杆比率、流动杠杆比率和净稳定资金来源比率的要求，以降低银行系统的流动性风险，加强抵御金融风险的能力。

新协议将普通股权益/风险资产比率的要求由原来的2%提高到4.5%，核心资本充足率的要求也由4%提高到6%，加上2.5%的防护缓冲资本，核心资本充足率的要求达到8.5%。同时，其还提出各国可根据情况要求银行提取0%～2.5%的反周期缓冲资本，以便银行可以对抗过度放贷所带来的风险。此外，其还提出了3%的最低杠杆比率以及100%的流动杠杆比率和净稳定资金来源比率要求。

为最大程度上降低新协议对银行贷款供给能力以及宏观经济的影响，协议给出了2013—2019年一个较长的过渡期。全球各商业银行5年内必须将一级资本充足率的下限从现行要求的4%上调至6%，过渡期限为2013年升至4.5%，2014年为5.5%，2015年达6%。同时，协议将普通股最低要求从2%提升至4.5%，过渡期限为2013年升至3.5%，2014年升至4%，2015年升至4.5%。截至2019年1月1日，全球各商业银行必须将资本留存缓冲提高到2.5%。中国监管层目前尚未公布相关计划。

2.《巴塞尔协议Ⅲ》的核心内容

(1) 提高资本充足率要求。《巴塞尔协议Ⅲ》对核心一级资本充足率、一级资本充足率的最低要求有所提高，引入了资本留存资本，提升银行吸收经济衰退时期损失的能力，建立与信贷过快增长挂钩的反周期超额资本区间，对大型银行提出附加资本要求，降低"大而不能倒"带来的道德风险。

(2) 严格资本扣除限制。对于少数股权、商誉、递延税资产、对金融机构普通股的非并表投资、债务工具和其他投资性资产的未实现收益、拨备额与预期亏损之差、固定收益养老基金资产和负债等计入资本的要求有所改变。

(3) 扩大风险资产覆盖范围。提高"再资产证券化风险暴露"的资本要求、增加压力状态下的风险价值、提高交易业务的资本要求、提高场外衍生品交易(OTC derivatives)和证券融资业务(SFTs)的交易对手信用风险(CCR)的资本要求等。

(4) 引入杠杆率。为弥补资本充足率要求下无法反映表内外总资产的扩张情况的不足，减少对资产通过加权系数转换后计算资本要求所带来的漏洞，推出了杠杆率，并逐步将其纳入第一支柱。

(5) 加强流动性管理，降低银行体系的流动性风险，引入了流动性监管指标，包括流动性覆盖率和净稳定资产比率。同时，巴塞尔委员会提出了其他辅助监测工具，包括合同期限错配、融资集中度、可用的无变现障碍资产和与市场有关的监测工具等。

3.《巴塞尔协议Ⅲ》对中国银行业的影响

对于中国银行业而言，由于银监会长期坚持"资本质量与资本数量并重"的资本监管原则，短期来看，《巴塞尔协议Ⅲ》对中国银行业影响相对欧美银行而言较小，但其长远影响却不容忽视，主要体现在以下几个方面。

(1) 信贷扩张和资本约束的矛盾。我国是一个发展中国家，预计在今后很长一段时间内，我国国民经济都将保持一个较快的经济增速，然而我国又是一个以间接融资为主的国家，信贷增长一般为经济增速的1.5～2倍，在某些年份甚至可能更高，如2009年。因此，如果我国保持8%～10%的GDP增速，银行信贷必须达到15%～20%的增速。然而如此迅速的信贷扩张，势必会大大增加资本补充的压力，尤其是《巴塞尔协议Ⅲ》尤其重视核心资本的补充，这对中国银行业而言无疑更是雪上加霜。

此外，根据《巴塞尔协议Ⅲ》关于二级资本工具"在期限上不能赎回激励、行使赎回权必须得到监管当局的事前批准、银行不得形成赎回期权将被行使的预期"一系列关于赎回的限制性规定，目前国内很多商业银行补充附属资本的长期次级债券都拥有赎回激励条款，这将给国内银行业通过发行长期次级债券补充附属资本带来较大的冲击，且为满足《巴塞尔协议Ⅲ》关于流动性的有关要求，长期次级债券的需求预计将有所下降，从而增加次长期级债券发行的难度。

(2) 资本补充和估值偏低的矛盾。无论是横向比较，还是纵向比较，我国银行业A股估值都偏低，A股较H股估值平均有10%～20%左右的折价，这其中最为重要的原因就是因为投资者预期银行业近几年再融资规模较大，如2010年银行业A股融资规模创历史新高，从而极大影响了银行股A股的估值。因此，一方面因为业务发展需要，银行需要通过发行股份补充核心资本；另一方面，因为再融资又会进一步降低银行业的估值，增加融资成本，从而使中国银行业陷入一个恶性循环。

(3) 满足监管要求和盈利能力增长的矛盾。《巴塞尔协议Ⅲ》重视流动性管理。为满足流动性覆盖比率的要求，商业银行应持有更多的现金和超额准备金等流动性高的资产，如风险加权系数为零的证券，包括主权国家发行或担保的证券、央行发行或担保的证券、政策性银行、中央政府投资的公用企业发行或担保的证券以及多边开发银行发行或担保的证券。但从盈利的角度，公司证券和资产担保证券显然比风险加权系数为零的证券收益要高出不少。因此，与未实行流动性监管标准相比，实行《巴塞尔协议Ⅲ》后，银行会倾向于选择风险加权系数为零的证券，从而导致银行收益下降。然而，为了实现通过再融资补充核心资本，降低融资成本，银行业又不得尽可能提升盈利能力，从而使银行陷入两难的境地。

(4) 负债结构调整与网点数量不足的矛盾。《巴塞尔协议Ⅲ》中净稳定资金比率计算的分母为资金流出与资金流入的差额，在资金流出中，存款流出为重要的一部分。由于零售存款、中小企业存款、一般企业存款、同业存款的计入资金流出比例依次增大，分别为15%、15%、25%、100%。另一方面，在净稳定资金比率计算的分子中，一年以内的零售存款、中小企业存款计入可用稳定融资资金来源的比例为70%，而一般企业存款、同业存款的存款计入可用稳定融资资金来源的比例为50%。

因此，为满足监管要求，银行显然愿意持有更多的零售存款、中小企业存款和一般企业存款，而不愿意持有过多的同业存款。然而，对于中小股份制商业银行，尤其是一些城市商业银行而言，因为网点数量不足，其吸收零售存款和中小企业存款能力不足，同业存款是其资金来源的重要组成部分，这无疑会加剧其经营压力。

(5) 表外业务发展与业务结构调整的矛盾。《巴塞尔协议III》的实施将弱化贸易融资类表外业务、承诺类表外业务的相对优势。从净稳定资金比率来看，零售、一般公司信用承诺计入资金流出比例为10%，保函业务计入资金流出比例为50%，信用证业务计入资金流出比例为20%，保函和信用证在内的或有融资负债占用稳定融资资金的比例为100%，这将使相关贸易融资表外业务的资金流出数值非常大。

(6) 因而，为满足监管要求，银行可能会选择减少贸易融资类表外业务和承诺类表外业务。然而，近几年，为了加快业务结构转型和避免同质化竞争，我国很多商业银行，尤其是一些股份制商业银行，均提出要加快贸易融资等业务的发展步伐和结构转型步伐，但《巴塞尔协议III》的实施无疑会加剧银行的转型压力。

第八章　金融监管

真题精选精析

一、选择题

1. 【复旦大学2011】以下不属于金融抑制内容范围的是(　　)。
   A. 金融市场不健全　　　　　　　　B. 金融产品单调
   C. 金融监管　　　　　　　　　　　D. 金融贷款额度管理

2. 【对外经济贸易大学2012】银行监管对银行进行的骆驼评级，主要评估包括资本充足率、资本质量管理、盈利、流动性和(　　)6个方面。
   A. 安全性　　　　　　　　　　　　B. 经营的稳健性
   C. 对市场风险的敏感度　　　　　　D. 信息披露程度

3. 【对外经济贸易大学2016】《巴塞尔协议III》的核心内容是通过资本金管理来控制金融风险，下列(　　)是国际金融危机后的《巴塞尔协议III》中被明确纳入风险管理框架之中的。
   A. 信用风险　　　B. 市场风险　　　C. 流动性风险　　　D. 操作风险

4. 【上海财经大学2014】根据《巴塞尔协议III》，系统重要性银行的最低总资本充足率要求为(　　)。
   A. 8%　　　　　B. 10.5%　　　　C. 11.5%　　　　D. 12%

5. 【上海理工大学2017】关于《巴塞尔协议》下列说法错误的是(　　)。
   A. 银行核心资本充足率必须超过4%
   B. 银行资本充足率必须超过8%
   C. 银行资本占总资产的比重必须超过8%
   D. 银行附属资本充足率必须超过4%

6. 【湖南大学2015】《新巴塞尔资本协议》规定的信用风险计量方法有(　　)。
   A. 内部评级法和标准法　　　　　　B. 基本指标法和内部评级法
   C. 基本指标法和标准法　　　　　　D. 内部评级法和VaR法

7.【清华大学2017】银行监管指标中，不能反映银行流动性风险状况的是(　　)。
   A. 流动性覆盖率　　B. 流动性比例　　C. 拨备覆盖率　　D. 存贷款比例
8.【中央财经大学2016】属于我国证监会监管的金融机构是(　　)。
   A. 信托投资公司　　B. 金融租赁公司　　C. 期货公司　　D. 融资担保公司

二、名词解释

1.【对外经济贸易大学2011】监管套利
2.【中山大学2013】资本充足率

三、简答题

【湖南大学2013】简述《新巴塞尔资本协议》三大支柱的内容及其关系。

四、论述题

【对外经济贸易大学2013】在全球金融危机余波未了，欧美经济仍在衰退边缘挣扎的时候，巴塞尔银行监管委员会于2010年底通过了《巴塞尔协议Ⅲ》，成为2008年金融危机后首个全球范围内的重磅监管改革产物。针对《巴塞尔协议Ⅲ》的出台，业内议论纷纷，请根据你的理解，回答以下问题：
(1)《巴塞尔协议Ⅲ》的主要内容是什么？
(2) 对西方商业银行和我国商业银行的影响有何不同？

第二部分
公司金融

第九章 公司金融概述

第一节 什么是公司金融

一、公司金融的概念和特点

公司金融是研究公司或企业主体在现在或未来不确定的环境中,如何运用金融系统获得所需资金并在时间上进行有效配置的一门学科。

公司金融管理中的资源配置有别于其他资源配置方式的三个基本特点如下。

(1) 公司或企业运用金融系统来实现资源的有效配置,在市场上通过金融工具(如股票、债券等)的运用,中介机构(如银行、保险公司、投资基金等)和金融服务机构(如金融咨询公司)的服务,在监管机构和法规管理下进行资源配置。

(2) 公司或企业的成本与收益是在现在或未来时间上的分布,体现为公司成立时资金的筹集、投资时与经营过程中的资金运用、获取收益的分配以及公司持续经营的扩张或收缩等时间上的资金成本和收益。因此,公司金融管理是实现资源跨时期有效配置的过程。

(3) 公司金融管理具有事先的不确定性。公司管理者或决策者事先无法确切地知道企业未来某一时间资源的成本和收益,金融决策具有事先的不确定性。因此,就需要运用一系列的定量模型来进行价值的测算和评估,用以选择方案、制定和执行决策。

二、公司金融管理的基本内容

公司金融是为实现一定目标所进行的一系列的金融决策与管理过程,主要包括资产的配置、资产的获得以及资产的运营。因此,公司金融管理可以分为以下三个方面的基本内容。

1. 投资决策

投资决策也称为资本预算管理,主要涉及企业的资产方。投资决策是公司或企业的一个最重要的决策。在战略发展上企业做出的第一个决策,就是从事哪个行业。决策过程主要包括提出投资项目的创意,对其进行评估,决定采取哪个项目,然后组织实施。

投资决策决定着公司所需持有的资产总额,在资产总额确定的前提下,公司的管理者需要决定其资产的组成(现金、存货、固定资产的比例)。在一个投资项目中,管理者也必须决定如何安排厂房、机器设备、研究室、仓库和其他长期资产,以及培训操作设备的员工等。所以,投资决策也是资本预算的过程。

2. 融资决策

融资决策也称资本结构决策,主要涉及企业的负债和权益方。一旦企业决定采取哪个项目,就必须考虑如何为其筹集资金。企业的融资方案必须以企业的资本结构(股权资本与债务资本的比例)为基础,公司的资本结构决定了企业未来的现金流量、公司的控制权、股东的权益以及未来收益的分配等。

融资计划一旦决定,公司便可考虑选择融资的最佳途径和优化的融资组合方式(如银行贷款、金融租赁、债券或股票等),以便项目的投资。

3. 资产管理决策

资产管理决策也称营运资本管理决策。在公司将所筹集的资金用于资产的购置后,如何在企业的日常运营和金融业务中有效地管理这些资产。财务经理更关注企业流动资产的管理，以保证在营运中当现金流出现赤字时及时得到融资，在现金有盈余时有效地进行投资，从而获得收益。营运资本的管理至关重要，它关系到企业的经营效率和支付能力，乃至企业的成败。

第二节　公司的目标

公司的目标也就是公司金融的管理目标。人们通常将公司的目标表述为获取利润的最大化，但严格、确切地说应是股东财富的最大化。

▲一、利润最大化目标的缺陷

1. 利润最大化模糊不清

利润有许多不同的定义，例如有会计利润(账面利润)与经济利润(市场价值)、企业利润与社会利润、公司利润与股东利润、税前利润与税后利润等不同的概念。利润最大化不能明确利润的计量，也没有明确公司利润归谁所有这一核心问题。

2. 利润最大化忽视了获取的时间差异

今天获得的1元利润与未来(如1年以后的今天)所获得1元利润在价值上是有区别的，这种差异因货币时间价值而非常重要。忽略利润获取的时间，当成本和收益随时间(如若干年)延续发生时，利润的计量就无法恰当地调整时间差异对价值的影响。

3. 利润最大化忽略了获取的风险差异

高风险的项目较之低风险的项目其预期收益具有更大不确定性。在两个项目预期收益相同的情况下，不考虑风险的差异，就很难做出正确的选择。

▲二、股东财富最大化目标的合理性

公司金融管理的目标是实现股东财富的最大化，表现在以下几个方面：
(1) 股东财富最大化将利润动机和归属明确地定位于公司所有者；
(2) 股东财富最大化明确了预期流向股东的未来现金流量，而不是模糊不清的利润或收入概念；
(3) 股东财富最大化明确了取得未来现金流的时间；
(4) 股东财富最大化的计量过程考虑风险的差异。

股东财富最大化的目标作为公司金融管理的核心原则，始终贯穿于公司金融管理和金融决策的全过程。

三、股东财富最大化与社会责任

公司的组织形式及其商业性，决定了股东财富的最大化目标。但是，股东财富最大化并不意味着公司的管理者可以忽视社会责任。公司在价值创造过程中，必然产生与公司财富相关的利益人群，如股东、债权人、客户、员工、供应商和当地的社会群体等。企业不能只追求商业利益，而不遵守国家法律和社会道德，不承担诸如环境保护、消费者权益、员工权益、社区利益、弱势群体利益、公共事务等社会责任。公司经营所面临的客观社会经济环境，决定了公司生存发展必须依赖于其承担的社会责任。

社会责任虽然在现实生活中具有一定的抽象性，我们还不能准确地定义其范围，很难确定一个公司应该承担哪些社会责任和承担多少社会责任。但是，实践表明，一个成功的企业必然是有社会责任感

的，一个不承担社会责任的企业是不会取得良好发展与成功的。一般而言，公司在实现股东财富最大化目标的同时，应以不侵犯或不损害社会公众利益为基本准则，公司本身的发展要有利于社会的发展。只有权衡公司股东利益与社会利益的相互关系，在经营和生产中将产品和服务与公众利益结合起来，才能在社会发展中获得公司的长远发展。

第三节 代理人问题

※一、代理人问题的概念

代理人问题(agency problem)是指由于代理人的目标函数与委托人的目标函数不一致，加上存在不确定性和信息不对称，代理人有可能偏离委托人目标函数而委托人难以观察和监督，从而出现代理人损害委托人利益的现象。

※二、代理人问题存在的原因

代理人和委托人在利益上存在潜在的冲突。而其直接原因则是所有权和控制权的分离，究其本质原因在于信息的不对称。

从委托人方面来看，导致代理人问题的原因包括以下几点。

第一，股东或者因为缺乏有关的知识和经验，以至于没有能力来监控经营者；或者因为其主要从事的工作太繁忙，以至于没有时间、精力来监控经营者。

第二，对于众多中小股东来说，由股东监控带来的经营业绩改善是一种公共物品。对致力于公司监控的任何一个股东来说，他要独自承担监控经营者所带来的成本，如收集信息、说服其他股东、重组企业所花费的成本，而监控公司所带来的收益却由全部股东享受，监控者只按他所持有的股票份额享受收益。这对于他本人来说得不偿失，因此股东们都想坐享其成，免费"搭便车"。

在这种情况下，即使加强监控有利于公司绩效和总剩余的增加，即社会收益大于社会成本，但只要每个股东在进行私人决策的时候，发现其行为的私人收益小于私人成本，他就不会有动力实施这种行为。

从代理人方面来看，导致代理人问题的原因包括以下几点。

第一，代理人有着不同于委托人的利益和目标，所以他们的效用函数和委托人的效用函数不同。

第二，代理人对自己所做出的努力拥有私人信息，代理人会不惜损害委托人的利益来谋求自身利益的最大化，即产生机会主义行为。

因此，现代公司所有权与控制权的分离，股东与经理人员之间委托-代理关系的产生，会造成一种危险：公司经理可能以损害股东利益为代价而追求个人目标。经理们可能会给他们自己支付过多的报酬，享受更高的在职消费，可能实施没有收益但可以增强自身权力的投资，还可能寻求使自己地位牢固的目标，他们会不愿意解雇不再有生产能力的工人，或者他们相信自己是管理公司最合适的人选，而事实可能并非如此。

▲三、代理人问题的类型

现代公司的经济重要性在于它将许多分散的资本加以集中，并聘用具有专业知识的职业经理人来运作企业。所有权与经营权的分离使得公司制相对于合伙或独资企业而言，集聚了更充裕的资本，所以公司制企业在寻求项目投资和生产营运时具有较强的规模效应。在实现上述利益的同时，公司所有者也将资产的营运权赋予了职业经理人。当股东将经营权赋予经理人员时，经济意义上的委托-代理关系便出现了。作为代理人的经理人员负责制定决策以增加股东的财富。股东将公司视为一种投资工具，他们期望经理人员努力工作以实现股东财富最大化的目标。经理们利用自身的人力资本为股东创造价值，他们将公司视为获取报酬以及自我价值实现的源泉，他们为了达到自身的目标，有时会以牺牲股东财富为代价制定决策，从而使自身利益最大化。对股东来讲，防止经理人员做出自身利益最大化决策的唯一办法是设计有效的雇佣合约，指明在所有可能的情况下经理人员应该采取的特定行为。在信息完全的情况下股东能合理地设计上述合约，但是现实世界的信息是不对称的，股东并不完全了解企业的管理活动与投资机会，作为代理人的经理阶层比作为委托人的所有者更了解企业生产、收益和成本等方面的信息，因此，在这种情况下，经理阶层就可能采取偏离股东财富最大化的决策而使自身利益最大化，同时股东也就必须承受由经理人员最大化自身利益行为所引致的代理成本，这种情况通常称之为代理问题。代理问题会直接影响公司的投资、营运与财务政策，代理行为的"弱无效"有可能导致股东价值的显著减损。我们将代理问题归纳为以下4类，对于不同类型的公司而言，不同种类的代理问题对其造成影响的程度不同。

1. 努力程度问题

劳动经济学家指出工人通常会偏好闲暇所带来的利益，直至闲暇所带来的边际利益等于丧失收入所带来的边际成本为止。对于经理人员而言，上述理论同样适用，因为他们也是受薪雇员，也同样会产生以努力程度为基础的代理问题。相关研究成果表明，经理人员拥有的公司股份越少，他们在工作中偷懒的动机就越大。对于给定水平的偷懒程度而言，经理人员自身遭受的成本会随持股权份额的增大而增加。所以，持有更少的股权可能使经理人员偷懒的动机更强，这可能会使股东价值遭受更大的潜在损失。偷懒程度是不能直接加以量化的，因此该领域中的实证研究集中于观察经理人员的可见行为，并以此作为偷懒问题发生的证据。研究者们检验了经理人员的外部行为是出于最大化股东财富的考虑，还是因为经理人员对收入、特权或个人名誉的追求。研究发现，当一个公司的经理人员被聘为另一个公司董事的消息发布时，公司的股价趋于下降。上述证据与"经理人员有时会为个人利益而制定决策，此类行为会使他们所管理公司的价值遭到减损"的观点相一致。

2. 任期问题

一般来讲，经理人员都有一定的任期。相对于经理人员任期来说，公司有更长的生命期间，股东们关心的是未来期间的现金流。而经理人员在任职期间的要求权在很大程度上取决于当期的现金流。当经理人员接近退休时，他们任期的有限性与股东持股期的无限性(如不将股票抛出的话)之间的矛盾所带来的代理问题将变得更加严重。比如，经理人员可能偏好投资于具有较低成本和能够更快获取成效的项目，而放弃更具获利性但是成本较高且需长期见效的项目。公司应投资多少研究发展费的决策就是此类问题的一个例子，研发费的支出削减了会计收益，从而减少了经理人员的当期报酬。因此，临近退休的经理人员可能会承受研发费的成本而未能享受其所带来的利益。相关统计结果表明，当经理人员接近退休时，研发费的支出随之减少。当资本市场需要花费较长的时间确认公司新项目的价值时，经理任期问题将变得更加严重。如果项目初期对于资本市场表现得无利润，经理人员可能拒绝有吸引力的项目，因为他们害怕由敌意收购所带来的职位丧失。

3. 不同风险偏好问题

资产组合理论指出，持有资产的多样化有效地分散了公司特定风险，但是不能消除系统风险对于公司股价的影响。所以，具有多样化投资的投资者主要关心的是系统性风险。一般而言，经理人员并没有很好地多样化自身资产，他们财富中的很大比例与他们所在公司的成败息息相关。当报酬中很大一部分由固定工资组成时，经理人员的风险偏好可能更接近于债权人，而不是股东。财务危机或破产的发生通过对经理人员的名誉造成影响会极大地减少经理人员的净价值，增加他们另谋职位的难度。经理人员可以有效地应对威胁公司生存的事件，但当情况发生好转时，他们报酬的增加却有上限，奖金数目经常为工资的特定百分比或者是一个固定数目。研究者们发现，美国上市公司经理人员所拥有的小额股权对于激励他们最大化股东财富发挥了有限的作用。经理人员的处境更接近于债权人，当公司陷入财务危机时，他们会失去更多，但是当公司收益上升时，获得的利益却很少。因此相对于股东而言，他们具有更小的风险偏好性。经理人员会利用公司的投资与财务政策减少公司所面临的全部风险，比如，他们可以选择扩张已存的生产线，利用已知的技术等具有更小风险的行为，而不是投资于具有开创性的产品、科技与市场。经理人员也可能寻求购并扩展公司的产品生产线，或扩张进入另一个行业，这样可以减少他们所在行业(或公司)的特定风险。

在一个多样化经营的公司中，一个分部的较差绩效可以被其他分部的较好绩效所抵减。如果这些抵减效应减少了公司现金流的变动性，可以减少他们失去工作的可能性。近来对美国市场的实证研究表明，在相同的行业中，多样化经营公司的股东收益小于非多样化经营公司的收益。这些研究表明，经理人员可能做出自身利益最大化并以牺牲股东利益为代价的投资决策，他们可以从公司多样化战略中获取较多的利益。经理人员也能利用财务政策去影响公司现金流的变动性与财务危机发生的可能性。因为杠杆作用放大了经营绩效的波动性，相对于股东偏好而言，经理人员可能使用更少的负债融资，对于他们来说，债务融资的成本超出了利益。最后，处于成熟期公司的经理人员可能选择低股利支付政策，这能使公司利用内部融资，类似的政策不仅可以使杠杆作用较低，而且还可以避免债权人的过多干涉。

4. 资产使用问题

公司资产的不正确使用与用于个人消费也会带来代理成本。在职消费可以使公司吸引具有丰富经验的经理人员。然而，如果津贴过度，则会使股东财富遭到减损。经理人员仅仅负担此类支出成本的一部分，却获得了全部的利益，所以他们有强烈的动机进行比股东所希望的更多的在职消费。经理人员也有动机进行无利润的投资以增大公司的规模，从而增大了他们的报酬与特权。来自一些对美国公司CEO报酬的研究发现，对于样本CEO报酬而言，公司规模(用销售额表示)比经营绩效具有更高的解释力。经济学家指出，经理人员具有过度投资的动机是非常明显的，通过此种方式他们可以获取超额现金流，经济学家将超额现金流定义为公司所有具有正净现值的可投资项目所产生的现金流与需要投入到其中的现金流之间的差额，他还指出最可能产生超额自由现金流的公司是具有有限增长机会的盈利公司。

▲四、资本结构与代理人问题的解决

委托代理问题和资本结构到底有什么关系？首先，我们必须明确为什么要讨论这个问题，即我们讨论这个问题的目的，那就是通过优化资本结构来降低代理成本，或者通过降低代理成本来优化资本结构，两者是相互作用的，从而实现企业价值的最大化。资本结构的选择决定了企业的控制权约束机制。同时，资本结构决定了企业的财务风险。这就是资本结构和委托代理问题的关系。

公司不同权益要求者之间的代理冲突必须以某种方式解决。可能的话，可以通过签订协议来解决这些冲突。比如，可通过限制性协议(如对杠杆比率的限制)来避免潜在冲突。当不能通过签订协议来解决某一冲突时，投资者们便会以他们自己的方式来解决问题。他们通过降低他们所愿支付给债务的价格来避免未来财富损失的风险。当公司发行证券时，证券的代理成本是所有特殊协议(如债券限制性协议，这种协议成本极高，因为其限制了公司选择的余地)的成本之和再加上其他潜在冲突导致的降价。

公司资本结构也会影响与公司劳工协议有关的代理成本。请回想人力资本的不可多样化问题。为一个行将破产的公司工作的雇员为了找到新工作更可能发生寻找成本，而且这些成本各公司不尽相同。雇员找工作的预期成本取决于公司产品和劳务是否具有专用性。执行大众化工作的雇员相对于从事专用性工作的雇员，前者的预期寻找成本较低。人力资本反映了这种差别。因此，当其他条件一样时，与人力相关的代理成本对于提供相对专用化产品和劳务的公司而言更高。由于较高的杠杆比率会产生较高的代理成本，所以这很可能意味着公司产品和劳务的专用化程度将影响公司对资本结构的选择。

债务筹资也可能会减少公司的代理成本，如债权人监督股东的成本和股东监督经理的成本。只要公司发行新债，潜在债权人就会仔细分析公司情况以确定该债务的公平价格。于是每发行一次新债，现有债权人和股东就免费享受了一次对公司的外部"审计"。这种外部审计降低了为确保代理人(公司经理)尽职尽责而花费的监督成本。

另一种通过利用债务来执行监督功能的办法是利用偿债基金条款。通过偿债基金，公司可以满足每期除付息之外支付的需要。如果难于建立偿债基金，则它可能是一个较早的信号，预示着公司可能陷入了财务困境。如果无法按要求建立偿债基金，则意味着公司可能到期无法偿付。显然，这种监督功能有益于债权人，也有利于股东对公司经理的进一步监督。

在降低债务代理成本时，利用有形资产抵押来确保还款也可扮演着重要角色。带抵押的债务减少了债权人在债务人破产时的潜在损失，因而也就限制了股东侵占债务人财富的数额。用于抵押偿债的资产在未得到债权人或破产法庭许可前不得出售。

解决代理问题，达到优化资本结构，不可避免地涉及财务监督和会计监督，以及其他监督手段，其实财务环境中的许多因素均可作为监督手段，在常规的经营程序中，人们公开地提供并寻求信息，他们还通过自身行为传递信息，政府执行法律法规时也会披露信息，甚至公司的声誉和结构也会传递信息。

常见的监督手段有以下几个。

(1) 财务报表。经过审计的会计报表是对股东-经理关系、债权人-股东关系的监督手段。财务报表提供了一个预警系统。

(2) 现金股利。现金股利可以从两个方面充当监督手段。首先，公司未能宣布期望金额的现金股利会产生警报。虽然这也许是或也许不是负面信息，但会促使投资者进一步探究。他们必须弄清未能发放预计金额的股利意味着什么。其次，发放现金股利会迫使公司更频繁地寻求外部筹资，上面已经提到外部筹资的监督作用。

(3) 债券评级。由穆迪或标准普尔公司等机构进行的债券评级在债券发行时提供了监督，而且在债券的整个偿还期里也提供了程度略低的监督。

(4) 债券条款。债券条款提供了一种预警系统。

(5) 政府法规。政府用于保护公众利益的监督手段在不断发展，例如证券交易委员会等机构都可对公司进行监督，防范种种违法行为。

(6) 整个法律制度。盗窃、诈骗以及许多其他形式代理人的不当行为都是非法的。法律制度为每一个人都提供了种种监督形式。

(7) 声誉。声誉及其所含的一般信息是一种监督形式。建立和维持良好的声誉是有价值的，这会促进提供准确信息的动力，而准确的信息又便利了监督。

(8) 多级别组织。一个公司中，如果考察和评价各个决策需要通过众多权限级别，那么也提供了一种结构上的监督形式。当你的不当行为需要许多人配合才能做到时，就会困难得多。在这样的公司里，一项计划要取得批准，必须经过广泛的讨论。大群体中可能存在着各式各样的人，并非每一个人都能保守秘密。

▲五、代理理论

在资本结构的决策中，不完全契约、信息不对称以及经理、股东与债权人之间的利益冲突将影响投资项目的选择，特别是在企业陷入财务困境时，更容易引起过度投资问题与投资不足问题，导致发生债务代理成本。债务代理成本损害了债权人的利益，降低了企业价值，最终将由股东承担这种损失。

1. 过度投资问题

过度投资问题是指因企业采用不盈利项目或高风险项目而产生的损害股东以及债权人的利益并降低企业价值的现象。发生过度投资问题有两种情形：一是当企业经理与股东之间存在利益冲突时，经理的自利行为产生的过度投资问题；二是当企业股东与债权人之间存在利益冲突时，经理代表股东利益采纳成功率甚至净现值为负的高风险项目产生的过度投资问题。

当企业的所有权与控制权发生分离时，经理与股东之间的利益冲突会表现为经理的机会主义行为，具体表现为：如果企业的自由现金流相对充裕，即使在企业缺乏可以获利的投资项目和成长机会时，经理也会倾向于通过扩大企业规模实现扩大自身对企业资源的管理控制权，表现为随意支配企业自由现金流投资于净现值为负的投资项目，而不是向股东分配股利。有时经理也会过分乐观，并自信地认为其行为是有助于提升股东价值的，如果在并非真正意识到项目的投资风险与价值情况下进行投资，也会导致过度投资行为。企业经理这种随意支配自由现金流的行为是以损失企业股东利益为代价的，为了抑制这种过度投资带来的对股东利益乃至最终对企业价值的损害，可通过提高债务融资的比例，增加债务利息固定性支出在自由现金流中的比例，实现对经理的自利性机会主义行为的制约。

当经理代表股东利益时，经理和股东倾向于选择高风险的投资项目，特别是当企业遇到财务困境时，即使投资项目的净现值为负，股东仍有动机投资于净现值为负的高风险项目。这是因为企业股东与债权人之间存在潜在的利益冲突，表现为在信息不对称条件下，股东可能会把资金投资于一个风险程度超过债权人对债务资金原有预期水平的项目上。如果这一高风险项目最终成功了，股东将获得全部剩余收益，但如果该高风险项目失败了，由于股东只承担有限责任，从而主要损失由债权人承担。显然，企业股东凭借选择高风险项目提高了债务资金的实际风险水平，降低了债务价值。这种通过高风险项目的过度投资实现把债权人的财富转移到股东手中的现象被称为"资产替代问题(asset substitution)"。

例如，某公司有一笔100万元年末到期的债务，如果公司的策略不变，年末的资产市值仅为90万元，显然公司将违约。公司经理正在考虑一项新策略，这一策略看似有前途，但经过仔细分析后，实际充满风险。新策略不需要预先投资，但成功的可能性只有50%。公司的预期价值为130×50%+30×50%=80万元，与原先90万元的企业价值相比，减少了10万元。尽管如此，公司经理仍然建议采纳新策略。

如表9-1所示，如果公司不实施新策略，公司最终将违约，股东必定一无所获，如果公司尝试这个高风险策略，股东也不会发生额外损失。但是，如果新策略成功，公司在偿付100万元的债务后，股东将得到30万元。假定成功的可能性是50%，则股东的期望所得为15万元。

表9-1 两种策略下债务与股权价值   单位：万元

项目	原策略	新策略		
		成功	失败	期望值
资产价值	90	130	30	80
债务	90	100	30	65
股权	0	30	0	15

新策略的总体期望价值为负，但股东仍可以从实施新项目中获利，而债权人将遭受损失；若公司采取新策略，债权人的总体期望所得为65万元，与原策略将会收到90万元相比，损失了25万元。债权人损失的25万元，相应地包含了股东得到的15万元，以及因新策略的风险加大而招致的预期损失10万元。实际上，经理和股东是在用债权人的资金冒险，即如果该公司在财务困境时不进行高风险投资，债务价值是90万元，在经理与股东投资后，债务价值为65万元，与原来相比多损失的15万元则是转移到股权的价值。这个例子表明了一个基本观点：在企业遭遇财务困境时，即使投资了净现值为负的投资项目，股东仍可能从企业的高风险投资中获利，说明股东有动机投资于净现值为负的高风险项目，并伴随着风险从股东向债权人的转移，即产生了过度投资问题。

2. 投资不足问题

投资不足问题是指因企业放弃净现值为正的投资项目而使债权人利益受损并进而降低企业价值的现象。投资不足问题发生在企业陷入财务困境且有比例较高的债务时(即企业具有风险债务)，如果用股东的资金去投资一个净现值为正的项目，可以在增加股东权益价值的同时，也增加债权人的债务价值。但是，当债务价值的增加额超过权益价值的增加额时，即从企业的整体角度而言是净现值为正的新项目，而对股东而言则成为净现值为负的项目,投资新项目后将会发生财富从股东转移至债权人。因此,如股东事先预见到投资新项目后的大部分收益将由债权人获得并导致自身价值下降时,就会拒绝为净现值为正的新项目投资。

陷入财务困境的企业股东如果预见采纳新投资项目会以牺牲自身利益为代价补偿债权人,因股东与债权人之间存在利益冲突,股东就会缺乏积极性,而选择该项目进行投资。

又如,假设前例公司不采取高风险的投资项目。相反,经理考虑另一个有吸引力的投资机会,该投资要求投资10万元,预期将产生50%的无风险报酬率。如果当前的无风险利率为5%,这项投资的净现值明显为正。问题是企业并无充裕的剩余现金投资这一新项目。由于公司已陷入财务困境,无法发行新股融资,假设现有股东向企业提供所需要的10万元新资本,股东与债权人在年末的所得如表9-2所示。

表9-2 有新项目和无新项目时债权人和股东收到的支付 单位:万元

项目	无新项目	有新项目
现有资产	90	90
新项目		15
公司的总价值	90	105
债务	90	100
股权	0	5

如果股东为项目提供10万元,那么他们只能收回5万元。项目产生的另外10万元将流向债权人,债权人的所得从90万元增加到100万元。由于债权人得到该项目的大部分收益,所以,尽管该项目为公司提供了正的净现值,对股东来说却只能得到净现值为负的投资回报。

这一例子表明:当企业面临财务困境时,股东会拒绝净现值为正的项目,放弃投资机会的净现值,即产生了投资不足问题。股东主动放弃净现值为正的投资项目,将对债权人和企业的总价值造成损失。对于那些未来可能有大量的盈利性增长机会需要进行投资的企业而言,这种成本将更高。

3. 债务的代理收益

债务的代理成本既可以表现为因过度投资问题使经理和股东受益而发生债权人价值向股东的转移,也可以表现为因投资不足而发生股东为避免价值损失而放弃给债权人带来的价值增值。然而,债务在产生代理成本的同时,也会产生相应的代理收益。债务的代理收益将有利于减少企业的价值损失或增加企业价值,具体表现为债权人保护条款引入、对经理提升企业业绩的激励措施以及对经理随意支配现金流浪费企业资源的约束机制等。

当债权人意识到发生债务代理成本可能产生对自身价值的损失时,会采取必要措施保护自身利益,通常是在债务合同中加入一些限制性条款,如提出较高的利率要求以及对资产担保能力的要求;此外,法律以及资本市场的相关规定也会出于保护债权人利益的考虑对发行债务做出一些限制性规定。这些保护债权人利益的措施有效地抑制了债务代理成本。如企业发生新债务时,理性的投资者会谨慎地关注企业的资信状况、盈利能力、财务政策、成长机会以及投资的预期收益与风险。新投资者与现有债权人与股东均会对新发生债务的预期收益以及对原有债务的影响做出合理判断,以避免发生企业价值受损的潜在风险。

债务利息支付的约束性特征有利于激励企业经理尽力实现现金流的稳定性,保证履行偿付义务,在此基础上,进一步提高企业创造现金流的能力,提高债权人与股东的价值,维护自身的职业声誉。与此同时,因经理与股东之间的潜在利益冲突,从资本结构设计的角度出发,通过适当增加债务,提高债务现金流的支付比率,约束经理随意支配企业自由现金流的浪费性投资与在职消费行为,抑制以损害股东利益为代价的机会主义行为所引发的企业价值下降。

第四节　金融市场

一、金融市场的基本分类

金融市场常见的分类标准主要有以下几种。

根据所交易金融资产的期限划分，金融市场可分为货币市场和资本市场。货币市场是指交易资产期限在1年以内的金融市场，如短期银行间同业拆借市场、商业票据市场、国库券市场等。资本市场是指交易资产期限在1年以上或者没有到期期限的金融市场，如股票市场、中长期债券市场和中长期银行贷款市场等。

按照组织方式划分，金融市场可分为有组织的市场(或场内交易市场)和无组织的交易市场(或场外交易市场)。目前出现的所谓"第三市场"，实际上也是一种场外交易市场，只不过所交易的资产同时也在交易所上市交易；而"第四市场"则是指不通过中介而直接由买卖双方协商达成交易而形成的无形市场。

此外，按照市场中作为交易主体的金融机构的性质分，可以将金融市场细分为银行市场、保险市场和证券市场；按照金融资产的新旧程度分，可以将金融市场划分为发行市场(一级市场)和流通市场(二级市场)；按照金融资产的性质分，可以将金融市场划分为股权市场和债权市场；按照开放程度分，可以将金融市场划分为现货市场和期货市场；按照金融创新程度和交割方式分，可以将金融市场划分为传统金融市场和衍生产品市场。

▲ 二、债券市场

1. 债券的基本分类

1) 政府债券

政府债券是政府为筹集资金进行公共投资或是为了弥补财政赤字而发行的信用证券。它是政府筹集资金的一种方式，反映了以国家为主体的一种特殊的资金再分配关系。政府债券是由政府承担还本付息义务，由于政府有征税权，又有货币发行权，所以一般认为政府债券有最高的信用度，没有任何信用风险。

2) 公司债券

公司债券是公司为筹措资金而发行的债务凭证。发行公司债券，一般是筹措长期资金、扩大生产规模，因此期限较长。发行者多为一些一流的大公司。由于公司债券信用度一般不及政府债券和金融债券，所以其利率一般高于其他债券。

3) 金融债券

金融债券是银行等金融机构为筹集信贷资金而发行的债券。发行金融债券，表面看来同银行吸收存款一样，但由于债券有明确的期限规定，不能提前兑现，所以筹集的资金要比存款稳定得多。更重要的是，金融机构可以根据经营管理的需要，主动选择适当时机发行必要数量的债券以吸引低利率资金，故金融债券的发行通常被看作银行资产负债管理的重要手段。而且，由于银行的资信度比一般公司要高，从而金融债券的信用风险也较公司债券低。

2. 债券的发行条件、发行方式、发行价格

债券的发行条件、发行方式和发行价格主要受各国的证券法规制，受各国金融市场环境和法律体系的影响，各国的情况略有不同。这里主要分析我国的债券发行法律体系。

公司发行公司债券关系到公众投资者的利益。为了保护公司债权人的合法权益，《中华人民共和国公司法》(以下简称《公司法》)规定，股份有限公司、国有独资公司和两个以上的国有投资主体投资设立的有限责任公司，有资格发行公司债券。公司发行债券必须具备以下条件：

(1) 股份有限公司的净资产额不低于人民币3 000万元，有限责任公司的净资产不低于人民币6 000

万元；

(2) 累计债券总额不超过公司净资产额的40%；

(3) 最近三年平均可分配利润足以支付公司债券1年的利息；

(4) 筹集的资金投向符合国家产业政策；

(5) 债券的利率不得超过国务院规定的利率水平；

(6) 国务院规定的其他条件。

另外，《公司法》还规定，公司发行公司债券筹集的资金，必须用于审批机关批准的用途，不得用于弥补亏损和非生产性支出。如不得用于房地产买卖、股票买卖和期货交易等与本公司生产经营无关的风险性投资。

根据我国《公司法》的规定，公司发行公司债券应按照下列程序进行。

(1) 做出决议或决定。股份有限公司、有限责任公司发行公司债券，要由董事会制定发行公司债券的方案，提交股东会做出决议。

(2) 提出申请。公司应该向国务院证券管理部门(证监会)提出发行公司债券的申请，并提交下列文件：①公司登记文件；②公司章程；③公司债券筹集方法；④资产评估报告和验资报告。

(3) 经主管部门批准。国务院证券管理部门对公司提交的发行公司债券的申请进行审查，对符合相关法律规定的，予以批准；对不符合规定的不予批准，并说明理由。国务院证券管理部门在审批公司债券的发行时，不得超过国务院确定的公司债券的发行规模。

证券经营机构的承销方式有包销和代销两种。包销是指，承销机构承诺在承销期结束时，将代发行人发售而未售出的公司债券全部买下的证券承销方式。代销是指承销机构代理发售公司债券，在承销期结束时，将未售出的公司债券全部退还给发行人的承销方式。根据我国法律的规定，公司发行债券，不得直接向社会公开募集，必须由证券经营机构承销。

债券的发行价格是债券发行时使用的价格，也就是投资者购买债券时所支付的价格。公司债券的发行价格通常有三种：平价、溢价和折价。平价是指以债券的票面价格为发行价格；溢价是指以高出票面价格的发行价格发行；折价是指以低于票面价格的发行价格发行。

债券发行价格受诸多因素的影响，其中主要的因素是票面利率与市场利率的一致程度：当票面利率高于市场利率时，以溢价发行债券；当票面利率低于市场利率时，以折价发行债券；当票面利率与市场利率一致时，则以平价发行债券。

> **关键考点**
>
> 考生应熟练掌握债券发行价格与市场利率之间的内在联系并深入理解票面利率对投资者收益的补偿机制。

3. 债券的信用等级

由于债券发行企业的财务状况和经营前景不同，以及债券的条款不同，债券的违约风险也不一样。债券信用等级的评定是债券违约风险的一种较好的反映。表9-3列举了世界上最权威的美国穆迪公司和标准普尔公司所用的债券分类标准和级别符号。违约风险相对较低的债券被称为投资级债券，其级别为穆迪公司的Baa级(或标准普尔公司的BBB级)及以上的级别。穆迪公司的Baa级(或标准普尔公司的BBB级)及以下级别的债券具有较大的违约风险，被形象地称为"垃圾债券"。

表9-3 公司债券信用等级的分类

级别定义	机构名称 穆迪公司	标准普尔公司
安全性最高	Aaa	AAA

续表

级别定义 \ 机构名称	穆迪公司	标准普尔公司
安全性高	Aa1	AA+
	Aa2	AA
	Aa3	AA−
安全性良好	A1	A+
	A2	A
	A3	A−
安全性中等	Baa1	BBB+
	Baa2	BBB
	Baa3	BBB−
有投机因素	Ba1	BB+
	Ba2	BB
	Ba3	BB−
不适合作为投资对象	B1	B+
	B2	B
	B3	B−
安全性极低	Caa	CCC
具有极端投机性	Ca	CC
最低等级债券，无未来性	C	C

▲三、股票市场

1. 股票和债券的比较

股票与债券的共性表现在：两者都是资本证券，是虚拟资本，都具有资本证券和虚拟资本的一般特性；它们都是证券投资的基础工具，是衍生证券的基础；它们都处在证券市场的统一体中，都要经过市场进而才能在流通市场进行交易；两者的发行和交易都要经过证券监管部门的核准并接受监管，且受到一系列发行和上市条件的制约。

但是，股票和债券具有明显的区别，主要表现在以下几个方面。

1) 证券持有人法律地位的不同

股票是一种所有权凭证，体现所有权关系，股票持有人是发行公司的所有者。而债券是一种债权凭证，体现了债券发行公司(债务人)与债券持有人(债权人)之间的债权债务关系，债券持有人是发行公司的债权人。这是股票与债券的最根本区别，由此引申出二者的其他差别。

2) 公司决策权的不同

股票投资属于权益性投资，普通股股东有权参与公司的经营决策，有选举权和表决权，其权利的大小取决于其持有股票的多少。而债券持有人属于债权人，不能直接参与公司的经营决策。

3) 投资风险性的差异

股票的风险性大于债券的风险性。购买股票实质上是股东向公司永久性地投资，股票一经购买，便不能退还本金，股票能否获得收益完全取决于企业的盈利状况。但股票可以通过买卖交易获得差价利润。对于债券来说，债券发行人到期必须偿还本金，并且必须按期或到期一次性支付利息，因此风险性相对较低，除企业严重亏损导致破产的情况外，基本不受企业盈利状况的影响，可以获得较稳定的收益。

另外，债券持有人有优先于股息分配取得债券利息的权利，在公司破产清算时的剩余资产的索取方面也优先于公司股东。

4) 证券流动性的差异

相对于债券而言，股票的流动性较高，可以随时在股票市场上转让买卖。

5) 价格波动性的差异

相对于债券而言，股票价格的波动性较大。股票价格受企业经营状况，国内国际的政治、经济、社会和心理等多方面的影响，处于不断变化的状态。

2. 股票的种类：普通股和优先股

按照股东承担风险程度和享有分红权利的不同，股票可以分为普通股和优先股。

普通股是每家新公司首先发行的证券，是股票最普遍的一种形式。普通股的主要特点是有经营的参与权，可参加股东大会选举董事会，对公司的合并、解散和修改章程都有投票权。普通股持有人只对所购股份承担有限责任，对公司的负债不承担债务责任，公司债权人只能对公司的资产提出要求，无权对股东起诉。具体来讲，普通股股东一般享有以下权益。

(1) 投票表决权，即出席股东大会、对公司重大事务进行投票表决的权利，并相应地享有公司董事和监事的选举权和被选举权。但是，由于股份公司的组织非常庞大，股东众多，单个股东所起的作用一般是微不足道的，股份公司的所有权和控制权一般是分离的，控制权往往被少数大股东所控制。

(2) 股利请求权。普通股的收益是不具事前承诺性的，完全依公司的经营效绩而定，公司有税后盈余是实现股利请求权的基础。股利请求权是绝大多数股东最为看重的权益。

(3) 剩余资产索偿权。这是指在股份公司解散和清算时，普通股股东有权在公司财产满足了债权人和优先股股东的债权后，按持股比例索偿应得资产。如果公司资不抵债而清盘，则剩余资产索偿权不具有现实意义。

(4) 优先认股权。这是指在公司发行新股时，为保证原有普通股股东的持股份额不发生变化，普通股股东有权按照在原先公司股份的份额，以低于市价的价格优先购买新股。优先认股权是普通股股东的特权，但是这种特权是有偿行使的，即要股东支付相应的价款，因而是普通股股东对公司的追加投资。它通过配股进行。该权利可转让或放弃。

(5) 股权转让权。根据法律规定，除某些普通股股份如发起人股、公司董事所持之股、我国目前的国家股等转让上设置严格限制条件以外，其余股份一般都可以自由转让。例如，我国《公司法》规定，股份有限公司发起人认购的股份，自股份公司成立之日起三年内不得转让。

优先股一般是公司成立后筹集新的追加资本而发行的证券。优先股的"优先性"主要体现在优先股持有人享有优先分配股利的权利，即在支付普通股股息以前，必须先按规定的比率向优先股持有人支付股息；在公司破产清算时，优先股也比普通股有优先分配资产的权利。但同时，优先股持有人一般情况下不能参加股东大会，不享有股份公司的经营决策权，只能获得固定的股息收入。所以，优先股比普通股的风险性小，对于希望获得稳定的股息收入的投资者具有较大的吸引力。

> **关键考点**
>
> 考生应深入理解普通股与优先股的区别及其对发行公司和投资者的不同意义。

另外，根据投资主体不同，股份又可分为国有股、发起人股和社会公众股。根据股票票面上是否记载股东的姓名，股票可分为记名股票和不记名股票。根据股份公司的经营状况，将股票分为绩优股、垃圾股、蓝筹股、红筹股等。

在我国，按发行对象和上市地区的不同，又可将股票分为A股、B股、H股和N股等。A股是供我国大陆地区个人或法人买卖的，以人民币标明票面金额并以人民币认购和交易的股票。B股、H股和N股是专供外国和我国港澳台地区投资者买卖的,以人民币标明票面金额但以外币认购和交易的股票。其中B股在上海、深圳上市,H股在中国香港上市,N股在纽约上市。

3. 股票的发行条件和发行价格

按照我国《公司法》的有关规定,公司发行新股,必须具备以下条件:

(1) 前一次发行的股份已经募足,并间隔1年以上;
(2) 公司在最近三年内连续盈利,并可向股东支付股利;
(3) 公司在三年内财务会计文件无虚假记载;
(4) 公司预期利润率可达同期银行存款利率。

股票的发行价格是股票发行时所使用的价格。根据我国《公司法》的相应规定,以募集方式设立股份有限公司,首次发行的股票价格由发起人决定;股份有限公司增资发行新股的股票价格,由股东大会做出决议。

除少数情况外,股票的发行价格和股票的面值是不一致的。股票的发行价格一般有以下三种。

(1) 等价发行。等价发行就是以股票的票面金额为发行价格,也称为平价发行。这种发行价格,一般在股票的初次发行或在股东内部分摊增资扩股的情况下采用。等价发行股票容易摊销,但无法取得股票溢价收入。

(2) 时价发行。时价发行就是以本公司股票在流通市场上买卖的实际价格为标准确定的股票发行价格。以时价发行股票的原因是在发行新股时,股票已经增值或贬值,收益率已经变化。采用时价发行股票,考虑了股票的现行市场价值,对投资者也有较大的吸引力。

(3) 中间价发行。中间价发行就是以时价和等价的中间值确定的股票的发行价格。

按时价或中间价发行股票,股票发行价格会高于或低于股票面额。前者称为溢价发行,后者称为折价发行。根据我国法律的有关规定,股票发行价格可以等于票面金额(等价),也可以超过票面金额(溢价),但不得低于票面金额(折价)。

4. 股票的上市条件及上市、交易、停牌和摘牌

为维护金融市场秩序,各国法律均对股票上市的条件进行了严格限定。我国《公司法》第151条的规定:"上市公司是指所发行的股票经国务院或者国务院授权证券管理部门批准在证券交易所上市交易的股份有限公司。"根据我国《公司法》第152条的规定,股份有限公司申请其股票上市,必须符合下列条件。

(1) 股票经国务院证券管理部门批准已向社会公开发行。
(2) 公司股本总额不少于人民币5 000万元。
(3) 公司开业时间在三年以上,最近三年连续盈利;原国有企业依法改建而设立的,或者本法实施后新组建成立,其主要发起人为国有大中型企业的,可连续计算。
(4) 持有股票面值达人民币1 000元以上的股东不少于1 000人,向社会公开发行的股份达公司股份总额的25%以上;公司股本总额超过人民币4亿元的,其向社会公开发行股份的比例为15%以上。
(5) 公司最近三年内无重大违法行为,财务会计报告无虚假记载。
(6) 国务院规定的其他条件。

股票上市的暂停(简称"停牌")是指根据国务院证券监督管理机构或者经国务院证券监督管理机构授权的证券交易所的决定,暂时停止股票发行人的股票上市交易资格的一种法律行为。这是暂时剥夺股票上市资格的一种做法。根据《公司法》第157条的规定,股票暂停上市的事由包括:

(1) 公司股本总额、股权分布等发生变化,不再具备上市条件;
(2) 公司不按规定公开其财务状况或者对财务报表做虚假记载;
(3) 公司有重大违法行为;
(4) 公司最近三年连续亏损。

股票上市的终止(简称"摘牌")是指根据国务院证券监督管理机构或者经国务院证券监督管理机构

授权的证券交易所的决定,取消股票发行公司的股票上市资格的一种法律行为。根据《公司法》第158条的规定,股票终止上市的事由包括:

(1) 公司不按规定公开其财务状况、对财务会计报告做虚假记载或者公司有重大违法行为且经查实后果严重;

(2) 公司股本总额、股权分布等发生变化不再具备上市条件,或者公司最近三年连续亏损且在期限内未能消除;

(3) 公司决议解散、被行政主管部门依法责令关闭或者宣告破产。

5. 股价指数

股价指数用来反映市场股票价格的相对水平,它先确定一个基期,将基期股价作为基期值(通常定为100),并据此计算以后各期股价的指数值。股价的计算方法一般有简单算术股价指数和加权平均股价指数两种。采用简单算术平均法计算股价指数,应先计算样本股票的个别股价指数,再加总求算术平均数。简单算术平均法的缺陷是未考虑各种采样股票的发行量和交易量的因素,不同股票数量的变化将对股市价格产生完全不同程度的影响,因此,由此计算出来的股价指数往往不够准确,这就需要在计算股价指数时加入权数。加权股价指数是考虑各样本股在市场上的重要性不同而赋予不同权数计算的股价指数,其权数可以是发行量,也可以是成交量。世界著名的股票价格指数包括道·琼斯指数、标准普尔指数、恒生指数、纽约证券交易所指数、伦敦金融时报指数和日经指数等。

6. 影响股价波动的因素

(1) 影响股价波动的公司内部因素。

① 盈利状况。公司内部因素最集中地反映在企业的盈利水平。股价最终取决于公司目前盈利的高低和未来盈利的趋势。

② 股利政策。公司对股利的发放方式也对股价有重大影响。股票投资者持有股票的目的是获得股利,因此,每年在公司决定向股东发放股息和红利日期的前后都是股价变动最大的时期。

③ 经营管理水平。公司经营管理水平的高低,会直接关系到公司的盈利水平,是股票投资者选择股票的重要依据之一,因而对公司股价也有重大影响。

④ 股票分割。公司如果要进行股票分割,一般会在年度决算后宣布。在分股时,股票持有人所保持的股份,能得到和以前相同的股利,且每股价格较低,因而会刺激一些人在公司决策期间购买股票。在此期间,大量股票过户并退出股票市场,使市场股票流通量减少,股价就会相应上升。分割和过户手续结束后,大部分股票又回到股票市场,价格又将趋于稳定。

⑤ 重大人事变动。公司大股东如果想直接控制公司的管理权,在董事会、监事会改选前,常会逐步买进股份,以便控制董事会和监事会。在大股东买进股份过程中,公司股价有可能被抬高。此外,公司高管的更换,也会引起投资者对公司经营方针的猜测,从而改变对公司经营状况的预期,影响公司股价。

(2) 影响股价波动的公司外部因素。

① 宏观经济因素。影响股价波动的宏观经济因素主要包括经济周期、利率变化、物价变动、货币供应量4个方面的内容。

② 行业因素。影响股价波动的行业因素包括行业周期寿命、行业发展前景和政府产业政策等方面的内容。

③ 政治因素。股票市场对政治变化较为敏感。战争、政府首脑更换、政权更迭、重大政治事件等都会使股价发生波动。

④ 投机操作的影响。股票市场的投机操作对股价的影响也很大。尽管各国都已制定相关法律以保证股票市场正常波动,但是投机现象仍屡屡发生。一些大户为使股价朝有利于自己的方向变动,常常采取一些不正当的手段操纵股市。

第九章 公司金融概述

真题精选精析

一、选择题

1. 【中山大学2013】公司财务管理的目标是( )。
   A. 利润最大化　　　B. 风险最小化　　　C. 公司价值最大化　　　D. 每股收益最大化
2. 【对外经济贸易大学2017】以下哪种情况下，股东和管理层的代理问题最大？( )
   A. 普通股全部由公司创始人持有，创始人已退休并聘用职业经理人代为经营企业
   B. 公司的普通股由很多分散的股东持有，没有股东持股超过1%
   C. 某家族企业，家族持股50%，其他50%由5个共同基金持有
   D. 公司的高管团队持有较高比例的股票和期权

二、名词解释

【南开大学2017，对外经济贸易大学2014】代理问题

三、简答题

1. 【山东大学2018】什么是公司治理结构？其主要机制有哪些？
2. 【复旦大学2017】股东与管理者之间的代理成本与股东和债权人之间的代理成本是如何产生的？债务融资和这些代理成本有什么关系？

第十章 财务报表分析

第一节 资产负债表

一、资产负债表的组成部分和应用

资产通过之前的交易为特定实体提供了潜在的未来经济利益。资产可以通过营业活动(如净收益的产生)、投资活动(如生产设备的购买)或财务活动(如发放贷款)产生。表10-1列举了资产负债表中常见的资产账户。

表10-1 资产负债表常见的资产账户

现金及其等价物
应收账款
存货
预付费用
投资
财产、厂房和设备
无形资产
递延税金资产
养老金资产

负债通过之前的交易产生预期的经济利益的流出,从而使特定实体承担相关债务。负债产生于融资活动(如发放贷款)和营业活动(如在付款之前确定费用)。表10-2列举了资产负债表中常见的负债账户。

表10-2 资产负债表常见的负债账户

应付账款
应计费用
递延收入
应付票据
应付债券
资本减负债
养老金负债
递延税金负债

股东权益是指在减去厂商的负债后的资产剩余利息。在一些场合下,股东权益也称为"所有者权益"或"权益"。权益产生于融资活动(如股本的发行)和营业活动(如净收益的产生)。表10-3列举了资产负债表中常见的权益账户。

表10-3 资产负债表常见的权益账户

股本
额外已缴资本
库存股份
未分配利润
累积其他综合收益

资产负债表反映了投资者和借贷者的基本情况。但对于分析师来讲,资产负债表存在着一定的缺

陷。这主要体现在以下两个方面：一是并非所有资产和负债都记录在资产负债表中；二是有效资产和负债并不是按照其公允价值在资产负债表中进行记录的。

▲二、流动资产(负债)与非流动资产(负债)的比较

流动资产包括以下项目：①现金；②将有可能转化为现金的资产；③在一年内或一个营业周期内使用完毕的资产。其中，营业周期(operating cycle)是指依次完成以下流程所经历的时间：①生产产品或购买存货；②出售产品；③回收现金。流动资产反映了厂商营业活动的相关情况。

流动负债是指在一年内或一个营业周期内将被偿付的债务。具体来讲，满足下列条件之一的负债即可被视为流动负债：①预期将在正常营业周期内进行结算；②预期将在一年内进行结算；③不存在将结算推迟至一年以上的绝对权利。

流动资产减去流动负债的余额等于营运资本(working capital)。营运资本的缺乏有可能是厂商流动性问题的表现，营运资本过剩则有可能是厂商经营缺乏效率的表现。

由于非流动资本不能转化为现金或在一年内或一个营业周期内使用完毕，因而该类资产不符合流动资产的定义。通过对非流动资产的分析，分析师可以了解构成厂商营业基础的投资活动情况。

非流动负债是指不符合流动负债定义的所有负债。通过对非流动负债的分析，分析师也可以了解厂商的长期融资活动情况。

根据国际财务报告准则(IFRS)的要求，除非厂商能够证明其具有充足的流动性(如银行业厂商)，否则应当按照流动格式和非流动格式分别编制财务报表。

如果有厂商对并非占有100%股份的分支机构拥有控股权，则上述分支机构的母厂商应该在综合资产负债表中按照少数股权(非控股)的方式对其加以记录。

根据IFRS标准的规定，少数股权(minority interest)应该在综合资产负债表的权益部分加以记录。根据GAAP准则的规定，少数股权则可以在资产负债表中的负债部分、权益部分或"中间部分(mezzanine section)"进行记录。其中，中间部分位于负债部分和权益部分之间。

※三、资产和负债的度量

历史成本是指在购置时相关资产的价值，该类成本具有波动性和主观性的特征。考虑到资产价格的变动，对于分析师而言，历史成本的分析价值将随着时间的流逝而逐渐降低。

公允价值一般是指以下金额：①购买或出售资产的金额；②负债结算的金额。公允价值要求交易双方是在自愿的基础上达成交易的。相对于历史成本而言，公允价值具有明显的主观性。

考虑到度量基础的多样性，资产负债表中的总资本价值不应当由厂商来加以解释。因此，分析师必须对资产负债表进行调整，以便更好地评估厂商的投资价值。

在资产负债表中，特定资产往往不能与其相关的负债进行冲抵。例如，某厂商用300万元购买了一批设备。为了筹集上述资金，该厂商从银行处获得了200万元的贷款。在资产负债表中，应该在资产和负债科目中分别记录上述金额，而不应该仅记录100万元的净资产值。

财务报表的脚注应该包含以下有关资产负债度量基础的信息：①度量基础；②存货分类的现存价值；③公允价值减去出售成本所得到的存货现存价值；④账面注销及其原因的讨论；⑤负债的附带抵押存货；⑥作为费用加以确认的存货。

1. 流动资产

流动资产主要包括以下项目。①现金及其等价物(到期日小于90天的流动性低风险债券)。②应收账款，即通过销售产品或劳务而预期收到的现金。应收账款的记录金额通常要扣除坏账准备金。考虑到坏账准备金的性质，上述会计处理方式并不被视为冲抵。③存货，即用于销售或用于生产待销售产品的项

目。生产类厂商通常对存货中的原材料、半成品和成品分别加以记录。④适销证券，即在公开市场交易的债券或股票。⑤包括预付费用在内的其他流动资产。

存货按照成本和净实现价值中较低的金额加以记录。其中，净实现价值(net realizable value)是指存货的销售价格减去完成的预估成本或处理成本后的余额。对于生产厂商来讲，存货成本包括直接原料、直接劳动和一般管理费用。存货成本不包含以下项目：①正常的原料、劳动和管理费用的浪费金额；②生产过程以外的存储成本；③行政管理费用；④处理(销售)成本。此外，现金流的会计处理方法(如FIFO法、LIFO法和平均成本法)也会对存货的现存价值(账面价值)产生影响。

一些厂商使用标准成本法和零售法对存货进行度量。标准成本法一般为生产型企业所采用，该方法将事先确定的成本分摊到产品中。零售法要求厂商按照零售价格对存货进行度量，然后减去总利润以反映成本情况。

预付费用是指提前支付的营业成本。当成本实际发生时，将在损益表中对其加以确认，同时，预付费用(资产)将相应减少。例如，某厂商在年初支付了4 000元的年租金，这将使资产(现金)减少，同时使另一项资产(预付租金)增加相同的金额。在3个月后，预付租金的1/4将被使用。在该时点上，厂商将在损益表中确认1 000元的租金费用，同时，将资产(预付租金)减少为3 000元。

2. 流动负债

流动负债是指将在一年或一个营业周期内进行结算的债务。

应付账款(accounts payable)是指厂商因提前获得产品或劳务而对供应商承担的债务。

应付票据(notes payable)是指由于承诺兑现票据而对票据持有人承担的债务。如果票据的到期时间超过一年，则应付票据也应该包含在非流动负债中。

长期负债的流动部分在一年或一个营业周期内应付债务的主要部分。

应付税金(taxes payable)是指已在损益表确认但尚未支付的流动税金。

递延负债(accrued liabilities)是指已在损益表中确认但尚未签署协议的费用。递延负债(递延费用)是基于权责发生制的会计方法所产生的。例如，假设某厂商应当在每年的年末支付1 000元以偿还某笔银行贷款。在3月底，厂商将在其损益表中确认250元的利息费用。同时，尽管该笔负债到年末才实际发生，但递延负债仍将相应增加相同的金额。

递延收入(unearned revenue)是指在提供产品或劳务之前获得的现金。当获得现金时，资产(现金)和负债(递延收入)均增加相同的金额。当实际提供产品或劳务时，损益表中确认的收入和负债将相应减少。

3. 有形资产

有形资产是指具有实体形态的长期资产。在资产负债表中，无形资产按照历史成本减去累积折旧的余额加以记录。其中，历史成本包括资产的原始成本和使资产能够付诸使用的一切必要费用(如运输和安装费用)。

土地也属于有形资产，从而也按照历史成本加以记录。但是，与其他有形资产不同的是，土地并不进行折旧处理。

对于厂商营业活动不涉及的有形资产，应当该照投资资产加以归类。

4. 无形资产

无形资产是指不存在实体形态的长期资产。金融证券通常不属于无形资产。可确认无形资产(identifuable intangible asset)的价值一般基于在特定期间内向其所有者转移的权利或特权。相应地，可确认无形资产的成本应分摊到其使用期限的各期间中。常见的可确认无形资产主要包括专利、商标和版权等。

不可确认无形资产(unidentifuable intangible asset)不能单独购买，且有可能具有无限的存续时间。具有无限存续期间的无形资产不进行摊销，但应该至少每年对其损耗情况进行一次检验。商誉是最典型的不可确认无形资产。

在资产负债表中,购进的无形资产按照其历史成本减去累积折旧的余额加以记录。根据美国的GAAP准则,除了特定法律成本以外,内部产生的无形资产(如研发成本)应当在发生时列为费用。根据IFRS准则,厂商必须区分研究阶段和开发阶段。相应地,厂商必须在研究阶段对成本按照费用加以确认,但是可以在开发阶段对成本加以资本化。

下列成本应该在发生时确认为费用:①启动成本和培训成本;②行政管理费用;③广告和促销成本;④再置或重组成本;⑤终止成本。

基于分析的需要,一些分析师忽略了无形资产(特别是不可确认无形资产)。但是,分析师仍应在进行相关调整前考虑各项无形资产的价值。

商誉是指可确认资产的购买价格中超过公允价值和商业购置中所承担的负债的余额。

【例1】A厂商购买了600元B厂商发行的股票。在购置日,B厂商的精简资产负债表如表10-4所示。

表10-4　B厂商的精简资产负债表

	账面价值(元)
流动资产	80
厂房和设备净值	760
商誉	30
负债	400
股东权益	470

已知厂房和设备的公允价值高出其账面价值120元,所有其他可确认资产和负债的公允价值等于其账面价值。试计算A厂商在其精简资产负债表中对商誉的记录金额。

【解】见表10-5。

表10-5　A厂商的精简资产负债表

	账面价值(元)
流动资产	80
厂房和设备净值	880
负债	(400)
净资产的公允价值	560
购置价格	600
减:净资产的公允价值	(560)
购置商誉	40

需要注意的是,上述会计意义上的商誉与经济意义上的商誉是有区别的。前者是以往购置行为的结果,而后者则产生于对厂商未来业绩的预期。

由于商誉是在购置过程中产生的,因而内部产生的商誉应当在发生时按照费用加以处理。商誉并不进行摊销,但必须至少每年对其损耗情况进行一次检验。如果存在损耗,则商誉将相应减少并在损益表中确认相关亏损。上述损耗亏损并不会对现金流产生影响。只要商誉没有损耗,则可以无限期地保留在资产负债表中。

由于商誉不进行摊销,因而厂商可以通过将更多的购置价格分摊到商誉上,同时减少可确认资产的购置价格,以达到人为使净收入增加的目标。上述财务操纵行为将使折旧和摊销费用减少,从而导致净收益明显偏高。

在计算相关财务比率时,分析师应当从资产负债表中剥离商誉,同时在对资产负债表的比较时剥离商誉的损耗金额。此外,分析师还应当通过将支付价格与购置资产的盈利能力进行比较,以评估未来的购置活动。

> **关键考点**
> 考生应深入理解资产负债表中主要资产项目和负债项目的度量基础。

四、表外披露的内容

财务报表的脚注应当披露厂商的以下信息：①会计政策(包括收入的确认、其他会计方法和使用的调整方法)；②对不确定性的估计(包括带来明显风险的关键性假设)；③债务契约的形式；④租赁和表外融资；⑤商业部门；⑥临时资产和负债；⑦养老金计划。此外，财务报表的脚注还应当包括对厂商的描述和相关的法律细节。

※五、金融工具的分类与会计处理方法

金融工具同时存在于资产负债表的资产方和负债方。具体来讲，金融资产主要包括投资证券(股票和债券)、衍生品、贷款和应收账款；金融负债主要包括衍生品、应付票据和应付债券。

一些金融资产和负债按照其公允价值记录在资产负债表中，而其他金融资产和负债则按照其成本或现值加以记录。上述按照公允价值记录资产或负债称为"盯住市场(making-to-market)"。特定适销投资证券和衍生品应该进行盯住市场的调整。

适销投资证券分为以下几类。

(1) 持有至到期日的证券(held-to-maturity securities)，即为了持有至到期日购进的债券。该类证券按照其摊销成本记录在资产负债表中。摊销成本等于票面价值减去非摊销贴现或加上非摊销溢价，即：

$$\text{摊销成本} = \text{票面价值} - \text{非摊销贴现} + \text{非摊销溢价} \tag{10-1}$$

对于持有至到期日的证券而言，相关的市场价值变化可以忽略。

(2) 交易性证券(trading securities)，即为了在下一期间获得利润而购买的债券和权益性证券。该类证券按照其公允价值记录在资产负债表中。未实现利润和亏损(即证券在被出售以前的市场价格变动金额)应该记录在损益表中。

(3) 待销证券(available-for-sale securities)，即预期不会持有至到期日或将在下一期间被出售的债券或权益性证券。与交易性证券类似，待销证券也按照其公允价值记录在资产负债表中。但是，未实现利润和亏损不应在损益表中进行确认，而应该作为股东权益的一部分记录在其他综合收益中。

对于上述三类证券，以下项目均应在损益表中加以确认：①股息和利息收益；②已实现利润和亏损(当证券出售时实际发生的利润或亏损)。

我们可以将上述内容归纳为表10-6。

表10-6 投资证券的分类方法

	持有至到期日的证券	交易性证券	待销证券
资产负债表	摊销成本	公允价值	公允价值
损益表	利息 已实现利润和亏损	股息和利息 已实现利润和亏损 未实现利润和亏损	股息和利息 已实现利润和亏损

【例2】某公司在年初按照票面价值(平价)购买了1000元的债券，票面利率为6%。已知最近利率有所上涨，从而债券的市场价值相应下降了20元。试基于不同的证券分类方法确定上述债券对该公司财务报表的影响。

【解】如果该债券为持有至到期日的证券，则债券在资产负债表中记录的金额为1 000元，在损益表中记录1 000 × 6% = 60元的利息收益。

如果该债券为交易性债券,则债券在资产负债表中记录的金额为1 000 – 20 = 980元,在损益表中记录的未实现亏损为20元,利息收益为60元。

如果该债券为待销债券,则债券在资产负债表中记录的金额为980元,20元的未实现亏损并不记录在损益表中,而是作为股东权益的变动加以记录。

> **关键考点**
> 考生应熟练掌握三类适销证券在资产负债表和损益表中的会计处理方法。

▲六、所有者权益的组成部分

所有者权益是指去除特定实体的负债后的剩余资产权益。资产负债表的权益部分包括已投资本、少数股权、未分配盈余、库存股份和其他综合收益的累积。

已投资本(contributed capital)是指普通股股东和优先股股东支付的股本总额。普通股和优先股的票面价值是股票的法定价值。值得注意的是,股票的票面价值与其公允价值无关。在资本市场上,一些股票在发行时甚至不标明票面价值。当票面价值存在时,它被分别记录在股东权益中。

股票发行厂商应该对外披露其普通股的授权发行量、实际发行量和已发行量。其中,授权发行量(authorized shares)是指厂商条例所规定的股票销售数量;实际发行量(issued shares)是指向股东实际发售的股票数量;已发行量(outstanding shares)等于实际发行量减去厂商重新获得的股票数量后的余额,即库存股份。

少数股权(minority interest)是指少数股东所持有的分厂商净资产(权益)的股份,且母厂商只掌握该分厂商的部分股权。

未分配盈余(retained earnings)是指厂商从成立起的累积盈余中没有以股息的形式支付给股东的盈余。

库存股份(treasury stock)是指厂商重新获得的股票,且该股票应该尚未失效。该类股份并不代表对厂商的投资。库存股份的股东没有投票权且不能获得股息。

其他综合收益的累积基本包括所有股东权益的变动,但不包括以下内容:①在损益表中确认的交易;②与股东进行的交易,如发行股票、购回股票和支付股息。

> **关键考点**
> 考生应了解所有者权益组成部分的基本含义。

第二节 损益表

▲一、损益表的组成与格式

1. 损益表的组成部分

收入(revenue)是指在正常商业活动中销售商品和劳务而记录的金额。净收入(net revenue)的计算公式为

$$\text{净收入} = \text{收入} - \text{回报和补贴的估计值} \tag{10-2}$$

费用(expenses)是指在产生收入过程中的金额,包括产品销售成本、营业成本、利息和税金。在编制财务报表的过程中,通常根据费用的属性和作用对其加以分类。

盈利(gains)和亏损(losses)是指厂商主营活动以外的非经常性交易所对应的金额。例如,厂商对外销售其生产活动不再需要的多余机器设备,该项交易销售金额与账面金额之间的差额在损益表中体现为盈利或亏损。

2. 损益表的格式

公司编制损益表的具体格式包括单步格式和多步格式。在单步的财务报表中,所有收入和费用都分别分在一组中,而多步的财务报表则进一步下设各类子项,如总利润和营业利润等。表10-7是某公司根据多步法(multi-step)编制的损益表。

表10-7　基于多步法的损益表
(2019年12月31日)　　　　　　　　　　　　　　　　　　　　　　　　单位：元

项目	金额
收入	579 312
产品销售成本	(362 520)
总利润	216 792
销售、一般性和管理费用	(109 560)
折旧费用	(69 008)
营业利润	38 224
利息费用	(2 462)
税前收入	35 762
纳税准备金	(14 305)
持续经营收益	21 457
非持续经营税后盈利(亏损)	1 106
净收益	22 563

总利润(gross profit)是指从收入中扣除生产产品或提供劳务的直接成本后的余额。如果进一步从总利润中扣除营业费用(如销售费用、一般性费用和行政管理费用),我们就可以得到营业利润(operating profit)或营业收益(operating income)。对于非财务企业来讲,营业利润是指在考虑财务成本、收益税和非营业项目之前的利润。如果从营业利润中扣除利息费用和收入税,我们就可以获得厂商的净收益(net income)。在相关表述中,净收益有时也被称为"盈余(earning)"或"底线(bottom line)"。

※二、收入确定的一般原则与应用

1. 收入确定的一般原则与权责发生制

根据会计处理的权责发生制,在获得收入时对收入加以确认,在发生费用时对费用加以确认。上述财务记录的时间均无须考虑现金的具体收付时间。相应地,通过提前或推迟收入(费用)的确认时间,厂商就可以对净收益的账面金额加以控制。

根据国际会计准则理事会(IASB)的规定,收益(income)包括收入和盈余。具体来讲,收益是指在会计期间内经济利益的增长额,表现为资产的增加或负债的减少。相应地,收益通常意味着所有者权益的增长。

根据财务会计准则委员会(FASB)的规定,当已实现或可实现的盈余发生时,在损益表中应对该盈余加以确认。此外,美国证券交易委员会(SEC)还对收入的确认做出了更为具体的规定。具体来讲,在以下情况下应该对收入加以确认:①有证据表明买方与卖方之间已达成合意;②已向买方提供相关产品或服务;③价格已确定或可确定;④卖方有足够的理由确信将收到价款。

如果一家厂商在对收入进行确认以前就已提前收到现金,则该厂商应将该笔现金计入递延收入(unearned revenue)项目中。递延收入记入资产负债表中的负债方。在该笔收入实际发生后,再从负债方减去相同金额。

2. 特定收入的确认方法

1) 长期合同

对于跨越多个会计期间的合同(多与建筑合同有关),应该使用完成百分比法(percentage-of-completion

method)和完成合同法(completed-contract method)。在涉及服务和许可合同的特定情况下,厂商有时仅简单地将收入平均分摊到各期。

完成百分比法主要适用于项目的成本和收入能够比较可靠地加以预估的情况。相应地,收入、费用和利润应在工程进行时加以确认。完成工程的百分比是通过期间的总成本占项目全部预期成本的比例来加以衡量的。

完成合同法主要适用于以下两种情形:①项目的成果无法准确估计;②项目的期限较短。相应地,收入、费用和利润在合同完成时才能加以确认。无论使用上述哪种方法,如果预期将产生亏损,则应该立即对该笔亏损加以确认。

根据国际财务报告准则(IFRS),如果厂商不能准确衡量项目的成果,则收入应该根据合同的成本费用情况加以确认,成本应在费用发生时加以确认,而利润则只有在项目完成时才能加以确认。

【例3】某厂商承建一项总额为1 000元的工程,已知对该项工程总成本的可靠估计值为800元,该项目的各年中成本发生情况如表10-8所示。试分别使用完成百分比法和完成合同法确定该项目在各年中的净收益。

表10-8 某厂商的项目成本情况　　　　　　　　　　　　　　　　　　　　　　单位:元

	2006年	2007年	2008年	合计
发生成本	400	300	100	800

【解】由于该项工程总成本中的50%发生在2006年,因而该项目在2006年年末相应完成了50%。根据完成百分比法,2006年的收入为1 000 × 50% = 500元,费用(发生的成本)为400元。因此,2006年的净收益为500 − 400 = 100元。

在2007年末,项目完成的百分比为(400+300)/800= 87.5%。相应地,截至2007年末的收入为1 000×87.5% = 875元。由于该厂商在2006年已确认500元的收入,因而2007年的收入为875 − 500 = 375元。因此,2007年的净收益为375 − 300 = 75元。

在2008年末,项目完成的百分比为(400+ 300+ 100)/800 = 100%。相应地,截至2007年末的收入为1 000 ×100% = 100元。由于该厂商在2007年已确认875元的收入,因而2008年的收入为1 000 − 875 = 125元。因此,2007年的净收益为125 − 100 = 25元。

根据以上计算结果,我们可以得到基于完成百分比法的项目损益表,如表10-9所示。

表10-9 某厂商的项目损益表　　　　　　　　　　　　　　　　　　　　　　　单位:元

	2006年	2007年	2008年	合计
收入	500	375	125	1 000
费用	400	300	100	800
净收益	100	75	25	200

在完成合同法下,只有在合同完成时,才能对收入、费用和利润加以确认。因此,在2008年末,项目的报表收入为1 000元,费用为800元,净收益为200元。

与完成合同法相比,由于确认的时间较早,因而完成百分比法更具进取性。此外,由于完成百分比法包含了对成本的估计,因而该方法更具主观性。但是,完成百分比法所得出的各会计期间的盈余变化具有渐变的特征,从而可以更方便地对各期的收入和费用加以比较。对于现金流情况来说,上述两种收入确认方法所得出的结果是一致的。

2) 分期付款销售(installment sales)

如果收款金额事先可以确定,则应根据一般收入确认标准在销售时对收入加以确认;如果具体收款金额事先难以合理估计,则应该使用分期付款法;如果收款金额具有很大的不确定性,则应该使用成本补偿法。

根据分期付款法,利润应在收到现金时加以确认。利润等于该期间内收到的现金与预期总利润占销售额百分比的乘积。在实践中，分期付款法只适用于有限的特定情况，通常与不动产或其他厂商资产的销售有关。

根据成本补偿法，只有当收到的现金超过成本的发生金额时，才能对利润加以确认。

【例4】某厂商按照1000元的价格出售了一片土地，该土地的原始成本为800元，各期的分期付款情况如表10-10所示。试分别根据分期付款法和成本补偿法确定该项目的收入。

表10-10 某分期付款项目的现金收入情况　　　　　　　　　　　　　　　　单位：元

	2006年	2007年	2008年	合 计
发生成本	400	400	200	1 000

【解】预期总利润占销售额百分比为$(1\,000 - 800)/1\,000 = 20\%$。根据分期付款法，该项目在2006年和2007年的报表利润均为$400 \times 20\% = 80$元，在2008年的报表利润为$200 \times 20\% = 40$元。

根据成本补偿法，2006年和2007年的现金收入将被视为成本补偿。在2008年，该项目的报表利润为200元。

国际财务报告准则(IFRS)对特定不动产交易分期付款的会计处理方式进行了规定。根据该规定，需要按照分期付款的方式进行处理的场合主要包括：①资产的移交日期和买方获得既得权利的日期有可能不一致的情况；②合同卖方对标的资产仍保留部分所有权，从而使标的资产的风险和收益并未完全转移的情况；③合同买方能否最终完成交易具有很大不确定性的情况。

3) 实物交易(barter transactions)

在实物交易中，交易双方直接交换产品或服务，而不涉及现金的支付。根据美国通用会计准则(GAAP)，只有在厂商曾经对特定产品或劳务收取现金支付且根据上述交易可以确定相关产品或劳务的公允价值的情况下，才可以将实物交易中的收入按照公允价值加以记录。按照IFRS准则的规定，实物交易的收入必须基于独立第三方的类似非实物交易收入的公允价值加以确定。

3. 总收入报告法与净收入报告法

在总收入报告法下，卖方厂商对销售收入和产品销售成本分别加以记录。在净收入报告法下，则只记录销售额与成本额之间的差额。在上述两种方法下，尽管利润额是相同的，但基于总收入报告法所得出的销售额较高。例如，某旅行社为一名旅客购买了一张价格为1 000元的机票，该旅行社为此获得了100元的佣金。如果使用总收入报告法，则该旅行社将记录收入为1 000元，费用为900元，利润为100元；如果使用净收入报告法，则该旅行社将仅报告100元的收入，费用为0元。

根据美国GAAP准则，如果选择使用总收入报告法，则厂商必须满足以下条件：①为合同的主要债务人；②承担存货风险和信用风险；③有权选择供应商；④以合理的基础制定价格。

4. 对确认收入政策的披露要求

如前所述，厂商有可能在提供产品或劳务时确认收入，也可能在提供产品或劳务以后确认收入。因此，特定厂商可以使用不同的收入确认方法。相应地，厂商应该在财务报表的脚注中对其收入确认政策加以披露。

三、费用确定的一般原则与应用

费用等于收入与净收益的差额。根据国际会计准则理事会(IASB)的规定，费用是指在特定会计期间内，以导致所有者权益减少的资产流出(损耗)或负债的发生为表现形式的经济利益的减少。基于会计理论的权责发生制，费用的确认应基于匹配原则(matching principle)，即产生收入的费用应该与收入同时加以确认。

但是，并不是所有的费用都与收入的确认直接联系。这类成本称为期间成本(period cost)。对于期间成本(如管理成本)，其费用发生在当期。

长期资产的成本还必须与收入相匹配。所谓长期资产,是指预期将在一个会计期间以上的期间内能够提供经济利益的资产。在该类资产使用期限内成本的累积称为折旧、损耗或摊销成本。

如果厂商以赊账的方式出售产品(劳务)或为客户提供担保,则匹配原则要求厂商对坏账费用和担保费用加以估计。通过这一方式,厂商将对本期销售的费用金额加以确认,而不是以后的各期费用。

与收入的确认相类似,费用的确认也要求厂商做出一系列的估计。由于包含对相关金额的估计,因而厂商有可能提前或推迟对费用的确认。相比较而言,推迟费用的确认将使净收益相应增加,从而更具进取性。

分析师必须考虑厂商改变费用估计方法的内在原因。举例来说,如果一家公司的坏账费用近期有所降低,则该公司对费用估计的降低既有可能是由于其收款经验的提高,也有可能是由于该公司对净收益实施了人为干预。此外,分析师还应当将厂商的估计与行业内其他厂商进行比较。如果厂商的担保费用明显低于行业内的其他类似公司,则分析师应该判断该厂商担保费用的下降是由于产品质量的上升,还是由于该厂商的费用确认方法更具进取性。

※四、折旧的会计处理方法

1. 折旧

多数厂商基于财务报表的目标而选用直线折旧法(straight-line depreciation method)。直线折旧法在各期间确定相同金额的折旧金额。但是,多数资产会在其存续期间的早期产生更多的收益,在存续期间的晚期则只能产生较少的收益。上述情况更适用于加速折旧法(accelerated depreciation method)。

与加速折旧法相比,在资产存续期间的早期各年份中,直线折旧法会导致较低的折旧费用,并进而导致较高的净收益。反之,在资产存续期间的晚期各年份中,直线折旧法则会导致较高的费用和较低的净收益。

2. 存货

如果厂商可以确定产品中用于出售和用于存货的部分,则该厂商可以使用特定识别方法(specific identification method)。例如,英特尔厂商生产的所有CPU芯片都有自己单独的序列号,从而可以确定哪些产品用于出售,哪些产品用于存货。

如图10-1所示,在先进先出法(first-in, first-out, FIFO)下,假设越早购置的产品被出售的时间越早。FIFO法主要适用于具有特定存货期限的产品,如食品和药品等。显然,这类厂商会将最早的进货用于出售,以避免过期产品给企业带来的损失。

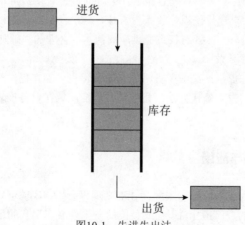

图10-1 先进先出法

如图10-2所示,在后进先出法(last-in, first-out, LIFO)下,假设越晚购置的产品被出售的时间越早。LIFO法主要适用于耐用产品,如煤炭和建筑材料等。显然,这类厂商会将最晚的进货用于出售,以减少保存和提取存货的成本。这是因为,在通货膨胀的经济环境下,LIFO法将产生较高的产品销售成本,并进而使交易税减少。考虑到收益税的优势,美国的厂商通常使用LIFO法。

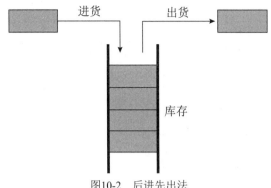

图10-2 后进先出法

与FIFO法和LIFO法相比,加权平均成本法(weighted average cost method)不受存货物质流动的影响。由于该方法较为简单,因而得到较为广泛的应用。

在美国GAAP准则和IFRS准则下,可以使用FIFO法和加权平均成本法。LIFO法可以在美国GAAP准则下使用,但被IFRS准则所禁止。

表10-11对上述三种存货处理方法进行了概括和比较。

表10-11 存货会计处理方法的比较

会计处理方法	前提假设	产品销售成本所包含的对象	期末存货所包含的对象
FIFO	最先购进的存货将被最早出售	较早购进的存货	较晚购进的存货
LIFO	最后购进的存货将被最早出售	较晚购进的存货	较早购进的存货
平均成本法	将不同日期购进的存货混合在一起出售	所有存货的平均成本	所有存货的平均成本

3. 无形资产(intangible assets)

存续时间有限的无形资产的摊销成本类似于产品折旧,其成本应当与资产在特定期间内产生的经济利益的比例相匹配。多数厂商使用直线法来编制财务报表。对于商誉和其他无法定义的无形资产则不需要进行摊销。

※五、长期资产的折旧和无形资产的摊销

1. 折旧费用的计算方法

折旧费用可以根据不同的方法进行计算。

直线折旧法(straight-line depreciation,SL)将折旧金额平均分摊到资产存续期间的各年中,即

$$\text{直线折旧费用} = \frac{\text{成本} - \text{现存价值}}{\text{使用年限}} \tag{10-3}$$

【例5】某商用轿车的估计使用年限为9年,其历史成本为30 000元,在9年后的现存价值(salvage value)约为3 000元。试根据直线折旧法:(1)计算该轿车每年的折旧值;(2)如果在使用4年后,发现该轿车只能再使用3年,求其后各年的折旧值。

【解】(1) 根据直线折旧法,应将上述折旧费用平均地分摊到其使用期限(9年)的各年份中,从而有

$$\text{直线折旧费用} = \frac{\text{成本} - \text{现存价值}}{\text{使用年限}} = \frac{30\,000 - 3\,000}{9} = 3\,000(\text{元}/\text{年})$$

(2) 应首先根据上一问所得出的平均折旧值计算出使用4年后的账面净价值,再根据直线折旧法将上述账面净价值折算成折旧费用,并进而将该折旧费用平均地分摊到其后的3年中,即

$$直线折旧费用 = \frac{账面净价值-现存价值}{实际剩余使用年限} = \frac{30\,000-3\,000\times 4 - 3\,000}{3} = 5\,000(美元/年)$$

加速折旧法按照一定规则将较多的折旧费用分摊到资产较早的使用期间内,而将较少的折旧费用分摊到较晚的使用期间内。但是,加速折旧法的总折旧费用与前面所讲的直线折旧法的数值相同。简单地说,就是在资产的使用期限内,开始折旧得较快,而在后期则折旧得越来越慢,在使用期限截止时恰好将全部折旧费用分摊完毕。

下降余额法(declining balance method,DB)要求资产按照不变的速度(比率)进行折旧,最常用的下降余额法是双倍下降余额法(double declining balance method,DDB),该方法按照200%的直线法折旧速度对资产进行折旧。如果一项资产的使用期限为10年,则直线法折旧速度为1/10或10%,而DDB法的折旧速度则为1/5或20%。双倍下降余额法的基本公式为

$$DDB折旧 = \frac{2}{使用年限} \times (成本 - 累积折旧) \tag{10-4}$$

从该公式中我们可以看到,下降余额法的计算并没有使用折余值的概念,但当达到估计现存价值时,折旧就会停止。如果资产预期不存在现存价值,则下降余额法将不会完全对其进行折旧处理,从而在资产的存续期间往往必须改变折旧处理方法(通常改为直线折旧法)。

【例6】某航空厂商在2003年购进一架客机,购置成本为17 000 000元,预估使用期限为5年,现存价值为3 000 000元。

【解】根据DDB法,前3年各年度的折旧费用分别为

$$第1年折旧费用 = \frac{2}{5} \times (17\,000\,000 - 0) = 6\,800\,000元$$

$$第2年折旧费用 = \frac{2}{5} \times (17\,000\,000 - 6\,800\,000) = 4\,080\,000元$$

$$第3年折旧费用 = \frac{2}{5} \times (17\,000\,000 - 6\,800\,000 - 4\,080\,000) = 2\,448\,000元$$

基于上面的计算结果,可知该厂商在前3年的累积折旧费用为13 328 000元。由于全部折旧费用为17 000 000 - 3 000 000 = 14 000 000元,从而第4年的折旧费用的最大值为14 000 000 - 13 328 000 = 672 000元,而不是根据双倍下降余额法计算公式所得出的第4年折旧值为

$$第4年折旧 = \frac{2}{5} \times (17\,000\,000 - 13\,328\,000) = 1\,468\,800元$$

由于基于双倍下降余额法计算公式所得出的第4年折旧值(1 468 800元)大于第4年折旧费用的最大值(672 000元),因而该资产在前4年即已折旧完毕,从而在第5年的折旧值为0。这样,我们就可以根据双倍下降余额法得到该资产在其使用期限中各年的折旧值,如表10-12所示。

表10-12 根据双倍下降余额法(DDB)所得出的各期折旧值   单位:千元

年份	第1年	第2年	第3年	第4年	第5年	总计
折旧值	6 800	4 080	2 448	672	0	14 000

从上面的计算过程我们可以看出,对于双倍下降余额法来说,折旧比率始终是直线法折旧比率的两倍,是一个常量,唯一改变的是各年份基于以前年份的折旧值所得出的累积折旧值。

2. 存货的会计处理方法

存货的会计处理方法包括以下三种。

(1) 先进先出法(FIFO)。最早取得的存货成本分摊到该期间销售的产品成本中,最近购买的产品成本分摊到最后的存货中。

(2) 后进先出法(LIFO)。最近购买的存货成本分摊到该期间销售的产品成本中,最早取得的产品成本

分摊到最后的存货中。

(3) 平均成本法。单位产品的成本等于待售产品总成本与产品总数的商。该平均成本既用于确定已销售的产品成本，也用于确定期末存货的成本。基于平均成本法所得出的销售产品和期末存货的成本介于FIFO法和LIFO法所得出的成本之间。

【例7】根据表10-13所示的存货数据分别用三种方法计算已销售产品和期末存货的成本。

表10-13　某厂商1月的存货数据

1月1日(期初)	2单位 × 2元/单位 = 4元
1月7日	3单位 × 3元/单位 = 9元
1月26日	5单位 × 5元/单位 = 25元
待售产品成本	10单位　38元
1月份产品销售数量	7单位

【解】基于FIFO法的财务处理方式如表10-14所示。

表10-14　基于FIFO法的计算过程

期初存货成本	2单位 × 2元/单位 = 4元
第一次进货成本	3单位 × 3元/单位 = 9元
第二次进货成本	2单位 × 5元/单位 = 10元
基于FIFO法的产品销售成本	7单位　23元
期末存货	3单位 × 5元/单位 = 15元

基于LIFO法的财务处理方式如表10-15所示。

表10-15　基于LIFO法的计算过程

第二次进货成本	5单位 × 5元/单位 = 25元
第一次进货成本	2单位 × 3元/单位 = 6元
基于LIFO法的产品销售成本	7单位　31元
期末存货	2单位 × 2元/单位 + 1单位 × 3元/单位 = 7元

基于平均成本法的财务处理方式如表10-16所示。

表10-16　基于平均成本法的计算过程

单位产品成本	38元/10单位 = 3.8元/单位
第一次进货成本	2单位 × 3元/单位 = 6元
产品销售成本	7单位 × 3.8元/单位 = 26.6元
期末存货	3单位 × 3.8元/单位 = 11.4元

表10-17归纳了上述三种方法所得出的产品销售成本(COGS)和期末存货成本的计算结果。

表10-17　三种存货处理方法计算结果的总结

存货处理方法	COGS	期末存货成本
FIFO	23元	15元
LIFO	31元	7元
平均成本法	26.6元	11.4元

> **关键考点**
>
> 考生应深入理解三种不同存货会计处理方法的差异，同时能够根据题目给出的进货和销售数据计算出产品销售成本和期末存货金额。

3. 无形资产的摊销

摊销费用(amortization expense)是指将无形资产的成本分摊到其存续期的各期间中。直线摊销法与直线折旧法的计算方法完全一致。

具有无限存续期的无形资产(如商誉)不进行摊销。但是，至少应每年对这类资产的损耗进行一次评估。如果资产价值产生损耗，则应该在损益表中的费用项目中对损耗的金额加以确认。

六、损益表中的营业部分和非营业部分

在损益表中，营业性交易和非营业性交易往往分别加以记录。对于非金融厂商来讲，非营业交易有可能源自投资收益，也有可能源自融资费用。例如，一家非金融厂商有可能通过对其他厂商的投资而获得股息和利息。投资收益和证券销售盈余(亏损)不属于厂商的一般营业活动。利息费用则取决于厂商的资本结构，同时独立于厂商的营业活动。

▲七、对非重复项目的分析和会计标准的变动

1. 非持续业务(discontinued operation)

非持续业务是指管理者已决定进行处理的业务，但尚未进行处理或待其在当年产生收益(亏损)后再进行处理。为了解决非持续业务，相关业务必须在物质上或在业务处理上远离厂商的其他业务。

厂商对处理特定业务制订正式计划的日期称为度量日(measurement date)，在度量期间和实际处理日期之间的时间称为分阶段结束期间(phaseout period)。在损益表中，由非持续业务带来的任何收益或亏损都分别加以记录。任何以往损益表均应重新进行修订，从中单独划分出由非持续业务带来的收益或亏损。在相关销售活动完成以前，任何处理业务的预期利润都不能被记录。

对于分析师而言，非持续业务并不影响持续业务的净收益，但是，非持续业务的发生有可能为分析师提供厂商未来现金流情况的相关信息。

2. 非正常或非经常项目(unusual or infrequent items)

顾名思义，非正常或非经常项目就是非正常的或非经常的项目，但该项目应只满足上述两个条件中的一个条件，而不能同时满足两个条件。常见的非正常或非经常项目主要包括：①出售资产或部分业务获得的利润(亏损)；②亏损、销账或重组成本。非正常或非经常项目包含在持续业务的收益中，该类项目应在纳税前加以记录。

对于分析师而言，尽管非正常或非经常项目不会对持续业务产生的净收益产生影响，但分析师有可能通过对该类项目的分析来对厂商的未来盈利情况进行更为准确的预期。

3. 特别项目(extraordinary items)

根据美国通用会计准则(GAAP)的规定，特别项目是指非正常且非经常的重大交易或事件。常见的特别项目主要包括：①资产征用损失；②债务提前解除所带来的盈利或亏损；③自然灾害带来的非保险亏损。上述项目均应同时符合特别项目的两个条件，即属于非正常且非经常的重大交易或事件。在损益表中，应对特别项目单独加以记录，且记录金额为税后净额，并去除持续业务的收益。

对于分析师而言，尽管特别项目并不会影响持续业务的净收益，但可以通过对该类项目的分析来确定是否应当把部分该类项目包含在对未来收益的预期中。

4. 会计标准的变动

一般来讲，会计变动包括会计标准的变动、会计估计的变动和前期调整(prior-period adjustment)的变动。

会计标准的变动是指从GAAP准则或IFRS准则转变到其他会计标准。会计标准的变动要求进行回顾应用(retrospective application)。相应地，所有前期财务报表都应该重新进行修订，以反映上述会计标准的变动。回顾应用提高了不同期间的财务报表的可比性。

会计估计的变动通常是管理者基于新的信息改变判断的结果,该类变动并不要求对前期财务报表进行重新修订。

前期调整的变动通常指以下两种情况:一是将之前不正确的会计方法变更为GAAP准则或IFRS准则接受的方法;二是对前期财务报表中的会计错误进行更正。前期调整的具体方法是对所有体现在当前财务报表中的前期财务数据进行重新审定。此外,还应当对调整的性质及其对净收益的影响进行披露。前期调整通常与会计错误或新的会计标准有关,因而不会对现金流产生影响。由于会计错误有可能体现了厂商内部控制所存在的缺陷,因而分析师应该认真分析该类调整。

※八、基本EPS和稀释EPS的计算方法

每股盈余(earning per share,EPS)是上市公司最常用的盈利业绩指标,该指标只适用于普通股而不适用于优先股。

根据是否包含潜在稀释证券,厂商的资本结构可以分为简单资本结构和复杂资本结构两类:简单资本结构是指不含潜在稀释证券的资本结构,简单资本结构仅包括普通股、不可转换债券和不可转换优先股;复杂资本结构是指含有潜在稀释证券(如期权、权证和可转换债券)的资本结构。

所有具有复杂资本结构的厂商均应对其基本EPS和稀释EPS进行记录,而具有简单资本结构的厂商则只需记录其基本EPS。

基本EPS的计算不考虑稀释证券的影响,其计算公式为

$$\text{基本EPS} = \frac{\text{净收益} - \text{优先股股息}}{\text{已发行普通股的加权平均数量}} \quad (10\text{-}5)$$

由于EPS是指可供普通股股东分配的每股盈余,因而应从当年的净收益中去除优先股股息。净收益中为扣除普通股股息,是因为这部分股息是可供普通股股东分配的净收益的组成部分。

【例8】某厂商的净收益为10 000元,向优先股股东支付了1 000元的现金股息,向普通股股东支付了1 750元的现金股息。在该年之初,该厂商发行了10 000股普通股,并在7月1日发行了2 000股新股。假设该厂商的资本结构属于简单资本结构,试计算该厂商的基本EPS。

【解】全年发行股票数 = 10 000 × 12 = 120 000股
半年发行股票数 = 2 000 × 6 = 12 000股
加权平均股票数 = 132 000 / 12 = 11 000股

$$\text{基本EPS} = \frac{\text{净收益} - \text{优先股股息}}{\text{已发行普通股的加权平均数量}} = \frac{10\ 000 - 1\ 000}{11\ 000} = 0.82\text{元}$$

红股(stock dividend)是指按照特定比例向现有股东配发的新股。例如,某厂商宣布10%的新股配股率,则持有100股的股东可以获得100 × 10% = 10股的红股。

拆股(stock split)是指将每股拆分成若干股的新股。例如,某厂商宣布"3对1(3 for 1)"的拆股率,则拥有100股的股东在拆股后将拥有300股,即获得200股的新股。

需要指出的是,无论是发放红股还是拆股,都不会改变股东所持股份占全部已发行股份的比例。

【例9】某厂商在2008年的净收益为100 000元,向优先股股东发放的股息为50 000元,向普通股股东发放的股息为30 000元。该厂商的普通股账户如表10-18所示。

表10-18 某厂商2008年普通股账户

时间	事件	股份数
1月1日	年初已发行股份数	10 000股
4月1日	新发股份	4 000股

续表

时间	事件	股份数
7月1日	按照10%的配股率进行配股	
9月1日	股票回购	3 000股

试计算该厂商在2008年发行股份的加权平均数和基本EPS。

【解】根据配股率对股票数进行调整,如表10-19所示。

表10-19 根据配股率对股票数进行调整

1月1日	对原始股按照10%的配股率进行调整	11 000股
4月1日	对新发股份按照10%的配股率进行调整	4 400股
9月1日	股票回购(无调整)	-3 000股

计算已发行股票的加权平均数,如表10-20所示。

表10-20 计算已发行股票的加权平均数

原始股	11 000 × 12 = 132 000股
新发股份	4 400 × 9 = 39 600股
退市股份	-3 000 × 4 = -12 000股
股份总数	159 600股
股票加权平均数	159 600 / 12 = 13 300股

$$基本EPS = \frac{净收益 - 优先股股息}{已发行普通股的加权平均数量} = \frac{100\,000 - 50\,000}{13\,300} = 3.76元$$

稀释证券(dilutive securities)是指股票期权、权证、可转换债券或可转换优先股等在行使或转换成普通股后会使EPS降低的金融工具。反稀释证券(antidilutive securities)是指股票期权、权证、可转换债券或可转换优先股等在行使或转换成普通股后会使EPS提高的金融工具。

由公式10-5可知,基本EPS计算公式的分子为可供普通股股东分配的收益。如果存在稀释证券,则分子必须进行如下调整:①如果可转换优先股为稀释证券,则意味着在转换为普通股后将使EPS降低,从而可供普通股股东分配的收益中应包含可转换优先股;②如果可转换债券为稀释证券,则意味着债券的税后利息费用将不被视为稀释EPS的利息费用,从而EPS计算公式分子中应当加上利息费用与(1－税率)的乘积。

基本EPS计算公式的分母为加权平均股数。当厂商发行稀释证券时,分母应相应调整为所有已发行稀释证券进行转换后的实际股数。

如果稀释证券在年内发行,则稀释EPS的加权平均股数应仅基于稀释证券已发行的时间占全年的比例。稀释股票期权或权证将使稀释EPS分母中的已发行普通股数增加,公式分子则无须进行调整。

对于股票期权和权证来讲,只有当它们的行使价格低于当年股票平均市场价格的情况下才会成为稀释证券。如果股票期权或权证为稀释证券,则应该使用库存股份法(treasury stock method)来计算公式分母中的股票数量。

根据库存股份法的假设,厂商通过行使期权而获得的资金将用于按照市场平均价格购买本厂商的普通股。已发行普通股的净增加额计算公式为

$$已发行普通股的净增加额 = 通过行使期权而产生的新股数 - 回购股份数 \qquad (10\text{-}6)$$

【例10】某厂商在2008年发行的股票数为5 000股,发行的权证数为2 000份,每份权证可以按照20元的价格转换为1股。已知该厂商股票在年末的价格为40元,平均股票价格为30元。试计算上述权证对加权平均股数的影响。

【解】如果权证被行使,则厂商将获得2 000 × 20 = 40 000元并发行2 000股新股。如上所述,库存股份法假设厂商将把上述资金用于按照每股30元的市场平均价格回购股份,从而将回购40 000/30 = 1 333

股。根据上述计算结果，该厂商发行新股的净数量为 2 000 - 1 333 = 677 股。

稀释 EPS 的计算公式为

$$\text{稀释EPS} = \frac{\text{调整后的普通股可分配收益}}{\text{已发行普通股的加权平均数量和潜在普通股数量}} \qquad (10\text{-}7)$$

其中：

调整后的普通股可分配收益 = 净收益 - 优先股股息 + 可转换优先股股息 + 可转换债券的税后利息

相应地，稀释 EPS 的计算公式可以进一步分解为

$$\text{稀释EPS} = \frac{\text{净收益} - \text{优先股股息} + \text{可转换优先股股息} + \text{可转换债券利息} \times (1-t)}{\text{加权平均股数} + \text{可转换优先股转换后新增股份} + \text{可转换债券转换后新增股份} + \text{行使期权所产生的股份}}$$

$$(10\text{-}8)$$

需要注意的是，每一种潜在的稀释证券都应分别加以检验以确定其是否确实具有稀释效应，即在转换为普通股后将使 EPS 下降。

【例 11】某厂商在 2008 年的报表净收益为 115 600 元，全年发行普通股 200 000 股。此外，该厂商在 2008 年还按照每股 100 元的票面价值平价发行了 1 000 股优先股，股息率为 10%。在 2007 年，该厂商平价发行了 600 份可转换债券，价格 1 000 元，利率为 7%，筹得 600 000 元的资金。每份债券可转换为 100 股普通股。已知税率为 40%，试计算 2008 年的基本 EPS 和稀释 EPS。

【解】

$$\text{基本EPS} = \frac{\text{净收益} - \text{优先股股息}}{\text{已发行普通股的加权平均数量}} = \frac{115\ 600 - 10\ 000}{200\ 000} = 0.53 \text{元}$$

如果可转换债券在 2008 年初进行转换，则新增普通股数量为

$$\text{可转换债券转换后新增股份} = 600 \times 100 = 60\ 000 \text{股}$$

如果可转换债券在 2008 年初进行转换，则不存在相关利息费用。考虑到利息费用减少所导致的税后效应，应当相应提高该厂商的税后净收益：

$$\text{收益增加额} = 600 \times 1\ 000 \times 0.07 \times (1 - 0.4) = 25\ 200 \text{元}$$

将可转换债券转换为普通股进行计算：

$$\text{稀释EPS} = \frac{\text{净收益} - \text{优先股股息} + \text{可转换债券利息} \times (1-t)}{\text{加权平均股数} + \text{可转换优先股转换后新增股份}} = \frac{115\ 600 - 10\ 000 + 25\ 200}{200\ 000 + 60\ 000} = 0.50 \text{元}$$

显然，稀释 EPS(0.50 元) 小于基本 EPS(0.53 元)，因而可转换债券为稀释证券。反之，如果稀释 EPS 大于基本 EPS，则意味着可转换债券为反稀释证券，从而在计算稀释 EPS 时不应该将可转换债券转换为普通股进行计算。

【例 12】某厂商在 2008 年的报表净收益为 115 600 元，全年发行普通股和可转换优先股分别为 200 000 股和 1 000 股。优先股的股息率为 10%，价格为 100 元(平价发行)，每股优先股可转换为 40 股普通股。已知税率为 40%，试计算 2008 年的基本 EPS 和稀释 EPS。

【解】

$$\text{基本EPS} = \frac{\text{净收益} - \text{优先股股息}}{\text{已发行普通股的加权平均数量}} = \frac{115\ 600 - 10\ 000}{200\ 000} = 0.53 \text{元}$$

如果可转换优先股在 2008 年初进行转换，则新增普通股数量为：

$$\text{可转换债券转换后新增股份} = 1\ 000 \times 40 = 40\ 000 \text{股}$$

如果可转换优先股在 2008 年初进行转换，则不存在优先股股息费用。考虑到股息费用减少所导致的税后效应，应该将先前从净收益扣除的优先股股息加回到净收益中。

将可转换优先股转换为普通股进行计算，计算公式为

$$稀释EPS = \frac{净收益 - 优先股股息 + 可转换优先股股息}{加权平均股数 + 可转换优先股转换后新增股份} = \frac{115\,600 - 10\,000 + 10\,000}{200\,000 + 40\,000} = 0.48元$$

显然，稀释EPS(0.48元)小于基本EPS(0.53元)，因而可转换优先股为稀释证券。

【例13】 某厂商在2008年的报表净收益为115 600元，全年发行普通股和可转换优先股分别为200 000股和1 000股。优先股的股息率为10%，价格为100元(平价发行)。该厂商全年共发行股票期权(权证)10 000份，每份期权可以按照每股15元的价格购买一股普通股。该厂商股票在2008年的市场平均价格为每股20元。试计算稀释EPS。

【解】 计算稀释EPS，如见表10-21所示。

表10-21 稀释EPS的计算过程

行使期权可以产生的新股数量	10 000股
行使期权可以产生的现金流	15 × 10 000 = 150 000元
上述资金可以购买的普通股数量	150 000 / 20 = 7 500股
行使期权产生的新股净增长量	10 000 - 7 500 = 2 500股

$$稀释EPS = \frac{净收益 - 优先股股息}{加权平均股数 + 行使期权所产生的股份} = \frac{115\,600 - 10\,000}{200\,000 + 2\,500} = 0.52元$$

显然，稀释EPS(0.52元)小于基本EPS(0.53元)，因而股票期权为稀释证券。

> **关键考点**
> 考生应熟练掌握基本EPS和稀释EPS的计算方法，并且能够区分一般证券与稀释证券。

※九、基于损益表对公司业绩的评估

1. 通过一般损益表评估公司的财务业绩

一般损益表(common-size income statement)对损益表的每个项目都以占全部销售额的百分比来加以表示。通过上述纵向分析法，分析师不仅可以对同一公司不同时段的财务业绩进行评估，还可以对不同公司、不同行业和不同区域的投资业绩进行比较分析。

【例14】 表10-22列举了同一行业的三家公司(A公司、B公司和C公司)的损益表，试对这三家企业的财务业绩进行评估。

表10-22 三家公司的一般损益表

	A公司		B公司		C公司	
销售额	1 000元	110%	5 000元	100%	5 000元	100%
COGS	400元	40%	2 500元	50%	2 000元	40%
总利润	600元	60%	2 500元	50%	3 000元	60%
行政管理费用	150元	15%	750元	15%	750元	15%
产品研发	100元	10%	250元	5%	500元	10%
营业利润	350元	35%	1 500元	30%	1 750元	35%
利息费用	50元	5%	250元	5%	250元	5%
税前收入	300元	30%	1 250元	25%	1 500元	30%
收益税	120元	12%	500元	10%	600元	12%
净收益	180元	18%	750元	15%	900元	18%

【解】 从金额的角度来看，A公司在销售额和净收益上均小于B公司。但是，按照纵向比较法(百分

比比较法)，A公司的净收益高于B公司的净收益。通过将损益表转化为一般(百分比)形式，我们就可以直接对不同规模的公司进行比较。

纵向分析还可以为我们提供公司商业策略的有关信息。尽管B、C两公司的销售额相等，但C公司具有较高的总利润、营业利润和净收益。其中较高的利润可以归因于较低的产品销售成本(COGS)。值得注意的是，与B公司相比，C公司在产品研发方面承担了较大的费用，从而可以在一定程度上降低其生产成本。

2. 通过一般财务比率评估公司的财务业绩

利润比率(profitability ratio)用于检验公司管理者努力为企业创造利润的程度。一般来讲，对于投资者而言，利润比率越高，则越符合投资要求。

总利润率(gross profit margin)是指总利润(销售额减去产品销售成本)与销售额的比率，即

$$总利润率 = \frac{总利润}{销售额} \tag{10-9}$$

通过提高产品销售价格或降低单位产品成本，就可以提高总利润率。

净利润率(net profit margin)是指净收益与销售额的比率，即

$$净利润率 = \frac{净收益}{销售额} \tag{10-10}$$

十、不包含在损益表中但会影响所有者权益项目的会计分类方法

在每个会计期间结束时，厂商的净收益表都会通过未分配利润的账户加到股东权益中。因此，任何影响损益表(净收益)的交易也将会对股东权益产生影响。但是，并不是所有会计意义上的交易都会在损益表中得到反映。例如，发行和回购股票属于会对股东权益产生影响的交易，但并不反映在损益表中；发放股息将使股东权益减少，但并不会使净收益减少。此外，其他综合收益所包含的交易不会对股东权益产生影响，但会对净收益产生影响。

其他综合收益(other comprehensive income)主要包括：①外汇交易盈余和亏损；②最低养老金负债的调整；③保值性衍生交易现金流所产生的未实现盈余和亏损；④待售证券所产生的未实现盈余和亏损。

其中，待售证券(available-for-sale securities)是指预期不会持有至到期日或将在近期出售的投资证券。在资产负债表中，待售证券应按照其公允价格加以记录。未实现盈余和亏损(即在证券被出售以前其公允价值的变动)并不记录在损益表中，但作为其他综合收益的组成部分而直接记录在股东权益中。

十一、综合收益的概念和计算方法

综合收益(comprehensive income)用于对所有者出资和股息之外的所有权益变动进行度量。也就是说，综合收益将净收益和其他综合收益进行加总求和。

【例15】根据表10-23所提供的财务数据计算该厂商的综合收益。

表10-23 某厂商的财务报表　　　　　　　　　　　　　　　　　　　　　　单位：元

净收益	1 000
待售证券带来的股息	60
外汇交易带来的未实现亏损	(15)
股息支付	(110)
重获普通股	(400)

续表

现金流保值带来的未实现盈余	30
待售证券带来的未实现亏损	(10)
土地出售带来的已实现盈余	65

【解】见表10-24。

表10-24　　　　　　　　　　　　　　　　　　　　　　　　　　　单位：元

净收益	1 000
外汇交易带来的未实现亏损	(15)
现金流保值带来的未实现盈余	30
待售证券带来的未实现亏损	(10)
综合收益	1 005

表10-23中，待售证券带来的股息和土地出售带来的已实现盈余已包含在净收益中。股息支付和重获普通股是与股东的交易，因而不应包含在综合收益中。

第三节　现金流量表

※一、营业活动、投资活动和融资活动的比较

营业现金流(cash flow from operations，CFO)所涉及的现金流入或流出是通过相关交易产生的，且上述交易会对厂商的净收益产生影响。

投资现金流(cash flow from investing，CFI)所涉及的现金流入或流出是通过对长期资产的收购或处理及特定投资产生的。

融资现金流(cash flow from financing，CFF)所涉及的现金流入或流出是通过相关交易产生的，且上述交易会对厂商的资本结构产生影响。

根据美国的GAAP准则，各类现金流的基本内容如表10-25、表10-26、表10-27所示。

表10-25　营业现金流的基本内容

现金流入	现金流出
从顾客处收取的现金	向雇员和供应商支付的现金
收到的利息和股息	其他费用现金
证券交易获得的销售所得	购买交易证券
	支付利息
	支付税金

表10-26　投资现金流的基本内容

现金流入	现金流出
固定资产销售所得	收购固定资产
债务和权益投资销售所得	债务和权益投资收购
其他厂商贷款本金偿付	向其他厂商提供的贷款

表10-27　融资现金流的基本内容

现金流入	现金流出
债务本金	债务本金偿付
发行股票所得	回购股票支付
	向股东支付的股息

> **关键考点**
>
> 美国的GAAP准则对各类现金流的归类方法(见表10-25、表10-26和表10-27)是一个非常重要的考点，考生应准确掌握并加以灵活运用。

二、非现金投资和融资活动的财务记录方法

由于非现金投资和融资活动不会产生现金的流入或流出，因而该类活动不记录在现金流量表中。例如，如果某厂商通过从出售方处获得的融资而购买了某项不动产，则意味着该厂商做出了一项投资和融资决策。该笔交易等价于借入了相当于不动产价款的金额，但是，由于该笔交易不涉及任何现金流，因而不被作为融资活动记录在现金流量表中。另一个比较典型的例子是债务与权益之间的非现金置换交易，该类交易将导致债务的减少和权益的增加，但是，由于不涉及任何现金流，因而也不应作为融资活动记录在现金流量表中。

非现金交易必须在财务报表的脚注或现金流量表的附表进行披露。分析师应该将非现金交易纳入到对厂商以往和现在的业绩分析中，并充分考虑非现金交易对未来现金流的影响。

三、IFRS准则和GAAP准则的差异

根据美国的GAAP准则，厂商支付给股东的股息应该作为融资活动加以记录，而利息支付则应作为营业活动进行记录。此外，通过投资活动获得的利息和股息也应作为营业活动加以记录。

IFRS准则对现金流的分类更为灵活。根据这一准则，利息和股息收入既可以归为营业活动，也可以归为投资活动。向公司股东支付的股息和向公司债务人支付的利息既可以归为营业活动，也可以归为融资活动。

上述两种准则的另一个主要差别体现在对收益税金支付的归类方法上。根据GAAP准则，所有的税金支付都应作为营业活动加以记录，即使与投资和融资交易有关的税金也不例外。根据IFRS准则，除非相关费用与投资或融资活动有关，否则收益税应该作为营业活动加以记录。例如，某厂商将某项用于投资的土地售出，售价为10万元，缴纳的收益税为3 000元。如果适用美国的GAAP准则，则该厂商应该记录基于投资活动的现金流入10万元，同时记录基于营业活动的现金流出3 000元。如果改为使用IFRS准则，则该厂商应当记录基于投资活动的净现金流入100 000 - 3 000 = 97 000元。

※四、直接法与间接法

如上所述，现金流量表的编制方法包括直接法和间接法，且这两种方法均被GAAP准则和IFRS准则所采纳。但两种准则均更倾向于使用直接法编制现金流量表。上述两种方法的差异主要体现在对营业活动的表述，而对投资活动和融资活动的表述不存在任何差异。

1. 直接法

根据直接法，每一列基于权责发生制的损益表项目均应转换为现金收付。我们知道，基于权责发生制原则，收入和费用的确认时间有可能与实际现金流的发生时间不一致。但是，根据以现金发生为基础的会计原则，收入和费用应该在实际现金流发生时进行确认。概括地讲，直接法的本质是将以权责发生制为基础的损益表转变为以现金发生为基础的损益表。

通过表10-28我们可以看到，基于直接法的现金流量表与损益表很相近：直接法首先记录从顾客处获得的现金流入，然后减去购买、营业费用、利息和税金的现金流出。

表10-28　营业现金流的直接法处理　　　　　　　　　　　　　　　　　　单位：元

某厂商基于直接法的营业现金流

	2008年12月31日
从顾客处收取现金	429 980
向供应商支付现金	(265 866)
营业费用的现金支付	(124 784)
利息的现金支付	(4 326)
税金的现金支付	(14 956)
营业现金流	20 048

2. 间接法

在间接法下，通过对影响净收益但不属于现金交易的交易的调整，将净收益转化为营业现金流。这类调整包括剥离非现金费用(如折旧和摊销)、非营业项目(如利润和亏损)和由于权责发生制会计事件而导致的资产损益表账户变动，如表10-29所示。

表10-29　营业现金流的间接法处理　　　　　　　　　　　　　　　　　　单位：元

某厂商基于间接法的营业现金流

	2008年12月31日
净收益	18 788
为了将净收益转化为营业现金流而进行的调整	
折旧和摊销	7 996
递延收益税	416
应收账款的增加额	(1 220)
存货增加额	(20 544)
预付费用减少额	494
应付账款的增加额	13 406
应计负债的增加额	712
营业现金流	20 048

3. 两种方法各自的优势

直接法的优势主要体现在该方法表述了厂商营业现金的收付情况，尽管该方法只表述了上述现金收付的净值。因此，与间接法相比，直接法提供了更多的信息。上述有关现金收付情况的信息有助于对未来营业现金流的估计。

间接法的优势主要体现在该方法关注于净收益与营业现金流的差异。当我们对未来营业现金流情况进行估计时，上述信息使我们可以将现金流情况与损益表联系在一起进行分析。

4. 披露方面的要求

根据GAAP准则的要求，在直接法的表述中，必须披露将净收益转化为营业活动现金流所进行的相关调整。上述披露所包含的信息与基于间接法编制的现金流量表所包含的信息完全一致。

根据IFRS准则的要求，无论使用直接法还是间接法，利息和税金的支付均必须在现金流量表中分别加以披露。但是，根据GAAP准则的要求，利息和税金的支付既可以在现金流量表中直接进行记录，也可以在财务报表的脚注中加以披露。

▲五、现金流量表与损益表和资产负债表的联系

现金流量表使特定会计期间内的期初现金余额与期末现金余额相协调。现金的变动是厂商营业活动、投资活动和融资活动的结果，关系式为

$$\begin{aligned}&\quad\text{营业现金流}\\&+\quad\text{投资现金流}\\&+\quad\text{融资现金流}\\&=\quad\text{现金余额的变动}\\&+\quad\text{期初现金余额}\\&=\quad\text{期末现金余额}\end{aligned} \quad (10\text{-}11)$$

需要指出的是，基于权责发生制的净收益并不等同于现金利润。当收入和费用的确认时间与现金的收付时间不一致时，上述差异将反映在资产负债表账户的变动中。例如，当收入(销售)超过现金收入时，应收账款(资产)相应减少；当厂商从供应商处的购买金额超过现金支付时，应付账款(负债)相应增加；当现金支付超过购买金额时，应付账款相应减少。

一般来讲，投资活动与厂商的非流动资产相联系，而融资活动则与厂商的非流动负债和权益相联系。

通过对特定期间内交易变动情况的分析，我们可以对资产负债表的所有账户进行分析。例如，特定期间内的存货的关系式为

$$\begin{aligned}&\quad\text{期初存货余额}\\&+\quad\text{存货购买金额}\\&-\quad\text{产品销售成本(COGS)}\\&=\quad\text{期末存货余额}\end{aligned} \quad (10\text{-}12)$$

厂商的资产负债表、损益表和现金流量表是相互联系的。对上述关系的理解有助于我们对财务报表的分析，同时有助于我们发现不恰当的会计处理行为。

▲六、现金流量表的编制步骤与现金流的计算

1. 直接法

直接法通过将损益表的各项目转化为其等价现金金额来表述营业现金流，具体方法是加上或减去资产负债表相关账户的变动金额。财务报表的脚注往往有助于我们了解现金流对资产负债表账户的影响。常见的营业现金流有以下几类。

(1) 从客户处收取的现金，这是最重要的营业现金流，计算方法是根据应收账款和递延收入的变动金额来对销售收入进行调整。

(2) 生产产品或提供服务而使用的现金，计算方法是根据存货和应付账款的变动金额对产品销售成本进行调整。

(3) 营业费用现金，计算方法是根据相关应计负债或预付费用的变动金额对销售和行政管理费用(SG&A)进行调整。

(4) 利息支付现金，计算方法是根据利息支付的变动金额对利息费用进行调整。

(5) 税金支付现金，计算方法是根据应付税金或递延税金的变动金额对收益税费用进行调整。

投资现金流的计算方法是对由投资活动引起的总资产账户的变动金额进行检验。由于相关的累积折旧或摊销账户并不代表现金费用，因而该类项目在投资现金流的计算中通常被忽略。

当计算新资产的现金支付时，应该确定旧资产是否被出售。如果在该期间资产被出售，则必须使用以下公式：

$$\text{新资产的现金支付金额} = \text{期末总资产额} + \text{出售旧资产的总成本} - \text{期初总资产额} \quad (10\text{-}13)$$

当计算出售旧资产产生的现金流时，计算公式为

$$\text{资产销售现金} = \text{资产的账面价值} + \text{销售盈余} - \text{销售亏损} \quad (10\text{-}14)$$

融资现金流通过对厂商与其资本供应商之间发生的现金流进行度量而求得。厂商与其资金借贷者之间的现金流是由新的贷款(正的融资现金流)和贷款本金的偿付(负的融资现金流)产生的。需要注意的是,尽管从技术角度来讲,利息支付是与借贷者之间发生的现金流,但根据美国GAAP准则的要求,该类现金流应该包含在营业现金流中。当厂商发行股本、回购股份或支付股息时,融资现金流是以下两个指标之和,即

$$\text{从借贷者处获得的净现金流} = \text{新的贷款} - \text{预付本金金额} \quad (10\text{-}15)$$

$$\text{从股东处获得的净现金流} = \text{新发行股份} - \text{回购股份} - \text{股息现金支付} \quad (10\text{-}16)$$

其中,股息现金支付可以通过已发行股息和股息支付的变动金额来求得。

最后,总现金流等于营业现金流、投资现金流和融资现金流之和。如果计算结果正确,则总现金流将等于特定资产负债表到下一个报表之间的变动金额。

【例16】 试使用直接法根据题目所给的损益表和资产负债表编制现金流量表(见表10-30、表10-31)。

表10-30　某厂商2008年度损益表　　　　　　　　　　　　　　　　　　　　单位:元

项目	金额
销售	100 000
费用	
产品销售成本	40 000
工资	5 000
折旧	7 000
利息	500
总费用	52 500
连续经营活动收益	47 500
土地销售盈余	10 000
税前收益	57 500
纳税准备金	20 000
净收益	37 500
已发行普通股	8 500

表10-31　某厂商2007—2008年度资产负债表　　　　　　　　　　　　　　　单位:元

	2008年	2007年
资产		
流动资产		
现金	33 000	9 000
应收账款	10 000	9 000
存货	5 000	7 000
非流动资产		
土地	35 000	40 000
厂房和设备总额	85 000	60 000
减:累积折旧	(16 000)	(9 000)
厂房和设备净额	69 000	51 000
商誉	10 000	10 000
资产总额	162 000	126 000
负债和权益		

续表

	2008年	2007年
资产		
流动负债		
应付账款	9 000	5 000
应付工资	4 500	8 000
应付利息	3 500	3 000
应付税金	5 000	4 000
应付股息	6 000	1 000
流动负债总额	28 000	21 000
非流动负债		
债券	15 000	10 000
递延税金	20 000	15 000
负债总额	63 000	46 000
股东权益		
普通股	40 000	50 000
未分配利润	59 000	30 000
权益总额	99 000	80 000
负债和股东权益总额	162 000	126 000

【解】营业现金流(见表10-32)：

现金收取 = 销售额 − 应收账款的增加额 = 100 000 − 1 000 = 99 000元

期初应收账款 + 销售额 − 现金收取 = 期末应收账款 = 9 000 + 100 000 − 99 000 = 10 000元

供应商支付现金 = − COGS + 存货的减少额 + 应付账款的增加额

$$= -40\ 000 + 2\ 000 + 4\ 000 = -34\ 000元$$

期初存货 + 购买金额 − COGS = 期末存货 = 7 000 + 38 000 − 40 000 = 5 000元

期初应付账款 + 购买金额 − 供应商支付现金 = 期末应付账款

$$= 5\ 000 + 38\ 000 - 34\ 000 = 9\ 000元$$

现金工资 = − 工资 − 应付工资的减少额 = − 5 000 − 3 500 = − 8 500元

期初应付工资 + 工资费用 − 已付工资 = 期末应付工资

$$= 8\ 000 + 5\ 000 - 8\ 500 = 4\ 500元$$

现金利息 = − 利息费用 + 应付利息增加额 = − 500 + 500 = 0元

期初应付利息 + 利息费用 − 已付利息 = 期末应付利息

$$= 3\ 000 + 500 - 0 = 3\ 500元$$

现金税金 = − 税金费用 + 应付税金增加额 + 递延税金负债增加额

$$= -20\ 000 + 1\ 000 + 5\ 000 = -14\ 000元$$

期初应付税金 + 期初递延税金负债 + 税金费用 − 应付税金

= 期末应付税金 + 期末递延税金负债

$$= 4\,000 + 15\,000 + 20\,000 - 14\,000$$

$$= 5\,000 + 20\,000$$

$$= 25\,000 元$$

表10-32 营业现金流   单位：元

现金收取	99 000
供应商支付现金	(34 000)
工资现金	(8 500)
利息现金	0
税金现金	(14 000)
营业现金流	42 500

投资现金流(见表10-33)：

土地销售现金 = 资产减少额 + 销售盈余 = 5 000 + 10 000 = 15 000元

期初土地 + 土地购买 - 土地销售总成本 = 期末土地

$$= 40\,000 + 0 - 5\,000 = 35\,000 元$$

厂房和设备P&E = 期末P&E总额 + P&E销售总成本 - 期初P&E总额

$$= 85\,000 + 0 - 60\,000 = 25\,000 元$$

期初P&E总额 + P&E购买 - P&E销售总成本 = 期末P&E总额

$$= 60\,000 + 25\,000 - 0 = 85\,000 元$$

表10-33 投资现金流   单位：元

土地销售现金	15 000
P&E购买	(25 000)
投资现金流	(10 000)

融资现金流(见表10-34)：

债券发行现金 = 期末债券应付金额 + 债券偿付金额 - 期初债券应付金额

$$= 15\,000 + 0 - 10\,000 = 5\,000 元$$

期末债券应付金额 + 债券发行金额 - 债券偿付金额 = 期末债券应付金额

$$= 10\,000 + 5\,000 - 0 = 15\,000 元$$

回购股票现金 = 期初普通股金额 + 股票发行金额 - 期末普通股金额

$$= 50\,000 + 0 - 40\,000 = 10\,000 元$$

期初普通股金额 + 股票发行金额 - 股票回购金额 = 期末股息应付金额

$$= 1\,000 + 8\,500 - 3\,500 = 6\,000 元$$

表10-34 融资现金流   单位：元

债券销售金额	5 000
股票回购金额	(10 000)
现金股息	(3 500)
营业现金流	(8 500)

总现金流(见表10-35):

表10-35 总现金流　　　　　　　　　　　　　　　　　　　　　　　　　单位:元

营业现金流	42 500
投资现金流	(10 000)
融资现金流	(8 500)
总现金流	24 000

2. 间接法

在间接法下现金流的组成部分与直接法下现金流的组成部分完全相同,也是由营业现金流、投资现金流和融资现金流三部分组成的。两者唯一的区别是营业现金流计算方法。

在间接法下,营业现金流的计算遵循以下4个基本步骤。

第一步,由净收益开始入手。

第二步,减去由融资现金流或投资现金流所导致的盈余,加上由前述原因所导致的亏损。

第三步,加上所有对收益的非现金费用(如折旧和摊销),加上所有非现金的收入组成部分。

第四步,根据以下原则进行调整:①营业资产账户(现金使用)的增加额应该被减,而减少额(现金来源)应该被加;②营业负债账户(现金来源)应该被加,而减少额(现金使用)应该被减。

在直接法下,投资现金流和融资现金流的计算方法相同,总现金流等于三种现金流之和。如果计算结果正确,总现金流将等于该期间内资产负债表的变动金额。在实践中,导致资产负债表变动金额与现金流量表金额之间存在差异的主要原因是商业重组和汇率的变动。

【例17】 使用间接法计算上例中的营业现金流。

【解】

第一步,由375 00元的净收益入手。

第二步,减去10 000元的土地销售盈余。

第三步,加上非现金费用——7 000元的折旧金额。

第四步,减去应收账款和存货的增加额,加上应付账款和递延税金的增加额(见表10-36)。

表10-36 营业现金流　　　　　　　　　　　　　　　　　　　　　　　　单位:元

净收益	37 500
土地销售盈余	(10 000)
折旧	7 000
总金额	34 500
营业账户的变动额	
应收账款增加额	(1 000)
存货减少额	2 000
应付账款增加额	4 000
应付工资减少额	(3 500)
应付利息增加额	500
应付税金增加额	1 000
递延税金增加额	5 000
营业现金流	42 500

> **关键考点**
>
> 考生应通过上面两个例子熟练掌握直接法和间接法计算现金流的会计处理方法,并深入理解资产负债表与现金流量表之间的内在联系。

▲七、从间接法到直接法的转换

在财务处理的实践中，多数厂商都选择使用间接法编制现金流量表。对于分析师来讲，有必要将间接法的现金流量表转化为直接法的现金流量表。

如上所述，上述两种现金流量表的唯一区别体现在营业现金流部分。在直接法下，营业现金流可以使用损益表和基于间接法的现金流量表进行计算。

基于直接法得出的营业现金流有两个主要区域，它们分别是现金流入和现金流出。我们可以通过一些常见的账户来描述转换过程。

从客户处收取的现金遵循以下三个步骤。

第一步，由损益表的净销售额入手。

第二步，减去(加上)直接法下的应收账款余额的增加额(减少额)。如果厂商的债务金额高于从客户处收取的现金金额，则应收账款将会相应增加，而现金收取金额则会小于净收益金额。

第三步，加上(减去)递延收入的增加额(减少额)。其中，递延收入是指从客户处提前收取的现金。由于在提供产品或服务之前从客户处收取的现金不包含在净销售额中，因而应该将上述现金与净收益相加以便计算现金收取金额。

向供应商支付的现金遵循以下5个步骤。

第一步，由损益表中的产品销售成本(COGS)入手。

第二步，如果COGS中包含折旧或摊销，由于这两个项目会使COGS增加，从而在计算向供应商支付的现金时应将其加到COGS中。

第三步，如果基于间接法得出的应付账款金额增加(减少)，则应该相应使COGS减少(增加)相同的金额。这是因为，如果应付账款金额增加，则意味着在该期间内债务购买费用高于对现有债务的费用，从而现金费用应该减去应付账款增加的金额。

第四步，如果基于间接法所披露的存货金额增加(减少)，则应该加上(减去)相同金额。这是因为，尽管存货的增加额并不包含在该期间的COGS，但仍代表对投入品的购买，因而将使厂商对供应商的支付金额增加。

第五步，减去期间内被注销的存货金额。如果特定存货被注销，则期末存货金额会相应减少，并使该期间的COGS增加。但是，存货被注销并不会产生现金流。

基于直接法的现金流量表中的其他项目遵循类似的原则。以现金税金为例，该项目可以从损益表中的收益税金费用导出。

现金营业费用等于损益表中的销售和行政管理费用。如果预付费用增加(减少)，则现金营业费用应当增加(减少)相同的金额。这是因为，预付费用的任何增加都意味着现金流出，且该笔现金流出不包含在该期间内的行政管理费用中。

八、对现金流量表的不同分析方法

1. 现金的来源和用途

对现金流进行分析的分析师通常从对厂商现金的来源和用途开始着手。如前所述，上述现金来源于厂商的营业活动、投资活动和融资活动。在厂商存续期间的不同阶段，其现金的来源和用途会有所不同。例如，当厂商处于初创阶段时，由于存货和应收账款金额较高，从而其营业现金流为负。上述负现金流一般通过发行债券和股票等外部融资方式来加以弥补。但是，这类外部融资来源是不可持续的，因此，厂商最终必须能够产生正现金流，否则，其外部融资能力将逐渐消失。从长期的角度来讲，成功的厂商必须使其现金流超过资本费用，并且能够为其债券持有人和股东提供足够的投资回报。

2. 营业现金流

正现金流有可能产生于厂商与盈余有关的活动。但是，正现金流也有可能产生于非现金营运资本的减少，如流动性存货和应收账款。由于存货和应收账款不可能低于零，从而非现金营运资本的减少是不可持续的。

营业现金流也对厂商盈余的质量进行了检验。如果营业现金流和净收益较为稳定，则表明厂商的盈余具有较高的质量。反之，如果厂商的盈余明显超过其营业现金流，则意味着厂商有可能选择了过于激进的会计处理方法，如过早确认其收入或推迟确认其费用。此外，分析师还应考虑净收益和营业现金流的波动情况。

3. 投资现金流

营业费用的增加通常意味着厂商处于扩张阶段。反之，如果厂商缩减资本费用以节省现金或变卖资本资产以产生现金，则表明厂商处于紧缩阶段。厂商在紧缩阶段的上述行为有可能导致其在未来具有较高的现金流出。其原因主要包括两方面：首先，厂商在未来要更多地替换其过期资产；其次，厂商在未来为实现较高的增长率，必须大量购置新资产。如前所述，成功的厂商应当使其营业现金流超过资本费用。

4. 融资现金流

通过对现金流量表中融资活动部分的分析，我们可以了解厂商是否通过发行债券或股票来产生现金流。此外，我们还可以了解厂商是否用现金偿付债券、回购股票或支付股息。

5. 一般现金流量表

通过以占全部收入百分比的形式表述各项目，现金流量表可以转变为一般现金流量表。类似地，每项现金流入都可以表示为占总现金流入的百分比，每项现金流出都可以表示为占总现金流出的百分比。

【例18】某厂商的一般现金流量表如表10-37所示。试解释该厂商总现金流占收入百分比下降的原因。

表10-37　某厂商2007—2009年度现金流量表(占收入百分比)

年份	2009年	2008年	2007年
净收益	13.4%	13.4%	13.5%
折旧	4.0%	3.9%	3.9%
应收账款	−0.6%	−0.6%	−0.5%
存货	−10.3%	−9.2%	−8.8%
预付费用	0.2%	−0.2%	0.1%
应计负债	5.5%	5.5%	5.6%
营业现金流	12.2%	12.8%	13.8%
固定资产销售现金	−12.3%	−12.0%	−11.7%
厂房和设备的购买	−11.6%	−11.3%	−11.0%
投资现金流	3 500	3 000	3 000
债券销售	2.6%	2.5%	2.6%
现金股息	−2.1%	−2.1%	−2.1%
融资现金流	0.5%	0.4%	0.5%
总现金流	1.1%	1.9%	3.3%

【解】由表10-37可知，营业现金流占收入的百分比出现了下降，这在很大程度上是由累积存货引起的。此外，投资活动(特别是对厂房和设备的购买)也是厂商的现金流百分比下降的重要原因。

▲九、自由现金流与权益现金流

自由现金流(free cash flow)是指厂商可以随时动用的现金。该类现金是厂商支付资本费用后的余额。自由现金流是基本的现金流指标，该指标经常用于相关的评估。自由现金流指标主要包括公司自由现金流和权益自由现金流。

1. 公司自由现金流

公司自由现金流(free cash flow to the firm，FCFF)是指所有投资者(包括股东和债券持有人)都可以使用的现金。FCFF可以由净收益或营业现金流导出，其计算公式为

$$FCFF = NI + NCC + Int \times (1-t) - FCInv - WCInv \tag{10-17}$$

式中，NI为净收益，NCC为非现金费用(如折旧和摊销)，Int为利息费用，t为税率，FCInv为固定资本投资(资本净费用)，WCInv为营运资本投资。

FCFF也可以由营业现金流CFO导出，其计算公式为

$$FCFF = CFO + Int \times (1-t) - FCInv - WCInv \tag{10-18}$$

2. 权益自由现金流

权益自由现金流(free cash flow to the equity，FCFE)是指股东可以随时动用的现金，其计算公式为

$$FCFE = CFO - FCInv + 借款净额 \tag{10-19}$$

第四节 比率分析与杜邦分析法

※一、财务比率分析

1. 业绩比率

1) 应收账款周转率(receivables turnover)

应收账款周转率的计算公式为

$$应收账款周转率 = \frac{年销售额}{平均应收账款} \tag{10-20}$$

一般来讲，如果厂商的应付账款周转率接近于行业平均水平，则该厂商的经营业绩较为理想。

2) 销售回收天数(days of sales outstanding)

如果用365除以应收账款周转率，则可以得到销售回收天数，即厂商客户支付其账单的平均天数，其计算公式为

$$销售回收天数 = \frac{365}{应收账款周转率} \tag{10-21}$$

与应收账款周转率相类似，如果厂商的销售回收天数接近于行业平均水平，则该厂商的经营业绩较为理想。此外，厂商的赊购期限(credit terms)也是分析厂商流动性比率的一个重要指标：如果厂商的账款回收期限较长，则意味着厂商客户的交款时间过长，从而也就意味厂商资产占用的资本过多；反之，如果厂商的账款回收期限过短，则意味着厂商对客户的付款要求过于严苛，从而不利于厂商的销售。

3) 存货周转率(inventory turnover)

存货周转率主要用来衡量厂商存货管理的有效程度，其计算公式为

$$存货周转率 = \frac{产品销售成本}{平均应收账款} \tag{10-22}$$

4) 存货处理天数(days of inventory on hand)

如果用365除以存货周转率，则可以得到平均存货处理天数，其计算公式为

$$存货处理天数 = \frac{365}{存货周转率} \tag{10-23}$$

通过将厂商的存货处理天数或存货周转率与行业的平均值加以比较，也可以大致了解厂商资金流动性的基本情况。厂商存货处理天数过长往往意味着存货占用厂商过多资本金且该存货已过时；反之，厂

商存货处理时间过短,则意味着厂商的存货不足,从而会对销售产生负面影响。

5) 应付账款周转率(payables turnover)

衡量厂商对商业贷款的使用情况的指标是应付账款周转率,其计算公式为

$$应付账款周转率 = \frac{购买金额}{平均应付贷款额} \tag{10-24}$$

6) 应付账款天数(number of days of payables)

如果用365除以应付账款周转率,则可以得到应付账款支付天数,其计算公式为

$$应付账款天数 = \frac{365}{应收账款周转率} \tag{10-25}$$

7) 总资产周转率(total asset turnover)

总资产周转率用来衡量厂商利用总资产创造收入的效率水平,其计算公式为

$$总资产周转率 = \frac{收入}{平均总资产} \tag{10-26}$$

不同类型行业的总资产周转率往往存在很大差异。资本密集型的生产行业的总资产周转率一般接近于1,而零售行业的总资产周转率则接近于10。通过将某厂商的总资产周转率与其所在行业的平均总资产周转率相比较,可以看到该厂商营业效率的大致情况。过低的总资产周转率表明该厂商的资产占用过多的资本,而过高的总资产周转率则表明该厂商可用于潜在销售的资产过少,或者说,该厂商的资产已经过时。

8) 固定资产净值周转率(fixed asset turnover)

固定资产净值周转率用来衡量企业对固定资产的利用效率情况,其计算公式为

$$固定资产净值周转率 = \frac{收入}{平均固定资产净值} \tag{10-27}$$

过低的固定资产净值周转率表明该厂商的资产占用过多的资本;而过高的固定资产净值周转率则表明该厂商的机器设备可能已经过时,在这种情况下,该厂商在最近将有可能增加资本费用以支持其收入的增长。

9) 营运资本周转率(working capital turnover)

营运资本周转率用来衡量企业对营运资本的利用效率情况,其计算公式为

$$营运资本周转率 = \frac{收入}{平均营运资本} \tag{10-28}$$

营运资本是指流动资本减去流动负债后的余额。通过营运资本周转率,我们可以了解单位营运资本的使用情况。当应付账款等于或超过存货或应收账款时,一些厂商的营运资本会相对较低。在上述情况下,厂商的营运资本周转率会非常大,同时,营运资本周转率在各期间的波动幅度也会大幅上升,从而使该比率与厂商营运效率之间的联系减弱。

2. 流动性比率

流动性比率用于衡量厂商偿付短期负债的能力。

1) 流动比率(current ratio)

流动比率是最常用的流动性比率,其计算公式为

$$流动比率 = \frac{流动资产}{流动负债} \tag{10-29}$$

流动比率越高,则厂商对短期票据的支付能力越强。如果一家厂商的流动比率低于1,则意味着该厂商的营运资本为负,从而该厂商有可能会面临流动性危机。

2) 速动比率(quick ratio)

速动比率是一种较为严格的流动性比率,这是因为该比率不包含存货和其他具有较高流动性的资产,其计算公式为

$$\text{速动比率} = \frac{\text{现金} + \text{适销证券} + \text{应收账款}}{\text{流动负债}} \tag{10-30}$$

速动比率越高,则厂商对短期票据的支付能力越强。

3) 现金比率(cash ratio)

现金比率是最保守的流动性比率,其计算公式为

$$\text{现金比率} = \frac{\text{现金} + \text{适销证券}}{\text{流动负债}} \tag{10-31}$$

与前面两种流动性比率类似,现金比率越高,则意味着厂商对短期票据的支付能力越强。

由以上分析我们不难看到,上述三种流动性比率(流动比率、速动比率和现金比率)的区别主要体现在分析师所假设的用来偿还流动负债的流动资产范围上的差别。

4) 防守区间比率(defensive interval ratio)

防守区间比率衡量厂商用其流动资产可以支付平均现金费用的天数,其计算公式为

$$\text{防守区间比率} = \frac{\text{现金} + \text{适销证券} + \text{应收账款}}{\text{平均现金费用天数}} \tag{10-32}$$

这里的现金费用包括产品销售成本、行政管理费用和研发成本。

5) 现金转换周期(cash conversion cycle)

现金转换周期是指将厂商在存货中的现金投资转换回现金所经历的时间,其计算公式为

$$\text{现金转换周期} = \text{应收账款天数} + \text{存货处理天数} - \text{应付账款天数} \tag{10-33}$$

一般来讲,如果厂商的现金转换周期较短,则表明该厂商的流动性情况较为理想。过高的现金转换周期通常表明厂商在销售过程中进行了过多的资本投资。

3. 抛补(偿债)比率

1) 债务-权益比率(debt-to-equity ratio)

债务-权益比率用于衡量厂商对固定成本融资资源(债券),其计算公式为

$$\text{债务-权益比率} = \frac{\text{债务总额}}{\text{股东权益总额}} \tag{10-34}$$

其中,债务总额一般被定义为长期债务与有息短期债务之和。

如果债务-权益比率上升(下降),则表明厂商融资对债券的依赖程度增加(降低)。

2) 债务-资本比率(debt-to-capital ratio)

$$\text{债务-资本比率} = \frac{\text{债务总额}}{\text{资产总额} + \text{股东权益总额}} \tag{10-35}$$

如果债务-资本比率上升(下降),则表明厂商融资对债券的依赖程度增加(降低)。

3) 债务-资产比率(debt-to-assets ratio)

$$\text{债务-资产比率} = \frac{\text{债务总额}}{\text{资产总额}} \tag{10-36}$$

如果债务-资产比率上升(下降),则表明厂商融资对债券的依赖程度增加(降低)。

4) 财务杠杆比率(financial leverage ratio)

$$\text{财务杠杆比率} = \frac{\text{债务总额平均值}}{\text{资产总额平均值}} \tag{10-37}$$

较高的财务杠杆比率通常表明厂商的股东和债券持有人面临较大的投资风险。

5) 利息抛补比率(interest coverage ratio)

$$\text{利息抛补比率} = \frac{\text{息税前盈余(EBIT)}}{\text{利息支付}} \tag{10-38}$$

较低的利息抛补比率表明厂商的偿债能力较低。

6) 固定费用抛补比率(fixed charge coverage ratio)

$$\text{固定费用抛补比率} = \frac{\text{息税前盈余(EBIT)}}{\text{利息支付} + \text{租金支付}} \tag{10-39}$$

对于租赁资产占总资产较大比重的厂商(如航空厂商)来说,固定费用抛补比率是一个非常重要的财务指标。

4. 利润比率

1) 净利润率(net profit margin)

$$\text{净利润率} = \frac{\text{净收益}}{\text{收入}} \tag{10-40}$$

营业利润比率主要体现厂商管理者在创造利润方面的能力。在对营业利润比率进行具体讨论以前,首先需要明确以下几个基本概念:

总利润 = 净销售额 - 产品销售成本(COGS)

营业利润 = 息税前盈余(EBIT)

净收益 = 发放股息前的税后收益

总资本 = 长期贷款 + 短期贷款 + 普通股和优先股权益 = 总资产

上述概念之间的相互关系可以用表10-38来加以说明。

表10-38 主要会计概念的相互关系

	净收益
−	产品销售成本(COGS)
	总利润
−	营业费用
	营业利润(EBIT)
−	利息
	税前盈余(earnings before taxes, EBT)
−	税金
	税后盈余(earnings after taxes, EAT)
+/−	对线下项目的税金调整
	净收益
−	优先股股息
	普通股可分配收益

2) 总利润率(gross profit margin)

总利润率(gross profit margin)是总利润(净销售额减去产品销售成本)与销售额的比率,其计算公式为

$$\text{总利润率} = \frac{\text{总利润}}{\text{收入}} \tag{10-41}$$

3) 营业利润率(operating profit margin)

营业利润率是营业利润(总利润减去销售费用和行政管理费用)与销售额的比率,其计算公式为

$$\text{营业利润率} = \frac{\text{营业利润}}{\text{收入}} = \frac{\text{EBIT}}{\text{收入}} \tag{10-42}$$

分析师应该关注厂商的营业利润率是否过低。

4) 税前率(pretax margin)

$$税前率 = \frac{EBT}{收入} \tag{10-43}$$

5) 资本回报率(return on asssets，ROA)

$$ROA = \frac{净收益}{平均总资本} = \frac{净收益 + 利息费用 \times (1-税率)}{平均总资本} \tag{10-44}$$

6) 资本营业回报率(operating return on asssets)

$$资本营业回报率 = \frac{营业收益}{平均总资本} = \frac{EBIT}{平均总资本} \tag{10-45}$$

7) 总资本回报率(return on total capital，ROTC)

$$总资本回报率 = \frac{净利润}{平均总资本} \tag{10-46}$$

其中，总资本包括短期债务、长期债务、优先股和普通股。

8) 权益回报率(return on equity，ROE)

$$权益回报率 = \frac{净收益}{平均总权益} \tag{10-47}$$

9) 普通股回报率(return on common equity)

$$普通股回报率 = \frac{净收益 - 利息费用}{平均普通股} = \frac{普通股股东可分配净收益}{平均普通股} \tag{10-48}$$

> **关键考点**
> 考生应熟练掌握常用财务比率的计算公式，重点掌握流动性比率和利润比率的计算方法。

5. 财务比率分析的局限性

1) 财务比率具有主观性

财务比率是依据会计账面价值计算出来的，而不是按市场价值核算的，因而会计数据常常具有主观性。所以，以会计数据构成的财务比率难以反映出比率的真实程度。

2) 行业平均水平难以提供统一的判断标准

行业的平均水平包括行业中最好的公司和最差的公司，如果最差公司的权重较大，这个平均水平可能并不代表一个理想或最好的比率。行业平均水平只是一个大概的数据，仅仅提供了一般性的指导。

3) 难以确定可比较的类似公司

当公司经营多元化时，往往很难确定该公司应该属于哪个行业。即使同一行业的公司，由于规模、历史和国际化程度不同，往往也缺乏可比性。例如，一般的快餐店与麦当劳公司就缺乏可比性。

4) 公司所用会计方法的不同，导致比率的差异

公司对存货、计提折旧的方法不同，也会使公司之间相应的财务比率缺乏可比性；由于公司经营的销售季节性不同，其存货和应收款也具有不同的季节性，在某一季节的相应比率也缺乏可比性。

由于上述各种原因导致的财务比率的局限性，使得财务比率的分析仅仅为我们提供了公司经营效率的一个粗略概况。但是，到目前为止财务比率分析仍然是衡量和评价公司经营状况的主要工具，尽管财务分析的结果难以形成对公司的准确判断，但它们能够为进一步深入分析公司运营中的问题提供重要的线索。

※二、杜邦分析法

杜邦(DuPont)分析法是一种用来对权益回报率(ROE)加以分析的方法，它通过基本的数学方法将权益回报率转化为多个财务比率的函数，从而可以对杠杆效应、利润率和股东收益周转率等财务指标加以分析。杜邦分析法分为两类：一是传统的三部分方法，二是后来经过发展的五部分方法。

1. 传统的杜邦分析法(三部分方法)

对于杜邦分析法的传统方法来说，该方法将权益回报率定义为

$$权益回报率(ROE) = \frac{净收益}{权益} \tag{10-49}$$

这里还需要指出的是，该式所给出的定义与前面我们对权益回报率所作的定义略有所区别：首先，式中的分子中没有减去优先股股息；其次，公式分母中的权益不是平均权益，而是该会计年度年终的权益额。

我们可以将式(10-49)整理成下式：

$$权益回报率(ROE) = \frac{净收益}{销售额} \times \frac{销售额}{权益} \tag{10-50}$$

其中，净收益与销售额的比值等于净利润率，销售额与权益的比值等于权益周转率，从而我们可以得到以下权益回报率的表达式：

$$权益回报率(ROE) = 净利润率 \times 权益周转率 \tag{10-51}$$

进一步地，我们可以将式(10-51)整理成下式：

$$权益回报率(ROE) = \frac{净收益}{销售额} \times \frac{销售额}{资产} \times \frac{资产}{权益} \tag{10-52}$$

其中，销售额与资产的比率等于资产周转率，资产与权益的比率等于杠杆比率，该比率表示债务融资能够引起权益回报率的成倍变化，从而我们可以得到以下权益回报率的表达式：

$$权益回报率(ROE) = 净利润率 \times 资产周转率 \times 杠杆比率 \tag{10-53}$$

式(10-53)就是原始的杜邦公式。由于该等式将权益回报率(ROE)分成三个关键组成部分(净利润率、资产周转率和杠杆比率)，因而是财务比率分析中最重要的等式。基于该等式，我们不难理解，如果权益回报率较低，则意味着以下三个结论中至少有一个成立：①该厂商的利润率较低；②该厂商的资产周转率较低；③该厂商的杠杆效应水平较低。

【例19】某厂商最近三年保持了较高的权益回报率(ROE)，且财务比率较为稳定，保持在约17%的水平上。试根据表10-39所给出的财务数据，运用传统的杜邦分析法将该厂商的权益回报率分解为净利润率、资产周转率和权益乘数三个组成部分，并根据计算结果分析该厂商的业绩发展趋势。

表10-39 某厂商最近三年的财务数据　　　　　　　　　　单位：百万元

	2007年	2008年	2009年
净收益	41.7	37.6	43.3
销售额	173.8	197.9	254.7
权益	241	220	256
资产	118.2	145.5	205.4

【解】由财务数据可知，该厂商在三年中的权益回报率(ROE)分别为

$$\text{ROE}_{2007} = \frac{41.7}{241} = 17.3\%$$

$$ROE20_{2008} = \frac{37.6}{220} = 17.1\%$$

$$ROE_{2009} = \frac{43.3}{256} = 16.9\%$$

根据传统的杜邦分析法,可以将上述权益回报率(ROE)进一步分解为

$$ROE_{2007} = 24\% \times 1.47 \times 0.49$$

$$ROE_{2008} = 19\% \times 1.36 \times 0.66$$

$$ROE_{2009} = 17\% \times 1.24 \times 0.80$$

由以上计算结果可以看出,在上述三年中,该厂商的权益回报率(ROE)仅有小幅下降,而净利润率和资产周转率则均有明显下降。净利润率和资产周转率下降所产生的影响被杠杆比率的明显上升所抵销。分析师应该对该厂商在三年中净利润率的下滑给予足够重视,并找出导致该现象的具体原因,如产品价格压力或产品生产成本的上涨等。此外,基于以上数据,分析师还应该认识到,杠杆效应(权益乘数)的大幅增长意味着该厂商的债务融资比例上升(内源性融资比例下降),从而该厂商的经营风险在这三年中有了显著增长。

【例20】某厂商的净利润率为4.7%,资产周转率为2.3,债务-资产比率为73%,求该厂商的权益回报率(ROE)。

【解】由债务-资产比率等于73%,可知权益-资产比率为1−73% = 27%,从而资产与权益的比率为1/27% = 3.7,即权益乘数(杠杆比率)为3.7。

ROE = 净利润率 × 资产周转率 × 杠杆比率 = 4.7% × 2.3 × 3.7 = 40%

该厂商的权益回报率(ROE)为40%。

2. 扩展的杜邦分析法(五部分方法)

经过发展的杜邦分析法将传统方法中的净利润率进行了进一步分解。我们可以将传统的杜邦分析法的基本公式进一步改写为

$$权益回报率(ROE) = \frac{净收益}{EBT} \times \frac{EBT}{EBIT} \times \frac{EBIT}{收入} \times \frac{收入}{总资产} \times \frac{总资产}{总权益} \tag{10-54}$$

由式(10-54)可知,三部分方法中的净利润率被分解为以下三部分:

$\frac{净收益}{EBT}$ 称为税金负担,它等于(1−税率);$\frac{EBT}{EBIT}$ 称为利息负担;$\frac{EBIT}{收入}$ 称为EBIT率。

扩展的杜邦分析法的基本公式为

$$权益回报率(ROE) = 税金负担 \times 利息负担 \times EBIT率 \times 资产周转率 \times 财务杠杆 \tag{10-55}$$

通常情况下,较高的利润率、杠杆乘数和资产周转率将产生较高的权益回报率(ROE)。但是,根据扩展的杜邦分析法的基本公式,较高的杠杆乘数并不一定伴随着较高的ROE。这是因为,随着ROE的增加,利息费用率也随之增加,从而杠杆乘数的正效应将被增加的债务所带来的较高的利息支付额所抵销。此外,还需要指出的是,较高的税率将必然导致较低的ROE。

【例21】A、B两家厂商的财务数据如表10-40所示,试计算两家厂商的权益回报率(ROE),并运用扩展的杜邦分析法解释导致两家厂商ROE值不同的关键因素。

表10-40　A、B两家厂商的财务数据　　　　　　　　　　　　　　　单位:百万元

	厂商A	厂商B
收入	500	900
EBIT	35	100
利息费用	5	0

续表

	厂商A	厂商B
EBT	30	100
税金	10	40
净收益	20	60
总资产	250	300
总债务	100	50
所有者权益	150	250

【解】

$$EBIT率 = \frac{EBIT}{收入}$$

$$厂商A的EBIT率 = \frac{35}{500} = 7.0\%$$

$$厂商B的EBIT率 = \frac{100}{900} = 11.1\%$$

$$资产周转率 = \frac{销售额}{总资产}$$

$$厂商A的资产周转率 = \frac{500}{250} = 2.0$$

$$厂商B的资产周转率 = \frac{900}{300} = 3.0$$

$$利息负担 = \frac{EBT}{EBIT}$$

$$厂商A的利息负担 = \frac{30}{35} = 85.7\%$$

$$厂商B的利息负担 = \frac{100}{100} = 100.0\%$$

$$财务杠杆 = \frac{资产}{权益}$$

$$厂商A的财务杠杆 = \frac{250}{150} = 1.67$$

$$厂商B的财务杠杆 = \frac{300}{250} = 1.20$$

$$税金负担 = \frac{净收益}{EBT}$$

$$厂商A的税金负担 = \frac{20}{30} = 66.7\%$$

$$厂商B的税金负担 = \frac{60}{100} = 60.0\%$$

厂商A的ROE = 0.667 × 0.857 × 0.07 × 2.0 × 1.67 = 13.4%

厂商B的ROE = 0.600 × 1.000 × 0.111 × 3.0 × 1.20 = 24.3%

由以上计算结果(两厂商ROE的计算式)可以看出，厂商B的税金负担较重，但利息负担较轻(相关比率越低，表明负担越重)。厂商B的EBIT率和资产使用情况较好，并保持了较低的财务杠杆。导致厂商B的ROE偏高的主要原因是较高的EBIT率和资产周转率，并且使其杠杆比率相对较低。

> **关键考点**
> 杜邦分析法是CFA考试的一个重点，考生应熟练掌握考纲所要求的上述两种分析方法的具体内容，并能够解答相关的计算题(根据计算结果得出相关分析结论)。

3. 杜邦分析法的局限性

(1) 总资产净利率的"总资产"与"净利润"不匹配。总资产为全部资产提供者享有，而净利润则专属于股东，两者不匹配。由于总资产利润率的"投入与产出"不匹配，该指标不能反映实际的报酬率。为了改善该比率，要重新调整分子和分母。

为公司提供资产的人包括无息负债的债权人、有息负债的债权人和股东，无息负债的债权人不要求分享收益，要求分享收益的是股东和有息负债的债权人。因此，需要计算股东和有息负债债权人投入的资本，并且计量这些资本产生的收益，两者相除才是合乎逻辑的总资产净利率，才能准确反映企业的基本盈利能力。

(2) 没有区分经营活动损益和金融活动损益。杜邦分析法没有区分经营活动和金融活动。对于大多数企业来说，金融活动是净筹资，它们在金融市场上主要是筹资，而不是投资。筹资活动不产生净利润，而是支出净费用。这种筹资费用是否属于经营活动费用，在会计准则制定过程中始终存在很大争议，各国会计准则对此处理不尽相同。从财务管理角度看，企业的金融资产是尚未投入实际经营活动的资产，应将其与经营资产相区别。与此相应，金融损益也应与经营损益相区别，才能使经营资产和经营损益相匹配。因此，正确计量基本盈利能力的前提是区分经营资产和金融资产，区分经营损益和金融损益。

(3) 没有区分金融负债与经营负债。既然要把金融活动分离出来单独考察，就需要单独计量筹资活动的成本。负债的成本(利息支出)仅仅是金融负债的成本，经营负债是无息负债。因此，必须区分金融负债与经营负债，利息与金融负债相除，才是真正的平均利息率。此外，区分金融负债与经营负债后，金融负债与股东权益相除，可以得到更符合实际的财务杠杆。经营负债没有固定成本，本来就没有杠杆作用，将其计入财务杠杆，会歪曲杠杆的实际效应。

第十章 财务报表分析

真题精选精析

一、选择题

1. 【中山大学 2013】某企业原流动比率大于1，速动比率小于1，现以银行存款支付以前的应付账款，则企业的( )。
   A. 流动比率下降 B. 速动比率下降
   C. 两种比率均不变 D. 两种比率均提高

2. 【复旦大学 2015】甲公司现有流动资产500万元(其中速动资产200万元)，流动负债200万元。现决定用现金100万元偿还应付账款，业务完成后，该公司的流动比率和速动比率将分别___和___。( )
   A. 不变，不变 B. 增加，不变 C. 不变，减少 D. 不变，增加

3. 【上海财经大学 2012】在下列指标中反映企业营运能力的是( )。
   A. 销售利润率　　　　B. 总资产报酬率　　　　C. 速动比率　　　　D. 存货周转率

4. 【上海财经大学 2013】已知2007年R公司营运净利润为550万元，资产总额为4 800万元，应收账款总额为620万元，债务权益比为1.25，那么2007年该公司的股权回报率为( )。
   A. 23.76%　　　　B. 24.28%　　　　C. 24.11%　　　　D. 25.78%

5. 【上海财经大学 2011】对现金营业周期变化没有影响的是( )。
   A. 应收账款周转天数　　　　　　　　B. 存货周转天数
   C. 货币资金周转天数　　　　　　　　D. 应付账款周转天数

6. 【复旦大学 2017】根据杜邦分析框架，A公司去年净资产收益率(ROE)下降，可能是由于( )引起的。
   A. 销售利润率上升　　　　　　　　　B. 总资产周转率下降
   C. 权益乘数上升　　　　　　　　　　D. 股东权益下降

7. 【南京大学 2011】下列各项展开式中不等于每股收益的是( )。
   A. 总资产收益率×平均每股净资产
   B. 股东权益收益率×平均每股净资产
   C. 总资产收益率×权益乘数×平均每股净资产
   D. 主营业务净利率×总资产周转率×权益乘数×平均每股净资产

8. 【南京大学 2013】某大型企业的CEO向基金经理介绍，他们企业的目标是通过提高公司的股权收益率，为股东创造最大价值。他的如下说法中错误的是( )。
   A. 降低企业的财务杠杆可降低利息成本，提高股权收益率
   B. 在既有资产水平上加大营销力度，提高资产周转率，可提高资本使用效率，提高股权收益率
   C. 在一个高度竞争的市场中，通过生产及销售的成本节约可提高产品毛利水平，提高股权收益率
   D. 通过控制管理费用可提高净利水平，提高股权收益率

9. 【江西财经大学 2016】杜邦财务分析法的核心指标是( )。
   A. 资产收益率　　　　B. EBIT　　　　C. ROE　　　　D. 负债比

二、计算题

1. 【中山大学 2017】金迪公司2015年的利润表显示其销售收入为800万元，净利润与销售收入的比率为8%。资产负债表显示其流动资产为200万元，固定资产为600万元，净营运资本为100万元，长期负债为300万元。请回答如下问题：
   (1) 在不运用杜邦分析方法的情况下计算ROE；
   (2) 运用杜邦分析方法计算ROE。

2. 【中国海洋大学 2018】已知某公司2016年有关资料如下表所示：

单位：万元

项目	年初数	年末数	本年数或平均数
存货	7 200	9 600	
流动负债	6 000	8 000	
总资产	15 000	17 000	
流动比率		1.5	
速动比率	0.8		
权益乘数			1.5
流动资产周转率			4
净利润			2 880

假设该公司流动资产由速动资产和存货组成,要求:
(1) 计算该公司2016年销售(营业)收入净额和总资产周转率;
(2) 计算该公司2016年销售净利率和净资产收益率。

三、简答题

【浙江工商大学 2017】阐述杜邦分析体系可以揭示企业哪些方面的财务信息?该体系是否能够体现公司价值最大化的财务管理目标。

第十一章 长期财务计划

※第一节 销售百分比法

财务预测有多种方法,常用的一种简单方法是销售百分比法。销售百分比法通常假定收入、费用、资产、负债与销售收入存在着稳定的百分比关系,根据预计的销售收入和相应的百分比来预测资产、负债和所有者权益的总额,然后确定融资需求。这种对未来财务进行预测的方法虽然并不十分准确,但因其简便与低成本,所以通常是公司首选的制定未来融资需求的方法之一。

下面以A公司的财务数据(见表11-1)为例来说明这一方法的运用步骤。

表11-1 运用销售百分比预测A公司未来融资需求　　　　单位:百万美元

资产负债表	2012年	2012年销售百分比 (2012年销售收入675)	2013年预测 (预计2013年销售收入810)
资产			
现金及其等价物	351	52%	412.2
应收账款	169	25.04%	202.83
存货	230	34.07%	275.97
预付费用	53	7.85%	63.59
流动资产合计	803	118.96%	963.59
固定资产净值	1 008	149.33%	1 209.57
长期投资	71	——	71
其他长期资产	175	——	175
资产合计	2 057		2 419.16
负债和所有者权益			
银行借款和应付票据	188	——	188
应付账款	91	13.48%	109.19
应记税金	4	0.59%	4.78
其他应记负债	61	——	61
长期债务	310	——	310
负债合计	654		672.97
普通股	900	——	900
留存收益	503		577.40
权益合计	1 403	——	1 477.40
融资需求			268.79
总计			2 419.16

第一步,确定资产负债表中与销售收入存在稳定百分比的项目。

在销售百分比法中,通常假定资产项目中的流动资产与固定资产随销售水平变化而变化,这样公司现有生产能力的固定资产就可能不足以支持预测的销售增长。因此,在这种情况下预测的固定资产数额就应随着公司的预计销售增长率同比增长,需要计算固定资产的销售收入百分比。如果固定资产能够支持预测的销售水平,就不用计算其销售百分比,预期的固定资产与上期数额相同。

在负债项目中,一般情况下应付账款和应计费用是随着销售额变动而直接变动,它们是两个仅有的随销售收入变化而变化的变量,而其他负债项目则与销售无关。

2012年的A公司的销售收入为675百万美元,流动资产、固定资产净值、应付账款及应计税金与本期销售收入的比率分别为118.96%(803/675)、149.33%(1 008/675)、13.4%(91/675)和0.59%(4/675)。通常,可以采用简便的方法,即只计算流动资产总额与销售收入的百分比,而无须计算流动资产中各子项目的百分比。

第二步,估计下一年度的销售收入,并预测百分比项目的预期值。

依据前述财务预测和计划的基本步骤中的内容和方法,预测计划年度的销售收入。假定A公司2013年的销售收入将以20%的速度增长,所以2013年的销售收入为675 × (1 + 20%) = 810百万美元。

然后,分别以各个项目的销售百分比乘以预测的年销售收入,得出各个百分比项目的预期值。按此方法计算,2013年A公司的流动资产为963.59百万美元,固定资产净值为1209.57百万美元,应付账款为109.19百万美元,应计税费为4.78百万美元。

第三步,根据公司的实际情况预测资产负债表中无百分比的项目。

销售百分比法通常假定银行借款、应付票据、长期负债及权益项目不随公司销售收入的变化而变化,即与销售无关。这些项目需要公司管理者制订融资决策,寻找融资来源。

本例假定,公司管理者决定2013年长期投资和其他长期投资仍然保持在上年末的水平。因此,2013年公司的总资产规模上升到2419.16百万美元。同时,假定银行借款和应付票据、其他应计负债和长期债务也保持在上年末水平,因此,公司2013年的预计总负债为672.97百万美元。

第四步,预测留存收益增加额与融资需求。

留存收益是公司的内源性资金,只要公司的净收益不完全用于股利支付,股东权益就会随着留存收益的增长而增长。留存收益增加额取决于公司的净收益与股利分配政策,我们假定A公司的2013年的销售净利润率仍保持在上一年18.37%的水平,计划的股利支付率为50%。那么,A公司2013年预计的留存收益增加额为

$$留存收益增加额 = 预计销售收入 \times 销售净利润率 \times (1 - 股利支付率)$$
$$= 810 \times 18.37\% \times (1 - 50\%) = 74.40 百万美元$$

预计2013年的留存收益为577.40百万美元(503 + 74.40),股东权益为1477.40百万美元(900 + 577.40)。之后,预测外部融资需求为

$$外部融资需求 = 预计总资产 - 预计总负债 - 预计股东权益$$
$$= 2 419.16 - 672.97 - 1 477.40 = 268.79 百万美元$$

A公司为完成2013年预计的810百万美元的销售收入,除了留存收益74.40百万美元之外,还需要从外部筹集268.79百万美元的资金。公司管理层根据金融环境可就融资方式做出决策,可通过介入短期资金或发行股票、债券等从外部筹集所需资金。

第二节 普通股融资

一、股票上市

股票上市,指的是股份有限公司公开发行的股票经批准在证券交易所进行挂牌交易。经批准在交易所上市交易的股票称为上市股票。按照国际通行的做法,非公开募集发行的股票或未向证券交易所申请上市的非上市证券,应在证券交易所外的场外市场(over-the-counter market,OTC)上流通转让;只有公开募集发行并经批准上市的股票才能进入证券交易所流通转让。

股份公司申请股票上市,一般基于以下目的。

(1) 资本大众化，分散风险。股票上市后，会有更多的投资者认购公司股份，公司则可将部分股份转售给这些投资者，再将得到的资金用于其他方面，这就分散了公司的风险。

(2) 提高股票的变现力。股票上市后，便于投资者购买，自然提高了股票的流动性和变现力。

(3) 便于筹措新资本。股票上市必须经有关机构审查批准并接受相应的管理，执行各种信息披露和股票上市的规定，这就大大增强了社会公众对公司的信赖，使之乐于购买公司的股票。同时，由于一般人认为上市公司实力雄厚，也便于公司采用其他方式(如负债)筹措资金。

(4) 提高公司知名度，吸引更多的顾客。上市公司为社会所知，并被认为业绩理想，会带来良好的声誉，吸引更多的顾客，从而扩大市场销量和市场份额。

(5) 便于确定公司价值。股票上市后，公司股价有市价可循，便于确定公司的价值，有利于促进公司财富最大化。

但股票上市也有对公司不利的一面，主要是指：公司将负担较高的信息披露成本；各种信息公开的要求可能会暴露公司的商业秘密；股价有时会歪曲公司的实际状况，不利于公司的良好形象；可能会分散公司的控制权，造成管理上的困难。

二、普通股的初次发行

股份有限公司在设立时要发行股票，即初次发行。股份的发行实行公平、公正的原则，必须同股同权、同股同利。同次发行的股票，每股的发行条件和价格应该相同。任何单位或个人所认购的股份，每股应支付相同的价款。同时，发行股票还应接受国务院证券监督管理机构的管理和监督。股票发行具体应执行的管理规定主要包括股票发行条件、发行程序和方式、销售方式等。

1. 股票初次发行的程序

股票初次发行通常遵循以下程序：

(1) 提出募集股份申请；

(2) 公告招股说明书，制作认股书，签订承销协议和代收股款协议；

(3) 招认股份，缴纳股款；

(4) 召开创立大会，选举董事会、监事会；

(5) 办理设立登记，交割股票。

2. 股票发行方式

总的来讲，股票的发行方式可分为以下两类。

(1) 公开间接发行，是指通过中介机构，公开向社会公众发行股票。我国股份有限公司采用募集设立方式向社会公开发行新股时，须由证券经营机构承销的做法就属于股票的公开间接发行。这种发行方式的发行范围广、发行对象多，易于足额募集资本；股票的变现性强，流通性好；股票的公开发行还有助于提高发行公司的知名度和扩大其影响力。但这种发行方式也有不足，主要是手续复杂，发行成本高。

公开发行由于发行范围广、发行对象多，对社会影响大，需要对其进行限定。我国证券法规定有下列情形之一者属于公开发行：向不特定对象发行证券；向累计超过200人的特定对象发行证券；法律、行政法规规定的其他发行行为。非公开发行证券，不得采用广告、公开劝诱和变相公开方式。

(2) 不公开直接发行，是指不公开对外发行股票，只向少数特定的对象直接发行，因而不需经中介机构承销。我国股份有限公司采用发起设立方式和不向社会公开募集的方式发行新股的做法，即属于股票的不公开直接发行。这种发行方式弹性较大，发行成本低，但发行范围小，股票变现性差。

3. 股票的销售方式

(1) 自行销售方式。股票发行的自行销售方式，是指发行公司自己直接将股票销售给认购者。这种销售方式可由发行公司直接控制发行过程，实现发行意图，并可以节省发行费用；缺点是融资时间长，发行公司要承担全部发行风险，并需要发行公司有较高的知名度、信誉和实力。

(2) 委托销售方式。股票发行的委托销售方式，是指发行公司将股票销售业务委托给证券经营机构代理。这种销售方式是发行股票所普遍采用的。我国《公司法》规定，股份有限公司向社会公开发行股票，必须与依法设立的证券经营机构签订承销协议，由证券经营机构承销。委托销售又分为包销和代销两种具体办法。所谓包销，是根据承销协议商定的价格，证券经营机构一次性全部购进发行公司公开募集的全部股份，然后以较高的价格出售给社会上的认购者。对发行公司来说，包销的办法可及时筹足资本，免于承担发行风险(股款未募足的风险由承销商承担)，但股票以较低的价格出售给承销商会损失部分溢价。所谓代销，是指证券经营机构代替发行公司代售股票，并由此获取一定的佣金，但不承担股款未募足的风险。

▲三、普通股融资的特点

1. 普通股融资的优点

与其他融资方式相比，普通股筹措资本具有如下优点。

(1) 没有固定利息负担。公司有盈余，并认为适合分配股利，就可以分给股东；公司盈利较少，或虽有盈余但资金短缺或有更有利的投资机会，就可少支付或不支付股利。

(2) 没有固定到期日。利用普通股筹集的是永久性的资金，除非公司清算才需要偿还。它对保证企业最低的资金需求有重要意义。

(3) 融资风险小。由于普通股没有固定到期日，不用支付固定的利息，因此风险较小。

(4) 能提高公司的信誉。普通股本与留存收益构成公司所借入一切债务的基础。有了较多的自有资金，就可为债权人提供较大的损失保障，因此，普通股融资既可以提高公司的信用价值，也为使用更多的债务资金提供了强有力的支持。

(5) 融资限制减少。利用优先股或债券融资，通常有许多限制，这些限制往往会影响公司经营的灵活性，而利用普通股融资则没有这种限制。

另外，由于普通股的预期收益较高并可在一定程度上抵销通货膨胀的影响，因而普通股融资容易吸收资金。

2. 普通股融资的缺点

运用普通股筹措资本也有一些缺点。

(1) 普通股的资本成本较高。首先，从投资者的角度来讲，投资于普通股风险较高，相应地要求有较高的投资回报率；其次，对于融资公司而言，普通股股利从净利润中支付，不像债券利息那样作为费用从税前扣除，因而不具有抵税作用。此外，普通股的发行费用一般也高于其他证券。

(2) 以普通股融资会增加新股东，这可能会分散公司的控制权，削弱原有股东对公司的控制。

(3) 如果公司股票上市，需要履行严格的信息披露制度，接受公众股东的监督，会带来较大的信息披露成本，也增加了公司保护商业秘密的难度。

(4) 股票上市会增加公司被收购的风险。公司股票上市后，其经营状况会受到社会广泛关注，一旦公司经营或是财务方面出现问题，可能面临被收购的风险。

此外，新股东分享公司未来发行新股前积累的盈余，会降低普通股的每股收益，从而可能引起股价的下跌。

※四、普通股发行定价

根据我国《证券法》的规定，股票发行采取溢价发行的，其发行价格由发行人与承销的证券公司协商确定。发行人通常会参考公司经营业绩、净资产、发展潜力、发行数量、行业特点、股市状态等，确定发行价格。在实际工作中，股票发行价格的确定方法主要有市盈率法、净资产倍率法和现金流量折现法。

1. 市盈率法

市盈率是指公司股票市场价格与公司盈利的比率，计算公式为

$$市盈率 = \frac{每股市价}{每股净收益} \quad (11-1)$$

市盈率法是以公司股票的市盈率为依据确定发行价格的一种方法。采用市盈率法确定股票发行价格的步骤如下。

(1) 根据审核后的盈利预测计算发行公司的每股收益。

$$每股收益 = \frac{净利润}{发行前总股数} \quad (11-2)$$

(2) 根据二级市场的平均市盈率、发行公司所处行业的情况(同类行业公司股票的市盈率)、发行公司的经营状况及其成长性等拟定发行市盈率。

(3) 根据发行市盈率与每股收益之乘积决定发行价。

$$发行价格 = 每股收益 \times 发行市盈率 \quad (11-3)$$

2. 净资产倍率法

净资产倍率法又称资产净值法，是指通过资产评估和相关会计手段确定发行公司拟募股资产的每股净资产值，然后根据证券市场的状况将每股净资产值乘以一定的倍率，以此确定股票发行价格的方法。净资产倍率法在国外常用于房地产公司或资产现值要重于商业利益的公司的股票发行，但其在国内一直未被采用。以此方法确定股票每股发行价格不仅应考虑公平市值，还要考虑市场所能接受的溢价倍数。以净资产倍率法确定发行股票价格的计算公式为

$$发行价格 = 每股净资产值 \times 溢价倍数 \quad (11-4)$$

3. 现金流量折现法

现金流量折现法是通过预测公司未来的盈利能力，进而计算出公司净现值，并按一定的折现率折算，从而确定股票发行价格的方法。其基本要点是：首先是用市场接受的会计手段预测公司每个项目若干年内每年的净现金流量，再按照市场公允的折现率，分别计算出每个项目未来的净现金流量的净现值。公司的净现值除以公司股份数，即为每股净现值。

采用该方法需要注意两点：①由于未来收益存在不确定性，发行价格通常要对上述每股净现值折让20%~30%；②用现金流量折现法定价的公司，其市盈率往往远高于市场平均水平，但这类公司发行上市时套算出来的市盈率与一般公司发行股票的市盈率之间不具可比性。这一方法在国际主要股票市场上主要用于对新上市公路、港口、桥梁、电厂等基建公司的估值发行的定价。这类公司的特点是前期投资大，初期回报不高，上市时的利润一般偏低，如果采用市盈率法定价会低估其真实价值，而对公司未来收益(现金流量)的分析和预测能比较准确地反映公司的整体和长远价值。

▲五、股权再融资

上市公司利用证券市场进行再融资是国际证券市场的通行做法，是其能够持续发展的重要动力源之一，也是发挥证券市场资源配置功能的基本方式。再融资包含股权再融资、债券再融资和混合证券再融资等几种形式，其中股权再融资(seasoned equity offering)的方式包括向现有股东配股和增发新股融资。

配股是指向原普通股股东按其持股比例、以低于市价的某一特定价格配售一定数量新发行股票的融资行为。增发新股指上市公司为了筹集权益资本而再次发行股票的融资行为，包括面向不特定对象的公开增发和面向特定对象的非公开增发，也称定向增发。其中，配股和公开增发属于公开发行，非公开增发属于非公开发行。

1. 配股

按照惯例，公司配股时新股的认购权按照原有股权比例在原股东之间分配。配股赋予企业现有股东配股权，使得现有股东拥有合法的优先购买新发股票的权利。

1) 配股权

配股权是指当股份公司为增加公司资本而决定增加发行新的股票时，原普通股股东享有的按其持股比例、以低于市价的某一特定价格优先认购一定数量新发行股票的权利。配股权是普通股股东的优惠权，实际上是一种短期的看涨期权。配股权通常在某一股权登记日前颁发。在此之前购买的股东享有配股权，即此时股票的市场价格中含有配股权的价值。

在我国，配股权是指当股份公司需要在筹集资金而向现有股东发行新股时，股东可以按原有的持股比例以较低的价格购买一定数量的新发行股票。这样做的目的有：①不改变老股东对公司的控制权和享有的各种权利；②因发行新股将导致短期内每股收益稀释，通过折价配售的方式可以给老股东一定的补偿；③鼓励老股东认购新股，以增加发行量。配股权与公司公开发行的、期限很长的认股权证不同，后者是混合融资的一种形式。

2) 配股价格

配股一般采取网上定价发行的方式。配股价格由主承销商和发行人协商确定。

3) 配股条件

上市公司向原股东配股的，除了要符合公开发行股票的一般规定，还应该符合下列规定：①拟配售股份数量不超过本次配售股份前股本总额的30%；②控股股东应该在股东大会召开前公开承诺认配股份的数量；③采用证券法规定的代销方式发行。

4) 除权价格

通常配股股权登记日后要对股票进行除权处理。除权后股票的理论除权基准价格为

$$配股除权价格 = \frac{配股前股票市值 + 配股价格 \times 配股数量}{配股前股数 + 配股数量}$$

$$= \frac{配股前股票市值 + 配股价格 \times 股份变动比例}{1 + 股份变动比例} \tag{11-5}$$

当所有股东都参与配股时，此时股份变动比例(亦即实际配售比例)等于拟配售比例。

除权价只是作为计算除权日股价涨跌幅度的基准，提供的只是一个基准参考价。如果除权后股票交易市价高于该除权基准价格，这种情形使得参与配股的股东财富较配股前有所增加，一般称为"填权"；反之，股价低于除权基准价格，则会减少参与配股股东的财富，一般称为"贴权"。

5) 配股权价值

一般来说，老股东可以以低于配股前股票市价的价格购买所配发的股票，即配股权的执行价格低于当前股票价格，此时配股权是实值期权，因此配股权具有价值。利用除权后股票的价值可以估计配股权价值。配股权的价值为

$$配股权价值 = \frac{配股后股票价格 - 配股价格}{购买一股新股所需的认股权数} \tag{11-6}$$

2. 增发新股

公开增发与首次公开发行一样，没有特定的发行对象，股票市场上的投资者均可以认购。非公开增发(也称定向增发)的对象主要针对机构投资者与大股东及关联方。机构投资者大体可以划分为财务投资者和战略投资者。其中，财务投资者通常以获利为目的，通过短期持有上市公司股票适时套现、实现获利的法人，一般不参与公司的重大战略决策。战略投资者通常是指与发行人具有合作关系或合作意向和潜力并愿意按照发行人的配售要求与发行人签署战略投资配售协议的法人，他们与发行公司业务联系紧密且欲长期持有发行公司股票。上市公司通过非公开增发引入战略投资者，不仅获得战略投资者的资

金,还有助于引入其管理理念与经验,改善公司治理。大股东及关联方是指上市公司的控股股东或关联方。一般来说,采取非公开增发的形式向控股股东认购资产,有助于上市公司与控股股东进行股份与资产的置换,进行股权和业务的整合,同时也进一步提高了控股股东对上市公司的所有权。

1) 增发新股的特别规定

新股公开增发除满足上市公司公开发行的一般规定外,还应该符合以下规定:①最近三个会计年度加权平均净资产收益率平均不低于6%;②除金融企业外,最近1期期末不存在持有金额较大的交易性金融资产和可供出售的金融资产、借予他人款项、委托理财等财务性投资的情形。

相对于公开增发新股、配股而言,上市公司非公开增发新股的要求要低得多。非公开增发没有过多发行条件上的限制,除发行对象为境外机构投资者需经国务院相关部门事先批准外,只要特定发行对象符合股东大会规定的条件,且在数量上不超过10名,并且不存在一些严重损害投资者合法权益和社会公共利益的情形,均可申请非公开发行股票。对于一些以往盈利记录未能满足公开融资条件,但又面临重大发展机遇的公司而言,非公开增发提供了一个关键性的融资渠道。

2) 增发新股的定价

上市公司增发新股的定价通常按照"发行价格应当不低于公告招股意向书前20个交易日公司股票均价或前1个交易日的均价"的原则确定增发价格。相对于非公开增发,公开增发新股的发行价格没有折价,定价基准日也固定。

非公开发行股票的发行价格应不低于定价基准日前20个交易日公司股票均价的90%。定价基准日可以是董事会决议公告,也可以是股东大会决议公告日或发行期的首日。对于以通过非公开发行进行重大资产重组或者引进长期战略投资为目的的,可以在董事会、股东大会阶段事先确定发行价格;对于以筹集现金为目的的发行,应该在取得发行核准批文后采取竞价方式定价。

3. 股权再融资对企业的影响

股权再融资对企业产生的影响主要包括以下几个方面。

1) 对公司资本结构的影响

一般来讲,权益资本成本高于债务资本成本,采用股权再融资会降低资产负债率,并可能会使资本成本增大。但是,如果股权再融资有助于企业目标资本结构的实现,增强企业的财务稳健性,降低债务的违约风险,就会在一定程度上降低企业的加权平均资本成本,增加企业的整体价值。

2) 对企业财务状况的影响

在企业运营及盈利状况不变的情况下,采用股权再融资的形式筹集资金会降低企业的财务杠杆水平,并降低净资产收益率。但是,企业如果能将股权再融资筹集的资金投资于具有良好发展前景的项目,投资活动净现值为正,或者能够改善企业的资本结构,降低资本成本,就有利于增加企业的价值。

3) 对控制权的影响

就配股而言,由于全体股东更具有相同的认股权利,控股股东只要不放弃认购的权利,就不会削弱控制权。公开增发会引入新的股东,股东的控制权受到增发认购数量的影响;非公开增发相对复杂,若对财务投资者和战略投资者增发,则会降低控股股东的控股比例,但财务投资者和战略投资者大多与控股股东有良好的合作关系,一般不会对控股股东的控制权形成威胁;若面向控股股东的增发是为了收购其优质资产或实现集团整体上市,则会提高控股股东的控股比例,增强控股股东对上市公司的控制权。

第三节 长期负债融资

一、长期负债融资的特点

负债融资是指通过负债筹集资金。负债是企业一项重要的资金来源,几乎没有一家企业是只靠自有资本,而不运用负债就能满足资金需要的。负债资金是与普通股筹资性质不同的筹资方式。与后者相比，负债筹资的特点表现为：筹集的资金具有使用上的时间性，需要到期偿还；不论企业经营好坏，均需要固定支付债务利息，从而形成企业固定的负担；其资本成本一般比普通股筹资成本低，且不会分散投资者对企业的控制权。

长期负债是指超过1年的负债。长期负债的优点是：可以解决企业长期资金的不足，如满足发展长期性固定资产的需要；由于长期负债的归还期长，债务人可对债务的归还做长期安排，还债压力和风险相对较小。缺点是：长期负债融资一般成本较高，即长期负债的利率一般会高于短期负债利率；负债的限制较多，即债权人经常会向债务人提出一些限制性的条件以保证其能够及时、足额偿还债务本金和支付利息，从而形成对债务人的种种约束。

二、长期借款融资

长期借款是指企业向银行或其他银行金融机构借入的使用期限超过1年的借款，主要用于构建固定资产和满足长期流动资金占用的需要。

1. 长期借款的种类

长期借款的种类很多，各企业可根据自身的情况和各种借款条件选用。我国目前各金融机构的长期借款主要有以下三种。

(1) 按照用途，分为固定资产投资借款、更新改造借款、科技开发和新产品试制借款等。

(2) 按照提供贷款的机构，分为政策性银行贷款、商业银行贷款等。此外，企业还可从信托投资公司取得实物或货币形式的信托投资贷款，从财务公司取得各种中长期贷款等。

(3) 按照有无担保，分为信用贷款和抵押贷款。信用贷款指不需要企业提供抵押品，仅凭其信用或担保人信誉而发放的贷款。抵押贷款是指要求企业以抵押品作为担保的贷款。长期贷款的抵押品常常是房屋、建筑物、机器设备、股票、债券等。

2. 取得长期借款的条件

金融机构对企业发放贷款的原则是：按计划发放、择优扶植、有物资保证、按期归还。企业申请贷款一般应具备的条件是：

(1) 独立核算、自负盈亏、有法人资格；

(2) 经营方向和业务范围符合国家产业政策，借款用途属于银行贷款办法规定的范围；

(3) 借款企业具有一定的物资和财产保证，担保单位具有相应的经济实力；

(4) 具有偿还贷款的能力；

(5) 财务管理和经济核算制度健全，资金使用效益及企业经济效益良好；

(6) 在银行设有账户，办理结算。

3. 长期借款的成本

长期借款的利率通常高于短期借款，但信誉良好或抵押品流动性强的借款企业，仍然可以争取到较低的长期借款成本。长期借款利率有固定利率和浮动利率两种。浮动利率通常有最高、最低限，并在借款合同中明确。对于借款企业来讲，若预测市场利率将上升，应与银行签订固定利率合同；反之，则应签订浮动利率合同。

除了利息外，银行还会向借款企业收取其他费用，如实行周转信贷协定所收取的承诺费，要求借款企业在本银行中保持补偿余额所形成的间接费用。这些费用会增大长期借款的成本。

4. 长期借款的偿还方式

长期借款的偿还方式不一，包括：定期支付利息、到期一次性偿还本金的方式；如同短期借款那样的定期等额偿还方式；平时逐期偿还小额本金和利息、期末偿还余下的大额部分的方式。第一种偿还方式会加大企业借款到期时的还款压力，而定期等额偿又会提高企业使用贷款的有效年利率。

5. 长期借款融资的优缺点

长期借款融资的优点主要体现在以下几个方面。

(1) 筹资速度快。发行各种证券筹集长期资金所需时间一般较长。做好证券发行的准备以及证券的发行都需要一定时间。与发行证券相比，一般借款所需的时间较短，可以迅速获取资金。

(2) 借款弹性好。企业与金融机构可以直接接触，可通过直接商谈来确定借款的时间、数量、利息、偿付方式等条件。在借款期间，如果企业情况发生了变化，也可以与金融机构进行协商，修改借款合同。借款到期后，如有正当理由，还可以延期偿还。

长期借款融资的缺点则体现在以下几个方面。

(1) 财务风险较大。企业举借长期借款，必须定期还本付息。在经营不利的情况下，可能会产生不能偿付的风险，甚至会导致破产。

(2) 限制条款较多。企业与金融机构签订的借款合同中，一般都有较多的限制性条款，这些条款可能会限制企业的经营活动。

▲三、长期债券融资

债券是发行人依照法定程序发行，约定在一定期限内还本付息的有价证券。债券的发行人是债务人，投资于债券的人是债权人。这里所说的债券，指的是期限超过1年的公司债券，其发行目的通常是为建设大型项目筹集大笔长期资金。

1. 债券的偿还时间

债券偿还时间按其发生与规定的到期日之间的关系，分为到期偿还、提前偿还与滞后偿还三类。

(1) 到期偿还。到期偿还又包括分批偿还和一次偿还两种：如果一个企业在发行同一种债券的同时就为不同编号或不同发行对象的债券规定了不同的到期日，这种债券就是分期偿还债券。因为各批债券的到期日不同，它们各自的发行价格和票面利率也可能不相同，从而导致发行费较高。但是，由于这种债券便于投资人挑选最合适的到期日，因而便于发行。另外一种就是最为常见的到期一次偿还的债券。

(2) 提前偿还。提前偿还又称提前赎回，是指在债券尚未到期之前就予以偿还。只有在企业发行债券的契约中明确规定了有关允许提前偿还的条款，企业才可以进行此项操作。提前偿还所支付的价格通常要高于债券的面值，并随到期日的临近而逐渐下降。具有提前偿还条款的债券可使企业融资有较大的弹性。当企业资金有结余时，可提前偿还债券；当债券利率下降时，也可提前赎回债券，而后以较低的利率来发行新债券。

(3) 滞后偿还。债券在到期日滞后偿还叫作滞后偿还。这种偿还条款一般在发行时便订立，主要是给予持有人以延长持有债券的选择权。滞后偿还有转期和转换两种形式。转期指将较早到期的债券转换成到期日较晚的债券，实际上是将债务的期限延长。常用的方法有两种：一是直接以新债券兑换旧债券；二是用发行新债券得到的资金来赎回旧债券。转换通常指股份有限公司发行的债券可以按一定的条件转换成本公司的股票。

2. 债券的偿还形式

债券的偿还形式是指在偿还债券时使用什么样的支付手段。可使用的支付手段包括现金、新发行的本公司债券(简称新债券)、本公司的普通股股票(简称普通股)和本公司持有的其他公司发行的有价证券(简称有价证券)。其中前三种较为常见。

(1) 用现金偿还债券。由于现金是债券持有人最愿意接受的支付手段，因此这一形式最为常见。为了确保在债券到期时有足额的现金偿还债券，有时企业需要建立偿债基金。如果发行债券合同的条款中明确规定用偿债基金偿还债券，企业就必须每年都提取偿债基金，且不得挪作他用，以保护债券持有者的利益。

(2) 以新债券换旧债券。企业之所以要进行债券的调换，一般有以下几个原因：①原有债券的契约中订有较多的限制条款,不利于企业的发展;②把多次发行、尚未彻底清偿的债券进行合并,以减少管理费;③有的债券到期,但企业现金不足。

(3) 用普通股偿还债券。如果企业发行的是可转换债券,则可通过转换变成普通股来偿还债券。

3. 债券的付息

债券的付息主要表现在利率的确定、付息频率两个方面。

(1) 利率的确定。利率的确定有固定利率和浮动利率两种形式。浮动利率一般指由发行人选择一个基准利率,按基准利率水平在一定的时间间隔中对债务的利率进行调整。

(2) 付息频率。付息频率越高,资金流发生的次数越多,对投资人的吸引力越大。债券付息频率主要有按年付息、按半年付息、按季度付息、按月付息和一次性付息5种。

4. 债券融资的优缺点

债券融资的优点主要包括以下几个方面。

(1) 筹资规模较大。债券属于直接融资,发行对象分布广泛,市场容量相对较大,且不受金融中介机构自身资产规模及风险管理的约束,可以筹集的资金数量也较多。

(2) 具有长期性和稳定性的特点。债券的期限可以比较长,且债券的投资者一般不能在债券到期之前向企业索取本金,因而债券融资方式具有长期性和稳定性的特点。金融机构对较长期限借款的比例往往会有一定的限制。

(3) 有利于资源优化配置。由于债券是公开发行的,是否购买债券取决于市场上众多投资者自己的判断,并且投资者可以方便地交易并转让所持有的债券,有助于加速市场竞争,优化社会资金的资源配置效率。

债券融资的缺点主要体现在以下几个方面。

(1) 发行成本高。企业公开发行公司债券的程序复杂,需要聘请保荐人、会计师、律师、资产评估机构以及资信评级机构等中介,发行的成本较高。

(2) 信息披露成本高。发行债券需要公开披露募集说明书及其引用的审计报告、资产评估报告、资信评级报告等多种文件。债券上市后也需要披露定期报告和临时报告,信息披露成本较高。同时也对保守企业的经营、财务等信息及其他商业机密不利。

(3) 限制条件多。发行债券的契约书中的限制条款通常比优先股及短期债务更为严格,可能会影响企业的正常发展和以后的融资能力。

第四节 其他长期融资方式

一、租赁

1. 租赁的概念

租赁是指资产的所有者(出租人)授予另一方(承租人)使用资产的专用权并获取资金报酬的一种合约。租赁合约规定双方的权利与义务,其具体内容需要通过谈判确定,所以租赁的形式多种多样。

2. 租赁的分类

按照当事人之间的关系,租赁可以划分为三种类型。

(1) 直接租赁。该种租赁方式是指出租方(租赁企业或生产厂商)直接向承租人提供租赁资产的租赁形式。直接租赁只涉及出租人和承租人两方。

(2) 杠杆租赁。该种租赁是有贷款者参与的一种租赁形式。在这种形式下,出租人引入资产时只支付引入所需款项(如购买资产的贷款)的一部分(通常为资产价值的20%~40%),其余款项则以引入的资产或出租权等为抵押,向另外的贷款者借入;资产租出后,出租人以收取的租金向债权人还贷。对承租人(企业)来说,杠杆租赁和直接租赁没有什么区别,都是向出租人租入资产;而对出租人而言,其身份则有了变化，既是资产的出租者，又是款项的借入者。因此，杠杆租赁是一种涉及三方面当事人的租赁形式。

(3) 售后租回。该种租赁是指承租人先将某资产卖给出租人，再将该资产租回的一种租赁形式。在这种形式下，承租人一方面通过出售资产获得了现金，另一方面又通过租赁满足了对资产的需要，而租金却可以分期支付。

从财务管理的角度看，租赁分为经营租赁和融资租赁。经营租赁是指购买资产使用权，用以替代经营资产购置，属于经营活动。融资租赁是指以租赁形式融资，用以替代借款融资，属于融资活动。

(1) 经营租赁。企业的营业活动需要使用或多或少的固定资产。这些固定资产既可以通过购买(内部投资)取得，也可以通过租赁取得。对企业来说，最重要的是使用这些资产，而不是拥有其所有权。经营租赁决策的核心问题是"买还是租"，企业需要分析哪一种取得方式更经济。一般来讲，当拥有和运营某项固定资产的平均年成本高于最优租金时，就可以选择租赁。

(2) 融资租赁。融资租赁决策是企业决定拥有某项固定资产之后的筹资决策，其核心问题是"租赁融资还是借款购买"。一般来讲，当租赁的融资成本低于债务融资时，可以选择租赁融资。典型的融资租赁是长期的、完全补偿的、不可撤销的净租赁。融资租赁最主要的财务特征是不可撤销的。由于合同不可以撤销，这使较长的租赁期得到保障；由于租期长并且不可撤销，出租人的租赁资产成本可以得到完全补偿。

3. 租赁存在的原因

租赁存在的主要原因有以下三点。

1) 节税

租赁双方的实际税率不同，通过租赁可以节税。如果资产的使用者处于较低税率级别，在购买方式下它从折旧和利息费用所获得的抵税效果较少。如果采用租赁方式，由于出租人处于较高的税率级别，可获得较多的折旧和利息的抵税效果。在竞争性的市场上，出租人因为存在抵税效应而会收取较低的租金。双方分享税率差别引起的减税，会使得资产使用者倾向于采取租赁方式。

节税是长期租赁存在的主要原因。如果没有所得税制度，长期租赁可能无法存在。在一定程度上来讲，租赁是所得税制度的产物。所得税制度的调整，往往会促进或抑制某些租赁业务的发展。如果所得税法不鼓励租赁，在租赁业很难发展。

2) 降低交易成本

租赁公司可以大批量购置某种资产，从而获得价格优惠。对于租赁资产的维修，租赁公司可能更内行或更有效率。对于旧资产的处置，租赁公司更有经验。交易成本的差别是短期租赁存在的主要原因。

3) 减少不确定性

短期租赁的承租人，不承担租赁资产的主要风险，比自行购置资产风险小。长期租赁的出租人，在收回租金前保留资产的所有权，比直接放贷风险小。此外，有时承租人无法取得借款，或者不能进一步增加资产负债率，即使其成本略高于借款融资，也会选择租赁融资。

▲二、优先股

1. 优先股的特征

优先股是一种混合证券，有些方面与债券类似，另一些方面与股票类似，是介于债券和股票之间的一种证券。优先股具有以下特征。

1) 优先股的股利

与债券相类似的特点是，优先股有一个面值，股利按面值的一定百分比或者每股几元表示，股利水平在发行时就确定了，公司的盈利超过优先股股利时不会增加其支付。与普通股类似的是，当公司盈利达不到支付优先股股利水平时，公司就不必支付股利，不会因此导致公司破产。

优先股的股利支付比普通股优先，未支付优先股股利时普通股不能支付股利。多数优先股是"可累积优先股"，就是尚未支付的优先股的累积股利总额必须在支付普通股股利之前支付完毕。未支付的优先股股利被称为"拖欠款项"。拖欠款项不产生利息，不会按复利产生滚存，但均需在普通股股利之前支付。多数累积优先股规定有可累积年限，例如三年，如果连续三年盈利均未达到支付优先股股利所需水平，优先股的应得股利不再计入拖欠款项。

2) 优先股的表决权

与债券类似的是，通常优先股在发行时规定没有表决权。但是，有很多优先股规定，如果没有按时支付优先股股利，则其股东可行使有限的表决权。例如，规定优先股股东可以选举一定比例的公司董事等，这一特点又与普通股类似。

3) 优先股的到期期限

有些优先股是永久性的，没有到期期限，与普通股和永久债券类似。多数优先股规定有明确的到期期限，到期时公司按规定价格赎回优先股，与一般的债券类似。

4) 优先股的可转换性

有些优先股规定，可以转换为普通股，成为可转换优先股。有些则是不可转换优先股。这一点与债券类似。我们在本章后面的内容将专门讨论可转换债券。

5) 优先股的税务

对于发行公司来说，支付优先股股息不能税前扣除，这一点与普通股类似。由于债券利息可以税前扣除，因而在利率相同的情况下优先股的融资成本高于债务。

6) 优先股的风险

从投资者来看，优先股投资的风险比债券大。当企业面临破产时，优先股的索偿权低于债权人。在公司财务困难时，债务利息会被有限得到支付，优先股股利则是次要的。因此，同一公司的优先股股东要求的预期报酬率比债权人高。

从融资的角度来看，优先股融资的风险比较小。不支付股利不会导致公司破产，是其风险小的主要原因。不过，公司还是会想办法尽可能支付优先股股利。如果不按时支付优先股股利，不仅普通股股东得不到股利，而且很难进行新的优先股或普通股融资，甚至债券融资都很困难。

2. 优先股融资的优点和缺点

优先股融资具有以下优点：

(1) 与债券相比，不支付股利不会导致公司破产；

(2) 与普通股相比，发行优先股一般不会稀释股东权益；

(3) 无限期的优先股没有到期期限，不会减少公司现金流，不需要偿还本金。

优先股融资有以下缺点：

(1) 优先股股利不可以税前扣除，其税后成本高于负债融资；

(2) 优先股的股利支付虽然没有法律约束，但经济上的约束使公司倾向于按时支付其股利。因此，优先股的股利通常被视为固定成本，与负债融资没有什么差别，会增加公司的财务风险，并进而增加普通股的成本。

三、认股权证

1. 认股权证的定义和特征

认股权证是公司向股东发放的一种凭证，授权其持有者在一个特定期间内以特定价格购买特定数量的公司股票。

认股权证与看涨期权具有以下共同点：

(1) 均以股票为标的资产，其价值随股票价格变动；

(2) 到期前均可以选择执行或不执行,具有选择权;

(3) 均有一个固定的执行价格。

认股权证与看涨期权具有以下区别。

(1) 看涨期权执行时,其股票来自二级市场,而当认股权证执行时,股票是新发股票。认股权证的执行会引起股份数的增加,从而稀释每股收益和股价。看涨期权不存在稀释问题。标准化的期权合约在行权时只是与发行方结清价差,根本不涉及股票交易。

(2) 看涨期权时间短,通常只有几个月。认股权证期限长,可以长达10年,甚至更长。

(3) 布莱克-斯科尔斯模型假设没有股利支付,看涨期权可以适用。认股权证不能假设有限期限内不分红,5~10年不分红不现实,不能用布莱克-斯科尔斯模型定价。

2. 发行认股权证的用途

(1) 在公司发行新股时,为避免原有股东每股权益和股价被稀释,给原有股东配发一定数量的认股权证,使其可以按优惠价格认购新股,或直接出售认股权证,以弥补新股发行的稀释损失。这是认股权证最初的功能。

(2) 作为奖励发放给本公司的管理人员。所谓"奖励期权",其实就是奖励认股权证,它与期权并不完全相同。有时,认股权证还作为奖励发放给投资银行机构。

(3) 作为融资工具,认股权证与公司债券同时发行,用于吸引投资者购买票面利率低于市场要求的长期债券。

3. 认股权证融资的优点和缺点

认股权证融资的主要优点是可以降低相应债券的利率。认股权证的发行人主要是高速增长的小公司,这些公司有较高的风险,直接发行债券需要较高的票面利率。通过发行附有认股权证的债券,以潜在的股权稀释为代价换取较低的利息。

认股权证融资的主要缺点是缺乏灵活性。附带认股权证的债券发行者,主要目的是发行债券而不是股票,是为了发债而附带期权。认股权证的执行价格,一般比发行时的股价高出20%~30%。如果将来公司发展良好,股票价格会大大超过执行价格,原有股东会蒙受较大损失。此外,附带认股权证债券的承销费用高于债务融资。

四、可转换债券

1. 可转换债券的定义和特征

可转换债券是一种特殊的债券,它在一定期间内依据约定的条件可以转换成普通股。

可转换债券具有以下主要特征。

1) 可转换性

可转换债券,可以转换为特定公司的普通股。这种转换,在资产负债表上只是负债转换为普通股,并不增加额外的资本。认股权证与之不同,认股权会带来新的资本。这种转换是一种期权,证券持有人可以选择转换,也可以选择不转换而继续持有债券。

2) 转换价格

可转换债券发行之时,明确了以怎样的价格转换为普通股,这一规定的价格就是可转换债券的转换价格,即转换发生时投资者为获得普通股每股所支付的实际价格。转换价格通常比发行时的股价高出20%~30%。

3) 转换比率

转换比率是债权人通过转换可获得的普通股股数。可转换债券的面值转换价格、转换比率之间的关系式为

$$转换比率 = 债券面值 / 转换价格 \qquad (11\text{-}7)$$

例如，某公司2013年发行了12.5亿元10年期可转换债券，其面值为1 000元，年利率为4.75%，2023年到期。转换可以在此前的任何时候进行，转换比率为6.41，则可以基于式(11-7)计算出其转换价格，为

$$转换价格 = 1\,000 / 6.41 = 156.01元$$

这就是说，为了取得A公司的1股，需要放弃金额为156.01元的债券面值。

4) 转换期

转换期是指可转换债券转换为股份的起始日至结束日的期间。可转换债券的转换期可以与债券的期限相同，也可以短于债券的期限。例如，某种可转换债券规定只能从其发行一定时间之后(如发行若干年之后)才能够行使转换权，这种转换期称为递延转换期，短于其债券期限。还有的可转换债券规定只能在一定时间内(如发行日后的若干年之内)行使转换权，超过这一段时间，转换权将失效，因此转换期也会短于债券的期限，这种转换期称为有限转换期。

根据我国《上市公司证券发行管理办法》规定，自发行结束之日起6个月后方可转换为公司股票，转换期限由公司根据可转换公司债券的存续期限及公司财务状况决定。

5) 赎回条款

赎回条款是可转换债券的发行企业可以在债券到期日之前提前赎回债券的规定。赎回条款包括以下内容。

① 不可赎回期。不可赎回期是可转换债券从发行时开始，不能被赎回的那段时间。例如，规定自发行日起两年内不能由发行公司赎回，上述债券的前两年就是不可赎回期。设立不可赎回期的目的，在于保护债券持有人的利益，防止发行企业滥用赎回权，强制债券持有人过早地转换债券。不过，并不是每一种可转换债券都设有不可赎回条款。

② 赎回期。赎回期是可转换债券的发行公司可以赎回债券的期间。赎回期安排在不可赎回期之后，不可赎回期结束之后，即进入可转换债券的赎回期。

③ 赎回价格。赎回价格是事前规定的发行公司赎回债券的出价。赎回价格一般高于可转换债券的面值，两者之差称为赎回溢价。赎回溢价随债券到期日的临近而减少。

④ 赎回条件。赎回条件是对可转换债券发行公司赎回债券的情况要求，即需要在什么情况下才能赎回债券。赎回条件分为无条件赎回和有条件赎回。无条件赎回是在赎回期内发行公司可随时按照赎回价格赎回债券。有条件赎回是对赎回债券有一些条件限制，只有在满足了这些条件之后才能由发行公司赎回债券。发行公司在赎回债券之前，要向债券持有人发出通知，要求他们在将债券转换为普通股与卖给发行公司之间做出抉择。一般而言，债券持有人会将债券转换为普通股。可见，设置赎回条款是为了促使债券持有人转换股份，因此又被称为加速条款；同时也能使发行公司避免市场利率下降后，继续向债券持有人按较高的债券票面利率支付利息蒙受的损失，或限制债券持有人过分享受公司收益大幅度上升所带来的回报。

6) 回售条款

回售条款是在可转换债券发行公司的股票价格达到某种恶劣程度时，债券持有人有权按照约定的价格将可转换债券卖给发行公司的有关规定。回售条款也具体包括回售时间、回售价格等内容。设置回售条款是为了保护债券投资人的利益，使他们能够避免遭受过大的投资损失，从而降低投资风险。合理的回售条款，可以使投资者更具安全感，从而有利于吸引投资者。

7) 强制性转换条款

强制性转换条款是在某些条件具备之后，债券持有人必须将可转换债券转换为股票，无权要求偿还债券本金的规定。设置强制性转换条款，是为了保证可转换债券顺利地转换成股票，实现发行公司扩大权益筹资的目的。

2. 可转换债券融资的优点和缺点

可转换债券融资的优点主要包括以下几个方面。

(1) 与普通债券相比，可转换债券使得公司能够以较低的利率取得资金。债权人同意接受较低利率

的原因是有机会分享公司未来发展带来的收益。可转换债券的票面利率低于同一条件下的普通债券的利率，降低了公司前期的融资成本。与此同时，它向投资人提供了转换为股权投资的选择权，使之有机会转为普通股并分享公司更多的收益。值得注意的是，可转换债券转换成普通股后，其原有的低息优势将不复存在，公司要承担普通股的融资成本。

(2) 与普通股相比，可转换债券使得公司取得了以高于当前股价出售普通股的可能性。有些公司本来是想要发行票而不是债务，但是认为当前其股票价格太低，为筹集同样的资金需要发行更多的股票。为避免直接发行新股而遭受损失，才通过发行可转换债券变相发行普通股。因此，在发行新股时机不理想时，可以先发行可转换债券，然后通过转换实现较高价格的股权融资。这样做不至于因为直接发行新股而进一步降低公司股票市价，而且因为转换期较长，即使在将来转换股票时，对公司股价的影响也较温和，从而有利于稳定公司股票。

可转换债券融资的缺点主要体现在以下几个方面。

(1) 股价上涨风险。虽然可转换债券的转换价格高于其发行时的股票价格，但是如果转换时股票价格大幅上涨，公司只能以较低的固定转换价格换出股票，会降低公司的股权融资额。

(2) 股价低迷风险。发行可转换债券后，如果股价没有达到转股所需的水平，可转换债券持有者没有如期转换普通股，则公司只能继续承担债务。在订有回售条款的情况下，公司短期内集中偿还债务的压力会更明显。尤其是有些公司发行可转换债券的目的是筹集权益资本，股价低迷将使其目的无法实现。

(3) 融资成本高于纯债券。尽管可转换债券的票面利率比纯债券低，但加入转股成本之后的总融资成本比纯债券要高。

3. 可转换债券与认股权证的区别

(1) 认股权证在认购股份时给公司带来新的权益资本，而可转换债券在转换时只是报表项目之间的变化，没有增加新的资本。

(2) 灵活性不同。可转换债券的种类繁多，它允许发行者规定可赎回条款、强制转换条款等，而认股权证的灵活性则较少。

(3) 适用情况不同。发行附带认股权证债券的公司，比发行可转换债券的公司规模小、风险更高，往往是新公司启动新的产品。对于这类公司，潜在的投资者缺乏信息，很难判断风险的大小，也很难设定合适的利率。为了吸引投资者，他们有两种选择：一是设定很高的利率，承担高成本；二是选择采用期权与债务捆绑，向投资者提供潜在的升值可能性，适度抵销遭受损失的风险。附带认股权证的债券发行者，主要目的是发行债券而不是股票，是为了发债而附带期权，只是因为当前利率要求高，希望通过捆绑期权吸引投资者以降低利率。可转换债券的发行者，主要目的是发行股票而不是债券，只是因为当前股价偏低，希望通过将来转股以实现较高的股票发行价。

(4) 两者的发行费用不同。可转换债券的承销费用与纯债券类似，而附带认股权证债券的承销费用介于债务融资与普通股之间。

第十一章　长期财务计划

真题精选精析

一、选择题

1. 【四川大学2017】下列各项中属于销售百分比法所称的敏感项目的是(　　)。
   A. 对外投资　　　　　　　　　　B. 固定资产净值
   C. 应付票据　　　　　　　　　　D. 长期负债

2. 【南京大学 2013】H公司的净利润为66元，总资产500元。66元的净利润中有44元被留存下来，则其内部增长率为(　　)。

　　A. 13.2%　　　　　　B. 66.67%　　　　　　C. 8.8%　　　　　　D. 9.65%

3. 【对外经济贸易大学 2013】企业2011年的销售净利率为8%，总资产周转率为0.6次，权益乘数为2，利润留存为40%，则可持续增长率为(　　)。

　　A. 3.99%　　　　　　B. 4.08%　　　　　　C. 5.14%　　　　　　D. 3.45%

4. 【上海财经大学 2013】F公司的资产与销售收入之比为1.6，自然增加的负债和销售收入之比为0.4，利润率为0.1，留存收益比率为0.55，去年公司的销售收入为2亿元。假定这些比率保持不变，用额外融资需求公式计算公司在不增加非自然性外部资金情况下的最大增长率为(　　)。

　　A. 4.8%　　　　　　B. 3.9%　　　　　　C. 5.4%　　　　　　D. 8.1%

二、简答题

【对外经济贸易大学 2019，厦门大学 2018，中南财经政法大学 2017，西南财经大学 2011】什么是可持续增长率？可持续增长率的影响因素有哪些？

三、计算题

【浙江大学 2019】A公司年净利润为200万元，留存收益率为0.6。资产期初数为1000万元，负债权益比为0.25。请分别按期初和期末的权益数计算公司的可持续增长率(无外部融资且负债权益比不变)。

第十二章 折现与价值

第一节 货币的时间价值

一、货币时间价值的概念

货币的时间价值是指当前所持有的一定货币量(如1美元、1欧元、1人民币等)比未来获得的等量货币具有更高的价值。

货币具有时间价值的原因主要包括以下三个方面：①货币用于投资可获得利息，因而现在的一定货币量可以在将来获得更多的货币量；②货币购买力会受通货膨胀的影响而贬值，因而现在的货币比其将来等量的货币价值要高；③由于预期收入的不确定性，在未来要获得现在的等量货币要付出一定的风险成本，因而现在的货币要比其将来等量的货币价值高。

▲ 二、单笔资金的终值

资金的终值(future value，FV)是指将该笔资金存入按连续复利计算的储蓄账户可以获得的本金和利息之和。单一现金流的终值计算公式为

$$FV = PV \times (1+r)^N \tag{12-1}$$

式中，PV为资金的现值，r为复利期间的回报率，N为复利期间的总数。

【例1】 已知某投资的复利年回报率为6%，投资总额为400美元，计算该投资在5年后的终值。

【解】 $FV = 400 \times (1+6\%)^5 = 535.29$美元

▲ 三、单笔资金的现值

单笔资金的现值是指未来某一时刻的现金流在当前的价值。根据式(12-1)，我们可以得到现值的计算公式为

$$PV = \frac{FV}{(1+r)^N} \tag{12-2}$$

由式(12-2)可知，只要贴现率为正，则资金的现值总是小于终值。

式中的 $\frac{1}{(1+r)^N}$ 有时被称为单笔现金流的现值因子(present value factor)。

【例2】 已知贴现率为8%，试计算4年后1 000美元现金流的现值。

【解】 $PV = \dfrac{1\ 000}{(1+8\%)^4} = 735.03$美元

第二节 年金与永续年金

※ 一、年金

年金(annuity)是指在相同时间间隔内的一系列现金流。年金分为两类：普通年金(ordinary annuity)和先付年金(annuity due)。

1. 普通年金

普通年金又称后付年金，是指在各期期末收付的年金。普通年金的支付形式如图12-1所示。图中的横线代表时间的延续，用数字标出各期的顺序号；竖线的位置表示支付的时刻，竖线下端数字表示支付的金额。

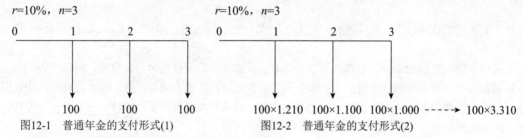

图12-1 普通年金的支付形式(1)　　图12-2 普通年金的支付形式(2)

普通年金的终值是指其最后一次支付时的本利和，它是每次支付的复利终值之和。例如，按照图12-1中的相关数据，其第三期末的后付年金终值的计算如图12-2所示。

在第一期末的100美元，应赚得两期的利息，因此，到第三期末其值为121美元；在第二期末的100美元，应赚得1期的利息，因此，到第三期末其值为110美元；第三期末的100美元，没有计息，其价值是100美元。整个年金终值为331美元。

设每年的支付金额为A，利率为r，期数为n，则按复利计算的后付年金终值FV_a为

$$FV_a = A + A(1+r) + A(1+r)^2 + \cdots + A(1+r)^{n-1} \tag{12-3}$$

式(12-3)是普通年金终值的基本计算公式。

普通年金现值是指为在每期期末取得相等金额的款项，现在需要投入的金额。

【例3】某人出国三年，请你代付房租，每年租金为10 000美元，每年的租金在该年年末缴纳，设银行存款利率为10%，试问他应当现在给你在银行存入多少钱？这个问题实际可以表述为：请计算$r = 10\%$，$n = 3$，$A = 100$美元之年终付款的现在等效值是多少？

【解】设年金现值为PV_a，则(见图12-3) $r=10\%$，$n=3$。

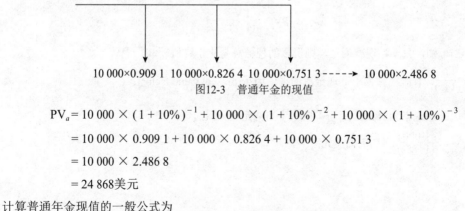

图12-3 普通年金的现值

$$\begin{aligned}PV_a &= 10\,000 \times (1+10\%)^{-1} + 10\,000 \times (1+10\%)^{-2} + 10\,000 \times (1+10\%)^{-3} \\ &= 10\,000 \times 0.909\,1 + 10\,000 \times 0.826\,4 + 10\,000 \times 0.751\,3 \\ &= 10\,000 \times 2.486\,8 \\ &= 24\,868 \text{美元}\end{aligned}$$

计算普通年金现值的一般公式为

$$PV_a = A(1+r)^{-1} + A(1+r)^{-2} + \cdots + A(1+r)^{-n} \tag{12-4}$$

2. 先付年金

先付年金是指在每期期初支付的年金。设先付年金终值为FV_b，先付年金的支付形式如图12-4所示。图中的横线代表时间的延续，用数字标出各期的顺序号；竖线的位置表示支付的时刻，竖线下端数字表示支付的金额。

先付年金终值的计算公式为

$$FV_b = A(1+r) + A(1+r)^2 + \cdots + A(1+r)^n \tag{12-5}$$

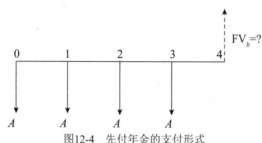

图12-4　先付年金的支付形式

先付年金现值的计算公式为

$$PV_b = A + A(1+r)^{-1} + A(1+r)^{-2} + \cdots + A(1+r)^{-(n-1)} \tag{12-6}$$

※ 二、永续年金

无限期定额支付的年金，称为永续年金(perpetuity)。永续年金没有终止时间，也就没有终值。永续年金的现值可以通过普通年金现值的(12-4)导出。当$n \to \infty$时，$(1+r)^{-n}$的极限为0，故式(12-4)可以进一步表示为

$$PV = \frac{A}{r} \tag{12-7}$$

式(12-7)就是永续年金现值的计算公式。

【例4】某学院拟建立一项永久性的奖学金，每年计划颁发10 000美元奖学金。若利率为10%，试求现在应一次性存入多少钱？

【解】$PV = \dfrac{10\ 000}{10\%} = 100\ 000$美元

即一次性存入100 000美元，其每年所产生的利息便恰好可以支付每年10 000美元的奖学金。

第三节　贷款种类与分期偿还贷款

一、贷款种类

贷款种类是按照一定的标准对贷款的具体分类。科学地划分和设置贷款种类，对于贯彻贷款原则和政策、正确使用信贷资金、研究贷款结构、加强贷款管理、反映国民经济活动情况等，有着十分重要的意义。贷款种类的划分标准是多样化的，按不同的标准，有不同的划分方法。选择何种标准划分贷款种类，应根据国家经济管理和银行信贷管理的要求。从宏观角度划分贷款种类，有助于分析不同经济成分的贷款之间的比例关系，便于具体贯彻国家经济政策，尤其是产业政策，合理配置社会资金，引导和促进产业结构的协调发展。从微观角度划分贷款种类，有助于加强企业管理，增强还本付息能力，提高贷款效益，体现贷款效益性、安全性、流动性三原则。现行贷款种类的划分标准及种类如下。

1. 按贷款经营属性划分

(1) 自营贷款，指贷款人以合法方式筹集的资金自主发放的贷款，其风险由贷款人承担，并由贷款人收回本金和利息。

(2) 委托贷款，指由政府部门、企事业单位及个人等委托人提供资金，由贷款人(即受托人)根据委托人确定的贷款对象、用途、金额、期限、利率等，代为发放、监督使用并协助收回的贷款。贷款人(受托人)只收取手续费，不承担贷款风险。

(3) 特定贷款，指经国务院批准并对贷款可能造成的损失采取相应补救措施后责成国有独资商业银行发放的贷款。

2. 按贷款使用期限划分

(1) 短期贷款，指贷款期限在1年以内(含1年)的贷款。目前主要有6个月、1年等期限档次的短期贷款。这种贷款也称为流动资金贷款，在整个贷款业务中所占比重很大，是金融机构最主要的业务之一。

(2) 中、长期贷款。中期贷款指贷款期限在1年以上(不含1年)5年以下(含5年)的贷款。长期贷款，指贷款期限在5年(不含5年)以上的贷款。人民币中、长期贷款包括固定资产贷款和专项贷款。

3. 按贷款信用程度划分

(1) 信用贷款，指以借款人的信誉发放的贷款。

(2) 担保贷款，指保证贷款、抵押贷款、质押贷款。

保证贷款，指按规定的保证方式以第三人承诺在借款人不能偿还贷款时，按约定承担一般保证责任或者连带责任而发放的贷款。

抵押贷款，指按规定的抵押方式以借款人或第三人的财产作为抵押物发放的贷款。

质押贷款，指按规定的质押方式以借款人或第三人的动产或权利作为质物发放的贷款。

(3) 票据贴现，指贷款人以购买借款人未到期商业票据的方式发放的贷款。

4. 按贷款在社会再生产中占用形态划分

(1) 流动资金贷款，可分为工业流动资金贷款和商业流动资金贷款，以及其他流动资金贷款。

(2) 固定资金贷款。大中型项目的固定资金贷款出国家开发银行、中国建设银行办理。中小型项目的资金，除企业自筹、社会筹集外，也是国有独资商业银行与其他商业银行一项重要的贷款业务。

5. 按贷款的使用质量划分

(1) 正常贷款，指预计贷款正常周转，在贷款期限内能够按时足额偿还的贷款。

(2) 不良贷款，不良贷款包括呆账贷款、呆滞贷款和逾期贷款。

呆账贷款，指按财政部有关规定列为呆账的贷款。

呆滞贷款，指按财政部有关规定，逾期(含展期后到期)并超过规定年限以上仍未归还的贷款，或虽未逾期或逾期不满规定年限但生产经营已终止、项目已停建的贷款(不含呆账贷款)。

逾期贷款，指借款合同约定到期(含展期后到期)未归还的贷款(不含呆滞贷款和呆账贷款)。

6. 我国的贷款五级分类

1998年5月，中国人民银行参照国际惯例，结合中国国情，制定了《贷款分类指导原则》，要求商业银行依据借款人的实际还款能力进行贷款质量的5级分类，即按风险程度将贷款划分为5类：正常、关注、次级、可疑、损失，后三种为不良贷款。

(1) 正常贷款。借款人能够履行合同，一直能正常还本付息，不存在任何影响贷款本息及时全额偿还的消极因素，银行对借款人按时足额偿还贷款本息有充分把握。贷款损失的概率为零。

(2) 关注贷款。尽管借款人目前有能力偿还贷款本息，但存在一些可能对偿还产生不利影响的因素，如这些因素继续下去，借款人的偿还能力受到影响，贷款损失的概率不会超过5%。

(3) 次级贷款。借款人的还款能力出现明显问题，完全依靠其正常营业收入无法足额偿还贷款本息，需要通过处分资产或对外融资乃至执行抵押担保来还款付息。贷款损失的概率在30%～50%。

(4) 可疑贷款。借款人无法足额偿还贷款本息，即使执行抵押或担保，也肯定要造成一部分损失，只是因为存在借款人重组、兼并、合并、抵押物处理和未决诉讼等待定因素，损失金额的多少还不能确定，贷款损失的概率在50%～75%。

(5) 损失贷款，指借款人已无偿还本息的可能，无论采取什么措施和履行什么程序，贷款都注定要损失，或者虽然能收回极少部分，但其价值也微乎其微，从银行的角度来看，也没有意义和必要再将其作为银行资产在账目上保留下来。对于这类贷款，在履行了必要的法律程序之后应立即予以注销，其贷款损失的概率在75%～100%。

二、划分贷款种类的意义

1. 贷款分类是贷款本身的内在要求

贷款本身的特性决定了必须对贷款进行分类。贷款具有以下特性。

(1) 贷款具有内在风险性。内在风险是指已经在实际中存在，但还没有表现出来的损失可能性。从理论上讲，任何贷款只要发放出去，风险就随之产生了。不同贷款的风险大小不同，有些贷款具有共同的风险。对贷款进行科学的分类，可以帮助我们更好地识别贷款风险，加强贷款管理。

(2) 贷款定价的复杂性。贷款定价是指以贷款利率为主要内容的贷款价格。贷款价格的影响因素很多，如贷款供求关系、借贷市场利息率的一般水平、中央银行的货币政策、银行间的竞争状况、贷款风险、贷款定价技术等，其中贷款风险是决定贷款价格的内在因素。对贷款进行科学的分类，可以为贷款定价提供依据。

(3) 贷款信息的不对称特性。由于信息来源渠道不同，借款人比银行更了解自己所处的市场环境、财务状况和还款意愿，银行所处的地位不可能消除这种信息不对称，通过贷款分类可以减少信息不对称带来的危害。

2. 贷款分类是商业银行稳健经营的需要

商业银行有与生俱来的风险，这些风险是在资产负债业务的经营过程中产生的。贷款是商业银行主要的资产业务，建立一套科学的贷款分类方法，是识别贷款风险、加强贷款风险管理、促进银行稳健经营不可缺少的重要条件。

3. 贷款分类是中央银行金融监管的需要

为保证金融业的安全，中央银行必须对商业银行实行有效监管，其中包括对贷款质量、政策、程序、管理和控制等方面的管理。从宏观上看，贷款质量与结构是衡量一家银行管理水平的重要指标，也是其他考核指标计算的基础。对贷款进行科学分类，有利于中央银行的金融监管。

三、分期偿还贷款

分期偿还贷款(loan amortization)指借款人按贷款协议规定在还款期内分次偿还贷款，还款期结束，贷款全部还清。这种贷款适合于借款金额大、借款期限长的贷款项目。按贷款的偿还方式，贷款可分为一次性还清贷款和分期偿还贷款。

分期偿还贷款按具体偿还方式，可分为完全分期等额偿还法与部分分期等额偿还法。完全分期等额偿还法是指贷款本息按某一相同的金额定期偿付，而不是在到期日一次还本付息的方法，该方式可使贷款人减少因借款人到期无法偿付借款所带来的风险；部分分期等额偿还法是指部分贷款分期等额偿付，其余部分贷款分期付息、到期一次还本的方法。

第四节 债券的估值

债券估值具有重要的实际意义。企业运用债券形式从资本市场融资，必须要知道它如何定价。如果定价偏低，企业会因付出更多现金而遭受损失；如果定价偏高，企业会因发行失败而遭受损失。对于已经发行在外的上市交易的债券，估值仍具有重要意义。债券的价值体现了债券投资人要求的报酬，对于企业管理者来说，不知道债券如何定价就是不知道投资人的要求，也就无法使他们满意。

一、债券的有关概念

1. 债券

债券是发行者为筹集资金发行的、在约定时间支付一定比例的利息，并在到期时偿还本金的一种有价证券。

2. 债券面值

债券面值是指设定的票面金额，它代表发行人借入并且承诺于未来某一特定日期偿付给债券持有人的金额。

3. 债券票面利率

债券票面利率是指债券发行人预计一年内向投资者支付的利息占票面金额的比率。票面利率不同于有效年利率。有效年利率通常是指按复利计算的一年期利率。债券的计息和付息方式有多种，可能使用单利或复利计息，利息支付可能是半年一次、一年一次或到期日一次总付，这就使得票面利率可能不等于有效年利率。

※二、债券定价的基本步骤

债券定价的基本方法是将债券存续期间的各期预期现金流现值进行加总求和，其计算公式为

$$V_b = \frac{CF_1}{1+k} + \frac{CF_2}{(1+k)^2} + \cdots + \frac{CF_n}{(1+k)^n} = \sum_{t=0}^{n} \frac{CF_t}{(1+k)^t} \tag{12-8}$$

式中，V_b表示债券的价值，CF_t表示债券存续期间的各期现金流(包括息票利息和本金)，k表示债券的合理贴现率。

具体来讲，债券的定价应遵循以下三个步骤。

第一步，预估债券存续期间的各期现金流。上述现金流分为两种类型：一是债券息票的支付，二是债券本金的支付。

第二步，根据债券预估现金流的风险情况，确定合理的贴现率。

第三步，基于合理贴现率，计算出债券存续期间各期现金流的现值，并将上述现值加总求和，从而得到债券的价值。

三、债券未来现金流的不确定性

在对债券未来现金流的预估中，遇到的困难之一是对债券违约风险的准确估计。此外，以下三个方面的因素也为债券未来现金流的估计增加了困难。

(1) 本金的支付现金流存在不确定性。上述不确定性主要针对债券中所包含的嵌入期权，如退还期权、赎回期权、提前还款期权等。对于这类债券，其未来本金现金流的发生时间存在不确定性，债券发行企业偿还本金的具体时间和金额在很大程度上取决于未来利率水平的走势。具体来讲，如果利率出现大幅下跌，则债券发行企业将选择提前赎回债券或提前偿付本金，以降低融资成本；如果利率出现大幅上涨，则债券持有人将行使退还期权，即要求债券发行人一次性全额清偿债券剩余本金，以便将所获资金用于回报率更高的投资。

(2) 息票的支付存在不确定性。对于浮动利率债券来说,未来的息票支付取决于利率的变动情况。此外,一些息票率根据物价指数定期进行调整的浮动利率债券(保值债券)的息票支付还取决于商品价格,即通货膨胀率的变动情况。

(3) 债券的转换存在不确定性。对于可转换债券,由于未来股价走势和利率走势存在不确定性,从而无法确定债券持有人是否会行使转换期权,即是否会将债券转换为股票或其他债券,这将使未来债券相关现金流在很大程度上面临不确定性。

四、债券价值的计算方法及其影响因素

对于国库券来说,由于该类债券不存在违约风险,从而其未来现金流的合理贴现率(利率)就是无风险利率(risk-free rate)。对于特定包含违约风险的债券来讲,其收益率可以通过将无风险利率与其风险溢价相加而求得,即

$$\text{风险债券收益率} = \text{无风险利率} + \text{风险溢价} \tag{12-9}$$

由式(12-9)我们可以看到,债券的违约风险越高,则需要向投资者支付的风险溢价越高,从而具有较高的收益率。

【例5】某三年期债券的息票率为10%,债券本金为1 000美元,合理贴现率为7%,试计算该债券的价值。

【解】该债券的各期息票金额为1 000 × 10% = 100美元。其价值等于各期息票金额的现值加上到期日支付的本金金额的现值。根据式(12-8)可知

$$V_b = \frac{100}{1+7\%} + \frac{100}{(1+7\%)^2} + \frac{1\,000+100}{(1+7\%)^3} = 1\,078.73\text{美元}$$

即该债券的价值为1 078.73美元。

通过式(12-8),我们可以得出以下结论:债券的价值与其收益率(合理贴现率)负相关,即债券贴现率的增长将使债券价值下跌,贴现率的减少则使债券价值增长。

【例6】某两年期债券的息票率为15%,债券本金为1 000美元,如果该债券的合理贴现率从15%增加到17%,试计算该债券价值的变动额。

【解】当贴现率为15%时,债券价值为

$$V_b = \frac{150}{1+15\%} + \frac{1\,000+150}{(1+15\%)^2} = 1\,000.0\text{美元}$$

当贴现率为17%时,债券价值为

$$V_b = \frac{150}{1+17\%} + \frac{1\,000+150}{(1+17\%)^2} = 968.3\text{美元}$$

因此,当贴现率从15%增加到17%时,债券价值将下降1 000.0 − 968.3 = 31.7美元。

通过以上计算结果我们不难看出,当债券贴现率等于其息票率时,债券的价值将与票面价值(债券本金)保持一致;当债券贴现率高于息票率时,债券价值将低于其票面价值,从而债券将进行折价交易;反之,当债券贴现率低于息票率时,债券价值将高于其票面价值,从而债券将进行溢价交易。我们可以将上述结论总结成表12-1。

表12-1 贴现率与息票率的关系对债券价值的影响

贴现率与息票率的关系	对债券价值的影响
贴现率低于息票率	债券价值高于票面价值(溢价交易)
贴现率等于息票率	债券价值等于票面价值(平价交易)
贴现率高于息票率	债券价值低于票面价值(折价交易)

> **关键考点**
> 表12-1所示的贴现率与息票率关系对债券价值的影响是一个非常重要的结论,经常用于对债券价值的分析中,考生应熟练加以掌握。

图12-5为债券的价格-收益率曲线(price-yield curve),由该图我们可以看到该曲线的以下三个特征。①由于债券的价格-收益率曲线是一条曲线而不是直线,因而债券的价格(价值)一般不与债券的市场收益率呈线性关系。②对于不包含嵌入期权的债券来讲,随着债券市场收益率的增长,其价值将不断减小,且逐渐趋近于零,即该曲线以横轴为渐近线。实际上,根据相关的数学推导,我们不难证明,债券的价格-收益率曲线是一条以横轴和纵轴为渐近线的双曲线。③当债券的市场收益率与息票率相等时,债券的价值等于其票面价值。

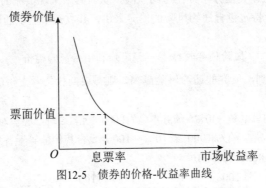

图12-5 债券的价格-收益率曲线

※ 五、债券价格的变动规律

我们知道,债券持有人可以在债券到期之前按照市场价格将债券出售,其出售价格取决于债券的合理贴现率。由于债券的合理贴现率通常不等于息票率,从而债券的交易价格往往高于或低于债券的票面价值。但是,假设在债券存续期间内的必要回报率(合理贴现率)保持不变,则随着到期时间的临近,债券的价格将趋近于其票面价值,即债券价值偏离其票面价值的金额将越来越小。

由图12-6所示的债券价格-时间曲线可以看到,持有债券的期限越长,即距离债券到期时间越短,则债券的价值越趋近于票面价值。在债券到期日,无论债券必要回报率(合理贴现率)与息票率的关系如何,其价值均等于债券的票面价值。

此外,我们还可以基于图12-6得出以下结论:债券的必要回报率(到期收益率)越接近息票率,则对应的债券价格-时间曲线越接近于纵轴截距为票面价值的水平线,即图中平价交易所对应的水平虚线。

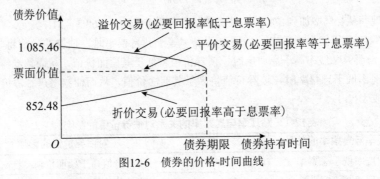

图12-6 债券的价格-时间曲线

> **关键考点**
>
> 图12-6所示的债券价格与债券持有时间之间的关系是一个非常重要的知识点,应重点加以掌握。考生应记住以下结论:无论是溢价交易的债券还是折价交易的债券,随着到期时间的临近,其价值均将趋近于其票面价值;在到期日,上述两类债券的价值均等于其票面价值。

▲ 六、零息债券价值的计算方法

零息债券价值的计算方法比较简单,由于零息债券只在到期日进行一次支付,从而其价值等于票面价值的现值。在到期收益率(yield to maturity, YTM)已知的条件下,零息债券价值的计算公式为

$$零息债券价值 = \frac{V_0}{(1+r/2)^{n\times2}} \tag{12-10}$$

式中,V_0表示零息债券到期时的价值(票面价值),r表示债券的年贴现率(即债券到期收益率),n表示零息债券的期限。

【例7】某10年期零息债券的票面价值为1 000美元,到期收益率(年贴现率)为6%,试计算该零息债券的价值。

【解】零息债券价值 $= \frac{V_0}{(1+r/2)^{n\times2}} = \frac{1\,000}{(1+6\%/2)^{10\times2}} = 553.6$ 美元

第五节 股票的估值

一、股票的有关概念

1. 股票

债票是发行者为筹集资金发行的、在约定时间支付一定比例的利息,并在到期时偿还本金的一种有价证券。股票持有者即为该公司的股东,对该公司财产有请求权。

2. 股票价格

股票本身是没有价值的。它之所以有价格,可以买卖,是因为它能够给持有人带来预期收益。一般来说,公司第一次发行时,要规定发行总额和每股金额,一旦股票发行上市,股票价格就与原来的面值分离。这时的价格主要由预期股利和当时的市场利率决定,即股利的资本化决定了股票价格。此外,股票价格还受整个经济环境变化和投资者心理等复杂因素的影响。股票的价格会随着股票市场和公司经营状况的变化而升降。

3. 股利

股利是公司对股东投资的回报,它是股东所有权在分配上的体现。股利是公司税后利润的一部分。

※ 二、股息贴现模型的应用

1. 优先股的定价

由于优先股的各期发放金额是固定的,且股息收入现金流从理论上讲是无限的,从而优先股的价值可以根据我们在第二章中介绍的永续年金现值的计算方法求得

$$优先股价值 = \frac{D_p}{1+k_p} + \frac{D_p}{(1+k_p)^2} + \cdots + \frac{D_p}{(1+k_p)^\infty} = \frac{D_p}{k_p} \tag{12-11}$$

式中,D_p表示优先股各期股息,k_p表示必要回报率。

这里,我们还需要对必要回报率k_p的数值加以确定。受违约风险(default risk)因素的影响,上市公司

优先股的必要回报率,也就是投资者认购股票所要求的投资回报率应该高于公司发行债券的利率。但是,由于公司向投资者支付的股息可以享受税收减免政策,优先股收益率反而会低于最高等级公司债券的收益率。

【例8】 某公司债券的当前收益率为9.4%,其优先股的收益率低于公司债券收益率0.7%。现该公司按照6%的股息率,每股40美元平价发行优先股,试计算该优先股的价值。

【解】 优先股的贴现率(必要回报率)k_p为9.4% − 0.7% = 8.7%。

优先股的各期股息D_p为40 × 6% = 2.4美元。

根据式(12-11)可知优先股的价值为$\frac{D_p}{k_p}$ = 2.4 / 0.087 = 27.6美元。

2. 股息贴现模型(DDM)的一般原理

由于普通股的各期股息支付金额具有不确定性,因而普通股价值的计算方法要比债券和优先股的计算方法更为复杂。但是,与债券和优先股一样,普通股的价值同样等于其预期现金流现值的总和。由于普通股投资者从发行公司处获得的唯一现金流是股息支付,因而该模型成为股息贴现模型(dividend discount model,DDM),该模型的计算公式为

$$普通股价值 = \frac{D_1}{1+k_e} + \frac{D_2}{(1+k_e)^2} + \cdots + \frac{D_\infty}{(1+k_p)^\infty} \tag{12-12}$$

式中,k_e表示普通股的必要回报率。

投资者在证券二级市场上购进股票的目的是获得股票所带来的股息收入,因而股票在任何时点上的价值就是该股票在该时点之后可以获得的股息收入的现值之和。

还需指出的是,根据股息贴现模型(12-12),如果一家上市公司宣布不再向股东支付任何股息,则意味着不能给股东带来任何收益,从而其股票价值将降为零。但股票市场的实际情况是,即使上市公司宣布不再支付股息,该公司的股票仍会在二级市场中按照一定价格进行交易。这主要是因为投资者预期仍可以获得上市公司破产清算时向股东支付的剩余资产。

3. 持有期为1年的股票价值

持有期为1年的股票价值为在该年中可以获得的股息支付的现值与年底售出该股票的价格现值之和,公式为

$$持有股票1年的价值 = \frac{1年中可以收到的股息}{1+k_e} + \frac{年末股票售出价格}{1+k_e} \tag{12-13}$$

具体来讲,应通过以下三个步骤确定股票价格:

(1) 确定所有未来现金流的金额(股息和未来交易价格);

(2) 根据资本资产定价模型(CAPM)估计出合适的股本贴现率,公式为

$$k_e = \text{RFR} + (R_{mkt} - \text{RFR}) \times \beta \tag{12-14}$$

(3) 根据必要回报率对未来现金流进行贴现。

【例9】 假设投资者预期某上市公司在下一年的股息将上涨20%,该公司的股票在年末的成交价格为每股24.7美元。已知该股票在上一年支付的股息为每股3美元,无风险利率为7%,市场回报率为14%,该股票的β值为1.3,试计算该股票的价值。

【解】 下一年可以收到的股息为:3 × (1 + 20%) = 3.6美元。

根据资产定价模型(12-14),可以计算出该股票的必要回报率,为

$$k_e = \text{RFR} + (R_{mkt} - \text{RFR}) \times \beta = 7\% + (14\% - 7\%) \times 1.3 = 16.1\%$$

根据式(12-13)可知,该普通股的价值为

$$\frac{1年中可以收到的股息}{1+k_e} + \frac{年末股票售出价格}{1+k_e} = \frac{3.6}{1+16.1\%} + \frac{24.7}{1+16.1\%} = 24.4美元$$

4. 持有期1年以上的股票价值

持有期1年以上的股票价值为在各年中可以获得的股息现值与最后一年年末售出该股票的价格现值之和，公式为

$$\text{持有股票}n\text{年的价值} = \sum_{i=1}^{n} \frac{D_i}{(1+k_e)^i} + \frac{P_n}{(1+k_e)^n} \tag{12-15}$$

【例10】 已知当前的股息为每股2美元，股息预期增长率为每年16%，由资本资产定价模型(CAPM)所确定的必要回报率为14%。假设某投资者计划在第三年年末将该股票售出，且预计第三年年末该股票的交易价格为每股46美元，试计算该股票的价值。

【解】 持有股票三年的价值 $= \sum_{i=1}^{3} \frac{D_i}{(1+k_e)^i} + \frac{P_3}{(1+k_e)^3}$

$$= \frac{2\times(1+16\%)}{1+14\%} + \frac{2\times(1+16\%)^2}{(1+14\%)^2} + \frac{2\times(1+16\%)^3}{(1+14\%)^3} + \frac{46}{(1+14\%)^3}$$

$$= 38.14\text{美元}$$

5. 无限期的股息贴现模型

无限期的股息贴现模型假设上市公司的股息增长率(g)在各年份中保持不变，其计算公式为

$$\text{无限期持有股票的价值} = \sum_{i=1}^{\infty} \frac{D_0(1+g)^i}{(1+k_e)^i} = \frac{D_0(1+g)}{k_e-g} = \frac{D_1}{k_e-g} \tag{12-16}$$

即无限期持有股票的价值等于第一年支付的股息除以必要回报率与股息不变增长率之差。

> **关键考点**
>
> 无限期的股息贴现模型的计算公式(12-16)是一个非常重要的公式，也是CFA考试经常要涉及的一个考点，希望考生认真加以掌握。

【例11】 已知某股票去年发放的股息为每股4美元，无风险利率为9%，市场预期回报率为12%，该股票的β值为1.4。如果该股票的股息增长率将永远保持在每年增长7%的水平上，试计算该股票的价值。

【解】 该股票第一年支付的股息为$4\times(1+7\%) = 4.28$美元。

根据CAPM模型，可知该股票的必要回报率为

$$k_e = \text{RFR} + (R_{mkt} - \text{RFR})\times\beta = 9\% + (12\% - 9\%)\times1.4 = 13.2\%$$

根据公式12-16可以得出该股票的价值为

$$\frac{D_1}{k_e-g} = \frac{4.28}{13.2\%-7\%} = 69.03\text{美元}$$

通过上面的例子我们可以看到，对于股息增长率保持不变的普通股来说，其价值主要取决于投资者所要求的股本回报率(k_e)与股息不变增长率(g)之间的关系。具体来讲，上述决定关系可以概括为以下两个方面。

(1) 必要回报率(k_e)与股息不变增长率(g)之间的差额扩大，将使股票价值下降，从而使市场上的股价下跌；反之，如果上述差额减小，则将使股票的价值增加。

(2) 上述差额的较小幅度变动将引起股票价值的较大幅度变动。

此外，在对无限期的股息贴现模型的计算公式(12-16)进行应用时，要注意只有当股票的必要回报率(k_e)高于股息不变增长率(g)时，上述公式才成立。

6. 对出现暂时性超额增长的上市公司普通股的估价

在股票市场的实践中，一些上市公司暂时性的超额增长会使其股票回报率暂时超过投资者所要求的股本回报率。我们应该假设这类公司股票的股息率会在未来的某个时点以后恢复到某个能够长期保持的增长率水平上。由于无限期的股息贴现模型假设股票的必要回报率(k_e)始终高于股息增长率(g)，因而在这里无法使用该模型。

对出现超高速增长公司的股票的估价方法是将一年期以上的DDM模型与无限期的DDM模型综合在一起,这一新的股票定价模型称为"多阶股息贴现模型(multistage dividend discount model)"。该模型的股票定价公式为

$$\text{出现暂时性超额增长的股票价值} = \sum_{i=1}^{n} \frac{D_i}{(1+k_e)^i} + \frac{PV_n}{(1+k_e)^n} \tag{12-17}$$

式中,D_n表示在实现高增长率的最后一年的股息支付金额;$PV_n = D_{n+1}/(k_e - g)$,其中g为该公司可以长期保持的正常股息增长率,D_{n+1}为该公司实现n年高增长水平之后的下一年的(正常)股息支付金额。

多阶股息贴现模型的基本分析步骤为:
(1) 确定超额股息增长率(g^*)的具体数值和预计持续时间;
(2) 基于上述超额股息增长率确定在超高速增长期间的股息支付金额(D_i);
(3) 确定在超高速增长期之后的年份将长期保持的正常股息增长率(g);
(4) 确定正常增长年份的第一年的股息支付金额;
(5) 确定在超高速增长期的最后一年的股票价格;
(6) 确定必要回报率(贴现率k_e);
(7) 对各期股息支付金额和最终股票价格的现值加总求和。

【例12】 某上市公司的股票预计将实现每年30%的超额股息增长率,且上述超额股息增长率可以保持3年,其后将长期保持9%的正常股息增长率。已知最近一次支付的股息金额为每股3美元,必要回报率(贴现率)k_e为16%,试计算该股票的价值。

【解】 首先应计算出超高速增长期间的各期股息支付金额,为

$$D_1 = D_0 \times (1 + g^*) = 3 \times (1 + 30\%) = 3.90\text{美元}$$

$$D_2 = D_0 \times (1 + g^*)^2 = 3 \times (1 + 30\%)^2 = 5.07\text{美元}$$

$$D_3 = D_0 \times (1 + g^*)^3 = 3 \times (1 + 30\%)^3 = 6.59\text{美元}$$

尽管D_2将按照30%的超常增长率增长至D_3,但在可预见的未来,D_3将按照9%的固定增长率增长。D_3的上述特征使我们可以根据无限期的股息贴现模型计算出第二年之后的股息贴现金额总额,即

$$PV_2 = \frac{D_3}{k_e - g} = \frac{6.59}{16\% - 9\%} = 94.14\text{美元}$$

根据式(12-17),对各期股息支付金额和最终股票价格的现值进行加总求和,以得出该股票的当前价值,即

$$\text{股票当前价值} = \sum_{i=1}^{2} \frac{D_i}{(1+k_e)^i} + \frac{PV_2}{(1+k_e)^2}$$

$$= \frac{3.90}{1+16\%} + \frac{5.07}{(1+16\%)^2} + \frac{94.14}{(1+16\%)^2} = 77.09\text{美元}$$

在证券市场的实践中,由于在高速增长时期的上市公司需要大量资金用于再投资,以扩大企业生产规模,满足市场需求,因而处于这一阶段的公司往往选择停发股息。我们通过下面的例子来讲解这类公司股票当前价值的计算方法。

【例13】 某上市公司处于高速增长期,并决定在未来三年中停发股息。从第四年开始,该公司的股息增长率将永久保持在6%的水平上,且该公司的将把其全部盈余的40%用于支付股息。已知第四年年末的每股盈余为4.7美元,必要回报率(贴现率)k_e为13%,试计算该股票的内在价值。

【解】 首先确定第四年年末的股息支付金额,即

$$D_4 = \text{第四年年末的每股盈余} \times \text{股息支付率} = 4.7 \times 40\% = 1.68\text{美元}$$

确定第三年年末的股票现值PV_3。与上例的计算方法类似,这里的PV_3等于在第三年年末基于第四年

支付的股息所得出的无限期的正常股息增长水平下的价值,即

$$PV_3 = \frac{D_4}{k_e - g} = \frac{1.68}{13\% - 6\%} = 24 \text{美元}$$

由于在前三年中未支付股息 $D_1 = D_2 = D_3 = 0$,从而该股票的当前价值就是上述第三年年末股票价值的现值,即

$$\text{股票内在价值} = \sum_{i=1}^{3} \frac{D_i}{(1+k_e)^i} + \frac{PV_3}{(1+k_e)^3} = \frac{24}{(1+13\%)^3} = 16.63 \text{美元}$$

> **关键考点**
> 考生应熟练掌握各类暂时性非正常增长的上市公司股票价值的计算方法,并深入理解各项现金流贴现的具体含义和计算过程。

※三、市盈率模型

如前所述,股息贴现模型(DDM)的一般形式可以表示为

$$P_0 = \frac{D_1}{k_e - g} \tag{12-18}$$

式中,k_e 为股票的必要回报率,g 为股息的不变增长率。

将上式两边同时除以下一年的预期盈余 E_1,关系式为

$$\frac{P_0}{E_1} = \frac{D_1/E_1}{k_e - g} \tag{12-19}$$

根据该式可知股票的市盈率(P_0/E)是以下三个变量的函数:①预期股息支付率(D_1/E_1),即市盈率(earn multiplier);②股票的必要回报率(k_e);③股息的不变增长率(g)。

【例14】某上市公司的预期股息支付率为70%,必要回报率为16%,预期的股息不变增长率为6%。(1)计算该上市公司的预期市盈率(P_0/E);(2)如果预期下一年的盈余为4.3美元,试计算该股票的当前价值。

【解】根据式(12-19)可知

$$\text{预期市盈率}(P_0/E) = \frac{D_1/E_1}{k_e - g} = \frac{70\%}{16\% - 6\%} = 7$$

$$\text{股票的当前价值} = E_1 \times \frac{P_0}{E_1} = 4.3 \times 7 = 30.1 \text{美元}$$

关于通过市盈率(P_0/E)计算股票的当前价格,有以下几点需要加以说明:

(1) 由式(12-19)可知,市盈率的主要决定因素是必要回报率(k_e)和股息不变增长率(g)之间的差额;

(2) 式(12-19)中的 P_0/E 比率应该为预期数值,而不是历史数值;

(3) 市盈率模型本质上是股息贴现模型(DDM)的另一种表达方式,因而所有在DDM模型中影响股票价格的因素均对市盈率具有相同的影响。

在资本市场的实践中,上述市盈率分析法可能存在以下问题:

(1) 预期每股盈余(E)是基于财务报表中的历史成本数据得出的,其数据可靠性往往受到会计处理方法的影响;

(2) 市盈率有可能受到商业周期的影响,未来的每股盈余(E)可能与当前的每股盈余情况存在很大差异;

(3) 与无限期的股息贴现模型相类似,只有当必要回报率(k_e)高于股息不变增长率(g)时,该方法才适用。

※四、必要回报率的影响因素与政治风险溢价

1. 必要回报率的影响因素

股票投资的必要回报率k_e主要受以下因素的影响。

(1) 实际无风险利率(real risk-free rate，RFR_r)。该因素由国内货币市场上的资金供给和需求决定。这里的实际无风险利率是指在不存在风险或通货膨胀条件下，投资者所要求的回报率。

(2) 通货膨胀溢价(inflation premium，IP)。由于通货膨胀会导致货币的实际购买力下降，因而投资者会基于其对未来通货膨胀的预期而要求投资回报率中包含对上述预期通货膨胀的补偿，以抵销在获得投资收益时因通货膨胀而带来的实际损失。

(3) 风险溢价(risk premium，RP)，即基于公司向投资者所提供的投资回报的不确定性，而须向投资者支付的额外补偿。由于不同类型的投资具有不同的回报形式和保障手段，因而其风险溢价也不同。

2. 必要回报率的计算方法

基于以上分析，我们可以得到股票投资必要回报率k_e的计算公式为

$$k_e = (1 + RFR_r) \times (1 + IP) \times (1 + RP) - 1 \tag{12-20}$$

在相关的计算中，一般使用必要回报率k_e的近似值，其计算公式为

$$k_e = RFR_r + IP + RP \tag{12-21}$$

名义无风险利率RFR_n由实际无风险利率RFR_r和通货膨胀溢价IP所决定，其计算公式为

$$RFR_n = (1 + RFR_r) \times (1 + IP) - 1 \tag{12-22}$$

名义无风险利率RFR_n近似值的计算公式为

$$RFR_n = RFR_r + IP \tag{12-23}$$

通过式(12-23)我们不难理解，名义无风险利率本质上是实际无风险利率经过通货膨胀溢价调整后的无风险利率。换句话说，如果从名义无风险利率中消除通货膨胀溢价因素，则可以得到名义无风险利率值。

【例15】 已知实际无风险利率为7%，预期通货膨胀率为4%，试计算名义无风险利率的精确值和近似值。

【解】 根据式(12-22)可知名义无风险利率的精确值为

$$RFR_n = (1 + RFR_r) \times (1 + IP) - 1 = (1 + 7\%) \times (1 + 4\%) - 1 = 11.28\%$$

根据式(12-23)可知，名义无风险利率的近似值为

$$RFR_n = RFR_r + IP = 7\% + 4\% = 11\%$$

任何投资的必要回报率均等于名义无风险利率(RFR_n)与风险溢价(PR)之和，用公式来表示为

$$k_e = RFR_n + PR \tag{12-24}$$

其中的风险溢价值可以通过资本资产定价模型(CAPM)加以确定，从而必要回报率k_e的计算公式可以进一步表示为

$$k_e = RFR_n + (R_m - RFR_n) \times \beta \tag{12-25}$$

3. 政治风险溢价(country risk premium)的确定方法

世界各国的证券估价模型和相关变量是基本一致的，但各国证券相关变量的确定方法却存在很大差异。在对外国证券必要回报率的估算中，我们可以首先计算出实际无风险利率，并基于预期通货膨胀率加以调整，然后确定风险溢价值。

政治风险溢价取决于以下5个方面的风险。

(1) 商业风险。该类风险主要表现为特定国家经济活动的变动性，以及该国境内公司的营业杠杆情况。

(2) 财务风险。不同国家的财务风险往往会有所不同。

(3) 流动性风险。对于较小的国家或资本市场较为落后的国家来说，其流动性风险一般较高。

(4) 汇率风险。汇率的不确定性对外国证券的投资回报有直接影响。例如在日元升值期间，日本央行持有的美国政府债券的实际收益就出现了大幅减少。这是因为，日元的升值意味着美元的贬值，而美国政府债券所支付的利息是按照美元计价的，从而上述债券投资收益在兑换成日元后的金额将少于日元升值以前的金额。

(5) 基本面风险。该风险是指未预期到的宏观经济变化和政治事件对外国证券投资收益的影响。

※五、股息增长率的计算方法

假设公司以往的各期投资金额较为稳定，且公司的股息分配政策可以使企业维持原有的盈利能力，则公司的盈余增长率(g)等于自留率(RR)与新投资的权益回报率(ROE)的乘积，即

$$g = RR \times ROE \tag{12-26}$$

这里还需要指出的是，如果用1减去公司的股息支付率，即公司盈余中用于支付股息的比率，就可以得出盈余自留率(RR)。

【例16】假设某公司的权益回报率(ROE)较为稳定，且新投资的资金全部来自盈余留存。已知该公司的每股权益为40美元，ROE为10%，股息支付率为30%，必要回报率为13%，试对该公司的增长率进行分析。

【解】第1期每股盈余EPS_1 = 每股权益 × ROE = 40 × 10% = 4美元
第1期每股股息D_1 = EPS_1 × 股息支付率 = 4 × 30% = 1.2美元
第1期未分配盈余 = EPS_1 × RR = 4 × (1 - 30%) = 2.8美元
从而可得：
第2期的(累积)每股盈余EPS_2 = EPS_1 + 2.8 × 10% = 4.28美元
第2期每股股息D_2 = EPS_2 × 股息支付率 = 4.28 × 30% = 1.284美元
对公司增长率的分析：
盈余增长率 = (EPS_2 - EPS_1) / EPS_1 = (4.28 - 4) / 4 = 7%
股息增长率 = (D_2 - D_1) / D_1 = (1.284 - 1.2) / 1.2 = 7%
对股票价格的分析：
增长率g = RR × ROE = (1 - 30%) × 10% = 7%

$$第1期期初的股票价格 = \frac{D_1}{k_e - g} = \frac{1.2}{13\% - 7\%} = 20.0美元$$

$$第2期期初的股票价格 = \frac{D_2}{k_e - g} = \frac{1.284}{13\% - 7\%} = 21.4美元$$

股票价格增长率 = (21.4 - 20.0) / 20.0 = 7%

通过上面的计算分析过程我们可以看到，公司的盈余增长率、股息增长率和股票价格增长率是一致的，即均为7%。

式(12-26)中的增长率g称为内源增长率(internal growth)或持续增长率(sustainable growth)，即在未分配利润为公司唯一资金来源的情况下的持续性增长率。

基于以上内容，我们可以进一步得出以下结论(假设其他条件不变)：

(1) 如果公司的利润率上升，则权益回报率(ROE)将相应增加；
(2) 根据式(12-26)，如果ROE增加，则增长率g会相应增加；
(3) 如果增长率g增加，则g和必要回报率k_e之间的差额会相应缩小；
(4) 根据股息贴现模型(DDM)的一般表达式，如果($k_e - g$)减少，则股票价格将相应下跌。

※六、根据股息贴现模型(DDM)计算股票价值

如前所述,根据股息贴现模型(DDM),股票的价值等于股票各项现金流的现值。因此,在运用DDM模型确定股票价值时需要以下三个方面的数据:

(1) 股票的预期现金流,包括股息支付金额和股票的未来价格;

(2) 股息增长率(g);

(3) 贴现率(k_e),即股票投资的必要回报率。

在确认股票的预期现值以后,就可以将该数值与股票的当前市场价格加以比较,以确定股票在证券市场上被高估还是被低估,并进而制订相应的投资决策。

【例17】 已知某上市公司股票的当前价格为13美元,该公司上一年的每股盈余为3美元,权益回报率(ROE)为10%。根据该公司的股息发放政策,公司盈余中的30%将用于向股东支付股息。当前的无风险利率为6%,预期市场回报率为14%,该上市公司的β值为1.3。试计算该公司股票的价值,并确定应该采取何种投资策略。

【解】 第一步,根据CAPM模型确定该股票的必要回报率,为

$$k_e = \text{RFR} + (R_{mkt} - \text{RFR}) \times \beta = 6\% + (14\% - 6\%) \times 1.3 = 16.4\%$$

第二步,根据式(12-26),确定该公司的(持续)增长率为

$$\text{RR} = 1 - 股息支付率 = 1 - 30\% = 70\%$$

$$g = \text{RR} \times \text{ROE} = 70\% \times 10\% = 7\%$$

第三步,确定上一年的股息金额为

$$D_0 = 每股盈余 \times 股息支付率 = 3 \times 30\% = 0.9 美元$$

第四步,确定下一年的股息金额为

$$D_1 = D_0 \times (1+g) = 0.9 \times (1+7\%) = 0.963 美元$$

第五步,确定该股票的价值为

$$V_0 = \frac{D_1}{k_e - g} = \frac{0.963}{16.4\% - 7\%} = 10.24 美元 < 13 美元$$

因为根据股息贴现模型(DDM)所得出的股票价值小于市场价格,这意味着该股票的价格被高估,从而股票将向其内在价值回归,亦即股票在未来将下跌,因而应考虑采取抛售该股票的投资策略。

> **关键考点**
>
> 考生应熟练掌握根据股息贴现模型(DDM)计算股票(内在)价值的相关步骤。在制订相关投资策略时,应遵循以下原则:如果股票(内在)价值高于其市场价格,应选择买进股票;反之,如果股票(内在)价值低于其市场价格,则应选择售出股票。

第十二章 折现与价值

真题精选精析

一、选择题

1. 【浙江财经大学 2016】唐朝的1元钱历经1 000多年,按年利率5%计算,至今本息可达天文数字,这体现( )金融学原理。

A. 货币有时间价值 B. 分散化投资可以降低风险
C. 金融市场是有效的 D. 高风险伴随

2. 【清华大学 2018】投资10 000元，投资期为18个月，年利率为12%，按季度计息，问投资期满连本带息是多少？（   ）
A. 11 800 B. 11 852 C. 11 940 D. 11 961

3. 【上海财经大学 2019】你刚签了一个期限为30年的商业地产租赁协议，月租金为1 000元，月租金每年上涨5%，假设每年的有效利率为10%，这个协议的现值是(   )。
A. 190 163.49 B. 190 173.49 C. 190 183.49 D. 190 193.49

4. 【江西财经大学 2016】普通年金属于(   )。
A. 永续年金 B. 预付年金
C. 每期期末等额支付的年金 D. 每期期初等额支付的年金

5. 【中央财经大学 2016】李先生购买一处房产价值为100万元，首付金额为20万，其余向银行贷款。贷款年利率为12%(年度百分率)，按月还款，贷款期限为20年。如果按照等额本金的方式还款，则李先生第一个月大约需要向银行偿还(   )。
A. 11 333元 B. 12 333元 C. 13 333元 D. 14 333元

6. 【对外经济贸易大学 2016】收益率曲线所描述的是(   )。
A. 债券的到期收益率与债券的到期期限之间的关系
B. 债券的当期收益率与债券的到期期限之间的关系
C. 债券的息票收益率与债券的到期期限之间的关系
D. 债券的持有期收益率与债券的到期期限之间的关系

7. 【复旦大学 2018】估算股利价值时的贴现率，不能使用(   )。
A. 股票市场的平均收益率 B. 债券收益率加上适当的风险溢价
C. 国债的利息率 D. 投资者要求的必要报酬率

8. 【上海理工大学 2017】如果公司每年支付的股利是7元，折价率为4%，则该股票的内在价值为(   )。
A. 116.66 B. 180 C. 41.66 D. 175

9. 【清华大学 2018】某上市公司今天股票价格为25元，该公司预期一年后对每股支付0.75元现金股息，到时除息后股票价格为26.75元，该公司的股息收益率和股权成本为(   )。
A. 3.0%和7.0% B. 2.8%和10% C. 2.8%和7.0% D. 3.0%和10%

10. 【南京大学 2015】甲公司以10元的价格购入某股票，假设持有半年之后以10.2元的价格售出，在持有期间共获得1.5元的现金股利，则该股票的持有期年均收益率是(   )。
A. 34% B. 9% C. 20% D. 35%

11. 【东华大学 2017】某只股票股东要求的回报率是15%，固定增长率为10%，红利支付率为45%，则该股票的价格-盈利比率为(   )。
A. 3 B. 4.5 C. 9 D. 11

12. 【电子科技大学 2016】考虑下一年每股盈利均为每股10元和市场资本化率均为10%的三家公司：公司A以后每年都将盈利作为股利进行分配；公司B以后每年将盈利的60%投资于回报率为20%的项目；公司C以后每年将盈利的80%投资于回报率为10%的项目。那么，关于三家公司股票市盈率的判断，正确的是(   )。
A. 公司A的市盈率最高 B. 公司B的市盈率最高
C. 公司C的市盈率最高 D. 三家公司的市盈率相同

二、计算题

1. 【湖南大学 2013】刘军看中了一套100平方米的江景住房，房价是每平方米8 000元，总房价是80

万元。按照规定，申请个人住房贷款必须首付30%，即刘军必须有240 000元房款用于首付，余下560 000元房款靠贷款支持。其中，公积金贷款为300 000元，余下房款由商业银行个人住房贷款担保款得。公积金贷款年利率为4.7%，按揭贷款的年利率为6.8%，贷款期限为5年。请问按等额本息还款，求刘军每月等额还款额。

2. 【中山大学 2011】A公司拟购买某公司债券作为长期投资(打算持有至到期日)，要求的必要报酬率是6%。现有三家公司同时发行5年期、面值为1 000元债券。其中：甲公司债券的票面利率为8%，每年付息一次，到期还本，债券发行价格为1 040元；乙公司债券的票面利率为8%，单利计息，到期一次还本付息，债券发行价格为1 020元；丙公司债券的票面利率为0，债券发行价格为750元，到期按面值还本。

(1) 请评价甲、乙、丙三种债券是否值得投资，并为A公司做出购买决策。

(2) 假如A公司购买并持有甲公司债券，但由于市场形势的变化，A公司决定不再持有该债券至到期日，而是在两年后将其以1 050元的价格出售，请计算该项投资实现的复利收益率。

3. 【上海财经大学 2017】已知无风险资产收益率为6%，市场组合收益率为14%，某股票的β系数为1.2，派息比率为60%，最近每股盈利10美元，每年付一次的股息刚刚支付。预期该股票的股东权益收益率为20%。

(1) 求该股票的内在价值。

(2) 假如当前的股价是80美元/股，预期一年内股价与其价值相符，求持有该股票一年的回报率。

4. 【湖南大学 2017】某公司最近一年的股票收益每股3元，公司ROE计为9%，市场资本化率为8%。公司的再投资率为2/3。要求：

(1) 估计该公司当前的股权价值；

(2) 计算市盈率；

(3) 计算PVGO。

第十三章 资本预算

第一节 投资决策方法

一、资本预算的基本步骤

所谓资本预算(capital budget)，是指企业为尚未付诸实施的资本投资活动进行未来现金流入和流出数量的事前规划，并决定资金(资本)成本的过程，它是项目决策的基础。资本预算的实质是成本与效益的分析，其目的是如何选择投资项目以使股东权益最大化或使企业投资者的财富增加。

从程序上讲，一个投资项目的分析和决策过程一般会涉及以下4个步骤。

第一步，产生想法。资本预算过程最重要的步骤是产生项目想法。项目想法可能来自厂商管理层，也可能来自厂商职能部门、雇员或其他厂商。

第二步，分析项目计划。由于是否接受资本项目的决策主要基于项目的预期现金流情况，从而需要对项目的现金流情况进行预测以确定其未来的盈利状况。

第三步，建立全厂商范围的资本预算。厂商必须根据项目现金流的时间、厂商的资源情况和总体战略确定可盈利项目的优先顺序。从厂商的整体战略角度来讲，很多颇具吸引力的项目往往并不符合厂商的整体利益。

第四步，对相关决策进行监控，并进行事后审计。分析师应该对资本预算的决策过程进行全程监控，并将最终结果与预期结果进行对比。通过进行事后审计，可以对现金流的预期模型进行相应的修正，以使上述模型能够更加准确地预测投资项目的结果。

二、资本预算项目的类型

资本预算项目可以分为以下几种类型。

(1) 为保持经营而选择的替代项目。对于分析师而言，这类项目通常无须做深入的分析。唯一需要考虑的是原有的项目是否应该继续经营，以及是否需要保留原有的业务流程。

(2) 为节省成本而选择的替代项目。随着时间的推移和科技的进步，不但制成品会过时，企业的固定资产(厂房、机器设备和生产线等)也会逐渐变得陈旧。如果不及时对固定资产进行更新，这些固定资产的维修费用将会不断增加，从而导致产品成本增加，企业的市场竞争力下降。所以，必须进行固定资产的更新，提高生产效率，降低单位产品的生产成本。分析师应确定某些虽已过时但仍可使用的设备是否被替代，对于这类项目应做较为深入的分析。

(3) 扩张性项目。这类项目主要用于业务的发展。由于该类项目要求对未来的市场需求做出较为准确的预测，因而需要经过较为复杂的决策过程。

(4) 针对新产品或新兴市场推出的项目。这类项目通常也需要较为复杂的决策过程且存在大量不确定性因素，从而需要较为深入的分析。

(5) 强制性项目。这类项目通常是基于政府机构或保险厂商的要求，一般与安全保证或环境治理有关。该类项目往往产生的收入极少甚至根本不能产生收入，但会给厂商带来其他产生收入的相关项目。

(6) 其他项目。一些项目无法简单地通过资本预算过程加以分析，如厂商振兴计划和研发项目等。

三、资本预算的基本原则

资本预算过程应遵循以下基本原则。

(1) 应基于现金流情况,而不是会计收益进行各项投资决策。与资本预算有关的现金流主要是现金流净增加额(incremental cash flows),即从事特定投资项目会使现金流发生的变动金额。

隐没成本(sunk cost)是指即使不从事特定的投资项目也无法避免的成本,例如在论证投资项目可行性的过程中向有关咨询机构支付的费用。由于这类成本不受投资项目决策的影响,因而应包含在资本预算的分析过程中。

外部性(externalities)是指从事特定投资项目对本厂商其他现金流产生的影响。其中比较常见的是被称为"排挤效应(cannibalization)"的负外部性,即所从事的新投资项目将使本厂商的现有产品销售额下降。例如,英特尔厂商为了扩大其市场份额,在2006年7月投资开发了第二代双核处理器,由于新一代处理器在性能方面具有明显的优势,从而迫使英特尔厂商之前推出仅3个月的第一代双核处理器采取降价措施,受市场价格下调和销售量下降的影响,第一代双核处理器的销售额在2006年第4季度下降了约60%。在计算现金流净增加额时,分析师应从预期新产品销售额中扣除原有产品的减少的销售额。如果外部性为正,则意味着新的投资项目将使厂商的其他项目销售额相应增长;反之,外部性为负意味着新的投资项目将使厂商的其他项目销售额相应减少。

如果一个项目的现金流方向只发生一次改变,则称该项目属于常规现金流模式(conventional cash flow pattern)。如果一个项目的现金流方向发生多次改变,则称该项目属于非常规现金流模式(unconventional cash flow pattern)。

(2) 现金流的测算应基于机会成本(opportunity cost)。这里的机会成本是指企业从事特定投资项目所导致的现金流损失。投资项目的成本应包含上述机会成本。例如,某厂商将其自有土地用于建设厂房,则土地的成本应记入该厂房建设项目的投资成本,这是因为如果该厂商未从事该投资项目,则上述自有土地将可以用来出售或出租,从而获得相应的收入。

(3) 应充分考虑到现金流的时间价值。考虑到资金的利息因素,较早获得的现金流的时间价值将高于较晚获得的现金流的时间价值。

(4) 现金流的测算应基于其税后金额。在资本预算中必须考虑税收的影响,从而应将税收金额从企业的相关现金流中扣除。

(5) 融资成本应反映在项目的必要回报率中。在预测现金流净增额时,不应考虑融资成本。在计算资本贴现率时,则应考虑项目的融资成本。只有当投资项目的预期回报率高于其融资成本时,企业才可以实现盈利。

四、独立型项目与互斥型项目

独立型项目(independent project)的基本特征是,这类项目的开展不会影响其他项目采纳与否,各项目之间没有相关性。由于这类投资项目所引起的现金流金额及其所发生的时间不受任何其他投资项目的影响,所以,在不存在资本约束、相关资源充足的前提下,只要项目具有可行性,都可以接受,以使厂商价值极大化。

互斥型项目(mutually exclusive project)的基本特征是,选择A项目就意味着必须放弃B项目,即两个项目不能同时采纳。这主要是因为在实践中厂商拥有的资金及其他资源往往是有限的,企业管理者必须在众多可行的投资机会里进行选择。除了资源约束之外,有时项目的功能相同也是造成冲突的一个原因。在两个功能相同的投资项目中,只需选择一个即可满足企业的需求。例如,德国大众厂商在美国建立汽车装配厂时所面临的选择就是:是接受地处俄亥俄州的克里夫兰项目,还是选择宾夕法尼亚州的新斯坦顿项目?显然,在上述情况下,接受一个项目就意味着对其他项目的放弃。

第二节 增量现金流

一、增量现金流的概念

增量现金流是指公司投资与不投资被决策项目时未来现金流量之间的差值,也就是由决策引起的公司总未来现金流量的变化。显然,在计算投资项目的净现值的时候,只有增量现金流是有意义的。例如,某公司两年前打算开发某产品,曾支付10万元的咨询费,但由于种种原因,项目未能继续下去。现在旧事重提,在进行投资分析时这笔费用是否是相关成本呢?答案是否定的。在任何一个阶段,以前支付的费用都是沉没成本,因此,在决策过程中的每一阶段,只有未来的成本和收入才是与决策相关的。增量现金流量的概念听起来很容易理解,但在实际计算过程中很容易出错。一个简单的办法是,假设可能出现的两种情况:在第一种情况下项目被采纳;在第二种情况下项目被拒绝。在这两种情况下都会发生的现金流量是不相关的现金流量,因此与投资决策无关;只有在第一种情况下才会发生的现金流量就是增量现金流量,与决策有关。

二、增量现金流的原则

在确定投资项目相关的现金流量时,应遵循的最基本的原则是:只有增量现金流才是与项目相关的现金流。投资项目的增量现金流,可以按时间分为以下三种。

1. 初始期现金流
(1) 购置新资产的支出。
(2) 额外的资本性支出(运输、安装、调试等支出)。
(3) 净营运资本的增加(或减少)。
(4) 旧资产出售的净收入(重置项目),包括其纳税影响。

2. 经营期现金流
(1) 经营收入的增量。
(2) 减:经营费用的增量(折旧除外)。
(3) 减:折旧费(按税法规定计量)的净变动。
(4) 所得税额的变动。
(5) 加:折旧费(按税法规定计量)的净变动。

3. 处置期现金流
(1) 处置或出售资产的残值变现价值。
(2) 与资产处置相关的纳税影响。
(3) 营运资本的变动。

三、增量现金流的估计

如前所述,所谓增量现金流,是指接受或拒绝某个投资方案后,企业总现金流量因此发生的变动。只有那些由于采纳某个项目引起的现金支出增加额,才是该项目的现金流出;只有那些由于采纳某个项目引起的现金流入增加额,才是该项目的现金流入。

为了正确计算投资方案的增量现金流,需要正确判断哪些支出会引起企业总现金流的变动,哪些支出不会引起企业总现金流的变动。在进行这种判断时,要注意以下4个方面的问题。

1. 区分相关成本和非相关成本
相关成本是指与特定决策有关的、在分析评价时必须加以考虑的成本。例如,差额成本、未来成本、重置成本、机会成本等属于相关成本。与此相反，与特定决策无关的、在分析评价时不必加以考虑的成本是非相关成本。例如，沉没成本、过去成本、账面成本等往往是非相关成本。

例如，某公司在2011年曾打算新建一个车间，并聘请一家会计师事务所做过可行性分析，支付咨询费5万元。后来由于公司有了更好的投资机会，该项目被搁置下来，该笔咨询费作为费用已经入账了。2013年旧事重提，在进行投资分析时，这笔咨询费是否仍是相关成本呢？答案是否定的。该笔支出已经发生，不管公司是否采纳新建一个车间的方案，它都已经无法收回，与公司未来的总现金流无关。

如果将非相关成本纳入投资方案的总成本，则一个有利的方案可能因此而变得不利，一个较好的方案可能变为较差的方案，从而造成决策错误。

2. 不要忽视机会成本

在投资方案的选择中，如果选择了一个投资方案，则必须放弃投资于其他途径的机会。其他投资机会可能取得的收益是实行本方案的一切代价，被称为这项投资方案的机会成本。

例如，上述公司新建车间的投资方案，需要使用公司拥有的一块土地。在进行投资分析时，因为公司不必动用资金去购置土地，可否不将此土地的成本考虑在内呢？答案是否定的。因为该公司若不利用这块土地来兴建车间，则它可将这块土地移作他用，并取得一定的收入。只是由于要在这块土地上兴建车间才放弃了这笔收入，而这笔收入代表兴建车间使用土地的机会成本。假设这块土地出售可净得15万元，它就是兴建车间的一项机会成本。值得注意的是，不管该公司当初是以5万元还是15万元购进这块土地，都应以现行市价作为这块土地的机会成本。

机会成本不是我们通常意义上的"成本"，它不是一种支出或费用，而是失去的收益。这种收益不是实际发生的，而是潜在的。机会成本总是针对具体方案的，离开被放弃的方案就无从计量确定。

3. 要考虑投资方案对公司其他项目的影响

当我们采纳一个新的项目后，该项目可能对公司的其他项目造成有利或不利的影响。例如，若新建车间生产的产品上市后，原有其他产品的销路可能减少，而且整个公司的销售额也许不增加甚至减少。因此，公司在进行投资分析时，不应将新车间的销售收入作为增量收入来处理，而应扣除其他项目因此而减少的销售收入。当然，其也可能发生相反的情况，新产品上市后将促进其他项目的销售额实现增长。这要看新项目与原有项目是竞争关系还是互补关系。当然，诸如此类的交互影响，事实上很难准确计量，但决策者在进行投资分析时仍要将其考虑在内。

4. 对净营运资本的影响

在一般情况下，当公司开办一个新业务并使销售额扩大后，一方面，存货和应收账款等经营性流动资产的需求会增加，公司必须筹措新的资金以满足这种额外需求；另一方面，应付账款与一些应付费用等经营性流动负债会同时增加，从而降低公司营运资金的实际需要。所谓营运资本的需要，指增加的经营性流动资产与增加的经营性流动负债之间的差额。

当投资方案的寿命周期快要结束时，公司将与项目有关的存货出售，应收账款变为现金，应付账款和应付费用也随之偿付，营运资本恢复到原有水平。通常，在进行投资分析时，假定开始投资时筹措的营运资本在项目结束时收回。

第三节 净现值

一、净现值法

净现值(net present value, NPV)分析的第一步是确定经过项目资本成本贴现后的各项现金流的现值，该步骤假设资金成本已考虑了风险因素。第二步，我们应计算出净现值，它等于所有经过贴现的现金流的总和。

基于以上两个步骤，我们可以得出净现值(NPV)计算公式为

$$\text{NPV} = -\text{CF}_0 + \frac{\text{CF}_1}{1+k} + \frac{\text{CF}_2}{(1+k)^2} + \cdots + \frac{\text{CF}_n}{(1+k)^n} \tag{13-1}$$

式中，CF_t表示投资项目在特定年份产生的净现金流入，CF_0表示投资项目在初始投资时的净现金流出，k表示企业要求达到的投资回报率或资金成本，n表示项目的寿命期限。

净现值是在支付各期的投资资本(项目成本)和资本回报率所要求的回报金额之后，投资项目所产生的以现值形式表示的现金流。净现值为正的投资项目将使厂商股东财富增加，而净现值为负的投资项目则会使厂商股东财富减少。

对于独立的投资项目来说，基于净现值的投资决策判断标准是：如果项目的NPV > 0，则该项目可行。对于净现值均为正值的多个互斥投资项目来说，应选择其中净现值较大的投资项目。

【例1】两个投资项目(项目A和项目B)的预估税前净现金流如表13-1所示，厂商管理者所要求的资金回报率为13%，试计算这两个项目现金流的净现值，并分别基于以下两种前提假设确定哪个项目更为理想：(1)两个项目独立；(2)两个项目互斥。

表13-1　项目A和项目B的预估税前净现金流　　　　　　　　　　　　　单位：元

年份	项目A	项目B
0	-6 000	-6 000
1	4 300	3 600
2	3 000	2 300
3	1 900	2 400

【解】根据式(13-1)，有

$$\text{NPV}_A = -6\,000 + \frac{4\,300}{1+13\%} + \frac{3\,000}{(1+13\%)^2} + \frac{1\,900}{(1+13\%)^3} = 1\,471 \text{元}$$

$$\text{NPV}_B = -6\,000 + \frac{3\,600}{1+13\%} + \frac{3\,300}{(1+13\%)^2} + \frac{2\,400}{(1+13\%)^3} = 1\,432 \text{元}$$

如果两个项目是独立的，则由于两个项目的NPV均大于0，从而两个项目均可行；如果两个项目是互斥的，则由于$\text{NPV}_A > \text{NPV}_B$，从而应选择A项目。

二、内部回报率法

内部回报率(internal rate of return，IRR)是使投资项目的预估现金流入的现值与项目成本的现值相等的回报率，也就是说，IRR是使以下等式成立的贴现率：

$$\text{现金流入的现值} = \text{项目成本的现值} \tag{13-2}$$

此外，IRR还可以定义为使投资项目的净现值等于零的回报率，从而IRR可以通过以下公式求得

$$\text{NPV} = -\text{CF}_0 + \frac{\text{CF}_1}{1+\text{IRR}} + \frac{\text{CF}_2}{(1+\text{IRR})^2} + \cdots + \frac{\text{CF}_n}{(1+\text{IRR})^n} = 0 \tag{13-3}$$

在根据式(13-3)求内部回报率时，既可以使用财务计算器求得，也可以通过财务计算中经常用到的试错法，即在预估的取值区间内不断取值，且根据代入公式后的结果不断对取值进行修正，直至计算结果符合要求为止。

基于IRR法判断投资项目可行性的基本步骤是：首先应确定厂商对特定投资项目可以接受的最低回报率，该最低回报率在财务分析中又称为"跨栏率(hurdle rate)"，通常为厂商的资金成本。需要注意的是，厂商的资金成本会随着项目的风险情况而发生相应的变动。

进一步地，对于独立项目来说：如果IRR大于资金成本(跨栏率)，则该投资项目可行；反之，如果IRR小于资金成本(跨栏率)，则应放弃该投资项目。

对于互斥项目来说，应先筛选出IRR大于资金成本(跨栏率)的项目，然后选出其中IRR值最大的项目作为最佳投资项目。

【例2】 两个投资项目(项目A和项目B)的预估税前净现金流如表13-1所示,已知资金成本为13%,试计算这两个项目的内部回报率(IRR),并分别基于以下两种前提假设确定哪个项目更为理想:(1)两个项目独立;(2)两个项目互斥。

$$项目A: -6\,000 + \frac{4\,300}{1 + IRR_A} + \frac{3\,000}{(1 + IRR_A)^2} + \frac{1\,900}{(1 + IRR_A)^3} = 0$$

$$项目B: -6\,000 + \frac{3\,600}{1 + IRR_B} + \frac{3\,300}{(1 + IRR_B)^2} + \frac{2\,400}{(1 + IRR_B)^3} = 0$$

可以求出$IRR_A = 30\%$,$IRR_B = 20\%$。

如果两个项目是独立的,则由于两个项目的内部回报率(IRR)均大于资金成本(跨栏率),从而两个项目均可行;如果两个项目是互斥的,则由于$IRR_A > IRR_B > 13\%$,从而应选择A项目。

第四节　回收期法

一、回收期法

回收期(payback period, PBP)是指收回初始投资成本所需的年份数。下面我们通过具体的例子来说明回收期的计算方法和相应的投资项目可行性的判断标准。

【例3】 假设厂商所要求的基准(benchmark)回收期为两年,试计算表13-1所示的两个项目的回收期,并分别基于以下两种前提假设确定哪个项目更为理想:(1)两个项目独立;(2)两个项目互斥。

当投资项目的累积净现金流等于0,即现金流出等于现金流入时,就实现了原始投资成本的收回,上述过程所用的时间即为回收期,从而我们可以通过表13-2来求出两个项目的回收期。

表13-2　项目A和项目B的预估税前净现金流　　　　　　　　　　　　　　　　单位:元

	年份	0	1	2	3
项目A	净现金流	-6 000	4 300	3 000	1 900
	累积净现金流	-6 000	-1 700	1 300	3 200
项目B	净现金流	-6 000	3 600	3 300	2 400
	累积净现金流	-6 000	-2 400	900	3 300

$$回收期 = 收回投资成本的完整年份数 + \frac{收回投资成本前一年累积净现金流的绝对值}{收回投资成本最后一年的净现金流} \tag{13-4}$$

根据表13-2中的累积净现金流情况和式(13-4),可得

$$A项目的回收期:PBP_A = 1 + \frac{1\,700}{3\,000} = 1.57年$$

$$B项目的回收期:PBP_B = 1 + \frac{2\,400}{3\,300} = 1.73年$$

一般来讲,由于较短的投资回收期意味着可以加速资金周转,从而具有较短回收期的项目是较优的投资项目。

如果两个项目是独立的,则由于两个项目的回收期均小于企业所要求的基准回收期(2年),从而两个项目均可行;如果两个项目是互斥的,则由于$PBP_A < PBP_B < 2年$,从而应选择A项目。

回收期法的主要缺陷是该方法没有考虑资金的时间价值;此外,投资项目的回收期还忽略了收回投资后的现金流情况,这也就意味着对现金流的终值和残存价值未加考虑。该方法的主要优点是可以较好地对投资项目的流动性和风险性加以衡量,也就是说,投资回收期较短的投资项目一般具有较为理想的流动性和较低的风险。

二、贴现回收期法

贴现回收期法按照项目的资金成本对预估现金流进行贴现,这里的贴现回收期(discounted payback period)是指使投资项目的现金流入现值等于投资的初始成本所需的时间。

【例4】 某厂商的资金成本为14%,从而该厂商两个投资项目(项目A和项目B)的现金流情况如表13-3所示,已知该厂商的最大贴现回收期为3年,试计算这两个投资项目的贴现回收期,并分别基于以下两种前提假设确定哪个项目更为理想:(1)两个项目独立;(2)两个项目互斥。

表13-3 项目A和项目B的现金流情况　　　　　　　　　　单位:元

	年份	0	1	2	3
项目A	净现金流	-6 000	4 300	3 000	1 900
	贴现净现金流	-6 000	3 772	2 308	1 282
	累积贴现净现金流	-6 000	-2 228	80	1 362
项目B	净现金流	-6 000	3 600	3 300	2 400
	贴现净现金流	-6 000	3 158	2 539	1 620
	累积贴现净现金流	-6 000	-2 842	-303	1 317

参照上例中回收期的计算方法(13-4),我们可以得到的计算结果为

$$项目A的贴现回收期 = 1 + \frac{2\,228}{2\,308} = 1.97 年$$

$$项目B的贴现回收期 = 2 + \frac{303}{1\,620} = 2.19 年$$

如果两个项目是独立的,则由于两个项目的回收期均小于企业所要求的最大贴现回收期(3年),从而两个项目均可行;如果两个项目是互斥的,则由于A项目的贴现回收期较短,从而应选择A项目。

贴现回收期法的主要缺陷在于该方法没有考虑贴现回收期后的现金流情况。

回收期法和贴现回收期法均为我们分析投资项目的风险性和流动性提供了参考依据。之所以将回收期作为投资项目风险性的衡量标准,是因为根据相关证券投资理论,距离现在的时间跨度越大的现金流所具有的风险越大。

第五节　平均会计回报率

平均会计回报率(average accounting rate of return,AAR)一般是指扣除所得税和折旧后项目的平均预期净收益与整个项目寿命期内平均账面投资额的比值,其计算公式为

$$平均会计回报率 AAR = \frac{年平均净收益}{年平均投资额} \tag{13-5}$$

平均会计回报率的可行性判断方法是:如果投资项目的平均会计回报率大于决策者所设定的最低回报率,则该项目可行;反之,则应予放弃。对于互斥项目,平均会计回报率高的项目更好。

【例5】 某厂商计划购置一台新设备用以扩大生产,设备的成本为50 000元,使用期限为5年,期末的残存价值为0,按照直线法进行折旧,所得税率为33%,预计各年新设备带来的现金收入与支出的变化如表13-4所示。假设厂商要求的投资项目最低回报率为24%,试分析该投资项目是否可行。

表13-4 平均会计回报率的计算　　　　　　　　　　单位:元

年份	1	2	3	4	5
收入增加额	45 000	50 000	40 000	30 000	20 000
支出增加额	25 000	20 000	15 000	10 000	10 000

续表

年份	1	2	3	4	5
折旧前净收益	20 000	30 000	25 000	20 000	10 000
折旧值	10 000	10 000	10 000	10 000	10 000
税前净收益	10 000	20 000	15 000	10 000	0
税金支出	3 300	6 600	4 950	3 300	0
税后净收益	6 700	13 400	10 050	6 700	0

由于本题按照直线法进行折旧，从而每年的折旧值均为 50 000 / 5 = 10 000元。

年平均(税后)净收益 = (6 700 + 13 400 + 10 050 + 6 700 + 0) / 5 = 7 370元

由于本题采用直线折旧法，也就意味着初始投资是呈线性逐年递减的，根据计算等差数列的算术平均值的相关原理可知

$$年平均投资额 = \frac{初始投资额 + 残存价值}{2} = \frac{50\ 000 + 0}{2} = 25\ 000元$$

$$平均会计回报率 AAR = \frac{年平均净收益}{年平均投资额} = \frac{7\ 370}{25\ 000} = 29\%$$

由于该项目的平均会计回报率(29%)大于厂商所设定的最低回报率(24%)，因而该项目可行。

平均会计回报率根据预估的财务报表数据即可计算，简便直观。但它不是一个基于现金流的财务指标，从而不可避免地带有局限性，受到企业所选择的财务处理方法的影响，并且违背了货币价值衡量的基本原则。

(1) 不同的财务处理方法(如不同的资产折旧处理方法)可以使收益数值发生变化，但是投资项目的现金流并不受上述对财务处理方法主观选择的影响。这就有可能因为使用ARR法对项目进行评估，从而导致对采用不同财务处理方法的项目所得出的分析结论缺乏客观性。

(2) 平均会计回报率采用的是平均值，没有考虑货币的时间价值(即利息因素)，从而无法区分项目不同时期的盈利水平，往往更偏向于后期产生收益的项目。

第六节　NPV估计值

一、互斥项目的排序问题

如前所述，互斥项目是指接受一个项目就必须放弃另一个项目的情况。通常来说，它们是为解决一个问题而设计的两个备选方案。例如，为了生产一个新产品，可以选择进口设备，也可以选择国产设备，它们的使用寿命、购置价格和生产能力均不相同。企业只需购买其中之一就可以解决目前的问题，且不会同时购置。

面对互斥项目，仅仅评价哪一个项目方案可以接受是不够的，它们都有正的净现值。我们现在需要知道哪一个项目更好些。如果一个项目方案的所有评价指标，包括净现值、内部回报率、回收期和会计报酬率，均比另一个项目方案好一些，我们选择时不会有什么困难。问题是这些指标出现矛盾时，尤其是评价的基本指标净现值和内部回报率出现矛盾时，我们如何选择？

评价指标出现矛盾的原因主要有两种：一是投资额不同，二是项目寿命不同。如果是投资额不同引起的(项目的寿命相同)，对于互斥项目应净现值法优先，因为它可以给股东带来更多的财富。股东需要的是实实在在的报酬，而不是报酬的比率。

如果净现值与内部回报率的矛盾是项目有效期不同引起的，我们有两种解决方法，一是共同年限法，二是等额年金法。

1. 共同年限法

如果两个互斥项目不仅投资额不同，而且项目期限不同，则其净现值就没有可比性。例如，一个项目投资3年创造了较少的净现值，另一个项目投资6年创造了较多的净现值，后者的盈利性不一定比前者好。

共同年限法的原理是：假设投资项目可以在终止时进行重置，通过重置使两个项目达到相同的年限，然后比较其净现值。

【例6】假设公司资本成本是10%，有A和B两个互斥的投资项目。A项目的年限为6年，净现值为12 441万元，内部回报率为19.73%；B项目的年限为3年，净现值为8 324万元，内部回报率为32.67%。两个指标的评价结论有矛盾，A项目净现值大，B项目内部回报率高。此时，如果认为净现值法更可靠，A项目一定比B项目好，其实这一结论是不对的。

我们用共同年限法进行分析：假设B项目终止时可以进行重置一次，该项目的期限就延长了6年，与A项目相同。两个项目的现金流量分布如表13-5所示。其中重置B项目第三年年末的现金流量为 –5 800万元，是重置初始投资 –17 800万元与第一期项目第三年末现金流入12 000万元的合计。经计算，重置B项目的净现值为14 577万元。因此，B项目优于A项目。

表13-5 互斥项目的计算 单位：元

时间	折现系数(10%)	A 现金流	A 现值	B 现金流	B 现值	重置B 现金流	重置B 现值
0	1	–40 000	–40 000	–17 800	–17 800	–17 800	–17 800
1	0.909 1	13 000	11 818	7 000	6 364	7 000	6 364
2	0.826 4	8 000	6 612	13 000	10 744	13 000	10 744
3	0.751 3	14 000	10 518	12 000	9 016	–5 800	–4 358
4	0.683 0	12 000	8 196			7 000	4 781
5	0.620 9	11 000	6 830			13 000	8 072
6	0.564 5	15 000	8 467			12 000	6 774
净现值			12441				14 557
内部回报率			19.73%		32.67%		

2. 等额年金法

等额年金法是用于年限不同项目比较的另一种方法。它比共同年限法要简单。其计算步骤如下：

(1) 计算两个项目的净现值；

(2) 计算净现值的等额年金额；

(3) 假设项目可以无限重置，并且每次都在该项目的终止期，等额年金的资本化就是项目的净现值。

依据前例数据：

A项目的净现值 = 12 441万元

A项目净现值的等额年金 = 12 441 / 4.355 3 = 2 857万元

A项目的永续净现值 = 2 857 / 10% = 28 570万元

B项目的净现值 = 8 324万元

B项目净现值的等额年金 = 8 324 / 2.486 9 = 3 347万元

B项目的永续净现值 = 3 347 / 10% = 33 470万元

其实，等额年金法的最后一步即永续净现值的计算，并非总是必要的。在资本成本相同时，等额年金大的项目永续净现值肯定大，根据等额年金大小就可以直接判断项目的优劣。

以上两种分析方法有区别。共同年限法比较直观，易于理解，但是预计现金流的工作很困难。等额年金法应用简单，但不便于理解。

两种方法存在共同的缺点：①有的领域技术进步快，目前就可以预期升级换代是不可避免的，不可能原样复制；②如果通货膨胀比较严重，必须考虑重置成本的上升，这是一个非常具有挑战性的任务，对此两种方法都没有考虑；③从长期来看，竞争会使项目净利润下降，甚至被淘汰，对此分析时没有加以考虑。

通常在实务中，只有重置概率很高的项目才适宜采用上述分析方法。对于预计项目年限差别不大的项目，例如8年期限和10年期限的项目，直接比较净现值，不需要做重置现金流的分析，因为预计现金流量和资本成本的误差比年限差别还大。预计项目的有效年限本来就困难，技术进步和竞争随时会缩短特定项目的经济年限，不断的维修和改进也会延长项目的有效年限。

二、总量有限时的资本分配

上面讲的是互斥投资项目的排序问题，现在讨论单独投资项目的排序问题。如前所述，所谓独立项目是指被选项目之间是相互独立的，采用一个项目时不会影响另外项目的采用或不采用。

从理论上讲，不需要对独立项目进行排序。凡是净现值为正数的项目或者内部回报率大于资本成本的项目，都可以增加股东财富，都应被采用。但是，在现实世界中会有许多复杂情况出现。总量资本受到限制，无法为全部盈利项目融资，就是其一。这时就需要考虑有限的资本分配给哪些项目。

资本分配问题是指在企业投资项目有总量预算约束的情况下，如何选择相互独立的项目。

【例7】某公司可以投资的资本总量为10 000万元，资本成本为10%。现有三个投资项目，有关数据如表13-6所示。

表13-6 总量有限时的资本分配　　　　　　　　　　　　　　　　　单位：万元

项目	时间(年末)	0	1	2	现金流入现值	净现值	现值指数
	现值因数(10%)	1	0.909 1	0.826 4			
A	现金流量	−10 000	9 000	5 000			
	现值	−10 000	8 182	4 132	12 314	2 314	1.23
B	现金流量	−5 000	5 057	2 000			
	现值	−5 000	4 600	1 653	6 253	1 253	1.25
C	现金流量	−5 000	5 000	1 881			
	现值	−5 000	4 546	1 555	6 100	1 100	1.22

根据净现值分析：三个项目的净现值都是正值，它们都可以增加股东财富。由于可用于投资的资本总量有限，即只有10 000万元。按照净现值的一般排序规则，应优先安排净现值最大的项目。A项目的净现值最大，优先被采用，B项目和C项目只能放弃。这个结论其实是不对的。因为B项目和C项目的总投资是10 000万元，总净现值为2 353(1 253 + 1 100)万元，大于A项目的净现值2 314万元。

那么，应该如何选出最有项目呢？首先，计算项目的现值指数并排序，其优先顺序为B、A、C。在资本限额内优先安排现值指数高的项目，即优先安排B项目，用掉5 000万元；下一个应该是A项目，但剩余5 000万元，无法安排；接下来安排C项目，全部资本使用完毕。因此，应该选择B项目和C项目，放弃A项目。

实际上，在选择项目时往往比上述举例更为复杂。例如，C项目的投资需要6 000万元如何处理？具有一般意义的做法是：首先，将全部项目排列出不同的组合，每个组合的投资需要不超过资本总量；计算各项目的净现值以及各组合的净现值合计；选择净现值最大的组合作为采纳的项目。

值得注意的是，这种资本分配方法仅适用于单一期间的资本分配，不适用于多期间的资本分配问题。所谓多期间资本分配，是指资本的筹集和使用涉及多个期间。例如，今年的融资限额是10 000万元，明年又可以融资10 000万元；与此同时，已经投资的项目可以不断收回资金并及时用于另外的项目。此时，需要进行更复杂的多期间规划分析，不能用现值指数排序这一简单方法解决。

三、通货膨胀的处理

通货膨胀是指在一定时期内，物价水平持续、普遍上涨的经济现象。通货膨胀会导致货币购买力下降，从而影响项目投资价值。通货膨胀对资本预算的影响表现在两个方面：一是影响现金流的估计；二是影响资本成本的估计。

如果企业对未来现金流的预测是基于预算年度的价格水平，并去除了通货膨胀的影响，那么这种现金流称为实际现金流。包含了通货膨胀影响的现金流称为名义现金流。两者的关系为

$$名义现金流 = 实际现金流 \times (1 + 实际通胀率)^n \tag{13-6}$$

式中，n 为相对于基期的期数。

在资本预算的编制过程中，应遵循一致性原则。名义现金流用名义资本进行折现，实际现金流用实际资本成本进行折现。这是评价指标计算的基本原则。

【例8】假设某项目的实际现金流如表13-7所示，名义资本成本为12%，预计一年内的通货膨胀率为8%，求该项目的净现值。

表13-7　实际现金流　　　　　　　　　　　　　　　　　　　　　　　　　　　单位：万元

时间	第0年	第1年	第2年	第3年
实际现金流	−100	45	60	40

第一种方法：将名义现金流用名义资本成本进行折现。此时需要先将实际现金流调整为名义现金流，然后用12%的资本成本进行折现。具体计算过程如表13-8所示。

表13-8　净现值的计算　　　　　　　　　　　　　　　　　　　　　　　　　　单位：万元

时间	第0年	第1年	第2年	第3年
实际现金流	−100	45	60	40
名义现金流	−100	$45 \times 1.08 = 48.6$	$60 \times 1.08^2 = 69.98$	$40 \times 1.08^3 = 50.39$
现值（按12%折现）	−100	$48.6 \times 0.8929 = 43.39$	$69.98 \times 0.7972 = 55.79$	$50.39 \times 0.7118 = 35.87$
净现值	\multicolumn{4}{c}{$-100 + 43.39 + 55.79 + 35.87 = 35.05$}			

第二种方法：将实际现金流用实际成本进行折现。此时需将名义资本成本换算为实际资本成本，然后再计算净现值。具体计算过程如表13-9所示。

$$实际资本成本 = (1 + 名义资本成本)/(1 + 通货膨胀率) - 1$$
$$= (1 + 12\%)/(1 + 8\%) - 1 = 3.7\%$$

表13-9　净现值的计算　　　　　　　　　　　　　　　　　　　　　　　　　　单位：万元

时间	第0年	第1年	第2年	第3年
实际现金流	−100	45	60	40
现值（按3.7%折现）	−100	$48.6 \times 0.8929 = 43.39$	$69.98 \times 0.7972 = 55.79$	$50.39 / 1.037^3 = 35.87$
净现值		$-100 + 43.39 + 55.79 + 35.87 = 35.05$		

通过上述计算结果可以看到，两种计算方法所得出的结果是一样的，都可以得到没有偏差的净现值。

值得注意的是：①通货膨胀对于投资决策是非常重要的。即使每年通货膨胀不是很严重，但长期积累起来对项目盈利性也会产生巨大影响，因此长期投资项目评价必须对通货膨胀进行处理。②在我们估

计资本成本时，需要依赖资本市场上各种可以观察到的信息，它们通常是含有通货膨胀的，因而得到的是含有通货膨胀的资本成本。将其调整为实际的资本成本极为困难，而调整现金流相对容易，因而很少采用第二种方法，而大多采用第一种方法。③对于未来通货膨胀率的估计不可能很精确，因此通货膨胀不仅使资本预算增加了复杂性，也增加了分析结论的不确定性。

第十三章 资本预算

真题精选精析

一、选择题

1. 【中山大学 2017】某投资方案贴现率为16%时，净现值为6.12，贴现率为18%时，净现值为-3.17，则该方案的内部收益率为( )。
    A. 14.38%　　　　B. 18.42%　　　　C. 17.32%　　　　D. 19.53%

2. 【上海财经大学 2017】考虑一个项目，1年后的自由现金流为130 000或180 000元，出现每一种结果的概率相等，项目的初始投资为100 000元，项目资本成本为3%，无风险利率为10%，则项目的NPV最接近以下哪个选项？( )
    A. 29 000　　　　B. 22 000　　　　C. 28 000　　　　D. 26 900

3. 【华东师范大学 2018】在单一方案决策过程中，与净现值评价结论最可能发生矛盾的评价指标是( )。
    A. 净现值率　　　B. 获利指数　　　C. 投资回收期　　　D. 内部收益率

4. 【中央财经大学 2017】A和B是两个互斥项目，投资额均为100万元，两个项目后续的现金流如下所示：

时间	A	B
1	20	50
2	30	40
3	40	30
4	50	10

下列说法中正确的是( )。
    A. 当贴现率为10%时，A项目的净现值为7.88万元
    B. 当贴现率为10%时，B项目的净现值为7.18万元
    C. 当贴现率低于两个项目净现值线的交叉点时，B项目的净现值更高
    D. 当贴现率高于两个项目净现值线的交叉点时，B项目的净现值更高

5. 【中央财经大学 2016】R公司目前有1 000万元的资金可用于投资，因此需要从10个期限均为5年、投资额均为200万元，且净现值均大于0的项目中选择5个项目进行投资。那么公司应该按照哪一种标准进行选择？( )
    A. 内部收益率最高　　　　　　　　B. 回收期之和最短
    C. 盈利指数之和最大　　　　　　　D. 贴现回收期之和最短

6. 【清华大学 2017】敏感性分析评价净现值通过( )。
    A. 改变计算净现值假设　　　　　　B. 改变一个变量，同时其他变量不变
    C. 考虑不同的经济形势　　　　　　D. 以上全部

7. 【清华大学 2016】假设某公司拥有实物期权，可以投资具有NPV的项目，那么公司市场价值和实

体资产价值关系为( )。

  A. 市场价值<实体资产价值   B. 市场价值=实体资产价值
  C. 市场价值>实体资产价值   D. 不确定

二、名词解释

1. 【中南财经政法大学 2013，首都经济贸易大学 2019】沉没成本
2. 【西南财经大学 2016，四川大学 2016】机会成本
3. 【复旦大学 2012，南开大学 2017，中南财经政法大学 2018】税盾效应

三、简答题

1. 【中央财经大学 2011，复旦大学 2013，对外经济贸易大学 2015，清华大学 2015，西南财经大学 2011，北京交通大学 2017，四川大学 2012】比较投资预算方法中的NPV方法和IRR方法，它们各有什么优点，在什么情况下会出现不一致？
2. 【中南财经政法大学 2016】简述回收期的优缺点。
3. 【中国海洋大学 2018】许多地方政府将允许企业加速折旧作为扶持某些产业发展的优惠政策，请从公司财务视角分析其合理性。

四、计算题

1. 【厦门大学 2016】某企业试图从以下两个互斥项目中选择一个项目进行投资，必要报酬率是10%，使用净现值法判断，公司应该选择哪个项目？

年份	项目A	项目B
0	−300	−50
1	150	28
2	150	28
3	150	28

2. 【西南财经大学 2018】某公司正对一项投资项目进行评估。该项目的周期为5年，每年年末的预期现金流量为4 000万元，项目期初的一次性投资支出为1.3亿元。当前市场的无风险利率为2%，市场风险溢价为4%，β系数为1.5，请分析该公司是否应该接受该项目。

3. 【华东师范大学 2017】某家电企业打算生产一款智能电器，但公司市场部认为应该首先进行市场调研以测试顾客的反应。企业若不进行市场调研，直接推出产品，该项目的成功概率为60%，若成功，该项目的NPV为450 000元，若失败，该项目NPV为-100 000美元。若企业进行市场调研，期初投资50 000元，耗时2年。若成功，该项目NPV也为450 000美元，但成功率提高到80%，若失败，该项目NPV为-10 000元。假设采取负债与权益混合融资，融资比例为1:1，税后成本分别为8%和16%，试用NPV法确定该企业是否应该进行市场调查？

4. 【上海外国语大学 2016】假如你正在考察一个3年期的项目。其今后3年的预测净利润：100万元(第1年)、200万元(第2年)、300万元(第3年)，项目的成本是600万元，它将以直线法在项目的3年的存续期间内折旧完毕，则平均会计报酬率(AAR)是多少？

第十四章 风险与收益

第一节 风险与收益的度量

本节主要讨论风险和收益的关系，目的是解决估价时如何确定贴现率的问题。贴现率应根据投资者要求的必要回报率来确定。实证研究表明，必要回报率的高低取决于投资的风险，风险越大，要求的必要回报率越高。不同风险的投资，需要使用不同的贴现率。那么，投资的风险如何计算？特定的风险需要多少报酬来补偿？就成为选择贴现率的关键问题。

一、风险的概念

风险是一个非常重要的财务概念。任何决策都有风险，这使得风险观念在财务分析中具有普遍意义。

风险最简单的定义是："风险是发生财务损失的可能性"。发生损失的可能性越大，风险越大。它可以用不同结果出现的概率来描述。结果可能是好的，也可能是坏的，坏结果出现的概率越大，就认为风险越大。这个定义非常接近日常生活中使用的普通概念，主要强调风险可能带来的损失。

在对风险进行深入研究以后人们发现，风险不仅可以带来超出预期的损失，也可能带来超出预期的收益。于是，出现了一个更正式的定义："风险是预期结果的不确定性"。风险不仅包括负面效应的不确定性，还包括正面效应的不确定性。新的定义要求区分风险和危险。危险专指负面效应，是损失发生及其程度的不确定性。人们对于危险，需要认识、衡量、防范和控制，即对危险进行管理。保险活动就是针对危险的，是集合同类危险聚集资金，对特定危险的后果提供经济保障的一种财务转移机制。风险的概念比危险更为广泛，包括了危险，危险只是风险的一部分。风险的另一部分即正面效应，可以称为"机会"。人们对于机会，需要识别、衡量、选择和获取。理财活动不仅要管理危险，还要识别、衡量、选择和获取增加企业价值的机会。风险的新概念，反映了人们对财务现象更深刻的认识，也就是危险与机会并存。

在投资组合理论出现之后，人们认识到投资多样化可以降低风险。当增加投资组合中资产的种类时，组合的风险将不断降低，而收益仍然是个别资产的加权平均值。当投资组合中的资产多样化达到一定程度后，特殊风险可以忽略，而只关心系统风险。系统风险是没有有效的方法可以消除并且影响所有资产的风险，它来自于整个经济系统影响公司经营的普遍因素。投资者必须承担系统风险并可以获得相应的投资回报。在充分组合的状况下，单个资产的风险对于决策是没有用的，投资者关注的只是投资组合的风险；特殊风险与决策是不相关的，相关的只是系统风险。在投资组合理论出现以后，风险是指投资组合的系统风险，既不是指单个资产的风险，也不是指投资组合的全部风险。

在资本资产定价理论出现以后，单项资产的系统风险计量问题得到解决。如果投资者选择一项资产并把它加入已有的投资组合中，那么该资产的风险完全取决于它如何影响投资组合收益的波动性。因此，一项资产最佳的风险度量，是其收益率变化对市场投资组合收益率变化的敏感程度，或者说是一项资产对投资组合风险的贡献。在这以后，投资风险被定义为资产对投资组合风险的贡献，或者说是该资产收益率与市场组合收益率之间的相关性。衡量这种相关性的指标，被称为β系数。

理解风险概念及其演进时，不要忘记财务管理创造"风险"这一专业概念的目的。不断精确定义风险概念是为了明确风险和收益之间的权衡关系，并在此基础上给风险定价。因此，风险概念的演进，实际上是逐步明确什么是与收益相关的风险，与收益相关的风险才是财务管理中所说的风险。

二、单项投资和投资组合的预期回报率

1. 单项风险资产预期回报率的计算

单项风险资产(risky asset)预期回报率的计算基于一组期望值，它等于所有可能的回报率的加权平均值，权数为各个回报率发生的概率。

单项风险资产基于预期数据的预期回报率(回报率的期望值)计算公式为

$$E(R) = \sum_{i=1}^{n} R_i P_i \tag{14-1}$$

式中，P_i表示预期回报率为R_i的概率。

【例1】某股票未来一个月内的可能收益率及其发生的概率如表14-1所示，试计算该股票在下一个月的预期回报率。

表14-1 某股票在未来一个月内的可能回报率及其发生的概率

收益率(%)	-2.5	2.0	3.2	4.5	6.7
概率	0.10	0.15	0.05	0.60	0.10

【解】根据公式14-1，可以计算出该股票的预期回报率为

$E(R) = -2.5\% \times 0.10 + 2.0\% \times 0.15 + 3.2\% \times 0.05 + 4.5\% \times 0.60 + 6.7\% \times 0.10 = 3.58\%$

单项风险资产基于历史数据的预期回报率计算公式为

$$E(R) = \overline{R} = \frac{\sum_{i=1}^{n} R_i}{n} = \frac{R_1 + R_2 + \cdots + R_n}{n} \tag{14-2}$$

式中，R_i表示在投资期间i的回报率，n表示投资期间总数。

【例2】某股票在前5个月中各月的回报率分别为9.4%、8.3%、6.7%、6.9%、7.3%，试计算该股票的预期(平均)回报率。

【解】$\overline{R} = (9.4\% + 8.3\% + 6.7\% + 6.9\% + 7.3\%) / 5 = 7.72\%$

2. 投资组合预期回报率的计算

投资组合的预期回报率，即将投资组合中各种资产的期望收益率加权平均得到，其权数等于每项资产在组合中的比重，其公式为

$$E(R_p) = \sum_{i=1}^{n} [W_i E(R_i)] \tag{14-3}$$

式中，$E(R_p)$为投资组合的预期回报率；$E(R_i)$为第i种资产的预期回报率；W_i为权数，即各项资产投资金额在总投资组合中所占的比重，N为组合中所包含的资产类别的总数。

【例3】某投资者投资于三种股票A、B和C，它们的预期回报率分别为10%、15%和12%，投资比例分别为20%、50%和30%，计算该投资组合的预期回报率。

【解】$E(R_p) = 20\% \times 10\% + 50\% \times 15\% + 30\% \times 12\% = 13.1\%$

▲三、单项投资的方差和标准差

方差(variance)是各种可能的回报率偏离预期回报率的综合差异，是用来衡量投资收益的风险程度的重要指标。一般来讲，在相同的预期回报率下，投资回报率的标准差(方差)越大，说明其风险也就越大。单项投资方差(σ^2)基于预期数据的计算公式为

$$\sigma^2 = \sum_{i=1}^{n} [R_1 - E(R_i)]^2 P_i \tag{14-4}$$

有时，为了计算方便，还会用到标准差(standard deviation)概念，即标准差σ^2的平方根σ。

【例4】某股票未来一个月内的可能收益率及其发生的概率如表14-1所示，试计算该股票预期回报率的方差和标准差。

【解】根据例1的计算结果，可以计算出该股票预期回报率的方差为

$$\sigma^2 = (-2.5\% - 3.58\%)^2 \times 0.10 + (2.0\% - 3.58\%)^2 \times 0.15 + (3.2\% - 3.58\%)^2 \times 0.05$$
$$+ (4.5\% - 3.58\%)^2 \times 0.60 + (6.7\% - 3.58\%)^2 \times 0.10 = 5.57 \times 10^{-4}$$

该股票预期回报率的标准差为

$$\sigma = \sqrt{5.57 \times 10^{-4}} = 2.36\%$$

单项投资方差(σ^2)基于历史数据的计算公式如下：

$$\sigma^2 = \frac{\sum_{i=1}^{n}[R_1 - E(R_i)]^2}{n} \tag{14-5}$$

【例5】某股票在前5个月中各月的回报率分别为9.4%、8.3%、6.7%、6.9%、7.3%，试计算该股票预期回报率的方差和标准差。

【解】根据例2的计算结果，可以计算出该股票预期回报率的方差为

$$\sigma^2 = [(9.4\% - 7.72\%)^2 + (8.3\% - 7.72\%)^2 + (6.7\% - 7.72\%)^2 + (6.9\% - 7.72\%)^2$$
$$+ (7.3\% - 7.72\%)^2] / 5 = 1.01 \times 10^{-4}$$

标准差$\sigma = \sqrt{1.01 \times 10^{-4}} = 1.005\%$

▲四、回报率协方差和相关系数的计算方法

协方差(covariance)是一个用来衡量两个变量如何同时变化的变量。正的协方差表明两个变量(如两只股票的回报率)具有相同的变动趋势，负的协方差表明两个变量具有相反的变动趋势，协方差为0则表明两个变量的变动没有联系。

两项资产基于预期数据的协方差计算公式为

$$\text{Cov}_{1,2} = \sum_{i=1}^{n} \{P_i[R_{i,1} - E(R_1)][R_{i,2} - E(R_2)]\} \tag{14-6}$$

式中，$R_{i,1}$表示资产1在第i种状态下的回报率，$R_{i,2}$表示资产2在第i种状态下的回报率，P_i表示第i种状态发生的概率。

【例6】假设未来经济将处于三种情况(S)：繁荣、一般、萧条，且这三种情况出现的概率分别为0.5、0.4、0.1。A股票在上述三种情况下的回报率分别为0.13、0.09、0.04；B股票在上述三种情况下的回报率分别为0.29、0.12、0.02。求上述两种股票的协方差。

【解】

$$E(R_A) = 0.5 \times 0.13 + 0.4 \times 0.09 + 0.1 \times 0.04 = 0.105$$
$$E(R_B) = 0.5 \times 0.29 + 0.4 \times 0.12 + 0.1 \times 0.02 = 0.195$$

根据上述结果和题目已知条件，计算两种股票回报率的协方差为

$\text{Cov}(R_A, R_B) = 0.5 \times (0.13 - 0.105) \times (0.29 - 0.195) + 0.4 \times (0.09 - 0.105) \times (0.12 - 0.195) + 0.1 \times (0.04 - 0.105) \times (0.02 - 0.195) = 0.00237$

即两种股票回报率的协方差为0.00237。

两项资产基于历史数据的协方差计算公式为

$$\mathrm{Cov}_{1,2} = \frac{\sum_{i=1}^{n}\{[R_{i,1}-E(R_1)][R_{i,2}-E(R_2)]\}}{n-1} \tag{14-7}$$

【例7】已知两只股票在1年中前4个月的回报率情况如表14-2所示，试计算这两只股票回报率的协方差，并根据计算结果分析两只股票的相关性情况。

表14-2　两只股票在前4个月的回报率情况

月份	1	2	3	4
股票A的回报率	0.14	0.13	0.06	0.19
股票B的回报率	0.26	0.24	0.14	0.12

【解】首先应计算出两只股票回报率的期望值，分别为

$$E(R_A) = (0.14 + 0.13 + 0.06 + 0.19)/4 = 0.13$$

$$E(R_B) = (0.26 + 0.24 + 0.14 + 0.12)/4 = 0.19$$

根据式(14-7)可以计算出两只股票的协方差为

$\mathrm{Cov}_{A,B}$ = [(0.14 – 0.13)(0.26 – 0.19)] + [(0.13 – 0.13)(0.24 – 0.19)] + [(0.06 – 0.13)(0.14 – 0.19)] + [(0.19 – 0.13)(0.12 – 0.19)] / 3 = 0

由本题的计算结果可知，两只股票不存在相关性。

> **关键考点**
>
> 考生应同时掌握基于预期数据和基于历史数据的协方差计算方法。

两种证券之间的收益互动性还可以用另一个统计量来表示，即两者之间的相关系数(correlation coefficient)。假设σ_i和σ_j分别为证券i和j回报率的标准差，Cov_{ij}是两种证券之间的协方差，则其相关系数ρ_{ij}的计算公式为

$$\rho_{ij} = \frac{\mathrm{Cov}_{ij}}{\sigma_i \sigma_j} \tag{14-8}$$

或表示为

$$\mathrm{Cov}_{ij} = \rho_{ij}\sigma_i\sigma_j \tag{14-9}$$

相关系数取值范围为闭区间[-1, 1]。相关系数为-1表示两种证券回报率的变化方向完全相反，称为完全负相关；相关系数为+1则表示两种证券回报率的变化方向完全相同，称为完全正相关；相关系数为0表示两种证券回报率的变动之间不存在任何关系；相关系数在区间(-1, 0)内，表示两种证券回报率的变化方向相反，但不是百分之百地完全相反，而是只存在一般性的负相关关系；相关系数在区间(0, 1)内，表示两种证券回报率的变化方向相同，但不是百分之百地完全相同，而是只存在一般性的正相关关系。

一般来讲，如果两种证券之间的相关系数为负值，则可能会降低组合后的投资风险，而如果它们之间的相关系数为正值，则可能会加大组合后的投资风险。

【例8】已知A、B两只股票的协方差为0.03，标准差分别为0.37和0.29，试计算这两只股票回报率的相关系数，并根据计算结果分析两只股票的相关性情况。

【解】
$$\rho_{AB} = \frac{\mathrm{Cov}_{ij}}{\sigma_i \sigma_j} = \frac{0.03}{0.37 \times 0.29} = 0.28$$

两只股票回报率的相关系数为0.28，这表明两只股票回报率的变化方向相同，但并不完全一致。

▲五、投资组合风险的计算和决定因素

包含n项风险资产的投资组合标准差(σ_p)的计算公式为

$$\sigma_p = \sqrt{\sum_{i=1}^{n} \sum_{j=1}^{n} w_i w_j \text{Cov}_{ij}} \tag{14-10}$$

式中，w_i表示资产i的市场权重。

由于当$i = j$时，有

$$w_i w_j \text{Cov}_{ij} = w_i^2 \text{Cov}_{ii} = w_i^2 \rho_{ii} \sigma_i^2 = w_i^2 \sigma_i^2$$

从而式(14-10)又可以表示为

$$\sigma_p = \sqrt{\sum_{i=1}^{n} w_i^2 \sigma_i^2 + \sum_{\substack{i=1 \\ i \neq j}}^{n} \sum_{j=1}^{n} w_i w_j \text{Cov}_{ij}} \tag{14-11}$$

根据式(14-11)，可以得到仅有两项风险资产的投资组合标准差的计算公式为

$$\sigma_p = \sqrt{w_A^2 \sigma_A^2 + w_B^2 \sigma_B^2 + 2 w_A w_B \sigma_A \sigma_B \rho_{AB}} \tag{14-12}$$

或

$$\sigma_p = \sqrt{w_A^2 \sigma_A^2 + w_B^2 \sigma_B^2 + 2 w_A w_B \text{Cov}_{AB}} \tag{14-13}$$

在式(14-11)右侧中，$\sum_{i=1}^{n} w_i^2 \sigma_i^2$表明投资组合的风险取决于投资组合中各项资产的风险(σ_i)和各项资产在资产组合中的权重(w_i)，$\sum_{i=1}^{n} \sum_{j=1}^{n} w_i w_j \text{Cov}_{ij}(i \neq j)$则表明投资组合的风险还取决于投资组合中各项资产回报率的共同变动情况，亦即各项资产回报率的协方差或相关系数的数值。

此外，通过式(14-13)，我们还可以看到，如果两项资产回报率的变动方向相反，亦即协方差(Cov_{AB})为负，则由于公式的前两项不小于0，从而将使投资组合的风险(σ_p)降低；反之，如果两项资产回报率的变动方向相同，亦即协方差(Cov_{AB})为正，则将使投资组合的风险(σ_p)增加。当两项资产回报率的变动方向完全一致，也就是协方差(Cov_{AB})等于1时，投资组合回报率的标准差(σ_p)达到最大值，也就是投资组合的风险最大。类似地，对于包含多项资产的投资组合来说，其各项资产之间的协方差越大，则其标准差越大，从而投资组合的风险也就越大。

由此我们可以得出结论：如果投资组合中各项资产的变动方向呈现相反的趋势，即各项资产回报率的协方差为负，则通过资产多样化，可以降低投资组合的风险；反之，如果各项资产的变动方向呈现相同的趋势，即各项资产回报率的协方差为正，则资产多样化不能降低投资组合的风险。

综上所述，投资组合的风险取决于各项资产的权重、各项资产回报率的标准差和各项资产的协方差。其中最重要的决定因素是各项资产的协方差(相关系数)。在其他条件相同的情况下，协方差的大小与投资组合的标准差(风险)呈同方向变化，即协方差越大，则投资组合的标准差越大，反之，协方差越小，投资组合的标准差越小。

> **关键考点**
> 考生应深入理解投资组合的决定因素，其中最重要的是相关系数与投资组合风险的关系。

第二节 投资组合

▲一、风险厌恶的概念和普遍性

风险厌恶(risk aversion)是指投资者希望承担较小风险的事实。具体来讲，风险厌恶的投资者具有以下两个基本特征：

(1) 在相同的预期回报率水平下，投资者更偏好于具有较低风险的投资；

(2) 只有在提供较高的预期回报率的前提下，投资者才愿意在投资中承担更高的风险。

投资者的上述风险厌恶特征可以用图14-1来加以说明。图中，I_1、I_2和I_3为三条分别代表不同投资者效用(utility)水平的无差异曲线(indifference curve)，且各条曲线所代表的效用水平逐渐递增，即无差异曲线I_3所代表的投资者效用水平高于I_2，I_2所代表的投资者效用水平高于I_1。这里的无差异曲线是指曲线上各点所对应的投资者效用水平均相等，也就是说，同一条无差异曲线上的各点可以为投资者带来相同的效用。图中各条无差异曲线的斜率均为正，从而曲线向右上方倾斜。

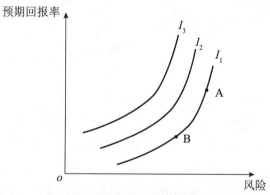

图14-1 投资者的风险厌恶特征

基于风险厌恶的第一个特征，也就是在相同的预期回报率水平下，投资者更偏好于具有较低风险的投资，从而投资者在相同的效用水平下，也就是在同一条无差异曲线上，将更偏好于曲线中左侧的均衡点，以降低其所承担的风险水平。例如，在无差异曲线I_1上，与A点所代表的投资相比，投资者将更愿意从事B点所代表的投资。对于不同的无差异曲线，投资者将选择代表较高效用水平的无差异曲线，也就是图中左上方的无差异曲线。

此外，基于投资者无差异曲线向右上方倾斜的图形特征，也可以对风险厌恶的第二个特征加以说明。在相同的效用水平下，也就是同一条无差异曲线上，如果要投资者承担更大的风险，则必须使投资均衡点沿原有的无差异曲线向右上方移动。在新的投资均衡点处的投资风险与预期回报将同时增加，这正是"只有提供较高的预期回报率，投资者才愿意承担更高的风险"的特征在图形上的表现。

在现实生活中，人们购买各类保险(如财产险、健康险和养老保险等)便是其风险厌恶特征的具体表现。此外，人们还往往在某一领域为风险厌恶者，而在另一领域却为风险偏好者。例如，在生活中不乏这样的例子：某人在为其轿车购买保险，以避免交通事故所带来的财产损失的同时，会参与购买彩票等高风险投资活动。

> **关键考点**
> 考生应结合无差异曲线来分析风险厌恶者的基本特征。

※二、马科维茨有效边界的含义

图14-2为我们列举了不同资产的多样化水平，也就是不同的资产相关系数(ρ)对可行集(feasible set)边界曲线形状的影响。这里的可行集是指n种证券可能形成的所有组合的集合。通过该图我们可以看到，投资组合中各项资产的相关系数越小(越接近于 -1)，则可行集边界曲线越凸；反之，各项资产的相关系数越小(越接近于 +1)，则可行集边界曲线越趋于平坦。

同时，由可行集边界曲线的基本形状我们可以看出，对于特定的投资组合来说(同一条可行集曲线)，在不同的资产组合比例条件下，投资组合的风险(标准差)是不同的，即可行集上各点所对应的横坐标值(标准差)是不同的。

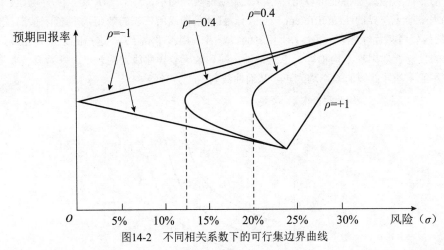

图14-2 不同相关系数下的可行集边界曲线

这就从图形的角度证明了前面我们所得出的结论，即投资组合中各项资产的相关系数越大(越小)，则投资组合的风险越大(越小)。以图中$\rho = -0.4$和$\rho = 0.4$这两条可行集边界曲线为例，对于$\rho = -0.4$的可行集边界曲线来说，通过选择适当的资产组合比例，其投资组合风险可以降低到$\sigma = 12.5\%$的水平，而对于$\rho = 0.4$的可行集边界曲线来说，其投资组合风险只能降低到$\sigma = 20\%$的水平。

投资者面对n种证券，随着投资者在每种资产上的投资比例的变动，可以得到无限多的证券组合形式，每种组合形式都有相应的期望回报率和风险(用标准差表示)。在以标准差为横轴，期望收益率为纵轴组成的期望回报率-标准差平面上，可行集一般呈伞状，所有可能的资产组合位于可行集的边界上或内部，如图14-3所示。

如上所述，可行集中包含无数种证券组合形式，但是投资者并不需要对所有的组合进行分析和评价，只需要考虑可行集的一个子集——有效集(effective set)就可以了。有效集是指同时满足以下两个条件的资产组合：①对于每一风险的水平，提供最大的预期回报率；②在每一预期收益率水平下，提供最小的风险(标准差)。

下面将讨论如何在可行集中确定有效组合。首先确定满足第一个条件的组合。如图14-3所示，在所有的证券组合中，E点的风险是最小的，因为过E点作横轴的垂线，可行集中没有哪一点在这条线的左边；H点是风险最大的，因为过H点作横轴的垂线，可行集中没有哪一点在这条线的右边。所以E点到H点界定了各种证券组合所能提供的风险水平的范围。在这个范围内，任作一条横轴的垂线，我们可以看到在给定的风险水平上，预期收益率最大的组合总是位于从E点到H点的曲线段上。因此，满足第一个条件的组合位于可行集中从E点到H点的左上方边界上。

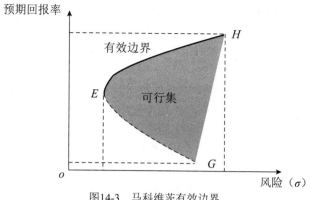

图14-3 马科维茨有效边界

同样道理，我们可以确定满足第二个条件的组合。在所有的证券组合中，G点的预期收益率是最小的，因为过G点作纵轴的垂线，可行集中没有哪一点在这条线的下方；H点的预期收益率是最大的，因为过H点纵轴的垂线，可行集中没有哪一点在这条线的上方。所以G点到H点界定了各种证券组合所能提供的预期收益率的范围。在这个范围内，任作一条纵轴的垂线，我们可以看到在给定的预期收益率水平下，风险最小的组合总是位于从G点到H点的左边界上。

由于有效集必须同时满足上述两个条件，所以只有EH曲线段和GH曲线段的交集，即EH曲线段才能同时满足两个条件，因此，可行集中从E点到H点的证券组合构成有效组合。由全部有效组合所组成的曲线段EH，称为有效边界(efficient frontier)，又称马科维茨边界(Markowitz frontier)。

有效边界向右上方倾斜的图形特征表明，随着投资者所承担风险(σ)的增加，其所获得的投资回报率也将随之增加。

※三、最优投资组合的确定

如图14-4所示，我们可以将无差异曲线和有效边界结合起来，以确定投资者的最优投资组合。

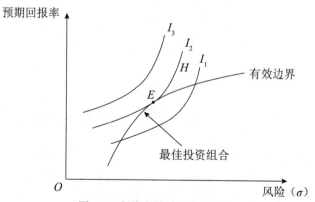

图14-4 投资者的最优投资组合

正如在前面的内容中我们所指出的，由于左上方的无差异曲线(如I_3)代表更高的效用水平，从而投资者更偏好于无差异曲线束中左上方的无差异曲线。但是，受到可行集的约束，不与可行集边界相交或相切的无差异曲线是无法实现的，也就是说，无论如何变动投资组合中各项资产的投资比例，也不能实现此类无差异曲线所代表的效用水平。由此我们可以得出结论：当投资者的无差异曲线与有效边界相切时(如I_2)，投资者获得了可以实现的最大效用，从而无差异曲线与有效边界的切点即为投资者的均衡点，该点(如E点)代表了投资者的最优投资组合(optimal portfolio)。

这是因为：如上所述，对于均衡点所在的无差异曲线左上方的无差异曲线来说，现有的投资组合无法实现；而对于均衡点所在的无差异曲线右下方的无差异曲线（如I_1）来说，由于该类无差异曲线与有效边界相交，从而可以实现，但该类无差异曲线代表相对较低的效用水平，从而投资者将选择代表更高效用水平的无差异曲线。

从图14-5中我们可以看到，由于投资者对风险具有不同的厌恶程度，即投资者的无差异曲线具有不同的斜率，从而其投资均衡点也就不同，即具有不同的最优投资组合。在图14-5中，投资者A的无差异曲线较为陡峭(斜率值较大)，表明投资者A厌恶风险的程度要高于投资者B，或者说，在增加相同的投资风险的情况下，必须向投资者A提供更高的预期回报率。由于A、B两个投资者具有不同的风险厌恶程度，即具有不同的无差异曲线斜率，从而其最优投资组合对应于不同的均衡点。

进一步地，我们可以根据不同风险厌恶程度投资者的无差异曲线图形特征得出以下结论：对于相同的有效边界来说，投资者对风险的厌恶程度越高，也就是其无差异曲线越陡峭，其最优投资组合所对应的风险越低，同时其最优投资组合的预期回报率也较低。在图14-5中，投资者A的风险厌恶程度高于投资者B，从而其最优投资组合具有较低的风险，同时也伴随着较低的预期回报率。

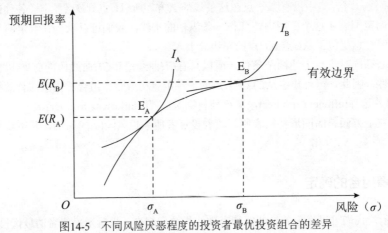

图14-5 不同风险厌恶程度的投资者最优投资组合的差异

> **关键考点**
>
> 投资者对风险的厌恶程度与最佳投资组合的联系，以及相应的风险和回报率情况，是考试的一个重点，应深入理解。

第三节 风险：系统的和非系统的

※一、系统风险与非系统风险

从前面的例子的简单计算中我们可以看出，由A、B、C三种股票组成的证券组合的标准差，小于证券A和C的标准差，即相对于组合中的某种证券的风险而言，证券组合的风险降低了。同样的道理，由N种证券组成的组合具有分散投资风险的作用，下面我们将通过对证券组合风险的分析来说明其中的道理。

证券组合的总风险可以用标准差来衡量，为了方便，我们用方差来进行讨论。证券组合的方差用公式为

$$\sigma_p^2 = \sum_{i=1}^{N}\sum_{j=1}^{N} W_i W_j \sigma_{ij} \tag{14-14}$$

经过简单的数学变形后可以得到

$$\sigma_p^2 = \sum_{i=1}^{N} W_i^2 \sigma_i^2 + \sum_{i=1}^{N}\sum_{\substack{j=1\\j\neq i}}^{N} W_i W_j Cov_{ij} = \sum_{i=1}^{N} W_i^2 \sigma_i^2 + \sum_{i=1}^{N}\sum_{\substack{j=1\\j\neq i}}^{N} W_i W_j \rho_{ij} \sigma_i \sigma_j \tag{14-15}$$

从式(14-15)中可以看出，证券组合的总风险是由两部分组成的，式(14-15)右边第一项仅与各单个证券的风险及投资比例有关，我们称为非系统风险，即可避免的风险；式(14-15)右边第二项不仅与单个证券的风险及投资比例有关，还取决于各证券之间的相关系数ρ_{ij}，我们称这种风险为系统风险，即不可避免的风险。如图14-6所示，任何证券组合的总风险都是由系统风险和非系统风险两部分构成的。

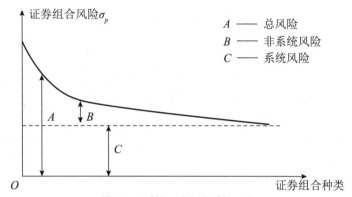

图14-6　系统风险与非系统风险

系统风险不是由证券发行企业本身的原因引起的，而是某些特定因素给证券投资整个行业带来的风险，也就是说，凡是从事证券投资活动，都不可避免地要面临这类行业性风险。证券投资者一般没有办法通过投资组合这一方式来分散这种风险，例如整个世界或国际的经济形势的兴衰、政治形势的变化、国家财政状况的好坏、国家税收和金融制度的变革、资本市场供求关系的张弛和突发性经济灾害等。因为系统风险无法通过证券组合被分散掉，所以它是投资者高度重视的风险。

非系统风险是指某些因素对个别证券来讲，由于其本身原因造成经济损失的可能性。这种风险的大小只与发行证券的公司有关，如公司员工罢工、开发新产品失败、竞争对手的突然出现等。在同时对多种证券进行有效组合时，可将这种风险加以避免，或者减少其风险程度，而不同证券之间可避免风险的分散程度，要视不同证券之间的相关程度而定。以两种证券为例，如果它们之间收益率的变化是完全负相关的，若一种证券的收益率上升时，另一种证券的收益率下降，则它们的非系统风险相互抵销，证券组合的风险降低；如果两种证券之间收益率的变化是完全正相关的，由于其收益率同涨同落，则不可能分散非系统风险，甚至这种组合比个别证券投资的风险还大；如果两种证券之间收益率介于上述两种极端情况之间，则它们形成的组合可以抵销部分可避免风险，但是不能完全抵销。从理论上讲，如果证券组合中证券的种类达到足够多的程度，则能分散掉绝大部分非系统风险，甚至可以使这种风险趋于零。同时，证券组合中各种证券的相关程度越小，证券组合对非系统风险的抵销能力就越强。

> **关键考点**
> 以选择题的方式考查非系统风险与系统风险的概念以及二者之间的区别。

▲二、证券组合风险分散原理

在证券组合的总风险分析中我们曾指出，随着组合中证券种类的增加，证券组合的风险将逐步降低，下面通过简单的数学推导来证明这一结论。

为了简化推导过程，我们做出如下假设：证券组合中有N种证券；每种证券的方差σ_i^2均相等，设为σ^2；每种证券的投资比例W_i均相等，为$\frac{1}{N}$；σ_{ij}表示组合中证券之间协方差的均值。将证券组合的方差公

式展开得

$$\sigma_p^2 = W_1^2\sigma_1^2 + W_2^2\sigma_2^2 + \cdots + W_N^2\sigma_N^2 + 2W_1W_2\text{Cov}_{1,2} + 2W_1W_2\text{Cov}_{1,3} + \cdots + 2W_NW_N\text{Cov}_{N,N-1}$$

式中方差项的数目为 N 项，协方差项的数目为 $N(N-1)$ 项。

将有关假设条件代入上述展开式中得

$$\sigma_p^2 = \frac{1}{N}\sigma^2 + (1 - \frac{1}{N})\overline{\text{Cov}_{ij}} \tag{14-13}$$

根据极限原理，当证券组合中证券的种类 N 趋于无穷大时，$\frac{1}{N}$ 趋于0，所以 $\frac{1}{N}\sigma^2$ 趋于零，从而 $(1 - \frac{1}{N})\overline{\text{Cov}_{ij}}$ 趋向于 $\overline{\text{Cov}_{ij}}$，证券组合的风险 σ_p^2 收敛于一个有限数即组合中证券之间协方差的均值 $\overline{\text{Cov}_{ij}}$。

上述推导过程说明，随着组合中证券种类的增加，单个证券的方差对组合的方差的影响越来越小，当证券种类很多时，可以忽略不计，而证券之间协方差对组合的方差的影响越来越大。这与我们在总风险的定性分析中得出的结论是一致的：单个证券的方差衡量的是非系统风险，它可以通过合理的组合被分散掉，使总风险的水平降低；证券之间的协方差衡量的是系统风险，它无法通过证券组合加以分散化。

※ 第四节 证券市场线

市场组合标准差的计算公式为

$$\sigma_M = \sqrt{\sum_{i=1}^{n}\sum_{j=1}^{n}X_{iM}X_{jM}\sigma_{ij}} \tag{14-17}$$

式中，X_{iM} 和 X_{jM} 分别表示证券 i 和 j 在市场组合中的比例，该式可以展开为

$$\sigma_M = \sqrt{X_{1M}\sum_{j=1}^{n}X_{jM}\sigma_{1j} + X_{2M}\sum_{j=1}^{n}X_{jM}\sigma_{2j} + X_{3M}\sum_{j=1}^{n}X_{jM}\sigma_{3j} + \cdots + X_{nM}\sum_{j=1}^{n}X_{jM}\sigma_{nj}} \tag{14-18}$$

根据协方差的性质可知，证券 i 与市场组合的协方差 (σ_{iM}) 等于证券 i 与市场组合中每种证券协方差的加权平均数，为

$$\sigma_{iM} = \sum_{j=1}^{n}X_{jM}\sigma_{ij} \tag{14-19}$$

如果我们把协方差的这个性质运用到市场组合中的每一个风险证券，并代入式(14-18)，可得

$$\sigma_M = \sqrt{X_{1M}\sigma_{1M} + X_{2M}\sigma_{2M} + X_{3M}\sigma_{3M} + \cdots + X_{nM}\sigma_{nM}} \tag{14-20}$$

式中，σ_{1M} 表示证券1与市场组合的协方差，σ_{2M} 表示证券2与市场组合的协方差，以此类推。式(14-20)表明，市场组合的标准差等于所有证券与市场组合协方差的加权平均数的平方根，其权数等于各种证券在市场组合中的比例。由此可见，在考虑市场组合风险时，重要的不是各种证券自身的整体风险，而是其与市场组合的协方差。也就是说，自身风险较低的证券，并不意味着其预期收益率较高；同样，自身风险较高的证券，也并不意味着其预期收益率较高。单个证券的预期收益率水平应取决于其与市场组合的协方差。

由此我们可以得出如下结论：具有较大的 σ_{iM} 值的证券必须按比例提供较大的预期收益率以吸引投资者。由于市场组合的预期收益率和标准差分别是各种证券预期收益和各种证券与市场组合的协方差(σ_{iM})的加权平均数，其权数均等于各种证券在市场组合中的比例，因此，如果某种证券的预期收益率相对于其 σ_{iM} 值太低的话，投资者只要把这种证券从其投资组合中剔除就可提高其投资组合的预期收益率，从而导致证券市场失衡。类似地，如果某种证券的预期收益率相对于其 σ_{iM} 值太高的话，投资者只要增持这种

证券就可提高其投资组合的预期收益率,从而导致证券市场失衡。在均衡状态下,单个证券风险和收益的关系可以表示为

$$\overline{R_i} = R_f + \left(\frac{\overline{R_M} - R_f}{\sigma_M^2}\right) \text{Cov}_{iM} \tag{14-21}$$

式(14-21)就是证券市场线(SML)的一般表达形式,其中$\overline{R_i}$、$\overline{R_M}$和R_f分别表示单个证券的预期收益率、市场组合预期收益率和无风险利率,σ_M^2表示市场组合的方差(风险),Cov_{iM}表示证券i与市场组合的协方差。证券市场线描述的是单个证券与市场组合的协方差和其预期收益率之间的均衡关系。由于预期收益率与证券价格成反比,因此证券市场线实际上也给出了风险资产的定价公式。

如果我们用$\overline{R_i}$作纵坐标,用Cov_{iM}作横坐标,则证券市场线在图形上就是一条截距为R_f、斜率为$\frac{\overline{R_M} - R_f}{\sigma_M^2}$的直线,如图14-7所示。

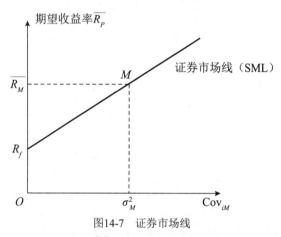

图14-7 证券市场线

[关键考点]
以选择题或计算题的方式考查证券市场线的相关计算,解题的基本依据是式(14-21)。

第五节 资本资产定价模型

※ 一、资本市场线

1. 分离定理

在相关假设的基础上,我们可以得出如下结论:
(1) 根据相同预期的假定,我们可以推导出每个投资者的切点处投资组合(最优投资组合)都是相同的,从而每个投资者的线性有效集都是相同的;
(2) 由于投资者风险-收益偏好不同,其无差异曲线的斜率不同,从而他们的最优投资组合也不同。

由此我们可以推导出著名的分离定理:投资者对风险和收益的偏好状况与该投资者风险投资组合的最优构成是无关的。

分离定理可以通过图14-8加以说明。如果同时考虑无风险借款和无风险贷款,那么投资者的有效边界将是连接无风险资产F和切点T的直线,如图14-8所示。因为与ES曲线段上的证券组合相比,FT直线上的组合更能满足有效组合的两个条件,即风险一定的条件下能提供最高的收益,并且收益一定的条件下

能提供最小的风险。

在允许无风险借贷时，投资者将如何确定他的最优证券组合呢？这同样取决于投资者对风险的不同态度。如果投资者的风险厌恶程度较高，他的无差异曲线I_1将与FT直线切于F点和T点之间的线段上，此时的证券组合P_1包括无风险贷款和风险证券的组合。如果投资者愿意冒风险，那么他将使用无风险借款，并将资金全部投资在风险资产上，他的无差异曲线I_2与有效边界相切于T点以上的FT直线上，此时的证券组合P_2仍包括无风险借款和风险证券组合。虽然P_1和P_2的位置不同，但它们都是由无风险资产(F)和相同的最优风险组合(T)组成的，因此它们的风险投资组合中各种风险资产的构成比例自然是相同的。

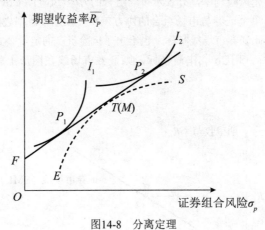

图14-8　分离定理

2. 市场组合

根据分离定理，我们可以得到另一个重要结论：在均衡状态下，每种证券在均衡点处投资组合都有一个非零的比例。

这是因为，根据分离定理，每个投资者都持有相同的最优风险组合(T)。如果某种证券在T组合中的比例为零，那么就意味着没有人购买该证券，从而该证券的价格就会下降，从而使该证券的预期收益率上升，一直到在最终的最优风险组合T中，该证券的比例为非零为止。

同样，如果投资者对某种证券的需求量超过其供给量，则该证券的价格将上升，导致其预期收益率下降，从而降低其吸引力，它在最优风险组合中的比例也将下降直至对其需求量等于其供给量为止。

因此，在均衡状态下，每一个投资者对每一种证券都愿意持有一定的数量，市场上各种证券的价格都处于使该证券的供求相等的水平上，无风险利率的水平也正好使得借入资金的总量等于贷出资金的总量。这样，在均衡时，最优风险组合中各种证券的构成比例等于市场组合中各证券的构成比例。这里所谓的市场组合是指由所有证券构成的组合：在该组合中，每一种证券的构成比例等于该证券的相对市值。一种证券的相对市值等于该种证券总市值除以所有证券的市值的总和。

习惯上，人们将图14-8切点处的组合叫作市场组合，并用M代替T来表示。从理论上讲，M不仅由普通股构成，还包括优先股、债券、房地产等其他资产。但在现实中，人们通常将M局限于普通股，如各种股票指数。以股票为例，在实际的投资活动中，既可以将道琼斯股票指数中所包含的全部股票作为一种市场投资组合，也可以将标准普尔股票指数中的500种股票作为一种投资组合。

3. 资本市场线

资本市场线是资本资产定价模型的两个重要组成部分之一。它描述了当资本市场处于均衡状态时，所有有效投资组合的收益与风险的关系。

根据资本资产定价模型的基本假定，投资者面对的资本市场的各种信息和各方面条件都是相同的，采用预测方法和预测水平也相同，从而投资者对风险资产的期望收益率、标准差，以及风险资产之间的相关性的认识也就必然一致。概括地讲，所有的投资者都是在相同的条件下按照马科维茨证券组合理论做出投资决策。因此，在资本市场允许无风险借贷的情况下，这些投资者对风险资产的投资只有唯一的选择，即选择由无风险资产发出的射线与马科维茨有效集相切的切点M作为风险投资的投资组合，如图14-9所示。基于以上分析，所有投资者都将风险投资资金投资于风险资产的最优组合上，该最优组合就相当于市场投资组合。

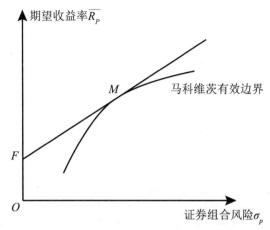

图14-9 无风险借贷下最优证券组合的选择

如果要反映资本市场收益与风险的关系，当然是基于市场投资组合与无风险投资组合所构成的新的投资组合，用其收益与风险的关系来描述。而且在资本资产定价模型中，因为风险资产的最优组合就是市场投资组合，所以市场投资组合与无风险投资组合结合在一起对资本市场收益与风险的关系进行反映，实际上可以由无风险投资组合结合在一起予以代替。基于以上分析过程，可以得到一个重要结论，即在资本资产模型的基本假设条件下，无风险借贷的有效集就是对资本市场收益与风险关系的反映，即资本市场线(CML)，如图14-10所示。

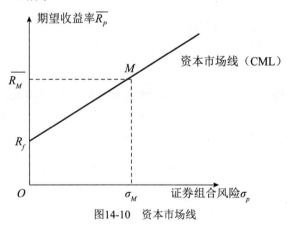

图14-10 资本市场线

由于资本市场线是一条直线，因而其表达式可写为

$$\overline{R_p} = a + b\sigma_p \tag{14-22}$$

式中，$\overline{R_p}$表示最优投资组合的预期收益率，σ_p表示最优投资组合的标准差。a和b是直线的两个常量系数，因知道直线上的两个点R_f和M的值，将其代入式(14-22)，即可求出常量系数a和b的值，具体过程如下：

将点R_f的值代入式(14-22)，有

$$R_f = a \tag{14-23}$$

式中，R_f表示无风险利率。

将点M的值代入式(14-22)，有

$$\overline{R_M} = a + b\sigma_M \tag{14-24}$$

式中，$\overline{R_M}$表示市场组合预期收益率，σ_M表示市场组合的标准差。

将式(14-23)代入式(14-24)中，有

$$b = \frac{\overline{R_M} - R_f}{\sigma_M} \tag{14-25}$$

将式(14-23)和式(14-25)中的a和b代入式(14-22)，求得资本市场线的一般表达式为

$$\overline{R_p} = R_f + \left(\frac{\overline{R_M} - R_f}{\sigma_M}\right)\sigma_p \tag{14-26}$$

从资本市场线的一般表达式(14-26)可以看出，证券市场的均衡可以用两个关键数字来表示：一是无风险利率(R_f)，二是单位风险报酬$\frac{\overline{R_M} - R_f}{\sigma_M}$，它们分别代表时间报酬和风险报酬。因此，从本质上说，证券市场提供了时间和风险进行交易的场所，其价格则由供求双方的力量来决定。资本市场线的实质就是在允许无风险借贷情况下的有效集。它反映了当市场达到均衡时，市场组合与无风险资产所形成的有效组合的收益与风险的关系。以下是一个关于资本市场线的实例。

从1926年至1982年的56年间，美国标准普尔300种股票的期望收益率为9.1%，标准差约为22%。如果以这段时间美国政府短期债券收益率3.0%作为无风险资产利率，将这些数值代入资本市场线的一般表达式(14-26)，即

$$\overline{R_p} = 3.0\% + \left(\frac{9.1\% - 3.0\%}{22\%}\right) \times \sigma_p = 3.0\% + 0.28\% \times \sigma_p$$

以上关系表明，在这段时期内，投资者投资于美国资本市场的时间报酬为每年3.0%，风险报酬为每年1%的标准差，获得0.28%的利率。

> **关键考点**
> 资本市场线的一般表达式(14-26)是一个非常重要的公式，在证券市场分析中具有较为广泛的应用。基于该公式，只要我们知道无风险利率、市场组合预期收益率、市场组合标准差和投资组合的标准差，就可以得出投资组合的预期收益率。

※ 二、β值与特征线

令$\beta_{iM} = \frac{Cov_{iM}}{\sigma_M^2}$，则根据证券市场线的一般表达形式(14-21)可以得到资本资产定价模型的一般表现形式，为

$$\overline{R_i} = R_f + (\overline{R_M} - R_f)\beta_{iM} \tag{14-27}$$

式中，β_{iM}称为证券i的β系数，它是表示证券i与市场组合协方差的另一种方式。任何一种证券(组合)的超额收益率与其β系数成正比，β系数反映的是该证券(组合)对市场风险的贡献程度，这里的市场风险即系统性风险而非个别风险。

证券市场线包括所有证券和所有组合，因此也一定包含市场组合和无风险资产。如图14-11所示，在

市场组合那一点，β值为1，预期收益率为$\overline{R_M}$，因此其坐标为$(1, \overline{R_M})$。在无风险资产那一点，β值为0，预期收益率为R_f，因此其坐标为$(0, R_f)$。

资本资产模型所揭示的投资收益与风险的关系，是通过投资者对持有证券数量的调整并引起证券价格的变化而达到的。根据每一证券的收益和风险特征，给定一证券组合，如果投资者愿意持有的某一证券的数量不等于已拥有的数量，投资者就会通过买进或卖出证券进行调整，并因此对这种证券价格产生涨或跌的压力。在得到一组新的价格后，投资者将重新估计对各种证券的需求，这一过程将持续到投资者对每一种证券愿意持有的数量等于已有的数量，证券市场达到均衡。

特征线是从对应于市场指数收益率R_M与证券收益率的散点图拟和而成的，β值可以看作特征线的斜率，它表示市场指数变动1%时，证券收益率的变动幅度。

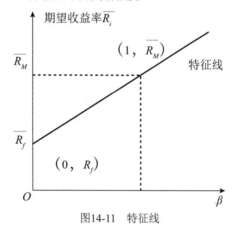

图14-11 特征线

> **关键考点**
> β值的概念及其计算是证券投资学部分的一个关键考点，该变量计算投资组合预期收益率的重要参数，应重点掌握。一般以选择题或计算题的形式加以考查。

三、罗尔(Roll)的批评

1977年，罗尔发表了一篇重要的论文，对CAPM的实证检验提出了严厉的批评。其主要观点可以概括为：

(1) CAPM只有一个可检验的假设，那就是市场组合是均值-方差有效的。

(2) 该模型的其他所有运用，包括最著名的预期收益率与β系数之间的线性关系都依赖于市场模型的效率，因此都不是单独可以检验的。市场组合的有效性是预期收益率与β系数之间线性关系的必要条件。

(3) 对于任何的样本期收益率观测值，运用样本期的收益率和协方差(而不是事前的预期收益率和协方差)都可以找到无数的事后均值-方差有效组合。运用任何这种组合与单个资产所计算出来的样本期β系数都会与样本平均收益率完全线性相关。这也就意味着，无论从事前的角度看真正的市场组合是否有效，这样计算出来的β系数都会满足证券市场线(SML)的关系。

(4) 除非我们知道真正市场组合的准确构成，并把它运用于实证检验，否则我们无法检验CAPM的对错。这意味着除非我们的样本包括所有资产，否则CAPM就无法检验。

(5) 运用标准普尔500等来代替市场组合会面临两大问题：首先，即使真正的市场组合不是有效的，替代物也可能是有效的；相反，如果我们发现替代物不是有效的，我们也不能据此认为真正的市场组合是无效的。其次，大多数替代物之间及其与真正的市场组合都会高度相关而不管他们是否有效，这就使市场组合的准确构成看来并不重要。然而，运用不同的替代物自然会有不同的结论，这就是基准误差，它指的是在检验时使用不正确的基准所导致的误差。

第六节 套利定价模型(APT)

▲ 一、因素模型

因素模型描述了一个收益发生过程,即证券回报率对各种因素变动具有一定的敏感度,如国民生产总值增长率、通货膨胀率等都会影响证券回报率。我们不妨从单因素模型开始。

1. 单因素模型

单因素模型将证券收益过程归结为一种影响因素,由于因素模型为一统计模型,故表达式为

$$\overline{R_i} = a_i + b_i F + \varepsilon_i \tag{14-28}$$

式中,$\overline{R_i}$为某个时期证券i的预期收益率,a_i为影响证券i的因素无变动时的证券预期增长率,F为因素价值,b_i为证券i对因素F的敏感度,ε_i为随机误差项,a_i、ε_i与公司持有风险相联系。

下面我们通过一个例子,来说明证券分析师们是如何获得一个因素模型的结构。假设证券分析师认为影响证券预期回报率的关键因素是国民生产总值(见表14-3)。

表14-3 因素模型数值

	GDP增长率(%)	某公司股票收益率(%)
1	5.5	14
2	6.0	17.5
3	7.2	19
4	5.0	12
5	6.6	17.6
6	3.2	11
7	3.0	9
8	4.1	15

以横轴表示预期国内生产总值增长率,纵轴表示该公司股票收益率,运用统计学简单的回归分析技术,可作一条直线,用统计方法综合这些数据,则可求得直线斜率为2,截距为4%,这表明国内生产总值增长率与该公司股票的回报率之间存在着一个正的相关关系。GDP增长1%将引起该公司股票收益率增长两倍,GDP零增长时,该公司股票会增长4%,由于某些随机因素,该公司股票个别收益率在不同年份将会有所区别。如在第8年,个别收益率为2.8%,可以写出如下公式。

1) 预期收益率

根据在前8年数据回归分析所得的方程,可以用于第9年的证券收益率预测,预测公式为

$$\overline{R_i} = 4\% + 2 \times GDP$$

如果第9年的GDP增长率为3.8%,则可以根据上述预测公式计算出该年证券收益率为4% + 2 × 3.8%=11.6%,而第9年的实际增长率为13%,则可得随机误差ε_9为1.4%,从而证券预期收益率的一般公式为$\overline{R_i} = a_i + b_i F$。

2) 方差

单因素模型表达了如何计算一个证券的预期收益率,那么证券面临的风险如何表示呢?为此我们须先假定随机误差项与因素不相关,同时,任何两种证券随机误差项不相关,则一种证券面临的风险可以由以下两部分组成,即因素风险和非因素风险组成,如下所示:

$\sigma_i^2 = b_i^2 \sigma_F^2 + \sigma_{\varepsilon i}^2$，其中$b_i^2 \sigma_F^2$反映了因素风险。

$G_{ij} = b_i b_j G_F^2$，只有两种受同样因素影响的证券才会有协方差。

进一步分析一个证券组合，其方差为

$$G_p^2 = b_p^2 \sigma_F^2 + \sigma_{\varepsilon p}^2$$

$$b_p = \sum_{i=1}^n x_i b_i$$

$$\sigma_{\varepsilon p}^2 = \sum_{i=1}^n x_i^2 \sigma_{\varepsilon i}^2$$

$\sigma_p^2 \sigma_F^2$代表了证券组合因素风险，而$\sigma_{\varepsilon p}^2$代表的是证券组合非因素风险。当投资分散化时，证券组合中包含了更多证券，对每一证券而言，x_i比例越来越少，除非有意识地加入非常高或非常低的b_i值证券，否则b_p不会显著增大或减少。因此，投资分散化导致因素风险平均化。同时非因素风险$\sigma_{\varepsilon p}^2$降低。由公式$\sigma_{\varepsilon p}^2 = \sum_{i=1}^n x_i^2 \sigma_{\varepsilon i}^2$可知，假设对每一种证券的投资数量相等，则可用方程表示为

$$\sigma_{\varepsilon p}^2 = \sum_{i=1}^n x_i^2 \sigma_{\varepsilon i}^2 = \frac{1}{N} \left[\frac{\sigma_{\varepsilon 1}^2 + \sigma_{\varepsilon 2}^2 + \cdots + \sigma_{\varepsilon n}^2}{N} \right] \tag{14-29}$$

式中方括号中的分式代表平均非因素风险，因此投资越分散，N值越大，从而非因素风险也就越小。

2. 多因素模型

单一因素模型仅是一个便于理解的简化模型。事实上，证券收益受到多种因素的影响，反映证券收益受多种因素影响的多因素模型表达式为

$$\overline{R_i} = a_i + b_{i1} F_1 + b_{i2} F_2 + \cdots + b_{ik} F_k + \varepsilon_{ik} \tag{14-30}$$

式中F_1，F_2，$\cdots$，F_n表示影响证券收益的若干因素价值。

在多因素模型中，若要预期证券收益率需要考虑K种因素，即

$$\sigma_i^2 = b_{i1}^2 \sigma_{i1}^2 + b_{i2}^2 b_{i2}^2 + \cdots + b_{ik}^2 \sigma_{ik}^2 + \sigma_{\varepsilon i}^2$$

$$\sigma_{ij} = b_{i1} b_{j1} \sigma_{F1}^2 + b_{i2} b_{j2} \sigma_{F2}^2 + \cdots + b_{ik} b_{jk} \sigma_{Fk}^2$$

因此，多因素模型与单因素模型具有一些相同的性质：

(1) 投资分散化导致因素风险平均化；
(2) 投资分散化大大减少了非因素风险；
(3) 对于处于良好投资分散化的证券组合，非因素风险将毫无意义。

多因素模型下投资组合收益率及风险为

$$\overline{R_p} = \sum_{i=1}^n x_i \overline{R_i} = \sum_{i=1}^n x_i [a_i + b_{i1} F_1 + b_{i2} F_2 + \cdots + b_{ik} F_k + \varepsilon_i]$$

$$= \sum_{i=1}^n x_i a_{ii} + \sum_{i=1}^n x_i b_{i1} F_1 + \cdots + \sum_{i=1}^n x_i \varepsilon_i$$

$$= a_p + b_{p1} F_1 + \cdots + b_{pk} F_k + \varepsilon_p \tag{14-31}$$

▲二、套利组合和无套利定价原理

严格意义上的套利是指在某项金融资产的交易过程中，交易者可以在不需要期初投资支出的条件下获取无风险报酬。根据套利定价理论，在不增加风险的情况下，投资者将利用组建套利组合的机会来增加其现有投资组合的预期收益率。根据上述关于套利的定义，套利组合应满足以下三个条件。

(1) 套利组合要求投资者不追加资金，即套利组合属于自融资组合。如果我们用 x_i 表示投资者持有证券 i 金额比例的变化(从而也代表证券 i 在套利组合中的权重，注意 x_i 可正可负)，则该条件可以表示为

$$x_1 + x_2 + x_3 + \cdots + x_n = 0 \tag{14-32}$$

(2) 套利组合对任何因素的敏感度为零，即套利组合没有因素风险。证券组合对某个因素的敏感度等于该组合中各证券对该因素敏感度的加权平均数，因此在单因素模型下该条件可表述为

$$b_1 x_1 + b_2 x_2 + b_3 x_3 + \cdots + b_n x_n = 0 \tag{14-33}$$

在双因素模型下，该条件可表述为

$$b_{11} x_1 + b_{12} x_2 + b_{13} x_3 + \cdots + b_{1n} x_n = 0$$
$$b_{21} x_1 + b_{22} x_2 + b_{23} x_3 + \cdots + b_{2n} x_n = 0 \tag{14-34}$$

在多因素模型下，该条件可表述为

$$b_{11} x_1 + b_{12} x_2 + b_{13} x_3 + \cdots + b_{1n} x_n = 0$$
$$b_{21} x_1 + b_{22} x_2 + b_{23} x_3 + \cdots + b_{2n} x_n = 0$$
$$\cdots \cdots$$
$$b_{k1} x_1 + b_{k2} x_2 + b_{k3} x_3 + \cdots + b_{kn} x_n = 0 \tag{14-35}$$

(3) 套利组合的预期收益率应大于零，即：

$$x_1 \overline{R_1} + x_2 \overline{R_2} + x_3 \overline{R_3} + \cdots + x_n \overline{R_n} > 0 \tag{14-36}$$

例如，某投资者拥有一个3种股票组成的投资组合，3种股票的市值均为500万元，投资组合的总价值为1 500万元。假定这3种股票均符合单因素模型，其预期收益率 $\overline{R_i}$ 分别为16%、20%和13%，其对该因素的敏感度(b_i)分别为0.9、3.1和1.9。那么，我们如何确定该投资者能否修改其投资组合，以便在不增加风险的情况下提高其预期收益率呢？其计算方法如下。

令3种股票市值的比重变化量分别为 x_1、x_2 和 x_3，根据式(14-32)和式(14-33)，我们有

$$\begin{cases} x_1 + x_2 + x_3 = 0 \\ 0.9 x_1 + 3.1 x_2 + 1.9 x_3 = 0 \end{cases}$$

上面的方程组由两个方程组成，却有三个变量，因而有多个解。只要我们知道 x_1、x_2 和 x_3 其中的一个值，即一种股票市值的比重变化量，就可以确定其他两种股票市值的比重变化量。令 $x_1 = 0.1$，则可解出 $x_2 = 0.083$，$x_3 = -0.183$。

为了检验这个解能否提高预期收益率，我们可以利用套利组合应满足的第三个条件，即式(14-36)，来加以验证。式(14-36)左边为

$$0.1 \times 0.16 + 0.083 \times 0.2 - 0.183 \times 0.13 = 0.008\ 81$$

由于0.008 81为正数，即上述套利组合的预期收益率大于零，从而该投资者可以通过买入 $0.1 \times 1\ 500$ 万元 = 150万元的第一种股票和 $0.083 \times 1\ 500$ = 124.5万元的第二种股票，同时卖出 $0.183 \times 1\ 500$ = 274.5万元的第三种股票。这样，根据套利定价模型，就能使投资组合的预期收益率提高0.881%。

无套利定价原理的基本内容是：在市场是有效率的前提下，如果某项金融资产的定价不合理，市场必然出现以对项资产进行套利活动的机会，市场价格必然由于套利行为而做出相应的调整，重新回到均

衡的状态，也就是说，人们的套利活动会促使该资产的价格趋向合理，并最终使套利机会消失。这就是无套利定价原理。根据这个原理，在有效的金融市场上，任何一项金融资产的定价，均应使得利用该项金融资产进行套利的机会不复存在。

> **关键考点**
> 以选择题的方式考查套利组合应满足的条件和无套利定价原理的含义。

▲ 三、套利定价模型

1. 单因素模型的定价公式

投资者套利活动的目标是使其套利组合预期收益率最大化，而套利组合的预期收益率 $\overline{R_p}$ 为

$$\overline{R_p} = x_1\overline{R_1} + x_2\overline{R_2} + \cdots + x_n\overline{R_n}$$

但套利活动要受到式(14-32)和式(14-33)两个条件的约束。根据拉格朗日定理，我们可以建立的函数为

$$L = (x_1\overline{R_1} + x_2\overline{R_2} + \cdots + x_n\overline{R_n}) - \lambda_0(x_1 + x_2 + \cdots + x_n) - \lambda_1(b_1x_1 + b_2x_2 + \cdots + b_nx_n)$$

L 取最大值的一阶条件是上式对 x_i 和 λ 的偏导数等于零，即

$$\frac{\partial L}{\partial x_1} = \overline{R_1} - \lambda_0 - \lambda_1 b_1 = 0$$

$$\frac{\partial L}{\partial x_2} = \overline{R_2} - \lambda_0 - \lambda_1 b_2 = 0$$

$$\cdots$$

$$\frac{\partial L}{\partial x_n} = \overline{R_n} - \lambda_0 - \lambda_1 b_n = 0$$

$$\frac{\partial L}{\partial \lambda_0} = x_1 + x_2 + \cdots + x_n = 0$$

$$\frac{\partial L}{\partial \lambda_1} = b_1x_1 + b_2x_2 + \cdots + b_nx_n$$

由此我们可以得到，在均衡状态下，$\overline{R_i}$ 和 b_i 的关系为

$$\overline{R_i} = \lambda_0 + \lambda_1 b_i \tag{14-37}$$

这就是单因素模型APT定价公式，其中 λ_0 和 λ_1 是常数。

该式可以用图14-12来表示。从该图可以看出，$\overline{R_i}$ 和 b_i 必须保持线性关系，否则投资者就可以通过套利活动来提高投资组合的预期收益率。通过该图，我们不难理解，任何偏离APT资产定价线的证券，其定价都是错误的，从而给投资者提供组建套利组合的机会。以B点所代表的证券为例，该点位于APT资产定价线的上方，意味其预期收益率较高，从而投资者可以通过卖出点S所表示的证券，同时买入相同金额的B证券，从而形成套利组合。由于买卖B和S证券的金额相同，因此满足套利组合的条件一；由于证券B和S的因素敏感度相等，同时买卖金额也相同，因而满足套利组合的条件二；由于证券B的预期收益率大于证券S的预期收益率，且两者在套利组合中的权数相等，因此满足套利组合的条件三。由于投资者买入证券B，其价格将不断上升，预期收益率将随之下降，直至回到APT资产定价线为止。此时，证券价格处于均衡状态。

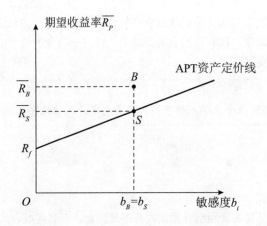

图14-12 APT资产定价线

那么，式(14-37)中的λ_0和λ_1的含义分别是什么呢？我们知道，无风险资产的收益率等于无风险利率，即$\overline{R_i} = r_f$。由于式(14-37)是用于包括无风险证券在内的所有证券，而无风险证券的因素敏感度$b_i = 0$，因此根据式(14-37)，我们有$\overline{R_i} = \lambda_0$。由此可见，式(14-37)中的$\lambda_0$一定等于$r_f$，因此式(14-37)可以改写为

$$\overline{R_i} = r_f + \lambda_1 b \tag{14-38}$$

为了进一步理解λ_1的含义，下面我们来考虑一个纯因素组合p^*，其敏感度等于1，即$b_{p^*} = 1$，代入式(14-38)，可以得到

$$\overline{R_{p^*}} = r_f + \lambda_1 \tag{14-39}$$

进而得到

$$\lambda_1 = \overline{R_{p^*}} - r_f \tag{14-40}$$

由此可见，λ_1代表因素风险报酬，即拥有单位因素敏感度的组合超过无风险利率部分的预期收益率。为表达方便，我们令$\delta_1 = \overline{R_{p^*}}$，即$\delta_1$表示单位因素敏感度组合的预期收益率，我们有

$$\overline{R_i} = r_f + (\delta_1 - r_f) b_i \tag{14-41}$$

2. 两因素模型的定价公式

用同样的方法我们可以求出两因素模型中的APT资本资产定价公式，为

$$\overline{R_i} = \lambda_0 + \lambda_1 b_{i1} + \lambda_2 b_{i2} \tag{14-42}$$

由于无风险证券的收益率为r_f，其对第一种和第二种因素的敏感度均为零，根据式(14-42)，其预期收益率一定为λ_0。由此可知，λ_0一定等于r_f，即

$$\overline{R_i} = r_f + \lambda_1 b_{i1} + \lambda_2 b_{i2} \tag{14-43}$$

为理解λ_1的含义，我们考虑一个充分多样化的组合，该组合对第一种因素的敏感度等于1，对第二种因素的敏感度等于0。该组合的预期收益率δ_1等于$r_f + \lambda_1$，因此，$\lambda_1 = \delta_1 - r_f$。这样，式(14-43)可以改写为

$$\overline{R_i} = r_f + (\delta_1 - r_f) b_{i1} + \lambda_2 b_{i2} \tag{14-44}$$

为理解λ_2的含义，我们考虑另一个充分多样化的组合，该组合对第一种因素的敏感度等于0，对第二种因素的敏感度等于1。该组合的预期收益率δ_2等于$r_f + \lambda_2$，因此，$\lambda_2 = \delta_2 - r_f$。这样，式(14-43)可以改写为

$$\overline{R_i} = r_f + (\delta_1 - r_f) b_{i1} + (\delta_2 - r_f) b_{i2} \tag{14-45}$$

3. 多因素模型的定价公式

同样道理，在多因素模型下，APT资产定价公式为

$$\overline{R_i} = \lambda_0 + \lambda_1 b_{i1} + \lambda_2 b_{i2} + \cdots + \lambda_k b_{ik} \tag{14-46}$$

如果我们用δ_j表示对第j种因素的敏感度为1，而对其他因素的敏感度为0的证券组合的预期收益率，即

$$\overline{R_i} = r_f + (\delta_1 - r_f) b_{i1} + (\delta_2 - r_f) b_{i2} + \cdots + (\delta_k - r_f) b_{ik} \tag{14-47}$$

式(14-47)说明，一种证券的预期收益率等于无风险利率加上k个因素的风险报酬。

> **关键考点**
>
> 以选择题的方式考查套利定价模型的定价公式(包括单因素模型、双因素模型和多因素模型的定价公式)。

第七节　无套利定价原理

※ 一、无套利定价原理的内容

金融市场上实施套利行为非常方便和快速，这种套利的便捷性也使得金融市场的套利机会的存在总是暂时的，因为一旦有套利机会，投资者就会很快实施套利而使得市场又回到无套利机会的均衡中，因此，无套利均衡被用于对金融产品进行定价。金融产品在市场的合理价格是这个价格使得市场不存在无风险套利机会，这就是无套利定价原理。

▲二、无套利定价原理的特征

无套利定价原理主要具有以下几方面的特征。

(1) 无套利定价原理首先要求套利活动在无风险的状态下进行。当然，在实际的交易活动中，纯粹零风险的套利活动比较罕见。因此实际的交易者在套利时往往不要求零风险，所以实际的套利活动有相当大一部分是风险套利。

(2) 无套利定价的关键技术是所谓的"复制"技术，即用一组证券来复制另外一组证券。复制技术的要点是使复制组合的现金流特征与被复制组合的现金流特征完全一致，复制组合的多头(空头)与被复制组合的空头(多头)互相之间应该完全实现头寸对冲。由此得出的推论是，如果有两个金融工具的现金流相同，但其贴现率不一样，它们的市场价格必定不同。这时通过对价格高者做空头、对价格低者做多头，就能够实现套利的目标。套利活动推动市场走向均衡，并使两者的收益率相等。因此，在金融市场上，获取相同资产的资金成本一定相等。产生完全相同现金流的两项资产被认为完全相同，因而它们之间可以互相复制。而可以互相复制的资产在市场上交易时必定有相同的价格，否则就会发生套利活动。

(3) 无风险的套利活动从即时现金流看是零投资组合，即开始时套利者不需要任何资金的投入，在投资期间也没有任何的维持成本。在没有卖空限制的情况下，套利者的零投资组合不管未来发生什么情况，该组合的净现金流都大于零。我们把这样的组合叫作"无风险套利组合"。从理论上说，当金融市场出现无风险套利机会时，每一个交易者都可以构筑无穷大的无风险套利组合来赚取无穷大的利润。这种巨大的套利头寸成为推动市场价格变化的力量，迅速消除套利机会。所以，理论上只需要少数套利者(甚至一位套利者)，就可以使金融市场上失衡的资产价格迅速回归均衡状态。

三、无套利机会存在的等价条件

无套利机会存在的等价条件主要包括以下几个方面。

(1) 存在两个不同的资产组合，它们的未来损益(payoff)相同，但它们的成本却不同；在这里，可以简单地把损益理解成现金流。如果现金流是确定的，则相同的损益指相同的现金流。如果现金流是不确定的，即未来存在多种可能性(或者说存在多种状态)，则相同的损益指在相同状态下现金流是一样的。

(2) 存在两个相同成本的资产组合，但是第一个组合在所有的可能状态下的损益都不低于第二个组合，而且至少存在一种状态，在此状态下第一个组合的损益要大于第二个组合的损益。

(3) 一个组合的构建成本为零，但在所有可能状态下，这个组合的损益都不小于零，而且至少存在一种状态，在此状态下这个组合的损益要大于零。

第十四章　风险与收益

真题精选精析

一、选择题

1.【清华大学2017】算术平均收益率和几何平均收益率的差值(　　)。
   A. 随每年收益率波动增大而增大　　　　B. 随每年收益率波动增大而减小
   C. 恒为负值　　　　　　　　　　　　　D. 0

2.【清华大学2016】投资者效用函数$U=E(r)-A\sigma^2$，在这个效用函数里A表示(　　)。
   A. 投资者的收益要求　　　　　　　　　B. 投资者对风险的厌恶
   C. 资产组合的确定等价利率　　　　　　D. 对每A单位风险有1单位收益的偏好

3.【上海财经大学2018】考虑一个无风险资产和风险资产的组合，无风险资产的权重为x，风险资产权重为$1-x$，x的取值为(　　)。
   A. [0，1]　　　　B. [-1，0]　　　　C. [-1，1]　　　　D. 以上皆不正确

4.【对外经济贸易大学2015】以下关于资本市场线CML和证券市场线SML的表述中，错误的是(　　)。
   A. 在SML上方的点是被低估的资产
   B. 投资者应该为承担系统性风险而获得补偿
   C. CML能为均衡时的任意证券或组合定价
   D. 市场组合应该包括经济中所有的风险资产

5.【清华大学2019】证券市场线的斜率为(　　)。
   A. 无风险收益率　　B. 市场超额收益率　　C. 1　　　　　　D. 贝塔系数

6.【上海财经大学2016】某基金的平均收益率为14%，基金的平均无风险利率为4%，基金的标准差为0.05，基金的系统风险为0.9，那么该基金的夏普指数为(　　)。
   A. 1.8　　　　　　B. 2.5　　　　　　C. 3.4　　　　　　D. 2.0

7.【华东师范大学2018】一对股票A和股票B，A的期望收益率为0.12，β系数为1.2，B的期望收益率为0.14，β系数为1.5，无风险收益率为0.05，市场期望收益率为0.09，应该投资的股票及原因是(　　)。
   A. 股票A，因为A的超额收益率2.2%大于股票B的超额收益率1.8%
   B. 股票B，因为B的超额收益率2.2%大于股票A的超额收益率1.8%

C. 股票A，因为A的超额收益率5%大于股票B的超额收益率3.8%

D. 股票B，因为B的超额收益率5%大于股票A的超额收益率3.8%

8.【华东师范大学2018】下列金融市场风险中通常不属于系统性风险的是(　　)。

A. 经营风险　　　　B. 政策风险　　　　C. 利率风险　　　　D. 市场风险

9.【清华大学2017】考虑有两个因素的多因素APT模型。股票A的期望收益率为16.4%，对因素1的贝塔值为1.4，对因素2的贝塔值为0.8。因素1的风险溢价为3%，无风险利率为6%。如果无套利机会，因素2的风险溢价为(　　)。

A. 2%　　　　　　B. 3%　　　　　　C. 4%　　　　　　D. 7.75%

二、简答题

【对外经济贸易大学2017】套利定价理论与资本资产定价理论的最重要区别有哪些？

三、计算题

1.【复旦大学2016】某公司进口美国电脑，成本100美元/台，30天后付款，当前汇率1美元等于6.5元人民币(E=6.5)，公司每台可得利润50美元。

(1) 若30天后即期汇率为一美元等于6元人民币(E=6)，试计算公司利润。若30天后即期汇率为1美元等于7元人民币(E=7)，试计算公司利润。

(2) 若单位利润带来的效用为$U=\sqrt{\pi}$，预计一个月后的汇率有50%的概率为6，50%的概率为7，远期协议约定汇率为6.7，不考虑远期的交易成本，问是否应该进行远期交易。

2.【复旦大学2018】假定你正在考虑投资某股票，该股票的永续红利为6元/股。根据你的调查，股票的β系数为0.9，当前的无风险收益率为4.3%，市场期望收益率是13%。

(1) 如果选择用CAPM模型进行估计，计算你对该股票的期望收益率是多少。

(2) 根据期望收益率，你愿意为该股票支付多少钱？

(3) 假设你的调查出了错误，该股票的实际β系数为1.3，则如果你以(2)中的价格购买该股票，则你是高估其价格还是低估其价格？

3.【中山大学2015】假设股票A和B的一年期收益率遵从下述指数模型：

$$r_A = 2\% + 0.5 r_M + e_A$$

$$r_B = -2\% + 2.0 r_M + e_B$$

投资者甲预测r_M=20%，标准差e_A=30%，e_B=10%，$E(r_M)$=8%。

拥有10万元人民币预算的甲计划做一年期的投资，并打算按照1:1的比例将部分资金投资于A、B股票(风险资产组合)，其余资金购买年利率为5%的国库券(无风险资产)。

(1) 计算甲的风险资产组合的均值与方差。

(2) 最优投资策略在风险资产组合和无风险资产之间选取。假设甲的效用函数为$E(r_P)-2.5\sigma^2(r_P)$，计算甲在风险资产组合上的最优投资比例。

(3) 甲的最优投资组合的系统风险和非系统风险各为多少？

第十五章 资本成本

第一节 资本成本概述

资本成本是财务管理的一个非常重要的概念。资本成本概念之所以重要，有两个原因：一是公司要达到股东财富最大化，必须使所有的投入成本最小化，其中包括资本成本的最小化，所以正确估计和合理降低资本成本是制订融资决策的基础。二是公司为了增加股东财富，只能投资于投资回报率高于其资本成本率的项目，正确估计项目的资本成本是制订投资决策的基础。

▲一、资本成本的概念

一般来讲，资本成本是指投资资本的机会成本。这种成本不是实际支付的成本，而是一种失去的收益，是将资本用于本项目所放弃的其他投资机会的收益，因此被称为机会成本。例如，投资者投资于一个公司的目的是取得投资回报，他是否愿意投资于特定企业要看该公司能否提供更多的回报。为此，他需要比较该公司的期望回报率与其他等风险投资机会的期望回报率。如果该公司的期望回报率高于所有的其他投资机会，他就会投资于该公司。他放弃的其他投资机会的收益就是投资于该公司的成本。投资者要求的最低回报率，是他放弃的其他投资机会中回报率最高的一个。因此，资本成本也称为最低期望回报率或最低可接受回报率。

资本成本的概念包括两个方面：一方面，资本成本与公司的融资活动有关，它是公司筹集和使用资本的成本，即融资成本；另一方面，资本成本与公司的投资活动有关，它是投资所要求的最低回报率。这两个方面既有联系，也有区别。为了加以区分，我们称前者为公司的资本成本，后者为投资项目的资本成本。

1. 公司的资本成本

公司的资本成本，是指组成公司资本结构的各种资金来源的成本的组合，也就是各种资本要素成本的加权平均数。

理解公司资本成本，需要注意以下问题。

1) 资本成本是公司取得资本使用权的代价

在债券和股票估价中，我们是从投资者的角度评价证券的回报和风险。现在我们换一个角度，从融资者(公司)的角度看，投资者从证券上所取得的回报就是证券公司发行的成本。债权投资者的收益就是融资公司的债务成本，权益投资者的回报率就是融资公司的权益成本。任何交易都至少有两方，一方的所得就是另一方所失，一方的收益就是另一方的成本。所以，投资者的税前回报率等于公司的税前资本成本。

2) 资本成本是公司投资者要求的最低回报率

资本成本是公司投资者要求的最低回报率。如果公司的投资回报率超过投资者的要求，其收益大于股东的要求，必然会引起新的投资者购买该公司股票，股价就会相应上升，现有股东的财富就会增加。如果情况相反，有些股东会出售股票，股价就会下跌，股东的财富就会减少。因此，公司的资本成本是其投资的最低回报率，或者说是维持公司股价不变的回报率。

3) 资本来源不同，其资本成本也不同

公司可能有不止一种资本来源，普通股、优先股和债务是常见的三种来源。每一种资本来源被称为一种资本要素。每一种资本要素要求的回报率被称为要素成本。每一种要素的投资人都希望在投资上取得回报,但由于风险不同,每一种资本要素的回报率各不相同。公司的资本成本是构成企业资本结构中各种资金来源成本的组合,即各要素成本的加权平均值。

债权人要求的回报率通常比较容易观察。无论是取得银行贷款,还是发行公司债券,都要事先规定利率。这些规定的利率可以代表投资者的要求,也就是债务的成本。当然,因为不同债务的风险不同,不同公司的债务成本不同,不同借款期限的债务成本也不同,但总是有明确规定的。

股东要求的回报率不容易观察。我们知道,权益投资者得到的回报不是合同规定的。他们的回报来自股利和股价上升两个方面。公司没有义务必须支付某一特定水平的股利,分配多少股利要看将来的经营状况和财务状况。股票价格有时上升,有时下降,会经常变化,因此,股价上升的收益也是不确定的。此外,股东的股利请求权排在债权人的利息之后,只有满足了债权人的要求之后,才可以分配股利。基于以上原因,股权投资的风险比债券投资的风险大。相应地,公司应为股东支付更高的回报。公司为了获得权益资本,必须使权益投资人相信该权益投资的回报率至少可以与他们放弃的等风险最佳投资机会的回报率一样。权益投资者要求的回报率,是一种事前的期望回报率,而不是已经获得或实际获得的回报率。实际回报率与期望回报率不同,它可能高于或低于原来的期望。公司对于期望回报率是否能够实现,并不做任何保证。权益投资者根据公司的现状和前景的有关信息,对可能获得的期望水平做出判断,以决定是否应该投资。

4) 公司不同,其融资成本也不同

公司资本成本的高低,主要取决于三个因素。①无风险回报率,即无风险投资所要求的回报率。典型的无风险投资的例子是政府债券(如美国国债)投资。②经营风险溢价,即由于公司未来的前景的不确定性导致的要求投资回报率增加的部分。一些公司的经营风险比另一些公司高,投资人对其要求的回报率也会相应增加。③财务风险溢价,即高财务杠杆产生的风险。公司的负债率越高,普通股收益的变动性越大,股东要求的回报率也就越高。

由于公司所经营的业务不同(经营风险不同)、资本结构不同(财务风险不同),因此,各公司的资本成本不同。公司的经营风险和财务风险大,投资人要求的回报率就会较高,公司的资本成本也就较高。

2. 投资项目的资本成本

投资项目的资本成本是指项目本身所需投资资本的机会成本。

理解项目资本成本的含义,需要注意两个问题。

1) 区分公司资本成本和项目资本成本

必须注意区分公司资本成本和项目资本成本。公司资本成本是投资者针对整个公司要求的回报率,或者说是投资者对企业全部资产要求的最低回报率。项目资本成本是公司投资于资本支出项目所要求的最低回报率。

2) 每个项目有自己的机会资本成本

因为不同投资项目的风险不同,所以它们要求的最低回报率不同。风险高的投资项目要求的回报率较高,风险低的投资项目要求的回报率较低。作为投资项目的资本成本即项目的最低回报率,其高低主要取决于资金运用于什么样的项目,而不是从哪些来源融资。

如果公司新的投资项目的风险与企业现有资产的平均风险相同,则项目资本成本等于公司资本成本;如果新的投资项目的风险高于企业现有资产的平均风险,则项目成本高于公司资本成本;如果新的投资项目的风险低于企业现有资产的平均风险,则项目资本成本低于公司的资本成本。因此,每个项目都有自己的资本成本,它是项目风险的函数。

二、资本成本的用途

公司的资本成本主要用于投资决策、融资决策、营运资本管理、评估企业价值和业绩评价。

1. 用于投资决策

当投资项目与公司现存业务相同时,公司资本成本是合适的贴现率。当然,在确定一个项目风险恰好等于现有资产平均风险时,需要审慎地判断。

如果投资项目与现有资产平均风险不同,则公司资本成本不能作为项目现金流的贴现率。不过,公司资本成本仍具有重要价值,它提供了一个调整基础。根据项目风险与公司风险的差别,适当调增或调减可以估计项目的资本成本。评估投资项目最普遍的方法是净现值法和内部回报率法。

2. 用于融资决策

融资决策的核心问题是决定资本结构。最优资本结构是使股票价格最大化的资本结构。由于估计资本结构对股票价格的影响非常困难,通常的办法是假设资本结构不改变企业的现金流,那么能使公司价值最大化的资本结构就是加权平均资本成本最小化的资本结构。预测资本结构变化对平均资本成本的影响,比预测其对股票价格的影响要容易。因此,加权平均资本成本可以指导资本结构决策。

3. 用于营运资本管理

公司各类资产的收益、风险和流动性不同,营运资本投资和长期资产投资的风险不同,其资本成本也不同。可以把各类流动资产投资看成是不同的"投资项目",它们也有不同的资本成本。

在管理营运资本方面,资本成本可以用来评估营运资本投资政策和营运资本融资政策。例如,用于流动资产的资本成本提高时,应适当减少运营资本投资额,并采用相对激进的融资政策。决定存货的采购批量和储存量、制定销售信用政策和决定是否赊购等,都需要使用资本成本作为重要依据。

4. 用于企业价值评估

在现实中,经常会碰到需要评估一个企业的价值的情况,如企业并购、重组等。在制定公司战略时,需要知道每种战略选择对企业价值的影响,也会涉及企业价值评估。评估企业价值主要采用现金流贴现法,需要使用公司资本成本作为公司现金流的贴现率。

5. 用于业绩评价

资本成本是投资者要求的回报率,与公司实际的投资回报率进行比较可以评价公司的业绩。日渐兴起的以价值为基础的业绩评价,其核心思想是经济增加值。计算经济增加值需要使用公司资本成本。公司资本成本与资本市场相关,所以经济增加值可以把业绩评价和资本市场联系在一起。

总之,资本成本是连接投资和融资的纽带,具有广泛的用途。首先,融资决策决定了一个公司的加权平均资本成本;其次,加权平均资本成本又成为投资决策的依据,既是平均风险项目要求的最低回报率,也是其他风险项目资本成本的调整基础;再次,投资决策决定了公司所需资金的数额和时间,成为融资决策的依据;最后,投资于高于现有资产平均风险的项目,会增加公司的风险并提高公司的资本成本。为了实现股东财富最大化的目标,企业在融资活动中寻求资本成本最小化,与此同时,投资于回报高于资本成本的项目并力求净现值最大化。

▲三、影响资本成本的因素

在市场经济环境中,多方面因素的综合作用决定着企业资本成本的高低,其中主要有利率、市场风险溢价、税率、资本结构、股利政策和投资政策。这些因素发生变化时,就需要调整资本成本。

1. 外部因素

1) 利率

市场利率上升,公司的债务成本会上升,因为投资者的机会成本增加了,公司融资时必须付给债权人更多的回报。根据资本资产定价模型,利率上升也会引起普通股和优先股的成本上升。个别公司无法改变利率,只能被动接受。资本成本上升,投资的价值会降低,抑制公司的投资。利率下降,公司资本成本也会下降,会刺激公司投资。

2) 市场风险溢价

市场风险溢价由资本市场上的供求双方决定，个别公司无法控制。根据资本资产定价模型可以看出，市场风险溢价会影响股权成本。股权成本上升时，各公司会增加债务融资，并推动债务成本上升。

3) 税率

税率是财政政策，个别公司无法控制。税率变化直接影响税后债务成本以及公司加权平均资本成本。此外，资本性收益的税务政策发生变化，会影响人们对于权益投资和债务投资的选择，并间接影响公司的最佳资本结构。

2. 内部因素

1) 资本结构

在计算加权平均资本成本时，我们假定公司的目标资本结构已经确定。企业改变资本结构时，资本成本会随之改变。增加债务的比重，会使平均资本成本趋于降低，同时会加大公司的财务风险。财务风险的提高，又会引起债务成本和权益成本上升。因此，公司应适度负债，寻求资本成本最小化的资本结构。

2) 股利政策

股利政策影响净利润中分配给股东的比例。根据股利贴现模型，它是决定权益成本的因素之一。公司改变股利政策，就会引起权益成本的变化。

3) 投资政策

公司的资本反映现有资产的平均风险。如果公司向高于现有资产风险的新项目大量投资，公司资产的平均风险就会提高，并使资本成本上升。因此，公司投资政策发生变化时资本成本就会发生变化。

第二节 权益成本

权益成本可分为优先股成本、留存收益成本和普通股成本三种。股东的收益是企业税后净利润中的一部分，因此，权益资本的使用不能使企业享有税赋减低的好处，但股东的收益视企业或分红政策的情况，可能获取相等丰厚的回报。对于一个全部使用权益资本的企业来说，评估企业所需要的折现率应为权益成本(cost of equity)。

※一、优先股成本

优先股既具有债务的特性，又具有普通股的特性，也就是说既具有债务固定收益的特性，又具有普通股股票无限期、不可赎回的特性。所以，我们可以将优先股视作永续年金，根据永续年金的计算公式得出优先股成本K_p，其计算公式为

$$K_p = \frac{D}{P_0} \tag{15-1}$$

式中，D为固定股利，P_0为股票当前价格。

※二、留存收益成本(cost of retained earnings，K_s)

留存收益是企业历年未作分配的净利润的累积所形成的，其所有权归股东所有，是股东留存于企业可用于企业再投资的资金。

当一个企业产生净利润后，对净利润的处理有两种选择：一是作为红利全部分配给股东，二是留在企业(部分或全部)进行再投资而将未来的现金作为红利分配给股东。那么股东更倾向于哪种方案？如果

股东能够将所分得的红利购买与企业再投资项目风险相同的金融资产(股票或债券),这位股东一定希望获得比企业投资项目更高的回报。换言之,企业使用留存收益不是免费的,要满足股东对未来回报的要求,只有当企业进行投资的项目,其预期回报率不低于风险相同的金融资产时,股东才愿意将部分或全部净利润留存在企业。

从公司的角度而言,股东的预期回报率就是企业的权益成本。如果我们使用资本资产定价模型(CAPM)计算回报率的话,股东的预期回报率应为

$$K_s = R_f + (\overline{R_M} - R_f)\beta_{iM} \tag{15-2}$$

【例1】假设某公司的资本完全是权益成本,它的β系数为1.21,进一步假设市场风险溢价为9.2%,无风险资产收益率为5%。现该公司正在考虑几个资本预算项目,这些项目的性质与目前公司业务类似,所以假设这些新项目的β系数与目前相同。求该公司的留存收益成本。

【解】该公司的留存收益成本 K_s = 5% + 1.21 × 9.2% = 16.13%。

除了资本资产定价模型(CAPM)外,我们还可以利用股利贴现模型(dividend discount model, DDM)计算留存收益成本。

DDM是建立在股票红利有固定增长率的假设基础上的模型,其计算公式为

$$K_s = \frac{D_1}{P_0} + g \tag{15-3}$$

式中,D_1为第一年末股利,P_0为股票当前价格,g为企业年固定红利增长率。

【例2】假设某公司股票当前价格为30美元,股利年增长率为10%,年初发放股利2美元。该公司留存收益成本为多少?

【解】留存收益成本 $K_s = \frac{2 \times (1+10\%)}{30} + 10\% = 17.33\%$。

三、普通股成本

普通股成本的计算方法同留存收益成本的计算方法。

第三节 债务成本

债务成本(cost of debt)包括长期借款成本和长期债券成本两种。债务成本中的用资费用是以利息形式存在的。我们知道,利息作为费用可以税前列支,从而抵扣利息这一部分的利得税,税后成本才是企业实际发生的成本。所以,在测算债务成本时要考虑所得税因素。

※一、长期借款成本

对于定期付息、到期一次还本的长期借款来说,长期借款成本的计算公式为

$$K_L = \frac{I_L(1-T)}{L(1-F_L)} \tag{15-4}$$

式中,K_L为长期借款成本,I_L为长期借款年利息,T为所得税率,L为筹资额(即借款本金),F_L为长期借款一次性支出的筹集费用。

【例3】某公司在银行贷到一笔8年期长期借款,金额为1 000万美元,手续费率为0.2%,年利率为6%,每年结息一次,到期一次还本。公司所得税率为33%。求这笔长期借款的资本成本。

【解】该笔长期借款的资本成本为

$$K_L = \frac{1\,000 \times 6\% \times (1-33\%)}{1\,000 \times (1-0.2\%)} = 4.03\%$$

如果每半年结息一次,其他条件不变,该笔长期借款的资本成本有何变化?这一变化就在于因为结息次数的增加而使实际利率提高了。我们看这时的实际利率变成多少。

$$年实际利率 = \left(1 + \frac{6\%}{2}\right)^2 - 1 = 6.09\%$$

如果是每季度结息一次呢?每月结息又怎样呢?

$$年实际利率 = \left(1 + \frac{i}{m}\right)^m - 1 \tag{15-5}$$

式中,m为每年结息次数。

所以,在上例中,若每半年结息一次,其他条件不变,借款成本为

$$K_L = \frac{1\,000 \times 6.09\% \times (1-33\%)}{1\,000 \times (1-0.2\%)} = 4.09\%$$

上述方法只是对资本成本的粗略估算,因为它没有考虑到货币的时间价值而使得结果不精确。精确的计算应该使用现金折现的方法得出税前资本成本,然后再得出税后资本成本。如果仍然是到期一次还本这种方式,那么计算资本成本的公式为

$$L(1-F_L) = \sum_{t=1}^{n} \frac{I_t}{(1+K)^t} + \frac{P}{(1+K)^n} \tag{15-6}$$

$$K_L = K(1-T) \tag{15-7}$$

式中,P为到期偿还的本金,K为税前资本成本。

式(15-6)左边是实际借款额,因为是在今天收到的现金流,所以不需要折现。式(15-6)右边的第一项为借款期内各期支付的利息现值之和,第二项是到期时偿还本金的现值。这一等式表明一笔长期借款的税前资本成本使得现金流入现值等于现金流出现值。

得出税前资本成本后,利用式(15-7)计算税后资本成本。

【例4】仍使用例3中的数据,在考虑货币时间价值的条件下,到期一次还本,计算该笔长期借款的资本成本是多少?

【解】 $$1\,000 \times (1 - 0.2\%) = \sum_{t=1}^{8} \frac{100 \times 6\%}{(1+K)^t} + \frac{1\,000}{(1+K)^8}$$

通过财务计算器或Excel软件,可以计算得出$K = 6.03\%$。

6.03%是税前的资本成本,使用式(15-7),计算出税后资本成本 = 4.04%。

在现实世界中,长期借款特别是银行长期借款本金的偿还方式往往是在借款期限内分次偿还的,尤其对于那些金额较大的借款。在这种情况下,只需对式(15-6)做一些调整,仍然可用该式计算资本成本,调整后的公式为

$$L(1-F_L) = \sum_{t=1}^{n} \frac{I_t}{(1+K)^t} + \sum_{m=1}^{n} \frac{P}{(1+K)^m} \tag{15-8}$$

【例5】例3中,如果其他条件不变,本金从第三年开始等额偿还,求资本成本。

【解】 $$1\,000 \times (1 - 0.2\%) = \sum_{t=1}^{8} \frac{100 \times 6\%}{(1+K)^t} + \sum_{m=1}^{6} \frac{100 \times 6\%}{(1+K)^m} \times \frac{1\,000}{(1+K)^5}$$

计算得出$K = 7.17\%$。根据式(15-7),税后资本成本 = 4.8%。

在计算公式当中,注意第二项m为本金偿还次数,假定每年末还款,分6次偿还,因假定以等额还款方式偿还,故每次还款额为 1 000 / 6 = 166.67。又因为6次还款额折现到第三年末,要得到其现值,还需

乘以一个折现系数。

※二、长期债券成本

长期债券是发行公司承诺支付利息和偿还本金的一种有价证券，分公开发行和私募发行两种。另外，债券设有面值(最初的会计价值)，而债券的买卖双方在交易时决定债券的市场价值，市场价值不一定等于面值，因此就形成了折价、平价和溢价发行。所以债券的资本成本的计算与长期借款有所不同。另外一个不同点是债券的筹资费用比长期借款的筹资费用要高。二者相同的是利息都可税前抵扣，从而减免利息部分的所得税。

按一次还本、分期付息的方式，长期债券资本成本的计算公式为

$$K_B = \frac{I_B(1-T)}{B(1-F_B)} \tag{15-9}$$

式中，K_B 为债券资本成本，I_B 为债券票面利率，B 为按发行价格确定的债券筹资额，T 为所得税率，F_B 为筹资费用率。

【例6】 假定某公司发行面额为1 000美元，5 000张10年期债券，票面利率为10%，每年付息一次。以面额发售，发行费用率为5%，公司所得税率为33%。债券的资本成本是多少？

【解】 $K_B = \dfrac{5\,000 \times 1\,000 \times 10\% \times (1-33\%)}{5\,000 \times 1\,000 \times (1-5\%)} = 7.05\%$

但如果该债券是以折价或溢价发行的话，式(15-9)中 B 就以发行价格计算，而利息的支付按票面价格计算。

【例7】 假如该公司发行的例6中的债券是以溢价100美元发行的，其他条件不变，这时的资本成本是多少？

【解】 $K_B = \dfrac{5\,000 \times 1\,000 \times 10\% \times (1-33\%)}{5\,000 \times 1\,100 \times (1-5\%)} = 6.41\%$

与长期借款成本的计算一样，若忽略货币的时间价值这一因素，计算会比较简便，但不精确；若要精确地计算结果就需要考虑现金的支出现值和现金的收入现值，使其二者相同的折现率即为其资本成本。公式为

$$B(1-F_B) = \sum_{t=1}^{n} \frac{I_t}{(1+K)^t} + \frac{P}{(1+K)^m} \tag{15-10}$$

$$K_B = K(1-T) \tag{15-11}$$

【例8】 沿用例6的数据，计算该债券的成本。

【解】 $5\,000 \times 1\,000 \times (1-5\%) = \sum_{t=1}^{10} \dfrac{5\,000 \times 1\,000 \times 10\%}{(1+K)^t} + \dfrac{5\,000 \times 1\,000}{(1+K)^{10}}$

解得 $K = 11\%$，$K_B = 11\% \times (1-33\%) = 7.37\%$。

如果债券溢价或折价发行，那么式(15-10)左边的现金流入按实际发行价格计算。

※第四节 加权平均资本成本

对于既有债务资本又有权益资本的企业来说，它的资本成本需要考虑这两方面资金来源的成本，这一方式称为加权资本成本(weighted average cost of capital, WACC)法，是以各种资本占全部资本的比重为权数，对个别资本成本进行加权平均确定的。其计算公式为

$$r_{WACC} = \frac{S}{S+B} \times r_s + \frac{B}{S+B} \times r_B \times (1-T_c) \tag{15-12}$$

式中，S为权益资本总额，B为债务资本总额，$S+B$为公司资本总额，r_s为权益资本成本，r_B为债务资本成本。

公式当中的权数分别是权益资本占资本总额的比重$\frac{S}{S+B}$和债务资本占资本总额的比重$\frac{S}{S+B}$。

当然，债务的利息可以有所得税的减免，所以应该考虑税后债务成本，即：

$$税后资本成本 = r_B \times (1-T_c) \tag{15-13}$$

第五节 资本成本的调整

对任何一个投资者来说，在承担风险的同时都希望获取与风险程度相应的回报。从企业角度来考察，在资本预算中，当收益率大于贴现率时，才能增加企业的价值。而贴现率正是我们这里要讨论的、依据项目风险大小调整的资本成本，资本成本是投资者对企业所要求的必要报酬率。资本成本往往被称为"门槛利率(hurdle rate)"。只有当企业在投资项目上获得的收益率高于资本成本时，才能接受项目。

"门槛利率"所反映的应该是项目风险而不是公司的整体风险。一个公司可能有涉及不同领域的多个项目，每个项目的风险都不尽相同。如何根据具体项目的风险来调整资本成本？CAPM为我们提供了一个简便的方法。

▲一、β值的估算

β值反映的是某项资产收益的变动对市场变动的敏感程度。在数学上表达为某只股票的收益率与市场平均收益率的协方差与市场平均收益率方差的比值。用公式表示为

$$\beta_{iM} = \frac{\text{Cov}_{iM}}{\sigma_M^2} \tag{15-14}$$

【例9】假设已知通用工具公司4年的股票的收益率和市场平均收益率，如表15-1所示，试计算β值。

表15-1 通用工具公司股票的收益率和市场平均收益率

年份	公司的股票收益率	市场平均收益率
1	−10%	−40%
2	3%	−30%
3	20%	10%
4	15%	20%

【解】 我们可以分6步计算出β值。
(1) 计算公司股票收益率和市场收益率的平均值。

$$公司股票平均收益率 = \frac{-0.10+0.03+0.2+0.20+0.15}{4} = 0.07$$

$$市场平均收益率 = \frac{-0.40+0.30+0.10+0.20}{4} = -0.10$$

(2) 计算公司股票各期收益率与其平均收益率的偏差和市场各期收益率与其平均收益率的偏差。
(3) 将以上两个偏差相乘得出公司股票收益率与市场收益率的协方差。
(4) 计算市场收益率偏差的平方得出市场收益率的方差。

(5) 将各期协方差累加得出总协方差，同理计算方差之和。

(6) 利用上述 β 值的计算公式，计算得出通用工具公司股票的 β 值为0.419。

▲二、β 值的决定因素

既然 β 值反映公司的风险，那么它的大小应该取决于公司的特性。我们要考虑三方面的因素，即收入的周期性、营业杠杆和财务杠杆。

1. 收入的周期性

有些公司的经营带有很强的周期性特征，即这些公司有明显的扩张期和收缩期。实践表明，那些高新技术企业、零售商和汽车制造业受商业周期的影响最大，而某些行业的企业诸如公共能源、铁路运输、食品等很少受周期波动的影响。由于 β 值是股票收益率与市场收益率标准化的协变度，因而周期性越明显的企业，其股票的 β 值越大。

2. 营业杠杆

企业的营业成本可分为固定成本和可变成本两种。不随产量的增减而变化的成本称为固定成本；相应地，随着产量的变化而变化的成本称为可变成本。

营业杠杆(operating leverage)是指企业在经营活动中对固定成本的利用。企业可以通过增加产量(销售量)来降低单位产品的固定成本，从而在其他条件不变的情况下增加企业的营业利润。相应地，若企业固定成本在总成本中的比例高，则说明企业的经营杠杆较高。然而，高比例的固定成本也会使公司由于销售量的减少而使利润有更大的下降。因此，高经营杠杆会增加企业的经营风险，因而也就增大了 β 值。

所谓经营风险(business risk)是指纯粹与企业经营有关的风险，特别是指企业在经营活动中利用营业杠杆而导致营业利润下降的风险。

营业杠杆的大小用杠杆系数来表示。杠杆系数等于税前盈余变动率与销售额变动率之比。用公式表示为

$$\text{DOL} = \frac{\Delta \text{EBIT}}{\text{EBIT}} \bigg/ \frac{\Delta S}{S} \tag{15-15}$$

为了进一步说明问题，该公式还可以从边际效益(销售单价–每单位产品的可变成本)的角度变换如下：

$$\text{EBIT} = Q(P-V) - F$$

$$\Delta \text{EBIT} = \Delta Q(P-V)$$

$$S = QP$$

$$\Delta S = \Delta Q \cdot P$$

$$\text{DOL} = \frac{\Delta Q(P-V)}{Q(P-V)-F} \times \frac{Q}{\Delta Q} = \frac{Q(P-V)}{Q(P-V)-F} \tag{15-16}$$

式中，P 为单位产品售价，V 为可变成本，$(P-V)$ 为边际效益，Q 为销售量，F 为固定成本总额。

营业杠杆测量了在给定销售额变动率的条件下税前盈余的变化情况，同时也说明了，当固定成本增加和可变成本下降时，营业杠杆相应增大。

根据营业杠杆原理，可以计算出销售量的盈亏平衡点，即在销售多少产品时，企业的毛利(EBIT)为零，即

$$\text{EBIT} = Q(P-V) - F = 0$$

$$Q = \frac{F}{P-V} \tag{15-17}$$

固定成本、可变成本、销售收入、EBIT和盈亏平衡点之间的关系如图15-1所示。

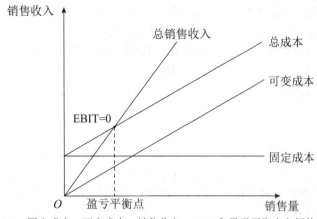

图15-1 固定成本、可变成本、销售收入、EBIT和盈亏平衡点之间的关系

例如，假设一家公司打算生产某种产品，它可以在技术A和技术B之间选择。这两种技术带来的相应成本如表15-2所示。

表15-2 技术A和技术B的成本

	技术A	技术B
固定成本	1 000美元/年	2 000美元/年
可变成本	8美元/件	6美元/件
单价	10美元/件	10美元/件
边际效益	10 – 8 = 2美元	10 – 6 = 4美元

技术A相对于技术B来说有较低的固定成本和较高的可变成本。也许是技术A的机械化程度不如技术B高，或者是由于技术A的设备是租赁的，而技术B必须购买；也可能是由于技术B必须雇用一些高技术人才，即使是不景气时也要支付高额的工资，而技术A雇用较少的人员，其余的工作进行外包。不论什么原因，总之技术B有较高的固定成本和较低的可变成本，从而有较高的营业杠杆。

因为两种技术用来生产同样的产品，所以产品的售价是一样的。边际效益是售价与可变成本的差，测量了每多销售一件产品所增加的毛利(EBIT)。因为技术B的边际效益更大，所以它的风险更大。由于每单位销售额的增加，技术A可带来2美元的利润，而技术B可带来4美元的利润。类似地，每缩减单位销售额，技术A造成利润缩减2美元，而技术B使利润减少4美元。图15-2可以较为直观地对此加以描绘，该图表明，由于销售量的变化而带来的息税前盈余的变化。曲线斜率越大，表明边际效益越大，经营风险也越大。

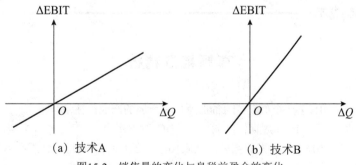

图15-2 销售量的变化与息税前盈余的变化

3. 财务杠杆

财务杠杆(financial leverage)与营业杠杆有类似的含义。营业杠杆是涉及产品生产中的固定成本；财务杠杆则指公司融资成本中的固定成本。

从前面的章节中我们已经知道公司使用债务资本时，不论公司的效益如何，都要支付给债权人固定的利息,这部分费用就是公司融资成本中的固定成本。因此,财务杠杆就是公司依赖债务资本而带来的额外收益,杠杆公司就是指在资本结构中具有债务资本的公司。

我们根据前面的论述还require,公司支付给债权人的利息可以在税前列支,从而减少相应的所得税。所以,对于有债务资本的公司,其利息后盈利 = EBIT − I, I 为所支付的利息。利息后盈利是公司上缴所得税金的基数。由此我们得出财务杠杆为

$$DFL = \frac{EBIT}{EBIT - I} \tag{15-18}$$

在我们以前的论述中,对表示风险大小的 β 值的测量都是以公司股票收益率为观察值来计算的,所以,前面我们所估算的是公司股票或权益资本的 β 值。实际上,杠杆公司总资产的 β 值与它的权益资本的 β 值是不同的。因为一个杠杆公司的总资产组合是由两部分的资金来源购置而成的,因此,综合考虑公司资本组合的构成,我们有

$$\beta_{Asset} = \frac{债务资本}{债务资本 + 权益资本} \times \beta_{Debt} + \frac{权益资本}{债务资本 + 权益资本} \times \beta_{Equity} \tag{15-19}$$

实践中,债务资本的 β 值很小,通常的假设是 $\beta_{Debt} = 0$,所以有:

$$\beta_{Asset} = \frac{权益资本}{债务资本 + 权益资本} \times \beta_{Equity} \tag{15-20}$$

因为对于杠杆公司来说,权益资本占总资本的比重一定小于1,所以 $\beta_{Asset} < \beta_{Equity}$,如果对上述公式重新安排,则为

$$\beta_{Equity} = \left(1 + \frac{债务资本}{权益资本}\right) \times \beta_{Asset} \tag{15-21}$$

这个公式告诉我们公司有了债务资本后增加了权益资本的风险,从而增大了公司的财务风险。所谓财务风险(financial risk)是指在融资活动中利用财务杠杆可能导致企业股权资本所有者收益下降的风险,甚至可能导致企业破产的风险。

综上所述,一个项目 β 值的大小反映了其风险的大小,根据风险的大小,投资人决定了其索要的报酬率是多少,即对于企业而言,其需付出的必要报酬率应是多少,已知了 β 值,利用CAPM,得出:

$$必要报酬率 = 无风险利率 + \beta \times 市场风险溢价 \tag{15-22}$$

第十五章 资本成本

真题精选精析

一、选择题

1. 【上海财经大学2016】一个 β 值大于1的股票,其所属的产业往往是( )。
   A. 防御性产业　　　B. 非周期性产业　　　C. 劳动密集型产业　　　D. 资本密集型产业
2. 【中央财经大学2016】公司发行在外的期限10年,面值为1 000元,息票利率为8%的债券,目前出售价格为1 000元,公司所得税率为30%,则该债券的税后资本成本为( )。
   A. 4.2%　　　　　　B. 5.1%　　　　　　C. 5.6%　　　　　　D. 6.4%
3. 【对外经济贸易大学2016】一家公司估计其平均风险的项目的WACC为10%,低于平均风险的项目的WACC为8%,高于平均风险的项目的WACC为12%。假设以下项目相互独立,请判断该公司应该接受哪个项目?( )

A. 项目X风险低于平均值，内部收益率(IRR)为9%
B. 项目Y具有平均水平的风险，内部收益率(IRR)为9%
C. 项目Z风险高于平均水平，内部收益率(IRR)为11%
D. 以上项目均不能被接受

二、名词解释

1.【南开大学2014，山东大学2017】加权平均资本成本
2.【复旦大学2015，华东师范2017】利息税盾效应

三、简答题

1.【中南财经政法大学2018，西南财经大学2012】影响股票β值的因素有哪些？这些因素的含义是什么？这些因素是如何影响股票β值的？

2.【西南财经大学2017】项目评估时使用公司的β值会导致出现哪两种错误？

四、计算题

1.【四川大学2017】某上市公司计划建造一项固定资产，寿命期为5年，需要筹集资金600万元，公司所得税税率为25%，相关资料如下。

资料一：普通股目前的市价为20元/股，筹资费率为6%，刚刚支付的股利为2元，股利固定增长率为3%。

资料二：如果向银行借款，则手续费率为1%，年利率为6%，期限为5年，每年结息一次，到期一次还本。

资料三：如果发行债券，债券面值1 000元，期限5年，票面利率为10%，每年结息一次，发行价格为1 200元，发行费率为5%。

要求：(1) 根据资料一计算留存收益和普通股筹资成本；
(2) 根据资料二计算长期借款筹资成本；
(3) 根据资料三计算债券筹资成本。

2.【西南财经大学2019】公司股价为20元，股票发行数量为140万股，债券账面价值为500万，市场价值为账面的93%，无风险收益率为8%，市场风险溢价为7%，公司的β值为0.74，债券资本成本为11%，公司所得税为34%，求公司的加权平均资本成本。

3.【厦门大学2017】假设南强公司负债的市场价值为6 000万元，股东权益的市场价值为4 000万元，债务的平均税前成本为15%，税率为25%，β值为1.4，股票市场的风险溢价是10%，国债的利息率为4%，求该公司的加权平均资本成本。

第十六章 筹集资本与有效市场假说

第一节 证券的承销方式

一、承购包销

承购包销，是指由一家或数家证券承销商与证券发行公司签订承销包销合同，由证券承销商以双方协商决定的价格将准备发行的证券全部买下，并按合同规定的时间将价款一次付给发行公司，然后证券承销商再以略高的价格向社会公众出售的发行方式。对发行公司来说，采用承购包销方式既能保证如期得到所需要的全额资金，又无须承担证券发行过程中价格变动的风险，但是发行费用高于其他方式。对于证券承销商来说，要预先垫付自有资金买入所有证券，还要承担证券不能如期全部销售和发行价格下降的风险，因此收取的费用较高。证券承销商的收入来自向证券发行公司买入证券与向社会公众出售证券之间的差价。承购包销方式又可进一步分为协议发售、等额包销和银团包销等方式。协议发售是由一家证券承销商单独包销发行公司全部新发证券的承购包销方式；等额包销是两家或多家证券承销商平等地共同包销某一公司的新发证券；银团包销是由多家甚至上百家证券承销商组成的承销团(承销辛迪加)进行包销。我国《证券法》规定，向社会公开发行的证券票面总值超过人民币5 000万元的，应由承销团承销。承销团应由主承销商与参与承销的证券公司组成。

二、助销

助销可以进一步分为定额包销和余额包销两种。定额包销是指证券承销商承购发行者所发行的部分证券，然后再向社会公众发售的行为。余额包销是指证券承销商必须先行向社会发售，在发售期结束时，如有剩余证券尚未售出才可由证券承销商收购，而不能预留部分证券自行收购。

三、代销

代销，指证券承销商代替筹资企业发售新证券，在发售期结束后，将未销售部分证券退还给发行公司的方式。采用代销方式的证券承销商只是利用自己的销售网点代理发行公司销售证券，证券发行的全部风险由发行公司自己承担。如果发行公司因信誉不佳或知名度不高而导致发行不畅，就可能无法及时获得所需资金，此时证券承销商不承担任何责任和风险。证券承销商从代销发行中赚取的发行手续费比其他方式都低，大约相当于承购包销方式的30%～50%。

证券代销具有以下特点。①发行人与承销商之间建立的是一种委托代理关系。代销过程中，未售出证券的所有权属于发行人，承销商仅是受委托办理证券销售事务。②承销商作为发行人的推销者，不垫付资金，对不能售出的证券不承担任何责任，证券发行的风险基本上由发行人自己承担。③由于承销商不承担主要风险，相对包销而言，手续费也少。

第二节 证券市场中介

一、证券承销商

证券承销商,即投资银行,是在证券发行市场上代理发行证券的中介机构,是证券发行者和投资者之间的中介人,在证券发行市场中占有重要地位。证券承销商的主要职能是销售发行证券。在证券发行的整个过程中,承销商要为证券发行者提供一整套服务,包括制订计划、选择证券种类、决定发行时机和发行条件,直至承购包销或代销、助销等事务。

二、证券经纪商

证券经纪商是指以接受客户委托、代客买卖证券并以此收取佣金的证券中介机构。经纪商的最大特点是不为自己买卖证券,而是完成客户买卖证券的委托,按照规定收取一定比率的手续费(佣金)。它与证券投资者的关系最为密切。投资者要想买卖证券,首先要在证券经纪商所在的营业部开户,并通过该经纪商进行证券买卖活动。证券经纪商的主要职能是为证券投资者提供信息咨询、开立账户、提供信用、接受委托、代理买卖,直至证券过户、保管、避税、财务咨询等一整套有关证券投资的服务。

证券经纪商一般分为以下几类。

(1) 佣金经纪商,即接受客户委托,在交易所中代替客户买卖证券并收取一定佣金的经纪商。他们是场内交易的主要成员,这些经纪商大多是以证券公司的名义在证券交易所取得席位,办理证券委托业务。

(2) 交易所经纪商,又称二元经纪商,当交易所中一般经纪商业务繁忙,对较多的、不同类别的、不同委托条件的买卖指令无法完成时,便产生出这类经纪商。其主要业务是,在交易所中接受一般证券商的再委托,代为买卖证券,帮助其他证券经纪商之间撮合证券交易,从其交易成交金额中收取一定比例的佣金。根据相关规定,交易所经纪商只能接受一般证券经纪商的委托,而自己不能单独接受交易所之外一般客户的买卖委托,这是交易所经纪商与其他证券经纪商的主要区别。

(3) 专业经纪商,又称特种经纪商,是纽约证券交易所内特殊的证券经纪商。他们一般在固定的柜组旁专门从事某一行业的某几种股票交易。专业经纪商具有双重身份,他们既可以接受交易所内佣金经纪商或自营商的委托进行证券代理买卖,也可以作为自营商自行进行证券交易。专业经纪商是证券交易所内最重要的经纪人,发挥着极为重要的作用,具体表现在以下几个方面。①对他们所专门经营的股票承担决定每日开盘价的任务。专业经纪商在每日开盘前要根据接受的买卖委托单,分析相关证券的供需状况,决定一个尽可能接近前一交易日收盘价的当日开盘价,以便形成一个相对均衡的价格。②有责任保持交易的连续进行。当交易所内买卖双方报价差距太大,以致无法顺利交易时,专业经纪商应通过自营交易促使买卖价差缩小,以利于证券交易的顺利进行。③负有抑制股价过度波动的责任。当某种股票被大量抛售可能导致股价暴跌时,专业经纪商应承担收购该股票的责任,以缩小供求差距,保持股价的相对稳定;反之,当某种股票出现抢购风潮并可能导致股价急剧上涨时,专业经纪商应售出自己持有的该股票,缓和供求矛盾,稳定股价。显然,这要求专业经纪商不仅要有雄厚的资金实力,还要持有相当数量的股票。

三、证券自营商

证券自营商是指运用自有资金、自有账户、自行买卖证券、自负盈亏的经营机构。它们可以从证券发行机构或筹资机构购买证券,可以凭交易所会员资格参加证券交易所的自行买卖,也可以兼营证券的零售交易,并且可以充当企业股份的认购人或公司债券的应募人,但未经主管部门许可,不得委托证券经纪商代为买卖证券。自营商通常负有配合证券主管部门和证券交易所维持证券交易市场正常运行的义务，但它们不得在未经证券交易所同意的情况下，在交易市场联手进行自营买卖(操纵市场)，不得为了操纵市场而高价收购或低价抛售证券，也不得以自营买卖的名义代他人在交易市场买卖证券。

第三节 证券投资与证券投机

证券投资是指个人或法人对有价证券的购买行为，这种行为会使投资者在证券持有期内获得与其所承担的风险相称的收益。在发达国家，证券投资是最主要和最基本的投资方式，是动员和再分配资金的重要渠道。证券投资可以使社会上的闲散资金转化为投资资金，也可以使一部分待用资金和信贷资金进入投资领域，对促进社会资金的合理流动，促进经济增长具有重要作用。

证券投资与证券投机的区别主要体现在以下几个方面。①行为动机的差异。虽然投资和投机的动机都是为了获利，但投资偏重于中长期的资本利得，投机则主要追求短期的市场差价。②持券时间的差异。一般认为，连续持有证券的时间在一年以上者为投资，持券时间不足一年尤其是那些频繁买卖者则为投机。③风险观念的差异。投资和投机都要面对风险，但投资者通常是风险厌恶者，并尽可能规避风险，投机者则为了获取高收益而愿意承担高风险。④投资方法的差异。投资者为了获得中长期资本利得和尽可能规避投资风险，极为注重分析证券市场的基本因素(如公司业绩等)并实行组合投资；投机者则更关注市场价格的变化，常依据技术分析进行投资决策，并倾向于进行集中投资。⑤资金来源的差异。投资者一般倾向于运用自有资金进行投资，而投机者则热衷于在市场上快进快出以获取市场短期价差，因而常常利用借入资金进行操作。

需要指出的是，在现代证券市场中，投机具有一定的积极意义：首先，投机有利于活跃证券市场，促进证券和资金的流动，推动证券市场的发展；其次，投机是引致证券市场均衡价格快速形成的推动力量，正是这种经常和大量进行套利的投机行为，使证券价格对其内在价值的偏离能得到很快的纠正。再次，投机有利于提高证券市场的有效性，进而促进证券市场的优化资源配置功能的实现。证券市场每时每刻都产生大量信息，要实现证券价格对信息的充分反映，就必须有频繁的证券买卖，即必须存在广泛的投机行为。投机过程也就是对信息的及时吸收并反映到证券价格中，进而促使价格进行调整的过程。因此，可以说投机越充分的市场，价格对信息的反应就越充分，证券市场就越有效率。当然，过度和非理性的投机无疑会破坏证券市场的机能，扰乱证券市场秩序，干扰证券市场的信号，使证券市场行情大起大落，最终危害证券市场的发展，使投资者的利益普遍受到损害。因此，从监督当局的角度来讲，既要鼓励和保护证券市场的适度投机，又要抑制过度投机。

第四节 首次公开招股(IPO)

一、IPO的概念

首次公开招股(initial public offering，IPO)是指一家企业(发行人)第一次将它的股份向公众出售。通常，上市公司的股份是根据向相应证券会出具的招股书或登记声明中约定的条款通过经纪商或做市商进行销售。一般来说，一旦首次公开上市完成后，这家公司就可以申请到证券交易所或报价系统挂牌交易。

我国IPO申请主要包括以下审核环节：①材料受理、分发；②见面会；③问核；④反馈会；⑤预先披露；⑥初审会；⑦发审会；⑧封卷；⑨会后事项；⑩核准发行。

▲二、IPO抑价的概念

IPO抑价(IPO underpricing)现象是指首次公开发行的股票上市后(一般指第一天)的市场交易价格远高

于发行价格,发行市场与交易市场出现了巨额的价差,导致首次公开发行存在较高的超额收益率。

新股发行抑价现象,成为资本市场上备受关注的问题。国外经济学家通过大量的实证研究表明,在世界各国的股票市场中,IPO抑价现象几乎是普遍存在的。从各国比较来看,发达国家的IPO抑价程度在15%左右,一些新兴国家在60%左右,而我国IPO抑价程度更是极高。显然,新股抑价与有效市场假说之间存在着矛盾:从理论上讲,若一级市场新股价格的制定是依据二级市场的需求状况确定的,则不应存在抑价问题,因为按照一般均衡原理,发行市场不可能长期处于非均衡状态,因为众多的套利活动会使超额利润消失,但众多对各国证券一级市场的实证研究结论均支持"新股上市存在超额回报率"的说法,经济学家将这一现象称为"IPO抑价之谜"。

▲三、我国资本市场IPO抑价的不利影响

新股抑价幅度大且长期居高不下,为中国资本市场乃至国民经济的持续健康发展带来了极为不利影响:

(1) 由于新股发行不存在风险,一级市场的资源配置功能将不复存在,任何企业只要能够获得上市资格,总可以成功筹集到所需资金。

(2) 由于新股申购可以获得极高的无风险收益,致使大量生产流通领域的资金进入股票一级市场,追逐无风险收益,助长了投机泡沫,降低了整个社会范围内的资金配置效率。

(3) 巨额资金的短期套利行为客观上导致了新股发行定价和上市定价的高风险,并对股市的非正常波动起了推波助澜的作用。

▲四、国外IPO抑价原因的相关理论

1. 赢者诅咒假说

有关IPO抑价理论占主流地位的是"赢者诅咒假说"。它认为市场是不完全的,信息是不对称的,存在掌握信息的投资者和未掌握信息的投资者。掌握信息的投资者往往能利用其信息优势购买到具有投资价值的股票,而未掌握信息的投资者只能根据其他主体的行为做出判断,最终购买到掌握信息的投资者所规避的、不具有投资价值的股票。当未掌握信息的投资者意识到这一"赢者诅咒"时,就会退出市场。由于股票发行人需要吸引未掌握信息投资者的投资,从而不得不降低新股发行价来弥补未掌握信息者所承担的风险,确保发行的顺利进行。

2. 投资银行买方垄断假说

投资银行买方垄断假说认为,在发行企业将新股定价权交给更具有信息优势的投资银行时,投资银行会倾向于将新股的发行价定在其价值以下,这样做对投资银行本身有两大好处:一是可以降低投资银行在承销或包销该股票时的风险,更有利于新股的成功发行,不会因新股发行失败给投行声誉造成影响;二是折价发行实际上给投行的投资者提供了一个"超额报酬率",可以与投资者建立起良好的关系。上市公司对投资银行往往缺乏有效的监督,投资银行便经常性地采取折价发行策略,造成IPO高抑价现象屡见不鲜。

此外,IPO抑价的理论还有后续融资假说、股权分散假说、投机假说等,分别从不同的方面对IPO抑价现象做出解释。

※五、我国IPO抑价现象的原因

1. 流通股比例低

有关实证研究表明,新股抑价与流通股比例成负相关关系,流通股在企业所有股票中所占比例越大,IPO抑价程度越低。流通股比例主要从下面两个方面来影响新股上市抑价程度:一是流通股比例

低,即投资者持股比例小,难以在公司股东大会上行使自己的权利,也难以获得企业内部的信息,在二级市场上承担更大的风险,所以需要较高的发行抑价来补偿投资者的投资风险;另一方面,如果流通股比例很小的话,容易引起市场的操纵行为发生,小股东的利益受到侵害,在客观上迫使中小投资者以投机为目的参与市场交易,增加了股票抑价程度。

2. 新股发行存在体制缺陷

由于我国股票市场成立时间比较短,发展也不成熟,市场化程度不高,我国股市仍是一个弱势有效市场。自2001年3月起,新股发行将取消沿用了10年的审批制,实施核准制。核准制对监管机构、券商、上市公司等的规范运作提出了更高的要求,是我国股票发行制度的一次重大改革,与带有较强的行政色彩的审批制相比,核准制的行政色彩要少一些。但是核准制在实质上仍是批准制的一种,仍然需要管理层又"核"又"准",与先进的注册制还有很大的差距。体制缺陷造成了证券市场严重的供求矛盾,引起严重抑价现象。

3. 投资者结构不合理,市场投机气氛较浓

机构投资者具有稳定市场的作用,一方面可以使得市场定价率更高,价格更趋合理;另一方面可以使得市场价格的波动频率更少,波幅更小。但在中国证券市场上,投资者结构以个人投资者为主,机构投资者为辅。根据中国证券登记结算有限公司统计,截至2009年6月30日,中国证券市场投资者总数为16 017.84万户(包括A股、B股和基金账户),其中个人投资者15 962.49万户,占99.65%,机构投资者33万~55万户,仅0.35%。由于投资知识结构以及投资理念的差异,个人投资者与机构投资者相比,投资心理不成熟,投机心理较重,不利于证券市场价格发现功能的发挥。我国股市的换手率过高,意味着市场中非理性成分占上风、投机气氛较浓。发达国家证券市场的首日换手率为8.2%,而我国中小企业板的新股上市首日换手率平均约为33.32%。

2006年6月19日,全流通首只新股"中工国际"在中小企业板挂牌上市后,最高涨幅达576%,换手率高达75.24%。新股发行过程中如此高的换手率,说明市场中过度投机行为严重,一级市场的投资者目的在于谋取短期回报,而不是长期投资。

▲六、IPO抑价现象的对策

新股发行高抑价提供了市场无风险套利机会,造成大量的申购资金汇集到一级市场,资金的抽逃导致市场供求机制的失衡。一级市场超额收益率刺激了市场投机心理,导致二级市场股价畸高,不利于市场的稳定发展,很可能使广大中小投资者利益受损。因此,采取措施控制IPO抑价现象,消除市场的套利机会,成为当务之急。

1. 推行注册制,完善新股发行询价制度

资本市场发展事实证明,我国目前采用的核准制存在种种弊端,随着我国资本市场的不断完善和发展。要适时推出注册制,从制度上完善资本市场,增加资本市场的透明度,减少由信息不完全造成的弊端,以有效地解决IPO高抑价问题。

证监会2004年发布了《关于首次公开发行股票试行询价制度若干问题的通知》,规定自2005年1月1日起,我国开始实行发行的询价制度,这是我国新股发行制度向市场化方向迈出了一大步。该通知规定,首次公开发行股票的公司及其保荐机构应通过向证券投资基金管理公司、证券公司、保险机构投资者等询价对象询价的方式确定股票发行价格,而询价分为初步询价和累计投标询价两个阶段。

询价制可以更加真实地反映上市公司的投资价值,对于提高IPO定价效率发挥了一定的作用。但是,与此同时,询价制与完全市场化定价仍有许多区别,在实际的运行中仍存在许多需要完善之处。

2. 优化资本市场投资者结构

中小投资者尤其是个人投资者是我国证券市场主要的噪声交易者,与机构投资者注重对上市公司价值的研究分析、规范投资风格有很大差别。要大力发展机构投资者,促进机构投资者的全面发展,提高

其比重与素质，加强其在我国证券发行和交易中形成主导地位，培育理性投资的市场基础。随着询价制度的完善，为大力培育真正的机构投资者提供了契机，具体可从证券投资基金入手，进一步大力发展开放式基金，同时，推动保险机构、信托机构以及合格境外机构投资者入市，形成多元化的机构投资者群体。

3. 倡导理性投资

投资者的心理成熟程度、解读信息的知识量、知识结构等方面的改进是一个漫长的、循序渐进的过程。中国的资本市场发展时间短、规则变化大、信息流动效率差，成熟投资者稀缺。如前所述，在我国证券市场上IPO抑价率高的重要原因在于市场上投机资金的推动，因此，应倡导理性投资，而理性的市场价值投资理念的形成需要重视对中小投资者的教育，主要包括投资决策教育、个人资产管理教育和市场参与教育等三个方面，帮助投资者形成理性的市场价值投资理念，使中小投资者对机构投资者侵犯自身权利的证券欺诈行为有所认识，进而提高市场监管效率和促进证券市场的健康有序发展。

4. 完善信息披露机制，建立多层次监管体系

为了增强我国资本市场的信息有效性，减少盲目跟随的非理性投资现象，有必要完善上市公司的信息披露机制，减少市场信息的不对称性，提高市场交易透明度。从新股发行角度而言，保荐机构和新股发行企业有必要加强与广大投资者的信息沟通，强化新股发行的推介工作，减少新股发行企业和广大投资者之间的信息不对称程度，从而避免由于市场信息不对称而导致的IPO抑价现象，提高新股定价效率。

从政府监管角度而言，一方面要完善上市公司监管制度，对上市公司年度募集资金进行专项审核，要求上市公司定期报告和披露上市公司股东持股分布以及建立诚信档案并公开披露；另一方面，要制定相关股市违规行为处罚制度，对操纵股市等违规行为进行严厉处罚，以规范资本市场秩序，促进资本市场的健康发展。

第五节 有效市场理论

根据可获得信息的范围、程度和时效不同，将市场效率划分为弱式有效、半强式有效和强式有效三种类型。

▲一、弱式有效

弱式有效是指当前证券价格已经充分反映了全部能从市场交易数据中获得的信息，这些信息包括过去的价格、成交量、未平仓合约等。因为当前市场价格已经充分反映了过去的交易信息，所以弱式有效市场意味着根据历史交易资料进行交易是无法获取经济利润的，这实际上等同宣判技术分析无法击败市场。

▲二、半强式有效

半强式有效是指所有的公开信息都已经反映在证券价格中。这些公开信息包括证券价格、成交量、会计资料、竞争公司的经营情况、整个国民经济资料以及与公司价值有关的所有公开信息等。半强式有效意味着根据所有公开信息进行的分析，包括技术分析和基础分析都无法击败市场，即取得经济利润。这是因为，每天都有成千上万的证券分析师在根据公开信息进行分析，发现价值被低估和高估的证券，他们一旦发现机会，就会立即进行买卖，从而使证券价格迅速回到合理水平。

▲三、强式有效

强式有效是指所有的信息都反映在股票价格中。这些信息不仅包括公开信息，还包括各种私人信

息，即内幕信息。强式有效市场意味着所有的分析都无法击败市场，因为只要有人得知了内幕消息，它就会立即行动，从而使证券价格迅速达到该内幕消息所反映的合理水平。这样，其他再获得该内幕消息的人就无法从中获利。

与上述三种类型的有效市场假定相配合的信息组合可以用图16-1来描述。

图16-1 三种类型的有效市场的信息分析

第十六章 筹集资本与有效市场假说

真题精选精析

一、选择题

1. 【重庆大学 2016】在有效市场假说中，认为只要达到这个层次技术分析就是无用的市场是（　　）。
   A. 强有效市场　　　　　　　　　　B. 半强有效市场
   C. 弱有效市场　　　　　　　　　　D. 无效市场

2. 【浙江财经大学 2016】在有效市场假说中，认为基本面分析是徒劳的、无用的市场是（　　）。
   A. 强式有效市场　　　　　　　　　B. 半强式有效市场
   C. 弱式有效市场　　　　　　　　　D. 无效市场

3. 【华东师范大学 2018】在进行股票投资时，一位投资者只基于公司披露的年报信息进行分析与选择股票就可以获得超额利润，这与哪种有效市场假说相符？（　　）
   A. 弱式有效市场　　　　　　　　　B. 半强式有效市场
   C. 强式有效市场　　　　　　　　　D. 以上都不对

4. 【上海财经大学 2016】某A公司的股票的β值为1.2，昨天公布的市场年回报率为13%，现行的无风险利率是5%，某投资者观察到昨天该股票的年回报率为17%，假设市场是强式有效的，那么（　　）。
   A. 昨天公布的是有关A公司的好消息
   B. 昨天公布的是有关A公司的坏消息
   C. 昨天没有公布有关A公司的任何消息
   D. 无从判断消息的好坏

5. 【复旦大学 2017】若甲公司股值从10元上升到25元，乙公司结构、竞争能力等与甲公司相同。现在估计乙公司明年股票价值上升150%以上，请问这是什么经济学行为？（　　）
   A. 心理账户　　　B. 历史相关性　　　C. 启发性思维　　　D. 锚定效应

6. 【浙江财经大学 2016】在不确定环境下的决策中，理性经济人依照（　　）原则做出选择。
   A. 预期效用、资产分散和风险中立
   B. 即期效用、资产分散和厌恶风险
   C. 预期效用、资产整合和厌恶风险
   D. 即期效用、资产整合和厌恶风险

二、简答题
1.【北京大学经济学院 2017】谈谈"积极投资""消极投资"及与"有效市场假说"的关系。
2.【上海财经大学 2018】请简述动量效应,并说明是否违背了有效市场?请解释。
3.【浙江财经大学 2016】简述预期效用理论。

第十七章 资本结构

第一节 财务杠杆效应

杠杆效应,是指固定成本提高公司期望收益,同时增加公司风险的现象。经营杠杆是由于产品生产或提供劳务有关的固定性经营成本所引起的,而财务杠杆则是由债务利息等固定性融资成本所引起的。两种杠杆具有放大盈利波动性的作用,从而影响企业的风险与收益。

※一、经营杠杆

1. 息税前盈余与盈亏平衡分析

息税前盈余的计算公式为

$$EBIT = Q(P - VC) - F \tag{17-1}$$

式中,EBIT为息税前盈余,Q为产品销售数量,P为单位销售价格,VC为单位变动成本,F为固定成本总额。

当企业的营业收入总额与成本总额相等时,即当息税前盈余EBIT等于零时,达到盈亏平衡点,此时的产品销售数量为Q_{BE}。因此由上式可以推出

$$Q_{BE} = \frac{F}{P - VC} \tag{17-2}$$

【例1】某企业生产产品A,销售单位为50元,单位变动成本为25元,固定成本总额为100 000元。则盈亏平衡点为

$$Q_{BE} = \frac{F}{P - VC} = \frac{100\ 000}{50 - 25} = 4\ 000\ (件)$$

销售量超过盈亏平衡点,企业处于盈利状态,此时距离盈亏平衡点越远,利润将增加;销售量跌到盈亏平衡点以下时,企业处于亏损状态,此时距离盈亏平衡点越远,亏损越严重。

2. 经营风险

经营风险是指企业未使用债务时经营的内在风险。影响企业经营风险的因素很多,主要有以下几个方面。

(1) 产品需求。市场对企业产品的需求稳定,则经营风险小;反之,则经营风险较大。

(2) 产品售价。产品售价稳定,则经营风险小;反之,则经营风险较大。

(3) 产品成本。产品成本是收入的抵减,成本不稳定,会导致利润不稳定,因此,产品成本变动大,则经营风险大;反之,则经营风险较小。

(4) 调整价格的能力。当产品成本变动时,若企业具有较强的调整价格能力,则经营风险小;反之,则经营风险较大。

(5) 固定成本的比重。在企业全部成本中,固定成本所占比重较大时,单位产品分摊的固定成本额较大,若产品数量发生变动,则单位产品分摊的固定成本会随之变动,进而导致利润更大的波动,经营风险就较大;反之,则经营风险较小。

3. 经营杠杆系数

在影响经营风险的诸多因素中，固定性经营成本的影响是一个基本因素。在一定的营业收入范围内，固定成本总额是不变的，随着营业收入的增加，单位固定成本就会降低，从而单位产品的利润提高，息税前盈余的增长率将大于营业收入的增长率；相反，营业收入的下降会提高产品单位固定成本，从而单位产品的利润减少，息税前盈余的下降率将大于营业收入的下降率。如果企业不存在固定成本，则息税前盈余的变动率将与营业收入的变动率保持一致。这种在某一固定成本比重的作用下，由于营业收入一定程度的变动引起息税前盈余产生更大程度变动的现象称为经营杠杆效应。固定成本是引发经营杠杆效应的根源，但企业营业收入水平与盈亏平衡点的相应位置决定了经营杠杆的大小，即经营杠杆的大小是由固定性经营成本和息税前盈余共同决定的。

【例2】通过表17-1中的例子可以了解营业收入变动对息税前变盈余动的影响程度。需要分析的问题是：假设下一年度A、B、C三个企业的固定成本保持不变，当营业收入均增加50%时，三家企业的息税前盈余的变动程度分别是多少？

【解】A、B、C为固定成本结构不同的公司，它们的有关情况如表17-1所示。

表17-1 经营杠杆效应

	A公司	B公司	C公司
产品价格(P)	10	10	10
销售量(Q)	300	300	300
营业收入(S)	3 000	3 000	3 000
变动成本(VC)	1 800	1 800	1 800
固定成本(F)	0	600	800
盈亏平衡点(Q_{BE})	0	150	0
息税前盈余(EBIT)	1 200	600	400
下一年度数据			
营业收入(S)	4 500	4 500	4 500
变动成本(VC)	2 700	2 700	2 700
固定成本(F)	0	600	800
息税前盈余(EBIT)	1 800	1 200	1 000
EBIT变动百分比	50%	100%	150%

上例的分析结果可以说明两个现象。

第一，当三个企业预计下一年度营业收入均增长50%时，A企业由于没有固定经营成本，其息税前盈余变动百分比也是50%；而B企业、C企业由于固定成本的存在，其息税前盈余分别增长了100%和150%。这说明是固定成本引起经营杠杆效应。

第二，C企业相对于B企业而言，固定成本总额与所占总成本的比率均较大，因此，息税前盈余的变化程度也最大。C企业增加了150%，而B企业却增加了100%。

经营杠杆放大企业营业收入变化对息税前盈余变动的影响程度，这种影响程度是经营风险的一种测度。经营杠杆的大小一般用经营杠杆系数来表示，它是企业利息和所得税之前的盈余(EBIT)变动率与营业收入(销售量)变动率之间的比率。

经营杠杆系数的定义表达式为

$$DOL = \frac{息税前盈余变化百分比}{营业收入变化百分比} = \frac{\Delta EBIT/EBIT}{\Delta S/S} \qquad (17\text{-}3)$$

式中，DOL为经营杠杆系数；$\Delta EBIT$为息税前盈余变动额；ΔS为营业收入(销售量)变动量；S为变动前营业收入(销售量)。

假定企业的"成本—销售—利润"保持线性关系,变动成本在营业收入中所占的比例不变,固定成本也保持稳定,经营杠杆系数便可通过营业收入和成本来表示。经营杠杆系数越大,表明经营杠杆作用越大,经营风险也就越大;经营杠杆系数越小,表明经营杠杆作用越小,经营风险也就越小。利用上述定义表达式可以推导出经营杠杆系数的计算公式,为

$$DOL_q = \frac{Q(P-VC)}{Q(P-VC)-F} \tag{17-4}$$

式中,DOL_q为销售量是Q时的经营杠杆系数;P为单位销售价格;VC为单位变动成本;F为总固定成本,其计算公式为

$$DOL_S = \frac{S-TVC}{S-TVC-F} = \frac{EBIT+T}{EBIT} \tag{17-5}$$

式中,DOL_S为营业收入为S时的经营杠杆系数;S为营业收入;TVC为总变动成本。

在实际工作中,式(17-4)可用于计算单一产品的经营杠杆系数,式(17-5)除了用于单一产品外,还可用于计算多种产品的经营杠杆系数。从上述公式可以看出,如果固定成本等于0,则经营杠杆系数为1,即不存在经营杠杆系数。当固定成本不为0时,通常经营杠杆系数都是大于1的,即显现出经营杠杆效应。

【例3】 某企业生产A产品,固定成本为60万元,变动成本率为40%,当企业的营业收入分别为400万元、200万元、100万元时,经营杠杆系数分别为

$$DOL_1 = \frac{400-400\times 40\%}{400-400\times 40\%-60} = 1.33$$

$$DOL_2 = \frac{200-200\times 40\%}{200-200\times 40\%-60} = 2$$

$$DOL_3 = \frac{100-100\times 40\%}{100-100\times 40\%-60} \to \infty$$

以上计算结果说明了这样一些问题。

第一,在固定成本不变的情况下,经营杠杆系数说明了营业收入增长(减少)所引起的息税前盈余增长(减少)的幅度。例如,DOL_1说明在营业收入为400万元时,营业收入的增长(减少)会引起息税前盈余1.33倍的增长(减少);DOL_2说明在营业收入为200万元时,营业收入的增长(减少)会引起利润2倍的增长(减少)。

第二,在固定成本不变的情况下,营业收入越大,经营杠杆系数越小,经营风险也就越小;反之,营业收入越小,经营杠杆系数越大,经营风险也就越大。例如,当营业收入为400万元时,DOL_1为1.33;当营业收入为200万元时,DOL_2为2;当营业收入为100万元时,恰好处于盈亏平衡点,DOL_3趋于无穷大。显然,企业盈利状况越接近盈亏平衡点,盈利的不稳定性越大,表明经营风险就越大。

经营杠杆有助于企业管理层在控制经营风险时,不是简单考虑固定成本的绝对量,而是关注固定成本与盈利水平之间的相对关系。企业一般可以通过增加营业收入、降低单位变动成本、降低固定成本比重等措施使经营杠杆系数下降,降低经营风险,但这往往要受到条件的制约。

※二、财务杠杆

1. 财务风险

财务风险是指由于企业运用了债务融资方式而产生的丧失偿付能力的风险,而这种风险最终是由普通股股东承担的。企业在经营中经常会发生借入资本进行负债经营,不论经营利润多少,债务利息是不变的。当企业在资本结构中增加了债务这类具有固定性融资成本的比例时,固定的现金流出量就会增

加,导致财务风险增加;反之,当债务资本比率降低时,财务风险减小。

2. 财务杠杆系数

在影响财务风险的因素中,债务利息或优先股股息这类固定性融资成本是基本因素。在一定的息税前盈余范围内,债务融资的利息成本是不变的,随着息税前盈余的增加,单位盈余所负担的固定性利息费用就会相对减少,从而单位利润可供股东分配的部分会相应增加,普通股股东每股收益的增长率将大于息税前盈余的增长率。反之,当息税前盈余减少时,单位利润所负担的固定利息费用就会相对增加,从而单位利润可供股东分配的部分相应减少,普通股股东每股收益的下降率将大于息税前盈余的下降率。如果不存在固定性融资费用,则普通股股东每股收益的变动率将与息税前盈余的变动率保持一致。这种在某一固定的债务与权益融资结构下由于息税前盈余的变动引起的每股收益产生更大程度变动的现象称为财务杠杆效应。固定性融资成本是引发财务杠杆效应的根源,但息税前盈余与固定性融资成本之间的相对水平决定了财务杠杆的大小,即财务杠杆的大小是由固定性融资成本和息税前盈余共同决定的。

【例4】A、B、C为三家经营业务相同的公司,它们的有关情况如表17-2所示。

表17-2 各公司的融资方案 单位:元

		A公司	B公司	C公司
普通股本		2 000 000	1 500 000	1 000 000
发行股数(股)		20 000	15 000	10 000
债务(利率8%)		0	500 000	1 000 000
资本总额		2 000 000	2 000 000	2 000 000
资产负债率		0	25%	50%
息税前盈余(EBIT)		200 000	200 000	200 000
变动前	债务利息	0	40 000	80 000
	税前盈余	200 000	160 000	120 000
	所得税(税率为25%)	50 000	40 000	30 000
	税后盈余	150 000	120 000	90 000
	普通股每股收益	7.5	8	9
	息税前盈余增加额	200 000	200 000	200 000
变动后	债务利息	0	40 000	80 000
	税前盈余	400 000	360 000	320 000
	所得税(税率为25%)	100 000	90 000	80 000
	税后盈余	300 000	270 000	240 000
	普通股每股收益	15	18	24
EPS变动百分比率		100%	125%	167%

通过对表17-2的分析,可以得出以下结论。

第一,完全没有负债融资的A公司相对于具有债务融资的B公司、C公司而言,当息税前盈余增加1倍的情况下(从200 000元增加到400 000元),每股收益也增加了1倍,说明每股收益与息税前盈余同步变化,即没有显现出财务杠杆效应。而B公司、C公司每股收益的变化率则分别为125%和167%,变动幅度均超过了息税前盈余所增加的1倍,显示出财务杠杆效应。

第二,除A公司没有负债外,B公司、C公司的资产负债率分别为25%和50%。在B公司、C公司各自的资产负债率保持不变时,当息税前盈余增加均为1倍的情况下(从200 000元增加到400 000元),B公司、C公司的每股收益变化率则分别为125%和167%。结果表明,资产负债率提高的公司显示出每股收益的变化程度越大,说明财务杠杆效应越明显。

第三,在A、B、C三家公司的资产负债率保持不变的条件下(其资产负债率分别为0、25%、50%),当息税前盈余增加时(从200 000元增加到400 000元),债务利息占息税前盈余的比例是下降的(A公司除外), B公司、C公司分别从20%和40%下降到10%和20%, 表明企业的财务风险是下降的。

负债比率是可以控制的。企业可以通过合理安排资本结构, 适度负债, 使财务杠杆利益抵销风险增大所带来的不利影响。

财务杠杆效应放大企业息税前盈余的变化对每股收益的变动影响程度, 这种影响程度是财务风险的一种测度。财务杠杆的大小一般用财务杠杆系数表示, 它是企业计算每股收益的变动率与息税前盈余变动率之间的比率。财务杠杆系数越大, 表明财务杠杆作用越大, 财务风险也就越大; 财务杠杆系数越小, 表明财务风险也就越小。财务杠杆系数的定义表达式为

$$\text{DFL} = \frac{\text{每股收益变化的百分比}}{\text{息税前盈余变化的百分比}} = \frac{\Delta \text{EPS}/\text{EPS}}{\Delta \text{EBIT}/\text{EBIT}} \tag{17-6}$$

式中, DFL为财务杠杆系数。依据上述定义表达式, 可以推导出财务杠杆系数的计算公式, 为

$$\text{DFL} = \frac{\text{EBIT}}{\text{EBIT} - I - \text{PD}/(1-t)} \tag{17-7}$$

式中, I为债务利息; PD为优先股股利; t为所得税率。

从上述计算公式可以看出, 如果固定性融资成本债务利息和优先股股利等于0, 则财务杠杆系数为1, 即不存在财务杠杆效应。当债务利息成本或优先股股利不为0时, 通常财务杠杆系数都是大于1的, 即显现出财务杠杆系数。

$$\text{DFL} = \frac{Q(P-VC)-F}{Q(P-VC)-F-I-\text{PD}/(1-t)} \tag{17-8}$$

在实际工作中, 式(17-7)可用于计算单一产品的财务杠杆系数, 式(17-8)除了用于单一产品外, 还可用于计算多种产品的财务杠杆系数。

利用财务杠杆系数计算公式, 分别计算出A、B、C三家公司在息税前盈余均是200 000元时的财务杠杆系数:

$$\text{DFL}_A = \frac{\text{EBIT}}{\text{EBIT} - I_A} = \frac{200\,000}{200\,000 - 0} = 1$$

$$\text{DFL}_B = \frac{\text{EBIT}}{\text{EBIT} - I_B} = \frac{200\,000}{200\,000 - 40\,000} = 1.25$$

$$\text{DFL}_C = \frac{\text{EBIT}}{\text{EBIT} - I_C} = \frac{200\,000}{200\,000 - 80\,000} = 1.67$$

计算结果表明, 除A公司外, B、C两家公司的财务杠杆系数随着债务利息的增大而增加。显然, 如果三家公司的负债结构保持不变, 当息税前盈余增加1倍时(从200 000元增加到400 000元), 用同样的计算方法, A公司仍维持财务杠杆系数是1, 而B、C两家公司的财务杠杆系数分别为1.11和1.25 (同样使用上述公式计算)。这说明, 当盈利能力提高时, 固定性利息成本占全部盈利的比重下降, 导致财务风险下降, 表现为财务杠杆系数下降。

财务杠杆有助于企业管理层在控制财务风险时, 不是简单考虑负债融资的绝对量, 而是关注负债利息成本与盈利水平的相对关系。

※三、总杠杆系数

从以上讲解可知, 经营杠杆考察营业收入变化对息税前盈余的影响程度, 而财务杠杆则考察息税前盈余变化对每股收益的影响程度。如果直接考察营业收入的变化对每股收益的影响, 则考察了两种杠杆的共同作用, 通常把这两种杠杆的连锁作用称为总杠杆作用。

总杠杆作用的程度直接考察了营业收入的变化对每股收益的影响程度，总杠杆作用的大小可以用总杠杆系数(DTL)表示，其定义表达式为

$$DTL = \frac{每股收益变化的百分比}{营业收入变化百分比} = \frac{\Delta EPS/EPS}{\Delta S/S}$$

依据经营杠杆系数与财务杠杆系数的定义表达式，总杠杆系数可以进一步表示为经营杠杆系数与财务杠杆系数的乘积，反映了企业经营风险与财务风险的组合效果，为

$$DTL = DOL \times DFL \tag{17-10}$$

总杠杆系数也有两个具体计算公式，为

$$DTL = \frac{Q(P-VC)-F}{Q(P-VC)-F-I-PD/(1-t)} \tag{17-11}$$

$$DTL = \frac{EBIT+F}{EBIT-I-PD/(1-t)} \tag{17-12}$$

例如，甲公司的经营杠杆系数为2，财务杠杆系数为1.5，则总杠杆系数为

$$2 \times 1.5 = 3$$

总杠杆系数对公司管理层具有重大的意义。首先，使公司管理层在一定的成本结构与融资结构下，当营业收入变化时，能够对每股收益的影响程度做出判断，即能够估计出营业收入变动对每股收益造成的影响。例如，如果一家公司的总杠杆系数是3，则说明营业收入每增长(减少)1倍，就会造成每股收益增长(减少)3倍。其次，通过经营杠杆与财务杠杆之间的相互关系，有利于管理层对经营风险与财务风险进行管理，即为了控制某一总杠杆系数，经营杠杆和财务杠杆可以有很多不同的组合。例如，经营杠杆系数较高的公司可以在较低的程度上使用财务杠杆，经营杠杆系数较低的公司可以在较高程度上使用财务杠杆等。

▲第二节 公司价值最大化与股东利益最大化

一个企业如何选择债务与权益资本的比例？公司的资本包括两类，即债务和权益。公司的价值应是这类资本的总和，有

$$V = B + S \tag{17-13}$$

式中，V为公司价值，B为债务资本的市场价值，S为所有者权益的市场价值。

我们考虑两种资本的不同分配方案：一个使债务资本占40%，权益资本占60%；另外一个是债务资本占60%，权益资本占40%。如果公司管理的目标是使公司的价值最大化，则会出现两大问题：

(1) 为什么股东应该考虑如何使公司价值最大化，而不是只考虑他们自己的利益，即只考虑使权益资本最大化？

(2) 债务资本和权益资本应该是什么比例，才能使股东的利益得到最大化？

下面这道例题描述的是作为财务经理，应该为股东选择使公司价值最大化的方法。

【例5】假设A公司目前的市场价值是1 000万元并且没有债务，该公司发行100万股，每股价值10元。像A公司这样的公司称为无杠杆公司。现进一步假设A公司计划借500万元用于支付红利，每股5元。在发行了这笔债务后，该公司就变成了杠杆公司，该公司的其他投资不会因此而受到影响。那么A公司在进行这样的重组后价值将如何变化？

管理层认为，从理论上说，这个重组无外乎带来三种结果：①公司价值将高于1 000万元；②公司价值仍为1 000万元；③公司价值将少于1 000万元。在咨询了投资银行后，管理层认为公司的价值变化不会超过250万元，即在前面三种情况下，公司的价值将分别为1 250万元、1 000万元和750万元。在原始的资本结构和新资本结构下，公司价值变化的可能性如表17-3所示。

表17-3 在原始资本结构和新资本结构下公司价值变化的可能性　　　　　　　单位：万元

	无债务(原始资本结构)	重组后三种情况下的价值		
		I	II	III
债务	0	500	500	500
权益	1 000	750	500	250
公司价值	1 000	1 250	1 000	750

我们看到，在重组后三种情况下权益资本的价值都小于1 000万元。这一点可以有两种解释：第一，这张表格显示的是红利支付之后的权益资本价值。现金支付就视同于公司一部分的清算，结果是红利支付出去之后，股东在公司当中所拥有的价值相应降低。第二，在遇到未来清算的情况，股东在债权人之后只对剩余财产享有分配的权利，基于这一点，债务是公司的障碍物，减少了权益的价值。

在以上三种情况下，现在我们看看股东的盈利是多少，如表17-4所示。

表17-4 重组后股东盈利情况分析　　　　　　　单位：万元

	重组后三种情况下的价值		
	I	II	III
债务	-250	-500	-750
权益	750	500	500
公司价值	250	0	-250

没有人能够确定哪一种情况会出现。但假设经理人相信情况I最有可能发生，那么股东将有250万元的盈利，所以这一重组方案毫无疑问会被执行。尽管股票的价格下降了250万元而变为750万元，但股东收到了500万元的红利，他们净盈利了250万元(-250+500)。同时，我们注意到公司的价值也增加了250万元(1 250-1 000)。

现假设经理人认为情况III最有可能发生，那么重组方案肯定不会实施，因为股东会有250万元的损失。股票的价格下降了750万元，只有现在的250万元，即便他们获得了500万元的红利，仍然有250万元的损失(-750+500=-250)，而且这时公司的价值也下降了250万元(750-1 000=-250)。

最后，假设情况II发生的可能性最大，那么这一重组将不会影响股东的利益。因为股东既不盈利也不损失，而且值得注意的是公司的价值这时也没有变化。

例5解释了为什么经理人要千方百计地提升公司的价值，而不是只考虑股东的利益，换言之，它回答了前面的第一个问题。由此我们总结出：资本结构的变化只有在公司价值得到提升时股东才能受益。

综上所述，我们可以推导出：公司应该选择使其价值最大化的资本结构，因为这一资本结构将使股东获得最好的收益。

▲第三节　最优资本结构的决定

前面我们知道了只有取得公司价值最大的时候，股东的利益才能最大。现在我们要探讨的是如何决定最优的资本结构。我们将从资本结构对股东回报的影响方面开始讨论并举例说明。

【例6】 B公司目前没有债务。该公司正在考虑发行债务回购一部分股票。当前的和预计的资本结构如表17-5所示。公司总资产8 000万元，股票数量400万股，每股价值20元。该公司准备借款4 000万元回购股票，剩余4 000万元仍为权益资本，利率为10%。

表17-5　B公司资本结构　　　　　　　　　　　　　　　　　　　　　　　　单位：万元

	当前	预计
资本	8 000	8 000
债务	0	4 000
权益	8 000	4 000
利率	10%	10%
市值/股(元)	20	20
发行股数(万股)	400	200

经济状况在当前资本结构下对每股盈利的影响如表17-6所示。在正常经济条件下公司预计盈利1 200万元。由于资产为8 000万元，所以总资产收益率(ROA)为15% (1 200/8 000)。基于目前公司为全权益资产公司，因此净资产收益率(ROE)也为15%。每股盈利(EPS)是3元(1 200/400)。类似地，在经济不景气和扩张时期，EPS分别为1元和5元。

表17-6和表17-7所示的是财务杠杆的影响及利息前的盈利情况。如果利息前盈利为1 200万元，ROE在预计的资本结构下为最高。如果利息前盈利为400万元，则ROE在目前的资本结构下为最高。

表17-6　B公司资本结构　　　　　　　　　　　　　　　　　　　　　　　　单位：万元

	不景气	正常	扩张
总资产收益率(ROA)	5%	15%	25%
盈利	400	1 200	2 000
净资产收益率(ROE)	5%	15%	25%
每股盈利(EPS)(元)	1	3	5

表17-7　B公司预计资本结构(债务=4 000万元)　　　　　　　　　　　　　　单位：万元

	不景气	正常	扩张
总资产收益率(ROA)	5%	15%	25%
利息前盈利(EBI)	400	1 200	2 000
利息	-400	-400	-400
税后盈利	0	800	1 600
净资产收益率(ROE)	0	20%	40%
每股盈利(EPS)(元)	0	4	8

这些思想我们可以通过图17-1直观地表达出来。图中实线代表的是没有杠杆的情况。这条线从原点出发表明如果利息前收入为0时，EPS为0，EPS随着利息前收入的增加而增加。虚线表示的是有4 000万元债务的情况。当利息前收入为0时，EPS为负数。这是由于无论公司效益如何都要支付400万元的利息。

现在考虑两条线的斜率。虚线的斜率大于实线的斜率。造成这种情况的原因是有债务要比没有债务时的股票数量少，由于盈利的增长贡献给较少的股票，从而任何利息前盈利(EBI)的增加会导致杠杆公司的每股盈利(EPS)有更大的增长。

由于虚线的截距小而且斜率大，所以两条线必然会交于一点，这就是盈亏平衡点，从图上看出这点是利息前盈利(EBI)800万元。这意味着，当EBI为800万元时，公司有杠杆和无杠杆两种情况下的每股盈利(EPS)是一样的，都是2元；当EBI大于800万元时，有杠杆的情况会使公司的EPS大于无杠杆时的EPS；反之，当EBI小于盈亏平衡点800万元时，有杠杆的EPS小于无杠杆的EPS。

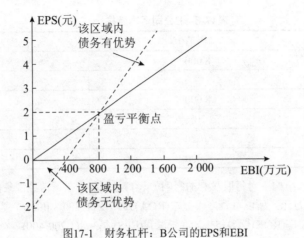

图17-1　财务杠杆：B公司的EPS和EBI

第四节　MM定理：命题I

※一、债务与权益的选择

通过表17-6、表17-7和图17-1，我们清楚地看出杠杆对EPS的影响，这一点是非常重要的。尽管如此，我们还没有揭示其中的关键问题，即对于B公司来说，哪一种资本结构更好。

由表17-6和表17-7可以看出，在正常情况下，有杠杆时的EPS是4元，而无杠杆时的EPS是3元，所以很多人会说公司有债务好。但不要忘记债务会带来风险，尤其是在不景气的时候，无杠杆的EPS是1元，而有杠杆的EPS为0。所以，厌恶风险的投资者可能更倾向于无债务的公司，风险中立的投资者可能倾向于杠杆(有债务)公司。在得出这样一个模棱两可的说法后，到底哪一种资本结构更好？我们还是不能确定。

莫迪格利安尼和米勒(Modigliani and Miller，MM)给出了一个答案，即公司不能通过改变它的资本结构来改变它所发行的证券价值。换言之，在不同的资本结构下，公司的价值都是一样的。另外一种表述是，不存在一种资本结构优于另一种资本结构的情况。这一结果就是著名的MM定理I。

MM定理I(无税)：杠杆公司的价值与无杠杆时的价值是一样的。

在提出MM理论之前，关于资本结构的理论非常复杂。莫迪格利安尼和米勒大大简化了资本结构理论，他们说，如果杠杆公司的股票定价太高，那么理性的投资者将代替公司去借钱，然后将借来的钱连同自己的资金一同购买无杠杆公司的股票，这样的替代通常称为自制杠杆。当股东个人按与公司相同的利率借款时，那么他们就可以复制出与有杠杆的公司一样的效果。

▲二、一个关键的假设

以上的MM理论一个关键的假设就是股东个人可以借到与公司一样便宜的资金，即两者的借款成本相同。如果个人的借款成本高于公司的话，那么很容易证明公司可以通过增加债务而提高公司的价值。

这一相同借款成本的假设成立吗？答案是成立的。个人的借款成本不一定要高于公司。因为，股东借款可以通过股票经纪人，比如某人想买10 000元股票，而他自己可以拿出6 000元，剩下的4 000元可以同经纪人处借款。经纪人出借资金有两个条件：一是要求借款人随时补充他账户内的资金；二是要以他的股票作质押，从而经纪人面临的违约风险很小。特别是当借款人账户余额不足时，经纪人可以卖掉质押的股票补偿贷款。所以，经纪人收取的利息通常较低，在很多情况下，只是略高于国债利率(无风险利率)。

与之相对应的，公司借款时通常以非流动性资产作抵押。贷款人处理危机的成本很高，包括前期调研和贷后监管等，一旦遇到违约，非流动性资产的处置也要相当高的时间成本。所以，个人贷款利率不一定会比公司的利率高。因此，二者借款成本相同的假设应该是成立的。

第五节　MM定理：命题II

一、杠杆与股东的风险

也会有人反对这一说法，他们说，公司发生债务不一定是好事，尽管股东的预期收益率增加了，但他们所承担的风险也大了。通过检验表17-6和表17-7，我们不难看出，不同的经济状态使公司的EBI在400万元到2 000万元之间变化，这样的变化带给无债务时的EPS的变化是在1元与5元之间，而带给有债务的EPS是0元与8元之间的变化。在有债务的情况下，这一EPS更大范围的浮动隐含着股东的风险加大了。换言之，在经济状况好时，有债务情况下的股东可获得比无债务情况下的股东更好的回报，而在经济状况较差时，有债务情况下的股东会获得比无债务情况下股东更差的回报。

通过图17-1也可得出同样的结论。图中虚线的斜率大于实线的斜率，这说明，有债务时，公司股东在经济状况较好时有更好的回报，而在经济状况较差的情况下有更坏的回报。换句话说，由于斜率是ROE对公司利息前盈利变化的反应程度，所以斜率测量了股东风险的大小。由此，下面介绍MM定理II。

※二、公司债务与股东预期收益率

由于有债务的权益面临更大的风险，它就应该有更高的收益作为补偿。例如，市场只对无债务公司要求15%的预期收益率，但对有债务的公司要求20%的预期收益率。

这一推理便于我们引入MM定理II。MM定理认为，权益资本的收益率与杠杆正相关，其主要根据是财务杠杆增加了股东的风险。

MM定理I有一个隐含的意思，即无论资本结构如何，加权资本成本都是一致的。现在我们在这一基础上讨论一下MM定理II。

我们将r_0定义为全部为权益资本公司的资本成本，公式为

$$r_0 = \frac{\text{无债务公司的预期盈利}}{\text{权益资本}} = \frac{1\,200}{8\,000} = 15\%$$

这一结果与r_{WACC}相等。实际上，如果不存在公司税，那么r_{WACC}一定与r_0相等。

命题II陈述的是对于有杠杆的公司而言，其股东的预期收益率r_S的大小是利用等式$r_{WACC} = r_0$，然后重新安排得出的，计算公式为

$$r_S = r_0 + \frac{B}{S}(r_0 - r_B) \tag{17-14}$$

式(17-14)隐含着股东的投资预期收益率是公司债务资本与权益资本比例的线性函数。式中，如果r_0大于r_B，则权益成本会随着债务与权益比例$\frac{B}{S}$的升高而增大。通常来说，其要大于1，因为权益资本的收益比确定的债务资本的风险要大，所以使得股东要求的收益率r_0相应地要高。

以上的描述也可通过图17-2直观地表达出来。

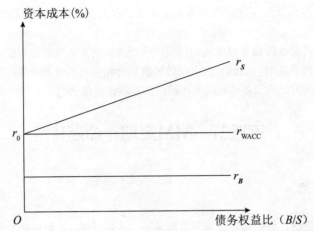

图17-2 权益资本成本、债务资本成本和加权资本成本：MM定理II(无税)

权益资本成本r_S与B/S的比例正相关，而公司的加权资本成本与资本结构无关。图中需要注意的一点是r_0只是一点，而r_{WACC}是整个一条线。

※三、对MM定理的总结(无税)

1. 假设
(1) 无税；
(2) 无交易成本；
(3) 个人与公司的借款利率相同。

2. 结论
命题I：$V_L = V_U$(有杠杆时的公司价值与无杠杆时的公司价值相等)

命题II：$r_S = r_0 + \dfrac{B}{S}(r_0 - r_B)$

3. 进一步的理解
命题I：通过自制杠杆，个人可以获得视同公司有同样杠杆的效果。
命题II：有杠杆公司的权益资本成本升高，因为有杠杆时，股东的风险增大了。

四、对MM定理的再解释

MM定理的结论指明公司不能通过重组其资本结构而改变其价值。这一理论自20世纪50年代问世以来，被认为是具有革命性的理论，他们的模型和推理也一直受到人们的推崇。

根据MM定理，尽管债务资本的成本明显低于权益资本的成本，但公司整体的资本成本也不会因为债务资本替代权益资本而降低。原因是债务的加入会使权益资本更具风险，而这一风险的增加必然造成权益资本成本的提高，由债务资本带来的低成本被增加的权益资本成本抵销了，从而公司的价值和整体资本成本不会随资本结构的变化而改变。

尽管学者们对深奥的理论情有独钟，但普通人也许更关注现实中的情况。现实世界中，公司经理们是否遵从或者接受MM定理关于资本结构无关的理论？不幸的是，所有的公司都不会随意选择自己的资本结构。对于一些特定的行业(如银行业)，选择的是高债务比例结构；而对于其他行业(如制药业)，往往选择低债务的资本结构。事实上，任何一个行业都有其适合的债务-权益结构。所以，财务学家和经济学家们都考虑是否现实世界中的一些因素被理论所忽略了。

当检查理论做出不太符合实际的假设的时候，我们发现了以下两个方面的因素：

(1) 税的因素被忽略了;
(2) 破产清算成本和其他一些代理成本被忽略了。
下面我们来讨论上述两个因素的影响。

第六节 考虑税的因素后的MM定理

※一、公司价值与债务资本

正如之前章节所指出的,在不考虑税的情况下,公司价值与资本结构无关。现在我们要说明的是,在公司税存在的情况下,公司价值与债务资本呈正相关。这一直观的表述可用图17-3来表达。

图17-3中,左边的圆圈为全权益资本公司。这里,股东和税务部门对公司的价值具有请求权。当然股东所拥有的公司价值只是所有价值中的一部分,而税的那一部分自然成为股东的成本。右边的圆圈为有债务的公司,通常称为杠杆公司。从图中可以看出,有三方同时对公司的价值具有请求权:股东、债权人和税务部门。

杠杆公司的价值为权益资本和债务资本之和。前面说过,财务经理要选择使公司价值最大化的资本结构。从两图的对比中发现,支付最少税金的资本结构就是使公司价值最大的资本结构。

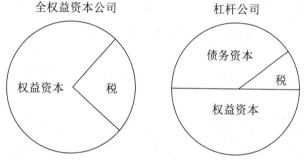

图17-3 存在公司税情况下的资本结构图

从我们的分析来说,最相关的两个数据包括:一是税后收入,即股东所有的现金流;二是利息,即债权人所享有的现金流。利息可税前扣除,而利息后的收入要按一定的税率上缴所得税。

对于全权益资本公司而言,应纳税收入为息税前盈余(EBIT),其应缴纳税金为EBIT × T_c。这里的T_c为公司所得税率。

纳税后收入,即属于股东的现金流为

$$\text{EBIT} \times (1 - T_c) \tag{17-15}$$

对于杠杆公司而言,应纳税收入为

$$\text{EBIT} - r_B \times B \tag{17-16}$$

其应缴纳税金为

$$T_c \times (\text{EBIT} - r_B \times B) \tag{17-17}$$

在杠杆公司中,可为股东用于分红的现金流为

$$\text{EBIT} - r_B \times B - T_c \times (\text{EBIT} - r_B \times B) = (\text{EBIT} - r_B \times B) \times (1 - T_c)$$

在杠杆公司中,可用于股东和债权人的现金流之和为

$$\text{EBIT} \times (1 - T_c) + T_c \times r_B \times B \tag{17-18}$$

可以看出,杠杆公司的现金流在一定程度上依赖债务融资B的金额。

问题的关键可在比较式(17-15)和式(17-18)中看出,它们之间的差额为$T_c \times r_B \times B$,它是杠杆公司为

投资人创造的多余的现金流。这里的投资人既包括股东,也包括债权人。这一现金流也是没有流向税务部门的资金。

▲二、税收挡避的现值

上面我们讨论了债务给公司带来的税金上的优势,现在我们来测量下这一优势的价值是多少。通过前面的学习,我们知道杠杆公司比全权益资本公司每个期间多产生的现金流为

$$T_C \times r_B \times B \tag{17-19}$$

式(17-19)通常称为债务的税收挡避,注意这是一个以年为单位的金额。

假设式(17-19)的现金流与利息有相同的风险,所以它的价值可用利率作为折现率进行折现,并假设这一现金流是永续的,所以税收挡避的现值为

$$\frac{T_C \times r_B \times B}{r_B} = T_C \times B \tag{17-20}$$

▲三、杠杆公司的价值

刚才计算了由债务带来的税收挡避的现值,下一步就是计算杠杆公司的价值。这一价值由两部分组成,一部分是全权益资本公司(非杠杆公司)的价值,其现值等于$EBIT \times (1-T_c)$。

$$V_U = \frac{EBIT \times (1-T_C)}{r_0} \tag{17-21}$$

式中,V_U为非杠杆公司的现值,$[EBIT \times (1-T_C)]$为税后公司现金流,T_c为公司所得税税率,r_0为非杠杆公司的资本成本。

杠杆公司价值的第二部分现金流是$T_c \times r_B \times B$,即税收挡避,其现值就是式(17-20)所计算的结果。由此,得出了考虑公司税的MM定理I:

$$V_L = \frac{EBIT \times (1-T_C)}{r_0} + \frac{T_C \times r_B \times B}{r_B} = V_U + T_c \times B \tag{17-22}$$

式中,V_L为杠杆公司的现值。

式(17-22)揭示了随着债务的增加,公司得到的税收挡避会越来越多,公司可以用债务资本来代替权益资本,从而增加它的现金流和价值。我们可以说资本结构是很重要的:通过增加债务-权益比率,可以降低应缴税金,从而增加公司的总价值。这一动力会驱使公司采取100%债务的资本结构。

▲四、预期收益和公司税存在情况下的杠杆

如前所述,MM定理II指出在没有税的情况下权益资本的预期收益与杠杆成正比,这是因为权益资本的风险随着杠杆的增加而增加。上述结论也同样适用于有公司税的现实情况。有公司税时的MM命题II公式为

$$r_S = r_0 + \frac{B}{S} \times (1-T_C) \times (r_0 - r_B) \tag{17-23}$$

▲五、股票价格与杠杆

到目前为止,我们确信公司的资本结构可以增加企业的价值,而且通过前面的分析,我们还知道,

只有在取得公司价值最大化时才能使股东利益最大化。这样一般性的描述可能还不能使人们信服，那么我们不妨用数据进一步说明这个问题，看一看在公司价值增加后为什么股东是最大的受益者。

【例7】 C公司没有债务，其在外流通的普通股为100万股，每股市场价格为100元，该公司以市场价值计算的资产负债表如表17-8所示。

表17-8　C公司以市场价值计算的资产负债　　　　　　　　　　单位：万元

资产		负债与股东权益	
资产	10 000	股东权益	10 000
总额	10 000	总额	10 000

该公司宣布准备不久将发行4 000万元的债券以回购4 000万元的股票。这一决定将改变公司的资本结构，也通过获得税收挡避的好处来增加公司的价值。我们假设市场是有效的，在公司宣布以债券换购股票这一消息的当天，公司价值的增加就反映了出来，公司的资产负债表在宣布的当天(非实际交换的那一天)变为表17-9。

表17-9　C公司宣布以债券换购股票当天的资产负债表　　　　单位：万元

资产		负债与股东权益	
资产	10 000	股东权益	11 400
税收挡避现值 $T_c \times B = 0.35 \times 4000$	1 400		
总额	11 400	总额	11 400

由于债券还没有真正发行，因而资产负债表的右侧只有所有者权益一项。现在每股价格为114元(11 400万元/100万股)，意味着14元价值的增加额全部被股东获得。

在回购股票时，发行了4 000万元的债券，其收入用于购买股票，那么可以回购多少股票呢？由于现在该公司股票的市场价格为114元，所以4 000万元可以回购的股票数量为35.09万股(4 000万元/114元)，剩下64.91万股(100 – 35.09)在市场上流通。该公司的资产负债表成为表17-10。

表17-10　C公司以债券回购股票时的资产负债表　　　　　　　单位：万元

资产		负债与股东权益	
资产	10 000	股东权益	11 400
税收挡避现值	1 400	债务	4 000
总额	11 400	总额	11 400

通过该例说明以下两个问题：

(1) 表明通过债务融资而使公司价值的提升引起了股票价格的升高，事实上，股东独揽了全部的1 400万元的税收挡避的价值；

(2) 表明市场价值的资产负债表具有分析意义。

第七节　破产成本

一、财务困境的成本

虽然债务能够提供税务的优惠，但同时给公司增加了压力，因为借款的利息和本金是必须要支付和偿还的。上述支付和偿还的义务一旦不能履行，公司就面临着财务的困境，而财务上的困境最终会导致公司破产，届时公司财务的物权将合法地从股东一方转移给债权人。这一破产成本(或称财务困境成本)将抵销债务所带来的税收上的好处。

▲二、公司使用债务资本能力上的限制

既然上述成本如此严重,以至使公司的价值降低,因而各公司的财务经理都想尽办法来减少这些财务困境的成本。他们通常的做法是与债权人签订保护性契约,并将这种契约作为全部贷款合同的一部分。这个保护性契约是必须严格执行的,如果违反契约的规定,将视同为违约而被起诉。保护性的契约可以分为两种:消极的契约和积极的契约。

消极的契约是指双方签订一些限制或禁止公司采取某些活动的条款。一些典型的条款有:
(1) 限制公司支付红利的金额;
(2) 公司不得将任何资产抵押给其他任何另外的贷款人;
(3) 公司不得与其他公司合并;
(4) 公司未经贷款人允许不得变卖或出租它的任何资产;
(5) 公司不得发行另外的长期债务。

积极的契约是指双方签订公司同意遵守的条款。典型的例子有:
(1) 公司同意维持一定水平的营运资金;
(2) 公司必须定期向贷款人提供财务报表。

保护性契约虽然减少了灵活性,但是它能降低破产清算的风险,从而降低相应的成本,同时它还能以最低的成本解决股权与债权之间的冲突。正是因为这些原因,股东都很赞成签订所有合理的借款契约。

▲三、综合税与财务困境成本两种因素

MM定理说明,在税的因素存在的情况下,公司价值随着杠杆的增加而增加,这意味着所有公司应该选择最大的债务-权益比率。但是,过多的债务又会产生破产成本,降低公司价值。现在将两个因素综合考虑,二者对公司价值的共同影响与作用我们用图17-4来加以描述。

图17-4中,斜线表示没有破产成本情况下公司的价值,我们看到公司价值随债务的增加而增加。那条凸线表明存在破产成本因素时的公司价值。这条曲线在无债务到小比例债务的区间内是上升的,然而,当债务不断增加时,破产成本现值将以较快的速度增加。在某一点上,当额外增加的单位债务所带来的破产成本现值的增加等于税收挡避现值的增加时,这点就是使公司价值达到最大的债务水平,在图中用B^*表示。换言之,B^*就是最优的债务金额水平。债务金额水平超出这一点,就会使成本的增加快于税收挡避的增加,也就意味着公司的价值会随着杠杆的进一步增加而降低。

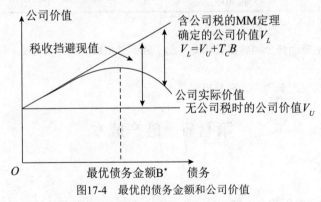

图17-4 最优的债务金额和公司价值

以上的讨论介绍了影响公司杠杆水平的两个因素。由于财务困境的成本很难用精确的数据来测量,所以我们还不能给出一个精确的决定公司债务水平的特点公式。但我们知道公司的资本结构是在税收挡避的好处与财务困境成本之间的权衡过程中所决定的。

※第八节 公司如何建立最优资本结构

在不同行业的比较中发现,每个行业各自都有较为一致的负债率。表17-11显示,成长型的、未来有很大投资机会的行业(如生物制药、电子等)的负债比率通常很低。相比之下,那些低增长、相对有较少投资机会的行业(诸如造纸、酒店等)有较高的负债比率。这些实证经验同理论上的税收挡避与财务困境成本的权衡而形成的优化资本结构的结论是一致的。

表17-11 非金融行业的资本结构比率(美国,1997)

高杠杆行业	负债总额/总资产市场价值	低杠杆行业	负债总额/总资产市场价值
建筑	60.2	生物制药	4.8
酒店	55.4	电子	9.1
航空运输	38.8	计算机	9.6
初级金属	29.1	管理服务业	12.3
造纸	28.2	保健	15.2

从理论和实践研究两方面结合起来,有4个重要的因素综合考虑,从而企业可以根据自己所在行业和企业的实际情况建立合理的资本结构。

(1) 税。如果企业能够产生应税收入,则公司就有能力增加债务。

(2) 资产的类型。如果公司有大量的固定资产,比如土地、建筑物和其他有形资产,那么公司面临的财务困境的成本就较低,从而公司就有较强的债务融资能力。

(3) 营业收入的不确定性。如果公司的营业收入有较大的不确定性,则即便是没有债务也会有较大的财务风险而面临财务困境,所以这类企业就一定会采取权益融资。

(4) 啄食顺位。根据啄食顺位理论,公司在需要资金时,融资的先后顺序依次是先内部权益(留存收益),后外部融资。当资金需求超出留存收益时,发行债务在先,而后是发行股票。这样的次序可以用以下两点来加以解释:① 外部融资的成本较高;② 信息不对称会造成股东不愿意购买新的股票。

实践中,很多企业都参考行业平均的资本结构,因为人们认为现存的公司是竞争中的幸存者,因而它们的资本结构通常较为合理。

第九节 杠杆项目或杠杆公司的评估

在资本预算一章中,我们介绍了评估项目的基本方法。实际上,该章的介绍隐含了一个假设,即需评估项目的资金全部来源于权益资本,没有债务。而当项目有了债务资本之后,应如何评估其价值呢?有三种方法可用于这类杠杆项目的评估[①],它们是:现值调整法(adjusted present value,APV)、股权收益法(flow-to-equity,FTE)和加权平均资本成本法(weighted average cost of capital,WACC)。

※一、现值调整法

式(17-24)是现值调整法(APV)最好的描述方法,其计算公式为

$$APV = NPV + NPVF \tag{17-24}$$

式中,APV为杠杆项目的价值,NPV为无杠杆项目的净现值,NPVF为债务融资。

债务融资能带来4个方面的作用,有正面的作用,也有反面的作用:

(1) 税收的优惠,税收优惠的价值为T_cB;

---

① 这些方法同样适用于评估杠杆公司。

(2) 发行债券的成本；

(3) 财务困境的成本；

(4) 其他债务融资的优惠，国家和地方政府发行的债券，其利息所得是免税的，因而通常这类债券所支付的利息较低。

以上4方面的作用都是很重要的，而税收上的优惠在实践中被认为是价值最大的一种，基于此，当只考虑税收优惠而忽略其他三个方面时，计算公式为

$$APV = NPV + T_C B \tag{17-25}$$

※二、股权收益法

股权收益法简单说就是杠杆公司中项目所产生的流向股东的现金流按权益资本成本r_S加以折现的方法。假设杠杆公司永续存在，则有

$$项目价值 = 杠杆公司中项目所产生的属于股东的现金流 / r_S \tag{17-26}$$

该方法有以下三个步骤。

1) 计算杠杆现金流

假设利率为10%，永续流向股东的现金流如表17-12所示。

表17-12 永续流向股东的现金流　　　　　　　　　　　　　　　　　单位：元

现金流入	500 000.00
现金流出	−360 000.00
利息费用(126 229.50 × 10%)	−12 622.95
利息前收入	127 377.05
公司税	−43 308.20
杠杆现金流	84 068.85

2) 计算股东必要报酬率(r_S)

我们假设无杠杆资本成本r_0为20%。如前所述，在杠杆公司中，权益资本要求的必要报酬率为

$$r_S = r_0 + \frac{B}{S} \times (1 - T_C) \times (r_0 - r_B) \tag{17-27}$$

我们的目标债务-权益比例为1/3，将以上数据代入式(17-27)得

$$r_S = 20\% + \frac{1}{3} \times (1 - 34\%) \times (20\% - 10\%) = 22.2\%$$

3) 估值

项目杠杆现金流的现值为

$$\frac{84\ 068.85}{22.2\%} = 378\ 688.50 元$$

由于初始投资为475 000元，借款126 299.50元，所以公司必须自己拿出现金348 770.50元。该项目的价值即为杠杆现金流的现值与初始投资中公司自己拿出那部分的差额，即

$$378\ 688.50 - 348\ 770.50 = 29\ 918 元$$

这一结果与基于APV法得出的结果是一样的。

※三、加权平均资本成本法

前面我们较为详细地介绍了加权平均资本成本法(WACC)，这一资本成本作为贴现率考虑了项目的资金来源于股权和债权，描述的是目标资本结构下权益资本成本与债务资本成本的加权平均值。

$$r_{WACC} = \frac{S}{S+B} \times r_s + \frac{B}{S+B} \times r_B \times (1 - T_c) \tag{17-28}$$

公式要求贴现的现金流是无杠杆现金流(UCF)，项目的净现值可用线性公式表示为

$$\sum_{t=1}^{\infty} \frac{UCF}{(1+r_{WACC})^t} - 初始投资额 \tag{17-29}$$

仍使用前面的例题，其债务-权益比为1/3，因而$B/(B+S) = 1/4$，而$S/(B+S) = 3/4$。根据式(17-28)有

$$r_{WACC} = \frac{3}{4} \times 22.2\% + \frac{1}{4} \times 10\% \times (1 - 34\%) = 18.3\%$$

我们看到18.3%的r_{WACC}小于无杠杆公司权益资本成本的20%，因为债务融资提供了税收上的优惠，从而降低了整体的资本成本。

通过前面的计算，我们知道项目的无杠杆现金流(UCF)为92 400元并且永续，决定了项目的现值为

$$\frac{92\ 400}{18.3\%} = 504\ 918 元$$

由于项目的初始投资是475 000元，所以项目的净现值是：

$$504\ 918 - 475\ 000 = 29\ 918 元$$

三种方法得出的结果是相同的。

四、对三种方法的总结

1. 现值调整法

$$\sum_{t=1}^{\infty} \frac{UCF_t}{(1+r_0)^t} + 债务带来的价值 - 初始投资额 \tag{17-30}$$

式中，UCF_t为无杠杆公司项目第t期带给股东的现金流，r_0为无杠杆的权益资本成本。

2. 股权收益法

$$\sum_{t=1}^{\infty} \frac{LCF_t}{(1+r_S)^t} - (初始投资额 - 借款金额) \tag{17-31}$$

式中，LCF_t为杠杆公司项目第t期带给股东的现金流，r_S为带有杠杆的权益资本成本。

3. 加权平均资本成本法

$$\sum_{t=1}^{\infty} \frac{LCF_t}{(1+r_{WACC})^t} - 初始投资额 \tag{17-32}$$

式中，r_{WACC}为加权平均资本成本。

从实践的角度来讲，在资本预算问题上，比较这三种方法，加权平均资本成本法和股权收益法是比较重要的方法，其中加权平均资本成本法最为广泛使用。

第十七章 资本结构

真题精选精析

一、选择题

1.【上海财经大学 2018】某公司借款100万元，年利率为8%，银行要求维持贷款限额20%的补偿性余额，那么公司实际承担的贷款成本为( )。
   A. 6.67%   B. 8%   C. 10%   D. 11.67%

2.【东华大学 2017】最佳的资本结构是指( )。
   A. 每股利润最大时的资本结构
   B. 企业风险最小时的资本结构
   C. 企业目标资本结构
   D. 综合资金成本最低、企业价值最大时的资本结构

3.【华东师范大学 2018】下列有关"优序融资理论"的理解，不正确的有( )。
   A. 债务融资优于内部融资   B. 内部融资优于外部融资
   C. 债务融资优于权益融资   D. 内部融资优于权益融资

4.【上海财经大学 2016】根据MM定理作答，两个公司资产项目相同，A公司是全权益公司，发行在外的股票数是100亿股，股价24元，B公司发行在外股票数200亿股，并且以5%的利率借债1200亿元，请问该公司股价最接近( )元。
   A. 6   B. 8   C. 12   D. 24

5.【清华大学 2016】若公司没有负债，有80 000股普通股，市价为42元/股，目前股权成本为12%，税率为34%，该公司考虑改变目前资本结构，计划按面值发行1 000 000债券，票面利率8%，一年付息一次，债券募集资金将全部用来回购股票，在新资本结构下，股权价值是( )。
   A. 240万   B. 270万   C. 330万   D. 336万

6.【南京航空航天大学 2012】某企业生产一种产品，该产品的边际贡献率为60%，企业平均每月发生固定性费用20万元，当企业年销售额达到800万元时，经营杠杆系数等于( )。
   A. 1.04   B. 1.07   C. 2   D. 4

7.【清华大学 2017】某公司经营杠杆为2，财务杠杆为3，则以下说法正确的是( )。
   A. 如果销售收入下降5%，则EBIT将下降10%
   B. 如果EBIT增加10%，EPS将增加20%
   C. 如果销售收入增加20%，EPS将增加130%
   D. 如果EPS增加20%，EBIT需要增加5%

二、简答题

1.【复旦大学 2017、西南财经大学 2016、首都经济贸易大学 2012】股东与管理者之间的代理成本以及股东与债权人之间的代理成本分别是如何产生的？债务融资与这些代理成本有什么关系？

2.【西南财经大学 2011.2014、对外经济贸易大学 2013、复旦大学 2013、南开大学 2019】简述在公司所得税和财务危机成本的约束下，资本结构的权衡理论的内容，并用图解方式说明公司的价值与负债权益比的关系。

3.【中央财经大学 2018、中南财经政法大学 2017、西南财经大学 2015、首都经济贸易大学 2016.2017、对外经济贸易大学 2011、四川大学 2012.2013】简述优序融资理论的内容及推论。

4.【中南财经政法大学 2014，对外经济贸易大学 2012、中央财经大学 2013、华东师范大学 2013、山东大学 2013】简述WACC法、FTE法、APV法的异同。

三、计算题

1. 【中央财经大学 2017】贝克曼工程公司正在考虑进行资本结构的调整。公司目前负债为2 000万元，利率为8%，当前发行在外的股份为200万股，每股价格为40元。该公司是一家零增长的公司，将利润全部作为红利分配。公司的EBIT为1493.3万元，税率为40%，无风险利率为6%，市场风险溢价为4%。公司考虑将负债率提高到40%(按市场价值计算)，并利用增加的负债资金回购股票。如果增加负债，贝克曼公司需要将旧债全部赎回，替换为利率为9%的新债。公司当前的β值为1。

(1) 如果贝克曼公司没有负债，β值是多少？
(2) 如果公司负债比率提高到40%，公司的β值会变成多少？并求此时的股权资本成本。
(3) 当负债率提高到40%时，求公司的WACC和公司总价值。

2. 【西南财经大学 2017】风尚投资是一家私募基金公司，欲投资一家专门从事自动包装业务的企业，尚德企业就是这一领域的优质公司。这家企业无负值，其β值为1.5。已知当前国债的到期收益率为4%，沪深300指数平均回报率为10%，为了更准确地对这个企业进行估值，风尚投资欲找一家同行业的公司作为参照以降低估计误差。枫叶设计是一家同行业的上市公司，目前股价为20元。在外流通股份数量为1 000万股，另外它还有1亿的债务，债务平均成本为7%，枫叶设计的β值为1.5。

(1) 如果尚德企业仅吸收股权融资，则它的资本成本是多少？写出公式并计算。
(2) 假如枫叶设计的债务β值为0，请估计该公司的无杠杆β值，结合CAMP模型求该公司的无杠杆资本成本。
(3) 请使用CAPM模型计算枫叶设计的权益资本成本，然后使用给定的债务成本计算该公司的总资本成本。
(4) 请解释为什么(2)和(3)中公司的资本成本不一样。

3. 【浙江大学 2017】某大型石化公司A，其公司债务价值为5亿元，负债权益比为10，公司为上市公司，β值为0.8。A公司的债务为无风险债务，收益率为8%，A公司股票今年的期望收益率为16%，正好与资本资产定价模型法(CAPM)预测的一样。A公司有两项资产，一项为多余现金15亿元，β值为0，另一项为化学资产，A公司所得税率为30%。

请计算与回答：
(1) A公司规模扩张型项目(所投资的项目与企业现有的业务相类似)的期望收益率。
(2) A公司化学资产的预期收益率。

4. 【中央财经大学 2016】A公司目前有5 000元的负债，发行在外200股股票，每股价格为50元，公司税率为40%。如果公司不负债，则该公司股权的β值等于1.2。该公司负债为无风险负债，利率为4%，市场组合的收益率为14%。在MM定理的框架下分析如下问题。

(1) 计算A公司目前的WACC。
(2) 公司考虑进行资本结构调整，在现有债务基础上再发行2000元的负债(利率仍然保持4%不变)，利用负债融资回购股票，那么回购之后公司的每股价格会变成多少？

5. 【浙江大学 2018】已知β值为1.2，刚刚发放的股利为0.6元，红利增长率为5%，市场组合利率为10%，国库券利率为4%，股价为60元。

求：(1) 用DDM计算权益资本成本。
(2) 用CAPM计算权益资本成本。
(3) 如何看待两者计算的差异，两者有何实际运用？
(4) 在无税和有税的情况下，说明能否通过增加负债降低权益资本成本。

第十八章 股利与股利政策

第一节 利润分配概述

利润分配是企业按照国家有关法律、法规以及企业章程的规定,在兼顾股东与债权人及其他利益相关者的利益关系基础上,将实现的利润在企业与企业所有者之间、企业内部的有关项目之间进行分配的活动。利润分配决策是股东当前利益与企业未来发展之间权衡的结果,将引起企业的资金存量与股东权益规模及结构的变化,也将对企业内部的融资活动和投资活动产生影响。

▲一、利润分配的基本原则

利润分配是企业的一项重要工作,它关系到企业、投资者等有关各方的利益,涉及企业的生存与发展。因此,在利润分配的过程中,应遵循以下原则。

1. 依法分配原则

企业利润分配的对象是企业缴纳所得税后的净利润,这些利润是企业的权益,企业有权自主分配。国家有关法律、法规对企业利润分配的基本原则、一般次序和重大比例也做了较为明确的规定,其目的是保障企业利润分配的有序进行,维护企业和所有者、债权人以及职工的合法权益,促使企业增加积累,增强风险防范能力。国家有关利润分配的法律和法规主要有公司法、外商投资企业法等,企业在利润分配中必须切实执行上述法律、法规。利润分配在企业内部属于重大事项,企业的章程必须在不违背国家有关规定的前提下,对本企业利润分配的原则、方法、决策程序等内容做出具体而又明确的规定,企业在利润分配中也必须按规定办事。

2. 资本保全原则

资本保全是责任有限的现代企业制度的基础性原则之一,企业在分配中不能侵蚀资本。利润的分配是对经营中资本增值额的分配,不是对资本金的返还。按照这一原则,一般情况下,企业如果存在尚未弥补的亏损,应首先弥补亏损,再进行其他分配。

3. 充分保护债权人利益原则

债权人的利益按照风险承担的顺序及其合同契约的规定,企业必须在利润分配之前偿清所有债权人到期的债务,否则不能进行利润分配。同时,在利润分配之后,企业还应保持一定的偿债能力,以免产生财务危机,危及企业生存。此外,企业在与债权人签订某些到期债务契约的情况下,其利润分配政策还应征得债权人的同意或审核方能执行。

4. 多方及长短期利益兼顾原则

利益机制是制约机制的核心,而利润分配的合理与否是利益机制最终能否持续发挥作用的关键。利润分配涉及投资者、经营者、职工等多方面的利益,企业必须兼顾,并尽可能地保持稳定的利润分配。在企业获得稳定增长的利润后,应增加利润分配的数额或百分比。同时,由于发展及优化资本结构的需要,除依法必须留用的利润外,企业仍可以出于长远发展的考虑,合理利用利润。在积累与消费关系的处理上,企业应贯彻积累优先的原则,合理确定提取盈余公积和分配给投资者利润的比例,使利润分配真正成为促进企业发展的有效手段。

二、利润分配的项目

按照我国《公司法》的规定,公司利润分配的项目包括以下两部分。

第一,法定公积金。法定公积金从净利润中提取形成,用于弥补公司亏损、扩大公司生产经营或者转为增加公司资本。公司分配当年税后利润时应按照10%的比例提取法定公积金;当法定公积金累计额达到公司注册资本的50%时,可不再继续提取。任意公积金的提取由股东会根据需要决定。

第二,股利(向投资者分配的利润)。公司向股东(投资者)支付股利(分配利润),要在提取公积金之后。股利(利润)的分配应以各股东(投资者)持有股份的数额(投资额)为依据,每一股东(投资者)取得的股利(分得的利润)与其持有的股份数(投资额)成正比。股份有限公司原则上应从累计盈利中分派股利,无盈利不得支付股利,即所谓"无利不分"的原则。但若公司用公积金抵补亏损以后,为维护其股票信誉,经股东大会特别决议,也可用公积金支付股利。

三、利润分配的顺序

公司向股东(投资者)分派股利(分配利润),应按一定顺序进行。按照我国《公司法》的有关规定,利润分配应按下列顺序进行。

第一,计算可供分配的利润。将本年净利润(或亏损)与年初未分配利润(或亏损)合并,计算出可供分配的利润。如果可供分配的利润为负数(即亏损),则不能进行后续分配;如果可供分配的利润为正数(即本年累计盈利),则进行后续分配。

第二,计提法定公积金。按抵减年初累计亏损后的本年净利润计提法定公积金。提取公积金的基数,不一定是可供分配的利润,也不一定是本年的税后利润。只有不存在年初累计亏损时,才能按本年税后利润计算应提取数。这种"补亏"是按账面数字进行的,不能用资本发放股利,也不能在没有累计盈余的情况下提取公积金。

第三,计提任意公积金。

第四,向股东(投资者)支付股利(分配利润)。

公司股东会或董事会违反上述利润分配顺序,在抵补亏损和提取法定公积金之前向股东分配利润的,必须将违反规定发放的利润退还公司。

第二节 股利的种类与发放程序

※一、股利的种类

最普遍的股利形式有以下两种。

1) 现金股利

现金股利(cash dividend),即以现金的形式发放给股东的股利,也称为红利。现金股利是最主要的一种股利支付方式。现金股利的一种替代形式是股票回购,即公司使用现金从股东手中购买回来自己公司的股票,促使股票价格上涨从而使股东获得资本利得,这是股东取得现金股利的另一种方式。

2) 股票股利

股票股利(stock dividend),即以增发股票的形式支付给股东的股利。股票股利没有现金实实在在地离开公司,它本质上只是增加了公司的股票数量,相应使每股价格下降。它通常以比率的形式表示,如2%的股利,意味着股东每50股将收到1股,原来的100股就相应变成了102股。

类似于股票股利的还有拆股的形式,即将原来的一股分拆成若干股。这种股利形式也同样只是增加了公司股票的数量,同时使每股价格下降。例如,公司宣布执行3:1的拆股方案,则原先的100股将相应变为300股，同时每股股价也相应降至原先的1/3。

股票股利与拆股只是在财务会计账目的处理上不同。股票股利将留存收益(retained earning)结转到实收资本中，而拆股没有这样的结转，只是反映出每股面值的降低。

除以上形式外，还有其他非现金的股利支付方式，如以公司自身的产品或资产等形式支付的财产股利，或以公司的应付票据支付的负债股利等。这两种形式的股利不经常使用。

▲二、股利的发放程序

1. 决策程序

上市公司股利分配的基本程序是：首先由公司董事会根据公司盈利水平和股利政策，制定股利分派方案，提交股东大会审议，通过后方能生效；然后，由董事会依股利分配方案向股东宣布，并在规定的股利发放日以约定的支付方式派发；在经过上述决策程序之后，公司方可对外发布股利分配公告、具体实施分配方案。我国股利分配决策权属于股东大会。我国上市公司的现金分红一般是按年度进行，也可以进行中期现金分红。

2. 分配信息披露

根据有关规定，股份有限公司利润分配方案、公积金转增股本方案须经股东大会批准，董事会应在股东大会召开后两个月内完成股利派发或股份转增事项。在此期间，董事会必须对外发布股利分配公告，以确定分配的具体程序与时间安排。股利分配公告一般在股权登记前三个工作日发布。如果公司股东较少，股票交易又不活跃，公告日可以与股东支付日在同一天。公告内容包括：①利润分配方案；②股利分配对象，为股权登记日当日登记在册的全体股东；③股利发放对象。我国上市公司的股利分配程序应按登记的证券交易所的具体规定进行。

3. 分配程序

以我国深圳证券交易所的规定为例，对于流通股份，其现金股利由上市公司于股权登记日前划入深交所账户，再由深交所于登记日后第三个工作日划入各托管证券经营机构账户，托管证券经营机构于登记日后第五个工作日划入股东资金账户。红股则于股权登记日后第三个工作日直接计入股东的证券账户，并自即日起开始上市交易。公司一旦宣布有股利派发，那么它就是公司应履行的义务，不能轻易取消或更改，必须在指定的日期将承诺的股利发放给股东。红利分配的方案有以下几种表示方法：①以每股金额(dividend per share)计算；②以占市场价格的百分比-红利收益率(dividend yield)计算；③以占每股盈利的百分比-红利支付率(dividend payout ratio)计算。

4. 股利支付过程中的重要日期

(1) 宣布日(declaration date)：股东大会决议通过并由董事会宣布发放股利的日期。

(2) 股权登记日(date of record)：有资格领取股利的股东登记截止日期。只有在登记日登记在册的股东才有权领取本期股利。股权登记日也称为除权日。

(3) 除息日(ex-dividend date)：除去股利的日期，即股利领取权与股票分开的日期。由于股票买卖交易后，需要一定时间办理股票过户手续，因而对于在股权登记日之前几天购买了股票的股东，如果由于时间问题而未能在股权登记日办理好股票过户手续而失去股利领取资格的话，则对他们是不公平的，所以就有必要规定一个日期。按证券业的惯例，一般规定在股权登记日的前4天为除息日。凡是在除息日之前购买的股票，即使在登记日未办理好过户手续，也有资格领取股利。但在除息日当天或以后购买的股票则不能领取股利。除息日前后股票的价格明显不同，之前的股票价格中包含股利领取权，而在当日或之后的股票价格会下跌，因为它不再包含股利。

(4) 支付日(date of payment)：是将股利正式发放给股东的日期。

以上股利支付程序可用图18-1清晰地表示。

图18-1 股利支付程序(举例)

第三节 股利政策的基本理论

所谓股利政策就是关于公司是否支付股利以及支付多少股利等方面的方针和策略。在理论与实践当中，人们一直在探讨和研究股利政策对公司股价及企业价值是否有影响的问题，并形成了相应的股利政策理论。

※一、股利无关论

股利无关论认为股利分配对公司的市场价值(或股票价格)不会产生影响。这一理论是米勒(Miller)与莫迪格利安尼(Modigliani)于1961年在下面列举的一些假设之上提出的：①公司的投资政策已确定并且已经为投资者所理解；②不存在股票的发行和交易费用；③不存在个人或公司所得税；④不存在信息不对称；⑤经理与外部投资者之间不存在代理成本。上述假设描述的是一种完美资本市场，因而股利无关论又称为完全市场理论。股利无关论包含以下内容。

1. 投资者并不关心公司股利的分配

若公司留存较多的利润用于再投资，会导致公司股票价格上升，此时尽管股利较低，但需用现金的投资者可以出售股票换取现金。若公司发放较多的股利，投资者又可以用现金再买入一些股票以扩大投资。也就是说，投资者对股利和资本利得并无偏好。

2. 股利的支付比率不影响公司的价值

既然投资者不关心股利的分配，公司的价值就完全由其投资政策及其获利能力所决定，公司的盈余在股利和保留盈余之间的分配并不影响公司的价值，既不会使公司价值增加，也不会使公司价值降低。

股利无关理论认为，投资者不关心公司股利的多少，因为公司的股票价格完全由公司已有的投资战略和获利能力所决定，而非取决于股利政策。在公司有较好投资机会的情况下，股票价格就会上升。如果这时股利分配较少，投资人也可以通过自制股利增加现金，比如出售自己手中的一部分股票等；如果股利分配较多，则投资人在取得现金后去寻找新的投资机会，比如购买公司的股票，这样仍可以使公司筹集到所需资金。如果投资者出售或购买股票不需纳税和缴纳费用，则公司的股利政策确实与公司价值无关，股东的利益不会受损。

但股利无关理论的假设条件是不成立的，因为现实世界中既存在公司及个人所得税，又存在交易成本。对此，形成了一个对立的观点，即公司的股利政策能够影响股票价格，因而能够影响股东的财富。

※二、股利相关论

如前所述，股利无关论是在完美资本市场的一系列假设下提出的，如果放宽这些假设条件，股利政策就会显现出对公司价值(或股票价值)产生的影响。

1. 税差理论

在股利无关论中假设不存在税收，但在现实条件下，现金股利税与资本利得税不仅是存在的，而且会表现出差异性。税差理论强调了税收在股利分配中对股东财富的重要作用。一般来说，出于保护和鼓励资本市场投资的目的,会采用股利收益的税率高于资本利得的差异税率制度,导致股东会偏好资本利得而不是派发现金股利。即使股利与资本利得具有相同的税率,股东在支付税金的时间上也是存在差异的。股利收益纳税是发生在收取股利的同时,而资本利得纳税则只是在股票出售时才发生,显然继续持有股票可以延迟资本利得的纳税时间,从而体现递延纳税的时间价值。

因此,税差理论认为,如果不考虑股票交易成本,分配股利的比率越高,股东的股利收益纳税负担会明显高于资本利得纳税负担,企业应采取低现金股利比率的分配政策,以提高留存收益再投资的比率,使股东在实现未来的资本利得中享有税收节省。税差理论说明了当股利收益税率与资本利得税率存在差异时,将使股东在继续持有股票以期取得预期资本利得与立即实现股利收益之间进行权衡。如果存在股票的交易成本,甚至当资本利得税与交易成本之和大于股利收益税时,偏好取得定期现金股利收益的股东自然会倾向于企业采用高现金股利支付率政策。

2. 客户效应理论

客户效应理论是对税差效应理论的进一步发展,研究处于不同税收等级的投资者对待股利分配态度的差异,认为投资者不仅对资本利得和股利收益有偏好,即使是投资者本身,因其所处不同等级的边际税率,对企业股利政策的偏好也是不同的。收入高的投资者因其拥有较高的税率表现出偏好低股利支付率的股票,希望少分现金股利或不分现金股利,以更多的留存收益进行再投资,从而提高所持有的股票价格。相比之下,收入低的投资者以及享有税收优惠的养老基金投资者则表现出偏好高股利支付率的股票,希望支付较高而且稳定的现金股利。

投资者的边际税率差异性导致其对待股利政策态度的差异性。边际税率高的投资者会选择实施低股利支付率的股票,边际税率低的投资者则会选择实施高股利支付率的股票。这种投资者依据自身边际税率而显现出对实施相应股利政策股票的选择偏好现象被称为"客户效应"。因此,客户效应理论认为,公司在制定或调整股利政策时,不应该忽视股东对股利政策的需求。换言之,公司应该根据投资者的不同需求,对投资者分门别类地制定股利政策。具体来讲,对于低收入阶层和风险厌恶投资者,由于其税负低并且偏好现金股利,这些投资者希望公司多发放现金股利,从而公司应实施高现金分红比例的股利政策;对于高收入阶层和风险偏好投资者,由于其税负较高并且偏好资本增长,这部分投资者希望公司少发放现金股利,并希望通过获得资本利得适当避税,因此,公司应实施低现金分红比例,甚至不分红的股利政策。

3. "一鸟在手"理论

股东的投资收益来自于当期股利和资本利得两个方面,利润分配的核心问题是在当期股利收益与未来预期资本利得之间进行权衡。企业的当期股利支付率升高时,企业盈余用于未来发展的留存资金会减少,虽然股东在当期获得了较高的股利,但未来的资本利得有可能降低;当企业的股利支付率下降时,用于发展企业的留存资金会增加,未来股东的资本利得将有可能提高。

由于企业在经营过程中存在着诸多不确定性因素,股东会认为现实的现金股利要比未来的资本利得更为可靠,会偏好于确定的股利收益。因此,资本利得好像林中之鸟,虽然看上去很多,但却不一定抓得到,而现金股利则好像手中之鸟,是股东有把握按时、按量得到的现实收益。股东在对待股利分配政策态度上表现出来的这种宁愿取得确定的股利收益,而不愿将同等的资金放在未来价值不确定性投资的态度偏好,被称为"一鸟在手,强于二鸟在林"。

根据"一鸟在手"理论所体现的收益与风险的选择偏好,股东更偏好于现金股利而非资本利得,倾向于选择股利支付率高的股票。当企业股利支付率提高时,股东承担的收益风险越小,其所要求的权益资本收益率就越低,权益资本成本也相应越低,则根据永续年金计算所得的企业权益价值①将会上升;反之,随着股利支付率的下降,股东的权益资本成本将上升,企业的权益价值也就会相应下降。这说明股利政策会对股东价值产生影响,而"一鸟在手"理论强调为了实现股东价值最大化的目标,企业应实

---

① 企业权益价值=分红总额/权益资本成本

行高股利分配率的股利政策。

4. 代理理论

正如之前章节所指出的，企业中的股东、债权人、经理人员等诸多利益相关者的目标并非完全一致，在追求自身利益最大化的过程中有可能会以牺牲另一方的利益为代价，这种利益冲突关系反映在公司股利分配决策过程中表现为不同形式的代理成本。反映两类投资者之间利益冲突的是股东与债权人之间的代理关系；反映股权分散情形下内部经理人员与外部分散投资者之间利益冲突的经理人员与股东之间的代理关系；反映股权集中情形下控制性大股东与外部中小股东之间利益冲突的是控股股东与中小股东之间的代理关系。

(1) 股东与债权人之间的代理冲突。企业股东在进行投资与融资决策时，有可能为增加自身的财富而选择了加大债权人风险的政策，如股东通过发行债务支付股利或为发放股利而拒绝净现值为正的投资项目。在股东与债权人之间存在代理冲突时，债权人为保护自身利益，希望企业采取低股利支付率，通过多留存少分配的股利政策，以保证有较为充裕的现金留在企业以防发生债务支付困难。因此，债权人在与企业签订借款合同时，习惯于制定约束性条款对企业发放股利的水平进行制约。

(2) 经理人员与股东之间的代理冲突。当企业拥有较多的自由现金流时，企业经理人员有可能把资金投资于低回报项目，或为了取得个人私利而追求额外津贴及在职消费等。因此，实施高股利支付率的股利政策有利于降低因经理人员与股东之间的代理冲突而引发的这种自由现金流的代理成本。实施多分配少留存的股利政策，既有利于抑制经理人员随意支配自由现金流的代理成本，也有利于满足股东取得股利收益的愿望。

(3) 控股股东与中小股东之间的代理冲突。现代企业股权结构的一个显著特征是所有权与控制权集中于一个或少数大股东手中，企业管理层通常由大股东直接出任或直接指派，管理层与大股东的利益趋于一致。由于所有权集中使控股股东有可能也有能力通过各种手段侵害中小股东的利益，控股股东为取得控制权的私利而产生的与中小股东之间的代理冲突使企业股利政策也呈现出相应明显的特征。当法律制度较为完善，外部投资者保护受到重视时，有效地降低了大股东的代理成本，可以促使企业实施较为合理的股利分配政策；反之，法律制度建设滞后，外部投资者保护程度较低时，如果控股股东通过利益侵占取得控制权的机会较多，会使其忽视基于所有权的正常股利收益分配，甚至因过多的利益侵占而缺乏可供分配的现金。因此，处于外部投资者保护程度较弱环境的中小股东希望企业采用多分配少留存的股利政策，以防控股股东的利益侵害。正因为如此，有些企业为了向外部中小投资者表明自身盈利前景与企业治理良好的状况，则通过多分配少留存的股利政策向外界传递了声誉信息。

代理理论的分析视角为研究与解释处于特定治理环境中的企业股利分配行为提供了一个基本分析逻辑。如果在企业进行股利分配决策过程中，同时伴随着其他公司财务决策，并处于不同的公司治理机制条件下(如所有权结构、经理人员持股和董事会结构特征等)，基于代理理论对股利分配政策选择的分析将是多种因素权衡的复杂过程。

5. 信号理论

股利无关论假设不存在信息不对称，即外部投资者与内部经理人员拥有企业投资机会与收益能力的相同信息。但在现实条件下，企业经理人员比外部投资者拥有更多的企业经营状况与发展前景的信息，这说明在内部经理人员与外部投资者之间存在信息不对称。在这种情形下，可以推测分配股利可以作为一种信息传递机制，使企业股东或市场中的投资者依据股利信息对企业经营状况与发展前景做出判断。内部经理人也认为股利分配政策具有信息含量，特别是股利支付信息向市场传递了企业的盈利能力能够为其项目投资和股利分配提供充分的内源融资，特别是本期及以前期间的股利支付水平以及变化程度的信息，甚至能够使投资者从中对企业盈利持续性及增长性做出合理判断。

信号理论认为股利向市场传递企业信息可以表现为两个方面：一种是股利增长的信号作用，即如果企业支付股利增加，被认为是经理人员对企业发展前景做出良好预期的结果，表明企业未来业绩将大幅增长，通过增加发放股利的方式向股东与投资者传递了这一信息。此时，随着股利支付率的增加，企业股票价格应该是上升的。另一种是股利减少的信号作用，即如果企业股利支付率下降，股东与投资者会感受到这是企业经理人员对未来发展前景做出无法避免衰退预期的结果。显然，随着股利支付率的下降，企业股票价格应该是下降的。

当然，增发股利是否一定向股东与投资者传递了好消息，对这一点的认识是不同的。如果考虑处于成熟期的企业，其盈利能力相对稳定，此时企业宣布增发股利特别是发放高额股利，可能意味着该企业目前没有新的前景很好的投资项目，预示着企业成长性趋缓甚至下降。此时，随着股利支付率的提高，股票价格应该是下降的；而宣布减少股利则意味着企业需要通过增加留存收益为新增投资项目提供融资，预示着未来前景较好，显然，随着股利支付率下降，企业股票价格应该是上升的。

股利信号理论为解释股利是否具有信息含量提供了一个基本分析逻辑，鉴于股东与投资者对股利信号信息的理解不同，做出的对企业价值的判断也不同。

第四节　股利政策的种类

按照股利政策相关论的观点，股利政策会对股票价格产生影响。因此，公司管理者需要认真对待股利分配的制定，要确定一个适当的、合理的现金流分配方案，即在公司所产生的现金流中，决定多少分配给股东，多少留存于公司作为再投资使用。既然股利分配能影响股价、影响股东财富从而影响企业的经营目标，那么制定股利政策对公司管理层来说就是一项非常重要的工作。当然，制定股利政策的目标就是要实现公司价值最大化，即股东利益最大化。

是否分配股利以及按照什么样的支付比率分配股利，各个公司不尽相同，必须根据公司的具体情况进行选择。有些公司产生了大量的现金流但投资机会较少，所以可以分配较高比例的股利，从而吸引那些偏好高股利的投资人；而有些公司现金流不多但投资机会很多，比如那些新兴的成长型公司，这类公司的股利通常很低甚至没有股利分配，将现金流尽可能多地留存于企业，并用于好的投资项目中，因为公司的再投资能够创造比股东自己投资更高的收益，所以这样的公司股票吸引了那些偏好资本利得收益的投资人。

在制定股利政策时，一般要综合考虑以下4个因素：
(1) 投资人对股利收益和资本利得收益的偏好；
(2) 公司的投资机会的多少与好坏；
(3) 公司的目标资本结构；
(4) 公司的外部融资能力及资本成本。

在实际操作中，一般有4种类型的股利政策使用最为广泛。它们分别是：剩余股利政策、固定股利或稳定增长股利政策、固定支付率股利政策和低股利加额外股利政策。

▲一、剩余股利政策

剩余股利政策是指在企业最优目标资本结构下，税后可分配净利润首先满足投资的需要，若有剩余，则用于发放股利。但是，这种类型的股利政策不受偏好稳定股利的投资人的青睐，因为他们当中很多人的收入水平很大程度上依赖于股利的收入。

根据股利无关理论，事先确定的投资政策实际上隐含了公司已确定的最优资本结构。最优资本结构的综合资本成本最低，这样公司才能实现价值最大化和股东利益最大化。因此，股利政策要满足最优资本结构。在最优资本结构下，公司采取剩余股利政策，那么其在一定期间的股利支付额可用公式表示为

$$股利 = 净利润 - 满足投资政策的留存收益 \tag{18-1}$$

公式中的第二项在目标资本结构中的要求为

$$\text{满足投资政策的留存收益} = \text{目标权益资本比率} \times \text{总投资预算支出} \tag{18-2}$$

现举例说明剩余股利政策的应用。

例如，假设某公司的资本结构为债务40%，权益资本60%。上年度公司的净利润为7 000万元。该公司有一个投资项目需要投入资金8 000万元。若该公司采用剩余股利政策，问该如何确定分配的股利，投资该项目该如何融资？

根据公司目标资本结构，新项目的融资需权益资本8 000 × 60% = 4 800万元，公司净利润7 000万元，那么可用于股利分配的资金 = 7 000 − 4 800 = 2 200万元。

由于投资机会和公司盈利每年都不相同，所以剩余股利政策会导致不稳定的股利，特别对那些带有商业周期性特征的企业，现金流尤其不稳定，致使其股利也有较大幅度的变化。对于那些偏好稳定股利的投资人来说，这种股票是不受欢迎的。

※二、固定或稳定增长的股利政策

所谓固定或稳定增长的股利政策是指企业每年发放的股利固定在某一水平上并在一段较长的时期内保持不变，只有当企业确信在未来有不可逆转的增长势头的时候才增加每股股利额。这一政策的主要目的是避免股利随公司盈利状况的变化而变化，给投资人支付稳定的股利从而向市场传递公司经营稳定的信息。反之，如果公司的股利忽高忽低，这就给投资者传递了企业经营不稳定的信息，从而有可能导致公司股价下跌。另外，这一政策还可以使投资人便于安排他们的收入和支出，特别是那些对股利收入有很强依赖性的投资人更倾向于购买这种股票。

这里还需要指出的是，为了维持稳定的股利发放水平，有时公司的留存收益可能不足以满足未来的投资目标或目标资本结构，而不得不以拖延投资计划或改变资本结构作为代价，但即使是这样，支持稳定股利政策的人认为，这种股利政策所带来的损失也通常会比股利不稳定而造成的股价下跌带来的损失要小。

然而，这一股利政策的缺点也是显而易见的。这是因为基于该股利政策的股利发放金额与公司盈利状况相脱节，从而意味着当公司遇到经营状况欠佳的年份仍要照常支付较高的股利，这样会造成公司财务上的压力，进而导致公司被迫缩减生产规模或增加外部融资成本。

▲三、固定支付率股利政策

所谓固定股利支付率是指规定一个固定的股利占净利润的百分比，公司每年将按照这一比率计算股利的发放额。在这一政策下，每年的股利额会随公司盈利的改变而相应浮动。

这是一种变动的股利政策。这种政策的优点是不会给公司造成过大的财务压力。支持这一政策的学者认为，这一政策体现了多赢多分、少赢少分、不赢不分的原则，公平地对待了每一位股东。但这种政策也有缺点，由于它与盈利密切挂钩，而公司每年盈利有好有坏，所以造成股利忽高忽低，这样会给投资人传递公司经营不稳定的信息，使股价发生波动，对公司不利。

▲四、低股利加额外股利政策

所谓低股利加额外股利是指公司每期支付稳定的但较低的股利，当企业盈利较多时再发放额外股利的一种股利政策。这样既可以保障投资人有稳定的回报，又不会给公司造成过大的财务压力。实际上，这充分体现了债务资本与权益资本之间的区别，作为股东可以享受公司的超额收益，而作为债权人只得到固定的利息收入，对公司超额收益无请求权。

这一灵活的股利政策既可以维持股利的稳定性、保持股价的稳定，又可以保障投资计划的有效实施。

第五节　影响股利政策的因素

以上的分析使我们了解了公司的股利政策如何影响股票的价格、公司未来的投资和资本结构，进而影响公司的价值及股东的财富。所以一个好的股利政策对公司是非常重要的。影响股利政策的因素主要有以下几个。

一、约束条件

公司在进行股利分配的时候往往受到很多方面的限制和约束，比如来自政府方面的法律条款或来自债权人方面的贷款契约等。其具体分为以下几种约束条件。

(1) 资本保全的约束。为了保护债权人的利益，政府以法律或行政命令的形式对公司的股利分配进行一定的限制。规定股利的发放只能用当期利润或累积留存利润，并不能超出留存利润总额。因此，公司必须留有相当的净资产用来吸收损失，当公司陷入困境时，公司往往做出有利于股东的行为，因此，规定公司的资本不能低于债务合约中的最低数额。

(2) 债务契约的约束。为了减少破产成本，在债务融资时，股东与债权人之间通常签订保护性契约。在这类契约中，比较常见的条款是限制股利的发放。

(3) 现金的约束。如果公司虽然账面上的净利润很多，但现金流过小的话，应限制股利的发放。

(4) 利润累积的约束。为了加强公司抵御风险的能力，在公司的净利润中必须先提取各种公积金，余下的部分才可以用于考虑股利的分配。

二、公司自身因素

公司本身的各种特性及生存的外部环境因素也影响股利政策，如投资机会、债务融资能力、项目控制能力等。

(1) 投资机会。如果公司有很多好的投资机会，就会减少股利分配的比例，多留存收益以便进行再投资。

(2) 债务融资能力。公司是否有较强的债务资金的筹措能力在一定程度上影响着股利政策。如果一个公司有较强的举债能力，则可以采取比较宽松的股利政策；反之，不可发放太多的股利。

(3) 项目控制能力，即加快或推迟投资项目的能力。当资金充裕时，公司有能力加快项目的进展，以便不会存留大量闲置的现金；相反，当公司资金不足时，可以推迟项目，保证股利的发放。所以，控制项目能力的大小决定公司是否可以采取稳定的股利政策。

三、股东因素

持有不同偏好、目的的股东都有各自偏好的股利政策，他们会影响公司股利政策的制定。

(1) 追求稳定股利收入的股东。一些股东喜欢常规的股利收入，甚至以股利作为生活的来源。相应地，他们会极力建议采取稳定的股利政策。

(2) 具有控制权的股东。持股比例高的大股东对公司有较大的控制权。如果公司到资本市场去融资，那么无论是债权人还是购买新股的新股东都有可能稀释他们的股权，因而这些人就极力建议公司采取低比例股利分配，多留存利润以减小公司再去融资的可能性。

(3) 不同税级的股东。很多国家的个人所得税采取累进制。对于收入较高的人士来说，边际税率就较高，所以他们不愿意公司采取高股利政策，但对于收入较低的股东来说，由于边际税率较低，所以会比较倾向高股利政策。

第六节 股票回购

股票回购是指公司在有多余现金时，向股东回购自己的股票。近年来，股票回购已成为公司向股东分配利润的一个重要形式，尤其当避税效应显著时，股票回购就可能是股利政策的一个有效的替代方式。

▲一、股票回购的意义

股票回购是指公司出资购回自身发行在外的股票。公司以多余现金购回股东所持有的股份，使流通在外的股份减少，每股股利增加，从而使股价上升，股东能因此获得资本利得，这相当于公司支付给股东现金股利。所以，可以将股票回购看作一种现金股利的替代方式。股票回购与现金股利对股东的同等效用，可以通过下例来说明。

例如，某公司普通股的每股收益、每股市价等资料如表18-1所示。

表18-1 某公司普通股资料表

税后利润	4 000 000元
流通股数	1 000 000股
每股收益(400 000/1 000 000)	4元
每股市价	40元
市盈率(40/4)	10

假定公司准备从盈利中拨出1 000 000元发放现金股利，每股可得股利1 000 000/1 000 000=1元，则每股市价将为40+1=41元。

若公司改用1 000 000元以每股41元的价格回购股票，可购得1 000 000/41=24390股，那么每股收益将为

$$EPS = 4\,000\,000 / (1\,000\,000 - 24\,390) = 4.1元$$

如果市盈率仍为10，股票回购后的每股市价将为4.1×10=41元。这与支付现金股利之后的每股市价相同。可见，公司无论采用支付现金股利的方式，还是采用股票回购的方式，分配给股东的每股现金都是1元。

然而，股票回购却有着与发放现金股利不同的意义。

(1) 对股东而言，股票回购后股东得到的资本利得需缴纳资本利得税，发放现金股利后股东则需缴纳股息税。在前者低于后者的情况下，股东将得到纳税上的好处。但另一方面，上述分析是建立在各种假设之上的，如假设可以用41元回购股票，假设股票回购后市盈率不变等。实际上，这些因素是很可能因股票回购而发生变化的，其结果是否对股东有利难以预料。也就是说，股票回购对股东利益具有不确定的影响。

(2) 对公司而言，进行股票回购的最终目的是有利于增加公司的价值。

第一，公司进行股票回购的目的之一是向市场传递股价被低估的信号。股票回购有着与股票发行相反的作用。股票发行被认为是公司股票被高估的信号，如果公司管理层认为公司目前的股价被低估，则会通过股票回购，向市场传递积极信息。通过股票回购通常可以提升股价，有利于稳定公司股票价格。如果回购以后股票仍被低估，剩余股东也可以从低价回购中获利。

第二，当公司可支配的现金流明显超过投资项目所需的现金流时，可以用自由现金流进行股票回

购,有助于增加每股盈利水平。股票回购减少了公司自由现金流,起到降低管理层代理成本的作用。管理层通过股票回购试图使投资者相信公司的股票是具有投资吸引力的,公司没有把股东的钱浪费在收益不好的投资中。

第三,避免股利波动带来的负面影响。当公司剩余现金流是暂时的或者是不稳定的,没有把握能够长期维持高股利政策时,可以在维持一个相对稳定的股利支付率的基础上,通过股票回购发放股利。

第四,发挥财务杠杆的作用。如果公司认为资本结构中权益资本的比例提高,可以通过股票回购提高负债比率,改变公司的资本结构,并有助于降低加权平均资本成本。虽然发放现金股利也可以减少股东权益,增加财务杠杆,但两者在收益相同情况下的每股收益不同。特别是如果通过发行债券融资回购本公司的股票,则可以快速提高负债比率。

第五,通过股票回购,可以减少外部流通股的数量,提高股票价格,在一定程度上降低公司被收购的风险。

第六,调节所有权结构。公司拥有回购的股票(库藏股))可以用来交换被收购或被兼并公司的股票,也可用来满足认股权证持有人认购公司股票或可转换债券持有人转换公司普通股的需要,还可以在执行管理层与员工股票期权时使用,避免发行新股而稀释收益。

二、股票回购的方式

股票回购的方式按照不同的分类标准主要有以下几种。

(1) 按照股票回购的地点不同,可以分为场内公开收购和场外协议收购两种。场内公开收购是指公司把自己等同于任何潜在的投资者,委托证券公司代自己按照公司股票当前市场价格回购。场外协议收购是指公司与某一类或某几类投资者直接见面,通过协商来回购股票的一种方式。协商的内容包括价格与数量的确定,以及执行时间等。显然,后一种方式的缺点就在于透明度比较低。

(2) 按照股票回购的对象不同,可以分为在资本市场上进行随机回购、向全体股东招标回购和向个别股东协商回购。在资本市场上随机收购的方式最为普遍,但往往受到监管机构的严格监控。在向全体股东招标回购的方式下,回购价格通常高于当时的股票价格,具体的回购工作一般要委托金融中介机构进行,成本费用较高。向个别股东协商回购由于不是面向全体股东,所以必须保持回购价格的公正合理性,以免损害其他股东的利益。

(3) 按照融资方式不同,可分为举债回购、现金回购和混合回购。举债回购是指企业通过银行等金融机构借款的方法来回购本公司的股票,其目的通常是防御其他公司的恶意兼并与收购。现金回购是指企业利用剩余资金来回购本公司的股票。如果企业既动用剩余资金,又向银行等金融机构举债来回购本公司股票,则称为混合回购。

(4) 按照回购价格的确定方式不同,可以分为固定价格要约回购和荷兰式拍卖回购。固定价格要约回购是指企业在特定时间发出的以某一高出股票当前市价的价格水平,回购既定数量股票的卖出报价。为了在短时间内回购数量相对较多的股票,公司可以宣布固定价格回购要约。它的优点是赋予所有股东向公司出售其所持有股票的均等机会,而且通常情况下公司享有在回购数量不足时取消回购计划或延长要约有效期的权利。荷兰式拍卖回购首次出现于1981年Todd造船公司的股票回购。此种方式的股票回购在回购价格确定方面给予公司更大的灵活性。在荷兰式拍卖回购过程中,首先,公司指定回购价格的范围(通常较宽)和计划回购的股票数量(可以上下限的形式表示);而后股东进行投标,说明愿意以某一特定价格水平出售股票的数量;公司汇总所有股东提交的价格和数量,确定此次股票回购的"价格-数量曲线",并根据实际回购数量确定最终的回购价格。

第七节 股票股利、拆股与反向拆股

▲一、股票股利

股票股利是公司以发放的股票作为股利的支付方式。股票股利并不直接增加股东的财富，不会导致公司资产的流出或负债的增加，同时也并不因此而增加公司的财产，但会引起所有者权益各项目的结构发生变化。发放股票股利以后，如果盈利总额与市盈率不变，会由于普通股股票数量增加而引起每股收益和每股市价的下降。但由于股东所持股份的比例不变，每位股东所持有股票的市场价格总额仍保持不变，因而股票股利不涉及公司的现金流。

【例1】A上市公司在2012年度利润分配及资本公积转增股本实施公告中披露的分配方案主要信息如下：

每10股送3股，派发现金红利0.6元(含税)，转增5股，即每股送0.3股，派发现金红利0.06元(含税，送股和现金红利均按10%代扣代缴个人所得税，扣税后每股实际派发现金0.024元)，转增0.5股。

股权登记日：2013年3月17日(注：该日收盘价为24.45元)。

除权(除息)日：2013年3月18日(注：该日开盘价为13.81元)。

新增可流通股份上市流通：2010年3月19日。

现金分红到账日：2010年3月23日。

从A上市公司的利润分配及资本公积转增股本实施公告披露的信息得知，该公司的股利分配包括现金股利分配和股票股利。相比之下，转增股本则是将资本公积转为股本，对企业而言，其属于所有者权益内项目之间的调整，对股东而言，其可以按其所持有股份的比例获得相应的转增股份。从股东持有的股份数量上看，公司发放股票股利与从资本公积转增股本都会使股东具有相同的股份增持效果，但并未增加股东持有股份的价值。此外，股票股利与转增不同的是派发的股票股利来自未分配利润，股东需要缴纳所得税。我国部分上市公司的资本公积转增股本方案是单独实施的，也有许多上市公司的转增方案是伴随着现金股利和股票股利一同实施的。

A上市公司在实施利润分配前，所有者权益情况如表18-2所示。

表18-2 A公司所有者权益情况表(分配利润前)　　　　　单位：万元

项目	金额
普通股(面额1元，已发行普通股60 000股)	60 000
资本公积	60 000
盈余公积	16 000
未分配利润	120 000
所有者权益合计	256 000

每10股派发现金红利0.6元，发放现金股利总额3 600万元，使公司的现金和未分配利润同时减少3 600万元，从而使现金流出企业，并减少了公司所有者权益，但不影响股本总额。

发放现金股利总额 = 60 000 × 0.06 = 3 600(万元)

每10股派送3股股票股利，我国上市公司是按照股票面值从未分配利润转入股本的，即减少了未分配利润18 000万元，同时增加股本18 000万元，这意味着只改变了所有者权益内部结构，不影响公司所有者权益总额。

发放股票股利增加的股本 = 60 000 × 0.3 = 18 000(万元)

从资本公积转增股本只是改变了所有者权益的内部结构，每10股转增5股，即减少了资本公积30 000万元，同时增加了总股本30 000万元，不影响所有者权益总额。

资本公积转增的股本 = 60 000 × 0.5 = 30 000(万元)

实施此次股利分配和转增方案后,通过发放股票股利和从资本公积转增后的股本总额变为

股本总额 = 60 000 + 18 000 + 30 000 = 108 000(万元)

转增股本后的资本公积 = 60 000 - 30 000 = 30 000 (万元)

实施利润分配方案后的未分配利润 = 120 000 - 3 600 - 18 000 = 98 400(万元)

A上市公司2013年度利润分配方案实施后的所有者权益各项目如表18-3所示。

表18-3　A公司所有者权益情况表(分配利润后)　　　　　　　　　　　单位:万元

项目	利润分配前	利润分配后
普通股(面额1元,已发行普通股60 000股)	60 000	108 000
资本公积	60 000	30 000
盈余公积	16 000	16 000
未分配利润	120 000	98 400
所有者权益合计	256 000	252 400

结合表18-3可以看出,利润分配后比利润分配前股本总额增加了4 8000万元,分别来自股票股利从未分配利润中转出的18 000万元和转增股本从资本公积中转出的30 000万元。

所有者权益总额的变化3 600万元是现金股利分配与缴纳现金股利与股票股利所得税的结果,其中,全体股东实际收到的现金股利=60 000×[0.06-(0.06+0.3)×10%]=60 000×0.024=1 440万元,缴纳的现金股利所得税360万元;全体股东在收到18 000万股股票股利的同时,缴纳的股票股利所得税1 800万元。

【例2】假定某公司宣布发放10%的股票股利,即发放20 000股普通股股票,并规定现有股东每持10股可得1股新发股票。若该股票当时市价20元,随着股票股利的发放,按照股票市值需从留存收益划出的资金为20×200 000×10%=400 000元。

派发20 000股的股票股利后,使股本账户增加了20 000元,由于股票面额(1元)保持不变,股本数量也增加了20 000股,即从派发前的200 000股增加到220 000股。其余的400 000-20 000=380 000元应作为股票溢价转至资本公积账户,而公司股东权益总额保持不变。公司股东权益各项目在发放股票股利前后的情况如表18-4所示。

表18-4　股票股利发放前后对比表　　　　　　　　　　　　　　　　　单位:元

项目	发放股票股利前	发放股票股利后
普通股(面额1元,已发行普通股200 000股)	200 000	220 000
资本公积	400 000	780 000
留存收益	2 000 000	1 600 000
所有者权益合计	2 600 000	2 600 000

发放股票股利后,如果盈利总额和市盈率保持不变,会由于普通股股数增加而引起每股收益和每股市价的下降。但是,由于股东所持股份的比例不变,每位股东所持股票的市场价值总额仍保持不变。

从纯粹经济的角度来看,股票股利没有改变公司所有者权益总额,既不增加股东财富与公司的价值,也不改变财富的分配,仅仅增加了股份数量,但对股东和公司都有特殊意义。股票股利的意义主要表现在以下几个方面。

(1) 使股票的交易价格保持在合理的范围之内。在盈余和现金股利不变的情况下,发放股票股利可以降低每股价值,使股价保持在合理的范围之内,从而吸引更多的投资者,我们可以设想,如果微软等优秀公司从不发放股票股利或进行拆股,其股价将上涨至几千美元,大大超出了正常的交易价格范围。

(2) 以较低的成本向市场传达利好信号。通常管理者在公司前景看好时,才会发放股票股利。管理者拥有比外部人更多的信息,外部人把股票股利的发放视为利好信号。因此,平均说来发放股票股利后

股价会在短时间内上涨。不过，如果未来几个月内市场没有见到股利或盈余真的增加，股价就会回到原来水平。

(3) 有利于保持公司的流动性。公司持有一定数量的现金是公司流动性的标志。向股东分派股票本身并未发生现金流出，仅改变了所有者权益的内部结构。如果每股现金股利的水平较高，会影响公司现金持有水平，配合适当发放一定数量的股票股利，可以使股东在分享公司盈利的同时，也使现金留存在企业内部，作为营运资金或用于其他用途。

▲二、拆股与反向拆股

拆股是指将面额较高的股票交换成面额较低的股票的行为。例如，将原来的一股股票转换成两股股票。拆股不属于某种股利方式，但其所产生的效果与发放股票股利近似，故在此一并介绍。

拆股时，发行在外的股数增加，使得每股面额降低。如果盈利总额和市盈率不变，则每股收益下降，但公司价值不变，股东权益总额、权益各项目的金额及其相互间的比例也不会改变。这与发放股票股利时的情况既有相同之处，又有不同之处。

【例3】某公司原发行面额2元的普通股200 000股，若按1股换成2股的比例进行拆股，分割前后的每股收益如表18-5、表18-6所示。

表18-5 拆股前的股东权益　　　　　　　　　　　　　　　　　　　　　　　单位：万元

项目	金额
普通股(面额2元，已发行200 000股)	400 000
资本公积	800 000
未分配利润	4 000 000
所有者权益合计	5 200 000

表18-6 拆股后的股东权益　　　　　　　　　　　　　　　　　　　　　　　单位：万元

项目	金额
普通股(面额1元，已发行400 000股)	400 000
资本公积	800 000
未分配利润	4 000 000
所有者权益合计	5 200 000

假定公司本年净利润为440 000元，那么拆股前的每股收益为440 000/200 000=2.2元。假定拆股后公司净利润不变，拆股后的每股收益为1.1元。如果股票市盈率不变，每股市价也会因此下降。

从实践效果来看，由于拆股与股票股利非常接近，所以一般要根据证券管理部门的具体规定对两者加以区分。例如，有的国家证券交易机构规定，发放25%以上的股票股利即属于拆股。

对于公司来讲，实行拆股的主要目的在于通过增加股票股数降低每股市价，从而吸引更多的投资者。此外，拆股往往是成长中公司的行为，所以宣布拆股后容易给人一种"公司正处于发展之中"的印象，这种利好信息会在短时间内提高股价。从纯粹的经济角度来看，拆股和股票股利没有什么本质区别。

尽管拆股与发放股票股利都能达到降低公司股价的目的，但一般来讲，只有在公司股价暴涨且预期难以下降时，才采用拆股的方法降低股价；在公司股价上涨幅度不大时，往往通过发放股票股利将股价维持在理想的范围之内。

相反，若公司认为自己股票的价格过低，为了提高股价，会采取反向拆股的措施。反向拆股是股票分割的相反行为，即将数股面额较低的股票合并为一股面额较高的股票。例如，若上例中原面额2元、发行200 000股、市价20元的股票，按2股换成1股的比例进行反向拆股，该公司的股票面额将成为4元，股数将成为100 000股，市价也将上升。

第十八章　股利与股利政策

真题精选精析

一、选择题

1. 【上海财经大学 2016】某股票以每10股送2股向全部股东派发股票股利，已知除权日前一日的收盘价格为12元，则除权基准价是(　　)。
   A. 9元　　　　　　B. 10元　　　　　　C. 11元　　　　　　D. 2元

2. 【浙江财经大学 2016】不应采取现金股利和稳定股利或固定股利率等具有刚性特征的股利政策的阶段是(　　)。
   A. 公司创业阶段　　　　　　　　　　B. 公司成长阶段
   C. 公司成熟阶段　　　　　　　　　　D. 公司衰退阶段

3. 【清华大学 2017】以下关于股票股利的说法，不正确的是(　　)。
   A. 股票股利在会计处理上可以分为送股和转增两种形式
   B. 相对成熟的公司选择股票股利的意愿相对较小
   C. 股票股利不会消耗公司的现金
   D. 股票股利会降低公司股票的流动性

4. 【上海财经大学 2015】国际游艇股份有限公司目前所有资产的市场价值为6亿元，其中7 000万元为现金，公司负债2.5亿元，发行在外的总股份数为2 000万股。假设资本市场是完美的，如果公司把7 000万元的现金作为股利发给股东，那么发完股利之后公司的股价与以下哪个数字最为接近？(　　)
   A. 26.50　　　　　B. 12.50　　　　　C. 14.00　　　　　D. 17.50

5. 【南京航空航天大学 2017】剩余股利政策的理论依据是(　　)。
   A. 信号理论　　B. 股利无关理论　　C. 税差理论　　D. "一鸟在手"理论

6. 【中央财经大学 2016】假设P_0是股票除息前的价格，P_X是除息价格，D是每股现金股利，t_P是个人边际税率，t_G是资本利得的有效边际税率。如果$t_P-t_G=0$，股票除息时价格将下跌多少？(　　)
   A. $1\times D$　　　　B. $0.875\times D$　　　　C. $0.8\times D$　　　　D. $0.5\times D$

7. 【复旦大学 2018】下列关于股利分配理论的说法中，错误的是(　　)。
   A. 税差理论认为，当股票资本利得税和股票交易成本之和大于股利收益税时，应采用高现金股利分配率政策
   B. 客户效应理论认为，对于高收入阶层和风险偏好投资者，应采用高股利分配率政策
   C. "一鸟在手"理论认为，由于股东偏好当期股利收益率胜过未来预期资本利得，应采用高股利分配率政策
   D. 代理成本理论认为，为了解决控股股东和小股东之间的代理冲突，应采用高现金股利分配率政策

二、计算题

【中央财经大学 2017】沙河公司提供了如下财务数据：
(1) 目标资本结构是50%负债和50%股东权益；
(2) 税后债务成本为8%；
(3) 保留盈余的成本估计为13.5%；
(4) 如果公司发行新股票，股权融资成本估计为20%；

(5) 净收入为2 500万元。

公司现有5个可供选择的项目，项目情况如下表。如果公司执行剩余红利政策，其支付比率是多少？

项目	项目规模(万元)	IRR(%)
A	1 000	12.00
B	1 200	11.50
C	1 200	11.00
D	1 200	10.50
E	1 000	10.00

三、论述题

【复旦大学 2011】高股利可以传递上市公司良好的预期信息，请结合中国股市情况评价我国上市公司是否可以通过高股利传递良好信息。

第三部分
国际金融

第十九章 外汇与汇率

第一节 外 汇

一、外汇的概念

外汇是以外币表示的用于国际结算的支付凭证。国际货币基金组织对外汇的解释为：外汇是货币行政当局(中央银行、货币机构、外汇平准基金和财政部)以银行存款、财政部库券、长短期政府证券等形式所保有的在国际收支逆差时可以使用的债权，包括：外国货币、外币存款、外币有价证券(政府公债、国库券、公司债券、股票等)、外币支付凭证(票据、银行存款凭证、邮政储蓄凭证等)。

外汇是国际汇兑的总称，有动态和静态两种含义。静态外汇又有广义和狭义之分。

动态的外汇是指人们为了清偿国际间的债权债务关系，将一种货币兑换成另一种货币的行为。这种兑换由外汇银行办理，通过银行间往来账户划拨资金来完成，通常不需要现钞支付和现钞运输。从这个意义来讲，外汇就是国际结算。

广义的静态外汇是指可以清偿对外债务的一切以外国货币表示的资产或债权。狭义的静态外汇是指以外币表示的可直接用于国际债权债务关系清算的支付手段。其前提条件有两个。①以外币表示的资产。空头支票、拒付的汇票因为不是在国外能得到补偿的债权，不能算作外汇。②可直接用于国际结算。以外币表示的有价证券不能直接用于国际结算，故不属于狭义的外汇。外国现钞也不能算作狭义的外汇，因为正常国际交易使用的是银行存款，不用现钞，外钞只有携带回发行国并存入银行才能用于国际结算。从外汇的这一狭义定义来看，狭义外汇的主体是在国外银行的外币存款，另外，它还包括对银行存款的索取权具体化了的外币票据，如银行汇票、支票等。

基于以上分析，外汇的基本特征可以概括为：外国货币当局发行的、各国政府和居民普遍接受的、能够在外汇市场上自由交易的货币资产。

二、外汇的种类

1. 自由外汇和记账外汇

根据可否自由兑换，可将外汇分为自由外汇和记账外汇。自由外汇是指无须货币发行国批准便可以随时动用，或可以自由兑换为其他货币，向第三国办理支付的外汇。自由外汇的基本特征是可兑换货币。记账外汇是指未经货币发行国批准不能自由兑换成其他货币或对第三国进行支付的外汇。记账外汇是两国之间支付协定的产物，只能用于协定国之间，不能兑换成其他货币，也不能向第三方支付。

2. 贸易外汇和非贸易外汇

根据外汇来源不同，可将外汇划分为贸易外汇和非贸易外汇。贸易外汇是指通过货物出口取得的外汇。非贸易外汇是指通过对外提供劳务、汇回投资收益和侨汇等途径取得的外汇。对于一些国家而言，非贸易外汇是其外汇收入的主要来源，例如菲律宾的主要外汇来源是其在国外提供劳务的居民汇回国内的收入，即侨汇。

3. 即期外汇(现汇)和远期外汇(期汇)

根据外汇交易的交割日期不同，外汇可以分为即期外汇和远期外汇。即期外汇是指在买卖成交后的两个营业日内办理交割手续的外汇。远期外汇是指买卖双方先按商定的汇率和数量签订买卖合同，约定在将来的某个日期(如30天、60天、90天等)办理交割手续的外汇。买卖期汇可以防止汇率变动的风险。

第二节 汇 率

一、汇率的概念

"汇率"亦称"外汇行市"或"汇价",是一国货币兑换另一国货币的比率,是以一种货币表示另一种货币的价格。由于世界各国货币的名称不同,币值不一,所以一国货币对其他国家的货币要规定一个兑换率,即汇率。

▲二、汇率的标价方法

1. 直接标价法与间接标价法

直接标价法是以本币表示的一定单位的外币。现实中,我国外汇市场采用直接标价法,如1日元 = 13.276 6元人民币,1欧元 = 8.114 7元人民币。在未加特别说明的情况下,汇率一般指直接标价法下的汇率值。

间接标价法是以外币表示一定单位的本币。现实中,英国采用间接标价法,如以1.419 0美元来表示1英镑的价格,即1英镑 = 1.419 0美元。目前在国际外汇市场上,使用间接标价法的货币不多,主要有英镑、美元(除英镑汇兑外)、澳元(澳大利亚)和欧元等,例如,在伦敦外汇市场,1英镑 = 131.494 5日元。

两者的区别是:在直接标价法下,汇率数值越大,表示本币贬值,外币升值;而在间接标价法下,汇率数值越大,则表示本币升值,外币贬值。需要指出的是,只有在指明报价银行所在的国家或地区时,谈论这两种标价法才有意义。两者的联系是:汇率的两种标价法,虽然基准不同,但是从同一国家来看,直接标价法与间接标价法是互为倒数的关系。

2. 美元标价法

美元标价法是指以各国货币表示的一定单位的美元的汇率表示方法。第二次世界大战以后,由于纽约外汇市场外汇交易量的迅速扩大和美元国际货币地位的确定,西方各国银行在报出各种货币买卖价格时大多采用了美元标价法,目的是简化报价程序并广泛地比较各种货币的汇价。例如,瑞士苏黎世银行报出的各种货币的汇价为:1美元 = 0.974 2欧元、1美元 = 113.467 9日元、1美元 = 1.186 0加元。

习惯上,人们将各种汇率标价法下数量固定不变的货币叫作基准货币,把数量变化的货币叫作标价货币。

三、法定升值与升值、法定贬值与贬值的含义

法定升值是指政府通过提高货币含金量或明文宣布的方式,提高本国货币的汇价。升值是指由于外汇市场上供求关系的变化造成的本币汇价的上升。两者的区别在于动因,而汇率值变化的表现却是一致的。法定贬值是指政府通过降低货币含金量或明文宣布的方式,降低本国货币的汇价。贬值是指由于外汇市场上供求关系的变化造成的本币汇价的降低。

四、汇率的种类

1. 基本汇率和套算汇率

按官方制定汇率划分,汇率可分为基本汇率(或基准汇率)和套算汇率(或交叉汇率)。基本汇率是指

一国选择一种世界货币,即被广用于计价、结算、储备货币、国际上可普遍接受的自由兑换货币。目前作为关键货币的通常是美元,而本国货币与美元之间的汇率就是基本汇率。套算汇率是指制定出基本汇率之后,本币以基本汇率为基础,套算出对其他国家货币的汇率。人民币基准汇率是由中国人民银行根据前一交易日由银行间外汇市场上形成的美元兑人民币的加权平均价,公布当日主要交易货币(美元、日元和港币)对人民币交易的基准汇率,即市场交易中间价。

2. 买入汇率、卖出汇率和中间汇率

买入汇率又称买入价,是指银行从同业或客户买入外汇时所使用的汇率。卖出汇率又称卖出价,是指银行向同业或客户卖出外汇时所使用的汇率。

外汇银行按照较低的买入价买入外汇,同时按照较高的卖出价卖出外汇,二者之间的差额就是外汇银行的利润。外汇银行所报的两个汇率中,前一个数值较小,后一个数值较大。在直接标价法下,较小的数值为银行买入外汇的汇率,较大的数值为银行卖出外汇的汇率;而在间接标价法下,较小的数值为银行卖出外汇的汇率,较大的数值为银行买入外汇的汇率。

中间汇率是指银行买入价和银行卖出价的算术平均值。中间汇率主要用于新闻报道和经济分析。

3. 电汇汇率、信汇汇率和票汇汇率

电汇汇率(T/T rate)是指以电汇方式买卖外汇时所使用的汇率。由于电汇方式付款快,不占用客户资金,能减少客户的汇率波动风险,因而国际支付绝大多数采用电汇方式。

信汇汇率(M/T rate)是指以信汇方式买卖外汇时所使用的汇率。由于信汇方式所需的邮程长,银行可以在一定时间内占用客户资金并获得收益,因而信汇汇率要低于电汇汇率。

票汇汇率(D/D rate)是指以票汇方式买卖外汇时所使用的汇率。票汇是银行在买卖外汇时,开立一张命令其国外分支行或代理行付款的汇票,并将其交给汇款人,由汇款人自带或寄往国外取款的方式。显然,从汇票开出到付款有一定的时间间隔,银行可以获得相应的收益,因而票汇汇率是上述三种汇率中最低的。

▲4. 即期汇率和远期汇率

按外汇买卖的交割时间划分,分为即期汇率和远期汇率。即期汇率,又称现汇汇率,是指外汇买卖成交后,买卖双方在当天或在两个营业日内进行交割所使用的汇率。一般在外汇市场上挂牌的汇率,除特别标明远期汇率以外,一般指即期汇率。远期汇率,又称期汇汇率,是指在未来约定日期进行交割,事先由买卖双方签订合同达成协议的汇率。远期外汇买卖是由于外汇购买者对外汇资金需要的时间不同,以及为了避免外汇风险而引进的。

5. 固定汇率和浮动汇率

按汇率政策划分,汇率分为固定汇率和浮动汇率。固定汇率,是指一国货币同另一国货币的汇率基本固定,汇率波动幅度限制在一定范围之内,通常为±1%。浮动汇率是指本国货币当局不规定任何汇率波动幅度的上下限,汇率水平由外汇市场上供求关系来决定的汇率。

6. 单一汇率和复汇率

单一汇率是指一种货币(或一个国家)只有一种汇率,这种汇率通用于该国所有的国际经济交往中。复汇率是指一种货币(或一个国家)有两种或两种以上汇率,不同的汇率用于不同的国际经贸活动。复汇率是外汇管制的产物,曾被许多国家采用过。

▲7. 名义汇率、实际汇率和有效汇率

名义汇率就是现实中的货币兑换比率,它可能由市场决定,也可能由官方制定。

实际汇率是名义汇率用两国价格水平调整后的汇率,即外国商品与本国商品的相对价格,反映了本国商品的国际竞争力。名义汇率e与实际汇率E之间的关系是

$$E = e \times \frac{P_f}{P_d} \tag{19-1}$$

式中,P_f和P_d分别代表外国和本国的有关价格指数。人们提出实际汇率的概念主要是为了用它说明

一国国际竞争力的变化。

有效汇率是指本国货币对一组外币汇率的加权平均数。目前，国际货币基金组织(IMF)定期公布17个工业发达国家的若干种有效汇率指数，包括劳动力成本、消费物价、批发物价等为权数的经加权平均得出的不同类型的有效汇率指数。其中，以贸易比重为权数的有效汇率反映的是一国在国际贸易中的总体竞争力和该国货币汇率的总体波动幅度。从20世纪70年代起，人们开始用有效汇率来分析某种货币的总体波动幅度及其在国际金融和贸易领域中的总体地位。以贸易比重为权数的有效汇率的公式为

$$ERP = \sum_{t=1}^{N} W_i \times e_i \tag{19-2}$$

式中，ERP表示该国货币的有效汇率，W_i表示第i种货币的贸易权数，等于该国对第i国出口贸易值与该国全部对外出口贸易值之比。e_i表示该国货币对第i种货币的汇率，N表示所选择的一组货币的数量。

8. 现钞汇率和现汇汇率

现钞汇率即银行买卖外国钞票的价格。由于外国钞票既不能在本国流通，也不能直接对外支付，银行买入外国钞票后必须将其运送到发行国转换为存款才能使用，因而银行的现钞买入价要低于现汇买入价。

※ 五、远期汇率的升水、贴水和平价

对远期汇率的报价有两种方式：一是直接报价，即直接将各种不同交割期限的期汇的买入价和卖出价表示出来，这与现汇报价相同。二是用远期差价或掉期率报价，即报出期汇汇率偏离即期汇率的点数。升水是指如果一国货币趋于坚挺，远期汇率高于即期汇率，该远期差价称为升水；贴水是指如果一国货币趋于疲软，远期汇率低于即期汇率，该远期差价称为贴水。远期汇率同即期汇率相等，既无升水也无贴水，则称为平价。需要指出的是，远期差价在实务中常用点数来表示，每点为万分之一，即0.000 1。

即期汇率与远期汇率的区别：在直接标价法下，外汇升水表示远期汇率大于即期汇率；远期贴水表示远期汇率小于即期汇率。在间接标价法下，外汇升水表示远期汇率小于即期汇率；远期贴水表示远期汇率大于即期汇率。即期汇率、远期汇率与互换汇率的关系，可用以下公式表示。

在直接标价法下，分式为

$$远期汇率 = 即期汇率 + 升水，远期汇率 = 即期汇率 - 贴水 \tag{19-3}$$

在间接标价法下，分式为

$$远期汇率 = 即期汇率 - 升水，远期汇率 = 即期汇率 + 贴水 \tag{19-4}$$

【例1】在巴黎外汇市场上，美元即期汇率为USD1 = FRF5.150 0，3个月美元升水500点，9月期美元贴水250点，则3月期美元远期汇率为USD1 = FRF (5.150 0 + 0.050 0) = FRF5.200 0，9月期美元远期汇率为USD1 = FRF (5.150 0 - 0.025 0) = FRF5.1250。

【例2】在伦敦外汇市场上，美元即期汇率为GBP1 = USD1.950 0，3个月美元升水500点，9月期美元贴水400点，则3月期美元远期汇率为GBP1 = USD (1.950 0 - 0.050 0) = USD1.900 0，9月期美元远期汇率为USD1 = USD (1.950 0 + 0.040 0) = USD1.990 0。

【例3】某日香港外汇市场外汇报价如下：即期汇率为USD1 = HKD7.780 0～7.800 0(直接标价法)，3月期美元升水40～60点(小数～大数)，9月期美元贴水50～30点(大数～小数)，则3月期美元远期汇率为USD1 = HKD7.784 0～7.806 0，9月期美元远期汇率为USD1 = HKD7.775 0～7.797 0。

【例4】某日纽约外汇市场外汇报价如下：即期汇率为USD1 = EU€0.960 0～0.977 0(间接标价法)，3月期欧元升水200～100点(大数～小数)，9月期欧元贴水100～150点(小数～大数)，则3月期美元远期汇率为USD1 = EU€0.940 0～0.967 0，9月期美元远期汇率为USD1 = EU€0.970 0～0.992 0。

有些外汇银行在报价时并不说明远期差价是升水还是贴水，我们来看下面的例子。

【例5】德意志银行某交易日报价如下：

即期汇率：USD1 = EU€0.976 0～0.992 0
3个月汇率：　　30～50
6个月汇率：　　45～25

这时应如何计算远期汇率呢？首先应判明德意志银行的报价属直接标价法，从而适用式(19-3)。通过前面的观察我们可以得出如下规则：

(1)在直接标价法下，如果远期差价形如"小数～大数"，表示基准货币的远期汇率升水，远期汇率等于即期汇率加远期差价；

(2)在直接标价法下，如果远期差价形如"大数～小数"，表示基准货币的远期汇率贴水，远期汇率等于即期汇率减远期差价。

根据这个原理，我们可以判断出美元3个月远期升水、6个月远期贴水，从而计算可得：

3个月远期汇率：　USD1 = EU€0.979 0～0.997 0
6个月远期汇率：　USD1 = EU€0.971 5～0.989 5

这里，我们介绍一个解答相关题目的小窍门，在用所给的两个升水或贴水点数分别加上或减去所给的两个即期汇率时，应保证所得出两个远期汇率值相对于原有的两个基期汇率值来说，原来小的数变得更小，原来大的数变得更大。这一方法要比根据汇率标价法判断远期升水和贴水的方法简便得多。其理论依据是，汇率标价法之所以有两个数值，是因为外汇银行对于卖出外汇和买入外汇会给出两个不同的汇率，二者之间的差额就是外汇银行进行外汇买卖的利润。即期汇率经过升贴水调整后得出的远期汇率仍要保持这一差额，也就是说，如果原有的即期汇率是前大后小，则经过升贴水调整后得出的远期汇率仍要是前大后小；如果原有的即期汇率是前小后大，则经过升贴水调整后得出的远期汇率仍要是前小后大。如果经过升贴水调整后得出的远期汇率的两个数值与原有的即期汇率的大小顺序相反，则外汇银行按照这一买入价和卖出价进行远期外汇交易岂不是有可能要承担亏损？因此，这种经过远期折算后出现的大小顺序相反的情况是不可能发生的，经过远期折算后，原来小的汇率值必须变得更小，原来大的汇率值必须变得更大。这一计算方法对我们折算远期汇率值非常有用，希望大家认真学习和领会。

> **关键考点**
>
> 以选择题的形式考查远期升水和贴水的表示方法和折算惯例。从相关题目的阅卷结果来看，尽管这一知识点并不复杂，但考生得分率并不高，说明考生缺乏对国际金融市场远期外汇交易标价方法及相关惯例的了解。在今后的金融学综合科目命题中，仍有可能以选择题的方式对该知识点进行考查。

第三节　汇率制度

一、汇率制度的概念

汇率制度又称汇率安排(exchange rate arrangement)，是指各国或国际社会对于确定、维持、调整与管理汇率的原则、方法、方式和机构等所做的系统规定。按照汇率变动幅度的大小，汇率制度可分为固定汇率制和浮动汇率制。

二、汇率制度的内容

一国的汇率制度主要包括以下几方面的内容：①确定汇率的原则和依据，例如，以货币本身的价值为依据，还是以法定代表的价值为依据等；②维持与调整汇率的办法，例如是采用公开法定升值或贬值的办法，还是采取任其浮动或官方有限度干预的办法；③管理汇率的法令、体制和政策等，例如各国外汇管制中有关汇率及其适用范围的规定；④制定、维持与管理汇率的机构，如外汇管理局、外汇平准基金委员会等。

▲三、固定汇率制及其特点

固定汇率制(fixed exchange rate system)是指以本位货币本身或法定含金量为确定汇率的基准，汇率比较稳定的一种汇率制度。在不同的货币制度下具有不同的固定汇率制度。

1. 金本位制度下的固定汇率制度

这种汇率制度是一种以美元为中心的国际货币体系。该体系的汇率制度安排，是钉住型的汇率制度。具体而言，金本位制度下的固定汇率制度具有以下几个方面的特点：①黄金成为两国汇率决定的实在的物质基础；②汇率仅在铸币平价的上下各6‰左右波动，幅度很小；③汇率的稳定是自动而非依赖人为的措施来维持。

2. 布雷顿森林体系下的固定汇率制度

该种货币制度的基本内容包括：①实行"双挂钩"，即美元与黄金挂钩，其他各国货币与美元挂钩；②在"双挂钩"的基础上，《国际货币基金协定》规定，各国货币对美元的汇率一般只能在汇率平价±1%的范围内波动，各国必须同IMF合作，并采取适当的措施保证汇率的波动不超过该界限。

由于这种汇率制度实行"双挂钩"，波幅很小，且可适当调整，因此该制度也称以美元为中心的固定汇率制，或可调整的钉住汇率制度(adjustable peg system)。

布雷顿森林体系下的固定汇率制度具有以下几个方面的特点：①汇率的决定基础是黄金平价，但货币的发行与黄金无关；②波动幅度小，但仍超过黄金输送点所规定的上下限；③汇率不具备自动稳定机制，汇率的波动与波幅需要人为的政策来维持；④央行通过间接手段而非直接管制方式来稳定汇率；⑤只要有必要，汇率平价和汇率波动的界限可以改变，但变动幅度有限。

可调整的钉住汇率制度从总体上看，注重协调、监督各国的对外经济，特别是汇率政策以及国际收支的调节，避免出现类似20世纪30年代的贬值"竞赛"，对战后各国经济增长与稳定等方面起了积极的作用。

一般来讲，该种货币制度存在以下几个方面的缺陷：①汇率变动因缺乏弹性，因此其对国际收支的调节力度相当有限；②引起破坏性投机；③美国不堪重负，"双挂钩"基础受到冲击。

▲四、浮动汇率制及其特点

浮动汇率制(floating exchange rate system)是指一国不规定本币与外币的黄金平价和汇率上下波动的界限，货币当局也不再承担维持汇率波动界限的义务，汇率随外汇市场供求关系变化而自由上下浮动的一种汇率制度。该制度在历史上早就存在过，但真正流行是在1972年以美元为中心的固定汇率制崩溃之后。

五、汇率制度的主要分类方法

在布雷顿森林体系时代，国际货币基金组织(IMF)把汇率制度简单地分为钉住汇率制度和其他汇率制度。而在布雷顿森林体系崩溃以后，IMF则不断地细化汇率制度分类。根据IMF在1999年对汇率制度的分类方法，我们可以将当今各国的汇率制度做如下分类。

1. 无独立法定货币的汇率安排(主要有美元化汇率和货币联盟汇率)

这种制度是以它国货币作为其法定货币(完全外币化)或成立货币联盟，货币联盟成员拥有共同的法定货币。采取这种制度安排就意味着放弃了国内货币政策的独立性。

2. 货币局汇率

实施这一制度就是用明确的法律形式以固定比率来承诺本币和一某定外币之间的兑换。货币发行量必须依据外汇资金多少来定,并有外汇资产作为其全额保证。货币发行当局没有传统中央银行的一些职能,诸如货币流量控制和最后贷款人。

3. 传统的钉住汇率

采取这一制度的国家正式或实际上将本币与另一种货币或一篮子货币保持固定兑换比率。一篮子货币是由主要的经贸伙伴的货币构成的,其汇率权重与双边贸易、服务的交易额及资金流量有关,一篮子货币可以是特别提款权(SDR)这样的标准形式。这一制度没有保持汇率不变的承诺。汇率可围绕中心汇率在小于1%的狭窄空间内波动,最高和最低汇率在最近三个月内波动幅度小于2%。货币当局通过在外汇市场上买卖外汇的直接干预或通过利率政策、外汇管理法规调整、道义劝告等间接手段去维持固定汇率。该政策相对于前两种政策体现了一定的货币政策的灵活性(虽然是有限的),因为传统中央银行的作用依然得到体现。

目前共41个成员采用该制度。其中采取钉住单一货币的有32个成员。中国原来属于管理浮动制的,但由于波动幅度很小而被列入管理浮动制下的实际钉住制。钉住一篮子货币的有9个成员,包括斐济、摩洛哥等一些小国。

4. 有波幅的钉住汇率

这一制度是汇率围绕中心固定汇率有一个至少±1%的波动区间,或者说最高和最低汇率之间的波动幅度超过2%。当然不同水平的调整幅度对货币政策的影响程度是不同的。目前有4个成员采用该制度,其中丹麦是发达工业化国家中唯一实行该制度的国家。

5. 爬行钉住汇率

爬行钉住指本币与外币保持一定的平价关系,但是货币当局根据一系列经济指标频繁地、小幅度地调整平价。实行爬行钉住汇率有两种办法:第一种方法是发挥汇率目标的名义锚(nominal anchor)作用,汇率爬行速率低于预测的通货膨胀率,以使经济逐步克服通货膨胀而又不至于引起汇率短期内大幅度调整;第二种方法则是放弃汇率目标反通胀的名义锚作用,汇率随物价水平调整,重在维持真实汇率水平不变。维持爬行钉住制对货币政策的影响类似于固定钉住制。突尼斯、哥斯达黎加等5个国家采用该制度。

6. 有波幅的爬行钉住汇率

汇率围绕中心汇率有一个至少±1%的波动区间,或者说最高和最低汇率之间的波动幅度超过2%,同时中心汇率根据所选择的经济指标做周期性调整。波动区间基于中心汇率可以是上下对称的或不对称的,如果是不对称的,也可能没有预先声明的中心汇率。货币政策的灵活性与波动幅度有关。以色列、罗马尼亚等10个成员采用该制度。

7. 管理浮动汇率

货币当局试图不带特定汇率走向和目标去影响汇率。采取干预行动的管理指标很广泛,可以是国际收支状况、外汇储备、平行市场的发展等。汇率调整可能是非自动的,干预方式可以是直接的或间接的。包括俄罗斯、印度、印度尼西亚、阿根廷、埃及在内的50个成员采用该制度。

8. 完全浮动汇率

共34个成员采用,包括非欧元区的西方发达国家,如美国、英国、日本、加拿大、澳大利亚等,还包括许多新兴工业化国家,如巴西、墨西哥、菲律宾、南非、韩国等。

在汇率安排的分类中通常将一、二类归为固定汇率制度,七、八类归为浮动汇率制度,其余三、四、五、六类归于中间汇率制度。

※六、影响一国汇率制度选择的主要因素

影响一国汇率制度选择的主要因素通常包括以下几个方面。①本国经济的结构性特征。如果一国是小国,那么较适宜采用固定性较高的汇率制度;如果是大国,则一般以实行浮动性较强的汇率制度为宜。②特定的政策目的。固定汇率有利于控制国内的通货膨胀。在政府面临高通货膨胀问题时,如果采

用浮动汇率制往往会产生恶性循环。若一国为防止从外国输入通货膨胀往往会选择浮动汇率政策。因为浮动汇率制下一国的货币政策自主权较强,从而赋予了一国拒通货膨胀于国门之外,同时选择适合本国的通货膨胀率的权利。可见,政策意图在汇率制度选择上也发挥着重要的作用。③地区性经济合作情况。一国与其他国家的经济合作情况也对汇率制度的选择有着重要影响。例如,当两国存在非常密切的贸易往来时,两国间货币保持固定汇率比较有利于相互间经济关系的发展。④国际国内经济条件的制约。一国在选择汇率制度时还必须考虑国际条件的制约,例如,在国际资金流动数量非常庞大的背景下,对于内部金融市场与外界联系非常紧密的国家来说,如果本国对外汇市场干预的实力因各种条件限制不是非常强的话,那么采用固定性较强的汇率制度的难度无疑是相当大的。

▲七、最适货币区理论

最适货币区(optimum currency area)是由若干国家组成的货币集团,集团成员国货币由永久固定的汇率联结在一起,对非成员国则实行共同浮动。

蒙代尔以生产要素的流动性为标准界定最适货币区。根据他的观点,区域(region)是生产要素在其中可以自由移动,流动性很高,而在其外生产要素流动性极低的一个地区。如果一国由几个不同的区域组成,则该国实行浮动汇率或固定汇率都不是最佳选择。假设一国仅由A、B两个区域构成,生产要素在A、B之内可以自由流动,在A、B之间则不可以。起初该国国际收支平衡,A、B两个区域均处于充分就业状态。现在由于外国对A出口品需求下降,该国国际收支逆差,A出现失业,B仍为充分就业。若该国实行浮动汇率,本国货币贬值,A、B两区域的出口增加、进口减少,在国际收支恢复平衡的同时,A重新实现了充分就业,B则因原已处于充分就业状态,生产无法增加,必出现通货膨胀,进而带动全国性的物价上涨。若实行固定汇率,采取扩张性的财政、货币政策,A可以恢复充分就业,国际收支却无法改善且B还会出现通货膨胀,进而带动全国的物价上涨。在此情况下,如果将A、B分开,成为两个独立的个体,各自发行自己的货币,在它们之间以及它们和其他各国之间实行浮动汇率,问题即可迎刃而解。A将其货币贬值,B维持其货币汇率不变,不仅各自的国际收支可以实现平衡,A还可以恢复充分就业。如果一国由几个地区组成,生产要素在其中几个地区间富于流动性,在另几个地区则否,那么可以将生产要素富于流动性的几个地区联合起来,制定统一的货币,对其他地区或其他国家则实行浮动汇率。因此,从纯理论的角度看,最适货币区是由性质相同(即富于流动性要素)的地区组成的适合于制定统一货币的区域。如果一国即一个区域,该国为一个最适货币区,应实行浮动汇率。如果性质相同的区域隶属于不同的国家,或一国由若干区域组成,则只有根据货币区制定了区域货币后,在货币区之间实行浮动汇率才是适当的。

在蒙代尔看来,完全按照区域特点重新制定货币既无必要也不可能。首先,如果一国由数个最适货币区组成,制定各种区域货币不仅人为地增加了许多互换货币的不便,还会因为外汇风险妨碍国内交易的顺利进行。其次,如果最适货币区跨越不同的国家,要求各国放弃货币主权,依据区域特点重新制定货币是行不通的。鉴于这些原因,最适货币区应以国为单位组成,各国仍保留自己的货币,但其货币必须经由永久固定的汇率与区域内其他国家的货币联结起来,形成类似于实行统一货币的最适货币区,也就是说固定汇率仅适用于最适货币区内各国的货币,最适货币区间应实行浮动汇率。

麦金农和蒙代尔不同,他以经济结构即一国经济的开放程度作为划分最适货币区的标准。贸易品部门在国内生产、消费中所占比例大于非贸易品部门,即开放程度较大时,以实行固定汇率为宜。若非贸易品部门所占比重较大,即开放程度较小,则以实行浮动汇率为宜。最适货币区的大小,取决于各国对外开放程度的高低。

假设一国对外开放程度较高。起初该国处于充分就业、国际收支平衡状态。随后由于进口增加,国际收支出现逆差。若该国实行浮动汇率,则随着国际收支逆差,外汇汇率上升,贸易品价格相对上升。由于贸易品部门所占比重较大,非贸易品部门所占比重较小,非贸易品部门的价格将被带动,趋于上升。所以外汇汇率上升不仅不会减少对贸易品的消费，反而可能增加，贸易品的生产不仅得不到刺激，反而可能下降。如果实行固定汇率，情况则会不同。为了消除逆差，该国可以实行紧缩性的财政或货币政策，因该国开放程度较高，紧缩政策对贸易品部门的影响较大，对非贸易品部门的影响较小，可以减少对进出口贸易品的消费，增加出口，减少进口，这样不仅能恢复国际收支平衡，还可以使非贸易品部门失业的生产要素转移到贸易品部门，维持国内经济平衡。再假若一国对外开放的程度较低。汇率变动对贸易品部的影响较大，对非贸易品部门影响较小，故不仅能改善国际收支，而且由于非贸易品部门在经济中举足轻重，国内经济的稳定基本上不受影响。若实行固定汇率，以扩张性的或紧缩性的财政、货币政策改善国际收支，则非贸易品部门因其比重大所受影响较大，贸易品部门则影响较小，国际收支不一定改善，反而危害国内经济稳定。

如果不同的国家间建立起最适货币区，成员国可以得到以下好处。

第一，最适货币区的形成可以消除由于汇率变动造成的外汇风险，促进成员国间生产的专业化、国际贸易和投资。最适货币区的形成还促使生产者将整个货币区看成统一的市场，从规模经济中获益。

第二，永久固定的汇率，可以使货币区成员国的物价水平更加稳定。①由于货币区内生产要素流动性的加强，国际贸易和投资的发展，一种影响物价的因素必须要能够对整个货币区产生相当的影响才会真正地影响物价水平；②货币区建立后，各成员国贸易中受汇率变动影响的部分大大减少，因汇率变动造成的贸易品价格变动减少，由此而造成的成员国物价水平的变动减少。稳定的价格可以产生一系列的经济利益。它使货币区货币作为交易手段、贮藏手段、支付手段的职能加强，有利于经济交易的顺利开展；可以避免因通货膨胀产生的易货贸易；可以节约官方干预外汇市场的成本，因为成员国货币间不再有抛补、投机等活动，由此引起的资源支出便可以节约下来。

形成最适货币区，也会给成员国带来不利。

第一，最适货币区的最大不足是，每一成员都失去了采取独立的经济政策以达到自身偏爱的、适合本国具体国情的经济目标的自由。例如，在货币区中经济萧条的国家需要实行扩张性的财政、货币政策以降低失业率，同时经济过热的国家则需要实行紧缩政策以缓和通货膨胀。若成员国各行其是，则不仅会对其他成员国经济造成不利影响，还会使各国货币的对外价值朝不同方向变动。实行紧缩政策国家的货币将会升值，实行扩张政策国家的货币将会贬值，破坏货币区的基础——永久固定的汇率。最适货币区的这一不足，在一定程度上可以由资本、劳动等生产要素从供给过度的成员国流向需求过度的国家加以弥补。但不可能完全消除，就如同在一国之内始终存在着相对贫穷的地区(美国的阿巴拉契亚地区、意大利南部)需要实行一些特殊政策一样。

第二，经济结构的差异，使成员国从共同汇率政策所获的利益不均等。和成员国经济关系越密切的国家所获利益越大，反之所获利益越小；和非成员国经济关系越密切的国家所受不利影响越大，反之则越小。

第三，汇率调节国际收支的功能下降。最适货币区形成后，成员国货币间实行固定汇率，对非成员国货币则实行共同浮动汇率。当某成员国国际收支失衡时，如果货币区对外汇率不变，就无法以汇率作为调节国际收支的手段，只能采取财政、货币政策。这样做不仅使内部平衡服从于外部平衡，而且容易引起成员国的不满。

由于以上原因，我们可以总结如下：①生产要素在各成员国间的流动性越大；②成员国间的经济结构越相似；③成员国在财政、货币政策和其他政策上越愿意紧密合作，成员国从建立最适货币区所获利益越大。

▲八、人民币汇率形成机制

人民币汇率形成机制实际上就是人民币汇率制度的选择问题。从1994年1月1日起，我国开始实行以市场供求为基础的、单一的、有管理的浮动汇率制度。由此开始，人民币汇率逐渐走向市场化，人民币汇率形成机制的核心是：以外汇市场供求为基础，允许市场汇率在一定范围内围绕基准汇率上下浮动。

▲第四节 影响汇率变化的主要因素

一、国际收支状况

国际收支状况是影响汇率变化的一个最直接也是最主要的因素。当一国国际收支顺差时，该国货币就会有升值的趋势；反之，当一国国际收支逆差时，该国货币就会有贬值的趋势。在国际收支中，又以贸易收支和经常账户对汇率的影响最为明显。另外，近年来投机性的国际短期资本流动对汇率的影响也引起了国际社会的高度关注，其中尤以对冲基金的投机炒作最为引人注目，是导致市场汇率急剧变动的重要因素。

二、通货膨胀率差异

通货膨胀率意味着该国货币代表的价值量下降，发生货币对内贬值。在其他条件不变的情况下，货币对内贬值必然引起对外贬值。国内外通货膨胀率的差异是决定汇率长期趋势的主要因素。这里需要说明的是，通货膨胀率的差异对汇率的影响不是直接明显地表现出来，而是通过间接渠道长期发挥出来的。首先，高通货膨胀率会使本国商品价格大幅上涨，相应的出口价格也会显著上涨，这无疑会削弱本国商品在国际市场上的竞争力，引起出口减少，同时提高外国商品在本国市场的竞争能力，引起进口增加。其次，高通货膨胀率还会使人们产生对本币贬值的预期，从而会将手中持有的本国货币兑换为坚挺的外币，这会使本国的资本账户出现巨额逆差。在这两方面机制的共同作用下，高通货膨胀率在长期将促使本币贬值。

三、利率差异

作为资本的价格，利率的高低直接影响金融资产的供求。如果一国的利率水平相对于他国提高，在资本套利动机的推动下，就会刺激国外资金流入增加，本国资金流出减少，从而改善资本账户，使本国货币升值；反之，如果一国的利率水平相对于他国下降，则会恶化资本账户，造成本国货币贬值。此外，由利率引起的资本流动必须考虑未来汇率的变动，只有当利率的变动给金融资产所有者带来的收益足以抵销汇率在未来的变动给其带来的损失时，资本的国际流动才会发生。现在，国际资本流动规模大大超过了国际贸易额，因而利率对汇率变动的作用就显得更为重要了。

四、经济增长率差异

国内外经济增长率的差异对汇率变动的影响是多方面的。就它对商品、劳务的进出口而言，一方面，当一国经济增长率较高时，意味着收入增加，从而进口需求增长，使本币贬值；另一方面，较高的经济增长率往往伴随着劳动生产率的提高，这会使生产成本降低，从而使本国产品的国际竞争能力增强，有利于出口增长，使本币升值。两方面因素的净影响要看两方面作用的力量对比。另外，经济增长率的差异也会对资本流动产生影响，一国经济增长率较高时，在国内对资本的需求较大，国外投资者也愿意将资本投入到这一有利可图的经济中，从而使大量外资流入本国金融市场，促使本币升值。总的来讲，在长期，较高的经济增长率往往会使本币具有升值的趋势，并且这种影响的持续时间也较长。

五、外汇市场投机

当前国际金融市场存在大量游资,这类投机资本在各国外汇市场间频繁流动,是导致汇率在短期内大幅波动的重要原因。

六、中央银行干预

各国中央银行为保持本币汇率稳定,或为操纵汇率以达到某种宏观经济政策目标,都会对外汇市场进行干预,如在外汇市场买进或卖出外汇,或发表某种影响公众对汇率变动趋势预期的声明等。一国中央银行的上述干预行为虽然无法从根本上改变本币汇率的长期走势,但会对汇率的短期走势产生一定的影响。

七、预期因素

市场对汇率的预期受到政治和经济因素的影响。如果市场上预期某国通货膨胀率将比别国提高、实际利率将比别国降低或者经常项目将发生逆差等会使本币汇率下跌的因素时,该国货币就会在市场上大量被抛售,从而使汇率正如预期的那样出现下跌;反之,其汇率就会上涨。这一变动机制就是经济学家所提出的"预期自致"原理,即当市场出现对某宏观经济变量向某一方向变动的预期时,在该预期的影响下,该宏观经济变量最终会发生与预期相同的变化,概括地讲,就是市场的预期最终总能实现,而造成这一变化的直接原因正是市场预期本身。

八、财政政策

各国宏观经济政策对汇率的影响也反映在各国的财政政策上。例如,一国因经常项目收支逆差而导致本币汇率下跌时,一国政府可以实行紧缩性的财政政策(如削减财政开支、增加税收等)以改善经常项目收支。

第五节 汇率决定理论

一、汇率决定理论的演变发展

1. 20世纪前期的汇率决定理论

第一次世界大战的爆发,导致各国终止银行券与黄金的自由兑换,禁止黄金的出口,这也标志着盛行了近30年的国际金本位制的瓦解。此后直到1944年布雷顿森林体系形成的这段时间内,国际货币体系都处于无序阶段,浮动汇率制度居于主导地位,汇率波动频繁,各主要工业国家竞相实行竞争性的汇率贬值政策,以刺激本国的出口。这一期间,最具代表性和最具影响力的汇率理论就是纸币本位下的国际平价理论——购买力平价理论和利率平价理论。这一理论基本解释了当时由于第一次世界大战所导致的通货膨胀而引起的汇率的变动,并且为各国在战后确定均衡汇率水平提供了理论依据。

2. 20世纪中期的汇率决定理论(布雷顿森林体系期间)

汇率的决定问题是这一时期汇率研究的重点问题,它主要是研究国际收支失衡是怎样通过汇率调整来实现均衡的。在20世纪四五十年代,汇率和国际收支的主要模型只涉及经常账户,同时汇率被看作外生给定一个固定参数,不考虑预期因素。最早的经常账户和汇率模型是局部均衡分析的弹性论,主要研究货币贬值取得成功的条件及其对贸易收支和贸易条件的影响,如马歇尔-勒纳条件和J曲线效应等。

由于弹性分析法的局限性，亚历山大在凯恩斯宏观经济学基础上提出了吸收论，该理论从凯恩斯的国民收入方程式入手，着重考察总收入和总支出对国际收支的影响，并在此基础上提出了国际收支调节的相应政策主张。

在20世纪60年代，蒙代尔-弗莱明模型研究了货币政策和财政政策对宏观经济变量的效果，强调一国怎样通过货币政策和财政政策的搭配来实现宏观经济的内外均衡，这一思想是在凯恩斯的收入-支出模型和米德的政策搭配思想的基础上形成的，研究的是包括商品市场、货币市场和资产市场的三个维度的市场经济。

而建立在货币主义学说和购买力平价基础之上的货币论，最早是由卡甘于20世纪50年代中期提出的。该理论认为汇率是两国货币的相对价格，而不是两国商品的相对价格，强调货币供求在汇率决定过程中的重要作用，并且认为货币的供求状况是引起国际收支失衡的原因。它把货币供给分为国内和国外两部分，在货币需求稳定的条件下，国际收支的逆差就是国内的货币供应量超过了货币的需求量，因此，国际收支的不均衡可以通过国内货币政策来解决。

3. 20世纪后期的汇率决定理论(布雷顿森林体系解体后)

布雷顿森林体系解体之后，主要的西方发达国家均采用了管理浮动汇率制度。因此，经济学家对汇率理论分析的重点开始发生变化，从固定汇率制下国际收支的决定或由于汇率调整而导致国际交易的调整，开始转移到汇率的短期和长期均衡的决定方面。在这几十年里，国际金融环境发生了很大的变化，资本账户的交易远远超过了经常账户的交易，经常账户模型不再符合国际环境的实际情况，无法解释汇率的短期波动。资本流动在汇率决定模型中的作用日益重要，汇率被看作资产的价格，由资产的供给和需求决定。这方面的研究成果主要有弹性价格货币模型、粘性价格货币模型和资产组合平衡模型等。

※ 二、购买力平价说

1. 开放经济中的一价定律

开放经济下的一价定律是这样表述的：在自由贸易条件下，同一种商品在世界各国以同一货币表示，其价格是一样的，即：

$$P_a = eP_b \tag{19-5}$$

式中，e表示汇率，即1单位B国货币以A国货币表示的价格，P_a表示A国的一般物价水平，P_b表示B国的一般物价水平。

一价定律是通过商品套购的机制来实现的。所谓商品套购，是指利用两国货币汇率与某一商品两国的价格之比不一致的情况，即$P_a \neq eP_b$，通过在价格相对较低的国家买入一定数量该商品，然后在价格相对较高的国家售出以获得差额利润的投机行为。简而言之，如果两国货币汇率与某一商品两国的价格之比发生偏离，则必然会出现套购活动，该套购活动将一直持续到两国货币汇率等于某一商品两国的价格之比，即一价定律成立为止，因为这时两国间的商品套购已无利可图。

2. 购买力平价的绝对形式

购买力平价说的基本出发点是，人们之所以需要外国货币，是因为它在该国国内具有对一般商品的购买力，同样，外国人之所以需要本国货币，也是因为它在本国具有一般的购买力，由此，国内外货币之间的汇率主要取决于两国货币购买力的比较。

购买力平价有两种形式：绝对形式与相对形式。绝对形式说明的是某一时点上汇率的决定，相对形式说明的是在两个时点内汇率的变动。

由于购买力实际上是一般物价水平的倒数，所以购买力平价的绝对形式就可以表示为

$$e = \frac{P_a}{P_b} \tag{19-6}$$

式中，e为汇率，指1单位B国货币以A国货币表示的价格，P_a为A国的一般物价水平，P_b为B国的一

般物价水平。绝对购买力平价说实质上就是国际间的"一价定律"。这就是说，在自由贸易条件下，同一种商品在世界各地以同一货币表示，其价格是一致的。但由于各国使用不同的货币，一种商品以不同货币表示的价格，就需要经过均衡汇率来折算，才能保持相等。举例来讲，假设同一种商品在美国卖10美元，在英国卖5英镑，绝对购买力平价就是1英镑兑2美元。否则，就会存在国际间的商品套购机会。这类国际间商品套购行为最终将使现实汇率调整到与购买力平价相等的水平。例如，假定汇率是1英镑兑2.5美元，即美元被低估，英镑被高估。在这种情况下，就会出现商品在英美两国之间的套购活动，即贸易商在美国以10美元的价格买入这种商品，运到英国出售，获得5英镑，再以1英镑兑2.5美元的汇率换回12.5美元，不考虑商品运费及交易成本，该贸易商可通过上述商品套购活动净赚2.5美元。这种套购活动持续下去，贸易商在套购利润的驱动下不断在国际金融市场卖出英镑、买进美元，势必使英镑贬值、美元升值，直到绝对购买力平价成立，商品套购活动才会停止，即现实汇率得以在绝对购买力平价的水平上处于均衡状态。

3. 购买力平价的相对形式

购买力平价的相对形式说明的是汇率变动的依据。它将汇率在一段时间内的变动归因于两个国家在这一段时期中的物价水平和货币购买力的变化。具体来说，在一定时期内，汇率的变化是与同一时期内两国物价水平的相对变化成正比的。

如果以 e_1 和 e_0 分别表示当期和基期汇率，P_{a1} 和 P_{a0} 分别表示A国当期和基期的物价水平，P_{b1} 和 P_{b0} 分别表示B国当期和基期的物价水平，那么购买力平价的相对形式就可以表示为

$$\frac{e_1}{e_0}=\frac{\frac{P_{a1}}{P_{b1}}}{\frac{P_{a0}}{P_{b0}}} \text{ 或 } \frac{e_1}{e_0}=\frac{\frac{P_{a1}}{P_{a0}}}{\frac{P_{b1}}{P_{b0}}} \tag{19-7}$$

由此可得：

$$e_1=\frac{\frac{P_{a1}}{P_{b1}}}{\frac{P_{a0}}{P_{b0}}}\times e_0 \text{ 或 } e_1=\frac{\frac{P_{a1}}{P_{a0}}}{\frac{P_{b1}}{P_{b0}}}\times e_0 \tag{19-8}$$

仍以前例说明，假如一种综合性商品在英国由原来的5英镑上升到6英镑，在美国由原先的10美元上升到15美元，那么英镑对美元的汇率就会上升25%，由原来的1英镑兑2美元上升到1英镑兑2.5美元。计算过程为

$$e_1=\frac{\frac{15}{10}}{\frac{6}{5}}\times 2 = 2.5(\text{英镑/美元})$$

如果用物价指数来说明，就有：由于商品价格在英国上涨20%，在美国上涨50%，英镑兑美元的汇率就上升25%，即150% ÷ 120% - 1。

与绝对购买力平价相比，相对购买力平价更富有意义。这是因为，相对购买力平价理论避开了一价定律的严格假设。如果相对购买力平价是正确的，绝对购买力平价不一定正确；如果绝对购买力平价成立的话，则相对购买力平价也一定是成立的。

4. 对购买力平价说的检验、分析和评价

多年来，西方国家对购买力平价说做了很多实证研究，用经验数据对购买力平价关系的检验表明，绝对购买力平价关系对汇率的预测往往与实际汇率偏差较大，相对购买力平价则与数据较为接近。这就是说，购买力平价说在长期比远期更与经验数据相符，考虑了一段时期内变化量的相对购买力平价说对长期均衡汇率的预测能力更好。

购买力平价说产生以后，在西方学术界引起很大的争论，毁誉不一，但这一学说在汇率理论中所占

的重要位置,却是不可否认的事实。一国货币的对外价值是货币对内价值的体现。购买力平价说在各国放弃金本位制的情况下,指出以国内外物价对比作为汇率决定的依据,说明货币的对内贬值必然引起货币的对外贬值,这当然有其合理性。它揭示了汇率长期变动的根本原因。

然而,购买力平价说存在着缺陷,主要表现在:①它忽略了国际资本流动的存在及其对汇率的影响。②它忽视了非贸易品的存在及其影响。③购买力平价说忽略了贸易成本和贸易壁垒对国际商品套购所产生的制约。④在计算购买力平价时,编制各国物价指数在方法、范围、基期选择等方面存在着诸多技术性困难,这使得购买力平价说的具体应用受到限制。

> **关键考点**
> 以选择题或计算题的方式考查购买力平价理论(包括绝对购买力平价说和相对购买力平价说),侧重于考查根据相关条件进行计算和分析的能力。其中,应重点掌握相对购买力的计算,解题的基本依据是式(19-6)或式(19-8)。

※ 三、利率平价说

1. 抛补利率平价

(1) 抛补利率平价理论的基本观点

抛补利率平价理论的基本观点是:远期差价是由各国利率差异决定的,并且高利率货币在外汇市场上表现为贴水,低利率货币在外汇市场上表现为升水。

抛补的利率平价用公式推导如下:

假定资本完全自由流动,本国利率水平为r,外国利率水平为r^*,即期汇率为e(直接标价法),远期汇率为e_f,则1单位本币国内投资收益为$(1+r)$;1单位本币在外国投资,须先兑换为外币,然后在国外同期投资收益为$\frac{1}{e} \times (1+r^*)$,再按照远期汇率兑换成本币为$\frac{1}{e} \times (1+r^*) \times e_f$。如果两国投资收益不同,金融市场上便会出现套利活动,但在本国与外国之间的套利活动终止时,本国与外国的投资收益应该相等,即$(1+r) = \frac{1}{e} \times (1+r^*) \times e_f$。整理得

$$\frac{e_f}{e} = \frac{1+r}{1+r^*} \tag{19-9}$$

由于两国利率的利差绝对值相对于利率很小,在与1相比时可以忽略不计。

令$\rho = \frac{e_f - e}{e}$,得到

$$\rho \approx r - r^* \tag{19-10}$$

式中,ρ为外币远期升贴水率(远期升水,则$r > r^*$;远期贴水,则$r < r^*$)。该式表明,远期升贴水率等于国内外利差。

式(19-9)和式(19-10)即为抛补利率平价的一般形式,可以根据不同需要选用。

以上假定了世界只存在两个国家:本国和外国。一般地,对于任何两个国家A和B,抛补利率平价的表达式为

$$\frac{e_f}{e} = \frac{1+r_A}{1+r_B} \tag{19-11}$$

式中,e_f和e分别为以A国货币来表示的B国货币的远期和即期汇率,r_A和r_B则分别表示A国和B国货币的利率。

(2) 对抛补利率平价理论的评价

抛补利率平价对于我们理解远期汇率的决定，理解各国利率、即期汇率、远期汇率之间的关系有着重要意义。但这一理论也存在一些缺陷，主要表现在以下几个方面。

① 抛补利率平价没有考虑交易成本。然而，交易成本是影响套利收益的一个重要因素。如果考虑各种交易成本，国际间的抛补套利活动在达到利率平价之前就会停止。以资金流出为例，与抛补套利有关的交易成本包括国内筹资的交易成本、购买即期外汇的交易成本、购买外国证券的交易成本和出售远期外汇的交易成本。

② 抛补利率平价假定不存在资本流动障碍，资金在国际间具有高度的流动性，即资金能不受限制地在国际间流动。但事实上，在国际资本流动高度发展的今天，也只有少数发达国家才存在完善的远期外汇交易市场，资金流动基本不受政府的管制。

③ 抛补利率平价还假定套利资金规模是无限的，套利者能不断进行抛补套利，直至利率平价成立。但能够用于抛补套利的资金往往是有限的，这是因为：首先，与持有国内资产相比，持有国外资产具有额外的风险。随着套利资金的增加，这种风险是递增的。其次，套利还存在机会成本。用于套利的资金金额越大，为预防和安全之需可持有的资金就越少，而且这种机会成本也是随着套利资金的增加而递增的。

基于以上因素，在现实世界中，抛补利率平价并非时时处处都能成立。

2. 非抛补利率平价

(1) 非抛补利率平价理论的基本观点

非抛补的利率平价的基本观点是：预期的汇率远期变动率等于两国货币利率之差。也就是说，如果本国利率高于外国利率，则市场预期远期外币汇率升水，本币在远期将贬值；如果本国利率低于外国利率，则市场预期远期外币汇率贴水，本币在远期将升值。

预期汇率变动率为

$$\pi_e = \frac{E(e_s) - e_s}{e_s} \tag{19-12}$$

式中，π_e 为预期的汇率远期变动率，$E(e_s)$ 为投资者预期的远期汇率，e_s 为即期汇率。

在本外币预期收益率基于国内外利率变化和汇率预期变化而出现差异的情况下，非抛补套利活动就会产生。随着非抛补套利活动的持续进行，国内外利率和即期汇率就会发生调整，最终使套利者的本外币资产的预期收益率相等，即

$$1 + r = \frac{E(e_s)}{e_s}(1 + r^*) \tag{19-13}$$

整理得

$$\frac{E(e_s)}{e_s} = \frac{1+r}{1+r^*} \tag{19-14}$$

当期限很短时，r^* 很小，则

$$\pi_e \approx r - r^* \tag{19-15}$$

在此均衡状态下，非抛补利率平价成立，式(19-14)和式(19-15)为非抛补利率平价的表达式或近似表达式。

(2) 对非抛补利率平价理论的评价

非抛补利率平价对于我们理解当前汇率、汇率预期、国内外利率、资本流动之间的关系无疑具有重要的意义。但它同样存在着抛补利率平价所具备的缺陷。与抛补利率平价相比，非抛补利率平价还存在一个严格的假设：非抛补套利者为风险中立者。与抛补套利赚取的无风险收益不同，投资者在进行非抛补套利时承担着汇率风险。如果未来即期汇率与原先的预测发生差异，投资者将承受额外的汇兑损益。

如果投资者为风险中立者，对此额外的风险持无所谓的态度，非抛补利率平价自然容易成立。但如果投资者为风险厌恶者的话，那么对于所承受的这一额外风险，往往要求在持有外币资产时有一个额外的收益补偿，即所谓"风险补贴"。这一风险补贴的存在，显然就会导致非抛补利率平价的不成立。实证研究也表明，在现实中抛补利率平价接近成立，而非抛补利率平价却经常不成立。

3. 利率平价说的应用：即期汇率的决定

假定汇率预期、国内外利率不受国际资本流动的影响，非抛补利率平价理论可以用于分析即期汇率的决定。从非抛补利率平价的表达式，可以得到基于利率平价理论的即期汇率决定公式，为

$$e_s = \frac{E(e_s)}{1+r-r^*} \tag{19-16}$$

显然，给定汇率预期值、国内外利率，就会有一个相应的即期汇率值。该式表明，当前的汇率水平与汇率预期、外国利率同方向变化，与本国利率反方向变化。这是因为，当外币利率上升，或人们预期外币汇率将会提高时，外币资产的预期收益率就高于本币资产的预期收益率，由此促使人们在外汇市场上将本币兑换成外币，带来外币价格的上升。随着外币价格的上升，人们购买外币的成本提高，外币资产的预期收益率降回到原有的水平，与本币资产的收益率重新保持相等。同样地，当本币利率上升时，外币价格就会下降。

该公式还可以用来证明预期在金融市场上对资产价格决定的特殊重要作用。金融市场上有一句公理式的格言："预期能自我实现。"[①]就是说，一种资产的价格，反映了市场对该种金融资产价值的评价。如果市场人士普遍认为某种金融资产的当前价格偏低，预期该资产的价格会上升，那么他们就会买进该资产。对该资产的超额需求将导致当前的价格上升，直到该资产的当前价格在剔除时间价值后，等于市场预期的未来价值。同样，如果市场预期某金融资产的价格会下跌，由此产生的对该资产的抛售行为将会导致该资产的当前价格立即下跌。在投机性的外汇交易中，外汇被视为一种资产，同样也遵从这一定理。在式(19-16)中，左边为外汇的当前价格，右边为外汇未来价值(预期值)的当前值。外汇未来价值的净贴现率为本外币利差。在国内外利率相同的情况下，当前汇率将完全等于人们对未来汇率的预期值，即$e_s=E(e_s)$。

> **关键考点**
>
> 以选择题或计算题的方式考查利率平价理论(包括抛补利率平价说和非抛补利率平价说)，侧重于考查根据相关条件进行计算和分析的能力。

4. 利率平价说的应用：远期汇率的决定

远期外汇汇率取决于远期外汇的供给和需求。远期外汇交易的参与者主要有三类：投机者、抛补套利者和进出口商。前者为了获取汇率变动的差价进行远期外汇买卖，后两者基于保值的需要进行远期外汇买卖。现代远期汇率决定理论认为，正是投机者、抛补套利者和进出口商的投机和保值行为共同决定着远期汇率的水平。

套利者对远期外汇的供求可以用图19-1表示。横轴表示远期外汇的买卖数量，原点的左侧为卖出量，右侧为买入量。纵轴表示汇率，包括即期汇率e_s和远期汇率e_f。e_{f0}为使抛补利率平价成立的远期汇率。图中我们假定了该远期汇率e_f高于e_s，即远期外币升水，外国利率低于本国利率。

如果现实的远期汇率等于e_{f0}，则套利者的资金既不会流出也不会流入本国，从而既不买入也不卖出远期外汇。因此，套利者曲线通过e_{f0}点。

如果现实的远期汇率高于e_{f0}，如图中的e_{f1}处，远期差价高于国内外利差，预期外币资产收益率就会相应高于本币资产收益率，由此资金将流出本国进行抛补套利，投资者将卖出远期外汇。

---

① 一些著作译为"预期自致"。

如果现实的远期汇率低于e_{f0}，如图中的e_{f2}处，远期差价低于国内外利差，预期外币资产收益率就会相应低于本币资产收益率，由此资金将流入本国进行抛补套利，投资者将买进远期外汇。

这里摒弃了抛补利率平价的一个重要假定，即无限抛补套利资金的假设。我们知道，在现实中，套利存在着机会成本：用于套利的资金金额越大，为其他运营之需所能够持有的资金金额就越少，而且这种机会成本是随着套利资金的增加而递增的，从而要求有越来越高的套利收益予以补偿。因此，现实中远期汇率与e_{f0}的差价越大，用于抛补套利的资金才会越来越多，远期外汇的买卖数量随着差价的加大而增加，因而套利者曲线向右下方倾斜，其斜率取决于套利资金的机会成本。

进出口商对远期外汇的供求如图19-2所示。对于进出口商而言，为了避免汇率变动的风险，在签订贸易合同后，有两种做法可供选择：一是立即出售远期外汇；二是进行外币借款。出口商可以从银行借入一笔外汇，将其兑换成本币。当这一笔借款到期时，以正好收到的外汇货款来偿还。如果以A表示外币货款的数额，选择第一种做法可以收到$A \times e_f$的本币资金。选择第二种做法，由于到期出口商只能收到外汇A，他的外汇借款额只能是$\dfrac{A}{1+r^*}$，只有这样，到期时收到的外汇A才正好还清本息。所借外汇在外汇市场上可换得本币$\dfrac{A \times e}{1+r^*}$，并将其进行投资，到期收回本息$\dfrac{A \times e \times (1+r)}{1+r^*}$。出口商将在这两种做法中进行比较选择。

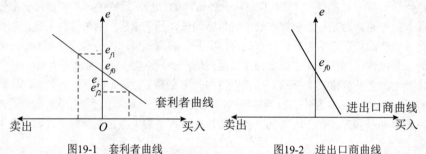

图19-1　套利者曲线　　　　图19-2　进出口商曲线

我们分成以下三种情况加以讨论：

如果$A \times e_f = \dfrac{A \times e \times (1+r)}{1+r^*}$，即$\dfrac{e_f}{e} = \dfrac{1+r}{1+r^*}$或者说抛补利率平价成立时，这两种方法无差异；

如果$A \times e_f > \dfrac{A \times e \times (1+r)}{1+r^*}$，即$\dfrac{e_f}{e} > \dfrac{1+r}{1+r^*}$时，出口商将选择进入外汇市场出售远期外汇；

如果$A \times e_f < \dfrac{A \times e \times (1+r)}{1+r^*}$，即$\dfrac{e_f}{e} < \dfrac{1+r}{1+r^*}$时，出口商将选择向银行申请贷款，而与远期外汇市场不发生关系。

将出口商和进口商的情况综合起来，就可以得到进出口商的供求曲线，即进出口商曲线。进出口商曲线比套利者曲线更陡一些，这是因为进出口商只对已签合同的未来付款采取套期保值措施。

由于抛补套利者和进出口商都是为了实现套期保值的目的进入远期外汇市场的，并且套利者曲线和进出口商曲线形状相同，因而我们可以将两条曲线加总合并为保值者曲线，如图19-3所示。加总而成的保值者曲线比套利者曲线和进出商曲线都要平坦一些。

投机者对远期外汇的供求曲线如图19-4所示。远期外汇投机者希望赚取的是当前远期汇率与未来即期汇率之间的差价。图中，$E(e_s)$为投机者预期的未来即期汇率值。如果当前远期汇率等于投机者对未来即期汇率的预期值，那么投机者既不买进也不卖出远期外汇。如果当前远期汇率高于该预期值，投机者就会出售远期外汇，进行所谓"卖空"。如果当前远期汇率低于该预期值，投机者则会买进远期外汇，进行所谓的"买空"。

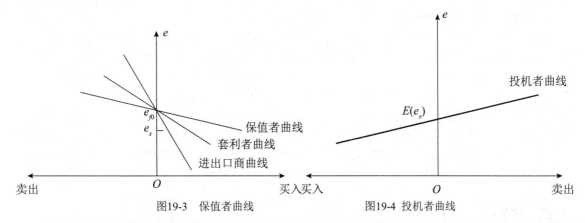

图19-3 保值者曲线　　　图19-4 投机者曲线

将保值者曲线与投机者曲线结合起来，就可以用来分析均衡远期汇率的决定。可以看出，无论是保值者还是投机者，当远期汇率偏低时，都会买进远期外汇。他们的供求交易将会带来远期汇率的变化，直到保值者的买入额等于投机者的卖出额，或保值者的卖出额等于投机者的买入额。这时的远期汇率即为均衡远期汇率。

在图19-5中，我们假定了投机者对未来即期汇率的预期值e_s低于使抛补利率平价成立的远期汇率e_{f0}。由此，两条曲线在右象限相交，这意味着在均衡远期汇率e_f^N上，保值者的远期外汇买入量等于投机者的远期外汇卖出量。但如果$E(e_s) > e_f^N$，那么两条曲线就会在左象限相交，这意味着在均衡远期汇率上，保值者的远期外汇卖出量等于投机者的远期外汇买入量。

如果现实的远期汇率高于e_{f0}，则意味着远期汇率对保值者和投机者都偏高，两类投机者都会卖出远期外汇，从而造成远期汇率的下降。当远期汇率下降到e_{f0}，保值者既不买进也不卖出远期外汇，但投机者因远期汇率仍高于$E(e_s)$，会继续卖出远期外汇，促使远期汇率进一步下跌。当远期汇率下跌至e_f^N以下时，保值者将改卖为买，而且买入额随着远期汇率的下降而增加。当远期汇率下降到e_f^N时，保值者的远期外汇买入量等于投机者的远期外汇卖出量，此时，远期汇率不再进一步下降，而处于均衡状态。同理，当远期汇率低于e_f^N时，两类参与者的供求行为也会使远期汇率回升到e_f^N。

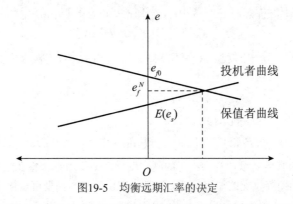

图19-5 均衡远期汇率的决定

由以上分析过程，我们可以看出，由于可用于抛补套利的资金并非是无限的，而且对于借款者违约的担心等原因，保值者曲线不是一条通过e_{f0}的水平线；由于投机者并非风险中立者，投机者曲线不是一条通过$E(e_s)$点的水平线。两条曲线相交所决定的均衡远期汇率，既偏离抛补利率平价理论，也偏离非抛补利率平价理论。

> **关键考点**
>
> 以论述题的方式考查远期汇率的决定，要求考生能够熟练运用相关理论模型，并能够运用相关曲线进行均衡分析。

5. 对利率平价理论的评价

首先，利率平价理论的研究角度从商品流动转移到资金流动，指出了汇率与利率之间存在的密切关系，这对于正确认识外汇市场上，尤其是资金流动问题非常突出的外汇市场上汇率的形成机制是非常重要的。其次，同购买力平价说一样，利率平价理论并不是一个独立的汇率决定理论，只是描述出了汇率与利率之间存在的关系。再次，利率平价说具有特别的实践价值。对于利率与汇率间存在的这一关系，由于利率的变动是非常迅速的，同时利率又可以对汇率产生立竿见影的影响，这就为中央银行对外汇市场进行灵活的调节提供了有效的途径，即培育一个发达的、有效率的货币市场，在货币市场上利用利率尤其是短期利率的变动对汇率进行调解。例如，当市场上存在着本币将贬值的预期时，就可以相应提高本国利率以抵销这一贬值预期对外汇市场的压力，维持汇率的稳定。

▲ 四、国际收支说

1. 国际收支说的渊源：国际借贷说

国际借贷说认为，汇率作为外汇的价格，取决于外汇市场上外汇的供求流量，而外汇的供求流量来自于国际收支。因此，一国国际收支赤字意味着外汇市场上外汇供不应求，本币供过于求，将导致外币汇率的上升；反之，一国国际收支盈余意味着外汇市场上外汇供过于求，本币供不应求，将带来外币汇率的下降。

国际收支说的倡导者认为，在分析汇率决定时，可以沿用国际借贷说的上述基本分析框架，但必须至少从两个方面对国际借贷说加以修正和改进：一是将国际资本流动纳入汇率决定的分析；二是进一步应用贸易收支和国际资本流动有关理论分析来探讨深层的汇率决定因素。

2. 国际收支说的原理

国际收支说通过说明影响国际收支的主要因素，进而分析这些因素如何通过国际收支作用到汇率上。假定汇率完全自由浮动，政府不对外汇市场进行干预，则汇率是外汇市场上的价格，它通过自身变动来实现外汇市场的供求平衡，使国际收支处于平衡。用公式表示为

$$BP = CA + KA = 0 \tag{19-17}$$

式中，BP 为国际收支，CA 为经常账户，由本国的进出口决定，具体来讲，主要由本国的国民收入 Y、外国的国民收入 Y^*、本国价格水平 P、外国价格水平 P^* 和外币汇率 e 决定，有

$$CA = f_1(Y, Y^*, P, P^*, e) \tag{19-18}$$

KA 为资本与金融账户，由本国利率 r、外国利率 r^*、外币汇率 e（直接标价法）和对外来外币汇率变化的预期值 $E(e)$ 决定，有

$$KA = f_2[r, r^*, e, E(e)] \tag{19-19}$$

根据式(19-17)、式(19-18)和式(19-19)，可得

$$BP = f_1(Y, Y^*, P, P^*, e) + f_2[r, r^*, e, E(e)] = f[Y, Y^*, P, P^*, r, r^*, e, E(e)] = 0$$

如果将除汇率以外的其他变量均视为给定的既生变量，则外币汇率将在这些因素的共同作用下变化达到某一水平，起到平衡国际收支的作用，从而国际收支说的基本模型可以概括为

$$e = f[Y, Y^*, P, P^*, r, r^*, E(e)] \tag{19-20}$$

我们来简要分析一下式(19-20)中各变量对外币汇率的影响。

(1) 国民收入的变动。当其他变量不变时(下同)，本国国民收入的增加将通过边际进口倾向而带来进口的上升，这将导致外汇需求的增加，外币升值。外国国民收入的增加将带来本国出口的上升，外币贬值。

(2) 价格水平的变动。本国价格水平的上升将带来本币实际汇率的上升，本国产品竞争力下降，经常账户恶化，从而外币升值(此时实际汇率恢复原状)。外国价格水平的上升将带来本币实际汇率的贬值，本国经常账户改善，从而外币贬值。

(3) 利率的变动。本国利率的提高将吸引更多的资本流入，外币升值。外国利率的提高将吸引更多的资金流出，外币贬值。

(4) 对未来汇率变动的预期。如果预期外币在未来将升值，则资本将会流出以获取升值收入，外币升值。如果预期外币在未来将贬值，则资本将会流入以避免损失，外币贬值。

3. 对国际收支说的评价

首先，国际收支说指出了汇率与国际收支之间存在的密切关系，这对于全面分析汇率的决定因素尤其是短期内分析汇率的变动是极为重要的。其次，与购买力平价说一样，国际收支说也不能被视为完整的汇率决定理论，只是说明汇率与其他经济变量存在着的联系。再次，国际收支说是关于汇率决定的流量理论。

> **关键考点**
>
> 以论述题的方式考查国际收支说的相关原理，有可能结合我国现阶段的实际问题加以考查。其中，考生应重点掌握式(19-20)所示的国际收支说的基本理论模型，并根据该模型确定收入、价格、利率和汇率预期对本币和外币汇率的影响。

▲ 五、资产市场说

1. 资产市场说的基本思想

资产市场说是在国际资本流动获得高度发展的背景下产生的，因此特别重视金融资产市场均衡对汇率变动的影响。该理论认为，一国金融市场供求存量失衡后，市场均衡的恢复不仅可以通过国内商品市场的调整来完成，在各国资产具有完全流动性的条件下，还能通过国外资产(金融)市场的调整来完成。汇率作为两国资产的相对价格，其变动将有助于资产市场均衡的恢复，消除资产市场的超额供给或超额需求。均衡汇率就是指两国资产市场供求存量保持均衡时两国货币之间的相对价格。

2. 汇率的货币论

这一理论强调货币市场对汇率变动的要求，假定国内和国外资产完全替代，而非抛补利率平价连续存在。一国货币市场失衡后，国内商品市场和证券市场会受到冲击，在国内外市场紧密联系的情况下，国际商品套购机制和套利机制就会发生作用。在商品套购和套利过程中，汇率就会发生变化，以符合货币市场恢复均衡的要求。但是，在调整过程中，是国际商品套购机制还是套利机制发挥作用呢？这进一步取决于两个市场的调整速度对比。弹性价格货币论的模型假定商品市场与证券市场一样能迅速、灵敏地加以调整，在货币供给对利率的收入价格效应发生作用、抵销流动性效应对利率影响的情况下，货币市场失衡将带来价格的变化，而不会导致利率的变化，由此，国际商品套购机制而非套利机制发挥作用。而粘性价格或汇率超调模型则假定证券市场的反应要比商品市场灵敏得多，故短期内由利率和汇率的变动，而不是价格和汇率的变动来恢复货币市场均衡。

1) 弹性价格货币模型[①]

弹性价格货币模型强调货币市场在汇率决定过程中的作用。当一国货币市场失衡时，如果国际金融市场资本流动充分，则商品套购机制和套利机制就会发挥作用，使汇率发生变化，以符合货币市场恢复均衡的要求。该理论实际上是国际收支货币论在浮动汇率制下的另一种表现形式。其前提假设包括：①垂直的总供给曲线；②稳定的货币需求；③购买力平价模型成立。在此基础上，弹性价格货币模型可用公式表示为

$$\begin{cases} \dfrac{M}{P} = L_1(Y, r) \\ \dfrac{M^*}{P^*} = L_2(Y^*, r^*) \end{cases} \Rightarrow \begin{cases} \ln M - \ln P = a_1 \ln Y - b_1 \ln r \\ \ln M^* - \ln P^* = a_2 \ln Y^* - b_2 \ln r^* \end{cases} \quad (19\text{-}21)$$

---

① 该内容在2009年联考试卷中以计算题的形式考过。

式中，$\frac{M}{P}$、$\frac{M^*}{P^*}$ 分别为本国与外国实际货币供给量，Y、Y^* 分别为本国与外国国民收入，r、r^* 分别为本国与外国利率水平。根据假定，购买力平价成立，所以汇率 $e = \frac{P}{P^*} \Rightarrow \ln E = \ln P - \ln P^*$。为简化起见，假定两国货币需求函数相同，则令 $a_1 = a_2 = a$，$b_1 = b_2 = b$。整理后，得到的弹性价格货币模型的基本公式为

$$\ln e = (\ln M - \ln M^*) - a(\ln Y - \ln Y^*) + b(\ln r - \ln r^*) \tag{19-22}$$

由式(19-22)可知，外币汇率的变动主要取决于以下因素：本国与外国货币供给量，本国与外国国民收入，以及两国利率水平。外币汇率变动与本国货币供应量呈正相关，与外国货币供应量负相关；外币汇率与本国国民收入呈反方向变动，与外国国民收入呈同方向变动；与本国利率呈同方向变动，与外国利率呈反方向变动。因此，可能导致本币汇率下降(外币汇率上升)的因素包括：本国相对于外国的名义货币供应量增加；本国相对于外国的实际国民收入减少；本国相对于外国的实际利率上升。根据货币主义的汇率理论，本币汇率的变动与本国相对于外国的预期通胀率无关。

下面来分析这些因素对汇率水平变动的影响。

① 本国货币供给水平一次性增长的影响。在其他因素不发生变动时，本国货币供给水平的一次性增长，会造成现有价格水平上的超额货币供给，公众将会增加支出以减少他们持有的货币余额。由于产出不变，额外的支出会使价格水平上升，直至实际货币余额恢复正常为止。也就是说，本国的货币供给的一次性增加，会迅速带来本国价格水平的相应提高。由于购买力平价成立，本国价格水平的提高将会带来本国货币的相应贬值。由此，我们可以得出以下结论：在货币模型中，当其他因素保持不变时，本国货币供给的一次性增长将会带来本国价格水平的同比例上升、本国货币的同比例贬值，本国产出和利率则不发生变动。

② 本国国民收入增加的影响。当其他因素不变时，本国国民收入的增加，意味着货币需求的增加。在现有价格水平上，由于货币供给没有相应的增加，因此本国居民持有货币的实际余额降低，支出减少。这一支出的减少会造成本国价格水平的下降，直至实际货币余额恢复到原有水平为止。同样，本国价格水平的下降会通过购买力平价关系而造成本国汇率的相应升值。因此，我们可以得出以下结论：在货币模型中，当其他因素不变时，本国国民收入的增加将会带来本国价格水平的下降，本国货币升值。

③ 本国利率上升的影响。在货币模型中，本国利率的上升会降低货币需求，同样在原有的价格水平与货币供给水平上，这会造成支出增加、物价上升，从而通过购买力平价关系造成本国货币贬值。因此，我们可以得出以下结论：在货币模型中，当其他因素不变时，本国利率上升将会带来本国价格水平的上升，本国货币的贬值。

2) 粘性价格模型(汇率超调模型)

粘性价格模型，即汇率超调模型，是美国著名经济学家卢蒂格·多恩布什于1976年提出的，它同样强调货币市场均衡对汇率变动的作用。多恩布什认为，货币市场失衡后，商品市场价格具有粘性，而证券市场反应极其灵敏，利率将立即发生调整，使货币市场恢复均衡。正是由于商品价格短期粘住不动，货币市场恢复均衡完全由证券市场来承担，利率在短时间内就必然超调，即调整的幅度要超出其新的长期均衡水平。如果资本在国际间可自由流动，利率的变动就会引起大量的套利活动，由此带来汇率的立即变动。与利率的超调相适应，汇率的变动幅度也会超过新的长期均衡水平，即出现超调的特征。这是汇率超调模型的基本结论。

多恩布什关于汇率动态调整的具体分析过程可做如下表述：货币市场出现失衡后，由于短期内价格粘住不动，实际货币供应量就会增加。要使货币市场恢复均衡，人们对实际货币余额的需求就必须增加。实际货币需求是国民收入和利率的函数。在国民收入短期内难以增加而保持不变的情况下，利率就会下降，使人们愿意拥有所增加的实际货币余额。在各国资产具有完全流动性和替代性的情况下，利率下降就会引起资金外流，进行套利活动，由此导致外币汇率上浮，或本币贬值。

然而，外币汇率并不会永远高居在这一短期均衡水平，而会逐渐回落，出现与最初反方向的变化。这时，商品市场并没有处于均衡状态，而是处于超额需求状态，这是因为：首先，利率下降会刺激总需

求；其次，外币汇率上升使世界商品市场偏离一价定律，产生商品套购机会，由此使世界需求向本国商品转移，从而带来本国的总需求的上升。在产量不变的情况下，这两个渠道通过商品市场的超额需求，最终将带来价格的同比例上升。在价格上升的过程中，实际货币供应量相应地逐渐下降，带来利率的回升，结果是资本内流和外币汇率的下浮或本币升值。由此，在价格、利率和汇率相互作用下，直到汇率达到弹性价格模型所说明的长期均衡水平上。最终来看，货币扩张所引起的仅仅是价格、汇率等名义变量的同幅度上升，而实际变量如实际汇率、实际货币供应量等则恢复到最初的水平。

货币市场失衡后的动态调整过程如图19-6所示，图中横轴表示时间t，纵轴在图19-6(a)、图19-6(b)、图19-6(c)、图19-6(d)中分别表示货币供应量M、直接标价法的汇率e、价格水平P和利率水平r，以指数形式表示。在起始长期均衡状态，国内货币供应量为M_1，相应的均衡价格水平为P_1，利率水平为r_1，与国外利率r_f相等，均衡汇率水平为e_1，购买力平价存在，也没有升值或贬值的预期。假设在时间t_1，货币当局将国内货币供应量提高到M_2，其他条件不变，长期均衡价格水平应提高到P_2，形成新的购买力平价。但是在短期，商品劳务市场价格粘性，不能立即调整到位。然而在资产市场，调整是立即的。货币供应量提高后，由于价格粘性，过多的货币余额使利率下降到r_2，低于国外利率r_f，引起资本外流。同时由于$r_2 < r_f$，套利机制要求本币远期升值，所以短期汇率水平必须超调到e'，超过长期均衡汇率e_2的水平。

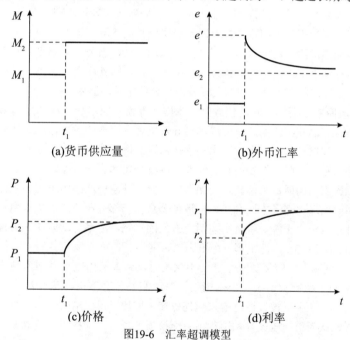

图19-6　汇率超调模型

短期冲击后，汇率、价格、利率机制在长期因素作用下继续调整利率下降和本币贬值，使总需求扩张，由于产量不变，价格缓慢上升。同时，贬值导致的外国对本国产品需求的增加，以及国内外利差在套利机制作用下，使本币有所升值。另外，价格的上升使货币需求上升，导致利率水平相应提高。调整结束时，与货币供应量M_2相对应的价格为P_2，利率为r_1，汇率为e_2，再度实现长期均衡。

多恩布什的贡献主要在于总结了汇率现实中的超调现象，并在理论上首次予以系统阐述。在他看来，货币市场的失衡总是会造成汇率的超调，在浮动汇率制下汇率的大幅度波动是很难避免的。多恩布什还认为汇率在短期内不仅会偏离绝对购买力平价，而且还会不符合购买力平价说的相对形态。在汇率从短期均衡向长期均衡的过渡中，本国价格水平在上升，但外币汇率却不升反降，即本币在外汇市场上反而升值。这一论述对于我们分析购买力平价说和理解现实汇率的波动有一定的意义。但汇率超调模型也有不足之处，主要是：它将汇率波动完全归因于货币市场的失衡，而否认商品市场上的实际冲击对汇率的影响，未免有失偏颇；它假定国内外资产具有完全的替代性，事实上，由于交易成本、赋税待遇和各种风险的不同,各国资产之间的替代性远远没有达到可视为一种资产的程度。

> **关键考点**
>
> 以选择题、论述题或计算题的方式考查汇率的货币论(包括弹性价格货币模型和粘性价格模型),一般侧重于对相关知识点的深入理解程度的考查,要求考生能够灵活运用所学知识解决相关问题。弹性价格货币模型和由多恩布什提出的粘性价格模型(汇率超调模型)是两个非常重要的知识点,在最近两年的命题中均有所涉及,在未来联考命题中仍会考查这两个汇率货币论理论模型。对于弹性价格货币模型,应重点掌握其基本公式,并根据该公式推导出货币供给、收入和利率对本币和外币汇率的影响。对于粘性价格模型,应重点掌握多恩布什所描述的汇率(利率)超调过程及其恢复长期均衡的机制。

3. 资产组合平衡论

1) 资产组合平衡论的基本思想

资产组合平衡论的基本思想是:短期内资产市场的失衡是通过资产市场中国内外各种资产的迅速调整来加以消除的,而汇率正是使资产市场供求存量保持和恢复均衡的关键变量。

2) 资产失衡对汇率变动的影响

(1) 当外国资产市场失衡导致外国利率上升时,私人部门以国外资产形式持有的财富比例就会上升,从而私人部门以本国货币和本国证券持有财富的比例相应下降。这样,在原先的资产组合上,本国货币和债券就会出现超额供给,而国外净资产则出现超额需求,当公众重新平衡其资产组合时,就会拿本国货币和债券去换取国外资产,由此导致外币汇率上升,使国外净资产额上升,直到资产组合重新符合公众意愿,反之,当外国利率下降到引起公众资产组合调整时,汇率就会下降。

(2) 当一国出现政府赤字而发行政府债券时,本国债券就相应增加。在政府向中央银行出售债券的情况下,中央银行所持有的政府债券总额的增加会导致货币供应量的增加,从而使公众拿出新增的一部分货币去换取本国债券和国外资产,上述对国外资产需求的增加就会引起汇率的提高。但如果政府债券由私人部门认购,那么私人部门所持有的政府债券总额就会增加。一方面,私人部门所持有的政府债券总额的增加会提高私人部门的财富总额,从而使得对一国对外净资产的需求增加,促使汇率提高;但另一方面,由于债券供给增加提高了本国利率,会诱使公众将一部分对资产的需求由对外净资产转向对政府债券的需求,由此造成汇率下降。综合上述两个方面的影响,汇率变动取决于国外资产的需求财富弹性与国外资产对本国利率的交叉弹性中哪一个更大。

(3) 当中央银行通过购入政府债券来增加货币供给时,私人部门就会发现本国货币供过于求,而债券却供不应求。当他们用超额货币去交换本国债券时,利率就会下降,这样对国外资产的需求就会扩大,从而导致汇率上升。当中央银行通过购入国外资产来增加货币供给时,本国货币就会供过于求,国外资产就会供不应求,从而引起居民拿本国货币去交换国外资产,同样也导致利率下降和汇率上升。反之,当中央银行减少货币供给时,则造成利率上升和汇率下降。

(4) 当一国经常账户出现盈余时,私人部门持有的净国外资产就会增加,这样就使净国外资产在总资产中所占的比例大于私人部门的意愿比例。在重新平衡资产组合时,人们就会拿超额的净外汇资产去换取本国货币和债券,从而导致汇率下降,直到净国外资产额与公众的总需求量相一致。反之,当经常账户发生赤字时,净国外资产就会下降,要求汇率上升,使之回到原先的水平。

(5) 当各种因素引起私人部门预期汇率将上升或下降时,他们就会愿意提高或降低以国外资产形式持有的财富,相应降低或提高以本国货币和本国证券持有财富的比例。当重新平衡资产组合时,人们就会用本国货币和债券去换取国外资产,或用国外资产去换取本国货币和债券,由此导致外币汇率上升或下降。汇率变动后,以本币表示的国外资产额就调整到与新的需求额相一致的水平。

综上所述,资产组合平衡模型关于外国利率、各种国内外资产存量变动及汇率预期对汇率的影响的比较静态分析可以概括为

$$e = f(r_f^+, \overset{\pm}{N}, \overset{+}{M}, \overset{-}{F}, \overset{+}{\pi_e}) \qquad (19\text{-}23)$$

式中，r_f表示外国利率水平，N表示本国债券总额，M表示本国的货币供应量，F表示一国对外净资产额，π_e表示预期货币贬值率。各项因变量上方的加号和(或)减号表示汇率与所指因变量成同方向或反方向变化。

3) 对资产组合平衡论的评价

资产组合平衡论的优点：首先，与前面各种汇率决定理论相比，资产组合平衡论是更为一般的模型；其次，该理论具有特殊的政策分析价值，尤其被广泛运用于对货币政策的分析中。

资产组合平衡论的不足体现在：首先，这一模型过分复杂，在很大程度上制约了对它的运用，影响了实证检验的效果；其次，从理论上讲，这一模型纳入了流量分析，但是并没有对流量因素本身做更为专门的分析。

> **关键考点**
>
> 以选择题或论述题的方式考查资产组合平衡论，侧重于考查资产市场的各种失衡影响汇率变动的途径以及国内外各种变量对汇率的影响，如式(19-23)所示。

第十九章 外汇与汇率

真题精选精析

一、选择题

1.【重庆大学2016】下列说法正确的是( )。
   A. 外汇风险的结果即遭受损失
   B. 外汇风险都是由于外汇汇率变化引起的
   C. 交易风险不是国际企业的最主要的外汇风险
   D. 外汇风险对企业生存无足轻重

2.【清华大学2017】如果可以在国内自由持有外汇资产，并可自由地将本国货币兑换成外币资产，则( )。
   A. 经常项目可兑换　　B. 资本项目可兑换　　C. 对内可兑换　　D. 对外可兑换

3.【湖南大学2015】中国香港采用的汇率制度是( )。
   A. 联系汇率制　　B. 浮动汇率制　　C. 爬行钉住　　D. 类似爬行钉住

4.【上海财经大学2015】假设现在是2001年1月1日，如果一家美国公司将在2001年4月1日之前收入500万英镑，但确切的结算日目前没有确定，于是该公司与银行进行一个择期远期外汇交易卖出英镑以规避英镑贬值风险，目前伦敦外汇市场上英镑的汇率行情是：

1月期远期汇率$1.673～$1.676
2月期远期汇率$1.670～$1.674
3月期远期汇率$1.666～$1.671

如果该公司在4月1日之前收入款项并向银行卖出英镑，则银行将采用的远期汇率为( )。
   A. $1.666/英镑　　B. $1.671/英镑　　C. $1.674/英镑　　D. $1.677/英镑

5.【中央财经大学2017】关于汇率理论，以下描述正确的是( )。
   A. 购买力平价说是以一价定律为假设前提的
   B. 汇兑心理说侧重于分析长期汇率水平的决定因素

C. 利率平价理论认为利率高的国家其货币的远期汇率会升水

D. 换汇成本说是以国际借贷理论为基础发展起来的

6.【对外经济贸易大学 2017】根据多恩布什的汇率超调模型，当本国货币供给增加时，本币汇率将按照先贬值后升值的路径达到新的均衡水平，导致这一现象发生的原因是(　　)。

A. 利率和商品价格的调整速度快于汇率

B. 汇率的调整速度快于利率和商品价格

C. 商品价格的调整速度快于利率和汇率

D. 汇率和利率的调整速度快于商品价格

二、名词解释

1.【南京大学 2017】铸币平价

2.【中国人民大学 2018】利率平价理论

3.【湖南大学 2017】三元悖论(克鲁格曼三角)

4.【华东师范大学 2016】特别提款权(SDR)

5.【对外经济贸易大学 2020】货币局制度

三、简答题

【中央财经大学 2019】简述汇率变动对国内物价的影响机制。

四、计算题

【江西财经大学 2018】已知即期汇率为1欧元=1.185 0美元，6个月的美元年利率为3%，6个月的欧元年利率为1.5%。

(1) 计算正常情况下欧元兑美元的6个月远期汇率。

(2) 若银行报出的6个月远期汇率为1欧元=1.191 5/25美元，试以100万欧元进行套利投资，计算套利收益。

第二十章 国际收支与国际资本流动

第一节 国际收支

▲一、国际收支的概念

1. 国际收支的定义

根据国际货币基金组织(IMF)的定义,国际收支是指一国(或地区)的居民在一定时期内与非居民之间的经济交易的系统纪录。

2. 国际收支概念中的居民与非居民

由国际收支的概念可知,只有居民和非居民之间的经济交易才是国际经济交易。居民包括个人、政府、非营利团体和企业4类。IMF做了如下规定:自然人居民,是指那些在本国居住时间长达一年以上的个人,但官方外交使节、驻外军事人员等一律是所在国的非居民;法人居民,是指在本国从事经济活动的各级政府、非营利团体和企业。这样,跨国公司的母公司和子公司分别是所在国居民,但国际性机构(如联合国、国际货币基金组织等)均是任何国家的非居民。

3. 国际收支与国际借贷的关系

国际收支和国际借贷是两个不同的概念。国际借贷是指在一定时点上一国居民对外资产和对外负债的汇总。二者的区别在于:①国际收支是一个流量概念,描述了一定时期内的发生额;而国际借贷是一个存量概念,描述了一定时点上的对外债券、债务余额。②两者所包括的范围不一样,国际经济交易中的赠予、侨民汇款与战争赔款等"无偿交易",都属于不发生国际借贷关系的交易,因而不包括在国际借贷中,但却包括在国际收支中。两者之间的关系是:国际收支为因,国际借贷为果。一国国际收支中的资本账户收支差额的历年积累,即为该国的国际借贷状况。

> **关键考点**
> 以选择题的方式考查国际收支的概念,着重考查易混淆的相关概念(如公民与居民、国际收支与国际借贷等)。

▲二、国际收支平衡表

1. 国际收支平衡表的定义

国际收支平衡表是一国对其一定时期内的国际经济交易,根据交易的特性和经济分析的需要,分类设置科目和账户,并按照复式记账的原理进行系统记录的报表。

2. 国际收支平衡表的编制原则

如上所述,国际收支平衡表是按照复式记账法编制的。对外资产(包括实际资产和金融资产)持有额的减少被记入贷方,对外资产持有额的增加被记入借方;对外负债的增加额被记入贷方,对外负债的减少被记入借方。每一笔交易同时以相同金额进行借方记录和贷方记录,遵循"有借必有贷,借贷必相等"的复式记账法原理。因此,从原理上讲,国际收支平衡表的借方总额和贷方总额总是相等的,即其净差额为零。

在国际收支平衡表中,记入贷方的是货物、劳务的出口(向国外提供实际资产)和资本的流入(本国对外金融资产的减少,或本国对外负债的增加);记入借方的是货物、劳务的进口(从国外取得实际资产)和资本的流出(本国对外金融资产的增加，或本国对外负债的减少)。

3. 国际收支平衡表的基本内容

表20-1显示了国际收支平衡表的标准组成部分。

表20-1 国际收支平衡表的标准组成部分

1. 经常账户	2. 资本与金融账户
A. 商品(FOB计价)	A. 资本账户
B. 服务	B. 金融账户
C. 收入	a. 直接投资
D. 经常转移	b. 证券投资
	c. 其他投资
	d. 储备

1) 经常账户

经常账户反映一国与他国之间的实际资产的转移，是国际收支中最重要的账户，包括商品、服务、收入和经常转移4个科目。经常账户盈余表示其贷方总额大于借方总额，说明经常账户交易的总收入大于总支出；经常账户赤字则相反。

(1) 商品。商品是经常账户和整个国际收支平衡表中最重要的科目，记录一国的商品出口和进口，又称有形贸易。其中贷方记录出口值，借方记录进口值，商品出口值和进口值的差额称为贸易差额。

为了统一估算进出口的价值，IMF规定：在国际收支统计中，一律使用离岸价格(FOB)计算进出口价值，将进口商品的保险费和运输费从进出口支出中剔除，并将它们列入服务项下。另外值得注意的是，黄金的国际交易分为货币性黄金交易和非货币性黄金交易，只有非货币性黄金交易才记入经常账户。

(2) 服务。记录服务的输入和输出，又称无形贸易。贷方记录服务输出值，借方记录服务输入值。这一科目记录的交易内容比较广泛，又分为运输、旅行、通信服务、建筑服务、保险服务、金融服务(除保险外)、电脑和信息服务、专利费和手续费、其他商业服务、其他私人服务、政府服务等细目。

(3) 收入。收入是记录因生产要素在国际间流动而引起的要素报酬收支，它主要下设"雇员报酬"和"投资收益"两个细目。这里，雇员报酬是指一国居民个人在另一国(或地区)工作而得到的现金或实物形式的工资、薪水和福利；投资收益指一国资本在另一国投资而获取的利润、股息、利息等。根据需要，投资收益还可以进一步细分为直接投资收益、证券投资收益和其他投资收益等。雇员报酬收入和投资收益收入记录在贷方，雇员报酬支出和投资收益支出记录在借方。所有要素报酬收入减去所有要素报酬支出，称为要素报酬收支净额(NFP)。

(4) 经常转移。经常转移记录不发生对等偿付的单方面支付，但是这里不记录资产所有权的转移。贷方记录本国从外国取得的单方转移收入，借方记录本国向外国的单方转移支出。单方转移可以分为政府和私人单方转移两个方面。

2) 资本与金融账户

资本与金融账户贷方记录的是资本流入，借方记录的是资本流出。然而，与经常账户不同的是，资本与金融账户的各个科目通常并不按借方发生总额和贷方发生总额来记录，而是按借方净额或贷方净额来记录的。如前所述，资本流入是指本国对外资产的减少或本国对外负债的增加；资本流出则是指本国对外资产的增加或本国对外负债的减少。

资本账户包括资本转移和非生产、非金融资产的收买或放弃。资本转移是指一经济体的居民实体向另一居民实体无偿提供了金融产品或服务。非生产、非金融资产的收买或放弃是指各种无形资产如专利、版权、商标、经销权、租赁及其他转移。

金融账户是指一经济体对外资产和负债所有权变更的所有权交易，它主要包括直接投资、证券投资、其他投资和储备资产4类。

(1) 直接投资。其特征是投资者对非居民企业的经营管理拥有有效的控制权。它可以采取直接在外国投资建立企业的形式，也可以采取购买非居民企业一定比例股票的形式，或采取将投资利润进行再投资的形式。

(2) 证券投资。它是指购买非居民政府的长期债券、非居民公司的股票和债券等。这里需要指出的是，当证券投资中拥有非居民企业股权达到一定比例时(IMF规定10%以上，我国则规定25%以上)，就作为直接投资。

(3) 其他投资。凡不包括直接投资、证券投资和储备中的一切资本交易均在此记录。这些资本交易除政府贷款、银行贷款和贸易融资等长期贷款以外，还包括货币、存款和短期票据等。

(4) 储备资产。储备资产是指官方所持有的国际储备，可用于满足国际收支平衡需要的对外资产，包括货币性黄金、特别提款款权、在IMF的储备头寸和外汇储备等官方对外资产。

3) 官方储备(平衡账户)

在一些国家的国际收支平衡表中，考虑到官方储备资产对一国汇率稳定和货币政策的重要性，官方储备被单独列为一个账户，称为"平衡账户"。这种方法现在还为许多学者所采用。

4) 净误差和遗漏

根据复式记账法的基本原理，所有账户的借方总额和贷方总额应该是相等的。但由于各国经济交易的统计资料来源不一，有的数据甚至来自于估算，加上一些人为因素(如有些数据须保密)，从而国际收支平衡表就几乎不可避免地会出现净的借方余额或贷方余额。基于会计处理上的需要，一般就人为地设置一个科目，以抵销上述统计偏差，即"净误差和遗漏"科目。如果借方总额大于贷方总额，则净误差和遗漏这一项记在贷方；如果贷方总额大于借方总额，则净误差和遗漏这一项记在借方。

> **关键考点**
> 以选择题的方式考查国际收支平衡表的复式记账方法和记账原则，考生应具备相关财务基础知识。

▲三、国际收支平衡表的分析

1. 国际收支的平衡、顺差(盈余)和逆差(赤字)

1) 国际收支的平衡、顺差(盈余)和逆差(赤字)的含义

为了便于分析研究，我们通常在国际收支平衡表中的某个位置上画出一条水平线，在这一水平线以上的交易就是我们所要进行研究的，该部分的交易被称为"线上交易"；而在此线以下的交易则被称为"线下交易"。线上交易所形成的差额是否为零，是判断一国国际收支是否平衡的标准。当线上交易差额为零时，我们称国际收支处于平衡状态。如果线上交易的贷方总额大于其借方总额，称为国际收支顺差(盈余)；如果线上交易的贷方总额小于其借方总额，称为国际收支逆差(赤字)。

国际收支平衡表的每个具体账户和科目的借方额与贷方额往往是不相等的，这种差额被称为"局部差额"，表20-2列出了常见的几种国际收支局部差额。

表20-2 常见的国际收支局部差额及其关系

	商品出口
	− 商品进口
	= 贸易差额
	+ 无形收入
	− 无形支付
	+ 无偿转移收入
	− 无偿转移支出
	= 经常账户差额
	+ 长期资本流入
	− 长期资本流出

	= 基本差额
	+ 私人短期资本流入
	−私人短期资本流出
	= 综合差额
	+ 储备减少
	−储备增加
	= 零

2) 贸易收支差额

贸易收支差额在传统上经常作为一国整个国际收支的代表，这是因为对很多国家来说，贸易收支在其全部国际收支中所占的比重相当大。同时，贸易收支的数字，尤其是商品贸易收支的数字，易于通过海关的途径及时收集，能够比较快地反映出一国对外经济交往的情况。贸易账户差额在国际收支中具有特殊重要性的原因还在于，它反映了一国(或地区)的自我创汇能力，并进而反映了一国的产业结构和产品在国际上的竞争力以及在国际分工中的地位，是一国对外经济交往的基础，影响和制约着其他账户的变化。

3) 经常账户收支差额

经常账户差额反映了实际资源在该国与他国之间的转让净额，以及该国的实际经济发展水平。当经常账户为盈余时，就要通过资本的净流出或官方储备的增加来平衡；当经常账户为赤字时，就要通过资本的净流入或官方储备的减少来平衡。

4) 贸易账户与经常项目收支的关系

由表20-2可知，经常账户除包括贸易账户外，还包括收入账户和经常转移账户。若暂时不考虑经常转移问题，则经常账户差额与贸易账户差额之间的差别就体现在收入账户差额的大小上。由于收入账户主要反映的是资本通过直接投资或间接投资取得的收入，因此收入账户与一国的净外国资产或债务密切相关。为达到一定的目标经常账户差额，净国外资产数额越大，从国外取得的收入也就越多，贸易账户也就可以相应出现更多的赤字。相反，净国外负债越大，向国外支付的收入也就越多，贸易账户就必须实现更多的盈余才能维持经常账户平衡。贸易账户与经常项目账户之间的上述关系如图20-1所示。

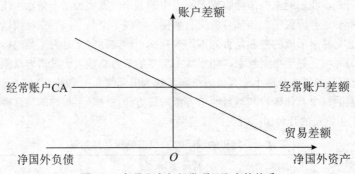

图20-1 贸易账户与经常项目账户的关系

5) 经常账户和资本与金融账户的关系

在国际经济贸易往来中，一笔贸易流量对应着一笔金融流量，经常账户中实际资源的流动和资本与金融账户中资产所有权的流动是同一问题的两个方面。由于国际收支采用复式记账法，因此在不考虑净误差和遗漏因素的条件下，经常账户中的差额必然对应着资本与金融账户中在相反方向上的数量相等的差额。经常账户和资本与金融账户存在的这一关系可用下式来表示：

$$CA + KA = 0 \tag{20-1}$$

式中，CA和KA分别表示经常账户和资本与金融账户的差额。

6) 国际收支的综合账户差额

综合账户差额是指经常账户和资本与金融账户中的资本转移、直接投资、证券投资以及其他投资账户所构成的余额,也就是将国际收支账户中的官方储备账户剔除后的余额。由于综合账户差额必然导致官方储备的反方向变动,所以可用来衡量国际收支对一国储备造成的压力。这一概念比较综合地反映了自主性国际收支的状况,是全面衡量和分析国际收支的指标,所以综合账户差额在政府有义务维护固定汇率制度时,具有极其重要的意义。

7) 净误差与遗漏

当一国国际收支账户持续出现同方向、较大规模的净误差和遗漏时,常常是人为因素造成的,因此对净误差与遗漏账户本身进行分析也是必要的,往往可以从中发现实际经济中存在的一些问题。例如,一国实行资本管制时,为规避管制而形成的资本外逃会假借各种合法交易名义流出国外,这最终会反映在净误差与遗漏账户中。因此,衡量资本外逃的方法之一就是分析资本净流出加上净误差与遗漏账户中的数额。可见,净误差与遗漏账户也具有重要的分析价值。

2. 开放经济条件下的国民收入核算

GDP是一个与一国地域相对应的概念,指一国在一定时期内运用居民和非居民的生产要素在本国生产出的商品和劳务的总和;而GNP则是一个与一国居民相对应的概念,指一国居民在一定时期内通过在国内和国外的生产要素所获得的收入总和。国外净要素报酬收入(NFP)是指本国居民向国外提供生产要素所取得的报酬,它又等于国际收支平衡表中的雇员报酬收支净额与投资收益净额之和。上述三个概念之间的关系可以用下面几个公式来表示:

$$GDP = C + I + G + (X - M) \tag{20-2}$$

$$GNP = GDP + NFP \tag{20-3}$$

从而可以得到

$$GNP = C + I + G + (X - M) + NFP \tag{20-4}$$

式中,C表示消费,I表示投资,G表示政府支出,X表示出口,M表示进口。

用CA表示经常账户余额,在忽略经常转移收支的情况下,经常账户差额可以近似地表示为

$$CA = (X - M) + NFP \tag{20-5}$$

从而可以得到

$$GNP = C + I + G + CA \tag{20-6}$$

式(20-6)就是国际收支和GNP的关系。假定T为税收,Y为国民收入,X和M分别为经常账户收入和支出,则私人部门储蓄为$S = Y - T - C$,$CA = X - M$,式(20-6)就可以进一步整理为

$$(X - M) = (S - I) + (T - G) \tag{20-7}$$

式(20-7)就是开放经济条件下进行宏观经济分析的最基本公式。

> **关键考点**
> 以选择题的方式考查开放经济条件下的国民收入核算,要求考生能够熟练运用相关公式进行计算。考生应重点掌握宏观经济的基本公式,如式(20-7)所示。

※ 四、国际收支理论

1. 国际收支古典理论

1) 国际收支古典理论的基本思想

根据国际收支的古典理论,如果一国发生国际收支逆差,外汇供不应求,本国汇率下跌,当汇率跌至黄金输出点以下时,就会引起本国黄金外流,随之国内黄金存量减少,货币发行量、存款及银行信用

紧缩，于是物价下跌，本国出口商品的竞争力增强，出口增加，进口减少，直到国际收支改善。如果一国发生国际收支顺差，调节机制正好相反。

2) 对国际收支古典理论的评价

物价-金币流动机制是金本位制下国际收支的自动调节机制，说明市场机制在国际收支调节中的作用。从理论渊源来看，这一理论对以后的学说的影响是巨大的，后来流行的弹性分析法，实质上就是价格变动对国际收支影响的深层次分析。但是，这一理论存在着明显缺陷：①该理论的假设条件过于严格，只适用于纯粹的金本位制；②该理论没有考虑弹性条件。

2. 国际收支弹性论

1) 国际收支弹性论的基本思想

弹性论的基本思想是：汇率变动通过国内外产品之间，以及本国生产的贸易品(出口品和进口替代品)与非贸易品之间的相对价格变动，影响一国进出口供给和需求，从而作用于国际收支。

2) 马歇尔-勒纳条件(本币贬值引起本国贸易收支改善的条件)

马歇尔-勒纳条件是指在进出口供给弹性无穷大的情况下，一国货币贬值能否改善国际收支，取决于商品进出口需求弹性绝对值之和(即$\eta_x + \eta_m$)是否大于1。如果$\eta_x + \eta_m > 1$，则本币贬值有效，能改善国际收支；如果$\eta_x + \eta_m < 1$，则本币贬值不仅不能使国际收支得到改善，反而会使后者进一步恶化；如果$\eta_x + \eta_m = 1$，则本币贬值对国际收支状况没有影响。

3) J曲线效应(本币贬值会使本国贸易收支先恶化、再改善的过程)

在实际中，即便马歇尔-勒纳条件成立，贬值也不能马上改善贸易收支。汇率变动时，进出口数量的实际变动还取决于供给对价格的反应程度，从进出口商品相对价格的变动对贸易数量的增减需要一段时间，即存在时滞。在这段时间内，贬值不仅不能改善贸易收支，反而会使之恶化。如图20-2所示，整个过程用曲线描述出来，酷似英文字母J，因此被称为"J曲线效应"。所谓J曲线效应，是指在马歇尔-勒纳条件成立的情况下，短期内由于合同的时滞效应，贬值初期，国际收支可能首先出现恶化的情况，经过一段时间的调整以后，将逐步得到改善。

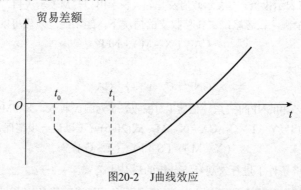

图20-2　J曲线效应

在J曲线图中，t_1时刻的贸易逆差大于t_0时刻的贸易顺差，表示货币贬值后贸易收支首先恶化，以后随着时间的推移才逐步得到改善。这是因为：①在贬值前已签订的贸易合约仍然按原有的价格和数量执行，这样贬值后出口收入减少，进口支出增加，贸易逆差进一步扩大；②即便是贬值后签订的合同，出口增长还要受到认识、决策、资源和生产周期等因素的影响，需要一段时间。一般来说，出口供给的调整时间需要半年到一年。所有这些，都会导致短期内的进出口变化的幅度小于货币价格下降的幅度。此外，如果客户认为贬值将是进一步贬值的前奏，那么国内进口商会加速订货，而国外进口商将推迟进口，这样也会使贸易收支反而恶化。

4) 对国际收支弹性论的评价

弹性论因为在理论上填补了古典国际收支调节理论失效后的空白，曾在西方经济学界长期流行。根据这一理论，国际收支调节不是自动调节的过程，而是政府政策起作用的过程，弹性论强调用汇率的变动来调节国际收支。但是弹性论过高地估计了汇率变动的作用，所以也受到了研究者的批评。①弹性论假定货币贬值前贸易收支处于平衡状态,这一假定不符合实际情况。既然贸易收支已经平衡,为什么还会贬值呢?这一问题弹性论无法回答。②弹性论建立在局部均衡分析的基础上,假定其他条件不变,仅考虑汇率变动对进出口贸易的影响。局部均衡分析的局限性决定了它的缺陷,比如忽视了贬值过程中供给条件和成本的变化,忽视了汇率变化引起的收入效应和支出效应等。③弹性论假定贸易商品的供给具有完全弹性,不符合客观现实情况。④弹性论忽略了国际资本流动的影响。

> **关键考点**
>
> 以选择题或论述题的方式考查国际收支弹性论的相关内容,其中尤以马歇尔-勒纳条件和J曲线效应这两个知识点最为重要。J曲线效应这一考点在以往的命题中尚未直接涉及,因而在今后的联考命题中有所涉及的可能性较大。

3. 国际收支乘数论

1) 国际收支乘数论的基本思想(在汇率和价格不变的条件下收入变动对国际收支的调整作用)

乘数论的基本思想是:在汇率和价格不变的条件下,进口支出是国民收入的函数,自主性支出的变动通过乘数效应引起国民收入的变动,从而影响进口支出。因此,一国可以通过需求管理政策来调整国际收支。

2) 哈伯格条件

(1) 哈伯格条件(对马歇尔-勒纳条件的修正)

出口和自主性进口的变动除了直接带来国际收支的变动外,还会通过国民收入的变化,导致诱发性进口的变动,从而进一步影响国际收支状况。基于此,以哈伯格为代表的西方学者将贬值由弹性论所说的需求替代效应与这一收入效应结合起来,修正了贬值能够改善国际收支的条件。这一条件不再是马歇尔-勒纳条件,而是更严格的哈伯格条件,为

$$\eta_x + \eta_m > 1 + m \tag{20-8}$$

式中,m 表示本国的边际进口倾向。

显然,哈伯格条件比马歇尔-勒纳条件更具有现实意义,因为它考虑了贬值通过收入的变动对国际收支所产生的影响,并且出口供给弹性无穷大的假定更接近于非充分就业的现实。

(2) 总弹性条件(对哈伯格条件的修正)

如果在分析贬值对国际收支的影响时进一步考虑国外回应的作用,那么哈伯格条件就需要进一步修正为

$$\eta_x + \eta_m > 1 + m + m^* \tag{20-9}$$

式中,m^* 表示贸易伙伴国的边际进口倾向。

这就是说,在进出口供给弹性无穷大的情况下,大国只有在进出口需求弹性之和大于"1+本国和外国的边际进口倾向"时,贬值才能够有效地改善国际收支,而哈伯格条件则更适用于小国。

3) 对国际收支乘数论的评价

乘数论阐述了对外贸易与国民收入之间的关系,以及各国经济通过进出口途径相互影响的原理,在一定程度上对我们理解现实经济状况有一定的启发意义。但是这一理论也存在一定的缺陷:①乘数论是建立在凯恩斯乘数原理上的,模型中没有考虑货币量和价格因素的作用;②与弹性论一样,乘数论同样没有考虑国际资本流动,因此它关于收入对国际收支影响的分析并不全面。

> **关键考点**
>
> 以选择题或论述题的方式综合考查马歇尔-勒纳条件、哈伯格条件和总弹性条件,侧重考查考生对上述三个知识点的理解程度。

4. 国际收支吸收论

1) 国际收支吸收论的基本思想(从收入和支出角度分析对国际收支调整的作用)

吸收论以凯恩斯宏观经济理论为理论基础,认为国际收支与整个国民经济相联系,只有理解经济政

策怎样影响总的经济活动,尤其是产量变化以后,支出如何变动,才能理解国际收支的变化。它仍然将国际收支简化为贸易收支。

按照凯恩斯的宏观经济理论,开放经济下国民收入恒等式为

$$Y = C + I + G + X - M \tag{20-10}$$

式中,Y、C、I、G、X、M 分别表示国民收入、消费、投资、政府支出、出口和进口。移项整理得:

$$X - M = Y - (C + I + G) \tag{20-11}$$

式中,X – M 为贸易差额,作为国际收支差额的代表,即 B = X – M,而 C + I + G 为国内支出总额,是国民收入中被国内吸收的部分,用"吸收"A 来表示。则有:

$$B = Y - A \tag{20-12}$$

据此,当国民收入大于总吸收时,国际收支为顺差;当国民收入小于总吸收时,国际收支为逆差;当国民收入等于总吸收时,国际收支平衡。

吸收论认为式(20-12)的左端 B 为果,右端 (Y – A) 为因。也就是说,在吸收论看来,国际收支盈余是吸收 A 相对于收入 Y 不足的表现,而国际收支赤字则是吸收 A 相对于收入 Y 过大的反映。由此,要改善国际收支,最终无非要通过两条渠道:增加收入和减少吸收。或者更一般地说,相对于吸收提高收入。显然,吸收论的基本精神是以凯恩斯主义的有效需求管理来影响收入和支出行为,从而达到调整国际收支的目的。

吸收论进一步分析了贬值本身对国际收支的影响。为此,该理论将吸收分为两部分,一部分为诱发性吸收,另一部分为自主性吸收,即

$$A = \alpha Y + D \tag{20-13}$$

式中,α 为边际吸收倾向($\alpha = \dfrac{\Delta A}{\Delta Y}$),D 为独立于收入之外的吸收,将式(20-13)代入式(20-12),并用增量表示,则有

$$\Delta B = (1 - \alpha)\Delta Y - \Delta D \tag{20-14}$$

吸收论认为,贬值能否改善国际收支,取决于贬值能否降低吸收,提高国民收入。具体从式 20-14 来看,贬值的效果取决于以下三个方面:①贬值如何影响收入,这反映在 ΔY;②收入变化如何影响吸收,这反映在 α;③贬值如何直接影响吸收,这反映在 ΔD。我们可以按照吸收论的思路将贬值的影响归纳为表 20-3。

表 20-3 贬值对收入和吸收的效应

贬值对收入和通过收入产生的影响	贬值对吸收的直接影响
闲置资源效应 贸易条件效应	现金余额效应 收入再分配效应 货币幻觉效应 其他三项直接效应

我们先来分析贬值对收入和通过收入产生的影响。

① 闲置资源效应。如果贬值的国家存在尚未得到充分利用的资源,贬值就会通过出口增加、进口减少带来产量的成倍增加。由式(20-14)可知,只要边际吸收倾向 α 小于 1,则收入增加会使贸易收支改善,改善的程度为 $(1 - \alpha)\Delta Y$。

② 贸易条件效应。一国货币贬值通常将造成贸易条件恶化,使实际收入下降。设实际收入因贸易条件恶化而减少的数量为 t,则贸易差额在贬值之初由于进出口数量不变也随之以同样的程度(t)恶化。之后,吸收会随着实际收入的下降而减少 αt 的数量,其中部分通过进口的直接下降,部分通过资源从非贸易品部门转移到贸易品部门,从而使贸易差额改善 α 的幅度。综合上述两个方面的影响,贬值通过贸易

条件恶化对贸易差额的影响为$(1-\alpha)t$。显然，只有当α大于1时，贸易条件效应才会使国际收支改善。

通过以上分析我们不难看到，闲置资源效应与贸易条件效应具有相互冲抵的作用，因而贬值对$(1-\alpha)\Delta Y$的实际效果是模糊的，取决于两个效应大小的对比。

再来分析贬值对吸收的直接影响。

① 现金余额效应。这是最重要的直接贬值效应。贬值会导致进口品和本国生产的贸易品价格的上升，在货币供应量不变的情况下，将使人们以货币形式持有的财富，即现金余额的实际价值(购买力)下降。这样，公众为了将实际现金余额恢复到愿意持有的水平，一方面会减少商品和劳务开支，即减少吸收；另一方面会变卖手中的债券，从而引起债券价格下跌，使利率上升，再度减少吸收。

② 收入再分配效应。贬值引起的价格上升将带来收入的再分配。由于各收入阶层的边际吸收倾向不同，这就会对吸收产生影响。一般来讲，物价上涨所造成的收入再分配，有利于利润收入者，不利于固定收入者。这是因为，固定收入者的收入水平通常较低，而支出倾向则高于利润收入者。因此，收入再分配的结果将使整个社会的吸收总额减少，使贸易收支获得改善。虽然高收入阶层的消费倾向低于收入阶层(固定收入者)，从而收入再分配会减少消费支出总额，但如果高收入阶层将其利润所得用来增加投资，则整个社会的吸收总额不一定会减少。

③ 货币幻觉效应。假定货币收入与价格同比例上升，即使实际收入没有变化，只要人们存在货币幻觉，只注意价格的上升，从而减少消费、增加储蓄，一国的吸收总额就会随之减少。

④ 其他三项直接效应。这些效应对贸易收支的变动可能有利，也可能不利。这三项直接效应是：a. 预期价格将进一步上升，人们就会提前购买商品和劳务；b. 进口资本品价格的上升将形成对投资开支的抑制；c. 本国商品的本币价格上升对消费开支也会产生抑制作用。

(2) 对吸收论的评价

吸收论将一国国际收支的决定和变动与整个宏观经济状况结合起来分析，使人们得以摆脱弹性论机械地就进出口论进出口的分析局限，这确实有助于人们对国际收支失衡和均衡性质的深入认识。然而，它同样也不可避免地存在很大的缺陷：①吸收论是建立在国民收入核算会计恒等式基础上的，但该理论并没有对收入和吸收为因、贸易收支为果的观点提供任何令人信服的逻辑分析；②在贬值分析中，吸收论完全没有考虑相对价格在调整过程中的作用；③按照吸收论，在充分就业的情况下，贬值不能提高收入(这里忽略了资源运用效率的问题)；④吸收论是一个单一国家模型；⑤吸收论没有涉及国际资本流动。

5. 国际收支货币论

1) 国际收支货币论的基本思想(从货币市场均衡角度分析对国际收支调整的影响)

弹性论、乘数论和吸收论都强调商品市场流量均衡在国际收支调整中的作用，而货币论则强调货币市场存量均衡的作用。

对于国际收支平衡表的分析，货币论在两方面有别于传统的弹性论和吸收论：①传统理论仅注重经常账户交易，而货币论则将国际资本流动也作为考察对象，强调国际收支的综合差额，而非贸易差额；②传统理论注重对线上项目的分析，而货币论则主张从线下项目分析，自下而上地来说明国际收支，视线上项目差额为线下项目交易的结果，而不是相反。在货币论者看来，线下项目交易即国际储备额的变动，进一步来看是货币市场均衡的结果。

货币市场均衡指货币供给等于货币需求，货币需求是收入、价格和利率的函数。由于一价定律(单力原则)在国际商品资产交易中发生的作用，国内价格水平和利率在固定汇率制下就与国外的价格和利率保持紧密联系。尤其对于小国来说，价格和利率是由世界市场决定的。货币论者假定货币供给不影响实物产量(即收入)，因此，货币需求就被视为一个稳定的函数，而且独立于货币供给之外，不受货币供给的影响。在这种情况下，货币市场失衡只有单方面地依靠货币供给的变化来消除。

货币论的基本观点源于货币市场均衡分析，即$M_s = M_d$，M_d为名义货币需求量，可表示为

$$M_d = Pf(Y, r) \tag{20-15}$$

式中，P 为价格水平，Y 和 r 分别表示收入和利率水平。M_s 为名义货币供应量，假设货币乘数为1，则 M_s 可表示为

$$M_s = D + R \quad (20\text{-}16)$$

式中，D 为国内信贷，R 为国际储备。

显然，在市场均衡条件下，有

$$M_s = M_d = D + R \quad (20\text{-}17)$$

由于在固定汇率制下，货币市场均衡是通过货币供给的增减来实现的，故当货币供给由于国内信贷总量 D 的紧缩和扩张而小于或大于货币需求时，国际储备量 R 就会相应出现增加或减少，使货币供给等于货币需求。具体来看，当国内货币供给通过国内信贷扩张而增加时，货币供给就会大于货币需求，即人们手中持有的现金余额高于所希望持有的水平，这样人们就会将多余的货币部分用来购买国外商品和债券，因此造成国际收支赤字。在固定汇率制下，为了保持汇率的稳定，货币当局只得动用外汇储备来干预市场，由此货币供给也相应随之减少，直至与货币需求保持相等。相反，当货币供给通过国内信贷总量紧缩而减少时，货币供给就会小于货币需求，这时人们为了使手中持有的现金余额恢复到希望持有的水平，就会通过变卖国外证券、减少对国外商品的消费来寻求额外的货币，由此造成国际收支盈余。货币当局为保证汇率的稳定，只得以本国货币购买外汇，从而使货币供给恢复到原来的水平，与货币需求保持一致。综合来看，国际收支盈余或赤字是一国货币市场供求存量失衡的反映，国际收支从根本上说是一种货币现象。

由上面的分析，我们可以得出以下几点结论。①在货币论者看来，对于小国来说，在固定汇率制下，货币当局无法控制本国的货币供给，它只能改变货币供给国内外来源的结构，即国内信贷与外汇储备的比例。②一国国际收支赤字的根源在于国内信贷扩张过大，因而其对策是实行紧缩性的货币政策，使货币增长与经济增长保持一致。③货币论者认为国际收支是一种货币现象，但并不否认实际因素对国际收支的作用，只不过它需要通过货币需求来产生影响。在货币供给不变的情况下，收入增长和价格上升通过提高货币需求，将会带来国际收支盈余，而利率上升则通过降低货币需求造成国际收支赤字。货币论关于收入、利率、价格对国际收支影响的结论正好与传统理论相反。

货币论对贬值的基本思想可以概括如下。①在充分就业的情况下，贬值意味着商品价格的变动，贬值国的国内价格上涨，升值国的国内价格下跌。②物价变化意味着实际现金余额的变化，贬值国的实际现金余额减少，因而压缩支出；升值国的实际现金余额增加，因而扩大投资与消费。③实际现金余额的变化通过贸易差额而逐渐消失，即由贬值国的贸易盈余补充短缺的现金余额，由升值国的赤字压缩过多的现金余额，从而恢复国际收支均衡。

2) 对货币论的评价

货币论的主要贡献在于唤起人们在国际收支分析中对货币因素的重新重视。它的主要缺陷则表现在以下几个方面。①它假定货币需求函数是相当稳定的。但在短期内，货币需求往往是很不稳定的，也很难不受货币供给变动的影响。②货币论还假定货币供给变动不影响实物产量。其实不然，因为货币供给变动后，人们不仅改变对国外商品和证券的支出，还会改变对本国商品和证券的支出，由此影响国内产量的变化。③它强调一价定律的作用，但从长期来看，由于垄断因素和商品供求黏性的存在，一价定律往往是不能成立的。

第二节 国际储备

▲ 一、国际储备的基本内涵

1. 国际储备的概念

国际储备是指一国货币当局能随时用来干预外汇市场、支付国际收支差额的资产。按照这一定义，

一种资产必须具备三个特性,才能构成国际储备:第一个特性是可得性,即该种资产能随时地、方便地被政府或货币当局得到;第二个特性是流动性,即变为现金的能力;第三个特性是普遍接受性,即它能在外汇市场上或政府间清算国际收支差额时被普遍接受。

2. 国际储备的构成

国际储备主要包括一国的货币性黄金储备、外汇储备、在国际货币基金组织的储备地位以及在国际货币基金组织的特别提款权余额。

1) 货币性黄金

布雷顿森林体系崩溃以后,根据1976年国际货币组织的《牙买加协议》,黄金同国际货币制度和各国货币脱钩,黄金不再是货币制度的基础,也不允许用于政府间的国际收支差额清算。但是,国际货币基金组织在统计和公布各成员国的国际储备时,仍然把黄金列入储备之一。这是因为黄金长期以来被认为是最后的支付手段,它的贵金属特性使它易于被人们接受,加之世界上已形成发达的黄金市场,各国货币当局可以较方便地通过向市场出售黄金来获得所需的外汇,平衡国际收支差额。从这一角度来看,黄金实际上已不是真正的国际储备,而只是潜在的国际储备。

2) 外汇储备

外汇储备是当今国际储备中的主体。这是因为,就金额而言,外汇储备超过其他所有类型的国际储备。以1992年底的数字为例,国际货币基金组织所有成员国的黄金储备按市场价格计算约为3 112亿美元,而外汇储备则高达9 786亿美元,在IMF的储备头寸和特别提款权余额分别只有395亿美元和236亿美元。更为重要的是,外汇储备在实际中使用的频率最高,规模最大,黄金储备几乎很少使用;储备头寸和特别提款权由于其自身的性质和规模,其作用也远远小于外汇储备。

一国货币充当国际储备货币,必须具备两个基本特征:①能够自由兑换为其他货币(或黄金),为世界各国普遍接受作为国际计价手段和支付手段;②内在价值相对稳定。

由于外汇储备是国际储备的主体,因此,就全球而言,外汇储备供给状况直接影响世界贸易和国际经济往来的顺利进行。外汇供给太少,很多国家将被迫实行外汇管制或采取其他对国际经贸活动的限制措施;反之,若外汇供给太多,又会增加世界性通货膨胀的压力。因此,外汇储备的供应如何在总体上保持适度规模,是国际金融研究领域的一个重要课题。

3) 在IMF的储备头寸

国际货币基金组织(IMF)的运作方式类似一个股份性质的储蓄互助会,其成员国均须向IMF缴纳一定份额的资金储备,简称份额。根据IMF的规定,认缴份额的25%须以可兑换货币缴纳,其余75%用本国货币缴纳。当成员国发生国际收支严重逆差时,有权以本国货币抵押的方式向IMF申请提用一定数额的可兑换货币。如表20-4所示,提用的数额分5档,每档各占其认缴总额的25%,条件逐档放宽。在实践中,由于第一档等于成员认缴的可兑换货币总额,所以只要成员国提出申请,便可以随时提取第一档,该档提款权即为储备部分提款权,其余4档为信用提款权。所谓在IMF的储备头寸,一般是指该成员国在IMF的储备部分提款权余额,再加上向IMF提供的可兑换货币贷款余额。

表20-4 在国际货币基金组织的储备头寸及可能的借入储备

成员国在IMF的储备头寸	IMF的可兑换货币贷款余额 第一档(储备部分)提款:占份额25%	
成员国在IMF的可能借入储备	第二档(信用)提款权:占份额25% 第三档(信用)提款权:占份额25% 第四档(信用)提款权:占份额25% 第五档(信用)提款权:占份额25%	提用条件逐档放宽

4) 特别提款权(SDR)

它是IMF对会员国根据其份额分配的,可用以归还IMF贷款和会员国政府之间偿付国际收支赤字的一种账面资产。IMF分配的、尚未使用的特别提款权，就构成一国国际储备的一部分。特别提款权作为使用资金的权利，与其他储备资产相比，有着显著的区别：首先，它不具有内在价值，是IMF人为创造的、纯粹账面上的资产；其次，特别提款权不像黄金和外汇那样通过贸易或非贸易交往取得，也不像储备头寸那样以所缴纳的份额作为基础，而是由IMF按份额比例无偿分配给各会员国的；第三，特别提款权只能在IMF及各国政府之间发挥作用，任何私人企业不得持有和运用，不能直接用于贸易或非贸易的支付，因而具有严格限定的用途。

> **关键考点**
>
> 以选择题的方式考查国际储备的构成。其中，考生应重点掌握特别提款权(SDR)的相关内容。这是因为：首先，为了帮助发展中国家度过国际金融危机的难关，国际货币基金组织在2009年上半年向债务危机较为严重的发展中国家增加发放特别提款权；其次，目前各主要国家正在积极探讨建立超国家货币，以克服当前以美元为核心的国际货币金融体系所存在的缺陷，避免美国宏观经济政策当局为了维护本国利益而损害其他国家利益。因此，对SDR的相关理论研究具有重要的现实意义。

3. 国际储备与国际清偿力

通常意义上的国际储备是指狭义的国际储备，即自有储备，它反映了一国在涉外货币金融领域中的地位。而国际清偿力一般涵盖自有储备和借入储备，它反映了一国货币当局干预外汇市场的总体能力。

▲ 二、国际储备的作用

各国保持国际储备，主要具有以下几个方面的作用。

1. 支付国际收支逆差

这是持有国际储备的首要作用。当一国出现较大规模的国际收支逆差时，政府通过动用外汇储备，减少在IMF的储备头寸和SDR持有额，在国际市场上变卖黄金来弥补国际收支赤字所造成的外汇供求缺口，能够使国内经济免受采取调整政策所产生的不利影响，有助于国内经济目标的实现。

2. 干预外汇市场、维持本国货币稳定

国际储备可用于干预外汇市场，影响外汇供求，将汇率维持在一国政府所希望的水平上。一国持有国际储备的多少不仅在客观上为当局提供了干预资产，还通过增强国外市场人士心理上对本国货币保持汇率稳定的信心，从而在很大程度上避免国际游资对本国外汇市场的投机性冲击。

3. 充当对外举债的保证

国际储备充足，可以加强一国的资信，吸引外国资金流入，促进本国经济发展。国际金融机构和银行在对外贷款时，往往要事先调查借款国偿还债务的能力。一国持有的国际储备状况是资信调查、评价国家信用风险的重要指标之一。

三、国际储备的供给

一国对国际储备总量的管理，从根本上说，就是使国际储备的供应保持在最优国际储备量的水平或区域上。如上所述，IMF会员国的国际储备是由货币性黄金、外汇储备、特别提款权和IMF的储备头寸所组成的，其中特别提款权、储备头寸是IMF根据各国份额予以分配的，一国无法主动增加其持有额。因此，一国增减国际储备，将主要从黄金和外汇储备入手。

黄金作为一种重要的金融资产，在国际间仍存在着活跃的交易市场。对于储备货币发行国来说，通过用本国货币在国际黄金市场上购买黄金，可以增加其国际储备量；但对于绝大多数的非储备货币发行国来说，由于本国货币在国际上的支付不为人们所接受，从而在国际黄金市场上购买黄金只能使用国际储备货币，这样，其国际储备总量并未发生改变，只是国际储备中的外汇储备与黄金储备之间的比例发

生了变化。综上所述，只有储备货币发行国在国际市场购买黄金才能使其国际储备增加，但对于多数非储备货币发行国来说，在国际市场上买进黄金的行为不能增加其国际储备总量，而只能改变其国际储备的结构。

外汇干预是一国增减国际储备的主要渠道。当一国货币当局在外汇市场上抛售本国货币、购入外国货币时，这部分新增的外汇就成为该国的国际储备。反之，当一国货币当局在外汇市场上抛售本币、购进外国货币时，该国的国际储备就会减少。除了外汇干预以外，一国货币当局还可以直接从国际金融市场或国际金融机构借入贷款来补充外汇储备。另外，储备货币的发行国间还可以通过货币互换协议相互提供外汇储备。从根本上看，外汇储备增加的来源是国际收支盈余，其中经常账户盈余是较为可靠、稳定的来源，而来自资本和金融账户盈余的新增外汇则具有借入储备的性质，具有不稳定的特征。

※ 四、国际储备的需求

1. 特里芬关于国际储备与进口关系的论述

特里芬根据有关历史资料，认为一国国际储备的合理数量，应为该国年进口总额的20%～50%。实施外汇管制的国家，因政府能有效地控制进口，故储备可少一点，但不应低于20%；不实施外汇管制的国家，储备应多一点，但一般不超过50%。对于大多数国家来讲，保持国际储备占年进口总额的30%～40%是比较合理的。一般认为，国际储备应该能满足三个月的进口需要，这个数额按全年储备对进口的比率来计算，约为25%左右。

2. 影响一国国际储备需求数量的主要因素

(1) 进口规模。储备是一个存量，而进口是一个流量。为了克服这一差别，一般采用年进口额这一指标，以它为分母，以储备为分子，采用比例法来推算一国的最佳储备量。比例法虽然简单，但正是由于其简单、易操作，至今仍然是国际储备需求研究中最常用的方法之一。但是，一般认为20%～50%是国际储备的合理比例范围，由于国际资本流动迅速发展，其适用性明显下降。

(2) 进出口贸易(或国际收支)差额的波动幅度。采用比例法，应结合考察本指标。因为比例法中的进口，仅仅表示资金的一种单向流动(即支出)，而进出口或国际收支差额，则反映了资金的双向运动及对储备的实际需求。但对一个国家来说，每年的差额是不一样的，有时存在顺差，有时存在逆差，具体数额也不同，从而存在一个波动幅度问题。国际收支波动幅度越大，对国际储备的需求就越大；反之，波动越小，对国际储备的需求就越小。一般可以用经济统计的方法求得或预测一段时期中的平均波动幅度，从而确定合适的国际储备规模。

(3) 汇率制度。国际储备需求同汇率制度有密切关系。国际储备的主要作用就是干预汇率。如果一国采用的是固定汇率制，则该国政府有维持本国货币汇率相对稳定的义务，相应地，该国就需要较多的国际储备以满足干预外汇市场、维护本币汇率稳定的需要(尤其是应付突发性的巨额逆差或大规模的投机)。相反，如果一国采用浮动汇率制，则该国政府不承担保持本国货币汇率稳定的义务，而主要由外汇市场供求状况决定本币汇率，从而很少干预外汇市场，其国际储备规模相应地就可以少一些。

(4) 国际收支自动调节机制和调节政策的效率。尽管国际收支的自动调节机制和汇率调节政策可以使一国的国际收支恢复平衡，但为了尽快恢复国际收支平衡，避免长期国际收支失衡对经济的不利影响，需要动用国际储备作为短期辅助手段。从这一角度来看，国际收支自动调节机制和调节政策的效率与国际储备需求存在一定的替代性。在长期性失衡的情况下，国际收支自动调节机制和调节政策的效率越低，所需的国际储备相应就越多；反之，如果效率很高的话，国际储备的需求就较少。

(5) 持有国际储备的机会成本。一国政府的国际储备(主要指外汇储备)，往往以存款的形式存放在外国银行。将获取的国际储备存放在国外，会导致一定的机会成本。举例来说，若动用国际储备进口物资所能带来的国民经济增长和投资收益率高于国外存款的利息收益率，其差额就构成国际储备的机会成本。再如，持有国际储备而导致国内货币供应量增加，物价上升，也构成持有国际储备的一种成本。因此，持有国际储备的相对成本越高，则国际储备的保有量就应越低。

(6) 金融市场的发育程度。发达的金融市场能提供较多的诱导性储备，同时，对汇率、利率等调节政策反应较为灵敏。因此，金融市场越发达，所需的国际储备总量便相应越少；反之，金融市场越落后，政府用于调节国际收支的自由储备总量的需求量便越大。

(7) 国际货币合作状况。如果一国政府同外国货币当局和国际货币金融机构有良好的合作关系，签订较多的互惠信贷和备用信贷协议，或当国际收支发生逆差时，其他货币当局能协同干预外汇市场，则该国政府对自由储备的需求量就越少。反之，该国政府对自由储备的需求量就越大。

(8) 国际资金流动情况。传统的和衡量国际储备数量的主要分析角度是针对经常账户而言的，将国际储备视为弥补进出口差额的主要手段。而在国际资金流动日益突出的今天，国际储备对国际收支平衡的维持更主要地体现在抵销国际资金流动的冲击。由于当今的国际资金流动的规模非常大，因此一国在不能有效及时利用国际金融市场借入储备的情况下，其自有储备就需要大大增加。

> **关键考点**
>
> 以论述题的形式考查国际储备的合理规模及其主要决定因素。近年来，针对我国巨额国际储备的局面(储备规模居世界第一位)，我国经济学界展开了激烈的争论。一些经济学家认为，考虑到国际游资的冲击和我国的实际情况，当前的国际储备规模是基本合理的。另一部分经济学家则认为，考虑到目前我国国际储备的很大一部分用来购买美国国债，从而形成了"穷国补贴富国"的局面，形成了对我国外汇资源的浪费；同时，为了维持人民币汇率的稳定，央行被迫发行本国货币的对冲措施也不利于我国货币政策的实施。此外，我国通过中央汇金公司向国有商业银行注资，并逐步改革长期实行的结售汇制度，在一定程度上缓解了我国国际储备规模逐年激增的局面。我国国际储备的规模管理是金融联考命题的一个重点。

五、国际储备的结构管理

1. 储备货币种类的安排

国际储备币种结构管理是指各种储备货币在一国外汇储备中各自所占的比重。国际储备币种结构管理应遵循的主要原则有以下几点。

(1) 币值的稳定性。以什么储备货币来保有储备资产，首先要考虑币值的稳定性(保值性)。在这里，主要考虑不同储备货币之间的汇率以及相对通货膨胀率。一种储备货币的贬值(或预期贬值)，必然对应另外一种(或几种)储备货币的升值。其次，不同储备货币的通货膨胀率也是不同的。管理的任务就是要根据汇率和通货膨胀率的实际走势和预期走势，经常地转换货币，搭配币种，以达到收益最大或损失最小。

(2) 盈利性。不同储备货币资产的收益率高低不同，它们的名义利率减去通货膨胀率再减去汇率的变化，即为实际收益率。币种管理的任务不仅仅是要研究过去，更重要的是要预测未来，观测利率、通货膨胀率、汇率的变化趋势，以决定自己的币种选择。另外，同一币种的不同投资方式，也会导致不同的收益率。盈利性要求适当地搭配币种和投资方式，以求得较高的收益率或较低的风险。

(3) 国际经贸往来的方便性。方便性管理是指在储备货币币种的搭配上，要考虑对外经贸和债务往来的地区结构和经常使用清算货币的币种。

减少外汇储备风险的另一种可行办法是实行储备货币多样化。目前世界储备货币多样化的格局也正是在浮动汇率制度下各国货币当局避免风险、保持外汇储备购买力的决策结果。根据投资组合选择理论，把各种相互独立的不同资产混合搭配进行投资所承担的风险，一般要低于投资于任何一种资产所承担的风险。因为一部分资产的亏损可以由另一部分资产的升值来充抵，从而维持预期的收益率，或保证资产的价值不受损失。

一般认为，一国的国际储备可分为两个部分：一部分基于日常弥补赤字和干预外汇市场的需要，称为交易性储备；另一部分基于不可预测的、突发的内外冲击，称为预防性储备。总的来看，交易性储备的货币构成应与弥补赤字和干预市场所需的货币构成一致，而预防性储备则应按照分散性原理进行投资。

2. 储备资产流动性结构的确定

如上所述，在外汇储备中，为了减少汇率变动的风险，各种货币要占一定的比重。那么，在一国的货币储备中，存款和各种证券应各占多大的比重呢？如果说储备货币构成的安排需要考虑的是安全性与盈利性之间的关系的话，那么这里需要进行权衡的主要是流动性与盈利性的关系。一般来说，流动性是与盈利性呈反方向变动关系的。流动性高的资产，盈利性往往就低；而盈利性较高的资产，其流动性往往较低。

一些学者和货币当局(如英国中央银行)根据流动性将储备资产分为三个档次。

(1) 一级储备或流动储备资产，指流动性非常高的资产，即活期存款和短期存款(如90天国库券)，平均期限为三个月。

(2) 二级储备，指收益率高于一级储备，而流动性低于一级储备但仍然较高的储备资产，如中期国库券，平均期限为2～5年。

(3) 收益率较高但流动性低的储备资产，如长期公债和其他信誉良好的债券，平均期限为4～10年。

至于这三个档次的资产如何在储备资产中安排，则视各国的具体情况而定。一般来讲，一国应该拥有足够的一级储备来满足国际储备的交易性需求。满足这种交易性需求以后，一国货币当局就可以将剩余的资产在各种二级储备与高收益储备之间进行组合投资，以期在保持一定的流动性条件下获得尽可能高的收益。

一国在安排储备资产的流动性结构中，还应将黄金、特别提款权和在IMF中的储备头寸考虑进来。从流动性程度来看，会员国在IMF的储备头寸随时可以动用，类似于一级储备。SDR的使用尽管基本不附带任何条件，但必须向IMF申请，并必须由IMF安排接受SDR并同时提供的可兑换外汇的国家，这一过程需要一定时间，这无疑在一定程度上降低了SDR的流动性，故应将SDR视同二级储备。而黄金的投机性最强，国际金价波动频繁，一国货币当局往往在国际金价高位时才愿意将本国的黄金储备在市场上售出。因此，可以将黄金列为高收益、低流动性的储备资产。

第三节 国际资本流动

▲一、国际资本流动概述

1. 国际资本流动的概念

国际资本流动是指资本从一个国家或地区转移到另一个国家或地区。国际资本流动与一国的国际收支有着直接的关系，它主要反映在一个国家国际收支平衡表的资本账户中。

2. 长期资本流动

期限在一年以上的资本流动是长期资本流动，它包括直接投资、证券投资和国际贷款。直接投资主要有三种类型：①创办新企业；②收购国外企业的股权达到一定比例；③投资者将在国外企业投资所获利润用于对该企业的再投资。证券投资也称间接投资，是指通过在国际债券市场购买中长期债券，或在国际股票市场上购买外国公司股票来实现的投资。国际贷款主要有政府贷款、国际金融机构贷款、国际银行贷款和出口信贷。

证券投资与直接投资的区别在于，证券投资者对于投资对象企业并无实际控制和管理权，即使是购买股票的投资也没有达到能够控股的比重，所以证券投资者只能收取债券或股票的利息或红利；而直接投资者则持有足够的股权来管理、经营投资对象企业，并承担企业的经营风险和享受企业的经营利润。另外，有些证券投资者购买债券、股票的目的并不在于收取利息或股息，而是出于投机等动机，企图从有价证券的买卖差价中获得利润。

3. 短期资本流动

短期资本流动是一年或一年以下期限的各种金融资产,包括现金、活期存款以及所有货币市场金融工具。短期资本流动可以迅速和直接地影响一国的货币供应量。短期资本流动主要包括以下4种类型:①短期证券投资与贷款;②保值性资本流动;③投机性资本流动;④贸易资金融通。

4. 国际资本流动的动因

引起国际资本流动的原因很多,有根本性的、一般性的、政治的、经济的,归结起来主要有以下几个方面。

1) 过剩资本的形成或国际收支大量顺差

过剩资本是指相对的过剩资本。随着资本主义生产方式的建立,资本主义劳动生产率和资本积累率的提高,资本积累迅速增长,在资本的特性和资本家唯利是图的本性的支配下,大量的过剩资本就被输往国外,追逐高额利润,早期的国际资本流动就由此而产生了。随着资本主义的发展,资本在国外获得的利润也大量增加,反过来又加速了资本积累,加剧了资本过剩,进而导致资本对外输出规模的扩大,加剧了国际资本流动。近20年来,国际经济关系发生了巨大变化,国际资本、金融、经济等一体化趋势有增无减,加之现代通信技术的发明与运用,资本流动方式的创新与多样化,使当今世界的国际资本流动频繁而快捷。总之,过剩资本的形成与国际收支大量顺差是早期也是现代国际资本流动的一个重要原因。

2) 利用外资策略的实施

无论是发达国家,还是发展中国家,都会不同程度地通过不同的政策和方式来吸引外资,以达到一定的经济目的。美国目前是全球最大的债务国。而大部分发展中国家,经济比较落后,迫切需要资金来加速本国经济的发展,因此,往往通过开放市场、提供优惠税收、改善投资软硬环境等措施吸引外资的进入,从而增加或扩大了国际资本的需求,引起或加剧了国际资本流动。

3) 利润的驱动

增值是资本运动的内在动力,利润驱动是各种资本输出的共有动机。当投资者预期到一国的资本收益率高于他国,资本就会从他国流向这一国;反之,资本就会从这一国流向他国。此外,当投资者在一国所获得的实际利润高于本国或他国时,该投资者就会增加对这一国的投资,以获取更多的国际超额利润或国际垄断利润,这些也会导致或加剧国际资本流动。在利润机制的驱动下,资本从利率低的国家或地区流往利率高的国家或地区。这是国际资本流动的又一个重要原因。

4) 汇率的变化

汇率的变化也会引起国际资本流动,尤其20世纪70年代以来,随着浮动汇率制度的普遍建立,主要国家货币汇率经常波动,且幅度大。如果一个国家货币汇率持续上升,则会产生兑换需求,从而导致国际资本流入,如果一个国家货币汇率不稳定或下降,资本持有者可能预期到所持的资本实际价值将会降低,则会把手中的资本或货币资产转换成他国资产,从而导致资本向汇率稳定或升高的国家或地区流动。

在一般情况下,利率与汇率呈正相关关系。一国利率提高,其汇率也会上浮;反之,一国利率降低,其汇率则会下浮。例如,1994年美元汇率下滑,为此美国连续进行了7次加息,以期稳定汇率。尽管加息能否完全见效取决于各种因素,但加息确实已成为各国用来稳定汇率的一种常用方法。当然,利率、汇率的变化,伴随着的是短期国际资本(游资或热钱)的经常或大量的流动。

5) 通货膨胀的发生

通货膨胀往往与一个国家的财政赤字有关。如果一个国家出现了财政赤字,该赤字又以发行纸币来弥补,必然会增加对通货膨胀的压力。一旦发生严重的通货膨胀,为减少损失,投资者会把国内资产转换成外国债权。如果一个国家发生了财政赤字,而该赤字以出售债券或向外借款来弥补,也可能导致国际资本流动,因为,当某个时期人们预期到政府又会通过印发纸币来抵销债务或征收额外赋税来偿付债务时,会把资产从国内转往国外。

6) 政治、经济及战争风险的存在

政治、经济及战争风险的存在，也是影响一个国家资本流动的重要因素。政治风险是指由于一国的投资气候恶化而可能使资本持有者所持有的资本遭受损失。经济风险是指由于一国投资条件发生变化而可能给资本持有者带来的损失。战争风险，是指可能爆发或已经爆发的战争对资本流动造成的可能影响。例如海湾战争，就使国际资本流向发生重大变化，在战争期间许多资金流往以美国为主的几个发达国家(大多为军费)。战后安排又使大量资本涌入中东，尤其是科威特等国。

7) 国际炒家的恶性投机

所谓恶性投机，包含两种含义。第一，投机者基于对市场走势的判断，纯粹以追逐利润为目的，刻意打压某种货币而抢购另一种货币的行为。这种行为的普遍发生，毫无疑问会导致有关国家货币汇率的大起大落，进而加剧投机，汇率进一步动荡，形成恶性循环，投机者则在"乱"中牟利。这是一种以经济利益为目的的恶性投机。第二，投机者不是以追求盈利为目的，而是基于某种政治理念或对某种社会制度的偏见，动用大规模资金对某国货币进行刻意打压，由此阻碍、破坏该国经济的正常发展。但无论哪种投机，都会导致资本的大规模外逃，并会导致该国经济的衰退，如1997年7月爆发的东南亚货币危机。"一国经济状况恶化→国际炒家恶性炒作→汇市股市暴跌→资本加速外逃→政府官员下台→一国经济衰退"，这几乎已成为当代国际货币危机的"统一模式"。

8) 其他因素

政治及新闻舆论、谣言、政府对资本市场和外汇市场的干预以及人们的心理预期等因素，都会对短期资本流动产生极大的影响。

5. 国际资本流动的影响

1) 国际资本流动对资本输出国经济的影响

国际资本流动对资本输出国经济的积极影响是：①有利于占领世界市场，促进商品输出；②有利于获取国内经济发展所急需的原料和其他紧缺资源；③大量对外输出资本可以加强本国资本的实力；④巨额利息的汇回，对扩大本国资本积累及改善国际收支等起着重要作用。

国际资本流动对资本输出国经济的消极影响是：①如果资本输出国本身的投资需求量较大却过多输出资本，就会促使利率上涨，从而不利于国内经济增长；②资本输出过多可能加速国内传统工业部门的衰落，使结构性失业日趋严重；③资本输出至少在短期内会对本国国际收支产生不良影响；④资本输出过多，会使投资风险加大。

2) 国际资本流动对资本输入国经济的影响

国际资本流动对资本输入国经济的积极影响表现在：①促进和加快资本输入国的经济发展；②促进资本输入国某些相对落后地区的工业发展；③增加了新兴工业部门和第三产业部门的就业机会，提高了科技人员在就业人数中所占的比重；④从长期来看，由于国民经济的发展，增强了出口创汇能力，从而有利于本国开拓国际市场，改善国际收支。

国际资本流动对资本输入国经济的消极影响表现在：①在一定程度上加深了对国际资本的依赖程度，有些经济领域甚至可能在某种程度上为国际垄断资本所控制；②对资本输入国的国内外市场形成某种程度的威胁；③从长期来看，外国投资者将投资收益汇回母国，将不利于资本输入国的国际收支平衡。

> **关键考点**
>
> 以论述题的形式考查国际资本流动对资本输出国和资本输入国经济的影响。随着国际游资规模的不断扩大，国际资本流动已成为导致一国汇率大幅波动乃至金融危机的重要原因。因此，对该知识点的考查具有重要的现实背景。

▲ 二、国际资本流动理论

1. 国际资本流动的一般模型(麦克杜格尔模型)

麦克杜格尔模型是麦克杜格尔在1960年提出来的,用于分析国际资本流动的一般理论模型,其分析的是国际资本流动对资本输出国、资本输入国及整个世界生产和国民收入分配的影响。麦克杜格尔认为,国际间不存在限制资本流动的因素,资本可以自由地从资本要素丰富的国家流向资本要素短缺的国家。资本流动的原因在于前者的资本价格低于后者。资本国际流动的结果将通过资本存量的调整使各国资本价格趋于均等,从而提高世界资源的利用率,增加世界各国的总产量和各国的福利。

假设世界由资本输出国(A国)和资本输入国(B国)组成。在封闭的经济条件下,两国存在充分的竞争,资本的价格由资本的边际生产力决定。由于资本边际生产力存在递减的现象,资本供应丰裕的输出国的资本边际生产力低于资本输入国的资本边际生产力。

在图20-3中,横轴代表资本数量,纵轴代表资本边际生产力。O_A为资本输出国A国的原点,O_AQ为A国拥有的资本量,AA'为A国的资本边际生产力曲线;O_B为资本输入国B国的原点,O_BQ为B国拥有的资本量,BB'为B国的资本边际生产力曲线;O_AO_B为世界资本总量。

在资本流动前,A国使用O_AQ量的资本,生产总量为O_AADQ,资本的价格(即资本的边际生产力)为O_AC;此时B国使用O_BQ量的资本,生产出O_BBFQ的产量,资本的价格为O_BG。很明显,A国的资本价格低于B国的资本价格。由于资本可以在国际间自由流动,于是资本价格较低的A国资本便会流向资本价格较高的B国,直到两国的资本边际生产力相等,即$O_AL = O_BN$时才会停止。在该过程中,有SQ量的资本从A国流入B国,最后导致两国的资本生产力趋于相等,即它们的资本边际生产力最后都等于ES。

资本流动的结果是:A国的生产量变为O_AAES,B国的生产量为O_BBES。与资本流动前的总产量$O_AADQ + O_BBFQ$相比,世界的总产量增加了三角形DEF部分。这表明,资本国际流动有利于增进全世界的产量和福利水平,它是生产资源在世界范围内得到优化配置的结果。

对于向外输出资本的A国来说,其国内产量因对外投资而减少了$ESQD$,但其国民收入并没有下降,而是增加了。因为在国内产量减少的同时,该国又获得了$ESQM$的对外投资总收益(对外投资量 × 资本的边际生产力)。只要对投资收益大于因国内生产缩减而损失的收入,资本输出国的国民收入就会增加。图20-3中,A国的收入净增加了三角形EMD部分。一般来说,对外投资的收益率都会高于国内投资,从纯收入的角度进行分析,输出资本很少会使一国的总收入因此减少。

而对于输入资本的B国来说,由于使用了QS部分的外资,其总产量增加了$ESQF$部分。其中$ESQM$作为外资收益支付给A国,EMF部分是B国国民收入的净增加。对于资本输入国来说,只要引进资本后增加的产量大于必须支付给外国投资者的报酬,该国的净收益就会增加。

由此可见,国际资本流动使资本输出国和资本输入国同时分享了世界总产量增加所带来的利益。但另外一方面,资本流动对A、B两国不同要素所有者的影响是不同的。对于A国来说,资本收入因资本输出带来的资本边际生产力的提高而增加了。但对劳动者来说就不那么走运了,他们会因国内生产、就业的减少而降低收入。在图20-3中,A国的资本收入在资本流动前为O_ACDQ,流动后为O_ALMQ(国内部分O_ALES + 国外部分$SEMQ$),净增了$CLMD$部分。而劳动者的总收入在资本流动前为ACD,资本流动后减为ALE,有$LCDE$部分的收入转移到了资本所有者手里。B国的情况与此恰恰相反,其国内资本收入因外资流入带来的资本边际生产力降低而减少,劳动者的收益则因此增加。在图中,B国的资本收益由资本流动前的O_BGFQ变为O_BNMQ,减少了$NGFM$;而劳动者的收入却由BFG增加到BEN,增加了$GFEN$部分。

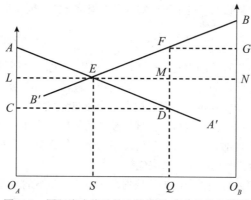

图20-3 国际资本流动的一般模型(麦克杜格尔模型)

综上所述,麦克杜格尔模型在一定程度上揭示了国际资本流动的一般规律,说明了资本流动能增加总产量,并使有关国家分享其利益,同时还产生了国内收入的再分配。

2. 国际证券投资理论

1) 古典国际证券投资理论

这一理论产生于国际直接投资和跨国公司迅猛发展以前,认为国际证券投资的动因是各国之间存在的利率差异,如果一国利率低于另一国的利率,金融资本就会从低利率国家流向高利率国家,直到两国利率相等为止。两国利率差别使同收益的有价证券价格不同,有价证券价格、收益和市场利率的关系用以下公式表示:

$$P = y / r \quad (20\text{-}18)$$

式中,P为有价证券的价格,y为收益率,r为市场利率。

根据式(20-18),高利率国家有价证券的价格低,低利率国家有价证券的价格高。这样,低利率国家就会向高利率国家投资购买有价证券。

古典国际证券投资理论说明了国际证券投资的起因和流动规律,它以国际间资本自由流动为前提,但是现实中却存在着对国际资本流动的各种限制。

2) 资产组合理论

美国经济学家马科维兹(H. M. Markovita)和托宾(J.Tobin)在20世纪50年代提出,任何资产都具有收益和风险的两重性,投资者通过在各种资产之间进行选择,形成最佳投资组合,分散风险,使投资收益一定时风险最小,或投资风险一定时收益最大。基于上述考虑,投资者可能选择不同国家的证券作为投资对象,从而引起资本在各国之间的双向流动。

假设投资者持有两种证券A、B组成的投资组合,a、b分别表示投资者持有证券A、B的份额。以投资组合的收益R_p表示投资组合内各种证券收益的价权平均数,即:

$$R_p = aR_a + bR_b \quad (20\text{-}19)$$

这一证券组合的预期未来收益,由A、B的预期未来收益决定:

$$\overline{R_p} = a\overline{R_a} + b\overline{R_b} \quad (20\text{-}20)$$

式中,$\overline{R_p}$、$\overline{R_a}$和$\overline{R_b}$分别表示证券组合、证券A和B的预期收益。

证券组合的风险则用方差计算。证券组合的方差,取决于每种证券在证券组合中的份额、各种证券的方差和它们的斜方差:

$$\text{Var}(R_p) = a^2 \text{Var}(R_a) + b^2 \text{Var}(R_b) + c^2 \text{Var}(R_c) + 2ab\, \text{Cov}(R_a, R_b) \quad (20\text{-}21)$$

其中,协方差是A、B共同变动的程度。斜方差为负,有助于减少证券组合的整体方差,从而降低风险。

这一理论能够说明国际间资本双向流动的原因、国际证券的选择和优化,但是它建立在资本完全自由流动和金融市场高度发达的基础上,这是与现实情况不相符合的,因而也有其内在的局限性。

3. 国际直接投资理论

1) 垄断优势论

该理论认为企业对外直接投资的动因是企业所拥有的垄断优势,之所以能够保持优势,是因为存在市场的不完全。企业拥有的垄断优势有:①产品市场优势,包括产品类别、商标、特定的销售技巧、价格操纵等。②要素市场优势,如专利技术、专有技术、管理和组织技能、以优惠条件获得资金等。③规模经济优势,企业可以通过横向一体化取得内部规模经济的优势,通过纵向一体化获得外部规模经济的优势,使外部利润转化为企业内部利润。④政府管理行为带来的优势,政府有关税收、关税、利率和汇率政策也会造成市场的不完全,从而给企业带来优势。

该理论的主要观点是:海外直接投资的理论依据是非完全竞争下的企业垄断优势,决定海外直接投资的原因是利润差异,而投资获利的多少则取决于垄断优势的程度。跨国公司的利润来源于这种垄断所带来的规模经济。

对垄断优势论的评价:该理论引进了垄断竞争和寡头垄断的概念,开创了一条研究国际直接投资的新思路,将不完全竞争理论引入了该研究领域,摒弃了传统的完全竞争假设,用这一理论解释美国跨国公司的直接投资行为很有见地。该理论丰富了跨国公司理论,形成了寡头垄断模式这一完整的理论体系。但它忽视了市场不完全性的一般形式,偏重于市场不完全性的具体形式,无法解释各种类型的海外直接投资,因而在理论上缺乏普遍意义,如不能解释发展中国家企业的对外投资行为。

2) 产品生命周期理论

产品生命周期是指一个产品从研制开发、投入市场到退出市场的过程,是产品的市场寿命。该理论认为,产品生命周期可划分为创新、成熟、标准化和衰退4个阶段。每一种新开发的产品都要经过新产品阶段、成熟的产品阶段、标准化产品阶段以及衰退阶段。在产品周期的不同阶段上,产品的比较优势和竞争条件也发生相应的变化,从而决定企业对外直接投资的发生和发展。

第一阶段是创新阶段,由于企业存在着某种程度的产品垄断,新产品的需求价格弹性很低,生产成本的差异对企业生产地区的选择影响较小,所以产品生产集中在国内。企业可以利用其在生产方面的优势地位,垄断国内市场,并通过出口打进国际市场,而无须进行对外直接投资。

第二阶段是成熟阶段,这一阶段由于产品已定型,需求剧增,消费价格弹性增加,国内外出现仿制者,企业技术优势逐渐丧失,成本价格因素在竞争中的作用日益重要。为了保持原有市场,排斥竞争对手,企业被迫进行防御性的对外直接投资,投资地区通常是同本国需求结构相似的国家。

第三阶段是标准化阶段,该阶段产品的生产技术及产品本身已经完全成熟,趋于标准化,价格优势取代技术优势。企业为了降低成本,将生产转移到某些生产要素成本低廉的地区(通常为发展中国家),以取得比在国内生产更多的盈利和占领更多的产品市场份额。当对外直接投资的产品大量返销国内时,表明产品的生命周期宣告结束,投资国企业已完成了从出口转向对外直接投资的过程。

产品生命周期理论从企业垄断优势和特定区位优势相结合的角度深刻揭示了企业从出口产品转向直接投资的动因、条件和转换过程,为投资企业进行区位市场选择和国际分工的阶梯分布提供了一个分析框架。这一理论较好地解释了美国20世纪五六十年代先后对西欧、发展中国家的直接投资活动。但是,在20世纪70年代以后,许多产品在创新开发阶段已经突破国界,显示了该理论的局限性。

3) 市场内部化理论

内部化就是把市场建立在企业内部的过程,由内部市场取代外部市场,即"建立由企业内部调拨价格起作用的内部市场,使之像固定的外部市场那样有效地发挥作用"。该理论认为,由于政府管理和控制以及信息和供应关系而导致的外国市场的不完全性,导致国际贸易和投资无法顺利进行。企业进行对外直接投资的动因是为了获得内部化利益,通过对外直接投资建立跨国公司,中间产品在其内部市场进行转让,将资源的外生市场配置行为转化为企业内部配置行为,即将市场的交易关系转化为企业内部的关系,从而降低信息搜寻的成本,使交易成本达到最小化,实现企业总体收益最大化。

对该理论的评价：内部化理论发展了垄断优势理论，是跨国公司理论研究的一个重要转折点，该理论关于内生化发展超过国界便会产生对外直接投资和跨国公司的观点，有助于理解国际间的资本流动，比较合理。但是，该理论没有从国际经济一体化的高度对跨国公司的国际生产与分工进行分析，也不能对企业投资的地理方向做出有说服力的诠释。

4) 国际生产折中论

该理论的核心是OIL模式，即决定跨国公司行为和对外直接投资有三大基本要素：所有权优势、内部化优势和区位优势。

① 所有权优势是一国企业拥有或能够获得的、而国外企业没有或无法获得的资产及其所有权方面的优势，主要指独占无形资产和规模经济所产生的优势。所有权优势的大小，直接决定企业对外直接投资的能力。

② 内部化优势是指企业将其所拥有的所有权优势加以内部化而产生的优势。内部化优势的大小，决定了企业在直接投资、出口贸易和资源转让等国际经济形式中选择何种形式来实现其所用的所有权优势。

③ 区位优势是企业在投资区位上所拥有的选择优势，选择的标准是企业的获利程度。区位优势由直接区位优势和间接区位优势组成，前者指东道国的某些有利因素所形成的区位优势，后者是由于投资国的某些不利因素所形成的区位优势。区位优势的大小，决定企业是否进行对外直接投资和投资地区的选择。

国际生产折中论的主要观点是：国际直接投资(FDI)是由所有权优势、内部化优势以及区位优势综合决定的，这三种优势影响跨国公司的投资决策。如果企业同时具有以上三种优势，则发展对外直接投资就是其参与国际经济活动的最佳形式，从而可以实现利润的最大化。这三种优势的结合，也决定着对外直接投资的部门结构和区域结构。

对该理论的评价：国际生产折中论把生产要素论、比较利益论和生产区位论结合在一起，对国际直接投资做出了一般解释。此外，该理论还从动态分析角度提出投资发展阶段论，认为直接投资并不取决于资金、技术和经济发展水平的绝对优势，而取决于它们的相对优势，这对发展中国家利用其相对优势发展海外直接投资有着现实的指导意义。但是，限于西方经济学微观理论的局限性，它对很多类型的对外直接投资现象仍无法做出科学的解释，如无力解释发达国家间的交叉投资、混合结构类型、跨国公司的对外直接投资、发展中国家的对外直接投资等。

第二十章 国际收支与国际资本流动

真题精选精析

一、选择题

1.【暨南大学2017】根据国际收支平衡表的记账原则，属于借方项目的是( )。
   A. 出口商品　　　　　　　　　　　B. 官方储备的减少
   C. 本国居民收到国外的单方向转移　　D. 本国居民偿还非居民债务

2.【清华大学2016】关于国际收支平衡表述不正确的是( )。
   A. 是按复式簿记原理编制的　　　　B. 每笔交易都有借方和贷方的账户
   C. 借方总额与贷方总额一定相等　　D. 借方总额和贷方总额并不相等

3.【江西财经大学2016】国际收支平衡表中的资本账户不准确的说法是( )。
   A. 包括了资本转移和非生产性非金融资产收买/放弃
   B. 资本转移与该经济体获得一项资产和免除一项负债相关，如债务减免

C. 债务减免对于债权人而言，与债权人单方面核销坏账没有差异
D. 非生产性非金融资产收买/放弃的所有交易既包括同有形资产相关的各种交易，也包括同无形资产相关的各种交易

4.【华东师范大学2018】国内某公司在海外直接投资取得并汇回的利润，应计入国际收支平衡表中经常账户的( )项目。
A. 收益　　　　　　B. 经常转移　　　　　C. 直接投资　　　　　D. 资本转移

5.【东华大学2017】马歇尔-勒纳条件指当一国的出口需求弹性与进口需求弹性之和( )时，该国货币贬值才有利于改善贸易收支。
A. 大于0　　　　　　B. 小于0　　　　　　C. 大于1　　　　　　D. 小于1

6.【中央财经大学2017】关于汇率的影响以下描述正确的是( )。
A. 本币贬值有利于吸引资本流入
B. 马歇尔-勒纳条件是指当进出口商品需求弹性等于1时，本币贬值才能改善国际收支
C. J曲线效应说明本币升值使出口出现先降后升的变化
D. 本币升值会增加对本币金融资产的需求

7.【复旦大学2018】一般而言，由( )引起的国际收支失衡是长期且持久的。
A. 经济周期更迭　　　　　　　　　　B. 货币价值变动
C. 预期目标的改变　　　　　　　　　D. 经济结构滞后

8.【暨南大学2017】下列不属于一国国际储备的有( )。
A. 中央银行持有的外汇资产　　　　　B. 商业银行持有的外汇资产
C. 黄金　　　　　　　　　　　　　　D. 特别提款权

9.【清华大学2018】与一国国际储备需求正相关的因素是( )。
A. 持有国际储备的成本　　　　　　　B. 一国经济的对外开放程度
C. 货币的国际地位　　　　　　　　　D. 外汇管制的程度

10.【复旦大学2018】仅限于会员国政府之间和IMF与会员国之间使用的储备资产是( )。
A. 黄金储备　　　　　B. 外汇储备　　　　　C. 特别提款权　　　　　D. 普通提款权

11.【暨南大学2018】2017年10月26日，中国财政部在香港发行20亿美元的主权债，这个债券可以被称为( )。
A. 木兰债券　　　　　B. 扬基债券　　　　　C. 欧洲债券　　　　　D. 熊猫债券

二、名词解释
1.【中南财经政法大学2018】国际收支自动调节机制
2.【华东师范大学2017】石油美元

三、简答题
1.【东北财经大学2017】国际收支调节的弹性分析理论(弹性论)。
2.【山东大学2016】简述考察国际收支不平衡的口径主要有哪些。

第二十一章 国际收支内外部均衡

第一节 开放经济条件下的政策目标、工具和调控原理

一、开放经济条件下的政策目标——内外均衡

1. 内部均衡和外部均衡的含义

1) 外部均衡曲线的推导

外部均衡曲线(BP曲线),即所有能够使国际收支(经常账户和资本账户)保持平衡的市场利息率和国民收入的组合。

资本在各国之间流动的决定因素是各国之间的利率差别,因此,可以把资本的国际流动看作利率的函数,即:$dF=f(I, I^*)$,其中,dF表示一国资本的净流入,I为国内利率,它与资本流入正相关;I^*为国外利率,与资本流入负相关,则引入资本流动后的国际收支恒等式就变为

$$\Delta R=TB(Y, EP^*/P)+f(I, I^*) \tag{21-1}$$

在外部均衡时,储备资产R保持不变,即$\Delta R=0$,并假定外国利率I^*作为外生变量固定不变,等式为

$$TB(Y, EP^*/P)+f(I, I^*)=0 \tag{21-2}$$

其中,经常账户与国民收入Y负相关,因为国民收入增加,使得对商品和劳务的需求增加,同时对国外商品和劳务的需求也相应地增加,若其他条件不变,则经常账户会恶化(逆差)。资本账户与本国利率正相关,因为利率提高,若其他条件不变,会增加资本流入、减少流出,从而改善资本账户。国际收支平衡是由国民收入决定的经常账户状态和由市场利率决定的资本账户状态总体上的综合平衡状态,因此,要实现式(21-1),在均衡条件下,如果国民收入Y增加,即经常账户逆差,则需要提高利率使资本账户顺差,才能保证国际收支再度实现平衡,所以在外部均衡曲线(即BP曲线)中Y与I正相关,BP曲线向上倾斜。

2) 决定BP曲线斜率的主要因素

决定BP曲线斜率的主要因素包括边际进口倾向和国际资本流动的利率弹性。

由式(21-1)可知,经常账户部分的决定因素是边际进口倾向,资本账户部分是国际资本流动的利率弹性。

① 边际进口倾向m。m越大,BP曲线越陡。因为m越大,说明一定幅度的国民收入增加引起进口品需求的增加越多,则经常账户恶化程度越深,需要依靠更多的国际资本流入,即需要较高的利率水平。

② 国际资本流动的利率弹性。利率弹性越大,BP线越平坦。弹性越大,说明一定幅度的国民收入增加引起经常账户恶化时,利率只需有较小幅度的提高,就会带来大量的资本流入,以弥补经常账户逆差造成的储备减少。其他条件不变,国际资本流动的利率弹性越高,则BP曲线越平坦。

由于在简单经济模型中,通常假定一国的边际进口倾向为常数,BP曲线的斜率主要取决于国际资本流动的利率弹性(或一国资本市场的自由化程度)。在极端情况下,资本完全自由流动时,BP曲线水平,即国内资本市场与国际金融市场完全一体化;而资本完全不能自由流动时,BP曲线垂直,即一国的资本市场完全不开放。

③ 汇率变动对IS、BP曲线的影响。

一国货币贬值,在满足马歇尔-勒纳条件的情况下,会促进出口增加、进口减少,从而提高对本国商品和劳务的需求,即总需求增加,S曲线将向右移动货币贬值,出口增加,进口减少,也会有利于经

常账户和国际收支的改善,从而推动BP曲线也向右移动;反之,货币升值,则会导致IS曲线和BP曲线均向左移动。

3) 开放的宏观经济模型的建立:IS-LM-BP曲线的推导

开放的宏观经济模型也属于宏观经济学内容,很多宏观经济学书上都有介绍。

① 图21-1中IS曲线为商品劳务市场的均衡线,即所有能够使商品劳务市场总支出等于总收入的市场利息率和国民收入的组合。曲线由上方向右下方倾斜,因为在均衡条件下,如果利息率水平下降而其他不变,则投资增加,要再度实现均衡,则国民收入必须增加,从而使储蓄也相应地增加。

② 图21-1中LM曲线为货币市场均衡线,即所有能够使货币市场上货币供给(M)等于货币需求(L)的市场利息率和国民收入的组合。曲线由左下方向右上方倾斜,因为在均衡条件下,如果市场利息率水平上升而其他不变,则货币投资需求下降,要再度实现均衡,由于货币供给是常数,则必须有国民收入水平上升,从而使货币的交易和预防性需求相应增加。

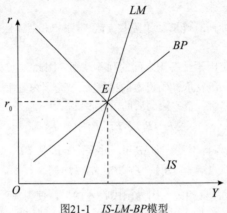

图21-1　IS-LM-BP模型

③ 图21-1中BP曲线为国际收支均衡线或外部均衡线,即所有能够使国际收支(经常账户和资本账户)保持平衡的市场利息率和国民收入的组合。BP曲线由左下方向右上方倾斜,因为在均衡条件下如果国民收入水平提高,对进口品需求的增加会使经常账户相应地恶化;要再度实现均衡,若其他条件不变,则需要市场利息率水平的提高,以吸引更多的资本流入来平衡经常账户的恶化。在图21-1中,三条曲线相交在一起,交点E同时实现了内部均衡和外部均衡。图21-2中,IS和LM曲线的交点在BP曲线以上,表示内部均衡实现,但存在国际收支顺差,即由国内商品劳务市场和货币市场均衡所决定的利率水平r_0高于在国民收入为Y的条件下维持国际收支均衡所需要的水平;或较高的利率水平引起较多的国际资本流入,超过平衡现行国民收入所决定的经常账户状态的需要,从而形成国际收支顺差。图21-3则表示国际收支逆差状态。

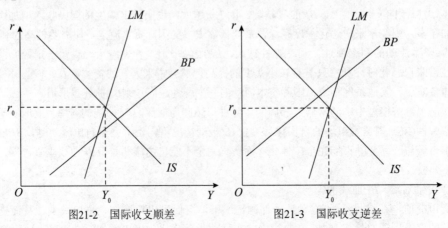

图21-2　国际收支顺差　　　　图21-3　国际收支逆差

4) 内部均衡

内部均衡目标包括经济增长、价格稳定和充分就业。由于经济增长是长期的、动态的问题,在短期分析中可以不考虑经济增长目标,且主要发达国家越来越强调应通过市场机制的自身运作来实行持续的经济增长,所以经济增长目标逐步从这些国家政策目标中淡化或消失。这样,内部均衡就定义为国民经济处于无通货膨胀的充分就业状态。

5) 外部均衡

一般而言,外部均衡就是指国际收支均衡。但由于国际收支均衡的含义不同,外部均衡目标的具体内涵也经历了一个发展阶段。在布雷顿森林体系下,外部均衡通常被视为经常项目平衡;在20世纪70年代以来的浮动汇率制下,将外部均衡视为总差额的平衡;20世纪80年代以来,国际资金流动问题日益突出,经常项目平衡和总差额的平衡在国际资金流动的条件下不能说明问题或不必要,一国应该根据其经济特点和发展阶段确定相应的经常项目余额目标,并进而确定合理的国际收支结构。

因此,外部均衡可以定义为与一国宏观经济相适应的合理的国际收支结构。简单而言,则是指与一国宏观经济相适应的合理的经常项目余额。

2. 内部均衡和外部均衡的关系

1) 内部均衡与外部均衡的相互协调和相互冲突

在现代经济体制中,国际收支调节问题的实质是国家宏观经济政策的对内平衡和对外平衡目标之间的相互关系问题。一国的宏观经济在努力维持高经济增长率、低通货膨胀率和高就业率,即内部平衡的同时,还必须保持其国际收支地位,即外部平衡的长期稳定。众所周知,内部平衡和外部平衡之间存在矛盾,不易同时实现。因此,在开放条件下,政府对经济进行调控的中心任务是在实现经济的稳定与发展(内部均衡)的同时,还要确定合理的开放状态(外部均衡),并解决这两者之间可能存在的矛盾。

① 相互协调。比如,一国经济现在的状态是国际收支逆差和通货膨胀,如果政府当局采取紧缩国内支出(如提高利率、缩减总需求)的政策,则可能在减少国际收支逆差的同时,控制通货膨胀,同时达到内外均衡的目标。

② 相互冲突。比如,在开放经济条件下,政策当局采取的扩张总需求以促进经济增长和增加就业的政策,可能导致对进口产品的需求和支出过多,于是会恶化国际收支经常账户。

2) 米德冲突

在米德的分析中,内外均衡的冲突一般是指在固定汇率制下,在失业增加、经常账户逆差或通货膨胀、经常账户盈余这两种特定的内外经济状况组合下,用一种政策工具同时解决两个目标,会使决策者面临两难处境。

英国经济学家詹姆斯·米德于1951年在其著作《国际收支》中最早提出了固定汇率制下的内外均衡冲突问题。他指出,在汇率固定不变时,政府只能主要运用影响社会总需求的政策来调节内外均衡。这样,在开放经济运行的特定区间便会出现内外均衡难以兼顾的情形(见表21-1)。

表21-1 固定汇率下内部均衡与外部均衡的搭配与矛盾

序号	内部经济状况	外部状况
1	经济衰退/失业增加	国际收支逆差
2	经济衰退/失业增加	国际收支顺差
3	通货膨胀	国际收支逆差
4	通货膨胀	国际收支顺差

第二种、第三种情况意味着内外均衡之间一致。以第二种情况为例,为实现经济的内部均衡,显然要求政府采取增加社会总需求的措施进行调控,会导致进口相应地增加,在出口保持不变时,就会使原有的国际收支顺差状况得以改变而趋于平衡。这样,政府在采取措施实现内部均衡的同时,也对外部均衡的实现发挥了积极影响,因此,这是内外均衡一致的情况。而第一种、第四种情况意味着内外均衡的

冲突，因为政府在通过调节社会总需求实现内部均衡时，会引起外部经济状况距离均衡目标更远。(记住表格中的4种情况，其还可以用来回答内部均衡和外部均衡的相互协调和相互冲突的关系。)

在米德的分析中，内外均衡的冲突一般是指在固定汇率下，失业增加、经常账户逆差或通货膨胀、经常账户盈余这两种特定的内外经济状况组合。

但是，无论是在固定汇率制度下还是在浮动汇率制度下，内外均衡冲突的问题是始终存在的。在浮动汇率制下，政府不可能完全依赖外汇市场对国际收支的自发调节功能，所以同样面临着外部均衡问题。在汇率变动受到政府一定管理的条件下，通过国内总需求的变动来实现内外均衡仍是相当常见的做法，因此，浮动汇率制下也会出现许多与固定汇率制下相类似的内外均衡冲突现象。并且，在汇率波动程度非常剧烈的条件下，外部均衡与内部均衡之间的相互影响或干扰更加复杂，内外均衡冲突问题甚至可能更加深刻。

为区别起见，我们把米德分析中的与开放经济特定运行区间相联系的内外均衡之间的冲突称为"狭义的内外均衡冲突"，而将一般情况下实现某一均衡目标的努力对另一均衡目标的干扰或破坏称为"广义的内外均衡冲突"。

3) 斯旺曲线

斯旺曲线说明仅使用一种政策工具来同时解决内部均衡和外部均衡问题是不可能的。政策当局如何采取措施同时实现内部平衡和外部平衡目标，曾是20世纪五六十年代西方经济学界研究和争论的热点。1995年，澳大利亚经济学家斯旺在阐述这个问题的过程中提出了著名的斯旺曲线。如图21-4所示，图中纵轴表示实际汇率，定义为$R=eP^*/P$。式中，R为实际汇率，e为直接标价法的名义汇率，P^*为国外价格水平，P为国内价格水平。R上升，意味着实际汇率贬值，可以由名义汇率贬值、国内价格水平下降或国外价格水平上升造成。R同时是衡量国际竞争能力的指标，R上升，意味着国际竞争能力增强，将改善国际收支经常账户。图中横轴为国内经济的总支出水平，以A表示，也可称为总吸收，公式为

$$Y=C+I+G+(X-M)$$

令$A=C+I+G$，那么$Y-A=X-M$。

式中，Y为国民收入，C为消费支出，I为投资支出，G为政府购买支出，X为出口，M为进口。公式表明当国内吸收水平过高，超过总收入水平Y时，进口即超过出口，于是出现经常账户逆差。

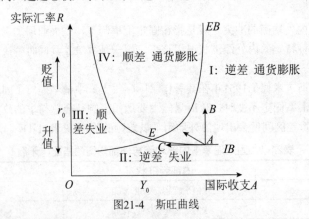

图21-4 斯旺曲线

图中的EB曲线为外部平衡曲线，表示所有能够使国际收支经常账户保持平衡的实际汇率R和国内支出水平A的组合点。其斜率为正，因为当实际汇率上升或贬值(国际竞争能力提高)，国际收支状况改善时，为维持平衡，国内吸收水平也必须相应地提高，以便增加进口。

所有EB曲线以下的点，均为经常账户逆差，即在现有的国内吸收水平下，相应的实际汇率水平不足以保持经常账户的平衡。所有EB曲线以上的点均为经常账户顺差，即相应的实际汇率水平已经超过了保持经常账户平衡需要的水平。只要国家的经济状态是在EB曲线以上或以下，就会产生相对于其他国家的债权和债务关系。

图中的 *IB* 曲线为内部平衡曲线，即能够维持国内充分就业的所有实际汇率和国内吸收水平的组合。*IB* 曲线向右下方倾斜，因为如果实际汇率下降或升值，导致进口增加、出口减少，于是要维持充分就业就必须增加国内支出水平。

所有 *IB* 曲线以上的点均为经济中出现通货膨胀的点，即在现有的国际竞争力或实际汇率水平，国内总支出水平已经超过了创造充分就业所需要的水平，而导致了国内通货膨胀。所有 *IB* 曲线以下的点均为经济中存在通货紧缩或失业的点，即总支出水平不足以形成充分就业。

斯旺曲线由 *EB* 和 *IB* 划分出4个区域：I区存在顺差和失业；II区存在逆差和失业；III区存在逆差和通货膨胀；IV区存在顺差和通货膨胀。内部和外部总体平衡状态，是 *IB* 和 *EB* 线相交的 *E* 点，即与 *E* 点相应的国内支出或吸收水平和实际汇率 *R* 的组合，能够实现国内充分就业并同时保持经常账户平衡。

假设一国经济由于某种原因陷入I区的状态 *A* 点，政策当局试图在维持汇率固定的条件下减少经常账户逆差，可以采取宏观经济政策紧缩国内支出，于是使经济状态向 *C* 点移动，这样的政策结果是形成严重的经济衰退和造成大量的失业。另外，政策当局还可以采取货币贬值的方法来解决逆差问题。这样经济状态会向 *B* 点移动，其结果是离 *IB* 曲线越来越远，即经常账户逆差的解决要以国内更严重的通货膨胀为代价。

根据斯旺模型，可以得出纠正国际收支失衡的搭配情况。

表21-2 各种类型政策的作用

区间	经济状况	支出增减政策	支出转移政策
I	通货膨胀、国际收支逆差	紧缩	本币贬值
II	经济衰退、国际收支逆差	扩张	本币贬值
III	经济衰退、国际收支顺差	扩张	本币升值
IV	通货膨胀、国际收支顺差	紧缩	本币升值

斯旺曲线模型虽然简单，但是却非常明确地说明了仅使用一种政策工具(比如紧缩总支出水平或者货币贬值)同时解决内部均衡和外部均衡问题是不可能的。

二、开放经济条件下的宏观经济政策工具

1. 支出增减型政策——财政、货币政策

政府运用紧缩性或扩张性的财政、货币政策，通过收入效应、利率效应和相对价格效应加以调节。财政、货币政策可以通过三个渠道来影响国际收支，分别称为收入效应、利率效应和相对价格效应(或称替代效应)，当一国国际收支赤字时，政府当局应采取紧缩性的财政、货币政策。

首先，紧缩性的财政、货币政策通过乘数效应减少国民收入，由此造成本国居民商品、劳务支出的下降。只要它能够降低本国的进口支出，就可以达到纠正国际收支赤字的效果，这一收入效应的作用大小显然取决于一国边际进口倾向的大小。其次，紧缩性的财政、货币政策通过本国利息率的上升吸引资金从国外的净流入来改善资本账户收支。这一利率效应的大小取决于货币需求的利率弹性与国内外资产的替代性高低。再次，紧缩性的财政、货币政策还通过诱发国内生产的出口品和进口替代品的价格下降提高本国产品的国际价格竞争能力，刺激国内外居民将需求转向本国产品，从而获得增加出口、减少进口的效果。这一相对价格效应的大小主要取决于进出口供给和需求弹性。

2. 支出转换型政策

(1) 汇率政策运用汇率的变动来纠正国际收支失衡，可选择汇率制度的变更、外汇市场干预或官方汇率贬值。

(2) 直接管制。直接管制包括外汇管制和贸易政策。从实施的性质来看，直接管制的措施有数量性管制和价格性管制之分。前者主要针对进口来实施，包括进口配额、进口许可证、外汇管制等各种进口

非关税壁垒。后者既可用于减少进口支出，主要指进口关税，也可用来增加出口收入，如出口补贴、出口信贷优惠等。从实施的效果来看，数量性管制措施能够在短期内迅速削减进口支出，立竿见影；而价格性管制措施的作用渠道则基本上等同于汇率政策。

直接管制的优点：和汇率贬值同属于支出转换政策，但前者属于选择性控制工具，而后者属于全面性控制工具。其实施通常能使国际收支的改善收到非常迅速的效果。直接管制措施的特点是比较灵活，可以针对具体不同的进出口项目和资本流动有区别地予以实施，可以对维持生产和生活水平所必需的中间产品和消费品进口以及对扩大生产能力所需的资本品(机器设备等)进口不实行限制，或者限制程度轻一些，而对奢侈品进口严加控制；同时在出口方面可以重点奖励重要的或非传统的产品生产和出口。

直接管制的缺点：①往往变显性赤字为隐性赤字。一旦予以取消，除非经济结构相应得到改善，否则国际收支赤字仍然会重新出现，因此，许多国家采用直接管制措施，主要用以配合产业政策的实施。②直接管制还十分容易引起贸易伙伴国的报复。一旦对方国家也实行相应的报复性措施，往往导致国与国之间的"贸易战"，使原先实行直接管制措施的国家前功尽弃。③实行直接管制，也容易造成本国产品生产效率低下，对外竞争力不振引起官僚作风和贿赂风气的兴起。因此，西方国家对采用这项措施一般比较谨慎。

3. 其他政策工具

1) 外汇缓冲政策

一国政府当局运用官方储备的变动或临时向外筹借资金来抵销国际收支失衡造成的超额外汇需求或外汇供给。一般是建立外汇平准基金，该基金保持一定数量的外汇储备和本国货币，当国际收支失衡造成外汇市场的超额外汇供给或需求时，货币当局就动用该基金在外汇市场上公开操作，买进或卖出外汇，消除超额的外汇供求。外汇缓冲政策运用的难点是如何判断失衡的类型，因为它只能用于解决短期性国际收支失衡，该政策不适于长期的根本性失衡。该政策的运用要具备一定的条件，即必须保持实施缓冲政策所需要的充足外汇，必须具备实施公开市场操作的有效条件。

2) 供给调节政策

政府采取政策来调节供给，以达到调节国际收支的目的，这些政策称为供给调节政策，主要有产业政策和科技政策。供给政策的特点是长期性，在短期内难以有显著的效果，但它可以从根本上提高一国的经济实力与科技水平，从而为实现内外均衡创造条件。

4. 政策工具的搭配

采用什么样的政策来调节国际收支，首先取决于国际收支失衡的性质(暂时性或长期性)，其次取决于国际收支失衡的国内社会和宏观经济结构，再次取决于内部均衡与外部均衡之间的相互关系。每一种国际收支调节政策都会对宏观经济带来或多或少的调节成本，所以必须进行相机抉择，搭配使用各种政策，以最小的经济和社会代价达到国际收支的平衡或均衡。在所有类型的国际收支调节政策中，至少存在以下几对互为可替代的搭配：

(1) 支出增减型与支出转换型政策；
(2) 支出型政策与融资型政策；
(3) 支出增减型与供给型政策。

每类政策对总需求和总供给的直接作用如表21-3所示。

表21-3 各种类型政策的作用

序号	类型	作用
1	支出增减型	需求和支出增减
2	支出转换型	需求和支出方向转移
3	供给型	供给增减
4	融资型	中性

一般来说，对不同性质的国际收支失衡要采用不同的调节方法。比如，以资金融通来纠正暂时性的国际收支不平衡，以紧缩性的货币政策来纠正货币性不平衡。但有时候，情况并不是这样。比如，由预算赤字和货币宽松引起的货币性收支失衡，可采用表21-4所示的方法加以调整。

表21-4　调整预算赤字和货币宽松引起的货币型收支失衡的方法

方法一	方法二	方法三
减少预算赤字 收缩货币供应量	减少预算赤字 收缩货币量 外汇缓冲	减少预算赤字 收缩货币量 货币贬值

方法一是支出增减型，要求较大幅度地削减财政赤字、减少货币供应量。其结果是，在纠正国际收支失衡的同时，有可能同时引发失业增加、经济活动活力降低、社会动荡。

方法二是支出增减型与融资型的搭配。与方法一相比，要求较小程度地削减财政赤字和收缩银根，但同时要求动用官方储备或使用国际信贷便利。其结果是，在纠正国际收支逆差的同时，引发失业和社会动荡的程度较轻，但导致官方储备流失或债务增加。

方法三是支出增减型与支出转换型的搭配。与方法一相比，它要求较小程度地削减财政赤字和收缩银根，但同时要求货币贬值。其结果是，在纠正国际收支失衡的同时，引发失业和社会动荡较轻，但是货币贬值可能引起外汇市场混乱和未来的通货膨胀。

由此看来，正确的政策搭配是国际收支成功调节的核心。从上文可以看出，对某种性质的国际收支失衡采用不同的调节政策搭配，会花费不同的调节成本和代价。较大程度的失业或许是许多人不能容忍或无法承受的。前面只是从调节成本的角度简要地介绍了国际收支的政策搭配，而国际收支调节政策搭配的最终目标是实现调节成本最小化和福利最大化。对处于开放条件下的国家而言，这个目标可以用"内外均衡"来概括。

三、开放经济条件下政策调控的基本原理

1. 关于政策协调的"丁伯根原则"

造成内外均衡冲突的根源在于经济的开放性。在封闭经济下，政策制定者的任务是协调经济增长、充分就业和价格稳定三者的冲突；但在开放经济下，政策目标发生了改变，国际收支的加入增加了政策变量，且各目标的关系也发生了变化。内部均衡和外部均衡的冲突成为经济面临的突出问题，为了解决这一矛盾，政策搭配应运而生。

荷兰经济学家丁伯根是第一个经济学诺贝尔奖的得主(1969年)，他最早提出了将政策目标和工具联系在一起的正式模型，指出要实现若干个独立的政策目标，至少需要相互独立的若干个有效的政策工具。

丁伯根原则指出了应运用N种独立的工具进行配合来实现N个独立政策目标，这一结论对经济政策理论具有深远意义。但是，丁伯根原则对目标的实现过程具有如下特点：一是假定各种政策工具可以供决策当局集中控制，从而通过各种工具的紧密配合实现政策目标；二是没有明确指出每种工具有无必要在调控中侧重于某一目标的实现。这两个特点是不尽与实际情况符合的或者不能满足实际调控的需要。

2. 关于政策指派的"有效市场分类原则"

政策工具应与其最能发挥作用的目标相匹配。根据这一原则，蒙代尔认为，货币政策用来解决外部均衡问题最有效，财政政策更适于用来解决内部均衡问题。

在许多情况下，不同的政策工具实际上掌握在不同的决策者手中，例如，货币政策属于中央银行的权限，财政政策则由财政部门掌管。如果决策者并不能紧密协调这些政策，而是独立地进行决策，就不能实现最佳的政策目标，所以要将每一工具合理地指派给相应的目标。

为此，蒙代尔提出了"有效市场分类原则"，每一目标应该指派给对这一目标有着相对最大的影响力、因而在影响政策目标上有相对优势的工具。根据这一原则，蒙代尔区分了财政政策、货币政策在影响内外均衡上的不同效果，提出了以货币政策实现外部均衡目标、财政政策实现内部均衡目标的指派方案。

蒙代尔的政策分派模型如图21-5所示，图中，纵轴表示货币政策，N_m为政策中性，向下为货币紧缩，向上为货币扩张。横轴表示财政政策，N_f为政策中性，向右为财政扩张，向左为财政紧缩。

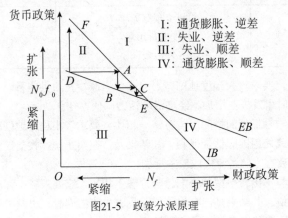

图21-5 政策分派原理

IB曲线(内部均衡线)表示能够维持充分就业的财政政策和货币政策的组合，曲线为负斜率，即在充分就业条件下，如果实行紧缩性的货币政策，就必须相应地采取扩张性的财政政策，才能保持国内充分就业的均衡。IB曲线右边的货币政策和财政政策搭配会产生通货膨胀，曲线左边的政策搭配则不足以形成充分就业。

EB曲线(外部均衡线)表示能够维持国际收支平衡的财政政策和货币政策的组合，曲线的斜率可以是正，也可以是负，因为财政政策对国际收支的影响有两方面，财政扩张可导致收入提高，从而恶化经常账户，但同时又因提高利率水平可以吸引外部资金流入而改善资本账户。

图中的EB曲线为负斜率，假定扩张性的财政政策对国际收支总体的净影响是负的，即经常账户的恶化程度超过资本账户的改善程度。若扩张性的财政政策恶化国际收支，则货币政策必须紧缩提高利率，以吸引资金流入来保持国际收支平衡。

(注意：此处横、纵坐标对应的变量与斯旺曲线中的不同，因此，IB、EB曲线的方向也有变化。)

IB曲线比EB曲线更陡，是因为财政政策导致收入提高一定比例对国际收支的恶化作用，要比货币政策扩张形成同样比例的收入提高所导致的国际收支恶化作用弱。因为财政政策扩张会导致利率水平提高，由此引致的资本流入会部分弥补国际收支逆差，而货币政策的扩张导致利率水平下降，只会加重收入提高导致的国际收支恶化。所以货币政策对保持外部平衡更有效，财政政策对保持内部平衡更有效。

简言之，相对而言，财政政策对国民收入、就业等国内经济变量的影响较大，货币政策则对国际收支的影响较大。

IB和EB曲线将图形划分为4个区域，I区为通货膨胀、逆差，II区为失业、逆差，III区为失业、顺差，IV区为通货膨胀、顺差。

蒙代尔认为，在固定汇率条件下应该运用货币政策解决外部均衡，运用财政政策解决内部均衡。根据蒙代尔的分析，如果起点为A点，对内是充分就业均衡，但存在国际收支逆差。需对应以紧缩性的货币政策使经济状态运动到B点，于是外部取得平衡，但又出现了失业，再应之以扩张性的财政政策，使之达到C点。这消除了失业，但又出现了国际收支逆差。然后再紧缩货币，克服逆差，调节的幅度会越来越小，最后收缩到实现内外均衡的E点。

如果政策当局将政策工具错误分派，使用财政政策对付国际收支失衡，使用货币政策解决失业，那么紧缩性的财政政策使经济状态从A点运动到D点，外部均衡得以解决，但是其代价是更为严重的经济萧条和失业。如果决策者继续使用扩张性的货币政策来对应萧条和失业,经济状态则从D点运动到F点,经济状态距离稳定的均衡点E越来越远,可见错误的政策分派是相当危险的。

将上述政策搭配的原理加以运用,就可以得到表21-5中的4种政策搭配。

表21-5 财政政策和货币政策的搭配

区间	经济状况	财政政策	货币政策
I	通货膨胀、国际收支逆差	紧缩	紧缩
II	经济衰退、国际收支逆差	扩张	紧缩
III	经济衰退、国际收支顺差	扩张	扩张
IV	通货膨胀、国际收支顺差	紧缩	扩张

蒙代尔的政策分派理论将运用政策搭配实现内外均衡的研究向前推进了一步,但仍未能完全解决米德冲突。在模型中从A点运动到E点的调节过程中,虽然是交替采用货币政策和财政政策,但总的过程是紧货币和松财政。然而,对于小型开放经济国家来说,要维持汇率的固定,这样的政策搭配未必行得通。

比如在固定汇率资本流动较为自由的条件下,根据前面的分析,货币政策则完全是被动的,因为利息率水平取决于国际金融市场,有效的只有财政政策。即使这一理论成立,其政策搭配取得内外均衡的效果也要取决于很多因素,比如,国家的边际进口倾向、边际消费(储蓄)和投资倾向、国内货币需求的利率和收入,以及进出口供给和需求弹性等,而这些因素往往是难以确定的,所以政策搭配实施的效果也难以预料。

实际上,实现内部均衡和外部均衡问题的关键是维持汇率稳定,实现国内充分就业和物价稳定的目标之间矛盾的问题。而对于这一点,蒙代尔的政策分派原则并未提供确切的政策依据。

第二节 开放经济条件下的财政、货币政策:蒙代尔-弗莱明模型分析

一、固定汇率制度下的财政、货币政策

1. 不同资本流动状况下的财政政策实施效果

如图21-6所示,Y_0并非充分就业的国民收入。政策当局决定增加政府购买开支来扩张总需求,如果其他条件不变,则IS曲线向右移至IS',由于假设价格水平不变,则收入水平上升至Y_1。收入水平的提高,一方面会增加对进口品的需求,从而恶化国际收支经常账户;另一方面会使货币需求提高,从而使利率水平上升,吸引外部资金流入,并改善国际收支资本账户。可见,财政扩张既有恶化也有改善国际收支的可能。

但根据图21-6,IS'与LM曲线暂时相交于E',交点位于BP线以下,说明国际收支处于逆差状态。如果货币当局必须维持该国货币的汇率不变,则必须在外汇市场上进行干预,即不断抛售外汇,用以收购本币,于是形成本国货币供应的减少,相应地,LM曲线向左移至LM',并与IS'和BP曲线相交于E",再度形成内部和外部的同时均衡,相应地,国民收入为Y_2,财政政策之所以形成逆差,是因为国际资本流动的利率弹性不高(在图21-6中表现为BP曲线比LM曲线更加陡峭),利率提高后不能引起足够的资本流入以平衡收入提高形成的经常账户恶化。

如图21-7所示,E点相应的r_0和Y_0是初始均衡点,经济处于非充分就业状态。扩张性的财政政策移动IS曲线至IS',与LM曲线相交于E',交点位于BP线之上,即经济处于顺差状态。这是由于国际资本流动的利率弹性高,财政扩张引起的市场利率上升能够形成足够的资本内流,平衡收入提高形成的经常账户恶化后还有余。中央银行要保持本国货币汇率不变,就必须在外汇市场上抛售本币、收购外汇,这又会形

成本国货币供应量的增加。相应地，LM曲线向右移到LM'，与IS'和BP相交于E''。收入水平提高到Y_2，并再度实现内部和外部同时均衡。

综上所述，在固定汇率制度下，财政政策有效，但实施效果受到国际资本流动利率弹性的影响。一般而言，如果其他条件不变，国际资本流动的利率弹性越高(BP曲线越平坦)，或一国的资本市场越开放，则财政政策的作用越明显；反之，国际资本流动的利率弹性越低(BP曲线越陡峭)，或一国资本市场越封闭，财政政策的作用受到的抵销程度越大。在极端的情况下，如果一国资本市场与国际资本市场完全一体化，或国际资本流动完全自由，则在固定汇率制度下，财政政策的作用得到顺差，形成的货币因素充分放大，如图21-8所示。在另一个极端，一国资本市场完全封闭，则财政政策在固定汇率制度条件下完全无效，如图21-9所示。

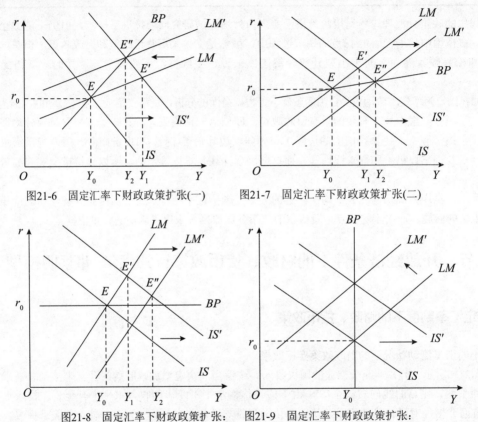

图21-6　固定汇率下财政政策扩张(一)　　图21-7　固定汇率下财政政策扩张(二)

图21-8　固定汇率下财政政策扩张：　　图21-9　固定汇率下财政政策扩张：
　　　　国际资本完全流动　　　　　　　　　　　　资本市场完全封闭

2. 不同资本流动状况下的货币政策实施效果

如图21-10所示，起始均衡点为E，相应的利率和收入水平分别为r_0和Y_0，经济状态为非充分就业。假设中央银行实施扩张性的货币政策以提高国民收入，于是LM曲线向右移动至LM'，货币供给增加后，一方面，会增加对进口品的需求，从而恶化经常账户；另一方面，会使国内利率水平下降，引起资金外流，从而恶化资本账户。无论怎样，其都会形成国际收支的逆差，并形成本国货币贬值的压力。如果货币当局僵硬地维持本国货币的汇率固定不变，在外汇市场不断地抛售外汇、收回本币，则国内货币供给会不断地下降。如果其他条件不变，LM'会不断地回移，只有回到原位才能恢复均衡。可见，在完全的固定汇率制度下，市场机制作用的最终结果是货币政策无效，并且与国际资本流动的自由度无关。

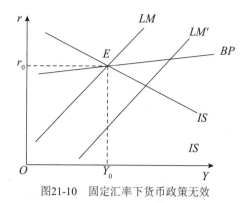

图21-10 固定汇率下货币政策无效

二、浮动汇率制度下的财政、货币政策

1. 不同资本流动状况下的财政政策实施效果

如图21-11所示，起始均衡点为E，相应的利率和收入水平分别为r_0和Y_0，经济状态为非充分就业。政府决定增加购买支出以扩张总需求，于是IS曲线向右移到IS'。虽然财政政策的扩张既可能改善也可能恶化国际收支，但是图21-11中的E'显示国际收支逆差。国际收支逆差会导致外汇市场上外汇的需求大于供给，在没有干预的情况下，本国货币出现贬值。货币的贬值会促进出口、抑制进口，从而进一步提高总需求，使IS'继续向右移至IS''；另外，本币的贬值形成的国际竞争力提高还会使BP曲线向右移动至BP'，表示国际收支状况的改善。LM曲线不发生移动，最终与BP'和IS''相交于E''，经济状态再度实现内外均衡。可见，如果财政扩张最终引起货币贬值，则扩张的效果是贬值效应会得到进一步加强(国际资本流动的利率弹性不够大时)。

如图21-12所示，政府实施扩张性的财政政策后，收入提高形成的经常账户恶化程度小于利率水平上升导致的资本账户改善程度，于是形成国际收支顺差，E'位于BP线之上。国际收支的顺差导致本国货币升值。IS'向左移到IS''，BP也向左移至BP'，最终的均衡点为E''。可见，财政扩张如果最终引起本币升值，在浮动汇率制条件下，扩张效果会受到升值效应的抵销(国际资本流动的利率弹性较大时)。

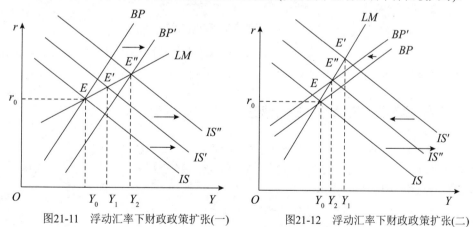

图21-11 浮动汇率下财政政策扩张(一)　　图21-12 浮动汇率下财政政策扩张(二)

在浮动制度下，财政政策仍然有效，其扩张或紧缩的效果也与国际资本流动的利率弹性有关。一国金融市场利率水平调整后引起的资本流动的程度越低，或金融市场越封闭(BP曲线越陡)，则运用财政政策单独调节总需求的作用越强。在极端的情况下，比如本国资本市场完全封闭，或BP曲线为垂直线，如图21-13所示，则财政政策实施后，受到的货币贬值效应放大，达到最大化；在另一个极端，比如本国资本市场实现完全国际一体化，或BP曲线为水平线，如图21-14所示，财政政策实施后，受到货币升值效应的完全抵销，即在浮动汇率并且资本流动完全自由的条件下，财政政策无效。

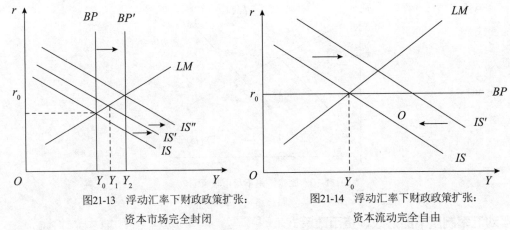

图21-13　浮动汇率下财政政策扩张：
资本市场完全封闭

图21-14　浮动汇率下财政政策扩张：
资本流动完全自由

2. 不同资本流动状况下的货币政策实施效果

如图21-15所示，起始的非充分就业均衡点为E，相应的利率和收入水平分别为r_0和Y_0。中央银行决定增加货币供给以促进经济增长和增加就业，于是LM曲线向右移至LM'，该国的国际收支逆差，本币趋于贬值。本币贬值的效应，一方面会通过增加出口减少进口，进而扩大总需求，而推动IS曲线向右移至IS'；另一方面，也会因国际收支状况的改善而推动BP曲线向右移至BP'。最终的内部均衡和外部均衡状态由IS'、LM'和BP'三条曲线相交的E''点决定。

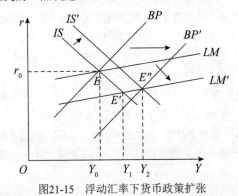

图21-15　浮动汇率下货币政策扩张

可见在浮动汇率制度下，货币供应量扩张(紧缩)的效果会使货币贬值(升值)效应放大，因而单独执行货币政策仍是强有力的宏观经济调控工具。

三、开放经济条件下政策选择的"三元悖论"

美国经济学家克鲁格曼指出，在国际金融体系中存在着无法解决的"三难困境"，也称为"三元悖论"，即在资本自由流动、汇率稳定和保持货币政策独立性三个目标中，一国只能同时实现两个目标，而不得不放弃第三者，如图21-16所示。

图21-16　"三元悖论"

自布雷顿森林体系崩溃以来，世界各国的金融发展模式都可以被概括进这个三角形中。A是选择货币政策的独立性和汇率稳定，我国是这种政策选择的代表；B是选择货币政策的独立性和资本自由流动，目前，美国和亚洲的部分金融危机发生国家和地区选择这一模式；C是选择汇率稳定和资本自由流动，实行货币局制度的中国香港、南美洲的部分国家采用这种模式。

第三节 开放经济条件下的汇率政策

一、汇率制度概述

1. 汇率制度的内容及历史演进

汇率制度是指一国货币当局对本国汇率变动的基本方式所作的一系列安排或规定，汇率制度制约着汇率水平的变动。

传统上，按照汇率变动的幅度，汇率制度被分为两大类型：固定汇率制和浮动汇率制。

从历史发展看，自19世纪中末期金本位制在西方主要各国确立以来，一直到1973年，世界各国的汇率制度基本上属于固定汇率制，而1973年以后，世界主要工业国实行的是浮动汇率制。

2. 汇率制度的类型

1) 固定汇率制和浮动汇率制

固定汇率制是指政府用行政或法律手段确定、公布及维持本国货币与某种参考物之间的固定比价的汇率制度。充当参考物的可以是黄金，也可以是某一种外国货币或一组货币。在纸币流通条件下，不同货币之间的固定比价往往是人为规定的，在经济形势发生较大变化时可以调整，因此，所谓的固定汇率实际上称为可调整的盯住汇率制。浮动汇率制是指汇率水平完全由外汇市场的供求决定、政府不加任何干预的汇率制度。但是，目前各国政府或多或少都对汇率水平进行着干预或指导，因此，所谓的"浮动汇率制"也只能加上一个定语，称为管理浮动汇率制。

2) 自由浮动（"清洁浮动"）和管理浮动（"肮脏浮动"）

按照政府是否干预来区分，浮动汇率制可分为自由浮动和管理浮动。自由浮动又称清洁浮动，意指货币当局对外汇市场不加任何干预，完全听任汇率随市场供求状况的变动而自由涨落。管理浮动又称肮脏浮动，指货币当局对外汇市场进行干预，以使市场汇率朝有利于自己的方向浮动。目前，各主要工业国所实行的基本上都是管理浮动，绝对的自由浮动在现实中是不存在的。

3) 单独浮动和联合浮动

按照浮动的形式，浮动汇率制可以分为单独浮动和联合浮动。单独浮动又称独立浮动，是指本国货币不与外国任何货币发生固定联系，其汇率根据外汇市场的供求状况单独浮动。目前，有美元、澳大利亚元、日元、加拿大元和少数发展中国家的货币采取这种单独浮动。联合浮动是指原欧洲货币体系各成员国货币之间保持固定汇率，而对非成员国货币则采取共同浮动的做法。

4) 爬行钉住制、汇率目标区制、货币局制

爬行钉住制是指汇率可以做经常的、小幅度调整的固定汇率制度。这一制度有两个基本特征：首先，实施国负有维持某种平价的义务，这使得它属于固定汇率制这一大类。其次，这一平价可以经常小幅度地调整(例如，调整2%～3%)，这又使得它与一般的可调整的钉住制相区别，因为后者的平价调整是很偶然的，而且幅度一般很大。

汇率目标区制的含义可分为广义与狭义两种。广义的汇率目标区泛指将汇率浮动限制在一定区域内(例如，中心汇率的上下各10%)的汇率制度。狭义的汇率目标区是美国学者威廉姆森于20世纪80年代初提出的，该制度以限制汇率波动范围为核心，包括中心汇率及变动幅度的确定方法，是维系目标区的国内政策搭配实施目标区的国际政策协调等一整套内容的国际政策协调方案。

汇率目标区不同于其他类型的汇率制度。首先，它与管理浮动汇率制有两点区别。第一，在目标区

中，当局在一定时期内对汇率波动制定出比较确定的区间限制；第二，在目标区中，当局要更为关注汇率变动，必要时要利用货币政策等措施将汇率变动尽可能地限制在目标区内。它与可调整钉住的主要区别则在于：目标区下汇率允许变动的范围更大。

货币局制是指在法律中明确规定本国货币与某一外国可兑换货币保持固定的兑换率，并且对本国货币的发行做特殊限制，以保证履行这一法定的汇率制度。货币局制通常要求货币发行必须以一定(通常是百分之百)的该外国货币作为准备金，并且要求在货币流通中始终满足这一准备金要求。这一制度中的货币当局被称为货币局，而不是中央银行。因为在这种制度下，货币发行量的多少不再完全听任货币当局的主观愿望或经济运行的实际状况，而是取决于可用作准备的外币数量的多少。货币当局失去了货币发行的主动权。中国香港实行的就是货币局制(即联系汇率制)。

3. 影响一国汇率制度选择的主要因素

1) 本国经济的结构性特征

如果一国是小国，那么它就较适宜采用固定性较高的汇率制度，因为这种国家一般与少数几个大国的贸易依存度较高，汇率的浮动会给它的国际贸易带来不便；同时，小国经济内部价格调整的成本较低。相反，如果一国是大国，则一般以实行浮动性较强的汇率制度为宜，因为大国的对外贸易多元化，很难选择一种基准货币实施固定汇率；同时，大国经济内部调整的成本较高，并倾向于追求独立的经济政策。

2) 特定的政策目的

这方面最突出的例子之一就是固定汇率有利于控制国内的通货膨胀。在政府面临着高通胀问题时，如果采用浮动汇率制，往往会产生恶性循环。

3) 地区性经济合作情况

一国与其他国家的经济合作情况也对汇率制度的选择有着重要影响。例如，当两国存在非常密切的贸易往来时，两国间货币保持固定汇率比较有利于相互间经济关系的发展。

4) 国际、国内经济条件的制约

一国在选择汇率制度时还必须考虑国际条件的制约。例如，在国际资金流动数量非常庞大的背景下，对于一国内部金融市场与外界联系非常紧密的国家来说，如果本国对外汇市场干预的实力因各种条件限制而不是非常强的话，那么采用固定性较强的汇率制度的难度无疑是相当大的。

5) "三元悖论"

美国经济学家保罗·克鲁格曼指出，在国际金融体系中存在着无法解决的"三难困境"，也称为汇率制度选择中不可实现的"三位一体"，即在资本自由流动、汇率稳定和保持货币政策独立性三个目标中，一国只能同时实现两个目标而不得不放弃第三者。若一国选择资本自由流动和保持货币政策独立性，则不得不实行浮动汇率制。

二、汇率水平变动对经济的影响

1. 贬值对国际收支的影响

贬值对国际收支的影响，主要体现在对经常账户差额和资本流动的影响。

1) 贬值对经常账户差额的影响

一是弹性分析法所强调的相对价格效应：只要一国进出口弹性条件满足，在一段时滞后，贬值会带来经常账户收支的改善。二是吸收分析法所强调的收入效应：在国内生产资源尚未被充分利用的情况下，通过影响产出和贸易条件，贬值通常会带来一国经常账户收支的改善。三是吸收分析法和货币分析法所注重的现金余额效应或者财富效应，在货币供给量不变的情况下，贬值通过物价和实际货币存量的变化，往往会给经常账户收支带来显著的改善。

2) 贬值对资本流动的影响

贬值对一国资本账户收支的影响情况，取决于贬值如何影响人们对该国货币今后变动趋势的预期。

如果贬值后人们认为贬值的幅度还不够，汇率的进一步贬值将不可避免，即贬值引起了汇率将进一步贬值的预期，那么人们就会将资金从本国转移到其他国家，以避免再遭损失。如果人们认为贬值已使得本国汇率处于均衡水平，那些原先因本币定值过高而外逃的资金就会抽回到国内。如果人们认为贬值已经过头，使本币价格已低于正常的均衡水平，其后必出现向上反弹，就会将资金从其他国家调拨到本国，以牟取好处。

2. 贬值对产出的影响

贬值后，一国贸易收支往往会得到改善。如果一国还存在闲置的要素(包括劳动力、机器等资本品、原材料)，一国生产的产量就会扩大。贸易收支改善将会通过乘数效应扩大总需求，带动国内经济实现充分就业。如果一国经济已处于充分就业，贬值只会带来物价的上升，而不会有产量的扩大，除非贬值能通过纠正原先的资源配置扭曲来提高生产效率。

3. 贬值对资源配置的影响

贬值后，出口品本币价格由于出口数量的扩大而上升，进口替代品价格由于进口品本币价格上升带动而上升，从而整个贸易品部门的价格相对于非贸易品部门的价格就会上升，由此会诱发生产资源从非贸易品部门转移到贸易品部门。这样的话，一国的产业结构就导向贸易部门，整个经济体系中贸易品部门所占的比重就会扩大，从而提高本国的对外开放程度，即更多的产品与外国产品相竞争。

在发展中国家，贬值往往有助于资源配置效率的提高。首先，贬值后，一国可以相应取缔原先因本币定值过高而设置的进口关税、进口配额等超保护措施，有利于进口替代行业的生产效率提高。其次，贬值后，原先因本币定值过高而受到歧视性损害的部门(往往是发展中国家的出口部门)获得正常发展。再者，与国外相竞争的贸易品部门扩大发展，往往也有助于效率提高。

4. 贬值对物价的影响

贬值会对物价产生影响，一是通过贸易收支改善的乘数效应引起需求增加带动的物价上升，二是通过提高国内生产成本推动物价上升。首先，贬值后，进口商品以本币表示的价格会立即上涨，其中，进口消费品的价格上升会直接引起国内消费品物价某种程度的上升，但进口原材料、中间品和机器设备等的价格上升还会造成国内在生产使用这些进口投入品时的生产成本提高，推动这类商品价格的上升。其次，贬值后，出口品和进口替代品价格上升，也会造成使用这些产品作为投入品的非贸易品生产成本上升，也推动了非贸易品价格的上升。这样，贬值对物价的影响就会逐渐扩展到所有商品。此外，物价的上升会推动生活费用的上涨，从而导致工资收入者要求更高的名义工资。更高的名义工资又推动货币生产成本和生活费用的上升。

5. 贬值对收入再分配、财政赤字、货币供给等方面的影响

贬值引起国内物价水平上涨，由于工资合同签约在先，且不可能做瞬间调整，因此名义工资的增长滞后，实际工资收入下降，企业利润增加。因此，贬值的收入再分配效应有利于利润收入者，而不利于工资收入者。

贬值最终将引起本国货币工资也随之上升，在一个实施累进所得税制度的国家里，纳税人将因名义收入增加而升入较高的纳税等级。此时，若存在财政拖曳现象，即政府的实际支出并不因为其税收收入的增加而增加，那么贬值就会使财政赤字改善。

贬值后，由于货币工资和生产成本上升，货币供给也可能增加。且在外汇市场上，贬值后政府在结汇方面将被迫支出更多的本国货币，也会导致本国货币供给增加。

三、外汇管制

1. 外汇管制的目的

外汇管制指的是一国政府利用各种法令、规定和措施，对居民和非居民外汇买卖的数量和价格加以严格的行政控制，以平衡国际收支和维持汇率稳定，以及集中外汇资金，根据政策需要加以分配。

政府经常采用直接管制措施以实现经济金融稳定和国际收支的平衡。当一国政府不能够或不愿意用紧缩或通胀的财政货币政策调节其国际收支失衡，并且让本国货币自由浮动也不具备条件时，它就必须采用对其国际经济交易进行直接控制的方法来恢复国际收支平衡，这种控制的最主要方法就是实行外汇管制。外汇管制作为一种重要的外汇政策手段，除了用以实现国际收支平衡、稳定外汇汇率外，还被政府用于实现某些其他的经济或政治目的。然而，由于它阻碍了市场机制的运行，违背了价值规律，其弊端也是显而易见的。

2. 外汇管制的手段

外汇管制的手段也是多种多样的，但不外乎价格管制和数量管制两类。

在价格管制方面，具体包括本币定值过高和复汇率制。本币定值过高是一种较为复杂的问题，在外汇管制条件下，它的出现有以下几种情形。

第一，实行外汇管制的主要目的是维持国际收支平衡。当一国国际收支出现赤字，尤其是由于结构性因素造成赤字时，由于其他调整政策不易奏效(指贬值)或者代价太大(指通货紧缩)，政府往往愿意采用外汇管制来强制弥补外汇市场的供求缺口。在这种情况下，本币的定值过高是一种必然的结果。

第二，由于外汇市场不完善，一些国家的汇率是由官方制定的，由此形成的汇率是武断决策的产物，因此也难免出现本币的定值过高。

第三，有些国家为了鼓励先进机器设备进口、促进经济发展，或者为了维持本国的物价稳定、控制通货膨胀，或者为了减轻政府的外债负担等原因，也就有意识地实行本币定值过高。

在这三种情形下，只有最后一种情形下的本币定值过高才是作为外汇管制的价格措施出现的，而且重要的是这种情形在发展中国家中并不乏见。但不论哪一种情形，本币定值过高，总是与外汇短缺联系在一起的。

在定值过高的条件下，由于外汇需求被人为压制，其中无法从官方供应渠道获得的部分，就会求助于外汇黑市，由此形成较官方价格高的黑市外汇价格。黑市价格与官方汇率的并存，就有了客观上的复汇率制。作为外汇管制价格措施的复汇率制还指当局对外汇汇率人为规定两个或两个以上的汇率，不同的汇率适用于不同类别的交易项目这样一种制度。复汇率制根据需要对不同的交易实行歧视性待遇，原则是对需要鼓励的交易规定优惠汇率(如对出口收汇适用较高的外汇价格，对先进技术设备的进口用汇适用较低的外汇价格)，对需要限制的交易则规定不利的汇率(如对奢侈品进口和资本输出用汇规定较高的价格)。在有些国家，只存在两种或三种歧视性汇率；而在有些国家，甚至有几十种的歧视性汇率。

外汇数量管制是指对外汇数量统筹分配，其方式不外乎外汇配给控制和外汇结汇控制两种。由于本币定值过高，出口商等外汇净收入者不愿将所获外汇按官价结汇，故当局为集中外汇数量，就需要强制外汇收入者按官价向指定银行全部或部分出售。其控制办法有：

(1) 颁发出口许可证；

(2) 由出口商向指定银行事先报告出口交易，请其发给出口证书，借以办理出口业务，并由银行负责收购其所得外汇；

(3) 强制居民申报国外资产，必要时收购。

在外汇配给方面，当局主要根据用汇方向的优先等级对有限的外汇资金在各种用汇方向之间进行分配。其控制办法主要是进口许可证制和申请批汇制。

实行外汇管制对短期内缓和国际收支困难、维持汇率往往见效很快，对抑制物价上升、促进产业结构改善也能起到一定的作用。尤其对发展中国家来说，外汇管制措施是不可缺少的，但其弊端也不少，主要表现在以下几个方面。

(1) 通过维持本币的定值过高，必然形成黑市外汇市场，使外汇市场陷入混乱状态，并导致社会的不公平和资源配置的扭曲。

(2) 无助于外汇失衡的消除和国际收支问题的根本解决，除非配套采取其他改善经济结构的政策措施。

(3) 造成行政费用加大，助长官僚主义、贿赂之风。

四、货币的自由兑换

1. 货币自由兑换的含义

货币自由兑换是指在外汇市场上能自由地用本国货币购买(兑现)某种外国货币,或用某种外国货币购买(兑现)本国货币。

1) 经常账户下的货币自由兑换

经常账户下的自由兑换是指对经常账户外汇支付和转移的汇兑实行无限制的兑换。在国际货币基金组织章程第八条的二、三、四款中,规定凡是能对经常性支付不加限制、不实行歧视性货币措施或多重汇率、能够兑付外国持有的在经常性交易中所取得的本国货币的国家,该国货币就是可自由兑换货币。

2) 资本和金融账户下的货币自由兑换

资本和金融账户下的货币自由兑换是指对资本流入和流出的兑换均无限制。资本和金融账户下的货币自由兑换要比经常账户下的货币自由兑换难得多。因此,一国货币要实现完全可兑换,一般来说,要经历经常账户的有条件兑换、经常账户自由兑换加上资本与金融账户的有条件兑换、经常账户自由兑换加上资本与金融账户自由兑换这样几个阶段。

2. 货币自由兑换可能带来的问题

1) 资本逃避问题

资本逃避问题是指由于恐惧、怀疑或为规避某种风险和管制所引起的资本向其他国家的异常流动,境内外资产的收益与风险的差异是形成资本逃避的主要原因。从收益因素来看,本国资产收益率较低可能是由以下几个原因造成的:本币汇率高估,低利率,本国较高的通货膨胀带来的实际利率的下降等。从风险因素看,本国政局不稳、新的管制政策的出台或政策多变法制不健全可能会导致本国资产风险更大。

资本逃避可以通过种种合法与非法途径进行,如高报进口、低报出口。

资本逃避对一国经济的发展极为不利。从短期看,大规模的资本逃避会带来经济的混乱与动荡;从长期看,资本逃避减少了本国可利用的资本数量,减少了政府从国内资产中可获取的税收收入,增加了本国的外债负担,从而引起一系列严重的经济后果。因此,一国政府必须创造一个持久稳定发展的宏观环境,减少和预防资本逃避行为。

2) 货币替代问题

货币替代问题是指在经济发展过程中,国内对本国货币的币值稳定失去信心或本国货币资产收益率相对较低时,外币在货币的各个职能上全面或部分地替代本币发挥作用的一种现象。

货币替代描述的是一种良币驱逐劣币的现象,货币替代会对一国经济产生复杂的影响。首先,本国居民可以持有外国货币,外国居民也可以持有本国货币,并且这种持有处于不断的替换之中,这使得汇率的决定更加复杂。一般认为,货币替代加剧了汇率的不稳定性。其次,从它对货币政策的影响看,货币替代会使货币的定义更加困难。例如,本国居民持有的外国货币现金及存款是否应计入货币的范围;从货币替代对财政政策的影响看,它导致本国政府难以从本币发行中获得铸币税与通胀税,政府的收入降低。

提高本国货币的币值稳定性、实际收益率和信心是解决货币替代问题最根本的方法。这就要求政府有效地控制通货膨胀及其他宏观不稳定状况。

第四节 宏观经济政策国际协调方案

一、国际协调内容

国家间政策协调的含义有广义与狭义之分。从狭义讲,国家间政策协调是指各国在制定国内政策的过程中,通过各国间的磋商等方式来对某些宏观政策进行共同的设置。从广义看,凡是在国际范围内能够对各国国内宏观政策产生一定程度制约的行为均可视为国家间政策协调。我们所说的国家间政策协调是从广义而言的。依据进行政策协调的程度,国家间政策协调可由低到高分为以下6个层次。

1. 信息交换

信息交换是各国政府相互交流本国为实现经济内外均衡而采取的宏观调控的政策目标范围、政策目标侧重点、政策工具种类、政策搭配原则等信息,但仍在独立、分散基础上进行本国的决策。信息交换是一种最低层次的国家间政策协调形式。

2. 危机管理

危机管理是指针对世界经济中出现的突发性、后果特别严重的事件,各国进行共同的政策调整,以缓解、渡过危机。危机管理这一协调形式是偶然出现的、临时性的措施,它的主要目的在于防止各国独善其身的政策使危机更加严重或蔓延。

3. 避免共享目标

共享目标变量是指两国所要面对的同一目标,例如,我们前面分析的浮动汇率制下两国之间的汇率。由于两国共享目标是同一个,因此,如果两国对之设立了不同的目标值,这便意味着两国之间产生直接的冲突,两国之间的相应政策成为具有竞争性的"以邻为壑"的政策。国家间的竞争性贬值是共享目标冲突的最典型的形式。

4. 合作确定中介目标

两国国内的一些变量的变动会通过国家间的经济联系而形成一国对另一国的溢出效应,因此,各国有必要对这些中介目标进行合作协调,以避免它对外产生不良的溢出效应。这一中介目标既有可能是共享目标变量,也有可能是其他变量,例如,固定汇率制下的一国货币供给量。

5. 部分协调

部分协调是指不同国家就国内经济的某一部分目标或工具进行协调。例如,仅对各国的国际收支状况进行协调,而国内经济的其他变量则不纳入协调范围。

6. 全面协调

全面协调是指将不同国家的所有主要政策目标、工具都纳入协调范围,从而最大限度地获取政策协调的收益。

进行国家间政策协调的方式有两种,即相机性协调与规则性协调。所谓相机性协调,是指根据经济面临的具体条件,在不存在规定各国应采取何种协调措施的规则的情况下,通过各国间的协商确定针对某一特定情况各国应采用的政策组合。这一方法实际上是一国经济调控中相机决策的推广。

一般认为,这一方法的优点在于可以针对不同的条件就更为广泛的问题进行协调,而缺点在于可行性与可信性较差。从可行性看,每次政策协调行动实际上意味着各国政府间的一次讨价还价,这样一次次的政策协调会带来很高的决策成本,并且也难以对各国政府进行制约,易于产生竞相违约及"搭便车"现象,缺乏可持续性。从可信性来看,这种方式下的协调措施完全由各国协商决定,缺乏一个明晰的规则,这便会产生较大的不确定性,从而难以通过影响公众的心理预期而发挥政策效力。

规则性协调则是指通过制定出明确规则来指导各国采取政策措施进行协调的方式。规则性协调的优点在于决策过程清晰,政策协调可以在较长时期内稳定进行,可信性高,因此受到了更多的重视。

二、国际协调方案

在国家间政策协调实践以相机形式进行的同时,经济学者设计出了很多具有特定规则的国家间政策协调方案,产生了很大的影响。其中最为重要的方案包括:托宾提出的全球对外汇交易征收交易税的托宾税方案,威廉姆森等人提出的汇率目标区方案,麦金农提出的恢复固定汇率制方案。下面对这几种方案进行简单的介绍。

1. 托宾税方案

托宾税方案提出的背景是国际资金流动尤其是短期投机性资金流动规模急剧膨胀造成汇率的不稳定。1972年,托宾在普林斯顿大学演讲时提议"往飞速运转的国际金融市场这一车轮中掷些沙子",首次提出对现货外汇交易课征全球统一的交易税,经济学家后来把这种外汇交易税称为"托宾税"。

托宾税具有两个特征:单一低税率和全球性。迄今为止,西方经济学家所提议的税率从外汇交易值的0.05%到1%不等。托宾税的功能有两个。第一,也是最为重要的是抑制投机,稳定汇率。我们可以根据前文的非套补的利率平价进行分析。在不存在托宾税的情况下,市场处于平衡状态,使预期的汇率变动率等于两国间的利率差,如果两者之间有变量差异,投机活动就会发生。

例如,假定美国一年期利率为7%,日元一年期利率为2%,则预期美元将在一年后贬值5%时市场处于平衡状态。当存在托宾税时,外汇交易成本问题将非常显著。托宾税能够抑制投机、稳定汇率,使外汇交易对经济基本面的差异和变化做出反应,引导资金流向生产性实体经济。

托宾税的第二个功能是它可以为全球性收入再分配提供资金来源。考虑到目前全球外汇交易的天文数字,即使对外汇交易课征一税率很低的税收,也能筹到巨额资金。如果能通过国际合作把这笔巨资用于全球性收入再分配,那么确实能对世界做出极大的贡献。

托宾税自20世纪70年代提出以来,在学术界和政界引起热烈的反响和争论,但事实上至今并无国家在实践中实施此税。一般认为,托宾税这一方案有三个问题难以解决。

第一,如何评价投机在外汇市场中的作用。我们在前文中已经指出,投机具有双重性,一方面,它造成了市场价格的波动;另一方面,也正是投机者对风险的主动承担才使市场正常运转,投机在某些情况下具有熨平汇率波动的功能。因此,实施托宾税可能有损于市场的流动性,使外汇市场更为动荡。

第二,托宾税面临着技术上的许多难题。例如,从税基的确定角度看,根据公平原则,托宾税应尽可能地涵盖一切参与外汇交易的个人、企业、金融中介机构、政府和国际组织。但这样的税基不能把投机和非投机性质的外汇交易投机区别开来。另外,从应税交易的识别角度看,托宾税主要针对的是投机性现货交易,但目前外汇市场上最为活跃的投机活动发生在衍生工具领域。对衍生工具交易征税将使税收的征收监管更加复杂,可能破坏衍生市场的发展,危及外汇市场的稳定性。最后,在税率确定上,目前的建议都具有很大的随意性,如果使用低税率,则不一定能有效地阻止投机交易;如果采用足以阻止投机的高税率,将使外汇交易量大为缩减,从而损害金融市场的活力和效率。

第三,托宾税存在着政策协调方面的阻碍。托宾税是一种国家间政策协调方案,各国协调中可能出现许多障碍难以克服,例如,是否能将所有国家都纳入协调范围。如果有的小国不愿采用,那么在其他主要国家都征收托宾税时,它就会迅速发展为避税型离岸金融中心,使托宾税无法收到预期的效果。另外,托宾税的收入分配问题因为其明显的利益性而可能引起各国的激烈争吵。

总的来说,托宾税是一种非常有影响的协调方案,尤其是在20世纪90年代国际资金流动问题非常突出的情况下格外引起注意的协调方案。但它也存在一些问题,还在争议之中,值得我们进一步观察。

2. 麦金农方案

在国际货币制度于20世纪70年代初由固定汇率制转向浮动汇率制后,许多经济学家对现行的浮动汇率制非常不满意,提出了各种在恢复固定汇率制基础上进行国际协调的方案,其中最为著名的是美国经济学家麦金农所提出的设想。

麦金农认为,恢复固定汇率制的主要理由在于以浮动汇率制为特征的国际货币制度缺乏效率,麦金农从两个角度分析了浮动汇率制的不足。首先,从国际角度看,汇率的波动除了增加各国外部环境的不确定性外,并不能自动实现调节经常账户的目的。麦金农认为,经常账户反映的是各国投资与储蓄的差额,因此,汇率的变动可以实现经常账户平衡是一个错误的教条,本币贬值所带来的经常账户的改善将立即被国内吸收的相应增长所抵销。其次,从国内角度看,汇率的频繁波动引发的货币替代及各国资产之间的转换活动使一国的货币需求难以确定,各国货币政策因此难以有效地控制通货膨胀,一国通过本国的政策搭配实现内外均衡的努力就更加困难。根据以上分析,麦金农得出了浮动汇率制不利于实现内外均衡的国内政策搭配与国家间政策协调的结论，提出应在恢复固定汇率制的基础上进行国家间的政策协调。

3. 汇率目标区方案

这一方案是由威廉姆斯和米勒将汇率目标区制从政策协调角度进行扩展而形成的。

汇率目标区方案与麦金农方案存在着明显的区别。麦金农方案主张实固定汇率制，而目标区方案则主张实行更有弹性的汇率制度，汇率变动范围为中心汇率上下10%。

第二十一章 国际收支内外部均衡

真题精选精析

选择题

1.【复旦大学 2016】根据蒙代尔的最优指派原则，一国出现通货膨胀、国际收支顺差，应该选择的政策搭配是(　　)。

　　A. 紧缩的货币政策和扩张的财政政策
　　B. 紧缩的财政政策和扩张的货币政策
　　C. 紧缩的财政政策和紧缩的货币政策
　　D. 扩张的货币政策和扩张的财政政策

2.【清华大学 2015】如果资本可自由流动，下面哪个说法较为确切？(　　)

　　A. 在固定汇率制和浮动汇率制下，财政政策对产出的影响是一样的
　　B. 相比浮动汇率制，在固定汇率制下财政政策对产出的影响更大
　　C. 相比浮动汇率制，在固定汇率制下财政政策对产出的影响更小
　　D. 以上都是错误的

参考文献

[1] 黄达. 金融学. 第3版. 北京：中国人民大学出版社，2013
[2] 陈雨露. 国际金融. 第4版. 北京：中国人民大学出版社，2011
[3] 何璋，国际金融. 第3版. 北京：中国金融出版社，2006
[4] 马君潞，陈平，范小云. 国际金融. 北京：科学出版社，2005
[5] 姚长辉. 货币银行学. 第4版. 北京：北京大学出版社，2012
[6] 蒋先玲. 货币银行学. 北京：中国金融出版社，2010
[7] 胡庆康. 现代货币银行学教程. 第4版. 上海：复旦大学出版社，2010
[8] 戴小平，商业银行学. 第2版. 上海：复旦大学出版社，2012
[9] 李翀. 金融市场学. 北京：北京师范大学出版社，2011
[10] 尹洪霞，刘振海. 中央银行与金融监管. 北京：中国金融出版社，2005
[11] 杜朝运. 中央银行学. 厦门：厦门大学出版社，2010
[12] 李世宏. 中央银行最后贷款人职能研究. 北京：中国金融出版社，2008
[13] 巴曙松，邢毓静，朱元倩. 金融危机中的巴塞尔新资本协议：挑战与改进. 北京：中国金融出版社，2010
[14] 罗平. 巴塞尔新资本协议：研究文献及评述. 北京：中国金融出版社，2004
[15] 巴曙松. 巴塞尔资本协议Ⅲ研究. 北京：中国金融出版社，2011
[16] 汪洋. 中国货币政策工具研究. 北京：中国金融出版社，2009
[17] 张卫平，货币政策理论：基于动态一般均衡方法. 北京：北京大学出版社，2012
[18] 田素华. 国际资本流动与货币政策效应. 上海：复旦大学出版社，2008
[19] 王跃生，陶涛. 国际资本流动：机制、趋势与对策. 北京：中国发展出版社，2009
[20] 陈琦伟. 公司金融. 第2版. 北京：中国金融出版社，2003
[21] 李薇. 公司金融. 厦门：厦门大学出版社，2008
[22] 胡庆康. 公司金融. 北京：首都经济贸易大学出版社，2008
[23] 向东，邓鑫. 公司财务. 北京：中国人民大学出版社，2011
[24] 陈文浩. 公司金融. 第2版. 上海：上海财经大学出版社，2009
[25] 王化成. 财务管理. 北京：中国人民大学出版社，2010
[26] 卢家仪. 财务管理. 第4版. 北京：清华大学出版社，2011
[27] 张新民，钱爱民. 财务报表分析. 第2版，北京：中国人民大学出版社，2011
[28] 杨文进，何志刚. 投资学. 北京：清华大学出版社，2004
[29] 陈雨露. 公司理财. 北京：高等教育出版社，2008